思想的・睿智的・獨見的

經典名著文庫

學術評議

策劃 楊榮川

五南圖書出版公司 印行

經典名著文庫

學術評議者簡介（依姓氏筆畫排序）

- 丘為君　美國俄亥俄州立大學歷史研究所博士
- 吳惠林　美國芝加哥大學經濟系訪問研究、臺灣大學經濟系博士
- 宋鎮照　美國佛羅里達大學社會學博士
- 林玉体　美國愛荷華大學哲學博士
- 邱燮友　國立臺灣師範大學國文研究所文學碩士
- 洪漢鼎　德國杜塞爾多夫大學榮譽博士
- 孫效智　德國慕尼黑哲學院哲學博士
- 秦夢群　美國麥迪遜威斯康辛大學博士
- 高明士　日本東京大學歷史學博士
- 高宣揚　巴黎第一大學哲學系博士
- 張光宇　美國加州大學柏克萊校區語言學博士
- 張炳陽　國立臺灣大學哲學研究所博士
- 陳秀蓉　國立臺灣大學理學院心理學研究所臨床心理學組博士
- 陳思賢　美國約翰霍普金斯大學政治學博士
- 陳清秀　美國喬治城大學訪問研究、臺灣大學法學博士
- 陳鼓應　國立臺灣大學哲學研究所
- 曾永義　國家文學博士、中央研究院院士
- 黃光國　美國夏威夷大學社會心理學博士
- 黃光雄　國家教育學博士
- 黃昆輝　美國北科羅拉多州立大學博士
- 黃政傑　美國麥迪遜威斯康辛大學博士
- 楊維哲　美國普林斯頓大學數學博士
- 葉海煙　私立輔仁大學哲學研究所博士
- 葉國良　國立臺灣大學中文所博士
- 廖達琪　美國密西根大學政治學博士
- 劉滄龍　德國柏林洪堡大學哲學博士
- 黎建球　私立輔仁大學哲學研究所博士
- 盧美貴　國立臺灣師範大學教育學博士
- 薛化元　國立臺灣大學歷史學系博士
- 謝宗林　美國聖路易華盛頓大學經濟研究所博士候選人
- 簡成熙　國立高雄師範大學教育研究所博士
- 顏厥安　德國慕尼黑大學法學博士

經典名著文庫159

臺灣通史

連　橫 著

經典永恆・名著常在

五十週年的獻禮・「經典名著文庫」出版緣起

總策劃 楊榮川

閱讀好書就像與過去幾世紀的諸多傑出人物交談一樣——笛卡兒

五南，五十年了。半個世紀，人生旅程的一大半，我們走過來了。不敢說有多大成就，至少沒有凋零。

五南忝為學術出版的一員，在大專教材、學術專著、知識讀本出版已逾壹萬參仟種之後，面對著當今圖書界媚俗的追逐、淺碟化的內容以及碎片化的資訊圖景當中，我們思索著：邁向百年的未來歷程裡，我們能為知識界、文化學術界做些什麼？在速食文化的生態下，有什麼值得讓人雋永品味的？

歷代經典．當今名著，經過時間的洗禮，千錘百鍊，流傳至今，光芒耀人；不僅使我們能領悟前人的智慧，同時也增深加廣我們思考的深度與視野。十九世紀唯意志論開創者叔本華，在其〈論閱讀和書籍〉文中指出：「對任何時代所謂的暢銷書要持謹慎的態度。」他覺得讀書應該精挑細選，把時間用來閱讀那些「古今中外的偉大人物的著作」，閱讀那些「站在人類之巓的著作及享受不朽聲譽的人們的作品」。閱讀就要「讀原著」，是他的體悟。他甚至認爲，閱讀經典原著，勝過於親炙教誨。他說：

「一個人的著作是這個人的思想菁華。所以，儘管一個人具有偉大的思想能力，但閱讀這個人的著作總會比與這個人的交往獲得更多的內容。就最重要的方面而言，閱讀這些著作的確可以取代，甚至遠遠超過與這個人的近身交往。」

爲什麼？原因正在於這些著作正是他思想的完整呈現，是他所有的思考、研究和學習的結果；而與這個人的交往卻是片斷的、支離的、隨機的。何況，想與之交談，如今時空，只能徒呼負負，空留神往而已。

三十歲就當芝加哥大學校長、四十六歲榮任名譽校長的赫欽斯（Robert M. Hutchins, 1899-1977），是力倡人文教育的大師。「教育要教眞理」，是其名言，強調「經典就是人文教育最佳的方式」。他認爲：

「西方學術思想傳遞下來的永恆學識，即那些不因時代變遷而有所減損其價值的古代經典及現代名著，乃是眞正的文化菁華所在。」

這些經典在一定程度上代表西方文明發展的軌跡，故而他爲大學擬訂了從柏拉圖的《理想國》，以至愛因斯坦的《相對論》，構成著名的「大學百本經典名著課程」。成爲大學通識教育課程的典範。

歷代經典·當今名著，超越了時空，價值永恆。五南跟業界一樣，過去已偶有引進，但都未系統化的完整舖陳。我們決心投入巨資，有計劃的系統梳選，成立「經典名著文庫」，希望收入古今中外思想性的、充滿睿智與獨見的經典、名著，包括：

- 歷經千百年的時間洗禮，依然耀明的著作。遠溯二千三百年前，亞里斯多德的《尼各馬科倫理學》、柏拉圖的《理想國》，還有奧古斯丁的《懺悔錄》。
- 聲震寰宇、澤流遐裔的著作。西方哲學不用說，東方哲學中，我國的孔孟、老莊哲學，古印度毗耶娑（Vyāsa）的《薄伽梵歌》、日本鈴木大拙的《禪與心理分析》，都不缺漏。
- 成就一家之言，獨領風騷之名著。諸如伽森狄（Pierre Gassendi）與笛卡兒論戰的《對笛卡兒沉思錄的詰難》、達爾文（Darwin）的《物種起源》、米塞斯（Mises）的《人的行爲》，以至當今印度獲得諾貝爾經濟學獎阿馬蒂亞・森（Amartya Sen）的《貧困與饑荒》，及法國當代的哲學家及漢學家朱利安（François Jullien）的《功效論》。

梳選的書目已超過七百種，初期計劃首爲三百種。先從思想性的經典開始，漸次及於專業性的論著。「江山代有才人出，各領風騷數百年」，這是一項理想性的、永續性的巨大出版工程。不在意讀者的眾寡，只考慮它的學術價值，力求完整展現先哲思想的軌跡。雖然不符合商業經營模式的考量，但只要能爲知識界開啓一片智慧之窗，營造一座百花綻放的世界文明公園，任君遨遊、取菁吸蜜、嘉惠學子，於願足矣！

最後，要感謝學界的支持與熱心參與。擔任「學術評議」的專家，義務的提供建言；各書「導讀」的撰寫者，不計代價地導引讀者進入堂奧；而著譯者日以繼夜，伏案疾書，更是辛苦，感謝你們。也期待熱心文化傳承的智者參與耕耘，共同經營這座「世界文明公園」。如能得到廣大讀者的共鳴與滋潤，那麼經典永恆，名著常在。就不是夢想了！

二〇一七年八月一日 於

五南圖書出版公司

林序

臺灣背歸墟而面齊州，豈即列子之所謂「岱輿、員嶠」耶？志言臺灣之名不一，或曰「大宛」，或曰「臺員」；審其音，蓋合「岱輿、員嶠」二者之名而一之爾。其地自鄭氏建國以前，實爲太古民族所踞，不耕而飽，不織而溫，以花開草長驗歲時，以日入月出辨晝夜，巖居谷飲，禽視獸息，無人事之煩，而有生理之樂。斯非古之所謂仙者歟？抑亦因生齒未繁，乃得以坐享天地自然之利爾！

聞之故老言，吾族適此之先，嘗傭耕於諸番，爲之誅荊榛、立阡陌，終歲勤動，不遑寧處，所贏者即節衣縮食之餘也。彼坐收十五之稅，而常苦不足，終且貨其產於我；則我勞而彼逸，我儉而彼奢也。故觀夫草衣木食之時，天之福諸番不可謂不厚矣。使其閉關自守，無競於人，雖至今嘯傲滄洲可也。一旦他人入室，乘瑕蹈隙，月進而歲不同；乃彼昏不知，猶懵焉無改。夫因陋就簡之習，則其得於天而失於人也固宜。

抑又聞之，吾先民之墾草此土也，其葬於蛇豕之腹、埋於榛莽之墟者，不知凡幾，故又呼之曰「埋冤」。然卒底於成者，則前仆後繼、慘淡經營之力也。訖於今，休養生息數百年，取益多而用益宏，食者眾而生者寡。雖然，微大力者負之而走，吾知喬木先疇猶將易主，而況巧拙相懸、強弱異勢乎？彼深山窮谷中雕題鑿齒之遺，固已竊笑於旁而議其後矣。世之讀此書者，其亦念篳路藍縷之勤，而憮然於城郭人民之變也哉！

丙辰夏五，東寧林資修序於霧峰之麓。

徐序

左丘明作春秋傳，以三十卷括二百四十年之事，于會昇賢之。司馬遷作史記，敘三千年事，僅五十萬言；班固作漢書，敘二百四十年事，至八十萬言。其煩省之異若是。張世偉乃謂班不如馬；劉知幾則言古今不同，勢使之然，不得斥近史為蕪累。然哉！然哉！今珂讀連君雅堂臺灣通史，見其煩省適中，而三復嘆美之者以此。通史者，通貫古今之史，與斷代史異，則尤易煩不易省者。雅堂為是，凡一千二百九十年之事，悉具於八十八篇，而乃鉅細畢舉，無漏無蔓。蓋為紀四、為志二十四、為傳六十，踵龍門之例而變通之，附表於志中，取便觀覽，為今之學者計也。其所紀載，始隋大業元年，終清光緒二十一年。臺灣文獻，於是不墜。

抑珂嘗聞之，知幾謂作史須兼才、學、識三長。雅堂才、學偉矣，其識乃尤偉。知民為邦本，非民則國曷以立，故於民生之豐嗇、民德之隆污詳言之，視昔之修史從重兵、刑、禮、樂者何如耶？珂不敏，比亦粗有撰述，於民事輒致詳，猶雅堂之志也。既卒讀，爰書此以歸之。

中華民國十四年仲夏，杭縣徐珂謹書於上海。

章序

偉哉！鄭延平之啓臺灣也。以不毛之地、新造之國，而抗強胡百萬之眾，至於今遂爲海中奧區焉。余昔者聞其風烈，以爲必有遺民舊德在也。直富有票舉兵，余與其人多往復，爲有司所牽，遯而至臺灣。臺灣隸日本已七年矣，猶以鄭氏舊事，不敢外視之。逾十年，漢土光復。又十四年，遺民連雅堂以所作臺灣通史見示。

臺灣故國也。其於中國，視朝鮮、安南爲親。志其事者，不視以郡縣，而視以封建之國，故署曰通史，蓋華陽國志之例也。鄭氏多武功，政治闊略，清人得之，從事亦尚簡，故所言不能如華陽國志詳備。若其山川、邑落、物產、謠俗之變，則往往具矣，然非作者之志也。作者之志，蓋以爲道土訓者必求其地建置之原。臺灣在明時，無過海中一浮島，日本、荷蘭更相奪攘，亦但羈縻不絕而已，未足云建置也。自鄭氏受封，開府其地，孑遺士女，輻湊於赤崁，銳師精甲環列而守，爲恢復中原根本，然後屹然成巨鎮焉。鄭氏繫於明，明繫於中國，則臺灣者實中國所建置。其後屬清、屬日本，視之若等夷。臺灣無德於清，而漢族不可忘也。余始至臺灣，求所謂遺民舊德者，千萬不可得一二。今觀雅堂之有作也，庶幾其人歟？

豪傑之士無文王而興者，鄭氏也。後之豪傑，今不可知。雖然，披荊棘、立城邑於三百年之上，使後世猶能興起而誦說之者，其列蓋可忽乎哉？雅堂之書，亦於是爲臺灣重也！

中華民國十六年一月，章炳麟。

徐序

中華民國三十四年，連雅堂先生所著之臺灣通史第一次在國內印行。六月，排版將畢，其哲嗣連定一先生命余作敘。余與定一先生十餘年故交，誼不敢辭，乃秉筆而言曰：

凡住居於此員輿上之民族，苟能不安僿野，黽勉前進，均必能在文化上有所貢獻，以傳遺後世，以沾溉人類。唯因時地不同，環境差殊，故每民族所創造之文化均必押有其環境之印記，於大同之文化體中有特異焉。此特異點與創造民族之盛衰分合有密切之關係，籀繹古史者不可不愼思而明辨之也。

我中華民族所創造之文化爲世界鉅大文化之一，殊無疑義。其特異點，依吾人之所探尋，蓋有三端：一曰緩，二曰久，三曰穩。自人類學者證明吾民族爲中華之土著而外來之說絀，其奠居於斯土也已不知其綿歷幾萬年。從有傳說計起，炎、黃、羲、皞以後蓋已超過五千年。其同時之文化民族，若埃及人、若兩河間人，其進入歷史皆比中國較早。埃及之第十二朝（西元前二十與十九兩世紀）與將來第十八朝之阿門諾斐斯四世時（西元前十四世紀），其聲名文物蓋已燦然大備。巴庇倫之哈莫拉比王（西元前二十二世紀末），文治武功烜赫當時；其詳備法典所刻之原石尚在，爲歷史家之異珍。希臘民族脫游牧而進農事已當我商代後期，其傳說歷史晚於我國者一、兩千年；然其文化突飛猛進，至我國春秋、戰國之交，已足冠冕群倫。我國炎帝族之肇始農業，當在距今四千年之前。然夏、商古史，猶復唵昧；周代蹶起，文化始漸可與哈莫拉比時相比；及孔、老、墨諸子勃興，而哲學思想始得與後進之希臘諸賢哲並駕。經歷奕世，始躋於高度文化之林，則其緩也。埃及及兩河間之古代文化，至西元前二、三世紀已完全泯滅。希臘高尚文化，至後六世紀茹斯底年大帝封閉雅典學校後亦薪盡火絕。而中國之文化獨迢遰四、五千祀，未嘗中絕。自秦始皇至今二千餘年，史事之載於正史者無一年之缺逸，尤爲世界各國之所無有，則其久也。埃及前有希克索諸王之殘掠，後有亞敘里人之蹂踐。兩河間前經赫底特人之橫掃，後經迦塞特人之潛入。亞敘里大帝國興勃亡忽，擬迹秦、隋。迦勒底後起，數十年而滅，蓋無足述。此諸國者，其興也馳驁震耀，舉世駴眩；其頹也昏昧黮黯，永永長夜。希臘人思想文藝之所詣，騰踔高蹻，匪唯超前，抑幾絕後，其末葉之所遭尚不致如前二方之慘悽；然在中世紀，其鴻文玄著不過匿跡於修道院蛛網塵封之間。比贊庭帝國文人名延一線之傳，然亦不過尚能尋章摘句，作盲目之景行而已。我國三代、秦、漢二千餘年，止有朝代之嬗易，卻無淺化人民入撼文教之礎石。南北朝、五代、金、元及明清之交，雖或禹域雲擾、或異族篡統，而仁人義士當茲八方同昏之際，仍風雨如晦，雞鳴不已，獨握天樞以爭剝復之運，卒能使舊有文化不唯不因離亂而致萎苶，反因思想之奮厲而愈啓光芒。結果異方侵入之淺化人士因仰羨而同化，歷阽危一次而我中華民族增庶增強一次。即至近百年來，我兵力、經濟、文化皆受西方人嚴重之壓抑，而終受有廣土眾民以備此八、九年獨立抗戰之潛能，則其穩也。緩近於絀而穩毗於優，久介其間而斡其運。微久無以補緩之缺，微穩亦無以奠久之基。然微緩，則其於政也，多強迫急制之音，少優柔饜飫之趣，故亦終難收可大可久之效。則緩與穩雖似優絀相反，而實係一事的兩方，去此一則彼一亦失。斯義對庶政或非顯著，而唯異族相遇，俗遺化殊，急若束溼，雖亦偶獲近效，而欲其雍容涵育，久且鎔為一體，絕不可得。一旦束斷，凌亂潰散，或返其故，或且有甚於故者。我國數千年來，與四周淺化人民之相處，毫無奇策，亦唯是「修其教不易其俗，齊其政不易其宜」，「用夷禮則夷之，進於中國則中國之」。漸漬之以文化，而不束縛之以政刑。只注意於風俗習慣之漸由異而之同，絕不設法加強各民族間之此疆與彼界。無迫促同化之意，而潛移默化，皆可裒孕鎔合於不自覺。以視十九世紀東西列強所用之禁用語言、迫抑習俗之政策，大異其趣。不急同化者終得同化，急於同化者卒難同化，自然演進之遲速與人意中之遲速常多睽違。天下事大抵然哉！

臺灣與我閩疆一葦可通。其通中國也自隋，至今日千餘年，即至明季鄭氏與荷蘭人之互爭，亦千有餘年也。此千餘年間，我閩、廣人民與斯地土著逐漸融合之陳跡，雖史缺有間，而用近一、二百年間我僑民在南洋諸島與土民融合之經歷相比較，固不難想像以得。我國僑民在臺灣者經歷久遠，至鄭氏時與土人蓋已融為一體。雖高山深谷之中，因地勢之限隔，小有流遺，未盡同化，而全局固無大殊異。明季之爭，非鄭氏與荷蘭人之爭，乃吾中華民族與少數侵入之西洋人相爭，故其勝敗之數不待蓍蔡。此後斯土雖隨全國之後由清廷征服，而我民族同化之偉業固仍繼續進行。清末，日本人竊據，以數十年之力即欲攫爲己有。其施政也，又徒暴力以壓，迫切以求。四、五十年中，未嘗念及土著之應有選舉權與否。及迫於喪失，始思開放一小部分不平等之應得以爲釣餌。所施極狹，所願奇奢，多見其不知量也。

今日故土恢復在即，吾國人對於斯土千餘年之經歷，亟宜有所研討以備來日之鑒戒。而有關之典籍文獻殊未豐富，識者憾之。雅堂先生爲吾國者民黨，邃於史學，積數十年之力，成臺灣通史巨著。余嘗讀其書，吾先民千餘年艱辛締造之遺跡罔弗覶陳。且斯時正値日本人壓迫唆削之際，故先生對於民族之痛衷之至深。於割地後諸英傑毫無希望，而猶艱貞力爭自由之逸事再三致意。且搜羅弘富，於島中動植礦物之蘊藏，亦皆據耳目之所睹聞，據實列述，不作浮光掠影之談。乃嘆邦人君子，如尚不願將祖先之所慘淡經營者完全置諸腦後，則對此書允宜人手一編。唯前僅印行於日本，國人得之非易。今幸商務印書館主人不顧抗戰八年後印刷之困難，勉力排印，已可與邦人君子相見。又喜勝利在望，父老兄弟歸祖國之衷衷有日。斯書印成正値其時，故不辭愚陋，略書數語以志欣感。又希望國人鑒於我民族及荷蘭人、日本人在斯土盛衰遞嬗之往事，葆吾所長、勉吾所短，以綿續吾先民之豐功偉烈於無窮也！

中華民國三十四年六月十五日，徐炳昶敬敘於雲南昌穀縣絡索坡之適然居寓齋。

張序

自開羅會議決定臺灣復歸我有，舉凡臺灣歷史、地理、政治、經濟，益成爲國人研究之對象。然有系統之著述，尚不多覯，學者病焉。

臺灣通史者，史家臺灣連雅堂先生之遺著也。憶初刊於二十年前時，余得先讀。以子長、孟堅之識，爲船山、亭林之文，敘述自隋代以至甲午千餘年間之事，綱舉目張，鉅細靡遺，且包藏人類生存爲歷史進化重心之奧義，洵爲近世中國史學之偉作也。余曾代乞章太炎先生爲之作序。近者商務印書館聞雅堂哲嗣震東君存有是書，欲其重版以餉國人。且以著者抱失地之痛，抒故國之思，激發正氣，非斯人不能作也；因徵諸震東。震東亦以是書如流傳宇海，不特彰先人之精忠，亦且發潛德之幽光，欣然許之。乞序於余。

雅堂先生平生著作豐富，臺灣通史而外，如臺灣詩乘、臺灣語典及詩文集等書，無不充沛民族精神、愛國熱誠。嘗以臺灣所失者土地，而長存者精神；民族文化不滅，民族復興亦可期。民國二十二年，震東返國，賚雅堂致余書曰：「昔子胥在吳，寄子齊國；魯連蹈海，義不帝秦。況以軒轅之胄，而爲異族之奴，椎心泣血，其能無痛？且弟僅此子，雅不欲其永居異域，長爲化外之民，因命其回國，效命宗邦也。」眞摯沉痛，大義凜然，感動之深，歷久難釋。今勝利到臨，臺灣收復，指日可待。余向以雅堂存臺灣於文化者，今竟重光臺灣，雖雅堂不及目睹，而震東克紹先人遺志，服務祖國，且已實際參加收復臺灣之工作，而其嘔心之作，又得隨鄉邦重光而重刊之，永垂不朽，雅堂有知，亦可含笑於九泉矣。今後臺灣歷史，應如何發揚光大之，深有賴於讀是書者，而於震東君尤殷殷屬望焉。

中華民國三十四年八月倭寇正式無條件投降日，張繼。

自序

臺灣固無史也。荷人啓之、鄭氏作之、清代營之，開物成務，以立我丕基，至於今三百有餘年矣。而舊志誤謬，文采不彰，其所記載，僅隸有清一朝，荷人、鄭氏之事闕而弗錄，竟以島夷、海寇視之。嗚呼！此非舊史氏之罪歟？且府志重修於乾隆二十九年，臺、鳳、彰、淡諸志雖有續修，侷促一隅，無關全局，而書又已舊。苟欲以二、三陳編，而知臺灣大勢，是猶以管窺天、以蠡測海，其被囿也亦巨矣。

夫臺灣固海上之荒島爾，篳路藍縷以啓山林，至於今是賴。顧自海通以來，西力東漸，運會之趨，莫可阻遏。於是而有英人之役、有美船之役、有法軍之役；外交兵禍，相逼而來，而舊志不及載也。草澤群雄，後先崛起，朱、林以下，輒啓兵戎，喋血山河，藉言恢復，而舊志亦不備載也。續以建省之議，開山撫番，析疆增吏，正經界、籌軍防、興土宜、勵教育，綱舉目張，百事俱作，臺灣氣象一新矣。夫史者，民族之精神，而人群之龜鑑也；代之盛衰、俗之文野、政之得失、物之盈虛，均於是乎在。故凡文化之國，未有不重其史者也。古人有言：「國可滅，而史不可滅。」是以郢書、燕說猶存其名，晉乘、楚杌語多可採。然則臺灣無史，豈非臺人之痛歟？

顧修史固難，修臺之史更難，以今日而修之尤難。何也？斷簡殘編，蒐羅匪易，郭公夏五，疑信相參，則徵文難；老成凋謝，莫可諮詢，巷議街譚，事多不實，則考獻難。重以改隸之際，兵馬倥傯，檔案俱失，私家收拾，半付祝融，則欲取金匱石室之書，以成風雨名山之業，而有所不可。然及今爲之，尚非甚難。若再經十年、二十年而後修之，則眞有難爲者。是臺灣三百年來之史，將無以昭示後人，又豈非今日我輩之罪乎？

橫不敏，昭告神明，發誓述作，兢兢業業，莫敢自遑。遂以十稔之間，撰成臺灣通史，爲紀四、志二十四、傳六十，凡八十有八篇，表圖附焉。起自隋代、終於割讓，縱橫上下，鉅細靡遺，而臺灣文獻於是乎在。

洪維我祖宗渡大海，入荒陬，以拓殖斯土，為子孫萬年之業者，其功偉矣。追懷先德，眷顧前途，若涉深淵，彌自儆惕。嗚呼念哉！凡我多士及我友朋，唯仁唯孝，義勇奉公，以發揚種性，此則不佞之幟也。婆娑之洋，美麗之島，我先王先民之景命，實式憑之！

中華民國七年秋八月朔日，臺南連橫雅堂自序於劍花室。

凡例

一、此書始於隋大業元年、終於清光緒二十一年，凡千二百九十年之事，網羅舊籍，博採遺聞，旁及西書，參以檔案，而追溯於秦、漢之際，故曰通史。

一、此書略倣龍門之法，曰紀、曰志、曰傳，而表則入於諸志之中。

一、前人作史，多詳禮樂兵刑，而於民生之豐嗇、民德之隆污，每置缺如。夫國以民爲本，無民何以立國？故此書各志，自鄉治以下尤多民事。

一、輿地一志，或曰地理、或曰疆域。夫地理屬於自然，山嶽、河川是也；疆域由於人爲，府、縣、坊、里是也。故此書僅志疆域，而地理別爲撰述。

一、臺灣地名多譯番語。如宜蘭未入版圖之時曰「蛤仔難」、或作「甲子蘭」，設廳之際稱「噶瑪蘭」，改縣之後又稱「宜蘭」。故必照其時之名以記，庶免誤會。

一、臺灣虞衡之物多屬土名，著者特爲考證，釋以漢名。疑者則缺。

一、宦游士夫，僅傳在臺施設之事；若臺灣人物，則載其一生。

一、作史須有三長；棄取詳略，尤貴得宜。顧臺灣前既無史，後之作者又未可知，故此書寧詳毋路、寧取毋棄。

目錄

表目

臺灣通史卷一　開闢紀

（起隋大業元年，終於明永曆十五年）

臺灣固東番之地，越在南紀，中倚層巒，四面環海。荒古以來，不通人世，土番魋結，千百成群，裸體束腰，射飛逐走，猶是游牧之代。以今石器考之，遠在五千年前，高山之番，實爲原始；而文獻無徵，搢紳之士固難言者。按史秦始皇命徐福求海上三神山，去而不返；又曰：「自齊威宣、燕昭使人入海求蓬萊、方丈、瀛洲。此三神山者，其傳在渤海中，去人不遠，患且至，則船風引而去。蓋嘗有至者，諸僊人及不死之藥皆在焉。其物禽獸盡白，而黃金銀爲宮闕。未至，望之如雲。及到，三神山反居水下。臨之，風輒引去，終莫能至云。世主莫不甘心焉。及至秦始皇并天下，至海上，則方士言之，不可勝數。始皇自以爲至海上而恐不及矣，乃使人齎童男女入海求之。船交海中，皆以風爲解，曰未能至，望見之焉。」或曰，蓬萊、方丈爲日本、琉球，而臺灣則瀛洲也；語雖鑿空，言頗近理。蓋以是時航術未精，又少探險海外，飄渺虛無，疑爲僊境，陋矣。臺灣與日本、琉球鼎立東海，地理氣候大略相同，山川美秀，長春之花、不黃之草，非方士所謂僊境也歟？徐福有來臺灣，今雖無可確證，而五百男女之散處日本、琉球者，後嗣不絕；然則秦時男女或有往來臺灣者，未可知也。或曰，澎湖則古之方壺，而臺灣爲岱員；於音實似。列子夏革曰：「渤海之東，不知幾億萬里，有大壑焉。實維無底之谷，其下無底，名曰歸虛。其中有五山焉：一曰岱輿，二曰員嶠，三曰方壺，四曰瀛洲，五曰蓬萊。其山高下周旋三萬里，其頂平處九千里，山之中相去七萬里，而五山之根無所連著，常隨潮波上下往還，不得暫峙焉。僊聖毒之，訴之於帝。帝怒，流於西極，失群聖之所居。乃命禺疆使巨鰲十五舉首而戴之，迭爲三番，六萬歲一交焉；五山始峙。」夫澎湖與臺灣密邇。巨浸隔之，黑流所經，風濤噴薄，瞬息萬狀，實維無底之谷，故名落漈；又有萬水朝東之險，而言「風輒引去」也。臺灣之山有高至海拔一萬三千六百餘尺、爲東洋群山之特出者，長年積雪，其狀如玉，故曰「望之如雲」也。或曰，臺灣爲古之東鯷。後漢書東夷傳曰：「會稽海外有東鯷人，分爲二十餘國。又有夷洲、澶洲。傳言秦始皇遣方士徐福將童男女數千人入海求蓬萊神仙，不得，徐福畏誅，遂止此洲。會稽東冶縣人有入海行、遭風流移至澶洲者，所在絕遠，不可往來。」然則臺灣之爲瀛洲、爲東鯷，澎湖之爲方壺，其說固有可信。而澎湖之有居人，尤遠在秦、漢之際。或曰，楚滅越，越之子孫遷於閩，流落海上，或居於澎湖，是澎湖之與中國通也已久，而其見於載籍者則始於隋代爾。

海防考曰：「隋開皇中，嘗遣虎賁陳稜略澎湖地。其嶼屹立巨浸中，環島三十有六，如排衙。居民以苫茅爲廬舍，推年大者爲長，畋漁爲業。地宜牧牛羊，散食山谷間，各氂耳爲記。稜至撫之，未久而去。」是爲中國經略澎湖之始，而亦東入臺灣之機也。當是時，宇內既平，南北混一，聲靈所布，訖於南蠻。而澎湖地近福建，海道所經，朝發夕至。漳、泉沿海之黎民早已來往，耕漁並耦，不侵不釁，幾爲熙皞之世。唯是書所言，頗有錯謬。陳稜之拜虎賁，事在大業三年，而此爲開皇中，相去幾十餘載。豈爲追述之辭？若其經略臺灣，則詳於隋書之琉球傳也。其傳曰：「流求國在海中，當建安郡東，水行五日而至。土多山洞。其王姓歡斯氏，名渴剌兜，不知其由來，有國世數也。彼土人呼之爲『可老羊』，妻曰『多拔荼』。所居曰波羅檀洞，塹柵三重，環以流水，樹棘爲藩。王所居舍，其大一十六間，琱刻禽獸，多鬥鏤樹，似橘而葉密，條纖如髮之下垂。國有四、五帥，統諸洞，洞有小王。往往有村，村有鳥丫帥，並以善戰者爲之，自相樹立，主一村之事。男女皆以白紵繩纏髮，從項後盤繞至額。其男子用鳥羽爲冠，裝以珠貝，飾以赤毛，型制不同。婦人以羅紋白布爲帽，其形正方；織鬥鏤皮並雜毛以爲衣，製裁不一；綴毛垂螺爲飾，雜色相間，下垂小貝，其聲如珮；綴璫施釧，懸珠於頸；織籐爲笠，飾以毛羽。有刀矟、弓箭、劍鈹之屬。其處少鐵，刃皆薄小，多以骨角輔助之。編紵爲甲，或用熊豹皮。王乘木獸，令左右輿之，而導從不過數十人。小王乘機，鏤爲獸形。國人好相攻擊，人皆驍健善走，難死而耐創。諸洞各爲部隊，不相救助。兩陣相當，勇者三、五人出前跳躁，交言相罵，因相擊射。如其不勝，一軍皆走，遣人致謝，即共和解，收取鬥死者聚食之，仍以髑髏將向王所。王即賜以冠，使爲隊帥。無賦斂，有事均稅。用刑無常準，皆臨事科決。犯罪皆斷於鳥丫帥，不服，則上請於王，王令臣下共議定之。獄無枷鏁，唯用繩縛。決死刑以鐵錐，大如筯，長尺餘，鑽項殺之。輕罪用杖。俗無文字，望月盈虧以紀時節，候草木榮枯以爲年歲。其人深目長鼻，頗類於胡，亦有小慧。無君臣上下之節、拜伏之禮。父子同床而寢。男子拔去髭鬢，身上有毛皆除去。婦人以墨鯨手，爲蟲蛇之文。嫁娶以酒肴珠貝爲聘。或男女相悅，便相匹耦。婦人產乳，必食子衣。產後以火自炙，令汗出，五日便平服。以木槽中暴海水爲鹽，木汁爲酢，釀米麴爲酒，其味離薄。食皆用手。偶得異味，先進尊者。凡有宴會，執酒者必待呼名而後飲。上王酒者亦呼王名銜杯。其飲頗同突厥，歌呼蹋蹴，一人唱，眾皆和，音頗哀怨，扶女子上膊搖手而舞。死者氣將絕，舉至庭前，親朋哭泣相弔。浴其屍，以布帛纏之，裹以葦草，櫬土而殯，上不起墳。子爲父者，數月不食肉。其南境風俗少異，人有死者，邑里共食之。有熊、羆、豺、狼，尤多豬、雞；無牛、羊、驢、馬。厥田良沃。先以火燒，而引水灌。持一插，以石爲刃，長尺餘，闊數寸，而墾之。土宜稻、粱、禾、黍、麻、赤豆、胡黑豆等。木有楓、栝、樟、松、梗、楠、枌、梓、竹、籐。果、藥同於江表。風土氣候與嶺南相類。俗祀山海之神，祭以酒肴。戰鬥殺人，便將所殺之人祭其神。或倚茂樹起小屋；或懸髑髏於樹上，以箭射之；或累石繫幡以爲神主。王之所居，壁下多聚髑髏以爲佳。人間門戶上必安獸頭骨角。大業元年，海師何蠻等言：『每春秋二時，天清風靜，東望依稀，似有煙霧之氣，亦不知幾千里』。三年，煬帝令羽騎尉朱寬入海訪異俗，何蠻言之，遂與蠻俱往。因到流求國，言不相通，掠一人而返。明年，帝復令寬慰撫之，不從，寬取其布甲而還。時倭國使來朝，見之曰：『此夷邪久國人所用也』。帝遣虎賁陳稜、朝請大夫張鎮周率兵，自義安浮海至高華嶼，又東行二日至鼅鼊嶼，又一日便至流求。初，稜將南方諸國人從軍，有崑崙人頗解其語，遣人慰諭之，流求不從，拒逆官軍。稜擊走之。進至其都，焚其宮室，載軍實而還。自爾遂絕。」其陳稜傳曰：「大業三年拜虎賁中郎將，後三歲，與朝請大夫張鎮周發東陽兵萬餘人，自義安泛海擊流求國，月餘而至。流求人初見船艦，以爲商旅，往往詣軍中貿易。稜率眾登岸，遣鎮周爲先鋒。其主歡斯渴剌兜遣兵拒戰，鎮周頻擊破之。稜進至低沒檀洞，小王歡斯老模率兵拒戰，稜擊破之，斬老模。其日霧雨晦冥，將士皆懼。稜刑白馬祭海神，既而開霽。分爲五軍，趨其都邑。渴剌兜率眾數千逆拒。稜又遣鎮周爲先鋒，擊走之，乘勝逐北，至其柵。渴剌兜背柵而陣，稜盡銳擊之，從辰至未，苦鬥不息。渴剌兜自以軍疲，引入柵。稜遂塡塹，攻破之，斬渴剌兜，獲其子島槌，虜男女數千而歸。」閩書亦曰：「福州之福盧山，當隋之時，曾掠琉球五千戶置此，尚有其裔。」是琉球者，臺灣之古名；今之琉球，古曰沖繩。蓉洲文稿曰：「臺灣、海中番島，考其源則琉球之餘種，自哈剌分支，近通日本，遠接呂宋，控南澳、阻銅山，以澎湖爲外援。」哈喇之音似爲渴剌，而波羅檀之地今在何處，或以爲葫蘆墩，於音相近，或以爲琅璚之部落。當隋之時，大安、大甲兩溪匯合一流，濁水以北，猶巨海也，波羅檀爲海濱高原，王都於是，以固險也。故自隋書以至宋、元所言之琉球，多屬臺灣。

先是大中七年八月，商人欽良暉歸自日本，與倭僧圓珍同船，爲北風漂至琉球，見岸上數十人各執刀戈，良暉大驚，圓珍力祈不動尊，既而風回，乃至福建；是爲日人發見臺灣之始，其後遂不往來也。

唐貞觀間，馬來群島洪水，不獲安處，各駕竹筏避難，漂泊而至臺灣。當是時，歡斯氏遭隋軍之後，國破民殘，勢窮蹙，馬人乃居於海澨，以殖其種。是爲外族侵入臺灣之始。故臺灣小誌曰：「生番之語言，出自馬來者六之一，出自呂宋者十之一，迤北十七村多似斐利賓語，說者謂自南洋某島遷來。」其言近似。而統一之者爲卑南王。王死之後，各社分立，以至今日。及唐中葉，施肩吾始率其族遷居澎湖。肩吾、汾水人，元和中舉進士，隱居不仕，有詩行世。其題澎湖一詩，鬼市、鹽水，足寫當時之景象。而終唐之世，竟無與臺灣交涉也。歷更五代，終及兩宋，中原板蕩，戰爭未息，漳、泉邊民漸來臺灣，而以北港爲互市之口；故臺灣舊詩有「臺灣一名北港」之語。北港在雲林縣西，亦謂之「魍港」。當是時，馬人之在臺灣者族強勢大，遂攘土番而分據南北焉。淳熙之間，琉球酋長率數百輩，猝至泉之水澳、圍頭等村肆行殺掠。喜鐵器及匙筋，人閉戶則免，但刓其門鐶而去。擲以匙筋，則頫拾之。見鐵騎，爭刓其甲，駢首就戮，而不知悔。臨敵用鏢槍，繫繩十餘丈爲操縱，蓋惜其鐵而不忍棄也。不駕舟楫，縛竹爲筏，急則群舁之，泅水而遁。與那國者，沖繩之一島也。昔有長耳國人渡來，掠人爲害。與那國人謀防禦，造巨屭，投之海；長耳國人見而驚去。是爲臺灣番族侵掠外洋之始，而此爲馬人也。其黠者且乘艋舺渡大海至呂宋，以物交物，轉貿於高山之番，至今猶有存者。故宋史曰：「流求國在泉州之東，有海島曰澎湖，煙火相望。旁有毗舍耶國，語言不通，袒裸盱睢，殆非人類。」蒙古倔起，侵滅女眞，金人泛海避亂，漂入臺灣。宋末零丁洋之敗，殘兵義士亦有至者。故各爲部落，自耕自贍，同族相扶，以資捍衛。

元世祖既宅區夏，餘威震於殊俗，南洋諸島悉入帡幪。至元十八年，元師伐日本，至九州海上，遇颶熸焉。諸將各擇堅艦遁，至澎湖及臺灣西岸，再遇風，乃歸福建。二十三年，整兵造艦，謀再舉，未發而止。二十八年秋九月，命海船副萬戶楊祥、合迷、張文虎並爲都元帥，將兵征琉求，置左右兩萬戶府，官屬皆從祥選辟。既又用福建吳志斗言祥不可信，宜先招諭之。乃以祥爲宣撫使，佩虎符，阮鑒兵部員外郎，志斗禮部員外郎，並銀符，齎詔往琉求。明年，不得達琉求而還。夫元之謀伐琉球，蓋欲以扼日本也。故元史曰：「琉求在南海之東，漳、泉、興、福四州界內。澎湖諸島與琉求相對，亦素不通。天氣清明時，望之隱約，若煙若霧，其遠不知幾千里也。西、南、北岸皆水，至澎湖漸低，近琉求則謂之落漈。漈者，水趨下而不回也。凡西岸漁舟到澎湖已下，遇颶風發作，漂流落漈，回者百一。琉求，在外夷最小而險者也，漢、唐以來，史所不載；近代諸番市舶，不聞至其國者。世祖至元二十八年九月，海船副萬戶楊祥請以六千軍往降之；不聽命，則遂伐之。朝廷從其請。繼有書生吳志斗者，上言生長福建，熟知海道利病，以爲若欲收附，且就澎湖發船往諭，相水勢地利，然後興兵未晚也。冬十月，乃命楊祥充宣撫使，給金符，吳志斗禮部員外郎，阮鑒兵部員外郎，並給銀符，往使琉求。詔曰：『收撫江南已十七年，海外諸番罔不臣屬，唯琉求邇在閩境，未曾歸附，議者請即加兵。朕維祖宗立法：凡不庭之國，先遣使招諭，來則安堵如故；否則必致征討。今止其兵，命楊祥、阮鑒往諭汝國，果能慕義來朝，存爾國祀，保爾黎庶；若不效順，自恃險阻，舟師奄及，恐貽後悔。爾其愼擇之！』二十九年三月二十九日，自汀路尾澳舟行。至是日巳時，海洋中正東，望見有山長而低者，約去五十里。祥稱是爲琉求國，鑒稱不知的否。祥乘小舟至低山下，以其人眾，不敢自上岸，命軍官劉閏等二百餘人，以小舟十一艘載軍器，領三嶼人陳輝者登岸。岸上人眾不諳三嶼人語，爲其殺死者三人，遂還。四月二日至澎湖，祥責鑒、志斗已到琉求文字，二人不從。明日，不見志斗蹤跡，覓之無有也。先是志斗嘗斥言祥生事要功，欲取富貴，其言誕妄難信。至是疑祥害之。祥顧稱志斗初言瑠球不可往，今祥已至琉求而還，志斗懼罪逃去。志斗妻子訴於官。有旨發祥、鑒還福州置對，後遇赦，不竟其事。成宗大德元年，福建省平章政事高興言：『今立省泉州，距琉求爲近，可伺其消息。或宜招宜伐，不必它調兵力，興請就近試之』。九月，高興遣省都鎮撫張浩、福州新軍萬戶張進赴琉求國，擒生口一百三十餘人而還。」是爲中國再略臺灣之事。當是時，澎湖居民日多，已有一千六百餘人，貿易至者歲常數十艘，爲泉外府。至元中，乃設巡檢司，隸同安。澎湖之置吏行政自茲始。

明初宇內未平，桀驁之徒聚爲海寇，出入澎湖，以掠沿海。洪武五年，信國公湯和經略海上，議徙澎民於近郭，以絕邊患。廷議可之。二十年，遂廢巡檢，盡徙其人於漳、泉，而墟其地。自是澎湖遂爲海寇巢窟。永樂中，太監鄭和舟下西洋，諸夷靡不貢獻，獨東番遠避不至。東番者，臺灣之番也。和惡之，率師入臺。東番降服。家貽一銅鈴，俾掛項間。其後人反寶之，富者至掇數枚。是爲中國三略臺灣之事。初，和入臺，舟泊赤崁，取水大井。赤崁，番社名，爲今臺南府治，其井尚存。而鳳山有三寶薑，居民食之疾瘳，云爲鄭和所遺。則和入臺且至內地，或謂在大岡山也。嘉靖四十二年，海寇林道乾亂，遁入臺灣。都督俞大猷追之至海上，知水道紆曲，時哨鹿耳門以歸，乃留偏師駐澎湖，尋罷之。居民又至，復設巡檢；已亦廢之。道乾既居臺灣，從者數百人，以兵劫土番，役之若奴。土番憤，議殺之。道乾知其謀，乃夜襲殺番，以血釁舟，埋巨金於打鼓山，逸之大年。

萬曆二十年，日本伐朝鮮，沿海戒嚴。哨者謂有將侵淡水、雞籠之議，明廷以澎湖密邇，議設兵戍險。二十五年，始設游兵，春冬汛守。於是澎湖復爲中國版土。四十五年，日人入龍門港，遂有長戍之令。初，日本足利氏之末葉，政亂民窮，薩摩、肥前諸國之氓相聚爲盜，駕八幡船，侵掠中國沿海，深入閩、浙，而以臺灣爲往來之地，居於打鼓山麓，名曰高砂，或曰高山國。高砂爲日本播州海濱之地，白沙青松，其境相似，故名；或曰是番社之名也。當是時，日本征夷大將軍豐臣秀吉既伐朝鮮，謀併臺灣。二十一年十一月，命使者原田孫七郎至呂宋，途次賜書高山國，勸其入貢。書曰：「夫日輪所照臨，雖至海岳、山川、草木、禽蟲，莫不受他恩光也。予際欲處慈母胞胎之時，有瑞夢。其夜日光滿室，室中如晝，諸人不勝驚愕。相士相聚占卜之，曰：『壯年輝德色於四海，發威光於萬方之奇異也』。故不出十年之中，而誅不義，立有功，平定海內。異邦遐陬嚮風者，忽出鄉國，遠泛滄海，冠蓋相望，結轍於道，爭先而服從矣。朝鮮國者，自往代於本朝有牛耳盟，久背其約。況又予欲征大明之日，有反謀。此故命諸將伐之。國王出奔，國城付一炬也。聞信已急，大明出數十萬援兵，雖及戰鬥，終依不得其利，來敕使於本邦肥之前州而乞降。繇之築十個城營，收兵於朝鮮域中慶尙道，而履決眞僞也。如南蠻琉球者，年年獻土宜，海陸通舟車，而仰予德光。其國未入幕中，不進庭，罪彌天。雖然不知四方來享，分爲其地疏志，故原田氏奉使命而發船。若是不來朝，可令諸將攻伐之。生長萬物者日也，枯渴萬物者亦日也。思之不具！」是爲日本經略臺灣之始。三十二年，山田長政赴暹羅，途次臺灣。於時日本人在臺日多，或採金於哆囉滿，或寄居小琉球。既復攻雞籠番，脅取其地。明朝憂之，乃增澎湖遊兵。秀吉死，德川家康嗣大將軍，戡平內亂，圖遠略，獎勵海外貿易，其船之出洋者給朱印狀以保護之。四十三年，村山等安受高砂渡航朱印狀。等安，肥前人，奉景教，家康委以經略臺灣之事。欲利用其教以收服土番，乃率其子來。家康以兵三千與之，欲取爲附庸。然以無援，故不成。先是中山遣使於明曰，日本有取臺灣之議，明廷命警備沿海，及是而罷。

天啓元年，海澄人顏思齊率其黨入居臺灣，鄭芝龍附之；事在其傳。於是漳、泉人至者日多，闢土田，建部落，以鎮撫土番，而番亦無猜焉。居無何，思齊死，眾無所立，乃奉芝龍爲首。芝龍最少，才冠其群，陸梁海上，官軍莫能抗。朝議招撫。以蔡善繼習芝龍，爲書招之。芝龍感激歸命。及降，善繼坐戟門，令芝龍兄弟泥首，芝龍屈意下之，而一軍皆譁，竟叛去。復居臺灣，劫截商民，往來閩、粵之間。六年，泊於漳浦之白鎮，與官軍戰勝，遂趣中左所。中左所者，廈門也。督師俞咨皐與戰敗，又佚之。中左人開門納之。崇禎元年九月，率所部降於督師熊文燦，而其黨有留臺灣者。當是時，海寇曾一本、李魁奇先後據澎湖，以侵掠福建，嗣爲官軍所滅。

先是萬曆初，有葡萄牙船航東海，途過臺灣之北。自外望之，山嶽如畫，樹木青葱，名曰科摩沙，譯言美麗。是爲歐人發見臺灣之始。越三十餘年，而荷人乃至矣。荷蘭爲歐洲強國，當明中葉，侵奪爪哇，殖民略地，以開東洋貿易之利。萬曆二十九年，荷人駕夾板，攜巨炮，薄粵東之香山澳，乞互市。粵吏難之，不敢聞於朝。當是時，中國閉關自守，不知海外大勢，而華人之移殖南洋者已數百萬，政府且欲禁之。海澄人李錦久居大年，習荷語。其友潘秀、郭震亦賈於南洋者。錦見荷酋麻韋郎曰：「若欲通商，無如漳州。漳州之南有澎湖，南北交通之要地也，誠能踞而守之，則互市不難。」麻韋郎曰：

「守土官不許，奈何？」曰：「稅使高宷嗜金錢，無遠慮，若厚賄之，必奏聞。得天子一報可，而守土官誰敢抗哉？」錦乃爲作書，一移宷及兵備守將，令秀、震齎往。守將陶拱聖大駭，亟白當事，繫秀於獄。震懼不敢入。而荷人俟之久，三十七年秋七月，駕二巨艦抵澎湖。時明兵已撤，遂登陸，伐木築屋，爲久居計。錦潛入漳州，詭言被獲逃歸。守吏知其事，並下獄。遣使說荷人去澎，不諧。高宷亦令密使周之範往見荷人，說以三萬金餽宷，即許互市。荷人喜，與約。事垂成矣，總兵施德政偵其事，檄都司沈有容將兵往諭。有容負膽智，大聲論辯。荷人心折，曰：「我從未聞此言。」索還所餽金，以貨物贈宷。宷不答。福建巡撫徐學聚亦嚴禁國人下海，犯者誅。錦等旋論死，而荷人亦去澎湖。

天啟二年，荷人再乞互市，不許，遂侵掠沿海。冬十月，荷將以船艦十七艘再至澎湖，據之。澎民數千謀拒守。荷人劫以兵，奪漁舟六百餘。築城媽宮，役死者千三百人。復於風櫃尾、金龜頭、嵵裏、白沙、漁翁諸島各造炮臺，以防守海道。初，荷人撤退澎湖之時，巡撫南居益上疏請修防備，未舉而荷人再至；復上疏請逐。天啟三年夏六月，以兵二千入鎮海港，破炮臺，進攻媽宮城。荷人恐，潛結海寇，以八船窺福建，出沒金、廈間。四年春正月，居益復遣總兵俞咨皋伐之，荷人大敗，禽其將高文律，斬之。八月，荷人請和，許之，與互市，乃退澎湖，而東入臺灣。先是，海澄人顏思齊居臺灣，鄭芝龍附之。既去，而荷人來，借地於土番。不可。紿之曰：「願得地如牛皮，多金不惜。」許之。乃剪皮爲縷，周圍里許，築熱蘭遮城以居，駐兵二千八百人。附近土番多服焉。

六年夏五月，西班牙政府自呂宋派遠征軍，以朗將之，率戰艦入據雞籠，築山嘉魯城，駐兵防守。而臺之南北遂爲荷、西二國所割據。當荷人入臺之前，日本人已先在此；以臺灣爲南洋所經之地，往來頻繁。及荷人至，課丁稅；日人以先來之故，不從，法令亦不能強其奉行。於是始與臺灣領事有隙。爪哇總督嘉爾匾芝欲挫日本貿易，擢其子俾敕爾盧爲臺灣領事，且命至長崎理交涉之案。俾敕爾盧蒞任未久，而濱田彌兵衛之事起。初，長崎代官末次平藏受幕府命，航海往福州，途次澎湖，爲荷人所苦。歸大憤，欲雪恥，謀諸長崎市人濱田彌兵衛。彌兵衛素負勇俠，慨然許之。與其弟小左工明子新藏率市中壯士十二人，以崇禎八年春三月二十日至臺。同船華人某告荷人。荷人驗其船，搜奪兵器及楫，留之。

牒報爪哇總督，請處分。彌兵衛淹留四月，不得歸，罄售貨物，久之無所得食，憤甚。六月二十九日，率眾三人至領事廳，預伏援兵，面求解纜。不聽。彌兵衛大怒，直前劫之，左右愕眙，伏兵盡起。有執兵入衛者，新藏揮刀斬之，諸皆畏懼莫敢動。乃拉領事歸旅館。領事告其屬，示媾意。若日人果有復仇之心，則以兵拒之。彌兵衛亦慮有變，乃與立約。曰：以領事之子及官一、荷人三爲質，而日本亦以末次平藏之姪及五人交質。曰：荷蘭領事須放前捕土番十一人，及華人通譯，並歸其財產。曰：應以相抵之物贈彌兵衛，以洗前恥。曰：日本人所失華絲二萬觔，須以八萬六千盾賠償之。凡約五日而成。七月初四日交質。明日，囚荷人於長崎。既而領事之子瘐死獄中。其後七年，始放荷人歸國。自是日人之勢力始震於臺灣。及鎖港之令行而後絕跡。

二年，西人復入淡水，築羅岷古城，爲犄角，駐領事，闢土田，以鎮撫土番。當是時，雞籠、淡水均爲荒穢之地，華人亦少至者，草茀瘴毒，居者輒病死，故西人亦大費經營也。五年，西船遭颶至蛤仔難海岸，爲土番劫殺，發兵討之。六年，西人始至大浪泵，南訖竹塹，謀殖民，而神甫輒遭番害，乃止。

當荷人入臺之時，福建沈鈇上書巡撫南居益曰：「紅夷潛退大灣，蓄意叵測。征兵調兵，殊費公帑。昨僭陳移檄暹羅，委官宣諭，約爲共逐。未知可允行否？澎湖雖僻居海外，實泉、漳門戶也。無論紅夷灣泊，即日本、西洋呂宋諸國亦所必經，地最險要，山尤平坦。南有港門，直通西洋，紅夷築城據之。北有港門，名鎮海港，官兵渡澎居之。中間一澳，從南港門而入，名曰暗澳，可泊舟數百隻。四圍山地，可開作園，栽種黍稷瓜果，牧養牛羊牲畜，未可遽墾爲田，以山多頑土，無泉可灌也。今欲使紅夷不敢居住澎湖，諸國不得往來澎湖，其策有六：一曰專設游擊一員，鎮守湖內；二曰招募精兵二千餘名，環守湖外；三曰造大船，製火器，備用防守；四曰招集兵民，開墾山蕩，以助糧食；五曰建設公署營房，以妥官兵；六曰開通東西洋呂宋商船，以備緩急。此六議似當斟酌舉行者。夫澎湖險地，什倍南澳，地在海島，夙盜藪也。萬曆初年，撫臺劉凝齋公祖移會廣東制臺，題設副總兵坐鎮於中，抵今兵民完聚，田土開闢，屹爲海邦重鎮，俾夷不敢窺伺，漳、潮賴以安枕，信明驗矣。今澎湖可倣而行之；請設游擊一員，坐鎮湖內，仍設左右翼把總哨官，爲之輔佐，擇閩中慣歷風濤、諳練水路者充之；無事則演藝守汛，有事則料敵出奇，俾諸夷不得復窺中土。並議久任責成，凡兵之進退、糧之出入，咸游擊是賴，三載加銜，六載成勳，特陞大將。每歲或委廉幹佐貳，不時查點。如兵士有虛捏、月糧有剋減，參處查究，追出銀兩以充兵餉；庶知勸懲，永奠沃壤。殆與南澳一鎮，並爲閩中屏翰矣。此議設游擊之策一也。夫有官守，必有兵戍。戍守哨探之兵，非二千餘名不可。每名月糧九錢，此定例也。其糧餉或出自漳、泉二府，或支自布政司庫，原有定議。沿海捕魚之民，慎擇以充之。或撥出洋遠探若干名，遇賊則攻擊之；或撥守港內若干名，有警則應援之。游擊標下親兵與把總哨官人役，各自另設，不許占用水陸戍兵一人，不許虛冒戍兵月糧一分。其月糧按季開支。該道委海防館照名數鑿鑿包封，逐名唱給，不許將官總哨代領，以防剋減；尤不許防館吏書需索常例，以奪兵食。此游兵營堡宿弊，亟宜申明禁革之。凡汛地之守探，具數總報院道，以便查考。夷情之緩急，飛報院道防館，以便調度。一或誤事，自有軍法。庶水陸並進，犬牙相制；澎島一帶，可保無虞。此議戍兵之策二也。夫各寨游船，每板薄釘稀，委官製造，價銀十不給半，一遇海濤，便自潰裂，安可出戰？今宜令駕船者領價監造。每船歷幾汛方許修理，載幾汛方許改拆，而拆造僅給半價，則造船駕船均出一手，或不敢以敝漏之舟，自試蛟龍之窟耳。若火藥，尤紅夷所懼者。中左所火攻，已破其膽。火舟四集，自爾宵遁，則火舟當多備明甚。而大銃大船尤不可少者。宜造大船十餘隻，安置大銃十餘門，布列港口，俟賊至夾攻之。夷酋憚我長技，不唯不敢侵我疆土，且遠遁無敢再出矣。此議造船火器之策三也。澎湖山地，雖云頑土，不堪墾田，而遍度膏腴之區，或可播種禾穀者。即黍、稷、麻豆、甘蔗、果木，均可充兵民口食之需。須廣招同安、海澄濱海黎庶乏田園可耕者，多四、五百人，少亦二、三百人，俾挈犁鋤種子以往。就居撥地，聽其墾種。每人量給二、三十畝，仍帶妻子，方成家業。並畜牛羊，捕釣魚類，少資糊口。仍禁游擊總哨各官，不許索租粒食。各戍兵下班之日，有能用力種植者亦聽之。明示十年以內，決不抽稅。俟十年以後，田園果熟，酌量每畝抽銀二、三分，以爲犒賞官兵之費用。務使民兵相安，永遠樂業。此議招民開墾園地之策四也。夫官既守海，必有公廨居之。戍兵、寓民，亦須藉營房、寮舍爲藏身計。今議蓋游擊府公署，或在鎮海港口，或在娘媽宮前，當查舊基擴充之。標兵量撥百名，環列左右。仍設倉廒數間，爲貯糧之所。擇寬廣爲較場，以備操練。而暗澳口相對二銃城及東北面大中墩，各量置營舍，以爲守禦，方免各兵暴露。船兵營兵輪流撥用，少均勞逸。即招募種植民居，就今自蓋房舍，或官量給房價，咸附兵營居住，相依爲命，守望相助。此議設官廨、兵營之策五也。夫澎湖大灣上下，官兵船隻把港，則番船不許出入，紅夷不許互市，無待言者。然泉、漳二郡商民，販東西兩洋，以代農賈之利，比比然也。自紅夷肆掠，洋船不通，海禁日嚴，民生憔悴。一夥豪右奸民，倚藉勢官，結納游總官兵，或假給東粵高州、閩省福州及蘇、杭買貨文引，載貨物出外海，徑往交趾、日本、呂宋等國買賣覓利。中以硝磺器械違禁，接濟更多，不但米糧飲食也。禁愈急而豪右出沒愈神，法愈嚴而衙役賣放更飽。且恐此輩營生無路，東奔西竄，如李旦、黃明佐之儔仍走夷鄉，代爲畫策，更可慮也。故不如俟澎湖島設兵鎮後，紅夷息肩，暫復舊例，聽洋商明給文引，往販東西二洋。經過澎湖，赴游府驗引放行，不許需索阻滯。回船之日，若有夷人在船，即拿送上司，以奸細論。庶可生意飽商民之腹，亦可以夷增中國之利。俟澎湖設官建城之後，可徐議爲之。此議通商便民之策六也。以上迂議六款，似可爲澎湖善後之一助。而通商一款，亦聊備後日變通之微權。伏望憲臺不棄迂朽，仍會藩、臬、巡海、守巡司道洎總兵、副、參等衙門。面議停妥，一面題請，一面舉行。非但澎湖一島堪與南澳並稱重鎮，而八閩士民永有攸賴矣。」居益不從。

八年，給事中何楷奏陳靖海之策，其言曰：「今欲靖寇氛，非墟其窟不可。其窟維何？臺灣是也。臺灣在澎湖島外，距漳、泉止兩日夜程，地廣而腴。初，貧民至其地，窺漁鹽之利，後見兵威不及，往往聚而爲盜。近則紅毛築城其中，與奸民互市，屹然一大部落。墟之之計，非可干戈從事，必嚴通海之禁，俾紅毛無從謀利，奸民無從得食，出兵四犯，我乘其虛而擊之，可大得志。紅毛舍此而去，然後海氛可靖也。」不聽。

十年，荷人犯粵東，乞互市，不許，歸而整理臺灣。先是東印度公司經營爪哇，及據臺灣，更增勢力。數年之間，地利日闢。厥土黑壤，一歲三熟。而華人來者日多，凡有一萬五、六千人，以與中國、日本互市。守吏俸祿薄，不足用，亦各營商業，博私利。於是荷人商務冠於東洋。然課稅繁重。制王田，募民耕之，計田以甲，每丁徵稅四盾。領臺之初，歲收三千一百盾，其後增至三萬三千七百盾。蓋移殖者眾，而歲入亦巨也。

十二年，東印度公司派員來臺，視行政。六月，荷將郎必即里哥率夾板犯閩浙，閩撫鄒維璉拜鄭芝龍爲將，破之。自是不敢窺閩海。

十三年，荷人以西人之據北鄙也，上書爪哇總督，欲發兵逐之。而西人方與葡萄牙合，謀奪其海權。然荷人國力方盛。夏五月，臺灣領事波宇烈士致書西人，請撤退，曰：「余不忍生民罹禍，女其速舉城降。」西領事昂薩路復曰：「城固在也，女其來取！」八月，荷人以戰艦攻雞籠，不勝。已而呂宋有事，裁戍兵，荷人乘勢攻之。翌年春三月，又以兵五百伐淡水。西人戰不利，閉城守，久而援絕。九月初四日，乃棄城走。凡西人據臺十六年，而爲荷人所逐。

弘光元年，臺灣領事集歸化土番之長老，設評議會，以布自治之制。分番社爲南、北二路，立村長，理民政，奉領事約束。每年三月初八日開於北路，四月初四日開於南路。其時歸化番社，曰新港，曰目加溜灣，曰蕭壠，曰麻荳，曰大穆降，曰大傑顚。每年五月初二日，主計官集公所，召商贌社，謂之社商。凡番耕獵之物悉畀之，而與以日用之物。其令嚴密，番莫敢犯。當是時，土地初闢，森林未伐，麋鹿之屬滿山谷，獵者領照納稅，其皮折餉，售於日本，肉則爲脯。荷人以牧畜之利，南北二路設牛頭司，放牧生息，千百成群。犢大，設欄禽之，以耕以輓。

永曆二年。荷人始設耶穌教堂於新港社，入教者已二千餘人。各社設小學，每學三十人，課以荷語、荷文及新舊約。牧師嘉濟宇士又以番語譯耶教問答及摩西十誡授番童，拔其畢業者爲教習。於是番人多習羅馬字，能作書。削鵝管略尖斜，注墨於中，揮寫甚速，凡契券公文均用之。三年，五學學生凡六百餘名。荷人又與番婦婚，教化之力日進。

十年，荷人復築城赤崁，背山面海，置巨炮，增戍兵，與熱蘭遮城相犄角。華人移住雖多，終爲所苦，遂進而謀獨立。十一年，甲螺郭懷一集同志，欲逐荷人，事洩被戮。懷一在臺開墾，家富尚義，多結納，因憤荷人之虐，思殲滅之。九月朔，集其黨，醉以酒，激之曰：「諸君爲紅毛所虐，不久皆相率而死。然死等耳，計不如一戰。戰而勝，臺灣我有也。否則亦一死。唯諸君圖之！」眾皆憤激欲動。初七夜伏兵於外，放火焚市街，居民大擾，屠荷人，乘勢迫城。城兵少，不足守，急報熱蘭遮。荷將富爾馬率兵一百二十名來援，擊退之。又集歸附土番，合兵進擊，大戰於大湖，郭軍又敗，死者約四千。是役華人誅夷者千數百人。

懷一之謀既挫，數年無事。及聞延平郡王鄭成功威震東南，荷人恐，增兵備。而成功以中原多故，未遑征討。金陵敗後，窮蹙兩島，乃稍稍議遷。荷人亦大戒嚴，輒捕華人之富家為質，遇有嫌疑，即囚之，或殺之。華人含恨，遂洶洶欲動。十四年，臺灣領事鄂易度請援於印度公司。命爪哇派艦十二，運兵來守。於是臺灣戍兵計有三千五百人。艦將以為無恐，移書廈門，詰成功曰：「若欲戰乎？抑欲和乎？」成功答曰：「余不欲戰也。」而臺灣領事終不釋。荷蘭評議會謂其多事，召歸兵艦。艦長既還，遂劾鄂易度畏怖，將召歸，以郭冷谷代之。未至而鄭師來伐。

十五年，成功在兩島，地蹙軍孤，議取臺灣。適荷蘭甲螺何斌負債走廈，盛陳沃野千里，為天府之國，且言可取狀。成功覽其圖嘆曰：「此亦海外之扶餘也！」召諸部計議。吳豪對曰：「藩主以進取臺灣下問，豪聞其水路險惡，炮臺堅利，縱有奇謀，亦無所用，不如勿取。」成功曰：「此常俗之見，不足用於今日。」黃廷曰：「果如吳豪之言，是以兵與敵也。勿取為便。」成功又曰：「此亦常見爾。」馬信曰：「藩主所慮者，以諸島難以久拒清人也。夫欲壯其枝葉，必先固其根本，此萬全之計。今乘將士閒暇，不如先統一旅，往視其地，可取則取，否則作為後圖，亦未為晚。」而諸將終以險遠為難。唯楊朝棟力陳可取。成功意銳，振舵東甲，率兵二萬五千。三月泊澎湖，令陳廣、楊祖、林福、張在守之。狥曰：「本藩矢志恢復，念切中興。曩者出師北討，未奏膚功，故率我將士，冒波濤，欲闢不服之地，暫寄軍旅，養晦待時。非敢貪戀海外，苟延安樂也。唯天唯祖宗之靈，其克相余！」至鹿耳門，則水驟漲丈餘，大小戰艦啣尾而渡，縱橫畢入。荷人大驚，以為自天而下。引兵登陸，克赤崁城。荷人退保熱蘭遮，以兵二百四十擊鄭師。鄭師四千繞城戰，荷軍大敗，亡一隊長。而鄭艦亦擊沉荷艦，餘悉遁。荷艦摩阿利走報爪哇，阻風五十三日始達。鄭師攻城不下。四月二十六日，成功命使者以書告曰：「執事率數百之眾，困守城中，何足以抗我軍？而余尤怪執事之不智也。夫天下之人固不樂死於非命，余之數告執事者，蓋爲貴國人民之性命，不忍陷之瘡痍爾。今再命使者前往致意，願執事熟思之。執事若知不敵，獻城降，則余當以誠意相待。否則我軍攻城，而執事始揭白旗，則余亦止戰，以待後命。我軍入城之時，余嚴飭將士，秋毫無犯，一聽貴國人民之去。若有願留者，余亦保衛之，與華人同。夫戰敗而和，古有明訓；臨事不斷，智者所譏。貴國人民遠渡重洋，經營臺島，至勢不得已而謀自衛之道，固余之所壯也。然臺灣者，中國之土地也，久爲貴國所踞。今余既來索，則地當歸我，珍瑤不急之物悉聽而歸。若執事不聽，可揭紅旗請戰，余亦立馬以觀，毋游移而不決也。生死之權，在余掌中，見機而作，不俟終日。唯執事圖之！」鄂易度復書不從。其明日果樹紅旗，聚男子於城中，毀市街。鄭師攻之不克，乃築長圍以困之，出略平野。於是多殺荷人，報宿怨也。鄭師捕其商人羅谷具，令入城勸降。荷人不從。又捕其民五百，悉斬以殉。爪哇評議會既劾鄂易度，以郭冷谷代之；方二月而摩阿利至，始知鄭師伐臺，乃復鄂易度之職，派兵七百、船十艘馳援。郭冷谷既至臺灣，遠望紅旗，而港口又鄭艦雲集，懼向日本而去。既而爪哇援兵踵至，城兵亦乘勢出擊。鄭師力戰，荷軍又敗，失船二。乃召回雞籠、淡水戍兵，潛載婦孺逃歸，謀死守。於是鄭師暫息。會清使自福州來，約荷人先取金、廈，荷人從之，調軍艦五艘往，遭風破沒，餘艦又歸爪哇，而臺灣之兵力愈薄。當鄭師之按兵也，有華人自城中出，請急攻，陷其南隅。荷人恐。成功又告之，乃降。十二月初三日，率殘兵千人而去，而臺灣復爲中國有矣。是役也，陷圍七月，荷兵死者千六百人。自天啓四年，至永曆十五年，荷蘭據有臺灣凡三十八年，而爲成功所逐。於是鄭成功之威名震乎寰宇。

連橫曰：臺灣之名，始於何時，志乘不詳，稱謂互異。我民族生斯長斯，聚族於斯，而不知臺灣之名義，毋亦數典而忘其祖歟？余嘗考之史籍，驗之地望，隋、唐之際，以及宋、元，皆稱琉球。明人不察，乃呼東番。故「鳳山縣誌」曰：「或元以前，此地與澎湖共爲一國，而同名琉球。」「臺灣小誌」亦曰：「閩人初呼臺灣爲小琉球，而稱沖繩爲大琉球。」稱臺灣爲小琉球，不知其何所據？「文獻通考」謂琉球在泉州之東，有島曰澎湖，水行五日而至，旁爲毗舍耶。「臺海使槎錄」謂毗舍耶則指臺灣，非也。毗舍耶爲呂宋群島之一，密邇臺灣，其名猶存，故曰其旁也。而舊時之稱者曰北港。「方輿紀略」曰：「澎湖爲漳、泉門戶，而北港即澎湖之唇齒。失北港則唇亡齒寒，不特澎湖可慮，即漳、泉亦可憂也。北港在澎湖東南，亦謂之臺灣。」按北港一名「魍港」，即今之「笨港」，地在雲林縣西，曩爲海舶出入之口，而往來者遂以北港名臺灣也。「臺灣縣誌」曰：「荷蘭入北港，築城以居，因稱臺灣。」然臺灣之名果始於荷人否？志稱荷蘭設市於北，築磚城，制若崇臺。海濱沙環水曲曰灣，又泊舟處概謂之灣。此臺灣所由名也。如志所言，拘泥文字，以爲附會之說，臺灣果出荷人，則荷人著書當用其名，何以又稱爲小琉球耶？「蓉洲文稿」曰：「萬曆間，海寇顏思齊踞有其地，始稱臺灣。」思齊踞臺早於荷人三年，若徵此說，則臺灣非出於荷人也明矣。然「蓉洲」之說亦有未確者。「瀛壖百詠序」曰：「明季周嬰遠遊篇，載東番一篇，稱其地爲臺員，蓋閩音之訛也。」臺灣之名入中國始於此。據是則土番之時，閩人已呼東番爲臺灣矣。周嬰，閩之莆田人。當明中葉，漳、泉人已有入臺僑住者，一葦可航，聞見較確。或曰：臺灣原名「埋冤」，爲漳、泉人所號。明代漳、泉人入臺者，每爲天氣所虐，居者輒病死，不得歸，故以埋冤名之，志慘也。其後以「埋冤」爲不祥，乃改今名。是亦有說。延平入處，建號東都。經立，改名東寧。是則我民族所肇造，而保守勿替者。然則我臺人當溯其本，右啓後人，以毋忘華路藍縷之功也。

臺灣通史卷二　建國紀

（起明永曆十五年，終於三十七年）

永曆十五年冬十二月，招討大將軍延平郡王鄭成功克臺灣，居之。成功，福建南安縣石井人，初名森。父芝龍，娶日本士人女田川氏。以天啓四年七月十四日，誕於千里濱。是夜萬火齊明，遠近異之。數歲，芝龍與顏思齊黨中爲盜，居臺灣，往來閩、粵之間。朝議招撫，未久而去。崇禎元年，乃率所部降於督師熊文燦。三年，以平粵盜、征生黎、焚荷蘭、收劉香功，遷都督。於是成功在日本已七歲矣。芝龍屢使人請之，不能得，已而歸焉。成功丰儀整秀，倜儻有大志，每東向而望其母。常爲季父芝豹所屈，叔父鴻逵獨偉視焉。讀書穎敏，而不治章句。先輩王觀光一見，謂芝龍曰：「是兒英物，非爾所及也。」年十五，補博士弟子員，試高等，食餼二十人中。聞虞山錢謙益之名，執贄求學。謙益字之曰大木。金陵有術士視之曰：「此奇男子，骨相非凡，命世雄才，非科甲者。」

北京既陷，福王立江左，改元弘光，封芝龍南安伯，鴻逵靖西伯。二年，唐王即位福京，改元隆武，晉芝龍平西侯，鴻逵定西侯，俱加太師。已而成功陛見，帝奇之，撫其背曰：「惜無一女配卿。卿當盡忠吾家，毋相忘也。」因賜姓朱，改名成功，字明儼，封御營中軍都督，賜尚方劍，儀同駙馬。自是中外皆稱「國姓」云。是年日本送歸其母。芝龍以擁立非本意，日與文臣忤。一日，成功見帝愁坐，跪奏曰：「陛下鬱鬱不樂，得無以臣父有異志耶？臣受國厚恩，義不反顧。臣以死捍陛下矣！」及兩浙破，關門不戒，芝龍出師，駐不發。三年六月，封成功忠孝伯。八月，帝親征，駐建寧。武毅伯施福撤關兵歸，駕陷汀州，成功南潰。清軍猝入泉州，田川氏死焉。芝龍退保安平，軍容甚盛，猶預未敢迎師。清貝勒博洛遣人招之，大喜，召成功計事。成功泣諫，不從。遂進降表。至福州，博洛挾以俱北。成功雖遇主列爵，實未嘗一日與兵權，意氣狀貌，猶儒書也。既力諫不聽，又痛母死非命，悲歌慷慨，謀起師。攜所著儒巾襴衫赴文廟焚之，四拜先師曰：「昔爲孺子，今作孤臣。向背棄留，各有作用。謹謝儒服，唯先師鑒之！」高揖而出，禡旗糺旅，聲淚併俱。與所善陳輝、張進、施琅、陳霸、施顯、洪旭等願從者九十餘人，乘二巨艦，斷纜行，收兵南澳，得數千人，文移稱「忠孝伯招討大將軍罪臣國姓」，時年二十有三也。

翌年，遙聞永明王即位肇慶，改元永曆，則奉朔提師，歸自南澳，舊眾稍集。時廈門、金門爲鄭彩及弟聯所踞，乃泊鼓浪嶼，與廈門隔帶衣。廈門者、中左所也，金門者、浯州也，隸同安，爲兩島。七月，會鄭彩兄弟伐海澄，不克而還。八月，與鴻逵合攻泉州，敗清提督趙國佐於桃花山，追至城下。清軍來援，成功回島，鴻逵艤舟泉港，所在起應。

二年春，帝在桂林。三月，成功伐同安，克之，以葉翼雲爲知縣。進攻泉州。七月，佟國器、陳錦、李率泰率清軍至，鴻逵入潮，成功回島。使如日本請兵，不報。已而清軍攻同安，守將邱縉、林壯猷及翼雲悉死。十月，帝遣使至島，封成功威遠侯。

三年春，帝在肇慶。成功募兵銅山。三月，以施琅、楊才、黃廷、柯宸樞、康明、張英伐漳浦，守將王起鳳降。尋下雲霄，抵詔安，屯分水關。清軍力攻，宸樞死焉。七月，封成功爲延平公，隨使貢方物，率師入潮，至碣石衛。是年全粵俱奉正朔。

四年春，伐潮陽，未能下。時兩島爲彩、聯所踞，其將章雲飛恣肆不道。成功密語諸將曰：「兩島吾家，臥榻之側，豈容他人鼾睡？」乃嚴部勒，中秋抵廈門，遂併聯軍，可四萬餘人，威稜日振。已而殺之。彩率所部之南中漁獵，數年復之，卒於家。十一月，帝在南寧。十二月，清軍狥廣州，鎮帥杜永和奔瓊州，成功謀往接之。

五年春正月，率師而南。二月，舟次平海衛。鴻逵棄揭陽回島。閩撫張學聖按泉，以馬得功襲廈門。鴻逵未至，鄭芝莞無設備，未戰而潰。大學士曾櫻死之。鴻逵至，攻得功。得功不得退，使謂鴻逵曰：「公等家屬皆在安平，脫得功不出，恐不利公家。」鴻逵患之，且不虞成功之驟至也，逸之。四月，成功至自平海，得功去兩日矣。以失律罪殺芝莞。芝莞，成功從叔也。諸將悚懼，兵威復振，凡六萬餘人。鴻逵泊白沙，築寨以居。左先鋒施琅得罪逃於清。是時帝在安隆所。五月，伐南溪。十一月，敗清提督楊名高於小營嶺。十二月，伐漳浦，守將楊世德、陳堯策降。

六年春正月，帝在安隆所。成功攻海澄，守將郝文興降，遂取長泰。中提督甘輝遇清將王進於北溪，鏖戰竟日。進敗，圍之。總督陳錦來援，復敗之，錦走泉州。遂破長泰，諸邑俱下。五月，清金衢總兵馬逢知來援，突入漳城。成功圍之，弗下。防鎮門山以水灌之，堤壞不浸。城中食盡，枕藉死者七十餘萬人。七月，陳錦軍於鳳山尾，其奴庫成棟刺之，以首來獻。成功嘆曰：「僕隸之人，而背戕其主，是天下無刑也。」賞其功而終殺之。十月，清帥金固山援至，乃解圍，收兵保海澄。

七年春，帝在安隆所。五月，金固山來攻，城壞百餘丈。成功親立雉堞，左右死者層積，指揮自若，益治軍。既而矢炮雨下，成功大呼曰：「天尚贊吾，無落吾軍。」須臾下息，炮碎其座。忽一夜，空炮遽發，成功詐謂諸將曰：「是將臨城矣！」勒兵持斧以待。曰：「敵至方砍。」清軍落濠入邪，眾禦之。固山宵遁，澄守益堅。當是時，沿海騷俶，饟餽不贍。以黃愷為餉鎮。愷少有才，陰事招權，成功收而殺之。鄭氏軍興以來，兵律嚴肅，無所淫戮。軍行之間，婦人孺子至與爭道，故民尤愛之。

八年春，清廷以鄭、賈二員來講，封成功海澄公、芝龍同安伯、鴻逵奉化伯、芝豹左都督。成功不從。於是置芝龍於高俎，戍芝豹於寧古塔。成功不顧。十月，伐漳州，鎮標劉國軒開門降，十邑俱下，乘勢略泉州屬邑，守將韓尚亮力守。當是時，水陸兵勢，熛至風起，浸尋衍溢，分所部為七十二鎮。改中左所為思明，以鄧會知州事。立儲賢館、儲材館、察言司、賓客司，設印局、軍器諸局。令六官分理國事。以壬午舉人潘賡昌為吏官兼戶官，丙戌舉人陳寶鑰為禮官，世職張光啓為兵官，浙人程應璠為刑官，戊子舉人馮澄世為工官。奉監國魯王、瀘溪王、寧靖王居金門。凡諸宗室，悉贍給之。禮待避亂搢紳王忠孝、盧若騰、沈佺期、辜朝薦、徐孚遠、紀許國等，皆名客也。軍國大事，時諮問焉。凡所便宜封拜，輒朝服北向稽首，望永曆帝坐，疏而焚之。

九年春，帝在安隆所。正月，以林勝伐仙游。五月，拜定西侯張名振為元帥，忠靖伯陳輝副之。以二十四鎮入長江。加戶官洪旭為水師右軍，北鎮陳六御為五軍戎政，偕伐舟山，克之。已而清軍來襲，六御死焉。臺州鎮馬信、寧波鎮張宏德均來歸。六月，墮安平鎮及漳州、惠安、南安、同安。七月，使如日本，修舊好也。十一月，清定遠大將軍濟度入閩，成功回島。

十年春，帝在安隆所，嗣入雲南。正月，濟度輒侵略沿海。三月，攻兩島，遇風而還。四月，以蘇茂、黃梧伐碣陽，不克，斬茂以徇。梧懼誅，以海澄降清，重地也。甘輝聞亂，進攻不勝，乃入土城取蓄積歸。遂奉成功破閩安，逼福州，轉略溫、臺等郡，浙東俱震。

十一年春三月，帝在雲南。鴻逵卒於浯州。成功回島。尋遣將城福州峽江牛心塔，以陳斌、林銘、杜輝等守之。清軍來攻，銘、輝退，斌無援降，嗣被殺。甘輝、周全斌等攻寧德，斬滿帥阿克襄，一軍大震。

十二年春正月，帝在滇城。遣漳平伯周金湯航海至思明，晉成功延平郡王、甘輝崇明伯、張萬禮建安伯、黃廷永安伯、郝文興慶都伯、王季山祥符伯，餘各拜爵有差。乃議大舉，往復南京。七月，以黃廷爲前提督、洪旭爲兵官、鄭泰爲戶官，留守兩島，部署諸將。排力士身披鐵，畫以朱碧彪文，留其兩目，執斬馬大刀，陳於行首，但砍馬足，號曰「鐵人」，望者以爲神兵，左虎衛陳魁統之。甲士十七萬、習流五萬、習馬五千、鐵人八千，號八十萬，戈船八千，揚帆北上。至浙江，克樂清等縣。次於羊山，爲颶所破，飄沒八千餘人，幼子睿、裕、溫皆死。乃泊翁洲理楫。

十三年春正月，帝在永昌。五月，師出崇明，諸將請先取之，不聽。六月，移吳淞江口，入江陰。七月，至焦山，祭告天地、百神及太祖、崇禎、隆武諸帝，痛哭誓師，眾皆感激。時清軍已據上流，防禦甚堅，以鐵鎖橫江，謂之「滾江龍」。成功謂諸將曰：「瓜、鎮爲金陵門戶，須先取之。」授諸將機宜。令程應璠督右提督馬信、前鋒鎮余新等進奪譚家洲炮城。又遣材官張亮督善水者盪舟行，即進據瓜州上游，燬木城。大船由南，小舟由北，自督親軍及中提督甘輝、左鎮提督翁天佑、先鋒鎮楊祖，建大將旗鼓，直擣瓜州。清將朱衣祚、左雲龍等率滿、漢騎兵一萬，背港而軍。戰方合，張亮已斷滾江龍，揚帆直進。右武衛周全斌率兵帶甲浮水登岸，直破其陣，斬雲龍於橋下。衣祚奔城。正兵鎮韓英奪門而入，登城樹幟。全斌登江介之山以望，麾兵疾進，陷西北隅以入。滿兵盡殲。獲衣祚，逸之。後提督萬禮亦繞瓜州之後，潰其餘卒。清軍大敗，死者不可勝數。以援勦左鎮守瓜州，監紀推官柯平爲江防。命兵部侍郎張煌言、督理戎政楊朝棟、兵部主事袁起震督阮美及羅蘊章等進取蕪湖。遂亂揚子，趣鎮江。清提督管效忠率雲南之兵數萬分道馳至，夜紮銀山，以騎兵當大路。成功以銀山爲必爭之地，奪而據之，列陣以待。遲明，清軍分五道而來，三萃鄭壘，不動，騎射如雨。成功令發火炮，多鼓鈞聲，屋瓦皆震。清軍下馬死戰。薄午，鄭軍益奮，遂大敗之，喋血塡濠，效忠僅以身免。明日，鎮江守將高謙、知府戴可進等來降。成功登京峴之山，大饗士卒，慷慨賦詩。命全斌、黃昭守鎮江，屬邑俱下。以張煌言、楊朝棟招撫江南，袁起震、徐長春招撫江北。於是常州、徽州、池州、太平、滁、和、六合等府豪傑多起兵應。清廷大恐，議援兵。甘輝進曰：「瓜、鎮爲南北咽喉，但坐鎮此；斷瓜州則山東之師不下；據北固則兩浙之路不通；南都可不勞而定矣。」不聽，率師登舟逕取南京，傳檄四方。八月，至觀音門。以黃安總督水師，守三叉河口。率所部由鳳儀門登岸，軍於獅子山。招諸將登閱江樓，以望建業王氣。令諸舟列於江東門外；自率十餘騎，躬歷城下，度營壘。分屯漢西門、觀音山，獨與五親軍駐岳廟山，留先鋒鎮、中衝鎮於獅子山，欲久困之。南京守將梁化鳳約期降，許之。甘輝諫曰：「以臣觀之，則尚速也。夫兵貴先聲，彼眾我寡，及其熸且未定，則勢可拔。若彼集禦固，緩難圖也。君必悔之。」不聽。既而清軍以千騎試前鋒營，余新敗之，遂輕敵無備，縱軍捕魚。成功令張英馳讓之，新猶故。化鳳知其弛，由鳳儀門穴城，乘夜啣枚，直薄新營。新不及甲，倉皇拒戰，遂被禽，副將董延中、蕭拱柱死焉。成功聞鳳儀門炮聲，遣翁天佑援之，已無及矣。越二日，清軍以步卒數千，出觀音門，直擣中堅。成功率親軍右虎衛陳鵬、右衝鋒張萬祿擊敗之。清軍復以數萬從山後出，薄左先鋒營。楊祖拒之，三合三卻。後勁鎮楊正、援勦右鎮姚國泰敗走。前衝鋒鎮藍衍、行軍司馬張英死於堪岩之下。清軍從山上出擊，右武衛林勝、左虎衛陳魁俱力戰死。後提督張萬禮獨戰以大橋頭，殺人最多，無援而覆。副將魏標、樸世用、洪復、督理戶官潘賡、鍾儀衛等皆戰沒，唯左右提督、右虎衛、右衝鋒，援勦後鎮之軍獨全。成功麾軍退，爭舟而渡。甘輝殿，且戰且卻，至江，騎能屬者三十餘人，凡所擊殺數百十人，馬躓被獲，死焉。成功既至鎮江，議還島。以馬信、韓英督舟師守江口，周全斌、黃昭、吳豪爲殿，餘軍次第而退。九月，攻崇明，不下，正兵鎮王起鳳陣沒。以陳輝、阮美、羅蘊章等守舟山。劉猷與清軍戰於溫州，敗績死之。十月，師至思明，建忠臣祠，以甘輝爲首。

十四年春，帝在緬甸。五月，清廷以將軍達素、總督李率泰會師來伐。大船出漳州、小船出同安，檄廣東降將許隆、蘇利等分道而至。成功以陳鵬督諸部守高崎，遏同安；鄭泰出浯州，絕廣東；而自勒諸部，扼海門。海門在海澄之口；命五府陳堯策傳令諸將，碇海中流，按軍不動，揚徽而鼓。令未畢，漳船猝至。諸將倉卒受命，莫敢先發。閩安侯周瑞爲清軍所乘，與堯策俱死。陳輝舉火，滿兵高躍，船乃得出。既得上流，成功自手旗起師，引巨艦橫擊之。風吼濤立，一海皆動。北人不諳水，皆退，眩暈而不能軍，僵屍布海。有滿兵二百餘人棄舟登圭嶼，命之降，胥溺之。是日同安船趣高崎。陳鵬約降，飭所部勿動。清軍恃應，船未近，涉水爭先。其將陳蟒不與謀，曰：「事急矣，當決死。」麾所屬與殿兵鎮陳章合擊，清兵披甲退陷於淖，死者十七八，首領哈喇土星止焉，殺滿兵一千六百餘人。收輝戮之，以蟒代。蘇利等後二日至，知諸路告衂，望太武山而還。素自殺於福州。於是竟成功之世，無敢議覆島者。

十五年春，帝在緬甸。成功議取臺灣，克之；語在開闢紀。十二月，以熱蘭遮城爲安平鎮，改名王城；建桔秩門，志故土也；赤崁城爲承天府；總曰東都。設府一、縣二。以楊朝棟爲承天府尹，祝敬爲天興知縣，莊之列爲萬年知縣。澎湖別設安撫司。各戍重兵。以周全斌總督南北諸路。已而楊朝棟、祝敬有罪，殺之，以鄭省英爲府尹，黃安守安平。率何斌、馬信、楊祥、蕭拱辰等，帶銃手三百、牌手三百、弓手三百，巡視番社，錫以煙布。番酋大悅，率眾歸誠，聽約束。既歸，大會諸鎮。成功曰：「爲治之道，在於足食。足食之後，乃可足兵。今賴皇天之靈、諸將之力，克有茲土，豈敢爲宴安之計？然而食之者眾，作之者寡，倘一旦匱餉，師不宿飽，則難以固邦家。今臺灣土厚泉甘，膏壤未闢，當用寓兵於農之法，庶可以足食而後足兵。然後觀時而動，以謀光復也。」黃安曰：「開疆闢土，創業萬世，諸將自當遵行。但其法何如？願垂明教。」成功曰：「夫法古者可以制宜，明時者可以圖治。古者量人受田，量地取賦。至商雖變爲井田，亦行九一之法。周代因之，鄉出師徒，里出車馬，兵民無分。及秦始廢井田，後代不改，故兵自爲兵，民自爲民，籌餉轉輸，屢爲國患。故善爲將者不得不行屯兵之法；如充國之屯羌中，諸葛之屯斜谷，姜維之屯漢中，杜預之屯襄陽，而後戰無乏糧，守無饑色。若夫元代之分地立法，太祖之設衛安軍，乃天下已平，恐虛糜空乏，故爲農者七，爲兵者三，非無故也。今臺灣爲新創之地，雖僻處海濱，安敢忘戰？故行屯田之法，僅留勇衛、侍衛二旅以守安平、承天，餘鎮各按分地，分赴南北開墾，使野無曠土，而軍有餘糧。三年之後，乃定賦稅。農隙之時，訓以武事，俾無廢弛。有事則執戈以戰，無事則負耒而耕，而後可以圖長治也。」諸將皆聽命而行。於是五軍、果毅各鎮赴曾文溪之北，前鋒、後勁、左衝各鎮赴二層行溪之南，各擇地屯兵，插竹爲社，斬茅爲屋，而養軍無患。

十六年春正月朔，成功朝諸將於安平鎮，遙拜帝座。嗣聞清人棄芝龍於北京，子孫皆被害，擗踊哭泣，令諸鎮守喪。先是清人從降將黃梧之策，遷山東、江、浙、閩、粵沿海居民，盡入內地，禁出海，以絕接濟，並毀鄭氏祖墳。成功聞之，嘆曰：「使吾徇諸將意，不自斷東征得一塊土，英雄無用武之地矣！沿海幅員上下數千里，盡委而棄之，使田廬坵墟，墳墓無主，寡婦孤兒，望哭天末，唯吾之故。以今雖披猖，亦復何用，但當收拾殘民，移我東土，闢地休兵，養精蓄銳，以待天下之清未晚也。」當是時，帝在滇城，或曰殺矣，或曰幽矣，或曰遁矣，成功猶奉朔稱永曆。成功治軍嚴，諸鎮莫敢犯。馬信諫曰：「立國之初，宜用寬典。」成功曰：「不然。法貴於嚴，庶無積弊，後之守者，自爲易治。是故子產治鄭，孔明治蜀，莫不用嚴。況臺灣爲新創之地，非嚴無以治軍，非嚴無以統眾，唯在制宜而已。」三月，以洪開、祁闢等十人管社事。命諸將各移眷入臺。南澳鎮陳豹不從，討之，以杜煇留守。

初，羅馬神父李科羅在廈傳教，成功禮之，延爲幕客。當是時，華人之在呂宋者數十萬人，久遭西人苛待。諸將議取呂宋爲外府。成功使李科羅至馬尼拉，說呂宋總督入貢，而陰檄華僑起事，將以舟師援之。事洩，西人戒嚴，集兵馬尼拉，毀城裂砦，以防竊踞。而華人已起矣，鏖戰數日夜，終不敵，死者數萬人。或駕小舟至臺灣，多溺死。成功撫之，而呂宋仍俶擾，又慮鄭師往討，乃命使者隨李科羅乞和。諸將欲問罪，未出師，而成功病革矣。

成功有子十人。世子經年十九，居廈門，與乳媼通、生子以聞。成功大怒，令董昱、洪有鼎至廈，諭鄭泰監殺經及董夫人，以教子不嚴也。諸部大驚。又聞成功病，謀保全之。謂經子也，不可拒父，諸部臣也，不可拒君；唯泰於成功爲兄行，謂兄可拒弟，乃殺乳媼及兒以報。成功不肯，解佩劍與昱命再至廈。適周全斌自南澳回，亦奉命。諸將誘執之。夏五月初八日，成功病革，尚登臺望海。乃冠帶，請太祖訓出，坐胡床，命左右進酒，折閱三帙，嘆曰：「吾有何面目見先帝於地下哉！」遂薨於路寢，年三十有九。臺人以其弟襲爲護理。十四日，訃至，經嗣位，發喪，修表達行在。聞襲將爲東都主，經駭然。乃出全斌爲五軍都督，陳永華爲諮議參軍，馮錫範爲侍衛，整師欲東。秋七月，清靖南王耿繼茂、閩浙總督李率泰遣人來講，經不從。泰等請經。經曰：「吾將東，諸君善圖之。」議照朝鮮事例，派中軍都督楊來嘉答之。不報。來嘉還。以忠振伯洪旭、永安侯黃廷輔泰守廈門，並諭銅山、南澳諸將，毋廢戰守。冬十月，經至澎湖，歷巡各島，乃赴臺。黃昭、蕭拱宸謀拒經，陳師海澨，爲全斌所殺。眾倒戈，經免冑示之。黃安大呼曰：「此吾君之子也，其速往迎！」經遂入王城。襲入見，復爲叔侄如初。十一月，率全斌巡視南北二路，鎮撫諸番。

十七年春正月，滇城訃至，經猶奉朔稱永曆。以統領顏望忠守安平，勇衛黃安鎮承天，提調南北軍務。率全斌、永華、錫範至廈門。以泰潛結黃昭、蕭拱宸等謀抗拒，事露，夏六月，置酒邀泰，縊殺之。泰子纘緒、弟鳴駿亡歸清。冬十月，繼茂、率泰調投誠諸軍合荷蘭出泉州，提督馮得功出同安，降將施琅、黃梧出漳州，分道並進。經部署諸將，令全斌禦之。十九日，會於金門烏沙港。荷蘭夾板十餘舟，巍巨如山，泉舟三百，箕張而下。全斌以艨艟二十艘，往來奮擊，剽疾如馬；荷人發炮無一中者。清軍見之，愕眙相視，雲翔而不敢下。得功殿，爲全斌所殪。已而耿、李各濟師，琅、梧亦至。鄭師不敵，退守銅山。清軍入金、廈，墮兩城，棄其地，收寶貨婦女而還。兩島之民爛焉。

十八年春正月，援勦右鎮林順降清。二月，南澳護衛左鎮杜煇亦降清。洪旭言曰：「金、廈新破，銅山難守，不如退保東都，以待後圖。」經從之。命永華、錫範扈董夫人先行。宗室寧靖王、瀘溪王、巴東王、魯王世子暨鄉紳王忠孝、辜朝薦、盧若騰、沈佺期、郭貞一、李茂春悉扁舟從。至澎湖，與旭歷視諸島。旭曰：「澎湖爲臺灣門戶，上通江浙，下達南洋，必須建設重鎮，以固海疆。若澎湖有失，則臺灣無所措手足。」乃建壘媽宮，左右峙各築炮臺，煙火相望，令薛進思、戴捷、林陞等守之。初，全斌奉檄與黃廷殿，而與洪旭有宿嫌，遲疑不往，遂降清。廷亦受黃梧之誘。經既入臺，委政永華。永華善治國，與民休息。八月，改東都爲東寧，天興、萬年爲二州。劃府治爲四坊，坊置簽首理民事；制鄙爲三十四里，置鄉長，行鄉治之制。東寧初建，制度簡陋，乃教民燒瓦，建宮室衙署。禮待避亂搢紳。凡諸宗室，皆贍給之。分諸土地，又行寓兵於農之法，臺灣以安。初，荷人既喪臺灣，謀恢復，居於雞籠。成功命黃安逐之。既去，遂會清人攻兩島。及金、廈平，徙民入界，而率泰亦班師。六月，荷將波爾德入福州，與清軍盟，議伐臺，率泰以兩蓬船援之。然臺灣防守固，不易取，乃率舟北上，次普陀山，遇颶覆沒。及是而罷。九月，英人來求互市，許之。十二月，北路土番阿狗讓亂，命勇衛黃安平之。

十九年春正月朔，經率文武賀帝於安平鎮。聞施琅疏請攻臺，集諸將計議。洪旭曰：「前者，荷人失守，恃其炮火，馮其港道，而不防備澎湖，故我先王一鼓而下。夫澎湖爲東寧門戶，無澎湖是無東寧也。今宜建築安平炮臺，以炮船十艘防守鹿耳，別遣一將鎮澎湖，嚴軍固壘，以待其來，則敵不易渡也。」經曰：「善。」以楊祥守鹿耳門。顏望忠請自赴澎湖，經撫其背曰：「得公一行，吾無憂矣。」命旭調屯田軍十分之三，益以勇衛侍衛各半旅，合萬餘人，分配炮船二十艘，烏船、趕繒各十艘，以戴捷、薛進思、林陞、林應等率之。又慮北鄙空虛，命劉國軒以一旅守雞籠，何祐以一旅守大汕頭。三月，望忠至澎湖，駐軍媽宮；左右峙各修炮臺，以戴捷、林陞守之。四月，琅調投誠諸軍攻臺。舟至外洋，爲颶風飄散而還。清廷命琅及全斌歸北京。六月，經令望忠回東寧，以薛進思、林陞守之。檄各鎮歸屯。七月，勇衛黃安卒，經大慟，厚葬之，以其子爲婿。八月，以諮議參軍陳永華爲勇衛。永華親視南北，鎮撫諸番，勸各鎮墾田，植蔗熬糖，煮海爲鹽，以興貿易。而歲又大熟，民用殷富。請建聖廟，立學校，從之。擇地於寧南坊，面魁斗山，旁建明倫堂。

二十年春正月，聖廟成，經率文武行釋菜之禮，環泮宮而觀者數千人，雍雍穆穆，皆有禮讓之風焉。又命各社設學校，延師以課子弟；兩州三年一試。州試有名者移府，府試有名者移院，院試取進者入太學。三年再試，拔其尤者補六科內都事。三月，以永華爲學院，葉亨爲國子助教，教之、養之。臺人自是始奮學。洪旭諫曰：「有文事者必有武備，今施琅雖出軍未定，而心不忘我。當訓勵將士，以待其變。」經曰：「居安思危，古之訓也；習勞講武，軍之則也。不穀受國厚恩，躬承先命，其敢以此自逸？願與諸公勉之。」檄各鎮屯墾之暇，以時操演。又命伐木造艦。旭以商船往販日本，購造銅炮刀劍甲冑，並鑄永曆錢。下至暹羅、安南、呂宋各處，以拓商務。歲又大有，國以富強。八月，呂宋總督遣使者來聘，且貢方物。令賓客司禮之。使者求設教，永華不可。經命以中國之禮入覲，且申通商之約，毋遏貢，毋虐我華人。使者唯唯。忠振伯洪旭卒，經親爲治喪；以其子磊爲吏官，永華之姪繩武爲兵官，楊英爲戶官，葉亨爲禮官，柯平爲刑官，謝賢爲工官，劉國軒爲左武衛，薛進思爲右武衛，何祐爲左虎衛。九月，永華以國內已治，商務當興。以江勝爲水師一鎮，駐廈門，與邊將交驩，毋擾百姓。當是時，廈門荒廢，爲陳白骨水牛忠所據，招集亡命，侵掠邊鄙。勝與邱輝破之。輝踞達濠，而勝事貿易，布帛無缺。凡貨入界者以價購之，婦孺無欺。自是內外相安，轉運毋遏，物價愈平。十二月，調戍澎之兵屯田。

二十一年春正月朔，經賀帝於安平鎮。錫屯田之兵酒，臺人大說，道不拾遺，市物者不飾價。五月，河南人孔元章來議撫，禮之，議照朝鮮事例。元章回，而施琅又疏請攻臺。

二十二年夏四月，清廷以琅爲內大臣，裁水師提督，焚戰艦。以馬化騏爲總兵，駐海澄。分投誠諸將於各省。六月，清水師提標游擊鍾瑞偕中軍守備陳陞謀獻海澄，密告江勝。經命統領顏望忠率船援之。事洩，瑞走廈門入臺，望忠數其叛獻銅山之罪，經不究，改其姓爲金賜名漢臣。十月，水沙連番亂，殺參軍林圯，討之。

二十三年春二月，清廷下旨展界。七月，刑部尚書明珠、兵部侍郎蔡毓榮至福州，與靖南王耿繼茂、總督祖澤沛集泉州議和。命興化知府慕天顏賚詔書入臺，經不肯接詔。唯閱明珠書曰：「嘗聞安民之謂仁，識時之謂知。古來豪傑知天命之有歸，信殃民之無益，決策不疑，委身天闕，慶衍黎庶，澤流子孫，名垂青史，常爲美談。閣下通時達變，爲世豪傑，比肩前哲，若易易爾。而姓名不通於上國，封爵不出於天朝，浮沉海外，聊且一時，不令有識之士爲惋惜耶？今聖天子一旦惻然，念海濱之民瘡痍未復，其有去鄉離井漂流海嶼，近者十餘年，遠者二十餘載，骨肉多殘，生死茫然。以爲均在覆載之中，孰非光復之責？稅車閫甸，會同靖藩、督、撫、提督，宣諭宸衷。禮當先之以信，耑遣太常寺卿慕天顏、都督僉事李佺等聞於左右。閣下桑梓之地，無論聖天子痌瘝在抱，所當仰體不遑，即閩之黃童白叟，大都閣下桑梓之父老子弟，而忍令其長相離散耶？況我國家與人以誠，待人以信，德意咸孚，遐邇畢達。是以車書一統之盛，振古無儔。窮荒絕域，尙不憚重譯來朝。閣下人中之傑，反自外於皇仁，此豈有損朝廷哉？但爲閣下惜之爾。誠能翻然歸命，使海隅變爲樂土，流離復其故鄉，閣下亦自海外而歸中原，不亦千古之大快，而事機不可再得者乎？我皇上推心置腹，具有璽書。閣下宣讀之餘，自當仰見聖主至仁至愛之心。佇候德音，臨穎神注。」經大會文武，語天顏曰：「本藩豈不能戰？因念生靈塗炭，故遠處海外。癸卯以來，業已息兵，又何必深求耶？」天顏曰：「朝廷頻頻招撫，亦憐貴藩忠誠，不忘舊君。若能翻然削髮歸命，自當藩封，永爲柱石。不然，豈少樓船甲兵哉？」經曰：「先王在日，前後招撫，祇差『薙髮』兩字。本藩豈肯墜先王之志哉？」遣禮官葉亨、刑官柯平報聘，並復書曰：「蓋聞麟鳳之姿，非藩樊所能囿；英雄之志，豈游說所能移。頃自遷界以來，五省流離，萬里坵墟。是以不穀遠處海外，建國東寧，庶幾寢兵息民，相安無事。貴國尙未忘情於我，以致沿海之人，流亡失所，心竊憾之。閣下銜命以來，欲爲生靈造福，流亡復業，海宇奠安，爲德建善；而貴使諄諄以迎敕爲辭。事必前定而後可以寡悔，言必先定而後可以踐跡。大丈夫相信於心，披肝見膽，磊磊落落，何必游移其說哉？特遣刑官柯平、禮官葉亨等面商妥當。不穀躬承先訓，恪守丕基，必不棄先人之業，以圖一時之利。唯是生民塗炭，惄焉在懷。倘貴朝果以愛人爲心，不穀不難降心以從，尊事大之禮。至通好之後，巡邏兵哨，自當弔回。若夫沿海地方，俱屬執事撫綏，非不穀所與焉。不盡之言，俱存敝使口中，唯閣下教之，俾實稽以聞。」議照朝鮮事例，明珠將許；而強令薙髮，經不從。於是明珠再以書來，復命天顏偕二使入臺。天顏曰：「貴藩遁跡荒居，非可與外國之賓臣者比。」經曰：「朝鮮亦箕子之後，士各有志，未可相強。」乃以書復之曰：「蓋聞佳兵不祥之器，其事好還，是以禍福無常倚，強弱無常勢，恃德者興，恃力者亡。曩者思明之役，不穀深憫民生疾苦，暴露兵革，連年不休，故遂會師而退，遠絕大海，建國東寧。於版圖疆域之外，別立乾坤。自以爲休兵息民，可相安於無事矣。不謂閣下猶有意督過之，驅我叛將，再起兵端。豈未聞陳軫蛇足之喻與養由基善射之說乎？夫苻堅寇晉，力非不強也；隨煬征遼，志非不勇也；此二事者閣下之所明知也。況我之叛將逃卒，爲先王撫養者二十餘年，今其歸貴朝者，非必盡忘舊恩而慕新榮也，不過憚波濤、戀故土，爲偷安計爾。閣下所以驅之東侵而不顧者，亦非必以其才能爲足恃、心跡爲可信也，不過以若輩叵測，姑使前死，勝負無深論爾。今足下待之之意，若輩亦習知之矣，而況大洋之中，晝夜無期，風雲變態，波濤不測。閣下兩載以來，三舉征帆，其勞費得失，既已自知，豈非天意之昭昭者哉？所引夷齊、田橫等事：夷齊千古高義，未易齒冷；即如田橫，不過三齊一匹夫爾，猶知守義不屈。而況不穀世受國恩，躬承先訓乎？倘以東寧不受羈縻，則海外列國，如日本、琉球、呂宋、越南，近接浙、粵，豈盡服屬？若虞敝哨出沒，實緣貴旅臨江，不得不遣舟偵邏。至於休兵息民，以免生靈塗炭，仁人之言，敢不佩服。若夫重爵厚祿，永襲藩封，海外孤臣，無心及此。敬披腹言，維祈垂鑒。」又復繼茂曰：「捧讀華翰，有『誠來誠往、延攬英雄』之語，雖不能從，然心異之。執事中國英豪，天人合徵，金戈鐵馬之雄，固自有在；而諄諄所言，尚襲游說之後談，豈猶是不相知者之論乎？東寧偏隅，遠在海外，與版圖渺不相涉。雖居落部曲，日與爲鄰，正如張仲堅遠絕扶餘，以中土讓太原公子。執事亦知其意乎？所云『貴朝寬仁無比』，遠者不論，以耳目所聞見言之，如方國安、孫可望，豈非盡忠貴朝者，今皆何在？往事可鑒，足爲寒心。執事倘能以延攬英雄休兵爲念，即靜飭部曲，慰安邊陲。羊陸故事，敢不勉承？若夫疆埸之事，一彼一此，勝負之數，自有天在。得失難易，執事自知，亦毋庸贅也。」明珠知不可說，遂偕毓英歸北，而和議止。十月，邱輝介江勝以達濠歸命。經下六官議。永華曰：「招降納叛，自古已然。況輝能糾衆備船，獨踞達濠，此亦有爲者。今傾心向化，理宜收錄，庶足以鼓豪傑之心，而拓邦家之土。」從之，以爲義武鎮。自是達濠亦聽節制。

二十四年春三月，經以廈門、銅山、達濠諸島均隸臺灣，而舟山、南日尚乏守將，以前奇兵鎮黃應制之，命柳索、呂勝、藍盛、楊正各率舟協守。八月，斗尾龍岸番反，經自將討之。命右武衛劉國軒駐半線。十月，沙轆番亂，平之。大肚番恐，遷其族於埔裏社。國軒追之，至北港溪畔，乃班師歸。自是北番皆服。

二十五年，歲大有，沿海無事。漳、泉之人至者日多，拓地遠及兩鄙。經命諸島守將，毋擾邊民。

二十六年春正月，統領顏望忠、楊祥請伐呂宋，侍衛馮錫範以爲不可，慮失遠人之心，遂止。

二十七年。初，清廷以吳三桂爲平西王駐雲南，平南王尚可喜駐廣東，靖南王耿繼茂駐福建。及繼茂死，精忠嗣。至是議撤藩，精忠謀起兵。秋八月，使黃鏞入告。經至澎湖以俟。而精忠遷移，尋歸東寧。十二月，三桂據雲南、貴州、四川以起，破兩湖，遣祝治國、劉定先如耿、尚，約會師。並至東寧，寓書曰：「令祖舉全閩投誠，大有勳勞，橫遭俎醢，百世必報之仇也。及令先王存心大義，至死靡他，誠大丈夫特立獨行，每言及此，未常不嘆爲偉人也。殿下少承家訓，練兵養威，審時觀釁。今天下大舉，正千載一遇，乞速整貔貅，大揚舟師，經取金陵，或抵天津，扼其門戶，絕其糧道。此以奇兵乘虛，萬全之策也。復累世之大仇，洩天人之共憤，何快如之！」經禮待二使，遣監紀推官陳克岐、副將劉文煥馳聘，且復書曰：「頃聞臺命，欲伸大義於天下，不勝欣慰。然敢獻一言。自古成天下之大業，必先建天下之大義。以殿下之貞忠，而擁立先帝之苗裔，則足以號召人心，而感奮忠義之士。不穀亦欲依日月之末光，早策匡復之業也。枕戈待旦，以俟會師。」

二十八年春三月，精忠據福建，執總督范承謨，馳數騎傳檄，七閩皆下。使黃鏞再入臺，請濟師。授海澄公黃梧爲平和公。梧已病卒，子芳度權知軍事，授海澄總兵。四月，潮州總兵劉進忠以城降精忠，授寧粵將軍。經使柯平入福州，報黃鏞之聘也。精忠調趙得勝之兵，得勝不從，邀右武衛劉國軒、左虎衛何祐於海澄，議奉經。五月，經以子克𡒉爲監國，陳永華輔之，率侍衛馮錫範、兵官陳繩武、吏官洪磊等，奉永曆二十八年正朔，渡海而西，駐思明。授得勝興明伯，訓練士卒。以兵都事李德至日本，鑄錢及軍器；戶都事楊賢販運南洋，以充軍實。遣人說精忠，借漳、泉爲召募。精忠不從。於是鄭、耿交惡。既令錫範取同安，守將張舉堯降，授蕩西伯、左先鋒。精忠懼，以都尉王進守泉州。六月，進幼子藩錫誘殺泉州城守賴玉，兵民多從之，遂逐進，納款。經入泉州，授藩錫指揮使，以軍事委錫範、繩武。七月，清軍圍潮州，精忠不能救，進忠納款，遣援勦左鎮金漢臣率兵援之，敗清軍於黃岡，潮圍解，進忠降，授定西伯、前提督。九月，精忠以劉炎爲犄角，命王進取泉州。十月，國軒及右虎衛許耀敗進於塗嶺，追至興化而還。三桂使禮曹周文驥如經，平鄭、耿也。十一月，伐漳浦，劉炎降。得勝回澄。

二十九年春正月朔，經率文武官民賀帝於泉州承天寺。精忠遣張文韶議和，以楓亭為界，始通好也。二月，何祐伐饒平，獲沈瑞以歸，授懷安侯。以叛將洪承疇之祠改祀石齋、蔡江門，竄承疇及楊明琅眷屬百餘口於雞籠城。明琅、癸未翰林也；數其罪，嗣死於竄所。五月，國軒入潮，與何祐、劉進忠兵數千人，狥屬邑之未下者。平南王尚可喜兵十餘萬，盡銳來攻。相持久，鄭軍食盡，議退於潮。可喜麾騎，晨掩祐軍，戰於鱟母山下。祐力擊之，國軒繼進，大敗尚軍。六月，經率諸將圍漳州。方經之至也，授黃芳度德化公，芳度陽為受命，陰通於清。事洩，鄭軍環城。兄芳泰突圍入粵乞援。城圍凡六月。芳世自粵提師，且至。十月初六旦，城將吳淑及弟潛開門延經。芳度登北門之山，趣諸軍巷戰。不利，投開元寺東井以死。經入漳州，授淑平西將軍、後提督，潛戎旗二鎮。收芳度戚族，竄於淡水，而膊其屍。刜黃梧之櫬，報宿忿也。君子謂鄭經於是乎肖子。

三十年春正月朔，經率文武官民賀帝於漳州開元寺。二月，三桂兵至肇慶、韶州。碣石總兵苗之秀、東莞守將張國勳謁國軒降。尚之信降於三桂。三桂檄讓惠州於經，國軒入守之。五月，耿將劉應麟駐汀州，狥下江西瑞金、石城二縣，密款於經，授奉明伯、前提督，吳淑入守之。七月，經調王進忠於潮，不至。九月，清師入閩，擒精忠，其守將馬成龍以興化款於經，授殄西伯、援勦左鎮，許耀入守之。十月，耀與清軍戰於烏龍江，狃於塗嶺之役，不設備，故敗，經調趙得勝、何祐代之。十一月，耿將楊德以邵武來款，授後勁鎮，吳淑入守之。十二月，淑與清軍對壘於邵武城下，霜嚴指直，士皴瘃不能軍，淑敗還廈門，應麟奔死潮州。

三十一年春正月，趙得勝、何祐拒清軍於興化城下。清軍縱反間，得勝力戰死，祐亦敗，興化遂陷。二月，泉、漳俱潰，經歸思明，大賞逃亡諸將，分汛水陸。以左虎衛林陞守東石留南，水師一鎮蕭武守興化，水師四鎮陳陞、五鎮蔡沖琱、七鎮石玉、八鎮陳勝分守蚶江、祥芝、崇武、獺窟，以固晉南惠沿海；水師二鎮江元勳、三鎮林瑞驥協守海澄、芝陰，凡福清、長樂濱海之地歸之；總制親隨協王一鳴守橫嶼，樓船中鎮蕭琛守定海，危宿鎮陳起萬守福寧，總制後協林日慧、前協吳兆綱分守福安、寧德，援勦後鎮陳起明守同安港口；後提督吳淑駐大石湖，兼轄同安；揚威前鎮陳昌守謝村，左鎮陳福守澄海，戎旗一鎮林應守井尾、連江、漳浦，左衝鎮馬興隆守銅山，昭義鎮楊德守五都，奇兵鎮黃應守詔安，英兵鎮李隆守南澳，房宿鎮楊興守淺山。以樓船左鎮朱天貴、右鎮劉天福合率舟師，以守寧波、溫州、臺州、舟山等。宣毅左鎮邱輝仍駐達濠，以遏潮惠來之路爲策應。清康親王以漳、泉既平，而鄭師尚駐兩島，遣僉事朱麟臧來講，且寓書曰：「嘗聞『順天者存，逆天者亡』。又曰：『識時務者在乎俊傑』。我國家定鼎，風聲所被，四海賓服；此固氣數之所在，而億兆所歸心也。頃因吳、耿煽亂，貴將軍乘間竊據。獨不思海隅尺土，豈能與天下抗衡？而執迷絕島，自非識時之君子。倘轉禍爲福，歸順本朝，共享茅土之封，永奠河山之固，傳之子孫，豈不食報無疆哉？」經禮之，議照朝鮮之例。並復書曰：「夫萬古綱常之倫，而春秋嚴華夷之辨，此固忠臣義士所朝夕凜遵，而不敢頃刻忘也。我家世受國恩，每思克復舊業，以報高深，故枕戈待旦，以至今日。幸遇諸藩舉義，誠欲向中原而共逐鹿。倘天意厭亂，人心思漢，則此一旅，亦可挽回。何必裂冠毀冕，然後爲識時之俊傑也哉？」不從。四月，移諸降將入臺。劉炎奔清，磔於燕市。六月，劉進忠降於三桂，尋歸清，被殺。國軒亦棄惠州而歸。凡十府一時俱失。經不知所爲，軍事盡委國軒。國軒實有將才。七月，康親王復命興化知府卞永譽、泉州知府張仲舉各加卿銜，以泉紳黃志美、吳公鴻佐之，再申前議，請撤回各島。經集諸將議，馮錫範請索四府爲互市。二使歸，寧海將軍喇哈達又以書來，略曰：「年來使車往還，議撫議貢，幾於舌敝唇焦矣。而至今迄無定論者，良由貴君臣挾一盡節爲明之見，以爲汲汲議撫，我朝廷自圖便利爾。夫議撫者，爲全爾君臣之名節也，爲培我國家萬年之根本也。願執事大破拘攣，俾得竭殫愚衷，一聽貴君臣之自擇可乎？昔箕子殷之忠臣也，殷祚既滅，就封朝鮮，以存殷祀。田橫齊之義士也，恥臣於漢，與客俱刎洛陽。夫田橫雖義，非箕子比也。願貴君臣同於箕子，毋蹈田橫之故轍，則何不罷兵休士，全軍甲而歸臺灣，自處於海外賓臣之列？其受封爵唯願，不受封爵亦唯願，我朝廷亦何惜以窮海遠適之區，爲爾君臣完全名節之地？執事如果有意，肯降必相從。余雖武人，忝爲勳戚，自當特請朝命，飭各有司以歲時守護貴君臣之先塋，恤其族姓宗支，不許兵民侵暴。行三代之曠典，成千秋之美談，當亦我皇上所不斬也。執事如感朝廷之恩，則以歲時通貢如朝鮮故事，通商貿易，永無猜嫌，豈不美哉？夫保國存祀、至忠也，護祖完宗、至孝也，全身遠害、至智也，息兵恤民、至仁也，行一事而四善備，爾君臣亦何苦而不為此？如徒悍然不顧，希旦夕之安，忘先機之哲，一遇議撫，則大言誇詞，要地請餉，此蓋小人挾執事之謀，甚不足信。夫事勢窮蹙之時，人心一散，禍變難防，舟中之人，皆敵國也。執事雖欲全師而歸，恐不可得。且事勢窮蹙之時然後歸，亦何面目以見父老乎？執事宜內斷於心，與一二親信有識者計議。道旁築舍，三年不成，大懼身名之俱喪。以為執事辱也。如終不可復合，請斷嗣音，虛意周旋，無復望焉。唯執事裁之。」經得書，大會文武。馮錫範曰：「先王在日，僅有兩島，尚欲大舉征伐，以復中原。況今又有臺灣，進戰退守，權操自我。豈以一敗而易夙志哉？」

三十二年春二月，伐漳州，數戰皆捷，授國軒中提督。當是時，清軍大集。國軒及吳淑諸將，兵僅數千，飄驟馳突，略倣成功。清軍皆萎腇舌咋，莫敢支吾。六月，清廷以按察司吳興祚為閩撫，逮郎廷相，以隨軍布政姚啓聖為總督，趣諸軍援海澄，皆莫敢進。城破，提督段應舉自經，總兵黃藍巷戰死。清軍沒者凡三萬餘人、馬萬餘匹。晉國軒武平伯、征北將軍，吳淑定西伯，平北將軍，何祐左武衛，林陞右武衛，江勝左虎衛。於是鄭軍復振於漳州，幾五萬人，遂取長泰、同安。七月，乘勝圍泉州，狥下屬邑。清軍又大舉來援。國軒率二十八鎮還漳州，軍溪西，吳淑、何祐軍浦南，大戰於龍虎山。鄭軍敗績，鄭英、吳正璽死焉。國軒收兵保海澄。九月，啓聖遣張雄來講，請歸海澄。不從。

三十三年，經以陳諒為援勦左鎮，敗清軍於定海。冬十月，清軍攻蕭井塞，不克而還。十一月，吳淑壓死於蕭井塞，經哭之慟，厚葬之，以其子天駟為建威鎮，以統其眾。是時清廷復嚴海禁，移民入內。於是啓聖乃開修來館於漳州，以誘鄭將。

三十四年春正月，清水師提督萬正色大舉伐思明。經以右武衛林陞為督師，率援勦左鎮陳諒、左虎衛江勝、樓船左鎮朱天貴禦之，國軒亦棄海澄來援。戰不利，經率諸將歸臺灣。董夫人召而數之曰：「馮、陳之業衰矣！若輩不才，徒累維桑，則如勿往。」八月，平南將軍賚塔復與經書曰：「自海上用兵以來，朝廷屢下招撫之令，而議終不成，皆由封疆諸臣執泥薙髮登岸，彼此齟齬。臺灣本非中國版圖，足下父子自闢荊榛。且眷懷勝國，未常如吳三桂之僭妄，本朝亦何惜海外彈丸，不聽田橫壯士逍遙其間乎？今三藩殄滅，中外一家，豪傑識時，必不復思噓已灰之焰，毒瘡痍之民。若能保境息兵，則從此不必登岸，不必薙髮，不必易衣冠，稱臣入貢可也，不稱臣不入貢亦可也。以臺灣為箕子之朝鮮，為徐福之日本，於世無患，於人無爭，而沿海生靈永息塗炭。唯足下圖之。」經從其議，索海澄為互市。啓聖執不可，議遂破。

三十五年夏四月，彗星見。初，經西渡，委政永華，以元子克𡒉為監國。克𡒉年少，明毅果斷，有乃祖風，而永華又悉心輔佐，臺灣大治。內撫民番，外給餉糈，軍無缺之。及經歸後，諸將頗事偷息。永華心憂之，請辭兵權，以兵交國軒，未幾卒。已而刑官柯平、戶官楊英亦相繼逝。五月，聞清軍有伐臺之舉，集諸將議。命天興知府張日曜按屯籍以十一充伍，得勝兵三千餘人。七月，彗星再見，仲冬方滅。十月，遣右武衛林陞率軍巡北鄙，墮雞籠城。經自歸後，不理國政，建園亭於洲仔尾，與諸將落之，驩飲較射，夜以繼日。又築北園別墅，以奉董夫人。諸事盡委克𡒉，軍民咸服。

三十五年春正月朔，監國世子克𡒉率文武朝賀於安平鎮，乃入謁董夫人，賀經於洲仔尾。經方命居民，將大放元宵。克𡒉聞之，上啓曰：「偏僻海外，地窄民窮，頻年征戰，幾不聊生。茲者屢聞清人整軍備艦，意欲東渡。大仇未滅，人心洶洶，何必以數夕之歡，而耗民間一月之食？伏乞崇儉，以培元氣，以永國祚。」經嘉之，即止。唯自張宴，與國軒諸將縱飲而已。居無何病革，顧命國軒輔世子。經薨，年三十有九。諸弟揚言曰：「克𡒉非吾骨肉，一旦得志，吾屬無遺類矣。」入告董夫人，即收監國印。國軒不能爭。克𡒉既幽別室，諸弟夜命烏鬼殺之。妻陳氏殉。乃立次子克臧為延平郡王，佩招討大將軍印。克塽幼，年十二，以仲父聰為輔政公。聰貪而懦，軍國大事主於國軒、錫範。晉國軒武平侯，錫範忠誠伯。以戎旗四鎮董騰率舟師駐澎湖。清人聞喪，寧海將軍飛檄臺灣，勸納款。經弟明、智請捐資募兵，錫範不可，國軒許之。克塽以明為左武驤將軍，智為右武驤將軍。六月，董夫人薨。有惡董騰者，解其兵，以右武衛林陞代之。騰，董夫人之弟也。十月，姚啓聖計招賓客司傅為霖內應，高壽、蔡愷附之。建威後鎮朱友發其事，為霖等伏誅，及懷安侯沈瑞，屠其家。瑞妻，禮官鄭斌女也，免之，亦自縊。於是啓聖疏薦萬正色爲陸路提督，施琅爲水師提督，謀伐臺灣。克塽以國軒爲正提督，征北將軍曾瑞、定北將軍王順爲副，率諸鎭守澎湖。命左武衛何祐爲北路總督，智武鎭李茂副之，率兵以戍雞籠。

三十六年春，施琅治兵於平海。三月，竹塹番亂，命左協理陳絳平之。十二月，啓聖遣副將黃朝用至澎湖，見國軒，議照朝鮮事例，遂入東寧，馮範、繩武不從。

三十七年春正月，克塽以天興知州林良瑞如福州，報朝用之聘也。三月，何祐城淡水。五月，淡水通事李滄請採金裕餉。命監紀陳福、宣毅前鎭葉明率所部往，遂至卑南覓，不得而還。六月十四日，琅發銅山，會於八罩嶼，以窺澎湖。國軒守之，再戰而敗。林陞、邱輝、江勝、陳起明、吳潛、王隆等皆戰死，燒沒軍艦大小二百餘艘。國軒知勢敗，乘走舸入東寧告急。克塽大會文武，議戰守之策。建威中鎭黃良驥請取呂宋，提督中鎭洪邦杜贊之，願爲先鋒。錫範將許之，國軒力陳不可，乃議降。以協理禮官鄭英平、賓客司林維榮賫表謁琅，並與琅書，請仍居東寧。不可。七月十一日，又遣馮錫圭、陳夢煒、劉國昌再至澎湖，上表曰：「臣生自海外，稚魯無知，謬繼創垂之緒，有乖傾向之誠。邇者樓船西來，旌旗東指，簞壺緩迎於周旅，干羽煩舞於虞階。自省重愆，誠爲莫贖。然思皇靈之赫濯，信知天命之有歸。逆者亡，須者昌，乃覆載待物之廣大；貳者討，服者舍，諒聖主與人之甚寬。用遵往時之成命，爰邀此日之殊恩。冀守宗祧以勿失，永作屏翰於東方。業有降表具奏外，及接提督臣施琅來書，以復居故土，不敢主張。臣思既傾心而向化，何難納土以輸誠。茲特繕具表章，並延平王印一顆、冊一副及武平侯臣劉國軒印一顆、忠誠伯臣馮錫範印一顆，敬遣劉國昌、馮錫圭齎赴軍前，繳奏版籍土地人民，待命境上。數千里之封疆，悉歸土宇，百餘萬之戶口，並屬版圖。遵海而南，永息波濤之警，普天之下，均沾雨露之濡。實聖德之漸被無方，斯遐區之襁負恐後。獨念臣全家骨肉，強半孺呱，本係南人，不諳北土。合情乞就閩省地方，撥賜田園廬室，俾免流移之苦，且養贍有資，則蒙高厚之生成，當繪丹青以銜結。至於明室宗親、格外優待，通邦士庶、軫念綏柔，文武諸官、加恩遷擢，前附後順、一體垂仁，夙昔結怨、盡與捐除，籍沒產業、俱行賜復，尤當廣推寬大之仁，明布維新之令。使夫群情允愜，共鼓舞於春風，萬彙熙恬，同沐游於化日。斯誠微臣無厭之求，邀望朝廷不次之恩者也。」琅得表，許之，命薙髮。寧靖王術桂自以天潢之貴，義不可辱，自縊以殉，妾五人從死。八月十三日，琅至東寧，祭於成功之廟曰：「自同安侯入臺，臺地始有居民。逮賜姓啓土，世爲巖疆，莫可誰何。今琅賴天子之靈、將帥之力，克有茲土。不辭滅國之罪，所以忠朝廷而報父兄之職分也。但琅起卒伍，於賜姓有魚水之歡。中間微嫌，釀成大戾。琅於賜姓，剪爲讎敵，情猶臣主。蘆中窮士，義所不爲。公誼私恩，如是則已。」祭畢淚下。琅以臺灣既定，疏告清廷。歸克塽於北京。授漢軍公；錫範漢軍伯，國軒天津總兵，何祐梧州副將。諸將及明室諸王配之各省。自成功至克塽，凡三世，三十有八年，而明朔亡。

連橫曰：清同治十三年冬十月，福建將軍文煜、總督李鶴年、巡撫王凱泰、船政大臣沈葆楨奏言：「明季遺臣、臺陽初祖，生而忠正、沒而英靈、懇予賜謚建祠、以順輿情、以明大義事：據臺灣府進士楊士芳等稟稱：竊維有功德於民則祀，能正直而一者爲神。明末賜姓延平郡王鄭成功者，福建泉州府南安縣人。少服儒冠，長遭國恤，感時仗義，移孝作忠。顧寰宇難容洛邑之頑民，向滄溟獨闢田橫之孤島。奉故主正朔，墾荒裔山川。傳至子孫，納土內屬。維我國家宥過錄忠，載在史策。厥後陰陽水旱之沴，時聞吁嗟祈禱之聲。肸蠁所通，神應如答。而民間私祭僅附叢祠，身後易名未邀盛典。望古遙集，眾心缺然。可否奏請將明故藩鄭成功准予追謚建祠，列之祀典等因。並據臺灣道夏獻綸、臺灣府周懋琦等議詳前來。臣等伏思鄭成功丁無可如何之厄運，抱得未曾有之孤忠，雖煩盛世之斧斨，足砭千秋之頑儒。伏讀康熙三十九年聖祖仁皇帝詔曰：『朱成功係明室遺臣，非朕之亂臣賊子，敕遺官護送成功及子經兩柩歸葬南安，置守塚，建祠祀之』。聖人之言，久垂定論。唯祠在南安，而臺郡未蒙敕建，遺靈莫妥，民望徒殷。至於賜謚褒忠，我朝恢廓之規，遠軼隆古。如瞿式耜、張同敞等，俱以殉明捐軀，謚之忠宣、忠烈。成功所處，尤爲其難，較之瞿、張，奚啻伯仲？合無仰懇天恩，准予追謚，並於臺郡敕建專祠，俾臺民知忠義之大可爲，雖勝國亦華袞之所及，於勵風俗、正人心之道，或有裨於萬一。臣等愚昧之見，是否有當，理合恭摺具奏。」詔曰「可」，追謚忠節，建祠臺郡，以明季忠義之士百十四人配，而我臺建國之大神，永鎮茲土矣。

延平郡王世系表

紹祖	字象庭，世居福建南安縣楊子山下石井鄉，娶某氏，生芝龍。
芝龍	字飛黃，娶日本平戶河內浦士人女田川氏，改姓翁氏，生成功及七左衛門。翁氏歸國，七左衛門仍居日本。繼娶某氏，生四子。
成功	初名森，字大木，少名福松。隆武元年，賜姓朱，改今名，字明儼。二年六月，封忠孝伯。永曆二年十月，封威遠侯。三年七月，封延平公。十二年正月，晉封延平郡王。娶董氏，生子經等十人。十六年五月，薨於東都。
世忠	從芝龍降清。
世恩	後入北京省父，被殺。
世蔭	後入北京省父，被殺。
世襲	從成功居思明，後入臺灣。
世默	後入北京省父，被殺。按七左衛門居日本，似在此五人之外，或則世襲，俟再考。
經	字式夫，號賢之，襲封延平郡王。娶唐氏，生子克塽等七人。妾某氏，生克𡒉。永曆三十五年正月，薨於東寧。
聰	娶朱氏，生克坦。
明	娶林氏，無出，以裕次子克俊嗣。
睿	殉於南京之役，無出。
智	娶洪氏，生克璋。
寬	娶林氏，生克培。
裕	殉於南京之役，娶王氏，生克崇。
溫	殉於南京之役，娶劉氏，生克模、克傑。

柔	娶洪氏，生克𡒉。
發	早世，以溫之子克圭嗣。
克𡒉	立爲世子，監國，後遇害。娶陳氏，無出。
克塽	襲封延平郡王。永曆三十七年歸清，改封漢軍公。娶馮氏，繼娶史氏，生安世、安邦、安國。
克舉	娶許氏。
克均	娶柯氏。
克拔	娶馮氏。
克商	娶趙氏。
克圻	娶張氏。
克塙	娶劉氏。

臺灣通史卷三　經營紀

（起清康熙二十二，終於光緒二十年）

康熙二十二年秋八月，清人既得臺灣，廷議欲墟其地。靖海侯將軍施琅不可，疏曰：「臺灣北連吳會，南接粵嶠，延袤數千里，山川峻峭，港道紆迴，乃江、浙、閩、粵四省之左護。隔澎湖一大洋，水道三更。明季設水師標於金門所，出汛至澎湖而止，水道亦有七更。臺灣一地，原屬化外，土番雜處，未入版圖也。然其時中國之民潛至，生聚於其間者已不下萬人。鄭芝龍爲海寇時，以爲巢穴。及崇禎元年，芝龍就撫，將此地稅與紅毛，爲互市之所。紅毛遂聯絡土番，招納內地人民，成一海外之國，漸作邊患。至順治十八年，爲鄭成功所攻破，盤踞其地，糾集亡命，窺伺南北；及其孫克塽，六十餘年，無時不仰廑宸衷。臣奉命征討，親歷其地，備見野沃土膏，物產利溥，耕桑並耦，漁鹽滋生。滿山皆屬茂樹，遍處俱植修竹。硫磺、水籐、糖蔗、鹿皮以及一切日用之需，無所不有。向之所少者布帛爾，茲則木棉盛出，經織不乏。且舟帆四達，絲縷踵至，飭禁雖嚴，終難杜絕。實肥饒之區，而險阻之域也。一旦納土歸命，此誠天以未闢之方輿，資皇上東南之保障，永絕邊海之禍患，豈人力所能致哉？夫地方既入版圖，民番均屬赤子，善後之計，尤宜周詳。此地若棄爲荒陬，復置度外，則今臺灣人居稠密繁息，農工商賈各遂其利，一行徙棄，安土重遷，失業流離，殊費經營，實非長策。況以有限之船，渡無限之民，非閱數年，難以報竣。使載渡不盡，苟且塞責，則深山窮谷，竄伏潛匿，實繁有徒。和同土番，從而嘯聚，假以內地之逃軍流民，急則走險，糾黨爲患，造船製器，剽掠海濱。此所謂藉寇兵而齎盜糧，固較著也。且此地原爲紅毛所居，無時不在貪涎，亦必乘隙以圖。一爲所有，彼性狡黠，善爲鼓惑。重以來販船隻，制作精堅，從來無敵於海外。若得此數千里膏腴，必倡合黨夥，竊窺邊場，迫近門庭，此乃種禍，將來沿邊諸省斷難晏然無虞。至時動師遠征，兩涉大洋，波濤不測，恐未易建成效。如僅守澎湖而棄臺灣，則澎湖孤懸海外，土地卑薄，異於臺灣，遠隔金廈，豈不受制於人？是守臺灣即所以固澎湖也。臺、澎聯爲臂指，沿海水師汛防嚴密，各相犄角，聲氣關通，應援易及，可以寧息。昔日鄭氏得以負抗者，以臺灣爲老巢，澎湖爲門戶，四通八達，任其所之；我之舟師往來有阻。今地方既爲我得，官兵棋布，風期順利，片帆可至，雖有奸萌，不敢復發。臣業與部臣、撫臣會議，而部臣、撫臣未履其地，棄留未決。臣閱歷周詳，則不敢遽議輕棄也。且海氛既靖，內地溢設之兵，儘可陸續裁減，以之分防臺、澎兩處。臺灣設總兵一員、水師副將一員、陸師參將二員，兵八千名。澎湖設水師副將一員、兵二千名。計兵一萬，足以固守，又無添兵增餉之費。其防守總兵、副、參、游等官，定以三年或二年轉陞內地，無致久任，永爲成例。然當此地方初闢，正賦、雜餉似宜蠲豁。現在一萬之兵食，權行全給。三年後開徵，可以佐需。抑且寓兵於農，亦能濟用，可以減省，無盡資內地之轉輸也。蓋籌天下之形勢，必求萬全。臺灣一地，雖屬外島，實關要害。無論彼中耕種，猶能少資兵食，固當議留；即爲不毛之壤，必藉內地輓運，亦斷不可棄。棄留之際，利害攸關；臣思棄之必釀成大禍，留之誠永固邊疆。是以會議具疏之外，不避冒瀆，以其利害自行詳陳。」詔曰「可」。設府一、縣三，隸福建。府曰臺灣，附郭亦曰臺灣，南曰鳳山，北曰諸羅，而澎湖置巡檢。設臺廈兵備道駐府治，兼理提督學政按察使司事，分汛水陸，爲海疆重鎭矣。十一月，雨雪，堅冰寸餘。

二十三年春，文武皆就任，乃大計稅畝。有田七千五百三十四甲，園一萬零九百十九甲，戶一萬二千七百二十七，口一萬六千八百二十人。琅奏請減賦，下旨再議。於是奏定上則田每甲徵粟八石八斗，園四石，每丁徵銀四錢七分六釐，著爲例。初，延平郡王成功克臺之歲，清廷詔遷沿海居民，禁接濟，至是許開海禁，設海防同知於鹿耳門，准通商；赴臺者不許攜眷。琅以惠、潮之民多通海，特禁往來。是年建臺灣、鳳山兩儒學。

二十四年，建臺灣府儒學，就鄭氏舊址擴而大之，中爲大成殿，祀孔子，以春秋上丁行釋菜之禮。

二十五年，總督王新命巡撫張仲舉奏准，歲進文武童各二十名，科進文童二十名，廩膳生二十名，增廣生如之，歲貢一人。

二十六年，臺人始應福建鄉試。

二十七年，始鑄康熙錢。明太僕寺卿沈光文卒於諸羅。

二十八年。

二十九年冬，大有年。

三十年秋八月，大風，壞屋碎船。

三十一年，停鑄康熙錢。

三十二年冬，大有年。

三十三年，初修臺灣府誌成。

三十四年，知府靳治揚始設熟番社學。

三十五年秋七月，新港吳球謀起事，不成，被殺。

三十六年，仁和郁永河始至北投煮磺，遍歷番社。

三十七年。

三十八年春二月，吞霄土官卓个、卓霧、亞生作亂。夏五月，淡水土官冰冷亦起應。秋七月，水師至淡水，執冰冷殺之。八月，署北路參將常泰以岸裏番擊吞霄，禽卓个、卓霧、亞生以歸，斬於市。

三十九年，詔賜明延平郡王鄭成功及子經歸葬南安，置守塚，建祠。

四十年冬十二月，諸羅劉卻起事，燬下茄苳營。附近熟番亦亂。伐之，卻敗走。

四十一年。

四十二年春二月，劉卻復謀起事，不成，被殺。

四十三年，建崇文書院。

四十四年，冬饑，詔蠲三縣糧米。

四十五年，建諸羅縣學。

四十六年，冬饑，詔蠲糧米十分之二。

四十七年，泉州人陳賴章與熟番約，往墾大佳臘之野。是爲開闢臺北之始。

四十八年。

四十九年，始設淡水防兵，定三年一換。

五十年，建萬壽宮於府治。

五十一年，詔蠲本年租穀。

五十二年，詔以五十年丁冊爲準，滋生人口永不加賦。北路營參將阮蔡文親赴竹塹、大肚諸社，撫慰番黎。

五十三年夏，郡治大火，燬數百戶。秋大旱，詔蠲臺、鳳兩縣租穀十分之三。是年，命天主教神甫買剌來臺測量經度。

五十四年，總督滿保奏言：臺灣遠屬海外，民番雜處。自入版圖以來，所有鳳山縣之熟番力力等十二社、諸羅縣之熟番蕭壟等三十四社，數十餘年，仰邀聖澤，俱各民安物阜，俗易風移。今據臺灣鎮道詳報；南路生番山豬毛等十社四百四十六戶、北路生番岸裏等五社四百二十二戶，俱各傾心向化，願同熟番一體內附。每年各願納鹿皮五十張，各折銀十二兩，代輸貢賦，載入額編，就臺充餉，此外不得絲毫派擾。以彰懷遠深仁。詔可。自後生番多內附。

五十五年夏五月，福建巡撫陳璸奏言防海之法。岸裏社土目阿穆請墾貓霧捒之野，諸羅知縣周鍾瑄許之。是爲開闢臺中之始。

五十六年，冬饑，詔蠲本年租穀十分之三。

五十七年。

五十八年，初修鳳山縣誌成。

五十九年，建海東書院。冬十月朔，地大震。十二月八日，地又震，凡十餘日，壞屋殺人。詔免番民銀米。

六十年夏五月，朱一貴起事岡山，破府治，總兵歐陽凱、副將許雲皆死，南北俱應。一貴稱中興王，建元永和，復明制。總督滿保聞報，馳赴廈門，檄南澳鎮總兵藍廷珍出兵，會水師提督施世驃伐臺。六月，克鹿耳門，迫府治，一貴戰不利，被擒，械至京，磔之，餘黨亦漸平。八月，大風壞民居，天盡赤，軍民多溺死，詔蠲徵穀，發帑賑恤。時廷議移臺鎮總兵於澎湖，而設陸路副將於府治，裁水陸兩中營歸內地。廷珍力爭不可，爲書滿保止之，提督姚堂亦以爲言，乃罷議。特命滿漢御史各一員，歲巡臺灣，察民疾苦。

六十一年夏五月，御史吳達禮、黃叔璥至自京師。滿保以沿山一帶易藏奸宄，命附山十里以內民居勒令遷徙，自北路起至南路止築長城以限之，深鑿濠塹，永以爲界，越界者以盜賊論。廷珍復上書止之，乃飭沿山各隘立石爲界，禁民深入。是年阿里山、水沙連各社番皆就撫。夏，鳳山赤山裂，火光丈餘。

雍正元年，詔曰：「臺灣自古不屬中國，我皇考神武遠屆，拓入版圖。末年朱一貴倡亂，攻陷全臺。諸臣夙秉方略，士卒感載教養之恩，七日克復。當皇考春秋高邁，威播海外，所有立功將士，其各加等議敘。」於是增設彰化縣及淡防廳，陞澎湖巡檢爲海防同知，添置防兵，以守南北。而臺灣之局勢漸展矣。是年傀儡番亂，討之。

二年，詔蠲康熙十八年至五十年各省舊欠銀米等項。給臺灣換班兵丁家眷口糧。是年，初修諸羅縣誌成。

三年，詔豁番婦丁稅。

四年，初，臺灣之鹽，歸民曬用，但徵其餉；至是改爲官辦，歸府管理。秋七月，水沙連番亂，兵備道吳昌祚會營討之。

五年，詔飭福建將弁愼選臺灣換班兵丁。巡視臺灣御史尹秦奏立社田，以爲番人耕種收獵之所，其餘草地悉行召墾。詔可。其後復有禁占番地之令。時廷議以臺廈道職重事繁，著漢御史兼理提督學政。

六年，改臺廈道爲臺灣道。臺灣鎭總兵王郡奏言：推班兵丁，內有字識、柁工、繚手、斗手等人請就地招募。不許。

七年，詔給臺灣戍守兵丁養贍，每年四萬兩。二月，山豬毛番亂，總兵王郡討之。

八年，詔巡視臺灣御史新舊並用。又令調臺官員到任二年，該督撫另選賢能赴臺協辦，半年之後乃將舊員調回。

九年冬十二月，大甲西社番亂，總兵呂瑞麟討之。

十年春三月，鳳山吳福生起事，攻埤頭。守備張玉戰死。原任總兵王郡率軍平之。

六月，總督郝玉麟調呂瑞麟回府，檄王郡討大甲西社番，平之。

同年，詔蠲彰化縣雍正八年未收正供等項；以凶番初平，稍紓民力也。大學士鄂爾泰奏言：臺灣居民准其挈眷入臺，從之，於是至者日多，皆有關田廬長子孫之志矣。

十一年，詔免臺灣府屬莊租十分之三。總督郝玉麟奏准臺灣道員准照鎮協之例，三年報滿，知府、同知、通判、知縣即照參將等例，具奏陞補。

十二年，總督郝玉麟奏准調臺官員年逾四十無子者，准其挈眷過臺。

十三年，詔蠲各省正供及官租三分之一，以高宗登極之典也。冬十月，眉加臘番亂，副將靳光瀚、同知趙奇芳討之。十二月，諸羅灣裏街地大震，壞民居；恤銀三千兩。

乾隆元年，詔以臺灣四縣丁銀悉照內地之例，酌中減則，每丁徵銀二錢，著爲例。頒書院規訓。禁內地人民偷渡臺灣。

二年，詔減臺灣番餉，著照民丁之例，每丁徵銀二錢。禁漢番通婚。

三年，詔曰：「臺地如有人民不法等事，嗣後許令武員移送地方官究治。如兵丁生事滋擾，許文員關會營伍責懲。如有彼此推諉者，照例罰俸一年。並飭令各該地方汛防員弁實力奉行，彼此按月稽查，取具並無兵民滋擾印結，轉報該上司查核。如或有意徇縱，即將地方官照徇庇例議處。」二月，始設北路義勝、永勝二寨。秋，臺、諸二縣風災，詔蠲丁糧。

四年，定臺灣舉人會試取中之例，從御史諾穆布之奏也。建校士院。禁漢人侵墾番地。

五年，禁臺灣居民挈眷入臺。初，換班兵丁例由臺、諸兩縣官莊支發路費，至是改由福建。閏六月，大風雨，四日始息，鹽水港災尤烈。發帑二百兩以賑。

六年，巡臺御史書山、張湄奏建府倉，備荒歉；從之。

七年，詔曰：「臺灣地隔重洋，一方孤寄，實爲數省藩籬，最爲緊要，雖素稱產米之區，邇來生齒倍繁，土不加闢，偶因雨澤愆期，米價即便昂貴。蓋緣撥運四府及各營餉之外，內地採買既多，並商船所帶，每年不下四、五十萬；又南北各港來臺小船，巧借失風名色，私裝米穀，透越內地。彼處概給失風船照，奸民恃爲護符，運載遂無底止。且游手之徒，乘機偷渡來臺，莫可究詰。聞此項人等，俱從廈門所轄之曾厝垵、白石頭、大擔、南山邊、劉武店及金門之料羅、金龍尾、安海、東石等處小口下船。一經放洋，不由鹿耳門入口，任風所之。但得片土，即將人口登岸，其船遠棹而去。愚民多受其害。況臺灣唯藉鹿耳門爲門戶，稽查出入，今任游匪潛行往來，海道便熟，將鹿耳門亦難恃其險要，殊非愼重海疆之意。朕所聞如此，著該督撫嚴飭所屬文武官弁，將以上各弊一一留心清查，並於汛口防範周密，不使疏縱。庶民番不至缺食，港路亦可肅清。該部可傳諭知之。」

八年，定淡水商船之數。

九年，詔禁武員建置官莊。改臺灣田園之稅。

十年秋八月，澎湖風災，詔發內帑六百兩以賑。九月，詔曰：「閩省丙寅年地丁錢糧已全行蠲免。唯是臺灣府屬一廳四縣地畝額糧，向不編徵銀兩，歷係徵收粟穀。今內地各郡既通行蠲免，而臺屬地畝因其編徵本色，不得一體邀免，非朕普遍加恩之意。著將臺灣府屬一廳四縣丙寅年額徵供粟一十六萬餘石，全數蠲免。」

十一年，詔准臺灣人民挈眷入臺。

十二年，詔以臺灣丁銀配入錢糧完納。

十三年。

十四年秋七月，大雨水，臺灣縣屬田園多陷。

十五年秋七月，大雨水。八月，大風，碎船壞屋。知府方邦基溺於南日。移淡水八里坌巡檢於新莊。

十六年。

十七年，定臺灣監察御史巡視之例。以臺灣道兼理提督學政。夏六月，地震。秋七月，大風挾火而行，草木盡焦。文廟櫺星門圮。

十八年，詔免臺、鳳、彰三縣十五年被水田賦。秋八月，大風損禾。

十九年夏四月，淡水地大震，毛少翁社陷爲水。九月，諸羅大風損禾，詔緩徵粟，發倉賑濟。

二十年，詔免諸羅縣十五年被水田賦。

二十一年。

二十二年冬十二月，澎湖大風，哨船多沒。

二十三年，詔廢通事、社丁之例。禁私墾。冬十月，諸羅大風雨三日，晚稻多損，詔緩徵粟。

二十四年，移淡水都司於艋舺。建玉峰、白沙兩書院。臺灣縣知縣夏瑚以內地人民客死臺灣，未得歸葬，倡捐義款，代運其柩至廈，以交親屬；時人稱爲善政。

二十五年，詔許臺灣居民攜眷同住。

二十六年，移新港巡檢於斗六。

二十七年，詔免淡水廳二十四年劃出界外園賦。

二十八年，建明志書院。

二十九年，詔禁福建人士入臺冒籍考試，從御史李宜青之奏也。

三十年秋九月，大風碎船。

三十一年，始設鹿港同知，以理民番交涉事務。秋八月，大風碎船。

三十二年。

三十三年，漳人吳漢生入墾蛤仔難。

三十四年。

三十五年春正月十三日，府治枋橋頭火，雨水沃之不熄。十五夜，眞武廟前又火，燬屋百餘。九月，臺灣黃教起事，平之。

三十六年，詔蠲臺灣府屬額徵供粟一十六萬餘石。

三十七年秋七月，大水。彗星見。

三十八年。

三十九年。

四十年。

四十一年冬十一月，地大震，諸羅尤烈，壞屋殺人。

四十二年。

四十三年，詔免臺、鳳二縣被水田賦。

四十四年。

四十五年，詔蠲臺灣府屬額徵供粟。

四十六年。

四十七年。淡水、彰化漳泉籍民分類械鬥。巡撫雅德奏聞。詔曰：「此等匪徒聚眾械鬥，案情重大。該鎮道一經聞信，即應帶領兵役，親赴該處，嚴行查辦。乃僅派委副將、知府前往，而雅德亦無飭行之語，殊屬非是。該鎮金蟾桂、該道穆和藺一併交部，嚴加議處。」

四十八年。初，漳、泉人械鬥，至是抄封亂首之業。

四十九年，詔開鹿港通商。秋八月，大風雨，壞屋碎船。

五十年。

五十一年，定武弁更代之例。冬十一月，彰化林爽文起事，破邑治，知府孫景燧、理番同知長庚、攝縣事劉亨基、都司王宗武等死之。遂陷諸羅，略淡水。鳳山莊大田亦起應，府治戒嚴。

五十二春正月，福建陸路提督黃仕簡、水師提督任承恩以師至臺，觀望不進。十月，詔以協辦大學士福康安領侍衛內大臣海蘭察，率滿漢弁兵赴臺，遂復彰化，俘爽文、大田，南北俱平。

五十三年，詔頒屯丁之制。春二月，淡水大雨雪，饑，斗米千錢。

五十四年。

五十五年，詔蠲臺灣供粟，照內地之例，三年勻免。設新莊縣丞。夏六月，大風雨挾火以行，滿天盡赤，毀屋碎船；澎湖尤烈。

五十六年秋八月，波蘭人麥禮荷斯奇至臺東，謀闢地。

五十七年，詔開八里坌通商。夏六月，郡治地震。翼日，嘉義大震，繼之以火，死者百數十人。

五十八年。

五十九年。

六十年春三月，彰化陳周全起事，北路同知朱慧昌、鹿港營游擊曾紹龍、副將張無咎、署知縣朱瀾等均死。總兵哈當阿以兵平之。七月，淡水大水。

嘉慶元年秋，大風雨，晚稻多損。詔曰：「臺灣地臨海洋，颶風常有。此次風勢猛烈、致損禾稻，刮倒房屋，壓斃人口，殊堪憫惻。哈當阿等務當查明成災分數，應行蠲緩之處，據實奏明辦理。其坍塌民房，照例給與修費。總期使得其所，不可靳費。所有應需賑恤銀兩，即於藩庫內撥解，以資接濟。至臺灣全藉晚收以資口食，今猝被颶風，糧價未免增長。此或由朕政事有闕或愚民等平日不能共敦淳厚，感召祥和，致有此災。此時斷不可稍存怨尤之念，唯當省過學淳。且風災過後，勤於耕種，來春仍可稔收，尤當及時力作，不可稍有怠惰。再，福、興、漳、泉四府夙藉臺米接濟，今臺灣既被風災，目下僅堪自給。明歲春收後，或米穀充盈，可以運售內地，固屬甚善；倘無餘米可運，當於各屬豐收之處，豫爲籌備。並勸令百姓等撙節衣食，家有儲蓄，不可再將米穀釀酒花費，致鮮蓄藏。豫爲明歲之備，有無相通，隨時運販，以期民食有資，方爲妥善。」於是撥解藩庫二十萬兩分恤，並留應運內地兵穀三萬四千餘石以備賑糶。漳人吳沙入墾蛤仔難，至者日多。

二年，淡水楊兆謀起事，知府遇昌、同知李明心誅之。

三年。

四年，詔蠲乾隆六十年以前未納正供。

五年冬十月，詔禁天地會及分類械鬥。

六年。

七年春，小刀會白啓謀起事，誅之。

八年夏六月，海寇蔡牽犯鹿耳門，詔以福建水師提督李長庚平之。自是疊犯臺灣。

九年，彰化社番土目潘賢文率族至蛤仔難，與漢人爭地。

十年夏四月，蔡牽復犯淡水。十一月，入踞鹿耳門，山賊吳淮泗、洪老四應之。十二月，陷鳳山，府治戒嚴。

十一年春二月，淡水漳泉械鬥，巡道慶保平之。蔡牽攻蛤仔難，敗走，已而朱濆亦犯蘇澳，海上俶擾。至十四年八月乃平。詔曰：「臺灣所屬各地方，茲因蔡牽肆逆，間被滋擾。現在官兵雲集，即日殲除。唯念賊氛所至，小民耕種未免失時，深爲廑念。著該督撫查明被賊蹂躪地方，將本年應徵地丁錢糧，概行蠲免。以示朕軫念海隅黎庶之至意。」

十二年，淡水增建義倉。

十三年，設水師游擊於艋舺，兼管水陸弁兵。

十四年夏五月，詔曰：「噶瑪蘭田土膏腴，米價較賤，民番流寓日多。若不官爲經理，必致滋生事端。現在檢查戶口，漳人四萬二千五百餘丁，泉人二百五十餘丁，粵人一百四十餘丁，又有生熟各番雜處其中。該處居民大半漳人，以強凌弱，勢所不免。必須有所鈐制，方可相安無事。其未墾荒埔，查明地界，某處令某籍民人開墾，某處令某社番耕作，尤須分劃公平，以杜爭端。至所設官職，應視其地方之廣狹，酌量議添。或建爲一邑，或設爲分防廳鎮，俱無不可。唯臺灣窵處海外，諸務廢弛。今方維甸到彼，於地方營伍，力加整頓，酌改章程，若地方官謹守奉行，自可漸有起色。第恐日久生懈，且該處俱係漳、泉民人雜處，素性強悍，總須時有大員前往巡閱，使知儆畏。嗣後福建總督、將軍，每隔三年，輪赴臺灣巡查一次，用資彈壓。」是月，淡水漳、粵與泉分類械鬥，知府楊廷理平之。

十五年春三月，總督方維甸至臺灣。四月，奏請收入噶瑪蘭，許之。越二年乃設噶瑪蘭廳。

十六年。初，臺灣歲運福建兵眷米穀，至是積滯。總督汪志伊奏請僱船自運。夏六月，淡水高夔起事，平之。十八夜，鳳山東港海中發火，既而大風，火從小琉球嶼來，居民惶恐，熱氣蒸人，數刻乃退，木葉盡焦。

十七年春二月，澎湖饑，詔命鎮道發帑賑恤。

十八年，詔禁阿片煙入口，犯者按律治罪。秋七月，澎湖大風，海水驟漲五尺餘，壞屋覆船。

十九年春正月，詔曰：「閩省牌甲保長，所有緝拏人犯，催徵錢糧，此後毋庸再派管理。至稽查戶口，即當予以糾察之權。三年之後，果有成效，加以獎賞。其怠玩者，隨時革究。而畬民熟番，久與齊民無異。自當一律辦理。」

二十年秋九月，地大震；淡水尤烈，匝月不止。十二月，淡水雨雪，堅冰寸餘。

二十一年，移鹿港巡檢於大甲。

二十二年，淡水始建學宮。移彰化訓導於竹塹。八月，澎湖大風。

二十三年，彰化知縣楊桂森議罷臺運，省議不可。三月，郡治天后宮火。

二十四年。

二十五年，海寇盧天賜犯滬尾，游擊李天華逐之，受傷死。夏，淡水大旱。秋，疫。

道光元年夏四月，海寇林烏興犯滬尾，逐之。

二年夏六月，大風雨。七月，又大雨，曾文溪決，泥積臺江，遂成平陸。

三年春正月，地大震。七月，噶瑪蘭匠首林泳春謀亂，水師提督許松年平之。八月，彗星見於東南，而氣沖西北，越年春乃滅。九月，北路理番同知鄧傳安入埔裏社，議開設。十一月，詔曰：「臺灣噶瑪蘭自嘉慶十六年奏准開闢後，委員勘丈，共田園七千五十甲零。原議每田一甲徵租六石，每園一甲徵租四石，經戶部議駁，行令查照叛產成案，分別徵收，迄今額徵科則尚未議定。十七年後，陸續起徵之租，俱未入冊報銷。茲據該督等查明，前次委員係用繩牽丈，核算戶口約計，實在開墾五千七百餘甲。內原墾田地尚屬有收，續墾田園率皆磽薄，且甫經開墾，尚須農民自費工本。兼之土沙浮鬆，溪水泛溢，實係限於地勢，不能分則定賦。至官地荒田由民陞墾，亦與叛產不同。此時不特租額不能議加，即畝分倘有缺短。如照部議增租，民力實有難支。著照該督所請，噶瑪蘭田園截至本年爲止，除水沖沙壓不計外，再行確實覆勘，墾熟田園實有若干？按地土之肥瘠，定租額之多寡。該督等即飭該道府督同委員，會同該廳履畝勘丈，取造冊結報陞。其歷年租穀，即造冊報部核銷，毋許絲毫隱匿。如所墾田地將來漸就豐腴，即隨時加議租額，以昭核實。」

四年夏五月，福建巡撫孫爾準至臺灣，議開埔裏社。十月，命臺灣道兼管水陸營兵。十一月，詔改臺灣班兵更戍之例，以艋舺營游擊為參將。

五年秋七月，詔曰：「臺灣向係漳、泉、粵三籍人民分莊居住。上年匪徒許尚等糾眾滋事，即有游民從中煽誘。茲據趙慎畛等奏請清莊之法。著照所請。嗣後臺灣地方，如有面生可疑、無親屬相依者，該莊頭人立即稟報地方官，審明籍貫，照例逐令過水刺字，遞回原籍安插，毋許復令偷渡。其投充水夫者，亦令夫頭查明，果係誠實安分，具結准充；如來歷不明，及好勇鬥狠之徒，俱報明本管官，一律逐回原籍。並飭漳、泉府廳縣，如遇遞解游民到境，即責鄉耆等嚴行管束。」

六年夏五月，淡水閩、粵分類械鬥。山賊黃斗奶導生番掠中港。總督孫爾準至臺灣，以兵平之。十二月，詔曰：「臺灣所屬係閩、粵兩籍居住。閩、粵、漳、泉各分氣類，每因械鬥滋事。此次懲創之後，該督議立章程，以期永靖，著照所請。嗣後該地方官慎選總董，責成約束子弟。如積久著有成效，量予獎勵。倘縱容滋事，即應嚴辦。遇有不法匪徒潛匿，責令總董傳送究治，務期鋤暴安良。至於風俗之淳澆，尤視廳縣之能否。其貪黷嚴酷者，固難姑容；而因循姑息者，亦難資整頓。該督即率同司道，秉公訪察，將疲軟不振之員，即行澄汰。如該管道府有意徇庇，據實參劾。」冬，築淡水城。

七年，裁鎮標左右兩營。

八年，陳集成公司始墾大嵙崁之地。

九年。

十年，詔禁各省種賣阿片，從閩浙總督孫爾準之奏也。犯者照興販阿片煙之例，發近邊充軍。為從，杖一百，徒三年。秋八月，噶瑪蘭挑夫械鬥，平之。

十一年，淡水同知婁雲頒保甲莊規。

十二年，詔緩澎湖雜項。秋八月，大風雨，近海田廬多沒。閏九月，嘉義張丙起事，鳳山亦亂。十一月，福建陸路提督馬濟勝以兵平之。

十三年秋七月，詔曰：「朕勤恤民隱，唯日孜孜。總其成於上，而分其任於督撫。爲大吏者果能體朕之心爲心，以民之事爲事，正己率屬，賢者知所勸，不肖者知所懲，吏治自日臻上理。上年臺灣逆匪張丙等滋事，其始因搶米起釁，經吳質牽控張丙。該縣不辨包米，轉出賞格查拏張丙。其陳辨因搶牛起釁，攻打粵莊，事本細微，若得一良有司秉公辦理，自可息爭。乃邵用之不協輿情，呂志恆果於自用，遂致戕官攻城，竟同負隅之勢。及訊明該逆因何造反，咸稱地方官辦事不公。雖係一面之詞，如果循聲卓著，該逆等何能藉口？總兵劉廷斌訓練不勤，營伍廢弛；該道平慶雖操守尚好，而不能防患未然，咎無可逭，俱交部嚴加議處。總督爲特簡大員，文武俱歸統轄，若使孫爾準其身尚在，朕必加以懲處，不少寬貸。姑念該逆等尚未僭據城邑，邵用之等亦無貪婪劣跡，從寬免議。嗣後督撫大吏，必須以察吏安民爲當務之急。遇有不肖官吏，破除情面，立即參劾，勿稍瞻徇。若再因循疲玩，釀成大患，勞師動眾，誤國殃民，朕必從重治罪，毋謂訓誡之不早也。」八月，淡水漳泉械鬥，平之。

十四年，築後壠城，爲械鬥也。

十五年，詔蠲十年以前未納正供。

十六年。

十七年，詔禁紋銀出洋。建文甲書院。

十八年。

十九年，詔曰：「朕因阿片煙流毒，傳染日深，已成錮習，若不及早爲民除害，伊於胡底。現在廷臣遵旨會議嚴禁章程，已頒發各直省遵行矣。該官民人等咸懍王章，遷善改過，自不難湔洗舊習，革除前非，共享全生之樂，藉免刑戮之加。即各地方官亦必懍遵新例，認眞查辦。悔過者予以自新，怙惡者不令倖免。但積習相沿，已非一日，若數月之間，遽使各省一律肅清，恐不免有諱飾等弊。故予限一年六個月，俾查拏不致遺漏，而改悔亦不甚難。及至限滿，仍復藐法，是該軍民等自外生成，無可顧惜。置之重典，尚復何詞？此朕愛民之心，先德後威，中外所共睹也。唯官民人等皆朕赤子，既欲衛其生而除害，不能不視其死而垂憐。況法立如山，再三申諭。將來限滿後，再犯者難邀寬典，朕甚憫焉。著各直省大吏，趁此儆動之機，振刷精神，認眞查辦。務使販吃各犯，悉數破案，照例懲創。此時限內多獲一人，則將來限外多貸一命，切勿因循懈怠，視爲具文。倘該地方官等姑息養奸，勦莠不盡，日後身罹重典，乞貸無從。是該大吏以民命爲輕，朕亦斷不寬恕也。懍之！」時姚瑩任臺灣道，遵旨嚴辦，犯者刑，再犯死。

二十年。冬十月，地大震，嘉義山崩。

二十一年秋七月，英艦窺雞籠。自是游弋沿海。總兵達洪阿、兵備道姚瑩共籌戰守，輒卻之。十二月，詔曰：「前據達洪阿等奏，英人滋擾臺郡，官兵擊沉船隻，奪獲器械，並擒斬洋匪多名。當有諭旨令該總兵等嚴飭在事文武，添派兵勇，嚴密防範。並諭令王得祿移駐臺灣，協同勦辦。嗣因日久未據續報，復諭令怡良等確探馳奏。迄今又將匝月，朕心實深廑念。臺灣爲閩海要區，向爲英人垂涎之地；此次駛入船隻，復經該總兵等殲勦，難保無匪船闖入，冀圖報復。現據奕山等奏，英人有遺人回國添調兵船於明春滋擾臺灣之語，該總兵等接奉前旨後，於一切堵勦機宜，自宜先事預籌妥洽。現在情形若何？有無續來滋擾？萬一英人大隊復來，該處駐守弁兵及召募義勇，是否足資抵禦？其如何定謀決策、層層布置、可操必勝之權，著達洪阿會同王得祿悉心定議，一並會銜具奏。並著怡良等密速確探現在情形，據實奏聞。」給事中朱成烈奏開臺灣番地，於是議墾埔裏社。

二十二年春二月，英船復犯大安港，卻之。三月，草烏匪艇犯塹南各港。夏，淡水大有年。

二十三年，全臺正供改徵折色。自歸清後，至是漢、番凡二百五十萬人。

二十四年夏四月，臺灣縣以徵折色故，保西里人譁變，詔逮知縣閻炘治罪。

二十五年，詔蠲未完正供。

二十六年冬，淡水大有年。

二十七年夏四月，福建總督劉韻珂至臺灣，巡視埔裏社，奏請收入版圖。廷議不許。臺灣縣鍾阿三、鄒驣狗、洪紀等以次謀亂，誅之。

二十八年，徐宗幹任巡道，整吏治，議募兵，振士風，理屯務，多所更作。

二十九年。

三十年夏六月，淡水大水，澎湖災，官民辦賑。下旨嘉獎。

咸豐元年春三月，澎湖大災，鎮道會商撫恤，撥款五千兩以賑，詔命福建督撫分別辦理，應徵地種船網等稅，緩至二年秋後帶徵，以紓民力。十月，復詔曰：「本年臺灣澎湖廳屬被風，業經降旨，分別緩徵撫恤，小民諒可不致失所。唯念來春青黃不接之時，民力未免拮据，著傳諭該督撫等體察情形，如有應行接濟之處，即查明據實覆奏，務於封印前奏到，候朕於新正降旨加恩。」西洋輪船始來滬尾、雞籠互市，照例納稅。

二年夏六月，澎湖大風，臺灣鄉試之船溺於草嶼。

三年夏四月，鳳山林恭起事，陷縣治，圍城府。已而噶瑪蘭吳磋亦起事。次第平之。五月，大屯山鳴三晝夜。六月，大風雨。淡水漳、泉分類械鬥。鑄咸豐錢。

四年春正月，淡水閩、粵分類械鬥。四月，海寇黃位入據雞籠，平之。美國水師提督彼理來游。

五年，械鬥未息。枋橋、房裏各築城。十二月，淡水雨、雹。

六年。

七年春正月，淡水大雪。

八年，黃位又犯雞籠。英人始訂約採腦。

九年。

十年，開滬尾、雞籠、安平、旗後爲商埠，從八年英法之約也。普國兵船愛爾比至琅璚，爲生番所阻，開炮擊之。八月，澎湖大風，下鹹雨，壞屋覆船。

十一年，設全臺釐金局，歸兵備道管理。

同治元年春正月，地大震。三月，彰化戴潮春起事，陷縣城，兵備道孔昭慈死之。嗣圍嘉義，攻大甲，全臺俶擾。五月十一日，復大震，壞屋殺人。六月，以滬尾海關歸總稅務司管轄。十月，頒全臺團練之制。詔蠲咸豐九年以前未徵正供。

二年冬十月，新任臺灣兵備道丁曰健以兵至竹塹。十一月，福建陸路提督林文察亦至，遂復彰化，斬潮春，餘黨漸平。詔開淡水採礦之禁。

三年，福州稅務司議准洋人開採雞籠之煤，許之。淡水人民爭墾南雅之地。

四年春三月，詔曰：「漳州賊匪未平，深恐勾結渡臺，為入海之計。著曾元福、丁曰健仍遵前旨，於海口要隘，妥籌防範，毋令闌入臺地。」英人德克於淡水鼓勵種茶，自是茶業大興。倫敦長老教會始派牧師至府治傳教。

五年，移新莊縣丞於艋舺。英艦魯霧至琅璚，為生番所擊。四月，淡水大疫。十一月，噶瑪蘭羅東分類械鬥，平之。

六年，美船那威至琅璚，為生番擊，合兵討之。許洋人入內地採腦。十一月，地大震，淡水大水，壞屋殺人。

七年，閩浙總督左宗棠奏請裁兵加餉，詔可。於是存兵七千七百餘名，設道標營，布鹽制，歸兵備道管轄。英人米里沙謀墾南澳之地。

八年秋九月，英兵夜襲安平，水師副將江國珍死之。

九年，始設通商總局，徵茶、腦、釐金及雞籠煤釐。

十年，日本琉球藩民遭風至琅璚，為生番所殺。秋八月，大風，船舶多碎。

十一年，坎拿太長老教會始派牧師至淡水傳教。

十二年，日本以全權大使至北京，請討生番，不成。

十三年，日本以軍討生番。命福建船政大臣沈葆楨視師臺灣。事平，奏開番地，移駐巡撫，籌畫善後事宜，設團練總局。十月，詔建明延平郡王鄭成功祠，追謚「忠節」，以明季諸臣百十四人配，從臺灣人士之請也。

光緒元年春，設臺北府，改淡水廳為新竹縣、噶瑪蘭廳為宜蘭縣，增設恆春、淡水兩縣。以南路同知駐卑南，北路同知為中路，駐埔裏社，各加撫民，以理番政。令福建巡撫冬、春駐臺，夏、秋駐省。

開人民渡臺入山之禁，從欽差大臣沈葆楨之請也。三月，討獅頭社番。北路統領羅大春通道至奇萊。宜蘭西皮、福祿兩黨相鬥，平之。

二年春，太魯閣番亂，討之。四月，澎湖大風。十一月，福建巡撫丁日昌巡視臺灣。

三年春，日昌奏豁臺灣雜稅。五月，恆春知縣周有基查勘紅頭嶼，收入版圖。奇密社番亂，討之。六月，臺南旋風，所過之處，屋瓦盡撤。冬，建埔裏社廳城。

四年春，澎湖大風，通判蔡祥麟請賑。秋，臺東加禮宛、阿眉兩番亂，討之。

五年冬十月，福建巡撫勒方錡巡視臺灣。建淡水縣儒學。

六年，建臺北儒學及登瀛書院。

七年春，福建巡撫岑毓英巡視臺灣。改團練總局爲培元總局。議移臺灣道府一缺於彰化縣轄。建大甲溪橋，費款二十萬元。六月，臺南哥老會員謀起事，獲首謀者二人，皆武弁也，殺之。八月，臺南府治大火。澎湖凶，官民賑之。

八年春，旗後擬建行臺並電報公所。九月，兵備道劉璈委員查勘新開道路及撫番事宜。

九年，築炮臺於西嶼。夏五月，臺南府治大火。法越事起，詔命各省籌辦防務。兵備道劉璈以臺灣孤懸海外，爲七省藩籬，防務最關緊要，而籌防之難，又較各邊省爲尤甚。外則四面環海，周圍約三千餘里，無險可扼；內則中亙叢山，橫縱約二千里，生番偪處。議劃全臺爲五路，酌派五軍，分其責成，並辦水陸團練，籌款募兵，以爲戰備。

十年夏五月，以直隸陸路提督一等男劉銘傳任福建巡撫，治軍臺灣。夏，大疫，兵民多死。六月，法艦犯基隆，復犯滬尾，均擊退之。八月，法軍據基隆。銘傳退駐臺北。法軍遂封禁沿海。

十一年春二月，法艦攻澎湖，入據媽宮澳。三月，和議成。銘傳奏請專駐臺灣籌辦善後。四月，澎湖復大疫，耕牛多斃。九月，詔曰：「臺灣爲南洋門戶，關係緊要，自應因時變通，以資控制。著將福建巡撫改爲臺灣巡撫，常川駐紮。福建巡撫事務，即著閩浙總督兼管。所有一切改設事宜，該督撫詳細籌議，奏明辦理。」於是銘傳爲巡撫，兼理學政。置布政使司，設支應局、機器局、營務處、電報總局，頒行保甲制度。九月，馬萊社番亂，討之。

十二年春正月，大嵙崁番亂，銘傳自將討之。二月，閩浙總督楊昌濬巡視臺灣。三月，詔曰：「閩、臺防務，關係緊要。該督撫等商辦一切，務當和衷共濟，不分畛域，力顧大局。上年諭令該督撫等會議臺灣改設各事宜，並著一併妥議，毋稍遲延。」陞澎湖副將為水師總兵，歸臺灣巡撫就近節制。四月，銘傳至福州，與昌濬合奏改設事宜。五月，奏請清賦。六月，奏設撫墾總局，以太常寺少卿林維源為全臺幫辦撫墾大臣。設善後、法審、官醫、伐木各局。九月，竹頭角番亂，討之。於是設置隘勇，改革屯政，從事撫墾。

十三年，建臺灣巡撫衙門。移北路協營於埔裏社，駐副將。定大稻埕為外國人商埠。五月，奏設鐵路，議自基隆至恆春，設釐金、招商、清道、樟腦、磺油各局。開西學堂、番學堂、電報學堂。改築澎湖、基隆炮臺，以整剔軍務。八月，阿冷番亂，討之。

十四年，設臺灣府，領臺灣、彰化、雲林、苗栗四縣。改前臺灣府為臺南府，臺灣縣為安平縣。陞臺東廳為直隸州，基隆通判為海防同知。建藩庫。頒行郵政。設煤務局於八堵，以候補道張席珍督辦，投費四十餘萬兩。內外臣工多所嫉忌，而臺灣紳士亦肆為蜚語。七月，銘傳革職留任。八月，清賦畢。彰化施九緞以丈費故，糾眾圍城，平之。卑南番亂，討之。

十五年春，建臺灣府考棚，各縣多建儒學，銘傳自蒞歲試。十一月，大嵙崁番亂，討之。

十六年春正月，蘇澳番亂，銘傳自將平之。二月，日本駐福州領事上野專一來臺考察，歸著一論，謂臺灣物產之富、礦產之豐、一切日用之物無所不備，誠天與之寶庫也。然以臺灣政治因循姑息，貨置於地，坐而不取，寧不可惜。若以東洋政策而論，則臺灣之將來，日本人不可不為之注意也。已而上海英領事亦來。三月，分戍各軍。九月，始鑄銀圓。飭各縣添設義塾。十月，銘傳以病奏請辭職，命布政使沈應奎署理。而臺灣籌設兩道、四府、二直隸州、十二縣之議，至是而止。

十七年春三月，以邵友濂任巡撫，新政盡廢。設通誌局。秋，大嵙崁五指山番亂，討之。

十八年，建欽差行臺於臺北。六月，射不力番亂，討之。

十九年，建明志書院。澎湖凶。通判朱上泮重建義倉。

二十年，以臺北為省會，設南雅廳。三月，朝鮮事起，臺灣戒嚴，以布政使唐景崧署巡撫。

臺灣通史卷四　獨立紀

（起清光緒二十一年，終於是年九月）

光緒二十一年夏五月朔，臺灣人民自立爲民主國，奉巡撫唐景崧爲大總統。

初，朝鮮事起，沿海戒嚴。清廷以臺灣爲海疆重地，命巡撫邵友濂籌防務。友濂，文吏也，不知兵。復以在籍太僕寺正卿林維源爲會辦。維源，淡水人，家巨富。既又命福建水師提督楊岐珍、南澳鎮總兵劉永福爲幫辦，各帶勇渡臺。二十年秋七月，永福率廣勇二營至臺南；八月，岐珍亦率十營入臺北；皆新募未練者。友濂檄提督張兆連統十三營駐基隆，基隆爲臺北門戶，炮臺在焉；道員林朝棟統臺勇守獅球嶺，以固臺北之隘；提督李本清統七營駐滬尾，嗣以廖得勝代之；而臺南悉委永福調度。部署方定，友濂辭職去，以布政使唐景崧署巡撫。景崧亦文吏，無遠略。澎湖爲臺之附庸，群島錯立，防守維艱，總兵周鎮邦率練勇八營駐防，復命候補知府朱上泮以四營協守，臺灣亦岌岌可危。

二十一年春正月，景崧奏曰：「臺灣戒嚴以來，增防設備、一切情形，業經前撫臣邵友濂奏明在案。維日人今雖鴟張北洋，而其志未嘗一日忘臺灣，時時游弋，測探海道。故臺灣防備無異臨敵。而臺南海上，霜降以後，波浪平靜；澎湖亦形勢俱重；恆春縣轄自大港口至鳳山枋寮百有餘里，前時日人曾盤踞半載，熟悉地理，漢奸尚有存者，而該處未設炮臺，且防營單薄，深恐敵兵乘虛上陸，故加意防禦。幫辦臺灣防務南澳鎮總兵官劉永福與臺灣鎮總兵官萬國本俱駐臺南府城，遙制恆春，誠恐鞭長莫及，故以萬國本專備安平旗後一帶沿岸，劉永福專備鳳山東港以至恆春。兩鎮臣相距僅百餘里，事機仍足互商。各勒部曲，以專責成。唯劉永福僅帶兩營，似不足以爲布置，乃急派委員至廣東添募四營。而恆春東港現在防營，悉歸節制，以一事權。汰其疲弱，以濟新募之餉。此則南路續辦防務之情形也。夫爭臺灣者必爭澎湖，蓋以澎湖可泊兵船，以爲根據。若我不能保澎湖，則臺灣陷於孤立，其勢難守。而澎湖之媽宮、西嶼，互相對峙，中隔海程二十里，最爲扼要。現在練勇僅有八營，斷難兼顧。因派候補知府朱上泮帶勇四營並炮隊前往協防。又設水陸雷隊，分處要地。唯該處素乏米薪，一切糧餉、軍裝，必須及時儲備，妥爲接濟；現已竭力運往，俾無缺用。此則澎湖續辦防務之情形也。臺中爲南北之樞紐，民情本易動搖，從來分紮勇營，僅以彈壓地方；故以今日形勢而觀，必有堅整之兵，方足以扼守海口。茲將現在四營，汰弱補強，大加整頓。即調福建候補道員楊汝翼爲統領，壁壘一新，以壯中權聲勢。此則中路續辦防務之情形也。然兵船既少，物力又艱，措置頗難；籌維兩月，方能就緒。而基隆、滬尾尤爲臺北之門戶。臣與提臣楊岐珍每事會商，鼓舞士氣，固結人心，以整防務。伏思臺北港口紛岐，防營雖多，分布尚弱。又以財力有限，不能遠圖。炮臺未密，軍械未精，目前猝難增易，自應隨時隨力，妥爲設備。唯勿惜有形之財，以糜無形之財，勿損平時之備，以勞臨時之備，此則微臣之所不敢出者也。」

二月十九日，日本聯合艦隊司令長官海軍中將伊東祐亨率兵艦七艘、運船五艘，破浪而來。陸軍大佐比志島義輝亦率步兵三千，自佐世保而南，至澎湖。二十七日早，以第一游擊隊突入猴角。拱北炮臺見之，發炮擊，傷兩艦。而日軍別以小艇上岸，遂占尖山，再進太武山。後隊繼至，遂踞焉。朱上泮聞警，率定海營兵五百進戰。至太武社，前隊奮登。日軍以炮禦，不能進。本隊復至，鏖戰數時，乃退。越日黎明，日軍攻大城山，別以一隊擊拱北炮臺。清軍退於媽宮城外。先是高千穗艦長海軍少佐丹治寬雄率陸戰隊二百四十名，攜機關炮三門，潛入龍門港，據拱北炮臺之南，以扼圓頂歸路。既敗清軍，乘勝攻城。城兵潰，及午而陷。二十九日，日軍以炮擊西嶼，都司劉忠良死焉。遂搜豬母水村，守備郭俊山等率所部降。上泮敗後，乘漁舟走臺南。景崧怒，欲斬之。

當是時，北洋清軍迭次敗績，詔以北洋大臣肅毅伯李鴻章爲全權大臣，東渡議和，子經芳輔之。日廷以總理大臣伊藤博文、外務大臣陸奧宗光爲全權，會於馬關春帆樓，提議六款。索割遼東、臺灣。鴻章爭之。談論數日，許之。告博文曰：「臺灣人民如不願從，授受之際，恐生事變，當與中國無涉。」對曰：「此我國之責也。」鴻章又曰：「臺民素稱難治，聚眾戕官，視爲常事。今聞割臺之信，經已鼓噪，誓不易主。」曰：「貴國但將治權讓出，則治臺之事，我國任之。」鴻章曰：「臺灣官紳交涉事件紛繁，應於換約後六個月，方可授受。」博文以爲遲，乃定兩月。而割臺之約成。三月二十三日，各簽草約。其第二款曰：「清國將臺灣全島及附屬各島嶼，又澎湖列島，即英國格林尼次東經百十九度起至百二十度止、及北緯二十三度起至二十四度之間諸島嶼，永遠讓與日本。」又第五款曰：「本約批准互換之後，限二年之內，日本准清國讓與地方人民，願遷居於外者，任便變賣所有產業，退去界外。但限滿之後尚未遷徙者，酌宜視爲日本臣民。」

當是時，臺灣舉人會試在北京，聞耗，上書都察院，力爭不可。而臺灣紳民亦電奏曰：「割地議和，全臺震駭。自聞警以來，臺民慨輸餉械，固亦無負列聖深仁厚澤，二百餘年之養人心、正士氣，正爲我皇上今日之用，何忍一朝棄之？全臺非澎湖之比，何至不能一戰？臣等桑梓之地，義與存亡，願與撫臣誓死守禦。若戰而不勝，待臣等死後，再言割地。皇上亦可上對列祖，下對兆民也。」不報。詔飭守土官撤回。景崧即電劉永福詢去就。復曰：「與臺存亡。」而獨立之議成。鎮、道、府、縣各納印去。提督楊岐珍亦率所部歸廈門。

先是，巡撫王之春聘俄，道次巴黎。南洋大臣張之洞命以臺灣質諸法，則法出有辭，未成。又欲以讓諸英，請主和局。密授其意於上海稅務司，轉商英領事，遂達英政府。駐英公使龔照瑗亦見外務大臣，告以故。外務大臣謝之曰：「此非本大臣之忘情於貴國也，亦非敝國之卻地以示廉也。貴國惘惘而贈之，敝國昧昧而受之，於英無利，於華有害，是以辭也。」故當俄、德、法阻割遼東之時，而英特居局外也。

初二日，紳士丘逢甲率人民等公上大總統之章。景崧受之，建元永清，旗用藍地黃虎。以兵部主事丘逢甲爲義勇統領，禮部主事李秉瑞爲軍務大臣，刑部主事俞明震爲內務大臣，副將陳季同爲外務大臣，道員姚文棟爲遊說使，使詣北京，陳建國情形。設議院，集紳士爲議員，眾舉林維源爲議長，辭不就，餘亦不出，唯拔貢陳雲林、廩生洪文光、街董白其祥數人就職，以議軍國大事。於是布告全臺，照會各國領事，並爲檄內外曰：「我臺灣隸大清版圖二百餘年。近改行省，風會大開，儼然雄峙東南矣。乃上年日本肇釁，遂至失和。朝廷保兵恤民，遣使行成。日本要索臺灣，竟有割臺之款。事出意外，聞信之日，紳民憤恨，哭聲震天。雖經唐撫帥電奏迭爭，並請代臺紳民兩次電奏，懇求改約，內外臣工，俱抱不平，爭者甚眾，無如勢難挽回。紳民復乞援於英國，英泥局外之例，置之不理。又求唐撫帥電奏，懇由總理各國事務衙門商請俄、法、德三大國併阻割臺，均無成議。嗚呼慘矣！查全臺前後山二千餘里，生靈千萬，打牲防番，家有火器。敢戰之士，一呼百萬，又有防軍四萬人。豈甘俯首事仇？今已無天可籲，無人肯援。臺民唯有自主，推擁賢者，權攝臺政。事平之後，當再請命中國，作何辦理。倘日本具有天良，不忍相強，臺民亦願顧全和局，與以利益。唯臺灣土地政令，非他人所能干預。設以干戈從事，臺民唯集萬眾禦之。願人人戰死而失臺，決不願拱手而讓臺。所望奇材異能，奮袂東渡，佐創世界，共立勛名。至於餉銀軍械，目前儘可支持，將來不能不借貸內地。不日即在上海、廣州及南洋一帶埠頭，開設公司，訂立章程，廣籌集款。臺民不幸至此，義憤之倫，諒必慨為佽助，洩敷天之恨，救孤島之危。」並再布告海外各國：「如肯認臺灣自立，公同衛助，所有臺灣金礦、煤礦以及可墾田可建屋之地，一概租與開闢，均沾利益。考公法：讓地為紳士不允，其約遂廢；海邦有案可援。如各國仗義公斷，能以臺灣歸還中國，臺民亦願以臺灣所有利益報之。臺民皆籍閩、粵，凡閩、粵人在外洋者，均望垂念鄉誼，富者挾貲渡臺，臺能庇之，絕不欺凌；貧者歇業渡臺，既可謀生，兼同洩憤。此非臺民無理倔強，實因未戰而割全省，為中外千古未有之奇變。臺民欲盡棄其田里，則內渡後無家可依；欲隱忍偷生，實無顏以對天下。因此槌胸泣血，萬眾一心，誓同死守。倘中國豪傑及海外各國能哀憐之，慨然相助，此則全臺百萬生靈所痛哭待命者也。特此布告中外知之。」

當是時，全臺之兵，土、客、新、舊為數三百數十營，每營三百六十人。景崧既駐臺北，以逢甲率所部戍附近，備策應。提督張兆連駐基隆，總兵陳永隆駐滬尾，道員林朝棟率棟軍駐臺中，幫辦防務總兵劉永福駐臺南。別設團練、籌防兩局，以紳士理之。以同知黎景嵩為臺灣知府，俞鴻為臺北知府，溫培華為埔裏社通判，史濟道知臺灣縣，羅樹勛知彰化，羅汝澤知雲林，李烇知苗栗，凌汝曾知淡水，王國瑞知新竹，盧自鑅知鳳山，孫育萬知嘉義，歐陽萱知恆春。又以代理安平知縣忠滿兼護府道之印。唯臺東直隸州胡傳、南雅同知宋維釗仍舊，餘悉先去矣。全臺歲入正雜各項，計銀三百七十餘萬兩，而藩庫尚存六十餘萬兩。然自軍興以來，糈餉浩大，旋奏部撥五十萬兩，南洋大臣張之洞奏請續撥壹百萬兩，劃交駐滬援臺轉運局，以資接濟。猶恐不足用，林維源首捐一百萬兩，息借民間公款二十萬兩。而富商巨室傾資助軍者，為數亦多。蒼頭特起，各備餉械。於是花翎侍衛許肇清起於鹿港，附生吳湯興起於苗栗，徐驤、姜紹祖起於新竹，簡精華起於雲林，所部或千人，或數百人，皆鄉里子弟慤不畏死者。

而粵人吳國華、龐大斌各致其黨，分乘小艇入援。部署甫定，而日軍至矣。

煙臺換約之後，日廷以海軍大將樺山資紀爲臺灣總督。而清廷亦以李經芳爲委員，至臺授受。聞獨立，不敢登。是日會於基隆舟次，立約二條：一曰：「臺灣全島及澎湖列島各通商口岸並在府、廳、縣之城壘、軍庫及官業，概讓日本；二曰：臺灣至福建之海底電線，他日兩國政府別行商議管理。而臺灣劃歸矣。當是時日廷以近衛師團長能久親王率師伐臺，次中城灣。以少將東鄉平八郎爲海軍司令官，大佐福島安正爲陸軍參謀，率浪速、高千穗兩艦赴淡水，就英艦詢臺事。炮臺擊之，乃駛去，游弋基隆。初六日，攻金包里，以綴臺軍。而第一旅團長川村景明潛由鼎底澳上陸。總兵曾喜照戍此，未戰而潰。初七日，越三貂嶺。景崧聞警，命吳國華率粵勇七百趣援。初八日，亭午，遇於瑞芳，接戰小勝。景崧復命胡連勝、陳杜波、包幹臣各率軍助戰。諸弁不和，退走基隆，而日軍又進矣。基隆爲山海險要，炮臺在焉。提督張兆連率四營、通判孫道義領一營輔之。日軍以度嶺之艱，持糧步行。初九夜至基隆，兩軍互戰，各死傷。國華不能支，拔隊退。兆連冒雨至，黎明吹角，列陣再戰。而日艦松島、千代田、浪速、高千穗開炮擊岸上，兆連被困，親兵死傷略盡。陳得勝、曾喜照陷陣救之。得勝戰死，喜照亦殊傷，炮臺遂陷。

十三日，日軍以一大隊迫獅球嶺。臺人請景崧駐八堵，爲死守計，不從。營官李文魁馳入撫署，大呼曰：「獅球嶺亡在旦夕，非大帥督戰，諸將不用命。」景崧見其來，悚然立，舉案上令架擲地曰：「軍令俱在，好自爲之。」文魁側其首以拾，則景崧已不見矣。景崧既入，攜巡撫印奔滬尾，乘德商輪船逃。將出口，炮臺開炮擊之；適德兵艦泊附近，以其擊己船也，亦開炮擊。當是時潰兵四出，劫藩庫，焚撫署，土匪亦乘發，鬥死者五百餘人，哭聲滿巷。如是兩晝夜。林維源、林朝棟、丘逢甲相率去。艋舺紳士李秉鈞、吳聯元、陳舜臣等議彈壓，而無力可制。往商大稻埕李春生，請赴日軍求鎮撫，無敢往者。鹿港辜顯榮在臺北，見事急，自赴基隆，謁總督，請定亂。許之，日兵遂進。十四日夜半至城外，城兵猶守戰。黎明乃陷。十五日，川村景明入臺北，以騎兵略淡水。十八日，能久親王至。二十一日，總督樺山資紀亦至，遂開府於此，以理軍民之政。

臺南既聞臺北之報，議奉永福爲大總統。不從。請移駐郡治，強之乃許。設議院於府學，以舉人許獻琛爲議長，稟生謝鵬翀、陳鳳昌等爲議員。郎中陳鳴鏘爲籌防局長。士民上書論戰者項背相望，乃議防守之策。以知州劉成良統福軍駐旗後炮臺，提督陳羅統翊安軍備四草湖，中軍游擊李英統鎮海軍備白沙墩，周明標、張占魁兩營駐喜樹莊，都司柯壬癸統格林炮隊，合鄭超英、周得啓、孔憲盈各軍防安平；是爲海口之防。以副將袁錫中統鎮海後軍駐卑南，參將吳世添統練軍駐郡城；是爲內地之防。其勇營則總兵譚少宗之福字前軍、總兵李維義之新楚軍、副將楊泗洪之鎮海中軍、副將吳光忠之忠字防軍、都司蕭三發之福軍前敵、都司邱啓標之臺南防軍、守備王德標之七星旗隊、知縣忠滿之忠靖營、知縣劉光明之左右軍，其義民則進士許南英之臺南團練、吳湯興之新竹義軍、林得謙之十八堡義軍。於時土匪頗發，輒招撫之。各鄉均辦保甲，沿海亦練漁團，助守望。

日軍既得臺北，狥屬邑。以一軍取宜蘭，一軍攻新竹。二十日，陷南雅，余得勝率隘勇降。夜半，義軍猝至，伏險以擊，坊城隊退據娘仔坑，而圍之愈急，彈盡糧罄，死者過半，得援始免。其取宜蘭者，以二十一日至頭圍，二十九日入縣治。

閏月朔，日軍至鳳山溪，義軍要擊之。戰至暮，新竹遂陷。大小凡二十餘戰，北埔富民姜紹祖死焉。

初三日薄暮，日艦二艘窺安平，傍英、德兵船停泊。炮臺擊之，乃北去。

十二日，樺山資紀介英人移書永福解兵。書曰：「自從客歲搆兵以來，我軍疊戰疊勝。貴國簡使議和，訂約數款，臺灣及澎湖列島皆爲貴國所割讓。授受之後，本總督開府臺北，撫綏民庶，整理庶務，凡百就緒。邇聞閣下尚踞臺南，慢弄兵戈。適會全局莫定之運，獨以無援之孤軍，防守邊陬之危城，大勢之不可爲，不待智者而知矣。閣下雄才大略，精通公法，然而背戾大清國皇帝之聖旨，徒學愚頑之所爲，竊爲閣下不取也。閣下若解廷諭，速戢兵戈，俾民樂業，當以將禮送歸，麾下士卒亦應宥遇。現在臺北等處，收容降敗殘兵，付船送還原籍者，計有八千人。本總督素聞聲名，不嫌直告。順逆之理，維閣下審計之。」永福得書不從，復曰：「中日兩國同隸亞洲之土，講信修睦，載在盟府。不意貴國棄好尋仇，侵我疆域。中國宿將雄師，亦昭忠義，而兵機有失者，李鴻章之誤爾。自古興國之人，必先施仁布澤，而後可以得民心，而後可以感天意。刻下臺北時疫大作，貴國兵隊病故者多。民情不附，天災流行，已可概見。而閣下猶不及時省悟，余甚惑之。余奉命駐守臺灣，義當與臺存亡。來書謂余背戾聖旨，又何見理不明也。夫將在外君命有所不受，況臺南百姓遮道攀轅，涕泣請命。余既不敢忘『效死勿去』之語，又何忍視黎庶沈淪之慘？爰整甲兵，以保疆土。臺南雖屬邊陬，然部下數十營，皆經戰敢死之士；兼之義民數萬，糧餉既足，軍械亦精。竊以天之不亡臺灣，雖婦孺亦知之。閣下總督全師，為國大將，雄才卓識，超邁尋常，何不上體天心，下揆民意，撤回軍旅，歸我臺北。不唯臺灣百姓感戴不忘，而閣下大義昭然千古矣！」資紀知不可說，遂進兵。

初，吳湯興起兵苗栗。因餉事，與知縣李烇齟齬，飛電告急，彼此各執一辭。永福惶惑，令幕僚吳彭年率七星旗兵七百往，李維義副之。至彰化，臺灣府知府黎景嵩請以維義援頭份，彭年亦趣赴苗栗。六月二十日，日軍攻頭份，新楚軍副將楊紫雲戰歿，維義敗回。日軍攻苗栗，前敵諸軍請濟師，永福苦無以應。初，臺南獨立之時，道庫僅存銀七萬餘兩，府庫亦六萬餘兩，乃設官票局，權發鈔票，以莊明德理之。一時市上流衍，南北洋大臣各派員視師，謀接濟，且有俄人願任保護之語。四川舉人張羅澄寓書永福，請力守，將借韓藩外兵以援。然迫於盟約不成，而餉匱械絀，唯閩、粵總督各貽舊槍一二千桿、彈藥數萬粒而已。稅務司麥嘉林請設郵政局，未旬日而徵銀五千餘兩。二十日，責議院籌餉，咸束手無策。而前敵乞援急，乃搜括八千兩與之。再令幕僚羅綺章渡廈，籲援各省，辭甚哀痛。

二十八日，日艦三艦窺臺南。嚮午，一艦近安平，開兩炮而去。七月朔，復窺枋寮，已而至布袋嘴，以斥候上陸，詰永福所在。總兵譚少宗戍此，未敢戰。旬日以來，游弋臺南，沿海戒備。蓋欲以牽制永福而力撲大甲溪也。先是彭年援苗，急就地召募，未成。二十日，日軍破苗栗，李烇奔梧棲港，走福州。維義敗回，猝率所部拒戰，吳湯興、徐驤助之，稍勝。初四日，日軍以山根支隊進攻，大隊繼之。管帶袁錦清、林鴻貴皆戰死，吳、徐退守府治。彭年駐兵牛罵頭，將扼大甲溪，而募勇夜譁，撤回彰化，電告永福濟師。彰化為中路重邑，舉人施菼、貢生吳德功設籌防局，謀戰事。永福檄安平知縣忠滿援之，滿不可。遣人說永福出戰，而己居守。永福怒，以鄭文海知縣事。乃率四營往，逗留不進。吳湯興所部索餉，環府門而譁。知府黎景嵩不能制，請彭年兼統之，再電濟師。永福疑其規避，不聽。而日軍已迫大肚溪矣。城僚議棄城，彭年止之，再電聞。令曰：「兵來禦之，死守無恐」。乃移駐城外。次日，遇日軍結筏渡溪，徐驤拒之，伏叢莽中狙擊。日軍將濟，而李邦華亦率鄉勇數千至。然日軍野炮甚厲，死者千餘人。吳湯興、沈仲安來援，截日軍爲二，擊退之。次日，再戰於李厝莊，小勝。將奪大甲，而諜報葫蘆墩危，提督陳尙志戰死。彭年調彰化知縣羅樹勛援之，會於頭家厝莊。莊豪林大春、賴寬預設國姓會，連絡數十社，率子弟千人助戰，相持一日夜，終不敵。初五日，府城陷，樹勛收兵回。而日軍亦繞過北投，分兩隊，以川村爲左翼，山根爲右翼，進攻彰化。彰城小如斗，八卦山在其東，俯瞰城中，山破即城亦破，故建壘其上。晚，旱雷兵二百自南至，欲布雷於溪畔，而旱雷自海運鹿港，緩且不及。翌日，彭年誓師，以王得標率七星旗兵三百守中寮，劉得勝率先鋒營守中莊，孔憲盈守茄苳腳，李士炳、沈福山各率所部守八卦山。初九日黎明，日軍以一中隊涉溪，迫黑旗營；又以一中隊擊其背。彭年開壁出，而別隊已直搗八卦山。吳湯興、徐驤拒戰，力竭彈罄，湯興死焉。彭年回軍救，率眾奪山，中彈死，李士炳、沈福山、湯人貴皆歿，死者幾五百人。景嵩、樹勛各微服逃，日軍入城。

初十日，日軍陷雲林，進據大莆林。別以一軍略埔裏社，鋒銳甚。永福赴曾文溪籌防。黃榮邦、林義成、簡成功及子精華均受撫，願效死。十一日，副將楊泗洪率鎭海中軍及格林炮隊取大莆林，義成、精華各以所部數千助戰。日軍北，泗洪追之，中炮死。管帶朱乃昌力戰，奪屍歸，反身再鬥。而日軍山炮隊至，聲震山谷。臺軍伏蔗林中以戰，左右奮擊。日軍退。乃昌麾兵逕取大莆林。遙見火光燭天，聲喧甚，詢之，則榮邦、義成來援也。乘勢入大莆林，殺傷過當；乃昌亦血彈死。永福令都司蕭三發率福軍前敵代泗洪，以銀三千兩犒軍。十三日，檄成功統義軍。守備王得標、嘉義知縣孫育萬會師，與精華之兵合克雲林。日軍入山，遇覆殲焉。又敗之於蘆竹塘。十六日，三發趣諸軍取彰化，自辰戰至日中，阻於日炮不能進，據險以守。當是時軍聲頗起，中、北各路約期俱舉，而臺南餉械已絕。永福又命吳桐林渡廈乞助，遍走沿海，無一應者。二十五日，精華、榮邦連戰俱捷，獻馘請餉。八月初二日，再電請，語悲痛，僅括千五百兩以濟之。附近莊民多椎牛食軍，故不餒。方彰化之陷，徐驤率二十人走後山，間道至南。永福慰之，令入卑南募悍卒，得七百人，皆矯健有力者，馳赴前敵。彰化諸軍攻圍久，彈藥將罄。初六日，榮邦誓師決戰，中戰死。初七日，義成再攻城，亦殊傷。十三日，日軍大舉猛撲三發之營，徐驤、精華援之，相戰數日，驤死，諸皆受傷莫能起，雲林復陷。永福嘆曰：「內地諸公誤我，我誤臺人！」

十九日，日軍攻嘉義。王德標初營郊外，至是走入城。日軍駐營，夜半地雷發，轟死者七百餘人。翌日，以炮攻城，陷東門。總兵柏正材、營官陳開檍、同知馮練芳、武舉劉步陞、生員楊文豹等皆死，德標隨精華奔後山。二十一日，略鹽水港，別以一軍由海道至布袋嘴。譚少宗之兵與戰，敗。至鐵線橋，沿途莊民持械拒戰，相持數日，生員林崑岡死焉。殺傷大當，以故不能越曾文溪而南。二十三日黎明，日軍登枋寮，入恆春，遂略東港，以取鳳山。

當嘉義之陷，永福知事不可爲。二十一日，介英領事歐思納致書樺山資紀求成。於時日艦大集澎湖，歐思納乘英艦披古至，副總督高島鞆之助見之。書曰：「查本年四月間，兩軍戰事已畢，海宇共慶昇平。唯和約中有臺灣全島割讓貴國一節，臺民以久隸大清國版圖，世受皇恩，不願反顏東向。是時我國遣官到臺，密行慰諭，而民心匪石可轉，公舉本總兵爲兼辦臺事大臣。本總兵以未奉明諭，無奈徇其所請，即以力保臺民爲己任，然非有自私自利於其間也。及見臺民自遘戰禍以來，其苦反難言諭。爲此咨請貴督，願以全島相交。唯尚有二事相求者：貴部兵既至臺南，不論何等民人宜悉優待，而不加以懲罰，一也；本總兵部下弁兵急須內渡，乞速撥船安送回陸，不論閩、浙、粵東，或南洋大臣處，皆隨尊意，二也。此二者度貴督亦必視爲要圖，故敢以爲請。如別無指駁，即當迅備交臺事宜，立候咨復。」鞆之助復書拒絕。二十四日，永福又委弁至披古，求見英、荷兩領事，邀往吉野。兩領事卻之，以永福不至，雖往無益也。是日吉野至安平，以書與永福，約明日辰刻，至艦議款，否則開戰。兩領事亦力勸，終不敢行。而日軍已海陸併進矣。二十六日，日艦七、運船二攻旗後炮臺，守將劉成良，永福義子也，互擊兩時許，臺陷，逃歸臺南。永福怒，欲斬之。翌日入鳳山，二十八日略舊城，以騎兵迫臺南。鄭青拒之於二層行溪，郡中大震，爭舟走廈門。

九月朔，永福議退於關帝廟莊，據山以守，而警報疊至，倉猝未能行。初二日過午，有武弁自安平馳馬入，大呼援兵至，郡人欣然有喜色。入夜，永福率親兵數人視安平炮臺，遂乘英船爹利士以去。翌日，陳修五、吳道源介英牧師宋忠堅至第二師團前哨，請鎮撫。初四日辰刻，日軍入城，海軍亦至安平，遺兵二十餘人被殺，而臺灣民主國亡。

臺灣通史卷五　疆域志

光緒十一年秋七月初八日，欽差大臣左宗棠奏請臺灣建省。旨下軍機大臣、總理各國事務王大臣、六部、九卿會同各省督撫議奏。九月初五日，軍機大臣醇親王奕譞等奏改福建巡撫爲臺灣巡撫。詔曰可。十二年春三月，又詔曰：「閩、臺防務關係緊要，該督撫等商辦一切，務當和衷共濟，不分畛域，力顧大局。上年諭令該督撫等會議改設各事宜，並著一併妥議，毋稍遲延。」十三年夏四月，新任巡撫劉銘傳會同閩浙總督楊昌濬合奏，籌議臺灣郡縣分別添改裁撤，以資治理。疏曰：「臺灣疆域，南北相距七百餘里，東西近者二百餘里，遠或三四百里。崇山大溪，鉤連高下。從前所治，不過山前迤南一帶，故僅設三縣而有餘。自後榛莽日開，故屢增廳治而猶不足。光緒元年，沈葆楨請設臺北府、縣以固北路，又將同知移治卑南以顧後山，全臺官制，粗有規模。然彼時局勢未開，擇要修舉，非一勞永逸之計也。臣等公同商酌，竊謂建置之法，恃險與勢，分治之道，貴持其平。臺省治理視內地爲難，而各縣幅員反較多於內地。如彰化、嘉義、鳳山、新竹、淡水等縣，縱橫二百餘里、三百里不等，倉卒有事，鞭長莫及。且防務爲治臺要領，轄疆太廣，則耳目難周；控制太寬，則聲氣多阻。至山後中、北兩路，延袤三、四百里，僅區段所設碉堡，並無專駐治理之員。前寄清虛，亦難遙制。現當改設伊始，百廢俱興，若不量予變通，何以定責成而垂久遠？臣銘傳於上年九月，親赴中路督勦叛番，沿途察看地勢；並據各地方官將境內扼塞道里田園山溪，繪圖貼說，呈送前來，又據撫番清賦各員弁將撫墾地所陸續稟報。謹就山前後通局籌畫，有應添設者、應改設者、應裁撤者。查彰化橋仔頭地方，山環水複，中開平原，氣象宏敞，又當全臺適中之地，擬照前撫臣岑毓英議，就該處建立省城。分彰化東北之境，設首府曰臺灣府，附郭首縣曰臺灣縣。將原有之臺灣府、縣改爲臺南府、安平縣。嘉義之東，彰化之南，自濁水溪始，石圭溪止，截長補短，方長約百餘里，擬添設一縣曰雲林縣。新竹、苗栗街一帶，扼內山之衝，東連大湖，沿山新墾荒地甚多，擬分新竹西南各境，添設一縣曰苗栗縣。合原有之彰化及埔裏社通判一廳、四縣，均隸臺灣府屬。其鹿港同知一缺，應即裁撤。淡水之地，東控三貂嶺，番社歧出，距縣太遠。基隆爲臺北第一門戶，通商建埠，交涉紛繁。現值開採煤礦，修造鐵路，商民麇集，尤賴撫綏。擬分淡水東北四堡之地，撤歸基隆廳管轄。將原設通判改爲撫民理番同知，以重事權。此前路添改之大略也。後山形勢，北以蘇澳為總隘，南以卑南為要區，控扼中權，厥唯水尾。其地與擬設之雲林縣，東西相直。現開路一百九十餘里，由丹社嶺、集集街徑達彰化。將來省城建立，中路前後脈絡，呼吸相通，實為臺東鎖鑰，擬添設直隸州知州一員，曰臺東直隸州。左界宜蘭，右界恆春，計長五百餘里，寬三四十里、十餘里不等，統歸該州管轄，仍隸臺灣兵備道。其卑南廳舊治，擬請改設直隸州同一員。水尾迤南，改為花蓮港廳，墾熟田約數千畝，其外海口水深數丈，稽查商船，彈壓民番，擬請添設直隸州判一員，常川駐紮。均隸臺東直隸州屬。此後路添改之大略也。謹按臺灣疆土賦役，日增月廣，與舊時羈縻僑置，情形迥不相同；因地制宜，似難再緩。況年來生番歸化，狉榛之性，初就範圍，尤須分道拊循，藉收實效。臣等身在局中，既不敢遇事紛更，以紊典章之舊，亦不敢因陋就簡，以失富庶之基。損益酌中，期歸妥協。」詔曰可。於是分設三府、一州、三廳、十一縣，以臺灣府為省會，駐巡撫。而設備未周，暫駐臺北。十五年秋八月，命臺灣知縣黃承乙、中路統領林朝棟築城，固將以為中樞之地矣。

初建省之時，彰化紳士蔡德芳、吳朝陽等上書巡撫，請設鹿港。略曰：「臺灣孤懸一島，南北綿亙千餘里，東盡番山，西臨瀚海。重以土浮民靡，動輒變生。無事之時，耕漁亦足相安，有事則請兵籌餉，在在仰需內地。伏思開臺之初，建設郡縣，多從海口，獨嘉義縣城離海稍遠。至如彰化縣城，西距鹿港不過十數里，其東延內山，平原遼闊，伏莽滋多；兼以溪多林茂，防禦難施。即如同治元年戴潮春之變，自內一發，城池立陷。城之西面，若斷一橋，踞一竹圍，雖內地大兵數千屯駐鹿港，經年亦不能進。洎大兵夾擊，收復之後，猶可相爭。故乾隆間貴西道趙翼有移鹿港之議，懇恩入告。事雖未行，要其大意，總在設城海口。今當盛朝威靈震疊，仰荷欽憲撫臨此邦，營建省會，從此添兵足餉，重權鎮懾，全臺託庇，萬無可慮之事。第聖人有言，處常固當思變，謹始乃以慎終。臺灣果蒙建省，省會必歸彰界。然前既有移縣城近海之議，而今省城或轉設近山。萬一地方有警，一扼溪險，竊恐萬兵難進，咫尺先不能通，何論南北。此尤大勢之當籌者。至於來龍之歸宿，海道之引導，或擇其新地，深謀遠慮，或仍其舊城，事半功倍，欽憲明見萬里，斟酌自有權衡，固毋庸某等之多贅。且事關奏聞，尤非下士之所能置辯。唯生長於斯，聞見頗熟，抱此區區，又不能坐受知而不言之咎。爰敢披瀝歷來大局情形，附繪彰化舊城來龍宿脈圖說一紙，懇乞轉詳。」不可。

十七年夏五月，銘傳辭職，以邵友濂任之。友濂文吏也，無遠略。奏請移設臺灣省會，以定規模。略曰：「前卜定省城之地，雖當中樞，控制南北；而山岳四面圍匝，距臺南、臺北兩府各四、五日程，其間溪水暴漲，交通頗煩。兼以沿海水淺，輪船難以駛入，南北有事，接濟遲延。又省城必須建築壇廟衙署等，經費浩繁，無由籌辦。伏思臺北居臺灣之上游，衙署局庫略已成工，商民輻輳，鐵路亦通，舟車之利兩備，故擬以該府城爲臺灣省會。」十八年，先止城工，而省會遂移於臺北矣。

臺南府領縣四：曰安平，曰嘉義，曰鳳山，曰恆春；廳一：曰澎湖。

安平縣

安平爲全臺首善之地，開闢最早。荷蘭之時，築壘於赤崁社，臺人謂之赤崁樓，則今之縣治也。而臺灣府志以爲臺灣建屋多用赤瓦，水濱高處，閩人曰墈，訛爲崁，故與安平城俱稱赤崁。乾隆十年，巡臺御史范咸作赤瓦歌，其自序云：「臺人屋瓦皆赤，下至牆垣，此赤崁城之所由名也。」如志所言，拘泥文字，此與解釋臺灣之說相似。夫臺灣原作「埋冤」，漳、泉之音也，故或曰「臺員」，或曰「大灣」。而府志乃謂「荷人建城，制若崇臺，海濱水曲曰灣，又泊舟處亦謂之灣，此臺灣所由名也」；言之誤謬，余已論之。夫赤崁爲番社之名，固無庸諱。稗海紀游謂明會典太監王三保赴西洋水程，有「赤崁取水」一語，是赤崁固土番之部落，其井尚存，爲最古之跡矣。延平郡王克臺之後，建承天府，置天興、萬年二縣，改一鯤身爲安平鎮。安平爲泉州安海之名，延平起師之地也；入臺之後，移置於此。又建桔秩門，以存故土之念。而安平城或稱王城，赤崁樓乃爲承天府矣。清人得臺，建臺灣府，領縣三，以臺灣縣爲附郭。二百餘年，文化日啓，制度典章，蔚爲上國，信乎東南之大邑也。光緒十四年建省之後，移臺灣縣於臺中，以作會城首邑，而舊縣改名安平。又以巡撫暫駐臺北，大府初建，冠蓋雲從，仕宦之徒，爭趨利祿，而臺南乃日退矣。縣之疆域本窄，東負群山，氣象雄偉，羅漢外門實當其衝，故前設縣丞以治之，今已裁。山之土番悉已歸化，其近郭者且同漢人。故他縣尚須防撫，而安邑早敉矣。治西六里有安平鎮，前阻大海，非舟莫濟，今已淤爲大道，車馬可以往來。舊志謂臺江汪洋，可泊千艘。臺江爲安平鎮之內海，則今之魚塭。道光二年，夏秋淫雨，兼旬不霽，曾文、灣裏各溪之水，溯漲而出，塗泥歸虛，積爲平陸，而滄海變爲桑田矣。安平鎮之左爲鯤身，右爲菅仔埔，其西則鹿耳門，風濤噴薄，夙稱天險。荷蘭鄭氏之時，均築炮臺，守海道。今亦半沉，僅存沙汕，巨舟不能入，其大者須泊四草湖。夫安平鎮爲互市之口，駐領事，設海關，以振興貿易，故臺南商務冠全臺，猶不失爲富庶也。唯南至二層行溪與鳳山界，北至曾文溪與嘉義鄰，相距不逮五十里，而土尚膏腴，人懷禮義，士遊於庠，農歌於野，商勉於廛，工集於肆，喬木之思，尚足起後人之感，況於古都舊邑乎。生斯土者，能不葆而愛之歟！

嘉義縣

嘉義，古諸羅也。諸羅，番社名，又山名，而舊志以爲諸山羅列，非矣。康熙二十三年，始設治於佳里興，劃曾文溪以北隸之。佳里興，亦番社也，濱海而居，疆域廣漠，遠至三貂，其時北鄙猶未啓也。嗣以水土不宜，移於今治。及朱一貴平後，劃虎尾溪以北爲彰化，而疆域稍小。然墾務日盛，人民殷庶，巍然爲府治之左臂。乾隆五十一年，林爽文之役，彰、淡俱陷，被圍逾歲；嬰城死守，效命弗去。詔嘉其義，改今名，永垂千古矣。建省之後，又劃牛稠溪以北爲雲林，而疆域愈小。然絕長補短，猶爲百里之邑。縣負山面海，田疇交錯，形勢與彰化埒。而玉山屹立東北，高至一萬三千數百尺，爲東洋群山之王。坤輿磅礴，特鍾於是，亦足豪矣。阿里山爲玉山之子，森林之富冠東洋，天賦之寶藏也。

火山在治之東南，烈焰騰空，下有溫泉，居民引火以炊，揭泉以浴，奇境也。前時斗六門設縣丞一員，分資治理，今爲雲林縣治。而安、嘉交界之處曰大武隴，設巡檢。沿海之地，港灣多，唯布袋嘴較深，巨舟可入。若鹽水港則久淤矣。夫嘉義爲山海奧區，物產殷富，士慕忠貞，女懷節烈，風俗之美，與南郡同。此則教化之功，而一道同風，日臻於善也。

鳳山縣

鳳山以山名。舊治在興隆里，爲鄭氏之萬年縣。自二層行溪以南歸之，遠及琅嶠，爲府治之右臂。乾隆五十二年，林爽文之役，莊大田起兵應，蹂躪縣城。事平，遷今治，則埤頭也。鳳山在治南三十里，狀若鳳，實則一培塿爾。疆域之大次諸羅，而轄境且至卑南，但事羈縻而已。光緒元年，劃率芒溪以南爲恆春，而形勢稍小，猶爲山海之區也。其地東北至瀰濃，丘陵起伏，路險阻。西行五里爲旗尾，安、鳳交界之旁徑也。西南臨海，沙汕紆迴，魚鹽之饒甲全臺。打鼓山在治之西十八里，建壘駐兵，以防海道。其旁爲旗後，各國互市之口也。港內水深，可泊巨艦。又旁二十里爲東港，亦商船互市之口也。小琉球嶼在治之南六十里，與東港對峙，屹立海中，一葦可杭，周圍約二十里，耕漁並耦，境絕清邃。下淡水溪爲臺灣大川，源自內山，瀠洄數十里，會赤山之冷水溝而入於海。引水溉田者萬甲，歲豐人庶，鳳山之巨利也。渡溪至阿猴林，素爲奸宄出沒之處，故設下淡水縣丞以駐之。率芒溪爲鳳、恆之界，沿北行，有枋寮焉，僻處海濱，漸近內山。前時設汛，同治六年置巡檢，以詰盜賊、衛行旅，爲南顧之策。夫鳳山舊邑也，深山大海，物力充牣，然以閩、粵分居，踞地相長，一言不合，趣起干戈，而今乃稍息矣。兄弟鬩牆，外禦其侮，急公義而棄私仇，尤有望於鳳人士焉。

恆春縣

恆春處極南之地。設縣之議，起於討番之役，而成於開山之時。先是福建船政大臣沈葆楨以牡丹之事，視師臺灣，亟求邊備。光緒元年，奏劃率芒溪以南，新設縣治於瑯𤩝之猴洞山。山形環抱，中拓平原，其地常燠，故名恆春，實爲全臺之南。唯縣之北境，與鳳山接壤，東、西、南三面皆濱海。自率芒溪歷嘉鹿塘，經枋山、過楓港而至柴城，凡六十里，爲福康安駐師，以木爲城，今改土堡。其旁有統領埔，相傳鄭氏屯田之地，土厚而腴。自治東越射麻里、萬里得、高士佛而至八瑤灣，計程五十三里，爲恆、卑之界。又二十五里爲牡丹灣，則凶番棲伏之處，今已平矣。縣之三面雖濱海，而港灣淺狹，不足以容巨舟。若大板埒、射寮、楓港等，則時可出入。苟以人工而鑿之，則善矣。鵝鑾鼻斗出海中，下有暗礁，夙稱天險；上建燈臺，示以航路。顧其地南連南嶠，盈盈帶水，爲東西洋往來孔道，未可以僻遠而置之。恆春之番向分上下，各十八社，今可紀者五十有八；性較馴。苟勤撫字以化之，徠人民以墾之，闢水利以溉之，刊道路以通之，開物成務、教養併行，不數十年而炎風瘴雨之地，皆稱樂土矣。

澎湖廳

澎湖固海疆重地，群島錯立，風濤噴薄，天險也。荒古以來，不見史策。隋開皇中，虎賁中郎將陳稜始略其地。其居於此土者，固猶是軒轅之胤也。或曰：楚滅越，越之子孫遷海上，或居於澎湖。唐、宋以來，居民漸長。及元之末，始設巡檢司，隸同安；未久而廢。明初，宇內未平，無業之民聚嘯其間；洪武五年，乃墟其地，遷其民於漳、泉。已而復至。嘉靖間，以海防故，復設巡檢司；旋罷，而澎湖棄爲甌脫矣。夫澎湖爲濱海之藩籬，而東西往來之衝也；墟地之舉，誠爲失策。是以島夷攘之，海寇據之，俶擾昏墊，靡有窮期。迨我延平郡王東略臺灣，先收其地，設安撫司以治之，而澎湖乃爲我有。康熙二十二年，清軍入東寧。翌年，設巡檢，隸臺灣縣，以水師副將駐之。雍正五年，改設通判，別爲廳，兼海防事務，屹然海上重鎮矣。朱一貴既平之後，廷議以澎湖失而鄭氏降，澎湖存而臺灣復，擬移總兵於此。總兵藍廷珍以爲不可，上書論之，議始罷。夫澎湖固海上重鎮，而地瘠民貧，不產五穀，恃臺爲援。一旦遏絕，勢可立斃。守之之策，在籌持久，建炮臺以禦之，設艦隊以巡之，練民兵以用之，討軍實以充之，而後可以言守，可守而後可以言戰。戰之得失，閫外寄之，其機在於一時。守之輕重，有司任之，其謀在於平日。故曰兵可百年而不用，不可一日而不備。何也？東南之地勢紐於臺灣，而澎湖者臺灣之門戶也。海疆有事，澎湖必先被兵，故籌臺灣者，必先籌澎湖。法人之役，是其殷鑒。澎湖距府治一百七十有五里，南趨南嶠，北走登萊，西渡金廈，近者一日，遠或數日。海天萬里，不過衣帶之水爾。故以巨大海軍扼險於此，則南北之交通可絕，而臺灣恃以無恐。諸島之中，大山嶼最大；媽宮在其西，文武居之。外以西嶼爲屏蔽，而內以新城、龜山相犄角，駐兵置壘，防患未然。其地東至陽嶼，西至花嶼，南至大嶼，北至目嶼，周圍二百四十二里。舊言三十六島，實則有名可紀者五十有五也。漁村蜃舍，以海爲田。顧其人習水，冒險耐勞，頗有堅毅之氣。生聚教訓，剋日並行，則此帕頭短袴之民，皆海國干城之選也。君子於此，知所務矣。

臺北府領縣三：曰淡水，曰新竹，曰宜蘭；廳二：曰基隆，曰南雅。

淡水縣

淡水據北臺之樞，荷蘭以前未之聞。歸清以後，始隸諸羅，嗣屬彰化。雍正九年，設淡水同知，治竹塹；凡大甲以北皆歸之。經營締造，二百餘年，聲名文物，蒸蒸日上，信乎可爲大郡也。先是同治十年，同知陳培桂徇廳民之請，議陞直隸州，增學額。未及行，而開山撫番事起；欽差大臣沈葆楨奏裁同知、建臺北府，以淡水爲附郭，治艋舺。艋舺，舊時貿易之地也。建省以後，乃趨於大稻埕，而艋舺稍退，然人民猶庶。縣之疆域，南至土牛溝，與新竹界；北以三貂溪爲限，與宜蘭鄰；東負深山，野番伏處，設隘防之。滬尾距治西三十里，各國互市之口也，設關征稅，駐領事以管僑民，故建炮臺，衛重兵以守之。其水自雞籠山而來，歷八堵、五堵，經圓山、出關渡而入於海。旁流支脈，交衍於艋舺、大稻埕之間。航運之利，實興商業，而灌田尤廣，故產穀多。夫淡水，番地也，左擁龜崙之山，右握獅球之嶺，溪流交錯，金、煤、硫磺之利蘊於上，腦、茶、材木之富生於山。然鄭氏之時，以流罪人；康、雍之際，尚苦瘴癘。至於今繁華靡麗，冠於全臺，此則人治之效也。然以冠蓋遨游，五方雜處，士慕虛文，女習歌舞，驕奢淫佚，亦冠全臺，則又末俗之弊也。移風易化，綱紀是張，是所望於淡人士焉。

新竹縣

新竹固土番部落，原名竹塹，鄭氏曾用兵其地。舊志以爲環城植竹，故稱竹塹，此大謬也。夫鄭氏之時，尚未設官，已有竹塹之名；則藍鼎元籌理臺疆，亦有開墾竹塹埔之議。唯其所名者，舉縣轄而總言爾。歸清之後，始隸諸羅。農功未啓，行旅鮮通，故猶以荒遠視之。雍正元年，劃入彰化，並設淡水同知，稽查北路，兼督彰化捕務。九年，又以大甲溪以北刑名錢穀專歸淡水同知管理，而猶駐彰化也。乾隆二十年，始移治竹塹。及光緒四年，臺北設府，裁同知而知府仍暫駐其地。五年三月，淡、新分治，劃土牛溝以南爲新竹，以北爲淡水；其所轄者有六堡。十五年，又折爲新、苗兩縣。於是南至中港，與苗栗鄰；北及土牛溝，與淡水界；西濱大海，而東入番山。南北相距八十五里，東西六十五里，泱泱乎大邑也哉！土壤膏腴，人民殷庶，文學之盛，冠冕北臺。而又士重然諾，農勤稼穡，非如淡水之靡麗也。然以山野之間，閩、粵分處，械鬥之風，長年不息；且地與番接，馘首相雄；沿山之人，亦多習武。此則自然之勢也。夫新竹爲北臺之奧區，群山崒嵂，拱若列屏。巍然而獨立者，則雪山也，高至一萬一千數百尺。中港香山之溪，皆源自內山，流遠而緩。唯入海之處，水淺不足泊巨舟；故航運之利，猶藉淡水。山川鍾秀，人物效靈，發揚光大，尚有待於此邦之君子焉。

宜蘭縣

宜蘭即蛤仔難，番語也，或曰甲子蘭。三面負山，東臨大海。平原沃壤，久置荒蕪。及吳沙墾土以來，三籍之人相率而至，築堡以居。自頭圍至於五圍，拓地愈廣，浸成都聚。沙死，姪化能撫其眾，請入版籍。嘉慶十五年，乃設噶瑪蘭廳，置通判理民事，治於五圍。百務草創，棋布里堡，多就番語譯之。同治十三年，開山議起，設臺北府，改廳為縣，曰宜蘭，以為北臺屏翰，而前後山之襟帶也。北界三貂溪，南逮蘇澳。自三貂溪以至草嶺，深林密菁，最稱險要。過嶺為大里簡，東望東海，波濤洶湧，豁然萬里，則太平洋之濱也。北隅三十里，有小嶼曰龜山，置兵守之。草嶺迤東，群山羅列。其大者曰玉山，積雪不化，高至萬尺，巍巍乎大觀也哉。海濱巨石嶙峋，中設一關，曰北關；而設於蘇澳者，曰南關，屹立稱門戶焉。蘇澳之口，水深四、五丈，可泊輪船，唯防礁石。南風、北風兩澳，又為蘇澳門戶。泖鼻山在三貂溪之口，形如象鼻，直插入海。旁有小澳，曰琉球澳，礁險不容舟。頭圍距治東北三十里，設縣丞。自頭圍歷大坪林，達景尾街，可至府治，為旁徑，約程百十數里。自蘇澳以南，濱海行，可達臺東。然地多險阻，溪流汎濫，不易涉，故舟行較易也。夫宜蘭為土番之區，荒古以來，久居化外，而吳沙乃入拓之，闢草萊、任耕稼、建廬里、徠游民，以張大國家之版圖，其功業豈不偉歟！唯地濱東海，富森林，故長年多雨。然以水利之豐，物土之宜，讀書力田，饒有堅強之氣。蘭雖一隅，富庶之興，尤將有所發洩也。

基隆廳

基隆爲北門鎖鑰，而通商之大埠也。煤礦之利，取之無窮，故至者日多。然當二百數十年前，猶是荒昧之域也。其地固土番部落，舊稱雞籠。地絕北，林深瘴盛，天寒，長年多雨，故有雞籠積雪之景。而與今日之氣象，早已不同矣。當明之季，荷蘭既據臺南，而西班牙亦入雞籠，築壘駐兵，以相角逐。則今之社寮島也。臥榻之側，不容鼾睡，荷人逐之，奄有全臺。乃未幾復爲我延平郡王所逐矣。歸清之後，尚事羈縻。乾嘉以還，居者漸聚，耕漁並耦，雞狗相聞。由淡水而雞籠，由雞籠而噶瑪蘭，蓋已大啓土宇矣。海通既闢，列國窺伺，其所以目逐逐而心怦怦者，則以此天富之煤礦，足爲東洋之外府爾。故當臺北建府之時，沈葆楨以海防已重，訟事尤繁，自非煤務微員所能治理，乃設通判於此，改名基隆。光緒十三年，復易同知，以重事權。雖轄地四堡，不足以建一縣，然固臺北之藩衛也。夫基隆之富庶，由於人力，而亦由於地利。梯山航海，百事俱興，締造經營，與時駢進。則此一市一廛，不特爲臺灣之大埠，且爲東洋之巨會矣。

南雅廳

南雅爲撫墾之地，而大嵙崁實當其衝。先是道光八年，陳集成始拓其土，鋤耰並進，弓矢斯張，而番害未戢也。光緒十二年，巡撫劉銘傳奏設撫墾大臣，置撫墾局，闢良田，開溝洫，伐木熬腦，以施番政。其不服者，則移師討之，而大嵙崁之景象一新。然地處內山，距治較遠，而居者日多。二十年，乃於近旁之湳仔，新設通判，改名南雅，以治民也。政令初頒，輿圖忽改，經綸措施，匪旦夕事。顧其地山迴水抱，境絕偉麗，內蘊無窮之利，外徠務本之民。長刀大斧，亭毒發揚，尚有待於後人之孟晉也。

臺灣府領縣四：曰臺灣，曰彰化，曰雲林，曰苗栗；廳一：曰埔裏社。

臺灣縣

臺灣，舊名也，而縣爲新設。光緒十三年建省之時，以彰化之橋仔頭莊，地處南北之中，背山面海，平原交錯，南有烏日之饒，北有大甲之險，鑿山刊道，戍兵撫番，遠達臺東，如臂使指。一旦鐵路告成，居中馭外，可以控制全臺；於是巡撫劉銘傳奏建省會。劃彰化之北，新設一治，謂之臺灣，而以舊時之臺灣縣改名安平，固以此爲中樞也，故亦曰臺中。十四年，命棟軍築城，建衙署、起學宮、駐軍旅、計丁庸，將以經營新邑；然縣治固畎畝之地，土厚泉甘，商賈未集，唯城外大墩街略有市肆，其懋遷有無者仍赴彰化也。自縣治北行二十里爲葫蘆墩，勢控大甲，山間之人多至此貿易，亦行軍之所必爭者。當隋之時，用兵於此，虎賁威稜，今其泯乎。葫蘆墩東北二十里爲東勢角，又東八里爲抽籐坑，又東南六十里爲埔裏社。光緒元年，始入版圖，設官行政，以撫綏群番，爲臺中之後衛。梧棲在縣西，商舶互市之口，亦海隅之一都會也。夫臺中固土番之地，所謂貓霧捒者也。康熙五十五年，岸裏社番始請墾，諸羅知縣周鍾瑄許之。及朱一貴平後，總兵藍廷珍以其土沃，募佃闢田，故名藍興堡。雍正元年，劃虎尾溪以北至大甲溪，增設彰化，而臺中隸焉。十年，設貓霧捒巡檢，駐犁頭店，臺中之設官始於此。乾隆二十四年，設南投縣丞。南投距治南四十里，中隔烏溪，爲內山出入孔道。民番雜處，商旅往還，亦山間之一都會也。夫自臺中而論，山多海少，故其人重農而輕商。然以土田之腴，水利之大，餘糧棲畝，戶多蓋藏。巖居谷飲之民，日與生番相角逐，冒危難、赴險阻，勇往不屈，故其人尚武。而林爽文、戴潮春乃後先而出，謂非種性之強乎？臺中士君子而能閑之以誼，使之以和，獎之以文，臨之以禮，巖巖新邑，氣象萬千，連鑠發揚，且邁南北，而果爲中樞之地焉，是在人爲而已。

彰化縣

彰化固半線之地，鄭氏之時，左武衛劉國軒駐軍於此，以討沙轆諸番。歸清以後，始隸諸羅，尚以曠土視之。雍正元年，劃虎尾溪以北，建設新邑。欲以表彰王化，故曰彰化。其時北鄙猶未大啓也。疆域廣漠，民番雜處，土腴而俗悍，鼠牙雀角，輒起械鬥，夙稱難治。然墾務日興，成都成聚。物力之饒，溝洫之利，人多殷庶。縣治在八卦山麓。斗大之城，險不足據，而反足資敵，故有移城鹿港之議。鹿港在治西二十里，商舶互市之埠也，市廛之盛，次於南郡，前駐海防同知。與泉州之蚶江相對，海程之近，無逾此者。而港口日塞，航運不通，苟非投資開鑿，未得以興彰化之利也。光緒八年，兵備道劉璈以彰化居臺之中樞，形勢未善，議移知縣於鹿港，而於大肚之間或藍興堡之橋仔頭莊，別建新邑，駐巡道，守重兵，以控制南北。巡撫岑毓英頗韙之。及建省後，分烏日以北為臺灣，濁水以南為雲林，而鹿港同知早移於埔裏社，疆域遂小。然臺中雖為省會，而知府尚駐彰化，猶得以保其朔。若夫土田之沃，人文之盛，彰化之興，今未艾也。

雲林縣

雲林設縣，始於建省之時，則為撫墾之計爾。先是光緒十三年，劃嘉義以北之地，經營新邑，擇治於林圯埔之雲林坪，為鄭氏部將林圯所闢者，故曰雲林，以旌其功。而治當濁水、清水兩溪之域，每逢汎濫，不得往來。十九年，乃從知縣李烇之議，移於斗六門。斗六門者，嘉義北隅之險也。乾隆二十六年，設巡檢，以分治近山。洎光緒元年，又自集集闢道，以達臺東之璞石閣，為東西交通之衢，而雲林實握其紐，故曰前山第一城。集集距治之北東，土番互市之區也，伐木熬腦，移民漸聚。而陳有蘭溪之畔，草萊未闢，原田膴膴，尚有待於後人焉。縣之疆域，北以濁水為界，彰化共之，南以牛稠溪為境。其東則高山峻嶺，人跡罕通，鯨面文身之輩，巖棲谷飲之倫，射鹿殺人，以相雄長，恩威並行，而後可服。若西雖臨海，而岸直灣淺，不足以通舟楫。北港爲古來互市之口，宋、明之時已有其名，今亦塞矣。蓋以濁水分流，挾沙澎湃，出口之處，日積日淤，沿海一帶遂不得耕，地瘠而民貧，飯水且難，況食稻乎！夫臺灣爲殷富之地，力田有秋，而澎湖之民每苦鹹雨，二林深耕又患飛沙，地之肥磽，或相倍蓰，固不得同日而論也。然則雲林之利，不在於海而在於陸，不在於平原而在於山谷。材木之饒，竹箭之美，羽毛齒革之豐，足以供給而有餘，亦臺灣之一奧區也。

苗栗縣

苗栗，番語也，謂之貓裏，土番居之。僻處新竹之南，舊與彰化相接。光緒十四年建省後，劃中港以南爲苗栗，以北爲新竹，各有三堡。而苗栗隸臺灣府，其縣治則貓裏社之墟也。草昧初啓，制度未備，其所以建設新邑者，亦爲撫墾之計爾。當是時，經理番政，刻日併行，南湖罩蘭之野，天富待興，墾田熬腦，踵相接也，故以此治之。其地群山起伏，粵族相處；沿海一帶，始多漳、泉之人。地瘠而民勤，丁男子婦盡力農畝，故善治之，則其民可使。然臺灣之兩大溪，曰大安、曰大甲，皆當其南；而大甲尤爲北臺之關隘，一旦有失，則淡、新數百里之地，可長驅而攘也。嘉慶十四年，設巡檢；道光十年，駐守備，並建土城以爲固。故當戴潮春之役，林日成三攻大甲，不能破，而北路始得無害。此則地勢之險阻，而足以絕其道爾。夫苗栗設縣，於今未久，撫治之方，在謀富庶。苟得十年成聚，十年教訓，二十年之後，可以追蹤新竹，而翹然爲一巖邑矣。

埔裏社廳

埔裏社在萬山之中，距臺灣府治東南可九十里，中拓平原，周三十餘里。土厚泉甘，宜稻蔗，物產尤饒，取之無盡。南北兩溪皆源自深山，奔流而西，以達於海，引水溉田者十數萬甲，固天然之奧區也。歸化番社二十有四，而以六社名：曰埔裏，田眉裏，曰田頭，曰水社，曰沈鹿，曰貓蘭；而埔裏尤著，康、雍以來，久見紀載。封疆大吏，猶以甌脫視之，能不惜哉！地大物溥，來者日眾，封禁之議，遂不可行。於是鄧傳安倡之，史密和之，而劉韻珂乃大言之，其陳開設之利詳矣。而痺痿臣工，不知大計，仍以險遠爲難，可謂昧矣。光緒紀元，開山議起，臺灣鎭總兵吳光亮略兵中路，爰有招撫六社之請。詢謀僉同，建設一廳，以鹿港同知移駐於此，改爲中路撫民理番同知，治大埔城。啓之，剔之，教之，養之，而六社之土田戶籍，乃得隸於宇下。其地僻處內山，居臺之中，勢險而阻。危崖深谷，傴仄難行。自府治出南門，行二十里至烏溪，水急不可涉，駕筏渡之。六里爲草鞋墩。迤東八里爲土城，海蘭察駐軍之地也。十三里爲龜仔頭。八里爲內國姓，鄭氏之時，劉國軒率師至此，以討北港溪番，人多粵籍；而家祀延平郡王。十二里爲北港溪，兩山夾立，茂林蔽天。往時野番嘗伏險殺人，設隘之後，患始戢。十里爲松柏崙，高數百仞，盤旋而上，俯瞰大埔城，如在眼底；越山東行二十里即至。其自葫蘆墩踰抽籐坑而來者，亦會於北港溪。是爲入治之北路。自草鞋墩東行十二里至南投，前駐縣丞，今已撤。又十二里爲濁水。十二里爲集集。八里爲柴圍。又北越雞胸嶺，十五里而至頭社，地腴而坦。又八里爲水社，有日月潭，勝境也，水極清冽，環可二十餘里，中有小山曰珠嶼，番繞嶼居，極稠密，獨虛其中，往來必架艋舺，剳獨木爲之，雙槳以濟，大者可容十數人。潭中多菱藕，饒魚鱉，番取以食。藍鼎元記之，以爲古稱蓬瀛，不是過也。繞嶼北行，五里爲貓蘭。又五里沈鹿。又十里爲白葉嶺。過此而北，又行十里，是爲入治之南路。自治東行，延眉溪上流而至霧關，平原盡處，豁然高山，爲野番出沒之所。樟楠之屬，蓊鬱成林，荒古以來，斧斤未入，故得長葆其壽。霧關山絕高，與臺東接，苟闢而徑之，可達花蓮港。而守城大山獨當一面，神足氣王，巍然爲治之屏翰。夫埔裏社自開拓至今，漢人爭處，前茅後勁，再接再厲。墾成之田已萬甲，眾至二、三萬人。而土番乃日就淩夷，不能存其十一。其得以暫保其生者，唯外來之屯番爾。然語言習俗，漸從漢風，則亦同化於我而已。嗚呼！優勝劣敗之機，可不惕哉？

臺東直隸州。

臺東州

臺東爲新闢之地，高山大川，氣象雄偉。疆域之廣，可爲一府三縣。而自歸隸以來，久任荒蕪，外族窺伺，莫肯關心。其有負耒荷戈而至者，唯我堅強辛苦之先民爾。然華路藍縷，涉履艱危，與天氣戰，與野番戰，與猛獸戰，瀕於死者數矣。光緒紀元，開山議起，欽差大臣沈葆楨奏設卑南廳，以事經營。卑南處臺東之中，地尤肥美；闢草萊，任耕稼，可成都聚，而利尚未啓也。拔木通道，戍軍撫番，前山之人，相率而至。洎光緒十三年，乃陞爲州，而運會亦漸移矣。其地自蘇澳以南，至得其黎百四十里，峭壁峻嶒，難通輿馬，且少可耕之壤。而中亙東澳、大南澳、大濁水、大小清水五溪，水險而大，莫施舟楫。得其黎至新城六十里，地稍平，灌莽荒榛，頗多磽确。自是歷花蓮港、吳全城、大巴壠而至水尾社，計程百五十里，地盡膏腴。又有秀孤巒之溪，可資灌溉。溪水入海之處曰大港，舟不易行。自水尾而西至璞石閣，大軍駐焉。歷平埔、石牌以達卑南，亦百五十里，地多膏腴，鋤耰日進，皆成良田，惜墾之者尚少爾。卑南以西二百數十里爲恆春，壤稍遜，然若巴塱衛、若八瑤灣，皆可墾也。夫以臺東疆域之廣，地利之饒，設官行政已二十年，而莽莽蒼蒼，尚委於鹿豕之鄉，則以航運難通也。濱海六百餘里，唯花蓮港、成廣澳可泊輪船，而風信靡常，礁石紛錯，往還不易。帆船更不能以時至也。其遵陸而行者，則自璞石閣入山，過八通關，以抵雲林之林圯埔，計程二百六十餘里，沿途皆番，行者懼焉。故商旅不敢往來，而懋遷尚少。番之大者，曰斗史五社，在大南澳；曰大魯閣八社，在大濁水以北，依山而居，性最悍；曰加禮宛六社，爲平埔之番，居於鯉浪以北；其南者曰南勢七社，亦平埔也。秀孤巒之間，凡二十四社。璞石閣之平埔亦八社。其處於成廣澳之北者，曰沿海八社；其南曰阿眉八社。而卑南之可紀者四十有六。此則多經招撫，而微化其性，然尚不事畎畝，射獵爲生。若夫丹番、巒番、木瓜等番，散伏深山，素不與人來往，經綸措施，匪旦夕事。苟得良有司治之，與以便宜之權，立以經久之計，悉心任事，不憚勤勞，而移住之人，又能忍辱負重，群策群力，以除害而興利焉，臺東之富庶，始得與前山媲美也。

坊里

坊里之名，肇於鄭氏。其後新闢之地，多謂之「堡」。堡者，聚也。移住之民，合建土堡，以捍災害，猶城隍也。而澎湖別名爲「澳」。禹貢：「九州攸同，四隩既宅。」釋文以爲「隩」與「澳」同，水濱也。是澎人固依水而居者也。「里」之大者數十村，或分上下，或劃東西。商賈錯居者謂之「街」；漢人曰「莊」，番人曰「社」，而澎湖亦曰「社」。莊社之間，各植竹圍，險不可越，聚族而居，守望相助。閩人先至，多居近海；粵人後至，乃宅山陬。而閩人之中，漳、泉爲巨，以是因緣，每起械鬥。交通既闢，情感自孚，比歲以來，其風稍戢。然撫墾雖興，而番害猶烈。長治之計，在於協和。化行風美，斯爲善矣。夫天下大器也，集眾人而成家，集眾家而成國。國之利害，猶家之利害也。故知愛家者必知愛國。夫無家則不可以住，無國且不可以立，其賤乃降於輿隸，君子傷之！故坊里之名僅爲疆域之分，而非可以此自囿也。識時之士，常務其大者遠者，而後可以進於郅治焉。

安平縣治四坊：東安坊（後分上下）、西定坊（後分上下）、寧南坊（後分上下）、鎮北坊（後分上下）。

安平縣轄四十三里：效忠里、新昌里、永寧里、仁和里、文賢里、依仁里、崇德東里、崇德西里、仁德南里、仁德北里、長興上里、長興下里、永康上里、永康中里、永康下里、內武定里、外武定里、廣儲東里、廣儲西里、新化里東堡、新化里西堡、安定里東堡、安定里西堡、善化里東堡（北隸嘉義）、善化里西堡（北隸嘉義）、新化東里、新化西里、新化北里、內新化南里、外新化南里、內新豐里、外新豐里、永豐里、保大西里、保大東里、歸仁南里、歸仁北里、嘉祥內里、嘉祥外里、羅漢內門里、羅漢外門里、楠梓仙溪東里、楠梓仙溪西里。

嘉義縣轄三十七堡：嘉義東堡、嘉義西堡、大目根堡、打貓東頂堡（北隸雲林）、打貓東下堡、打貓南堡、打貓北堡（北隸雲林）、打貓西堡、大槺榔東下堡、大槺榔西堡、蔦松堡（北隸雲林）、大坵園西堡、牛椆溪堡、鹿仔草堡、柴頭港堡、鹽水港堡、太子宮堡、鐵線橋堡、果毅後堡、哆囉嘓東頂堡、哆囉嘓東下堡、哆囉嘓西堡、下茄苳南堡、下茄苳北堡、白鬚公潭堡、龍公潭堡、學甲堡、赤山堡、茅港尾東堡、茅港尾西堡、善化里東堡（南隸安平）、善化里西堡（南隸安平）、佳里興堡、西港仔堡、麻豆堡、蕭壠堡、漚汪堡。

鳳山縣轄二十六里：大竹里、鳳山上里、鳳山下里、小竹上里、小竹下里、觀音上里、觀音中里、觀音下里、觀音內里、長治一圖里、長治二圖里、文賢里、維新里、仁壽上里、仁壽下里、半屏里、興隆內里、興隆外里、赤山里、港西上里、港西中里、港西下里、港東上里、港東中里、港東下里、新園里。

恆春縣轄十三里：宜化里、德化里、至厚里、安定里、長樂里、治平里、泰慶里、咸昌里、永靖里、仁壽里、興文里、善餘里、嘉禾里。

臺灣縣轄七堡：藍興堡、貓羅堡、揀東上堡（北隸苗栗）、揀東下堡、大肚上堡、大肚中堡、大肚下堡。

彰化縣十三堡：線東堡、線西堡、貓羅堡、馬芝堡、二林上堡、二林下堡、燕霧上堡、燕霧下堡、武東堡、武西堡、東螺東堡、東螺西堡、深耕堡。

苗栗縣轄四堡：苗栗堡（在縣之東北，舊稱竹南二堡）、呑霄堡（在縣之西，舊稱竹南三堡）、大甲堡（在縣之南，舊稱竹南四堡）、揀東上堡（在縣之東南，其屬大甲溪南者隸臺灣）。

雲林縣轄十七堡：斗六堡、溪洲堡、他里霧堡、沙連上堡、沙連下堡、打貓東頂堡（南隸嘉義）、打貓北堡（南隸嘉義）、大槺榔東頂堡、尖山堡、海豐堡、布嶼堡、大坵園東堡、白沙墩堡、蔦松堡（南隸嘉義）、北投堡、南投堡。

淡水縣轄九堡：大佳臘堡、芝蘭一堡、芝蘭二堡、芝蘭三堡、八里坌堡、擺接保、興直保、文山堡、桃澗堡。

新竹縣轄三堡：竹塹堡（在縣之中，舊稱竹北一堡）、竹南堡（在縣之南，舊稱竹南一堡）、竹北堡（在縣之北，舊稱竹北二堡）。

宜蘭縣轄十二堡：本城堡、員山堡、民壯圍堡、溪洲堡、頭圍堡、四圍堡、羅東堡二結堡、清水溝堡、紅水溝堡、利澤簡堡、茅仔寮堡。

基隆廳轄四堡：基隆堡、金包裏堡、三貂堡、石碇堡。

南雅廳轄一堡：海山堡。

埔裏社廳轄三堡：埔裏社堡、北港溪堡、五城堡。

臺東州轄五鄉：南鄉（即卑南覓）、廣鄉（即成廣澳）、奉鄉、新鄉（即新城）、蓮鄉（即花蓮港）。

臺東州轄番社十一社：斗史五社、太魯閣八社、加禮宛六社、南勢七社、秀孤巒二十四社、璞石閣平埔八社、成廣澳沿海八社、成廣澳南阿眉八社、卑南覓南十五社、卑南覓西二十二社、卑南覓北九社。

澎湖廳轄十三澳：東西澳（爲廳治，附近有社十）、嵵裏澳（距治十九里，有社十二）、林投澳（距治十二里，有社十）、奎壁澳（距治七里，有社九）、鼎灣澳（距治十里，有社九）、瓦硐澳（距治二十六里，有社五）、鎮海澳（距治二十二里，有社四）、赤崁澳（距治二十九里，有社二）、通梁澳（距治三十里，有社二）、吉貝澳（距治八十里，有社一）、西嶼澳（距治二十里，有社十二）、網垵澳（距治里五十，有社六）、水垵澳（距治五十里，有社三）。

臺灣通史卷六　職官志

連橫曰：臺灣爲荒服之地，中古未入版圖。草衣木食之民，自生自養，老死不相往來，固不知所謂政治也。及隋、唐之際，避遯之民，群聚澎湖，推年大者爲長，畋漁爲業，牧羊山谷間，各贍其食，毋相憑陵，故無訟獄之事，又不需所謂政治也。蒙古倔起，威震南邦，澎湖亦爲所略。至元中，設巡檢司，隸同安。澎湖之置吏始於此。然是時居人不及二千，且僻遠不易治，尋廢其官，而元亦遁歸蒙古。明初，天下未平，無業之民，相爲嘯聚，侵掠閩、粵。洪武五年，信國公湯和經略海上，而墟其地。自是澎湖遂爲海寇巢窟。嘉靖四十二年，都督俞大猷討林道乾，留師駐防，仍設巡檢司；已復裁之，而澎湖遂爲荷蘭所略。荷人既據澎湖，復入臺灣，築城戍兵，布教撫番，設知事以治之，隸爪哇總督之下。西班牙亦據淡水，墾土殖民，以相抗衡。而臺灣遂爲二國所分矣。當是時，延平郡王奮起金、廈，經略中原，以光復舊業。金陵敗後，窮蹙兩島，乃議取臺灣。一鼓而下，荷人降伏，送之歸國，而臺灣復始爲我族有也。夫臺灣固我族開闢之土，延平既至，析疆行政，撫育元元，而我顛沛流離之民，乃得憑藉威靈，安生樂業，此天之默相黃冑，而故留此海外乾坤，以存明朔也。

初，延平開府思明，軍國大事，一日萬幾。分所部爲七十二鎮，令六官理國務，一時人才薈萃，庶績咸熙。凡所便宜封拜，輒朝服北向，望永曆帝座疏而焚之。克臺之歲，改臺灣爲東都，置承天府，以楊朝棟爲府尹，祝敬爲天興知縣，莊之列爲萬年知縣，設安撫司於澎湖。是爲地方之制。又以周全斌總督承天府南北諸路，任官撫番，分管社事。綱紀振飭，制度修明，泱泱乎大國之風也。延平立法嚴，而愛民如子，勸之以忠，勵之以勇，使之以義，綏之以和。閩、粵之民，聞風而至，拓地遠及兩鄙。臺灣之人，以是大集。永曆十六年，子經立。十八年，以諮議參軍陳永華爲勇衛，軍國大事悉任之。永華爲政儒雅，與民休息。改東都爲東寧，天興、萬年爲二州。二十年，聖廟成。三月，以永華爲學院，葉亨爲國子助教，教之、養之。臺人自是始興學。三十四年，永華卒。翌年，經薨，克塽幼，不能治國，以至於亡。

康熙二十二年，清人得臺灣，議棄其地。靖海將軍施琅疏陳不可，乃設府一、縣三，隸福建。六十年，以朱一貴之變，特命巡視臺灣滿漢御史各一員，監察行政。時漳浦藍鼎元從軍在臺，以北路地方遼闊，治理失宜，議於半線增建一縣，其言甚切。雍正元年，乃劃虎尾溪以北，設彰化縣及淡防同知，領地至蚧仔難，而墾者亦日至焉。當是時，土地初闢，橫絕大海，往來多險，仕宦憚之。康熙三十年，詔曰：「臺灣各官，自道員以下，教職以上，俱照廣西南寧等府之例，將品級相當現任官員內，揀選調補，三年俸滿即陞。如無品級相當堪調之員，仍歸部選。著為令。」雍正七年，議准臺灣道、府、同知、通判、知縣到任二年，令該督撫於閩省內地揀選賢能之員，乘北風之時，令其到臺，與舊員協辦。半年之後，令舊員乘夏月南風之便，回至內地補用。政績優著者准加級，稱職者准加一級，以示鼓勵。十二年，總督郝玉麟奏准，調臺官員，年逾四十無子，准其挈眷赴任。

夫臺灣既為海疆重地，而官吏俸祿甚輕。舊制：分巡道年六十二兩四分四釐，知府同祿，臺防同知四十二兩五錢五分六釐，知縣二十七兩四錢九分，縣丞二十四兩三錢二釐，巡檢十九兩五錢二分，實不足以資衣食。乾隆八年，奉旨增加養廉。於是分巡道一千六百兩，知府同祿，臺防同知五百兩，臺灣知縣一千兩，他縣八百兩，縣丞、巡檢各四十兩。然貪婪之吏，以宦為賈，舞弄文墨，剝民肌膏。三年報罷，滿載而歸。而臺灣府、縣之缺，遂為巧佞所爭矣。

嘉慶十五年，設噶瑪蘭廳，自是頗多增置，而人民亦有二百數十萬，蓋已拓地至臺東矣。牡丹之役既平，同治十三年十一月，欽差大臣沈葆楨奏請移福建巡撫於臺灣，略曰：「臺灣洋務稍鬆，即善後不容稍緩。唯此次之善後，與往時不同。臺灣之所謂善後者，即臺灣之所謂創始也。顧善後難，以創始為善後則尤難。臣等曩為海防孔亟，一面撫番，一面開路，以絕彼族覬覦之心，以消目前肘腋之患，固未遑為經久之謀。數月以來，南北諸路，縋幽鑿險，斬棘披荊，雖各著成效，卑南、奇萊各處，雖分列軍屯，祇有端倪，尚無綱紀。若不悉心籌畫，詳定規模，路非不已開也，謂一開之不復塞則不敢知，番非不已撫也，謂一撫之不復疑則不敢必。何也？臺地延袤千百餘里，官吏所治祇海濱平原三分之一，餘皆番社爾。國家養育番黎，但令薄輸土貢，永禁侵凌，意至厚也。而奸民積匪，久已越界潛蹤，驅番占地，而成巢窟；則有官未開而民先開者。入山既深，人跡罕到，野番穴處，涵育孳生；則有番已開而民未開者。疊巘外包，平埔中擴，鹿豕游竄，草木蒙茸，地廣番稀，棄而弗處；則有民未開而番亦未開者。是但言開山，而山之不同已若此。生番種類數十，大概有三：牡丹等社恃其悍暴，劫殺爲生，愍不畏死，若是曰凶番；卑南埔裏一帶，居近漢民，略通人性，若是者曰良番；臺北斗史等社，雕題鯨面，向不外通，屯聚無常，種落難悉，獵人如獸，雖社番亦懼之，若是者曰王字番。是但言撫番，而番之不同又若此。夫欲開山而不先撫番，則開山無從下手。欲撫番而不先開山，則撫番仍屬空談。今欲開山，則曰屯兵衛，曰刊林木，曰焚草萊，曰通水道，曰定壤則，曰招墾戶，曰給牛種，曰立村堡，曰設隘碉，曰致工商，曰設官吏，曰建城郭，曰置郵驛，曰建廨署。此數者孰非開山之後必須遞設者？今欲撫番，則曰設土目，曰查番戶，曰定番業，曰通語言，曰禁仇殺，曰教耕稼，曰修道塗，曰給茶鹽，曰易冠服，曰設番學，曰變風俗。此數者又孰非撫番之時必須並行者？雖然，此第言後山，其緊重已若此。前山之入版圖也，百有餘年，一切規制，何嘗具備？就目前之積弊而論，班兵之惰窳也，蠹吏之盤踞也，土匪之橫恣也，民俗之蹈淫也，海防陸守之俱虛也，械鬥紮厝之迭見也；學術之不明，庠序以容豪猾；禁令之不守，煙賭以爲饔飧。官斯土也，非無振作有爲正已率屬之員，始苦於事權之牽制，繼苦於毀譽之混淆，救過不遑，計功何自？使不力加整頓，一洗浮澆，但以目下山前之規模，推而爲山後之風氣，雖多一新闢之區，適多一藏奸之藪。臣等竊以爲未可也。嘗綜前後山之幅員計之，可建郡者三，可建縣者十，固非一府所能轄。欲別建一省，又苦器局之未成。而閩省向需臺米接濟，臺餉向由省城轉輸，彼此相依，不能離而爲二。環海口岸，處處宜防，洋族教堂，漸漸分布。居民向有漳籍、泉籍、粵籍之分，番族又有生番、熟番、屯番之異。氣類既殊，撫馭匪易。況以創始之事，爲善後之謀，徒靜鎮之非宜，欲循例而無自。使臣持節，可暫而不可常。欲責效於崇朝，兵民有五日京兆之見。倘逾時而久駐，文武有兩姑爲婦之難。臣等再四思維，宜仿江蘇巡撫分駐蘇州之例，移福建巡撫駐臺，而後一舉而數善備。何以言之？重洋遠隔，文報稽遲，率意逕行，又嫌專擅。駐巡撫則有事可以立斷，其便一。鎮治兵，道治民，本兩相輔，轉兩相妨。職分不相統攝，意見不免參差。上各有所疑，下各有所恃，不賢者以爲推卸地步，其賢者亦時時存形跡於其間。駐巡撫則統屬文武，權歸一尊，鎮道不敢不各修其職，其便二。鎮道有節制文武之責，而無遴選武文之權。文官之貪廉，武弁之勇怯，督撫所聞，與鎮道所見，時或互異。駐臺則不待採訪，而耳目能周，黜陟可以立定，其便三。城社之巨姦，民間之冤抑，睹聞親切，法令易行，公道速伸，人心帖服，其便四。臺民煙癮本多，臺兵爲甚；海疆官制久壞，臺兵爲尤。良以弁兵由督、撫、提標抽取而來，各有恃其本帥之心。鎮將設法羈縻，祇求其不生意外之事。是以比戶窩賭，如賈之於市，農之於田。有巡撫則考察無所瞻徇，訓練乃有實際，其便五。福建地瘠民貧，州縣率多虧累，恆視臺地爲調濟之區。不肖者骫法取盈，往往不免。有巡撫以臨之，貪黷之風，得以漸戢，其便六。向來臺員不得志於鎮道，及其內渡，每造蜚語中傷之，鎮道或時爲所挾。有巡撫則此技悉窮，其便七。臺民游惰可惡，而戇直實可憐。所以常聞蠢動者，始由官以吏役爲爪牙，吏役以人民爲魚肉，繼則人民以官吏爲仇讎，詞訟不清，而械鬥紮厝之端起。奸宄得志，而豎旗聚眾之勢成。有巡撫則能豫拔亂本而塞禍源，其便八。況開山伊始，地勢殊異，成法難拘，可以因心裁酌，其便九。新建郡邑，驟立營堡，無地不需人才，丞倅將領，可以隨時札調，其便十。設官分邑，有宜遠久者，有屬權宜者，隨時增革，不至廩食之虛縻，其便十有一。開煤煉鐵，有第資民力者，有宜參用洋機者，就近察勘，可以擇地而興利，其便十有二。夫以臺地向稱饒沃，久爲他族所垂涎。今雖外患暫平，旁人仍耽耽相視，未雨綢繆之計，正在斯時。而山前山後，其當變革者，其當創建者，非數十年不能成功。而化番爲民，尤當漸積優柔，不能渾然無間。與其苟且倉皇，徒滋流弊，不如先得一主持大局者，事事得以綱舉目張，爲我國家億萬年之計。況年來洋務日密，偏重東南；而臺灣孤懸海外，七省以爲門戶，關係非輕。欲固地險，在得民心；欲得民心，先修吏治營制。而整理吏治營制之權，操於督撫。總督兼轄浙江，移駐不如巡撫之便。臣等明知地屬封疆，事關更制，非部民屬吏所應越陳；而夙夜深思，爲臺民計，爲閩省計，爲沿海籌防計，有不得不出於此者。敢不據實上聞，以爲芻蕘之獻。」旨下福建督撫議奏。總督李鶴年、巡撫王凱泰奏言：「福、臺關聯甚巨，彼此相依，未可遽分爲二。請以福建巡撫冬春駐臺，夏秋駐省。」詔可。於是葆楨奏建臺北府，改淡防廳爲新竹，噶瑪蘭廳爲宜蘭，新設恆春、淡水兩縣，置臺東、基隆兩廳，而移北路撫民理番同知於埔裏社，改爲中路。大事更張，以革新吏治。營制亦稍整飭，而臺灣之規模漸大矣。

光緒二年六月，江南道御史林拱樞奏言：「琅璠之役，沈葆楨暫任其事，議移巡撫駐紮臺灣，俾善其後。以現在情形而論，區處臺灣，非善後之謀，實創始之事。」十二月，刑部左侍郎袁葆恆亦奏言：「臺灣之地，雖僻海濱，而物產豐富，各國垂涎。倘爲外人盤踞，則南北洋各處，出沒窺伺，防不勝防。加以民番雜處，區畫尤難，非專駐大臣，鎮以重兵，舉其地之民風、吏治、營制、鄉團，事事實力整頓，洽以德意，孚以威信，未易爲功。查直隸、四川、甘肅各省，皆以總督兼辦巡撫。可否改福建巡撫爲臺灣巡撫，常川駐守，經理全臺。其福建全省事宜，專歸總督辦理。事任各有攸司，責成即有所屬，似於臺灣目前情形，不無裨益。」而巡撫丁日昌亦以分駐兩地，往來不便，奏請簡駐重臣，督辦數年，而後建省。部議不可。

七年春，巡撫岑毓英巡視臺灣。以臺灣孤懸海外，幅員遼闊，籌備防務，必須南北聲氣相通，方易措手。查彰化縣治居南北之中，應將臺灣道、府二缺，權其輕重難易，移一於此，俾可居中控制。兵備道劉璈以彰化之下橋仔頭莊可爲都會之地，議移道缺；而以埔裏社之中路同知爲臺灣直隸州，與巡道北路副將均移於此。劃大肚、八卦兩山之地，歸州管轄。移彰化縣於鹿港，改爲州屬，而貓霧捒巡檢爲州吏目，南投縣丞爲州判，駐埔裏社。分鳳山縣學官一員爲州學正。改臺灣府爲臺南府，專轄臺、鳳、嘉、恆四縣，以與臺北對立。毓英以爲可。將入奏，會越南事起，視師廣東，臺灣亦戒嚴，詔以直隸陸路提督劉銘傳駐臺治軍。及平，以銘傳爲福建巡撫。十一年五月，奏請專駐臺灣，辦理要政，又陳設防、練兵、清賦、撫番四事。七月，欽差大臣左宗棠奏言：「今日之事勢，以海防爲要圖；而閩省之籌防，以臺灣爲重地。臺雖設有鎮、道，一切政事，必稟承督撫，重洋懸隔，文報往來，平時且不免稽遲，有事則更虞梗塞。如前次法人之變，海道不通，諸多阻礙，其已事也。臣查同、光之交，前辦理臺防大臣沈葆楨躬歷全臺，深維利害，曾有移駐巡撫十二便之疏，比經吏部議准在案。嗣與督臣李鶴年、巡撫王凱泰仍以巡撫兼顧兩地覆奏。光緒二年，侍郎袁葆恆請將福建巡撫改爲臺灣巡撫，其福建全省事宜，專歸總督辦理。部議以沈葆楨原奏，臺灣別建一省，苦於器局未成，彼此相依，不能離而爲二，未克奉旨允行。厥後撫臣丁日昌以冬春駐臺、夏秋駐省，往來不便，因有專簡重臣督辦數年之請。臣合觀前後奏摺，督撫大臣謀慮雖周，未免各存意見。蓋王凱泰因該地瘴癘時行，心懷畏卻，故沈葆楨循其意而改爲分駐之議。丁日昌所請重臣督辦，亦非久遠之圖。皆不如袁葆恆事外旁觀，識議較爲切當。夫臺灣雖係島嶼，綿亙亦一千餘里。舊制設官之地，祇海濱三分之一。每年物產關稅，較之廣西、貴州等省，有盈無絀。倘撫番之政，果能切實推行，自然之利，不爲因循廢棄，居然海外一大都會也。且以形勢言，孤峙大洋，爲七省門戶，關係全局，甚非淺鮮。其中如講求軍備、整頓吏治、培養風氣、疏濬利源，在在均關緊要，非有重臣以專駐之，則辦理必有棘手。以臣愚見，唯有如袁葆恆所請，將福建巡撫改爲臺灣巡撫，所有臺、澎一切應辦事宜概歸該撫經理，庶事有專責，於臺防善後大有裨益。至該地產米甚富，內地本屬相需。若協濟餉項，各省尚通有無，亦萬無不爲籌解之理。委用官員，請照江蘇成例。各官到閩之後，量缺多少，簽分發往。學政事宜，並歸巡撫兼管。勘轉命案，即歸臺灣道就近辦理。其餘一切建置分隸各部之政，從前已有成議，毋庸更張。專候諭旨定案，即飭次第舉行。」當是時，內外臣工條陳臺灣善後者凡十數起。而貴州按察使司李元度亦請以福建巡撫專駐臺灣，兼理學政。且言「軍中所需軍火炮械，均須在臺設局，製造存儲，不得如前仰給福建，致有隔絕之患。夫日本距臺甚邇，日本疆圉略如臺灣，而歷朝以來，倔強自立，近且併琉球、亂朝鮮，改從西洋制度，儼然自居於列強之間。夫日本之財力，皆取之國中，非別有轉輸也，而遊刃有餘，可以富庶。臺灣地大物博，百利未興，若能經理得人，需以歲月，何遽不如日本哉？夫強弱無異民，不善用之則弱，能善用之則強。應請簡任巡撫、鎮道，久任而責成之，闢土地，課農桑，徵賦稅，修武備，則七省之藩籬永固，而臺灣可無害矣。」旨下軍機大臣、總理各國事務王大臣、六部、九卿會同各省督撫議奏。九月初五日，軍機大臣醇親王奕譞、總理各國事務大臣臣慶親王奕劻、大學士臣世鐸、臣額抑和布、臣閻敬銘、臣張之萬、北洋通商大臣臣李鴻章等奏言：「臣等查臺灣爲南洋樞要，延袤千餘里，民物繁富。通商以後，今昔情形迥然不同，宜有大員駐紮控制。若以福建巡撫改爲臺灣巡撫，以專責成，似屬相宜。恭候欽定。如蒙俞允，所有一切事宜，應由該督撫詳細酌議，奏明辦理。」詔曰可。於是設臺灣巡撫，建省會於下橋仔頭莊，以控制南北。設臺灣府，領縣四，附郭曰臺灣，新設雲林、苗栗二縣，改臺灣府爲臺南府，臺灣縣爲安平縣，陞臺東廳爲直隸州。凡三府、一州、三廳、十一縣。以銘傳爲巡撫。廷議以臺灣南北袤延甚遠，擬設臺北道以分管理，銘傳奏復添設臺北道，不如添設藩司。詔曰：可。於是以沈應奎爲臺灣布政使。而兵備道仍兼按察使。又以澎湖爲閩、臺門戶，非設重鎭，不足以資控制，詔以澎湖副將與海壇鎭對調，臺灣鎭總兵銷去「掛印」二字，均歸巡撫節制。十二年，設督辦臺灣撫墾大臣，以在籍太僕寺正卿林維源爲幫辦，兼團練大臣。銘傳具幹才，大興新政，築鐵路，通航運，辦清賦，闢山林，建學堂，討軍實，開礦產，振工商，計日度月，次第舉行，將置臺灣於富強之域。而士夫不諗其意，政府亦多掣肘，遂稱病以去。繼之者邵友濂，文吏也，諸皆廢止。二十一年，日本據遼東，詔割臺灣以和，下旨撤回官吏。五月，臺人自立爲民主國，舉前巡撫唐景崧爲大總統，以李秉瑞爲軍務大臣，俞明震爲內務大臣，陳季同爲外務大臣，姚文棟爲游說使，餘如舊。而府縣多緘印去。已而大總統亦逃，遂至於亡。

鄭氏中央職官表

吏官	永曆八年設六官，分理國事。
戶官	
禮官	
兵官	
刑官	
工官	
學院	永曆二十年設，以勇衛陳永華任之。
國子助教	永曆二十年設，以葉亨任之。

行人	永曆八年設。
給事中	此下二官，均明舊制。
各科主事	
各科內都事	

鄭氏臺灣職官表

承天府尹	永曆十六年設，掌一府政事。
天興知縣	永曆十六年設，駐府治，十八年改州。
萬年知縣	永曆十六年設，駐興隆里，十八年改州。
澎湖安撫司	永曆十六年設。
北路安撫司	永曆三十六年設。

清代職官表

福建臺灣巡撫一員	光緒十一年奏改福建巡撫爲臺灣巡撫，暫駐臺北。十三年，照甘肅、新疆例，改爲福建臺灣巡撫。
臺灣布政使司一員	光緒十三年設，綜核全臺錢糧餉項，考核大計。並設布庫大使一員，兼理經歷事。
臺灣按察使司一員	乾隆五十三年奉旨：「嗣後補放臺灣道員者，俱加按察使銜，俾得奏事。」光緒十三年，部議「臺灣道向兼按察使銜，毋庸特設。」一切刑名，由道管理，即設司獄一員。
提督學政一員	舊例以按察使副使或按察司僉事爲提學道，每省一員。雍正四年，改爲提督學政。臺灣向以兵備道兼理。雍正五年，改歸漢御史。乾隆十七年，復歸道。光緒元年，奏由巡撫主政。四年，歸道。十三年，仍歸巡撫。

巡視臺灣監察御史滿、漢各一員	康熙六十年設，駐府治。乾隆十七年，定例自後三年巡視一次，不必留駐。三十年，奉旨：「嗣後隨時派往。」五十二年，罷，命閩浙總督、福建巡撫、水陸提督每年輪值一人前往巡視。
督辦臺灣撫墾大臣一員	光緒十二年設，巡撫兼理。
幫辦臺灣撫墾大臣一員	光緒十二年設，駐臺北大嵙崁。
分巡臺灣兵備道一員	康熙二十三年設，爲臺廈兵備道，駐府治。六十年，去兵備。雍正六年，改爲分巡臺灣道，乾隆五十一年，加兵備銜。五十二年，加按察使銜。
臺南知府一員	康熙二十三年設，爲臺灣府，總匯各縣刑名、錢穀，支放兵餉。光緒十三年，改今名，移臺灣府於臺中。
臺北知府一員	光緒元年設。
臺灣知府一員	光緒十三年設。
臺東直隸州知州一員	光緒十三年設，駐卑南。
臺灣海防同知一員	康熙二十三年設，駐府治。乾隆三十一年，改爲南路理番同知，兼海防。光緒元年，移駐卑南，本缺裁。
南路理番同知一員	光緒元年設，駐卑南。十三年，陞爲州，本缺裁。
北路撫民理番同知一員	乾隆三十二年設，駐彰化縣治，辦理淡防、彰化、諸羅民番交涉事務。四十九年，鹿港開港，兼理海防。五十年，兼理捕務。五十三年，移駐鹿港。光緒元年，改爲中路撫民理番同知，本缺裁。
中路撫民理番同知一員	光緒元年設，駐埔裏社。十年，奏仍駐鹿港。十三年，裁。
淡水捕務同知一員	雍正元年設，駐彰化。七年，改爲撫民同知，移竹塹。光緒元年設縣，本缺裁。
澎湖海防同知一員	雍正五年，設海防通判，駐媽宮城。光緒十一年，陞爲同知。
基隆撫民理番同知一員	光緒元年，設海防通判。十三年，陞爲同知。
南雅撫民理番通判一員	光緒二十年設，駐大嵙崁。

噶瑪蘭撫民理番通判一員	嘉慶十五年設，駐五圍。光緒元年，改縣，本缺裁。
卑南州同一員	光緒十三年設，隸臺東州。
花蓮港州判一員	光緒十三年設，隸臺東州。
安平知縣一員	康熙二十三年設，原爲臺灣縣，附郭。光緒十三年，改今名，移臺灣縣於臺中。
鳳山知縣一員	康熙二十三年設，駐舊城，後移今治。
嘉義知縣一員	康熙二十三年設，駐佳里興，爲諸羅縣，嗣移今治。乾隆五十三年，奉旨改今名。
恆春知縣一員	光緒元年設，駐琅璠。
淡水知縣一員	光緒元年設，附郭。
新竹知縣一員	光緒元年設。
宜蘭知縣一員	光緒元年設。
臺灣知縣一員	光緒十三年設，附郭。
彰化知縣一員	雍正元年設，駐半線。
雲林知縣一員	光緒十三年設。
苗栗知縣一員	光緒十三年設。
臺灣縣丞一員	康熙二十三年設，駐城。雍正九年，移駐羅漢門。乾隆五十四年，改巡檢，本缺裁。
鳳山縣丞一員	雍正九年設，駐萬丹。乾隆二十六年，移駐阿里港。
諸羅縣丞一員	雍正九年設，駐笨港。
彰化縣丞一員	乾隆二十三年設，駐南投。光緒元年，奏移鹿港。十年，仍駐南投。十八年，復移鹿港，本缺裁。

下淡水縣丞一員	光緒元年設，駐阿猴林。
頭園縣丞一員	嘉義十七年設，隸噶瑪蘭廳。
新莊縣丞一員	乾隆三十二年，設巡檢，隸淡防廳。五十三年，改縣丞。嘉慶十四年，移駐艋舺。
艋舺縣丞一員	嘉慶十四年設，光緒元年裁。
新港巡檢一員	康熙二十三年設，隸臺灣。乾隆二十六年，移駐斗六門，本缺裁。
佳里興巡檢一員	乾隆二十六年設，隸諸羅。五十二年，移駐大武壟，本缺裁。
大武壟巡檢一員	乾隆五十二年設。
斗六門巡檢一員	乾隆二十六年設，隸諸羅。光緒十四年，裁。
鹿仔港巡檢一員	雍正十年設，隸彰化。嘉慶十四年，裁。
大甲巡檢一員	嘉慶十四年設，隸淡防，後隸苗栗。
貓霧拺巡檢一員	雍正十年設，駐犁頭店，隸彰化。光緒十三年，裁。
下淡水巡檢一員	康熙二十三年設，隸鳳山。五十一年，移駐赤山。雍正九年，移大崑麓。乾隆五十三年，移興隆里。
竹塹巡檢一員	雍正十年設，隸淡防廳，兼司獄事。
八里坌巡檢一員	雍正十年設，隸淡防廳。乾隆三十二年，移駐新莊。
羅漢門巡檢一員	乾隆五十四年設，隸臺灣。嘉慶十六年，移駐蕃薯寮。光緒元年，奏移澎湖八罩嶼，本缺裁。
枋寮巡檢一員	光緒元年設，隸恆春。
八罩巡檢一員	光緒十年設。
葫蘆墩巡檢一員	光緒十三年設，隸臺灣。
臺南府經歷一員	康熙二十三年設，兼司捕務。

臺北府經歷一員	光緒元年設。
臺灣府經歷一員	光緒十三年設。
各縣典史一員	隨縣設，司捕獄事務。
臺南府學教授一員	康熙二十三年設。雍正十一年，添設訓導一員。
臺北府學教授一員	光緒元年設。
臺灣府學教授一員	光緒十三年設。
各縣學教諭一員	隨縣設。

民主國職官表

大總統
軍務大臣
內務大臣
外務大臣
游說使
府、州、廳、縣如舊

臺灣通史卷七

戶役志

戶役之制，三代詳矣。漢法：郡國上計，歲登其民於宰相，副在太史，所以施政教而行徵令也。連橫曰：國者，民之國也，與民治之。是故管仲相齊，作內政而寄軍令；商君用秦，立保甲以厲耕戰：故能有勝於天下。然必先明其民數之多寡，力役生產乃可得而平也。臺灣為荒服之地，當明中葉，漳、泉人之至者已數千人；及荷蘭來，賦課丁稅，每丁四盾。領臺之初，歲收三千一百盾，其後增至三萬三千七百盾。蓋移殖者眾，而入款亦巨也。鄭氏因之，每丁改為六錢，熟番如之。其時航海而至者十數萬人，是皆赴忠蹈義之徒，而不忍為滿洲臣妾也。故其奔走疏附者為主戶，而商旅為客戶。肇啟土宇，式廓版圖，以保持殘局。漢族之不奴者僅此爾。永曆三十四年，嗣王經棄金、廈，來者尤眾。華人之在呂宋者，久遭西人之暴，前後戾止，皆撫拊之，給其田疇，樂其生業，故有久居之志。使得十年生聚，十年教訓，二十年之後，可以光復故國，抑且奄有海邦。而南風不競，以至於亡。痛哉！

清人得臺之時，志稱舊額戶一萬二千七百二十七，口一萬六千八百二十人，歲徵銀八千零六兩零三錢二分。是必有所謬誤；不然，何其尠耶！考施琅疏陳海上情形，謂：「查自故明時，原住澎湖百姓有五、六千人，原住臺灣者有二、三萬人，俱係耕漁為生。至順治十八年，鄭成功挈去水陸官兵眷口三萬有奇。康熙三年，鄭經復挈去六、七千人。」以此計之，則臺灣之人殆十萬。何以僅為一萬六千餘人？且琅之疏亦有未確者。鄭氏陸師七十有二鎮，使鎮為千人，則有七萬二千。加之以四民，應倍其數。是臺灣之民，此時已近二十萬。不然，以一萬六千餘人，僅不過一鄉，而奏設三縣，何其夸耶？蓋志之所載，僅舉丁稅而言爾。清例：凡有家眷者為一戶，男子年至十六者為成丁，每丁徵銀四錢七分六釐；而婦孺為口。是時移殖之人多無家眷，丁男或流落四方，躬耕巖穴，編查不及；故若是其少。丁稅之制，即古之庸，所以任國之役也。是故稅以足食，賦以足兵，而役以用力，國之經也，民之義也；故社番男女亦課之。舊例：壯番每丁徵米一石七斗，少番一石三斗，番婦一石。而教冊公廨番丁與番婦同。歸化八社，有人三千五百九十二，歲共徵米四千六百四十五石三斗。克臺之歲，旨下福建督撫，凡渡臺者禁帶家眷，而琅亦請申海禁，不許惠、潮之人入臺，故多漳、泉人。然利之所在，人所必趨。況以新啟之地，原田膴膴，何從而禁之哉？康熙五十二年，詔以五十年丁冊為常額，滋生人口，永不加賦。雍正四年，定豁番婦丁稅。少壯番丁改爲一律，每粟一石折銀三錢六分，共徵銀二千十六兩九錢三分六釐。乾隆元年，詔曰：「朕愛養元元，凡內地百姓與海外番民，皆一視同仁，輕傜薄賦，使之各得其所。聞福建臺灣丁銀一項，每丁徵銀四錢七分，再加火耗，則至五錢有零矣。查內地每丁徵銀一錢至二錢、三錢不等，而臺灣加倍有餘，民間未免竭蹶。著將臺灣四縣丁銀，悉照內地之例，酌中減則，每丁徵銀二錢，以舒民力。」於是歲徵三千七百六十五兩餘，約減舊額之半。二年，又詔曰：「臺灣番黎大小共九十六社，每年輸納之項，名曰『番餉』。按丁徵收，有多至二兩有餘及五、六錢不等。朕思民番皆吾赤子，原無岐視，所輸番餉即百姓之丁銀也。著照民丁之例，每丁徵銀二錢，其餘悉行裁撤。該督撫可轉飭地方官，出示曉諭，實力奉行，務令番民均沾實惠。又聞澎防、淡防兩廳均有額編人丁，每丁徵銀四錢有零，從前未曾裁減，亦著照臺灣四縣之例以行。」於是歲徵番餉三百四十九兩，較舊更減六倍有奇。先是淡水設廳，僅由彰化撥歸丁口十一，歲徵銀五兩二錢三分六釐。而數年間，開墾竹塹各地，至者驟增，多至數萬人，編審未備，故若是之少也。十二年，詔各府縣丁銀勻配田園，按畝徵輸。於是上田勻配四釐一毫八絲六忽，中田四釐三毫八絲一忽，下田四釐六毫三絲九忽，上園四釐九毫二絲九忽，中園五釐五毫五絲七忽，下園五釐六毫三絲三忽，而丁銀廢矣。各縣所徵，其詳如表。蓋以臺灣地多人少，與他府異，故不論地丁，而論田土；則貧民免追逋之憂，而有司無賠累之苦。自是以來，移民日多，墾務日進，全臺約及百萬，而來者仍不許挈眷，番地亦禁開拓，此則退守之政也。

二十五年，福建巡撫吳士功奏言：「臺灣歸隸版圖，將及百年，久成樂土。居其地者，俱係閩、粵濱海州縣之民，俱於春時往耕，西成回籍。迨後海禁漸嚴，一歸不能復往。其生業在臺灣者，既不能棄其田園，又不能搬移眷屬，別娶番女，恐滋擾害。經陞任廣東撫臣鄂彌達具奏，凡有妻子在內地者，許呈明給照，搬眷入臺，編甲爲良。旋經議行在案，嗣於乾隆四年，前督臣郝玉麟以流寓民眷，均已搬取，即有事故遲延，亦屬無幾，請停止給照。續於乾隆九年，巡視臺灣御史具奏，以內地民人，或聞臺地親年衰老，欲來侍奉，或因內地孤獨無依，欲來就養。無如例有明禁，因甘蹈偷渡之愆。不肖客頭奸艄，將船駛至外洋，如遇荒島，詭稱到臺，促客登岸，人煙斷絕，坐而饑斃。俄而洲上潮至，群命盡歸魚腹。因礙請照之難，致有亡身之事。請仍准攜眷。經部議准。十二年，督臣喀爾吉善復以前奏未定年限，恐滋弊混，請定限一年之後，不准給照。自此停止以來，迄今十有餘年。現在漢民已逾數十萬，其父母妻子之身居內地者，正復不少。向之孑身過臺者，今以開墾田原，足供俯仰矣；向之童稚無知者，今已少壯成立，置有田產矣。若棄之而歸，則失謀生之路；若置父母妻子於不顧，更非人情所安。伏查乾隆十七年，原任臺灣縣知縣魯鼎梅纂修縣志云：內地窮民在臺營生者數十萬。其父母妻子俯仰乏資，急欲赴臺就養，格於例禁，群賄船戶，頂冒水手姓名，用小漁船夜載出口，私上大船。抵臺復有漁船乘夜接載，名曰灌水。經汛口覺察奸艄，照律問遣，固刑當其罪；而杖逐回籍之民，室廬拋棄，器物一空矣。更有客船串通習水積匪，用濕漏之船收載數百人，擠入艙中，將艙蓋封釘，不使上下，乘黑夜出洋。偶值風濤，盡入魚腹。比到岸恐人知覺，遇有沙汕，輒給令出船，名曰『放生』。沙汕斷頭，距岸尚遠，行至深處，全身陷入泥淖中，名曰『種芋』。或潮流適漲，隨流漂溺，名曰『餌魚』。言之痛心。臣一載以來，留心察訪，實屬確有之事，然卒未有因陷溺而告發者；緣事在汪洋巨浸，人跡罕到之地，被害者既已沒於波臣，僥免者亦干禁令，莫敢控訴。伏念內外民人均屬朝廷赤子。向之在臺爲匪者，悉出隻身之無賴。若安分良民，既已報墾立業，有父母妻子之繫戀，有仰事俯育之辛勤，自必顧惜身家，各思保聚。此從前督撫諸臣所以疊有給照搬眷之請也。及奉准行過臺之後，亦未有眷口滋釁生事者。蓋民鮮土著，則有離去之思；人有室家，各謀久安之計。乃因良民之搬眷，禁以奸民之偷渡，致令在臺者因羈逆旅，常懷內顧之憂，在籍者悵望天涯，不免向隅之泣。以故內地老幼男婦煢獨無依之人，迫欲就養，竟至鋌而走險，畢命波濤。非所以仰體皇上如天之覆，一視之仁也。」疏入，從之。於是至者愈多，拓地愈廣。及嘉慶十六年，有司彙報全臺民戶，計有二十四萬一千二百十七戶，男女大小凡有二百萬三千八百六十一口，而土番不計也。比之清初，幾增百倍。至今又百數十年，而人口且過三百萬，此則競進之力也。

夫有土必須有人，有人而後有財。生財之道，地著爲本。劃田疇以養之，設庠序以教之，治舟車以通之，勸工商以興之，故國無敖民而地無曠土。臺灣之人，漳、泉爲多，約占十之六七；粵籍次之，多爲惠、嘉之民，其來較後，故曰「客人」；亦有福建汀州。而閩、粵之分，每起械鬥；漳、泉亦然。今則息矣。光緒十三年，巡撫劉銘傳奏請清賦，先飭各廳縣編查戶口，頒行保甲。其時造報者計有男女三百二十餘萬人。雖編查未詳，亦足以知其概矣。十四年改定租率，以一條鞭辦法，而丁稅併於正供，至今行之。

清代臺灣戶口表一（據臺灣府志）

廳　縣	戶　數	口　數	備　考
臺　灣	八、六二四	一〇、八六五	乾隆二年
鳳　山	一、六六七	三、三〇〇	雍正九年
諸　羅	二、四三六	三、九五五	乾隆二年
彰　化		一二五	乾隆二年
淡　水		三〇、三四二	乾隆二十九年
澎　湖	二、七五二	二四、〇五二	乾隆二十七年
計	一五、七四九	七二、六三九	

按府志所載，如彰化縣係就完納丁銀之人而言，故若是之少，而實在戶口遂不能知。即各廳縣之數，似就土著而載，流寓之人尚不編列，故亦若是之少也。

清代臺灣戶口表二（嘉慶十六年編查）

廳縣	戶數	口數	備考
臺灣	二八、一四五	三四一、六二四	
鳳山	一九、一二〇	一八四、五五一	
嘉義	一二六、六二八	八一八、六五九	
彰化	四〇、四〇七	三四二、一六六	
淡水	一七、九四三	二一四、八三三	
噶瑪蘭		四二、九〇〇	
澎湖	八、九七四	五九、一二八	
計	二四一、二一七	二、〇〇三、八六一	

清代徵收丁稅表一（康熙二十三年）

縣分	丁額	稅額（釐）	備考
臺灣	八、五七九	四、〇八三、六〇四	
鳳山	三、四九六	一、六六四、〇九六	
諸羅	四、一九九	一、九九八、七二四	
澎湖	五四六	二五九、八九六	
計	一六、八二〇	八、〇〇六、三二〇	

清代徵收丁稅表二（乾隆二年）

縣分	丁額	稅額（釐）	備考
臺灣	一〇、八六五	二、一七三、〇〇〇	
鳳山	三、三〇〇	六六〇、〇〇〇	
諸羅	三、九五五	七九一、〇〇〇	
彰化	二四	四、八〇〇	
淡水	一一	二、二〇〇	
澎湖	六七二	一三四、四〇〇	
計	二四、八七五	三、七六五、四〇〇	

清代徵收丁稅表三（乾隆十二年）

縣分	田園畝數（毫）	勻配丁稅（釐）	備考
臺灣	一三三、九〇八、三九八	六九三、二七二	
鳳山	一三三、四八八、〇五〇	七一七、三三八	
諸羅		一、〇三五、一三六	
彰化	一四四、〇〇六、八五九	一、一六〇、一一〇	
淡水	一九、七三七、五三〇	一六〇、五二一	
澎湖			

清代徵收番餉表一（雍正年間編定）

<table>
<tr><th>社名</th><th>丁數</th><th>徵額（釐）</th><th>備考</th></tr>
<tr><td>大傑顛</td><td>一〇〇</td><td>一九〇、五一二</td><td></td></tr>
<tr><td>卓猴</td><td>七〇</td><td>六三、〇〇〇</td><td></td></tr>
<tr><td>新港</td><td>一七五</td><td>三九五、四五六</td><td></td></tr>
<tr><td>下淡水</td><td>二九二</td><td></td><td></td></tr>
<tr><td>力力</td><td>一六〇</td><td></td><td></td></tr>
<tr><td>茄藤</td><td>二八〇</td><td></td><td></td></tr>
<tr><td>放縤</td><td>一八六</td><td rowspan="2">二、〇一六、九三六</td><td></td></tr>
<tr><td>上淡水</td><td>二三七</td><td></td></tr>
<tr><td>阿猴</td><td>一六一</td><td></td><td></td></tr>
<tr><td>搭樓</td><td>二三四</td><td></td><td></td></tr>
<tr><td>武洛</td><td>九八</td><td></td><td></td></tr>
<tr><td>目加溜灣</td><td>一一七</td><td>一一三、二四八</td><td>新莊仔社附納</td></tr>
<tr><td>蕭壠</td><td>一二三</td><td>四五二、二八九</td><td></td></tr>
<tr><td>麻荳</td><td>一一六</td><td>一七二、八七二</td><td></td></tr>
<tr><td>大武壠</td><td>一九三</td><td>九一四、八一〇</td><td>噍吧哖、木岡、芋匏、內攸等社附納</td></tr>
<tr><td>哆囉嘓</td><td>七〇</td><td>三一三、九九二</td><td></td></tr>
<tr><td>諸羅山</td><td>六二</td><td>六五、二二八</td><td></td></tr>
</table>

打　貓	六二	四九、三九二	
他里霧	五九	五〇、八〇三	
斗六門	一〇八	三五二、八〇〇	柴裏社附納
西　螺	一〇一	二〇四、六二四	
東　螺	一〇二	三七〇、四四〇	眉裏社附納
大　突	九一	一〇五、八四〇	
馬芝遴	一〇四	二一五、九一三	
南北投	一七三	五〇一、三一八	貓羅社附納
二　林	八四	四三五、二二四	
貓兒干	九四	一〇六、五〇〇	
阿　束	一〇七	七〇、九一二	
大武郡	九七	一六五、四六三	片相觸、二重坡二社附納
沙　轆	四六		
牛罵頭	五五		
半　線	一一四	三三一、四四二	大肚、柴坑、水裏等社附納
貓霧拺	四五	二九、六三五	
岸　裏		一二、〇〇〇	凡五社
蓬　山	三五〇	一三四、四一六	凡八社
後　壟	三〇七	九八、七八四	凡五社

竹塹	八四〇	三七八、〇〇〇	
南崁		九八、七八四	凡四社
淡水		二二、五七九	凡六社
雞籠		二二、五七九	金包裏附納
麻薯		三、六八〇	新舊二社
奇冷岸		一二、九〇〇	
大圭佛		一七、九八二	
猴悶		四九、三九二	
南社		八〇六、五〇〇	
加六堂		四九、三九二	
瑯嶠		五一、一五六	
琉球		九、八七八	
卑南覓		六八、七九六	
山豬毛		一二、〇〇〇	凡十社
傀儡山		二一、六〇〇	凡十八社
貓仔		二二、八〇〇	凡十九社
本祿		四、八〇〇	凡四社
阿里山			凡八社
崇爻			凡八社

水沙連	六八八	三、五二五、六八七	凡二十四社
巴荖遠		七、二○○	凡四社
沙里興		二、四○○	
蛤仔難		三○、○○○	哆囉滿社附納

清代徵收番餉表二（乾隆二年改定）

社名	丁數	徵額（釐）	備考
大傑顛	一○○	二四、○○○	
卓猴	七○	一四、○○○	
新港	一七五	三五、○○○	
下淡水	二九二	五八、四○○	
力力	一六○	三二、○○○	
茄藤	二八○	五六、○○○	
放綀	一八六	五七、二○○	
上淡水	二三七	四七、四○○	
阿猴	一六一	三二、二○○	
搭樓	二三四	四六、八○○	
武洛	九八	一九、六○○	
目加溜灣	一一七	二三、四○○	

蕭壠	一二三	二四、六〇〇	
麻荳	一一六	二三、二〇〇	
大武壠	一九三	三八、六〇〇	噍吧哖、木岡、芋匏、內優等社附納
哆囉嘓	七〇	一四、〇〇〇	
諸羅山	六二	一二、四〇〇	
打貓	六二	一二、四〇〇	
他里霧	五九	一一、八〇〇	
斗六門	一〇八	二一、六〇〇	
西螺	一〇一	二〇、二〇〇	
東螺	一〇二	二〇、四〇〇	
眉裏	九七	一九、四〇〇	
大突	九一	一八、二〇〇	
馬芝遴	一〇四	二〇、八〇〇	
南北投	一七三	三四、六〇〇	貓羅社附納
二林	八四	一六、八〇〇	
貓兒干	九四	一八、八〇〇	
阿束	一〇七	二一、四〇〇	
大武郡	九七	一九、四〇〇	
沙轆	四六	九、二〇〇	

牛罵頭	五五	一一、〇〇〇	
半線	一一四	二一、八〇〇	柴坑社附納
貓霧捒	四五	九、〇〇〇	
大肚	一一八	一三七、六〇〇	水裏社附納
岸裏		二、四〇〇	凡五社
蓬山	三五〇	七〇、〇〇〇	凡八社
後壟	三七〇	六一、四〇〇	凡五社
竹塹	八九	一七、八〇〇	
淡水	五七九	一一五、八〇〇	淡水、南崁、雞籠凡十二社
麻薯		九六〇	
奇冷岸			
大圭佛			
猴悶			
南社			
加六堂			
瑯嶠			凡十社
琉球			
卑南覓			
山豬毛		四、八〇〇	凡十社

傀儡山		六、四〇〇	凡十八社
貓　仔		九、一二〇	凡十九社
本　祿		一、九二〇	凡四社
阿里山			凡八社
崇　爻			凡八社
水沙連	六八八	一三七、六〇〇	凡二十四社
巴荖遠		一、四四〇	凡四社
沙里興		四八〇	
蛤仔難			哆囉滿附

臺灣通史卷八　田賦志

連橫曰：井田之法廢矣，鄉曲猾豪，奪民之田，以殖私利。用其富厚，敖游官府，驕奢淫佚，勢過王侯。而爲之佃者，胼手胝足，水耨火耕，歲稔乃不獲一飽，先疇自作，貸種於人，頭會箕斂，從而剝之。貧富之等日差，貴賤之階愈絕，而民怨鬱矣。古者量人授田，一夫百畝，其中爲公田，八家皆私百畝，同養公田，所謂十一而稅也。稅以足食，賦以足兵，是故出入相友，守望相助，設爲庠序學校以教之。庠者，養也；校者，教也；序者，射也。故民皆有勇而知方；居則執鋤以耕，出則荷戈而戰。忠義奉公，以衛其國。此則先王經邦蒞民之善制也。夫井田養民，其田皆國之田也。及秦以後，民所自有之田也。民所自有之田，又從而賦之，亦曰以保之也。故民之輸將不怠。若已不能保，而又橫征之，使之蕉萃於虐政之中，是直以民爲隸而已。

臺灣爲海上荒土，其田皆民之所自墾也。手耒耜，腰刀槍，以與生番猛獸相爭逐。篳路藍縷，以啓山林，用能宏大其族，至於今是賴。艱難締造之功，亦良苦矣。當明之世，漳、泉地狹，民去其鄉，以拓殖南洋；而至臺灣者亦夥。山林未伐，瘴毒披猖，居者輒病死，不得歸，故有「埋冤」之名。及顏思齊至，鄭芝龍附之，墾土築屋，漸成部落。思齊既死，芝龍復降，漳、泉人之居者凡三千餘人。自生自養，以贍其家，固無政令以率之也。天啓四年，荷人入臺灣，借地土番。越二年，西班牙人亦入雞籠，各據其地，以殖土宜，制王田，募民耕之，而徵其賦。計田以甲：方一丈二尺五寸爲一戈，三十一戈二尺五寸爲一甲。上則年徵穀十八石，中十五石六斗，下十石二斗。其時土田初闢，一歲三熟，糖米之利，挹注外洋，故至者日盛。崇禎間，熊文燦撫閩，值大旱，謀於芝龍，募饑民數萬，人給銀三兩，三人合給一牛，載至臺灣，墾田芟舍，以其衣食之餘，納租鄭氏，故富甲七閩。延平建宅，從者尤多。休兵息民，以事農畝。向之王田，皆爲官田，耕者皆爲官佃，賦仍舊。宗室文武召民自闢，謂之私田，則所謂文武官田者也。定則之法，亦分三等。納稅之外，又課其賦。所謂官斗，較中土倉斛僅有八升。原田膴膴，取之無盡。耕後數年，輒棄其舊。故三年一丈，課其增減，定其肥磽，而所以恤民之困也。諸鎭之兵，各分其地，按地開墾，自耕自給，謂之營盤。三年之後，乃丈其則，以立賦稅。農隙之時，訓以武事。此則寓兵於農之意也。永曆十八年，嗣王經委政陳永華。永華善治國，分諸鎭土地，復行屯田之制。於是闢地日廣，遠及半線。二十四年，右武衛劉國軒伐大肚番，追之至北港溪，駐軍以戍；則今之國姓莊也。寧靖王術桂入臺後，以竹、滬一帶，土厚泉甘，墾田百數十甲，歲入頗豐，有餘則散之故舊，不需湯沐之奉。而諸鎮屯田至今尚留其跡。此則鄭氏富強之基也。

清人得臺，廷議欲墟其地。靖海將軍施琅力陳不可，乃設一府、三縣。又奏請減賦，略曰：「今部臣蘇拜等所議錢糧數目，較鄭克塽所報之額，相去不遠。然在鄭氏當日，自爲一國之用。因其人地，取其餉賦，未免重科。茲部臣等奉有再議之旨，不得不以此數目議覆。如以會議既定，當按數而徵，在道府責成所係，必奉行催科。兼以鄭氏向時所徵者乃時銀，我之所定者乃紋銀，紋之與時更有加等。且臣前之議守此土者，非以其地可以加賦也。蓋熟察其地，屬在東南險遠，關係數省安危。今既設官分治，撥兵汛防，則善後之計，宜加周詳。而今所調守兵一萬，乃就閩省經制水陸兵丁六萬五千七百五十名數內抽調，兵無廣額，餉無加增。就此議定錢糧數目，蠲減於寇虐之後，使有司得以仰體德意，留心安集撫綏。數年之後，人戶繁盛，田疇悉易，賦稅自充，有增無減。豈待按數而征哉？」下旨再議。於是奏定上則田每甲征穀八石八斗，園四石，其詳如表。六十一年，巡臺御史黃叔璥以臺灣田賦較重內地。臺之一甲，得內地十一畝三分一釐有奇。內地上田，各縣徵法不一，約折色自五、六分以至一錢一、二分而止，是一甲不過徵至一兩三錢爲最多矣。今臺徵穀八石八斗，使穀最賤，石爲三錢，已至二兩六錢四分餘，況又有貴於此者。而民不以爲病，地力有餘。上者無憂不足，中者絕長補短，猶可藉以支應；若履畝勘丈，便難仍舊矣。雍正五年，巡臺御史尹秦奏言：「臺灣全郡盡屬沙壤，地氣長升不降。所有平原，總名草地。有力之家，視其勢高而近溪澗淡水者，赴縣呈明四至，請給墾單，召佃開墾。所開田園，總以甲數。每甲約抵內地十一畝有奇。鄭氏當日分上、中、下三則取租。開臺之後，地方有司照租徵糧，而業戶以租交糧，致無餘粒。勢不得不將成熟之田園，以多報少。欺隱之田，倍於報墾之數。臣等細訪向來任其欺隱不行清查之故，則其說有五。現徵科則，計畝分算，數倍於內地之糧額，若非以多報少，不能完納正供；一也。臺灣沙地，每歲夏秋大雨，山水奔瀉，衝爲澗壑，流沙壅積，熟田亦爲荒壤，若非以多報少，將何以補苴虧缺；二也。臺地依山臨海，田園並無隄岸保障，海風稍大，鹹水湧入，田園滷浸，必俟數年鹹味盡去之後，方可耕種，若非以多報少，何以抵納官糧；三也。臺地土脈炎熱，不宜施肥，二三年後，力薄寡收，便須荒棄兩歲，然後耕耘，若非以多報少，焉能輸將公課；四也。臺灣佃丁皆係漳、泉、惠、潮之客民，因貪地寬，可以私墾，故冒險渡來，設使按畝清查，以租作糧，則力不能支，勢必各回原籍，以致田園荒廢，額賦虛懸；五也。夫田糧之欺隱若此，其所以致此欺隱而難以清查者又若此。自宜作何變通，以除欺隱之弊。海疆重大，與內地不同。臣等愚昧，不敢輕議，謹具實奏請聖裁。至於北路彰化一帶，縣係新設，地稍偏遠，臣等見其多屬未闢之土，亦宜召民開墾。案查淡水同知王汧曾經具詳，稱北路虎尾溪以上，間原寬曠。召民開墾之法，毋許以一人而包占數里，祇許農民自行領墾，一夫不過五甲，十夫連環互保。定限三年，比照內地糧額起科。再如熟番場地，向有奸棍認餉包墾，久假不歸。若任其日被侵削，番眾無依，必退處內山，漸變生番。宜令大社留給水旱地五百甲，中社四百甲，小社三百甲，號為社田，以為耕種牧獵之所。各立界碑，四至田畝，刊載全書，以俾日後勢豪不得侵占。其餘草地悉行召墾，並限三年起科。臣等細加尋繹，事屬當行。唯召墾農民，以宜照臣等前摺所陳，亦令歸莊併田，務使匪類無處託足，以靖盜源。」九年，詔以臺灣土田自七年開墾及自報陞科者，改照同安則例，化一甲為十一畝三分有奇，計畝徵銀，仍代以粟，每銀三錢六分折粟一石，粟一石折米五斗；其詳亦如表。而新則較輕舊則不啻數倍。計歲徵粟十六萬九千二百六十六石九斗九升有奇。例以十月開徵，至臘而畢。每粟一石徵耗一斗，折銀五分，以防入倉之損。全臺正供之粟，支給班兵十五營，需米四萬四千八百五十一石八斗。又配運福、興、漳、泉平糶以及兵米眷米十六萬六千五百石，又運督標兵米折粟一萬五千五百七十石；詳在糧運志。顧全臺徵收粟數，不敷起運，每年以運糶四府粟價發臺，分給四縣，糴補足額。其耗粟之銀，則為官署公費，而有司且加之數倍，以入私囊。故例：有司催科，凡得八成者錄其功，而八成以上則吞沒之。一行作吏，便為富翁，故俸祿甚薄，而供奉酬酢多取之民也。乾隆九年，詔曰：「臺灣田園已照同安則例，後經部議以同安科則過輕，應將臺地新墾之田園，按照臺灣舊額輸納。朕念臺民遠隔海洋，應加薄賦，以昭優恤。除從前開墾田園，照依舊額、毋庸減則外，其雍正七年以後報墾之地，仍遵雍正九年奉旨之案辦理。其已照同安下則徵收者，亦不必再議加減。至嗣後墾闢田園，令地方官確勘肥瘠，酌量實在科則，照同安則例，分別上、中、下，定額徵收。俾臺民輸納寬舒，以昭加惠邊方之至意。」

夫臺灣爲海疆重地，每有水旱之災，輒奏請蠲賦，故人民易於樂歲，而開墾日進，遠入番地。其始佃農力小，不足經營，富豪出資本、給牛種，建廬鑿圳，以任其費。田成，則納其穀十之一、二，謂之大租，或徵圳租，謂之水粟。每甲應納穀石，永久不替。道光四年，署兵備道方傳穟上書總督孫爾準，力言業戶之弊。書曰：「千萬人墾之，十數人承之，而一人所給墾照，或千數百甲，淡水是也。萬人墾之，千人承之，而地數千甲，給墾照者數千人，每人僅數十甲，最多亦十數甲，並無業戶，以民爲官佃者，噶瑪蘭是也。夫業戶之設，其弊無窮。其始豪強有力者十數人，出領墾照，名爲自出工本，募佃墾荒，實則其人工本不多，鳩集朋黨，私立約據。及其墾成報官陞科，而業戶一人，界廣甲多，且易隱蔽。及賦已定後，或十餘年，或數十年，遇有水旱偏災，沖崩塌壞，亦任意影射。且徵收供課，戶衹一人，實缺千萬。一經破敗，更換爲難。請以淡水言之。其地南自大甲，北至雞籠，綿長三百餘里；自山至海，腹內所寬亦四、五十里。較諸臺邑，固自倍之；而考其正供，僅有臺邑四分之一。業戶編入徵冊者，僅數十人。此所以地廣賦少也。然則業戶自宜殷富，每年自清國課；而每年實徵，民欠猶十之二、三。業戶大半貧窶，何也？業戶坐收其租，除完課外，別無所利。田園實非其有。歷年既久，沖崩塌壞，漸就磽确，而佃戶逃亡也。」初，噶瑪蘭開墾之時，吳沙父子邀趙隆武、何繪等赴省呈請開墾，先與佃戶私議，將來告成，應由業戶陞科完糧，佃戶每甲田定納大租穀六石、園四石。及楊廷理籌辦建治，深慮不敷經費，議裁業戶，而由散佃報陞。謂此租額仿與淡水拳和官莊相符，詳請轉奏，援以爲例。部議不許。以拳和官莊久已無案可稽，若照屯案辦理，屯案田園各分六等，此項園徵四石，已準屯案第四等，則田不應列第六等，漫無區別。是拳和官莊與屯租二案，均難援引矣。然其後仍定田六、園四之率，丈陞報部。有田二千一百四十三甲餘，園三百甲餘，歲徵租穀一萬四千六十三石有奇。供耗之外，又徵餘糧，此爲各屬所無。查臺灣陞科章程，凡田園衹徵正供、耗羨。若徵別款租賦，從無併徵正供。而蘭屬獨增餘租，猶之他屬雜徵，固不與供耗核計考成也。顧餘租實爲籌備經費之計，即仿淡水屯租之例，每石折色一圓，奉文照議在案。嗣以同安下沙則而計，則田一甲徵穀六石，又徵供穀一石七斗五升八合四勺七秒二撮，耗穀一斗七升五合八勺四秒七撮，餘租四石零六升五合六勺八秒一撮；園一甲徵穀四石，又徵供穀一石七斗一升六合六勺一秒一撮，耗穀一斗七升一合六勺六秒六撮，餘租二石一斗一升一合七勺二秒八撮。較之創始原議，凡田減耗六升八合三勺八秒三撮，園減供二勺、耗六升六合七勺五秒九撮，悉入餘租，以副其用。嘉慶二十三年，臺灣府知府以蘭地初啓，民力未充，詳請豁免餘租。而司中以核與原案田六、園四之數，實爲減少，未許。道光七年，奏請改則，而餘租更寬裕矣。

先是，臺灣田賦自荷蘭以來，皆徵供穀。歸清後，亦以此爲兵糈。而穀價既賤，當事者無所獲利。二十三年，改徵折色，每石六八秤銀二圓。當是時，市價每石僅値一圓五角，而當事者又格外誅求，兼有火耗之損。臺灣縣保西里人不從，幾至激變。莊豪郭崇高走籲北京，詔逮知縣閻炘治罪，事始息。澎湖爲海中群島，地瘠而磽，素不播稻，所產唯番藷黍稷，一逢鹹雨，枯槁不收，故其地不賦，由臺供之。光緒三年春，福建巡撫丁日昌奏蠲臺灣雜稅，略謂臺、鳳、嘉三邑合長二百九十里，額徵供穀十三萬餘石，而彰、淡、蘭一廳兩縣合長五百八十里，僅徵穀五萬六千餘石。蓋臺、鳳、嘉開闢之地較早，稅則皆沿鄭氏之舊，而漳、淡、蘭新墾之地，新定科則，故賦較輕也。十一年建省，以劉銘傳爲巡撫，沈應奎爲布政使。銘傳負吏才，以臺灣經費向由福建協助，欲謀自給之計，振興物產，以盡土宜。十二年五月，奏請清賦。疏曰：「竊查臺灣糧課，自入版圖以來，仍循鄭氏之舊，每丁歲徵銀四錢八分六釐，乾隆元年，欽奉恩諭，臺灣丁糧著照內地分中減則，每丁徵銀二錢，以舒民力，歲徵銀三千七百六十餘兩。及十二年，乃議勻入田園徵收。其番眾所耕田地，概免完賦，照舊就丁納糧。至道光間，通計全臺墾熟田園凡有三萬八千一百餘甲，又三千二十一頃五十餘畝，穀種折地一千四百三十畝，年徵粟二十萬五千六百餘石，租番銀一萬八千七百餘圓。至今已數十年，墾熟田園較前多至數倍。統計全臺之額，僅徵額銀一萬五千七百四十六兩，洋銀一萬八千六百六十九圓，又穀十九萬八千五十七石，久無報丈陞科。伏維我朝輕傜薄賦，亙古所無，而於臺灣一島尤爲寬厚。雍正、乾隆間，屢奉恩諭，臺灣賦稅，不准議加。其時海宇澄清，昇平無事，朝廷以臺灣一隅無足重輕。今則海上多警，而臺灣爲海疆之要隘，奉旨改建行省，經費浩大，今昔不同。臣忝膺斯土，目擊時艱，當此財用匱乏之時，值百廢待舉之際，不能不就地籌畫。三、五年後，能照部議，以臺地自有之財，供臺地經營之用，自成一省，永保巖疆。況疊次欽奉諭旨，開源節流。顧以額定之賦，應有之稅，乃部庫入款之常經，國家經久之至計。舍此不爲，徒求鄰省，雖至舌破脣焦，緩急仍不足恃。臣渡臺以來，詳查民間賦稅，較之內地毫不輕減。而詢其底蘊，全係紳士包攬。若某處有田可墾，先由墾首遞稟，承攬包墾，然後分給墾戶。墾首不費一錢，僅遞一稟。墾熟之後，每年抽租一成，名曰大租；又有屯租、隘租各項名目。而糧課正供毫無續報陞科。如臺北、淡水田園三百餘里，僅徵糧一萬三千餘石。私陞隱匿，不可勝計。臣現由內地選調廳縣佐雜三十餘人，分派南北各縣。又由各縣選派公正紳士數人，會同先查保甲，就戶問糧。一俟田畝查明，再行逐戶清丈。委派臺灣府知府程起鶚、臺北府知府雷其達，各設清賦總局，督率辦理。至於賦稅之輕重，應俟丈量之後，再請旨飭部覆議。維念臺灣民風強悍，一言不合，拔刀相向，聚眾挾官，視爲常事。林爽文之變，則言陞科之逼迫。以是委員下鄉清查，視爲畏途。且千山叢雜，道路崎嶇；若非勤實耐勞之員，協同公正紳士，切實清查，無裨實際；且恐竣事無期。唯有嚴定賞罰，以冀成效。若各地方委員紳士等妥速辦理，認眞清查，臣請照異常勞績，從優奏獎，以示鼓勵。倘有賄託隱匿等情事，抑或畏難延誤，即行參革。庶得實力奉行，爲朝廷經久之謀，除地方呑匿之弊，裕國便民，以期有裨臺灣之大局。」六月，詔可。設清賦局於臺北、臺南兩府，以布政使轄之，命知府統理。各廳、縣設分局，任總辦，以同知、知縣主之。

初，銘傳議辦清賦之時，先詢各廳縣。或以爲當編查保甲，就戶問糧；或以爲即施辦清丈，就田問賦。而眾多主前說，且爲根本之計。於是先辦保甲，限二月告竣。乃以清賦之意告示於民曰：「臺灣地方自乾隆五十三年續丈之後，至今開闢田園數倍於前，久未報丈陞科。從前海宇昇平，朝廷視臺灣一島，不足重輕，期無內患，不慮外侮，賦稅一項，屢奉恩詔，格外從寬，以示綏遠安邊之意。現在海疆多事，臺灣重地，久爲外人窺伺。朝廷特設巡撫，以資控制。本爵部堂忝膺斯土，應爲地方遠大之謀。故招撫生番，以靖內患；籌辦海防，以禦外侮；清查田畝，以裕餉需。不憚勞怨，慘澹經營，一時併舉，以為長治久安之計。爾百姓等渡海遷來，當知創業不易，須為子孫立百年之業，官民一德一心，共保巖疆，同享樂土。查臺灣素稱沃壤，近年開闢日多，舊糧轉形虧短，皆由業戶變遷無定，糧額向不催收；故遇逃亡，莫從究詰。或由田園籍冊失毀，戶無確名，疆界混淆，土豪得以隱匿霸占，奸民從中包攬控爭。或籍防番抽收隘租，或稱完糧自收大租。強者有田無賦，弱者有賦無田。更有近溪田園，水衝沙壓，小民無力報豁，田去糧存。種種弊端，國計民生，皆有阻礙。若不及早清查，貽害胡底。現經奏明清丈全臺田畝，委派南、北兩府，設立總局，剋日舉辦。爾等田園一經清丈，編立字號，某字某號之田，則為某處某人之業。糧戶何名，冊籍昭然。遇有買賣，立即過戶催收，可免侵占冒爭，永杜搆訟之弊。其有水衝沙壓之地，亦可隨時稟報，頓釋累積之負。是於國計民生，兩有裨益。自示之後，一律辦理。」嗣以清丈章程，頒發於民。其時各屬業戶，多慮加租。劣紳土豪，造作蜚語。銘傳不為所撓，督勵有司，晝夜不息。八月，復以丈法昭示於民曰：「臺灣田園，舉辦丈量，前經按照淡水縣志載定弓尺制度，每戈一丈二尺五寸為準，分頒各屬應用在案。現據宜蘭、新竹兩縣先後稟稱：該二邑丈量田畝，向以一丈三尺五寸為一戈，與現頒之戈互相比較，每戈多加一尺。紳民嘵嘵，置辨不休，請示遵辦等語前來。查臺灣自國初始入版圖，核算田畝，有所謂每戈、每甲等名目，皆係鄭氏一時權宜。雍正九年，特奉廷旨，臺灣田園化甲為畝，係以戈數核為弓數。其弓定制六尺，積二十四弓為一畝，載在志乘，遵行已久。現在舉辦丈量，猶用戈、甲名目，不過因其舊俗，以計總數，為將來積算之端。至於量則陞科，仍應遵照定章，以弓計畝。如以一丈二尺五寸之戈，就一甲之田化弓計畝，有十一畝三分有奇。如以一丈三尺五寸之戈，就一甲化弓計畝，有十三畝一分八釐有奇。是長一尺之戈，每甲即多一畝八分八釐之賦，並無便宜。該二邑以弓小一尺，藉詞爭執，難保不誤。尚執戈大賦輕、戈小賦重之成見，亟應剴切曉諭，以昭定制，而釋群疑。臺灣田園化甲為畝，奉旨遵行定章，斷不能仍復論戈納賦。現在所用舊弓尚是五尺，迨清丈之後，仍應以戈伸尺，按六尺為一弓，積二百四十弓為一畝，計畝陞科。爾人民將來供賦，不定於戈尺之短長，而定於弓數之多寡。其戈長者既不能有所取巧，戈短者亦決不至多完。爾紳民務當曉然朝廷治賦經邦，一秉大公，毫無偏拗。其各懍遵。」十月，各屬漸報丈竣，乃定租率。

倣江南一條鞭法，舉前之丁稅、耗羨等款而括之，折色完納，並加補水、秤餘，以定地則。凡分四則。前之不入則者，如新竹以北，則爲一等、二等、三等；彰化以南，爲平等、次等、下等。丈單列天、地、人三號。魚塭之率視天字田，故業戶較益。臺南之田，有早季養魚而晚季播穀者，收利尤豐，而納租則輕也。前時大租多議裁廢，至是乃據減四、留六之制，以歸小租納課，而業戶僅得其六。十二月，頒定徵租之制，其詳如表。於是全臺田賦計徵六十七萬四千四百六十八兩，實增四十九萬一千一百零二兩。十四年春正月，示領丈單，甲費二元。嘉、彰兩邑民戶騷動。而彰化知縣李嘉棠素貪墨，施九緞起而抗之，糾眾圍城，提督朱煥明被戕，銘傳派兵平之。裁收丈費。以十八年五月，撤清賦局，而全臺田賦乃定。

官莊

初，施琅克臺之後，以臺地肥沃，土曠人稀，奏設官莊，召民開墾。按其所入，以助經費。康熙四十九年，兵備道陳璸以其有弊，奏請廢止，其款入官。雍正元年，漳浦藍鼎元上書巡臺御史吳達禮，略曰：「臺灣舊有官莊，爲文武養廉之具。今歸入公家，各官救口不贍矣。夫忠信重祿，所以勸士。況官人於遐荒絕域，欲用其身心，而凍餒其妻子，使之枵腹從公，非情之平也。官莊猶古公田，更不病民。舊莊雖沒，新地可再墾也。查臺北有竹塹埔，沃衍百餘里，可闢良田千頃。又當孔道要衝。曩以棄置荊榛，故野番敢於出沒。唯地大需人，非民力所能開墾，莫若令全臺文武各官，分地闢之，各捐資本，自備牛種、田器，結廬招佃，永爲本衙門恆產。不獨一時之利，萬世之利也。夫臺地素腴，隨墾隨收。一年所穫，足敷其本。二、三年後，食用不竭。以天地自然之利，爲臣子養廉之資，而又可以袪番害、益國賦、足民食，是一舉而數善備也。」達禮據以入告，許之。於是總兵藍廷珍先墾貓霧捒之野，名曰藍興，即今臺中郡治之地。其田最沃，有泉可溉，每甲歲可得穀百石。八年，總兵王郡奏以臺灣賞卹兵丁之款，購置業產，而收其利，照例納租，由鎭理之，派員徵收。其後官莊一百二十有五所，年徵糖、穀、牛磨、魚塭等款三萬七百三十九兩九錢六分六釐，逐年增多。而奸猾之徒，夤緣武弁，藉名官莊，侵占番地，以牟私利。番黎怨恨，莫可誰何。乾隆九年，詔曰：「外省鎭將等員，不許任所置立產業，例有明禁；內地且然，況海外番黎之地！武員置立莊田，墾種取利，縱無占奪民產之事，而家丁、佃戶倚勢淩人，生事滋擾，斷所不免。朕聞臺灣地方，從前地廣人稀，土泉豐足，彼處鎭將大員無不創立莊產，召佃開墾，以爲己業。且有客民侵占番地，彼此爭競，投讞武員，因而據爲己有。亦有授受前官已成之產，相習以爲固然。其中來歷不明，是以民、番互控之案，絡繹不休。若非澈底清查，嚴行禁絕，終非寧緝番民之道。著該督撫派高山前往，會同巡臺御史等一一清釐。凡歷任武職大員創立莊產，查明並無侵占番地，及與民番並無爭控之案者，毋論本人子孫，或轉售他人，均令照舊管業外，若有侵占民番地界之處，秉公清查，民產歸民，番地歸番，不許仍前曚混，以啓事端。此後創立產業，開墾草地，永行禁止。倘有託名者，即將本官交部嚴加議處，地畝入官。如該管官吏通同容隱，並行議處。」十七年更立石番界，以禁侵墾。而墾者仍多，遠至內山。五十五年，頒行清丈，凡侵墾番地者皆入官。而運會所至，防不勝防，其令遂廢。

隆恩

乾隆五十一年林爽文之役，欽差大臣福康安治軍臺灣。既平，尚餘兵餉五十餘萬兩，奏設隆恩官莊，募佃耕之，或購大租歲收其益，以充賑恤班兵之款。臺灣之兵均調自福建，離家遠戍，遇之較優。然多爲武弁侵沒，不副設置之意。其田多在彰、淡兩屬，租制與官莊同，歲徵穀三千七百餘石。光緒十八年，布政使唐景崧通飭各屬，謂「臺、澎各營原置隆恩官莊田園糖廍，所收租息，除完納正供外，餘款由營造冊送司，按年在請領臺餉內扣存司庫，入撥充餉。乃因遞年租息參差不等，奉部行令，按照乾隆五十四、五兩年租息統算折半，勻計作爲定額，盈則儘數造報，絀則令承辦營員賠補，例定甲年徵收，乙年造報，閩省歷辦在案。嗣因各營原置田園案券，間多被匪遺失。歷年既久，官弁遞更，逐年祇向原佃收租，不復問及田園處所。間有被水沖塌者，亦久不報豁，佃戶難免賠累。弊竇叢生。以致東移西扯，竟將所墾民業，希圖免糧，混爲官莊者有之；逐年滯欠短額，積壓數年始行造報者有之。是此項官莊，從前業已混含不清。迨至全臺一律清丈之時，南北情形又各不同。臺南則就田查問，是以此次田園歷歷可考；臺北則不問何項田園，統行清丈。在當時則藉刪除各項名目爲辭，殊不知此項田園，係發帑買置，定由官收，與民田之繳納番租、隘租、屯租，情形迥異。嗣因清丈完竣，民業錢糧議由小租戶完納，大租減收四分，貼給小租完糧。而臺北官莊田園亦由佃戶承糧，由臺北府雷守議照大租章程，營中減收四成，司中祇照六成扣收租息，奉前撫憲批准，行司照辦。當時辦理，原爲一時權宜之舉，不能遽以咨部。何也？蓋以各處扣餉之莊租，係除完納正供之款，淨收租息。清丈以後，供賦多至數倍，供多則租亦多，何以轉少四成，是以難於咨部。臺南各縣田園歷歷可考，係清丈時查詢，佃戶自稱。各縣照所指之田園，年應徵收錢糧秤水赴營催完。營中則較之前年所納供賦盈溢數倍，租息因之而短。各營所以紛紛藉口。然臺南官莊田園盈溢，可想而知。倘營中原置田園案券尚存，何難一一清理，租息尚可加增。祇以各營案券燬失，兼以當時原置田園甲數，並無造冊分送督撫司存案，以致上年赴閩查考，無從檢出。現各營以新定錢糧，較之舊時供賦溢出數倍，臺北議以減四收六章程，而臺南則不能完納。迨至奏銷迫屆，由縣詳司，就餉核扣，而各營錢糧既多，租額因而減少，紛紛又以案照臺北減四收六核扣租息爲請。查此項隆恩田園，係屬發帑購置，遞年徵收租息，完納錢糧之外，扣存司庫充餉，各數目均咨部有案。臺北議以減四收六，實因田園混入民業，丈量未經指出，暫時權宜辦理，然亦不能遽以咨部。現民業均已陞科，而官莊歷年瓜葛不清。若統照減四收六辦理，遞年司庫短扣五千餘兩，從何彌補？亟須通籌全局，澈底清釐，俾得一勞永逸。擬將臺南、安鳳、嘉、彰四縣官莊田園，清丈既已指出，應飭各縣委員會營按明圖冊所載前赴，就田問佃，向佃議租，重新整頓。臺北淡、新、宜各縣，雖無田園之可考，總有佃戶之可憑。向佃追田，罷四六之議，逐一清理。或田甲不敷，租額短缺，究竟是何原委，抑係昔年被水沖塌，據實造冊送司，分別核辦。」於是各縣會營清釐，終不能澈底追究，而每年所徵祇有十之七、八而已。

抄封

抄封亦官租也，其租有二，曰叛產：林爽文之役，凡與黨人者，皆籍其田，或被株連，所抄至數萬石，多在嘉、彰兩縣。自是每有亂事，援例以行，爲官署歲入之款。叛產之業，贌之於民，而收其稅。歲徵銀約五萬四千兩。曰生息：從前府道庫款每存至數百萬兩，或數十萬兩，貸之富民，而收其息，息甚輕。一遇有事，則收回之，而倉卒難繳，或淩夷無力，亦籍其田以取償焉，售之於民以抵款焉。按年出贌，而收其稅，亦爲官署入款之一。其詳皆在度支志。然抄封之中，有撥支兵餉者，有充地方公費者，又有鬻供軍需者。其業散在各縣，統歸臺灣府遴派佃首，代爲徵收，多屬富紳攬辦。其田園各分三等：上田每甲納穀三十二石，中二十六石，下二十石；上園視中田，中園視下田，下園十八石。道光間，年徵五萬六千餘兩，亦如官莊祇徵十之七、八。每年可得秤餘四千餘圓，以補額撥加餉內應徵未完租額。同治六年，署知府葉宗元請將秤餘儘數歸公，許之。及清賦時，亦照官莊辦理。

番租

臺灣固土番之地，其田皆番之田也。我民族拓而墾之，以長育子姓，至於今是利。然其成也，固非一朝一夕之故；胼手胝足，出生入死，而後得此尺寸地，如之何而不惜也。先是我族以入墾番地，遠及內山。清廷下令設界，禁出入，違者治罪，且籍其田。而利之所在，人所必趨；禁者自禁，而墾者自墾，終至法令不行，訟獄日出，固非計之得也。雍正三年，戶部覆准臺灣各番鹿場，間曠地方，可以墾種者，命地方官曉諭，聽各番租與民人耕種。五年，巡臺御史尹秦據淡水同知王汧詳請，大社留給五百甲，中社四百甲，小社三百甲，號爲社田，以爲耕種牧獵之地。其餘悉行召墾，並限三年起科。奏請頒行。於是墾者先與番約，歲納其租，謂之番大租。其約曰招墾，或曰永耕，記其界址租額，存以爲據，或報之官。背約者官爲催科，所以保護番黎也。番大租有二：公有者謂之公口糧租，土目收之，照其社例，以充公費；私有者謂之私口糧租，番自取之。然其租率不定。召墾之時，互先立約，如活租則照所穫之穀而賦之，或十之一，或十之二，或十之一五。而死租則視地肥瘠以定，大略爲十之一。其詳如表。顧活租雖較多，一遇凶歲，必須減賦。若死租則不論豐歉，莫得改易。臺灣民田之稅佃亦如此。自是以來，開墾日進，負租者亦多，番不能索。道光初，淡水番人乃由漢人攬辦，代爲催收，而取其費。光緒十三年清賦之後，照大租例，去四留六，並廢代收之弊，而番田變爲民田矣。水沙連六社化番，擁地甚廣，番不能耕，募漢人墾之。田成，納其所穫百分之五，謂之亢五租，或曰空五租。道光十五年，埔、眉二社正通事巫春榮與社番約墾草地八十五甲，按甲納租，田穀二石，園一石，以早晚兩季攤繳。其後墾者均照此例。鋤耰並進，遂成樂土，至設埔裏社廳以理之。然佃戶多負租。光緒六年，始設總理攬收，分與化番。十一年，更命義塾教習偕番收之，歲與千石，餘歸官，以充撫育之費。十三年，改歸官租。十月，全臺頒定租制。通判吳本杰據埔裏社紳士稟稱布政使，以埔屬田園既納亢五租，若一律照完正供，未免過重。許之。乃不入上則，中則田徵銀一兩三錢六分，下則一兩九錢，園降一等，約輕三分之一。而亢五租改爲一石八斗，歲收二千四百石，以千石給番，千石歸官，四百石爲催科之費。而亢五租亦變爲官租矣。

初，噶瑪蘭設治時，西勢之地民墾已定，而東勢未闢。自濁水大溪以南至蘇澳，凡十六社，平原膴膴，付之荒蕪。楊廷理遣三籍頭人理之，分授漳、泉、粵人開墾，計有二千五百八十三甲。番素愚惰，既歸化，益不敢較，膏腴盡爲民有。通判翟淦與廷理議，稟請總督汪志伊，以各社近處存給之；大社二里，小社一里，謂之加留餘埔。然番不能墾，官爲召佃，以三籍頭人爲佃首，經理徵收，按社計丁而分給之，謂之加留餘埔租，每甲定穀四石。凡丈地一千二百五十五甲二分。漳佃首二人，分地七百六十二甲餘，納租三千零五十石九斗三升九合，配社十二。泉佃首一，分地三百八十三甲餘，納租一千五百三十三石九斗五升七合，配社三。粵佃首一，分地一百三十五甲餘，納租五百五十八石八斗三升一合，配社一。自嘉慶十五年起，至二十三年次第告竣，奏免陞科，民番皆受其利。光緒十三年清賦之後，亦照去四留六之例，而變為民田矣。

番大租之外，有山租，亦民與番約者也。阿里山為嘉義熟番，歸化最久，而地甚廣，山產多。漢人入墾者，上田甲納穀三石，中二石，下一石，園降一等，隨時折色。其土產則照所穫百分之五納之，謂之山面雜租。乾隆三十五年，北路理番同知為之管理，由官給照。洎清丈時，亦照大租之例，以六分與番，官得其四，充雲林撫墾局之費。

臺灣溪流源自內山，引圳溉田，先與番約，而納水租。其租不一，或銀或穀，或以牛酒，藉事和親，而闢其利。故此租者亦番租之一也。

屯租

乾隆五十三年，欽差大臣福康安奏設屯番，以理防務，語在軍備志。其時始有屯租。以番境未墾之地及抄封之業，凡八千八百餘甲，分給屯丁，自耕自給。嗣以抄封三千三百餘甲，撥充班兵之餉，餘地未敷。五十五年，頒行清丈，查出侵墾田園三千七百三十四甲餘，悉沒之官。分則定租，歲可徵穀四萬一千數百石，充為屯田，募佃耕之，官收其穀。以二、八兩月分給屯丁，謂之屯租。五十六年，閩浙總督札委泉州知府來臺，查勘屯田，量甲定率，其詳如表。每穀一石折色一圓，歲收四萬一千二百六十一圓四角六分六釐四毫二絲。屯餉之餘，以充隘餉。又其有餘，為開闢水利之費、賞恤屯丁之款。請墾佃戶稟由理番同知給照，或曰易知，如契券。自是以來，屯務漸廢，每為勢豪占據，或被佃首隱匿，租額愈減，不足於用。嘉慶十五年，總督方維甸巡臺，以官給各屯未墾之地，多為奸民通事串通欺詐，引誘典賣，越界侵占，飭北路理番同知、鳳山知縣分勘南北各屯。如原給埔地及應交屯餉田園，許民自首，不究其罪。又以奏明清理者，係屬原給埔地五千六十九甲，撥充屯務公費六百二十一甲，應徵屯餉田園三千七百三十五甲，查明原數，並不加租，民番各地，悉仍其舊。以此曉諭，頗爲整頓，未久又廢。光緒十三年，閩浙總督楊昌濬奏言：「臺灣當初設屯授地，徵租支餉，訂立章程，法良意美。顧今已百餘年，積弊愈重，徵收屯租，不充其額，支發屯餉，僅給其半。蓋以原給屯田之數，疊遭兵燹，檔案不存；加以分隸各縣，悉任佃首，田園界址及其租額，不得而知。故今亦不能詳查。而佃戶遂圖矇混，以磽确之地，易肥饒之田；又或稟報水衝沙壓，冀請豁赦。故欲祛其積弊，似應別行丈量，造明圖冊，以知屯田之地，庶於防務或有裨益。」是時巡撫劉銘傳頒行清丈，以屯田既納屯租又課正供，慮有過重，乃減屯租十分之四，改爲官租，照則定課，分給丈單，與民田同。而佃戶仍多隱報，且抗而不繳。十六年，全臺所收租額，僅有三分之一。十七年以後，且無一繳者。時各縣業戶以清丈故，民多謗讟，故銘傳不欲過激，以叢眾怨。爰籌別款，半發屯餉，而屯租幾廢矣。

隘租

隘丁之設，用以防番。官設之隘，由官分地受耕，或支給口糧，以贍其身。而民隘則民給之。徵收隘內田園，謂之隘租。隘租之率，各屬不同。或甲徵一石，或多至八石，視其遠近險夷爲差。皆於設隘之時，後先議定。其徵率則業三佃七。隘首收之，而分於眾，官不過問。其後隘制日弛，名存實亡。鄉猾土豪冒充隘首，藉飽私慾。同治十三年，欽差大臣沈葆楨奏請開山撫番，乃以兵代。洎光緒十二年，臺灣巡撫劉銘傳改設隘勇，徵收防費。翌年清賦，先飭各屬查明隘田之數，至是廢之，給發丈單，與民田同。

荷蘭王田租率表

地則	一甲租率	地則	一甲租率
上田	十八石	上園	十石二斗
中田	十五石六斗	下園	八石一斗
下田	十石二斗	中園	五石四斗

鄭氏官田租率表

地則	一甲租率	地則	一甲租率
上田	十八石	上園	十石二斗
中田	十五石六斗	中園	八石一斗
下田	十石二斗	下園	五石四斗

鄭氏文武官田租率表

地則	一甲租率	地則	一甲租率
上田	三石六斗	上園	二石二斗四升
下田	三石一斗二升	中園	二石六斗二升
中田	二石四斗	下園	一石八升

鄭氏文武官田稅率表

地則	一甲稅率	地則	一甲稅率
上田	十四石	上園	七石九斗六升
中田	十二石四斗八升	中園	六石四斗八升
下田	八石一斗六升	下園	四石三斗

鄭氏田園徵賦表（永曆三十七年）

州分	田額	園額	合計（甲）	賦額（合）
天興	四、八五六、〇七	八、五四九、五五	一三、四〇五、六〇	六三、一〇九、八六四
萬年	二、六七八、四九	二、三六九、七一	五、〇四八、六〇	二九、〇一八、一二二
計	七、五三四、五七	一〇、九一九、二八	一八、四五三、八六	九二、一二七、九八七

清代民田租率表一（自康熙二十三年頒定，至雍正六年）

地則	一甲租率	地則	一甲租率
上田	八石八斗	上園	五石
中田	七石四斗	中園	四石
下田	五石五斗	下園	二石四斗

清代民田租率表二（雍正七年，照同安則例）

上田	每畝照民米例徵銀八分五釐三毫四絲，另徵秋米六合九秒五撮，以一米二穀折算。
中田	照鹽米例徵銀六分五釐八毫八絲四忽，另徵秋米八合八秒七撮。
下田	照官米例徵銀五分七釐五毫五絲，不徵秋米。
上園	照中田例。
中園	照下田例。
下園	照鹽米不徵鹽折例，徵銀五分六釐一毫八絲，不徵秋米。

清代民田租率表三（自雍正七年頒定，至光緒十二年）

地則	一甲租率	地則	一甲租率
上田	二石七斗四升	上園	二石八升
中田	二石八升	中園	一石七斗五升
下田	一石七斗五升	下園	一石七斗一升六合

清代民田租率表四（自光緒十三年頒定）

地則	一畝正耗	加一補水	一五秤餘	計徵銀數（微）
上田	二、二四四、〇八〇	二二四、四〇八	三三六、六一二	二、八〇五、一〇〇
中田	一、八三五、二八〇	一八三、五二八	二七五、二九二	二、二九四、一〇〇
下田	一、五一三、一二〇	一五一、三一二	二二六、九六八	一、八九一、四〇〇

下下田	一、二二〇、四九六	一二二、〇四九	一八一、五七四	一、五一三、一二〇
上　園	一、八三五、二八〇	一八三、五二八	二七五、二九二	二、二九四、一〇〇
中　園	一、五一三、一二〇	一五一、三一二	二二六、九六八	一、八九一、四〇〇
下　園	一、二二〇、四九六	一二二、〇四九	一八一、五七四	一、五一三、一二〇
下下園	九六八、三九六	九六、八三九	一四五、二〇五	一、二一〇、四九〇

清代民田租率表五（自光緒十三年頒定）

地　則	一甲折色租率	地　則	一甲折色租率
上　田	二兩六錢六毫七絲五忽	上　園	二兩八分五毫四絲
中　田	二兩八分五毫四絲	中　園	一兩六錢六分四釐四毫三絲二忽
下　田	一兩六錢六分四釐四毫三絲二忽	下　園	一兩三錢三分一釐五毫四絲六忽
下下田	一兩三錢三分一釐五毫四絲六忽	下下園	一兩六分五釐二毫三絲六忽
人字田	三錢三分	人字園	二錢二分
地字田	四錢四分	地字園	三錢三分
天字田	六錢六分	天字園	四錢四分
		魚　塭	六錢六分

備考：天、地、人為不入則者。新竹以北曰一等、二等、三等。彰化以南曰平等、次等、下等。而魚塭準天字之田，率較輕。

清代屯田租率表（乾隆五十六年頒定）

地則	一甲租率	地則	一甲租率
一則田	二十二石	一則園	十石
二則田	十八石	二則園	六石
三則田	十四石	三則園	五石
四則田	十二石	四則園	四石
五則田	十石	五則園	三石
六則田	六石	六則園	二石

清代番大租率表

地則	一甲租率	地則	一甲租率
上田	八石	上園	六石
中田	六石	中園	四石
下田	四石	下園	二石

阿里山番租率表

地則	一甲租率	地則	一甲租率
上田	三石	上園	二石
中田	二石	中園	一石
下田	一石	下園	五斗

清代田園甲數表（康熙二十三年）

地則＼縣分	臺灣	鳳山	諸羅	合計（甲）
上田	八五七、二一	一、八〇四、三八	一七、二〇	二、六七八、七九
中田	七八七、五九	一八七、二三	九二七、一七	一、九〇一、九八
下田	二、二四〇、八三	六八六、八八	二六、〇五	二、九五三、七六
下園	二〇五、三五	七三八、五一	一、六二一、五二	二、五六五、三八
中園	一、三六七、八二	二三九、二一	一、七五〇、二四	三、三四七、二七
上園	三、一〇二、九九	一、四〇一、九八	五〇一、六二	五、〇〇六、五八

清代田園徵賦表（康熙二十三年）

縣分	田額	園額	合計（甲）	賦額（合）
臺灣	三、八八五、六四	四、六七六、一七	八、五六一、八二	三九、六四一、五五七
鳳山	二、六七八、四九	二、三六九、七一	五、〇四八、六〇	二九、〇一八、一二三
諸羅	九七〇、四三	三、八七三、三八	四、八四三、八二	二三、四六八、三〇七
計	七、五三四、五七	一〇、九一九、二八	一八、四五三、八六	九二、一二七、九八七

臺灣通史卷九　度支志

連橫曰：臺灣，天富之國也；官山府海，利盡東南。荷人得之，欲以掌握通商之霸權。顧其時地利未啓，移民未多，歸入不過十數萬盾，故猶仰東印度公司之津貼也。延平建宅，萬眾偕來，蓄銳待時，百事俱舉。養兵之數，多至七十有二鎮。使鎮爲千人，則器械糧秣之數將何所給？而延平乃布屯田之制，自耕自贍，不取於民。諮議參軍陳永華又整飭之，內興土宜而外張貿易，販洋之利歲率數十萬圓，故無竭蹶之患。及經西伐，軍費浩繁，轉粟餽餉，取之無窮；而歷年積蓄，因而漸罄。然猶不斂之民，而以王家所儲者用之。蓋以鄭氏志圖恢復，傾家紓難，固非有自私自利之心也。文武勳舊皆有官田；諸王湯沐之奉，亦別有所給。而土田初闢，徵賦甚輕，故民皆樂業，先公而後私。跡其所以治國治民者，猶有西周遺法。天不祚明，三世而隕，此則無可如何者也。

清人得臺之後，僅設一府、三縣。正供雜稅多沿舊制；歲入不過八萬八千一百四十八兩，而歲出亦祇五千六百七十四兩。臺灣之兵均調自福建，自總兵以至把總，合以戰守之兵七千四百六十人，俸祿餉糈歲給四千八百五十一兩。兼以福建各營兵米八萬九千七百八十五石，折價二萬六千九百三十六兩，計爲三萬七千四百六十一兩。入款尚有餘裕。蓋其時米價甚賤，銀則貴，殆多今日十倍，故以一府、三縣之大，而經費竟若是之少也。正款之外，尚有私款，可以調劑。其貪者則取之於民，以肥私橐，而省中巧宦且以臺灣爲金穴矣。雍正以後，拓地漸廣，增設廳縣，而物價亦起，官吏俸祿不足以贍，故有復設官莊之議。並布鹽制，歸府辦之。迨乾隆八年，增加文武養廉，歲出爲之驟多。五十一年林爽文之役，用兵逾年，耗財甚巨。及平，尚存兵餉五十餘萬兩。大將軍福康安奏設隆恩官莊，購置田園，徵收租息，以爲班兵賞恤之資。又有叛產數萬石，似可以彌其缺。然多爲武弁所吞沒，故臺灣財政猶未裕也。蔡牽之亂，商船多損，貿易遏絕，官民咸受其困。夫臺灣土產，米糖爲巨。米糖不能出口，則商務停滯，而農業衰頹，業戶因之而貧，官斯土者亦不能有所沾潤，此其所以交困也。續以英人之役，俶擾頻年，防洋經費數十萬兩，道府兩庫以是漸罄。然臺灣每有大繇役，輒由紳富捐輸，急公樂義，故政府亦不致拮据。

道光三十年，兵備道徐宗幹以臺灣財政困難，須謀補救，乃以籌議備貯書上之督撫。其言曰：「自古官有餘俸，而後可以講吏治；即無餘而非不足，尚可責備也。民有恆產，而後可以講風俗；即無產而得以謀生，尚可措理也。唯日不足，而萬無不足之時，其臺灣之官乎？不能謀生，而萬無生之理，其臺灣之民乎？其不足也，皆自至足來也。其謀生之難也，皆自謀生之易致之也。府有叛租、有鹽課，廳有口費，縣有正供、有雜稅，皆有羨餘也，皆有津貼也。倉有餘粟，庫有餘帑，民有餘錢，商有餘貨，昔之官於此者，皆公私綽綽然。加以存項充牣，無慮支絀，故至今無不以爲臺地之勝於內地，信而有徵。履其地而後知十年前之不如二十年前也，五年前之不如十年前也，一、二年內之不如五、六年前也。其故安在？兩言以蔽之：曰銀日少，穀日多。銀何以日少？洋煙愈甚也。穀何以日多？洋米愈賤也。他郡縣猶或可以補救。臺地居海中，既無去路，又無來路。他郡縣不過曰穀賤傷農，與其穀貴而有損於貧民，不如穀賤而有損於富民。臺民則無業者十之七，皆仰食於富民。富民貧，貧民益貧，而官亦因之而貧。府中叛產每年額徵洋八萬餘圓，皆糶穀完納。今易穀十石纔五、六圓，而額完且多在十圓以上，民間正供少亦在二十圓以內，設法墊納。以昔之有餘，補今日之不足，亦未爲苦也。乃逾一年而賤，逾二、三年而更賤，向來承辦之殷戶，今皆紛紛稟退，懇求查抄，以延餘喘。此難之在民者，於昔日至足，而今日至不足也。府庫積欠歷年，統計叛租墊二十餘萬，鹽課欠十餘萬，營中官租欠六萬零。司中按年照額劃扣，庫中按年挪款墊支。此外生息之款，及應由廳縣歸補而未解者，尚有二十餘萬。正供與叛租情形相同，辦公日形竭蹶。是以司庫已扣而府庫未收者，愈積愈多。無怪同任初接交代存庫數十萬，至今日而一空。此難之在官者，昔日至足，而今日至不足也。叛租既不足，尚有鹽項，此向來府中之出息也。乃鹽戶又不能支持。問其故，則以私鹽之日多也。私鹽之所以日多，則以穀價日賤，富民不能養貧民，貧民無所傭趁，無所挑負，而私販餬口也。禁之過嚴，緝之過猛，將趨而爲盜矣。往年商船流通，地方繁富，鮮有饑寒者，故窮民無不以臺爲退步。今則不然；儒者爲道饉餓死，強者犯法以苟免。昔無恆業，而寄居求食，便於自贍；今無生路，而惰游已慣，不耐勞苦。此謀生之難，皆自謀生之易致之也。夫生財之道，不外開其源、節其流。臺地無源可開，但通其流而源自裕。米穀不通，日積日多。望豐年乎，賤更甚矣；抑待歉年乎，賤如故也。蓋由內地食洋米而不食臺米也。不食臺米，則臺米無去處，而無內渡之米船。無內渡之米船，即無外來之貨船。往年春夏外來洋圓數十萬，今則來者寥寥，已數月無廈口商船矣。各廳縣雖有海口，幾成虛設。然無來亦無去，猶可也；而煙土之禁，不弛而弛。即以每人每日約計之，須銀二錢。就臺地貴賤貧富良莠男女約略喫煙者，不下數十萬人。以五十萬計之，每日即耗銀十萬兩矣。此有去之日，無來之日，業數十餘年矣，安得而不窮且盜乎？穀多而銀不缺，銀少而穀易銷，尚可苟延。二者夾攻，其何以堪？且穀已賤或有可貴之日，銀已貴萬無再賤之時。則以洋夷之殖本愈厚，而牟利愈巧也。臺商之貨，糖爲主；今聞夷亦販糖矣。臺商困，則臺民敝；臺民敝，則臺吏窮。夫事有便於官而不便於民，或便於民而不便於官，而今則官民皆淪胥以敗。奚暇講吏治哉？奚暇講風俗哉？現存備貯道庫十萬兩，府庫截至夏季止，僅存三萬餘兩。秋餉尚敷，冬季已須別爲籌墊。然非有叛租、鹽課等項之羨餘，無可墊也。各處內地劃餉，而由府轉劃者，兵丁不能嗷嗷以待，又須別爲設措。然亦非叛租、鹽課等項之羨餘所可措也。此兩項同任未征完及外欠者，將五十餘萬；近年征而未完、欠而未繳者，又將十餘萬。承辦者求退、求查抄之不暇，比追豈能如數？則欲墊而無可墊，欲措而無可措。所恃者道庫之十餘萬兩，例不准無事擅動。然府中既無所籌應，海外兵餉攸關，不得不移借應之。及來年大餉到臺，提還後，所存又無幾。今年冬餉不敷，來年秋餉不敷，後年春、夏餉亦不敷矣。地方殷富之時，干戈尚且屢起。窮蹙至此，尤可寒心。萬一偶有蠢動，道庫所存無多也，府庫懸罄也，紳商大半皆破落戶也，智如諸葛，勇如武穆，亦束手而無可如何。是非早爲綢繆，大爲更張，將有坐視其一潰而不可復振者。議者或請減兵額以節餉，曰：止見兵來擾民，未見兵去殺賊。減之似非防患之道，而實所以去患。兵不擾民，民必不亂。宋范鎮所謂憂不在四夷，而在冗兵與窮民也。此一說也。或請籌公費以養吏，曰：於正供劃出，如昔年耗羨歸官，俾得辦公有資。當此國用短絀之秋，尚爲官吏計養贍，亦愚且誣矣。然臺地縣官無漕餘也，無陋規也，地方紳商無通融借貸也，止有正供之羨，而正供之難征如此。加以兵穀半折等項，按年全數劃扣而後收，總不能清款，並有僅完至六、七分以上者，賠貼從何而來？全臺攤款已十九萬有奇，又從何彌補？即如幕丁之資費，僚友之應酬，眷口之食用，究出於何項乎？賢者虧挪耳，不肖者即不至簠簋不飭，唯望辦軍需耳。是唯恐不亂也。窮生貪，貪生酷，酷以濟貪，終亦未有不亂者。即唯正之供，民間已有敲骨吸髓之苦。從前臺地郭光侯、洪協因抗糧激成巨獄，尚在殷實之時；今則禍變更易，人心散而盜賊起，所耗於國家者不可以數計。何如先爲籌其餼廩，似費而所省實多。元崔彧曰：『百官月俸不能副養贍之資，難責以廉勤之操。』宜議者增俸鈔民必受恩惠。其有以貪抵罪，又復何辭？此又一說也。或請減糧賦以安民，曰：額賦不能求減。每十石一車，減價收洋十圓上下。其軍餉不敷者，由內地另爲籌撥，則民氣大舒，而官無掣肘，始可責其盡心以治民。爲此說者，亦知其不可而強爲之詞也。然其說似迂，而實爲切要之計。明吳甘來曰：『所慮兵聞賊而逃，民見賊而喜，恐非無餉之患，而無民之患。宜急輕賦稅，收人心。』其跡似損，而所益實大。此又一說也。總之，臺地之難，難於孤懸海外，非內地輔車相依可比。諺云：『三年一小反，五年一大反。』豈眞氣數使然也耶？天地所生以養人者，止有此數。財用有去無來，流民有來無去，欲不擾攘而不能。如咫尺之地，四面皆水，蒿莠叢生，其勢不能相容，非斬刈之，則焚燒之，理勢固然也。爲今之計，先其急者。司庫有應發還府庫之項，籌撥若干，以爲備貯；或以後扣劃，少爲變通；使常變皆有所恃而無恐，即一切支墊亦易於轉運，而不至坐受其困。仍取責欠之有著者，設法追補，兼採眾論之可行者，次第圖維。臺人有云，萬不能斷洋煙，不得已本地聽其種煙，而銀兩或不至外出也；萬不能絕洋米，不得已內地所附近各省均辦採買，而米穀或可以流通也；皆言之易，而行之艱也。朱子所謂『大勢如人身重病，內自腹心，外達四肢，無一毛一髮不受病者。』臺地先設法備貯府庫，殆如奄奄待斃者，進之以參苓，姑延一息耳。近日么麼海賊，洋面劫掠，不久即去，而僱備商艘，籌給舟師口糧，已覺摒擋之難。設有大憝如曩日朱、蔡者，其若之何？嗚乎！敗壞至此，非一朝一夕之故，其所由來者漸矣。大約元氣之大傷，由於歷年疊次豎旗分類，而又繼以夷氛之擾。其一切逋欠之積重難返也，亦以近年官斯土者，衰病已久也。前官去者去、亡者亡，後人欲求近功速效而不能，悠悠忽忽，文恬武熙，苟安目前，得過且過，而病根日深。不發則已，發則不可問。知而不言，其咎益重。嘗讀雍正年間陝西潘總戎疏云：『地方事宜有可設法措置者，以錢糧爲重，而斷不肯耗費於無用之地。若地方及營伍事宜，有必用錢糧始得謐安，當以地方爲重，而斷不敢博節省之名。』是以不揣狂吠，激切上陳，無任干冒悚惶之至。一爲府庫稍輕籌墊也：府中經征叛產，多在嘉、彰兩縣。自道光二十五年風災案內呈報水衝沙壓者不可勝計。勘驗清丈，分別是否堪以墾復，一時未及詳辦，佃戶拖欠有因，而司庫則已全劃，營餉即須全支，佃首不能墊納，府中不得籌款以應，以致日形支絀。可否將加餉六萬四千兩，除叛租征收五萬四千兩儘數支除並鹽課項下撥給一萬而外，再行加撥一萬餘兩，減鹽課應劃之額，以補叛產短征之數？臺地鹽販欠課，與內地鹽商倒懸篷額無二，現在難於瀆求者，以租產先其所亟，而亦知更張之未易也。一爲廳員稍輕賠累也：廳員承辦配運，商船日見其少，每屆奏銷，即須由官僱運。鹿口向運本色，船儎之加貼，盤量之所耗，友丁押運之修伙，皆在其次；風濤之險，一船失事，則數千圓去矣；盤穀之費，一船上倉，又數百圓去矣。臺、淡二口向俱賣價赴買，而收穀者以穀非臺產不肯盤收，於是私自議折，每十石自十八、九圓至二十二圓爲止。縣交一三，餘俱廳貼。淡口並有收本色而交折價者，其賠貼尤重。可否將僱運之事，議一定章，或交穀而酌加倉費，或折價而按照時值？此爲非內地收穀廳縣裁減規費，實由船少短配，逼於無可如何。盡歸海外口員賠貼，似未足以示平允也。一爲各縣屬庫稍輕籌墊也：縣征正供，皆以爲每石折收銀二圓二角，並不爲少。而供穀最多之臺灣縣，已僅收二圓，蘭、淡則本收一圓八角。經胥工伙食等項均出其中，即隨征之耗羨、各項之案費亦出其中。其買米給兵，買穀配運，穀價既賤，非無羨餘；而應買米穀，祇十分之三，所餘無幾。僱運則須一三交價，眷穀半折則須一四劃餉。而所收正供中之營租、學租、叛產等項則每石僅折納一圓。又動業、官租、書院、寺廟等租，均折納一圓二角不等。是名爲有餘，而實則不足。所劃、所運、所給，俱應年清年款，方能抵兌。當此民力凋敝之時，彰化至多收七分，淡、蘭、臺、嘉至多收八分，唯鳳山可收至九分，而各項支應不容稍短。是以地方一切公事，有不暇兼顧者。可否將眷穀、半折兩項量爲減價，援內地部定例價每石七錢八分之數，照額劃扣？蓋兵祇領穀，近年米價大賤，按二穀一米，每石已得銀一兩五錢六分。銀價大貴，每石已得錢三千二百餘文。在內地足敷買給，似無用每石二兩折錢四千二百餘文之多也。以上姑爲目前補救之計，府、廳、縣辦公稍裕，始得盡心於地方公事。即如防冬緝匪、稽查海口，一切須有餘資，乃能應手。而催科聽斷中，不失撫字之道，庶幾海外蒼生，陰受其福，或可望其日久相安，不至生事。若徒恃兵刑，是遏其流而非清其源；且有事以後，必至糜帑殃民。幸而安定，隱患終在。更可慮者，即使地方無事，萬一兵丁餉項支給不及，尤難約束。昔人所謂兵數不抽，軍餉不減；食既不足，眾何以安？不安之中，何事不有也？今如期支放，近日雖稍形斂戢，而間有串通匪徒。攘奪之時，餉項再不能隨時應付，尚可問耶？至道署精兵之經費，船工之賠墊，以各前任捐攤，每年須五、六千兩，此職道己事，不敢嘵瀆。唯各屬情形，爲全臺休戚所關，既有所見，不敢不據實直陳。爲保全地方起見，非謂見好屬員，輕議紛更，喜事多言，上煩廑念也。此心無他，諒蒙涵鑒。」於是督撫議奏，歲由福建協濟，財政稍裕，而官民亦相安無事矣。

臺灣之錢，多自各省運來。舊志引海東札記，謂臺地多用宋錢，如太平、元祐、天禧、至道等年號，錢質小薄，千文貫之，長不盈尺。相傳初闢時，土中掘出古錢千百甕，或云來自粵東海船。余往北路，家僮於笨港海泥中，得古錢數百，肉好深翠，古色奇玩。乃知從前互市，未必不取道此間，畢竟遐與世絕矣。按笨港古名北港，爲宋時海船通商之口。顏、鄭入臺，亦由此道。故府志有臺灣一名北港之言也。惜其所稱古錢，不載年號，漢歟，唐歟，將近代歟，其詳不可知已。永曆二十八年夏，延平郡王經命兵都事李德赴日本，鑄永曆錢。而日本以與鄭氏有婚姻之好，歲以寬永錢相餽。其後人多鎔之，以作鐘鼎之器，至今始絕少也。當是時，海船通商於西南洋者，絡繹於道，故錢貨多隨商務以來，而呂宋銀尤夥。是爲西班牙政府所鑄，面畫王象，則臺人所稱「佛銀」者也，重六錢八分，市上貿易以此爲準。三十七年，臺灣改隸，始用清廷制錢。而納稅者以紋銀，權以兩。然銀有爐火之耗，有貼水之費。凡納洋銀者，每兩例加四錢。然後以元寶解省，藏藩庫。臺有所需，乃請而發用焉。鎔鑄之繁，押運之緩，奸吏上下其手，藉飽私肥，而市井之流滯不計也。

初，清廷詔禁前代舊錢。諸羅知縣季麒光上書大吏，略謂：「臺灣民番雜處，家無百金之產。各社番人，不識銀等。其所買賣，不過尺布、升鹽、斗粟、斤肉。若將舊錢驟禁，勢必野絕肩挑，市無收販。煢煢小民，實所難堪。竊思功令不得不遵，而民情不容不恤。查漳、泉等處，尚有老錢金錢，未盡革除。況臺灣兩隔重洋，實非內地可比。古者一道同風，必俟三年。今臺灣聲教雖通，而耳目未盡改觀，性情未盡孚感，又非如鄭氏之時，興販各洋，以滋其利。若一旦禁革，不特分釐出入，輕重難平；且使從前之錢，竟歸無用，民番益貧而困。敢請俯順輿情，暫行通用。新鑄之錢源源而來，則舊錢不禁而自絕矣。」已而內閣學士徐乾學亦奏言：「閩處嶺外，聽民兼用舊錢為便。」從之，乃罷其禁。

康熙二十七年，福建巡撫奏請臺灣就地鑄錢。部頒錢模，文曰「康熙通寶」，陰畫「臺」字以為別。當是時，天下殷富，各省多即山鑄錢。唯臺錢略小，每貫不及六斤，故不行於內地。商旅得錢，必降價易銀歸。鑄日多而錢日賤，銀一兩至值錢三、四千。而給兵餉者，定例銀七錢三，兵、民皆弗便。市上貿易，每生事。總兵殷化行屢請停鑄，當事者不從。及調鎮襄陽，入覲，力言臺錢之害。旨下福建督撫議奏。三十一年，始停鑄焉。乾隆四年，省中以臺灣錢貴殊常。從前通用小錢，每三文僅值內地錢二文，而番銀一兩，前易小錢一千五百文，近祇八百餘文。兵民交困。議將收存黃銅器皿八萬餘斤，先於省城開鑄萬貫，儘數運往，以充搭放班兵月餉。至福建鼓鑄之處，另行籌議。翌年，巡撫王士任奏請採買滇銅二十萬斤，照鼓鑄青錢之例，添辦白鉛、黑鉛、點錫，合為四十萬斤，在省開鑄，陰畫滿文「寶福」二字。先後計鑄四萬八千餘貫，以時運至臺灣，流衍市上。而海船自天津、寧波運入者，歲率數十萬貫，每銀一圓易錢二千，物價亦平。米一斗二百，肉一斤四十，生計豐裕，兵革不生。閩、粵之氓先後而至，拓地遠及兩鄙。其後乃稍凌夷焉。物盛而衰，固其所也。

咸豐三年林恭之變，攻圍郡治，塘報時絕，藩餉不至，而府庫存元寶數十萬兩，滯重不易行，乃為權宜之策，召匠鼓鑄，為銀三種：曰「壽星」，曰「花籃」，曰「劍秤」，各就其形以名，重六錢八分，銀面有文如其重，又有「府庫」二字，所以別洋銀也。是為臺灣自鑄之銀。又銷舊炮鑄錢，文曰「咸豐通寶」，有值千、值百、值十三種，發資軍餉，略得支持。事後乃少用焉。

八年，許開臺灣為互市。自是西人歲至，設關徵稅，百貨釐金次第舉辦，入款漸多。然關稅歸福州將軍監督，統併南、廈兩口奏銷。而釐金初亦不過數萬元而已。當是時，各國貿易，各以其銀。唯香港銀為盛，重七錢二分；次為墨西哥銀，亦重七錢二分。流衍遍及內地，反奪元寶之利。

同治元年，彰化戴潮春起事，北路俱亂。兵備道洪毓琛駐郡籌防，協款未至。請兵請餉，日不暇給。乃向德記洋行借款十五萬兩，約以關稅抵還。不足，又行鈔票。臺灣之借外債始於此。十三年牡丹之役，福建船政大臣沈葆楨視師臺灣。及平，開山撫番，折疆增吏，經費浩繁。奏請臺灣關稅、釐金等儘數截留，以充防務。然猶慮不足，並請以閩海關四成洋稅，撥付二十萬兩，每年湊足八十萬兩，撥交臺灣，以資經畫。奉旨允准。蓋以臺灣孤立海上，爲東南七省藩籬，列強環視，爭思染指，固不得如前之閉關自守也。夫欲防外侮，必張內力；欲張內力，必籌財政。築炮臺，練防軍，固爲抵禦之具，而興農造士，移民殖邊，以大啓利源，尤爲富強之基。故葆楨之汲汲於善後，則其逐逐於創始也。

初，臺灣徵收雜稅，分爲水、陸兩餉，歲入不過五千餘兩。而名目瑣碎，影射牽連，輸於官者十，取於民者百，猾胥土豪，夤緣爲利。光緒三年，巡撫丁日昌奏請豁免，臺人頌焉。法人之役，兵備道劉璈治軍臺南，分全臺爲五路，駐兵二萬，月需餉銀十二、三萬兩，加以採辦軍器、購用輪船、添造營壘，歲共需銀二百萬兩。是時道庫存款百萬兩，府庫亦五十餘萬兩，全臺正供之外，關稅、釐金、鹽課、阿片歲收約八十六、七萬兩，欲爲一年軍費，已苦不足；而福建協濟又未能照數解至。璈以防務緊急，措置爲難，稟請督撫，飭善後局預籌，按月指撥，或奏請江西、湖北兩省，以關稅、鹽課月撥十萬兩，以協臺餉，亦爲保衛海疆之計。不從。已而法軍來伐，南北封口，詔以「基隆要地，不容法兵久據。臺灣銀米尚未缺乏，且多富戶豪民，尤應切實激勵。如紳民中有能糾義逐法者，朝廷破格施恩，不惜爵賞。劉銘傳向有謀略，著即隨機應變，迅速籌辦。捐餉者從優給獎。總期兵民合一，以紓廑系。」防務大臣劉銘傳即定捐、借兩法，飭璈辦之。璈以臺灣軍餉先以十個月計之，需銀二百萬兩。全臺各縣，彰化最廣，殷戶較多，應派四十萬兩；淡水、嘉義次之，各三十萬；鳳山、臺灣、新竹、宜蘭又次之，各二十萬；澎湖地瘠，恆春新建，均免派。南北兩郡郊商各十萬，分爲十月勻繳。凡家資萬兩者，以五釐計，應捐五百兩，由地方官先給印票，俟奉部章，由官給予實收，從優獎敘。而借者以一分計，應一千兩，亦由官給予印單，定以一年歸還。逾期不歸，逐月加息五釐。俟款到後，本息核還。其家資不及一萬兩者，暫免捐借。捐借之單爲三連票，編列號數，由道蓋印，轉發府、縣加印。以一聯給與銀戶，其一存縣，一則送府，彙報備查。臺屬連年豐稔，米穀甚多，現在封港，貨銀兩滯，捐借之款，應准八成繳銀、二成繳米。繳米之法，以上白米爲率，糙米照加一成，按該屬時價折銀，各就近防米舖具票繳納。官中發餉，搭放二成，由營自向米舖支取。是爲臺灣籌辦內債之法。璈以捐借之款，擬行鈔票，即以派辦殷紳，開辦銀號。印訂三聯票式，自行編號，先蓋圖章，送縣加印。左右票根，一存縣案，一存本號，以便核對，而中票行用。銀票分爲一圓、五圓，錢票以五百文爲率。各縣徵解正供、鹽課、稅釐，均准繳納，民間亦一律通行。如某戶捐借者，至期乏銀繳納，許以田房印契胎押，悉照契面借與五成，月息六釐，多至一分二釐。三年取贖。凡銀號家資十萬以上者，准發鈔票五萬；資愈多票亦愈多。如家資不及十萬，及由非官指名出示者，不得開設。銀號票銀如逢短促，准向道、府、縣三庫暫借接濟。初借歸清，始許續借。出入皆行息五釐。至民間通行銀票，出入均照各省行規，稟縣示遵。是爲臺灣行用鈔票之法。

先是內閣學士陳寶琛奏陳持久之策，有議借民債一條。總理衙門議駁，奉旨通飭，故不得行。其時淡水林維源先捐二十萬兩，各屬紳富亦慷慨報效，故防務之中，兵餉得以無缺。軍事稍敉，銘傳任福建巡撫，奏陳設防、練兵、清賦、撫番四事。及建省議成，十二年四月，復與福建總督楊昌濬奏陳改設事宜。略謂：「臺灣爲南洋七省藩籬，整頓海防，百廢俱舉。加以改設行省，經費浩繁。如澎湖一島辦防，需銀八十萬兩。業經先後奏請，飭部指撥。此外辦防、製械、設電、添官、分治、招墾、撫番，在在均關緊要。至建立省城衙署壇廟各項工程，雖不妨稍緩，然既已分省，亦不能不次第舉辦。臺地防營除裁撤外，尚存三十五營，分布沿海二千餘里，勢難再減。臣等悉心籌畫，擬由閩海關本年照舊協銀二十萬兩，經臣銘傳咨請署福州將軍古尼音布，嗣後由廈關徑撥解臺。其閩省各庫局，無論如何爲難，每年按限協銀二十四萬兩，陸續籌解。並請旨飭下粵海、江海、浙海、九江、江漢五關，每年協銀三十六萬兩，共成八十萬兩，以五年爲度。統計閩省及閩海關所協四十四萬兩，合之臺地歲入百萬兩，專爲防軍月餉之需。其五關每歲各協七萬餘兩，尚屬輕而易舉，而臺事稍得藉手，庶不致盡託空言。仍求朝廷寬以時日，容臣銘傳分別緩急輕重，次第舉辦。現已奏明清理田賦，並隨地隨事，力求整飭，變私爲公。如三、五年後，能照部議，以臺地自有之財，供臺地之用，即當奏請停止協款。一切改設事宜，清單內有未核裁者，容臣等續行奏咨辦理。」當是時，全臺入款歲祗一百十餘萬兩，而地丁稅餉供粟餘租官莊叛產耗羨共有十八萬六千六百六十六兩有奇。臺灣上田甲天下，而供賦如此之少，則以清廷有永不加賦之諭，新墾田園多未徵租，而各地官業又多中飽，未能涓滴歸公也。銘傳深知其弊，故整理財政，則以清賦爲始。隱匿者揭報，開墾者陞科。於是課額增爲五十一萬一千九百六十九兩餘，隨征補水秤餘十二萬八千二百四十六兩，加以官莊租額三萬三千六百五十七兩，共徵六十七萬四千四百六十八兩，較舊溢有四十九萬一千五百零二兩。除補水秤餘以充各項津貼，歲實增收三十六萬三千三百四十九兩，而後可以經營新政也。

初建省之時，奏設布政使下置布庫大使一名，兼理臺灣徵收地丁稅餉等款。吏部議准。以各屬徵收及營兵糧餉，統歸布政使，案照福建舊制核明詳辦，內地布政使無庸會奏。乃設支應、善後兩局於臺北，由布政使管之。而海關事務，照浙江之例，亦歸巡撫就近監督。十三年，奏准每三個月造報一次。臺灣財政至是稍平，而銘傳乃得展布矣。築鐵路，購輪船，闢商場，通郵傳，設學堂，行保甲，製軍器，籌邊防，勸農桑，振工藝，凡百新政，次第舉行。又以外幣紛入，制錢日亡，鄉曲細民，每以小錢之故，攘臂相爭，怒起械鬥，殺人罷市，層見疊聞。有司雖歲時示禁，數月而弛。圜法之亂，莫此爲甚。乃議籌自鑄，飭通商局辦之。十六年，向德國購入機器，設官銀局於臺北，以候補知府督辦。先鑄副幣，面畫龍文，重七分二釐，歲鑄數十萬圓，南北各通用焉。

十七年春三月，邵友濂任巡撫，新政皆罷，而臺灣之生機一挫矣。當是時，海關洋稅歲入五十餘萬兩，洋藥釐金二十萬兩，百貨釐金七萬餘兩，茶釐十三萬餘兩，鹽課十二萬餘兩，腦磺餘利四萬餘兩，兼以正供官莊三十六萬餘兩，計爲一百四十二萬餘兩。而福建協餉四十四萬兩，至是停止。於是出款不敷三十餘萬兩。使得竭力整頓，足以彌縫，而友濂乃自畏多事，甘心保守，其足以阻臺灣之進步者大矣。是年，友濂奏請於藩庫地糧項下，除額支外，歲撥臺防經費二十萬兩。倘能再有盈餘，每年奏銷之時，截數報部，專款封留，以備海防有事之用。詔曰可。

先是銘傳在時，部議以臺灣財政漸裕，飭歲解京餉五萬兩。奏准於百貨釐金項下撥付。自十六年起，匯交海軍衙門。嗣接北洋大臣李鴻章來咨，以奏辦關東鐵路，令解天津。而部咨不許開支補水，飭將應解之款，改於地糧項下，按年提解。其已經解者，亦於地糧提還。是爲臺灣協濟中央之款。

二十年，臺灣有事，募兵購械，需費頗巨。已而布告自主，設籌防局，各省亦多協濟。臺北既破，劉永福駐南治軍，設官票局於府治，以郊商莊明德辦之。權發銀票，凡三種，爲一圓、五圓、十圓。票長九寸二分，闊五寸二分，爲三聯式，一存知府，一存局中，而一爲用，上列號數及年月日，鈐蓋臺灣總兵、臺南知府及辦理全臺防務總局之印，又有民主國之章。流行市上，眾咸用之。既又發行股份票，則公債也，名曰安全公司。票式鈐印，與銀票同，分爲一圓、五圓、十圓。俟克復後，付息三倍，一時頗多派購，藉助餉源。是爲臺灣軍事公債。乃未幾而嘉、鳳俱沒，永福宵遁，戎馬倥傯，檔案盡失，臺灣財政遂不能詳，而僅於故紙中約略得之，具如表。

臺灣縣歲入表（乾隆二十年，據臺灣府誌）

項目	款數
正供	一萬五千三百五兩四錢（供穀五萬一千十八石餘，每石折銀三錢）
丁銀	六百八十一兩五錢五分四釐
番餉	七十三兩
陸餉	二千三十兩七錢九分九釐
水餉	一千三百十四兩二錢五釐
官莊	一千四百八十六兩一錢九分二釐
鹽課	七百五十六兩一錢四分三釐
計款二萬一千六百四十七兩二錢八分三釐	

臺灣縣歲出表（乾隆二十年，據臺灣府誌）

分巡道俸銀	六十二兩四分四釐
分巡道衙役	六十八兩二錢
鋪兵二名	十二兩四錢
知府俸銀	六十二兩四分四釐
知府衙役	二百二十九兩四錢
同知俸銀	四十二兩五錢五分六釐
同知衙役	一百零五兩四錢
府經歷俸銀	二十四兩二錢二釐
經歷衙役	三十一兩
府儒學教授訓導	八十五兩
府廩生二十名	五十七兩八錢六分六釐
膳　夫	十三兩三錢三分三釐
本縣知縣俸薪	四十五兩
縣衙役	三百零三兩八錢
鋪司兵	一百零八兩三錢三分三釐
新港鋪司番	二十八兩二錢七分二釐
縣丞俸薪	四十兩
又衙役民壯	八十六兩八錢

縣儒學教諭訓導	八十兩
廩生十名	二十八兩九錢三分三釐
齋膳夫門斗	五十三兩五錢三分三釐
典史俸薪	三十一兩五錢二分
又衙役民壯	六十二兩
新港巡檢俸薪	三十一兩五錢二分
又衙役弓兵	五十一兩二錢六分
兩察院吏役	六十八兩二錢
府縣聖廟香燈費	五兩四分
祀典費	一百九十六兩二錢
鄉飲費	十五兩三分
拜賀費	六錢
祈禱費	三兩
壇廟修理費	四十兩
新中舉人旗匾年額	一兩三錢三分三釐
會試舉人盤費年額	三十兩
進士旗匾年額	二兩
府縣歲貢生旗匾年額	三兩七錢五分
存恤孤貧費	二百六十兩六錢二分六釐

囚犯口糧	三十兩
計款二千三百七十四兩八錢四分六釐	

鳳山縣歲入表（乾隆二十年，據臺灣府誌）

項目	款數
正供	一萬三千一百五十三兩五錢（供穀四萬五千八百四十五石餘，每石折銀三錢）
丁銀	七百九兩四分五釐
番餉	五百五十一兩三錢八分二釐
陸餉	五百七十三兩八錢
水餉	一千四十六兩五錢三分二釐
官莊	九千三百三十二兩九錢六分七釐
鹽課	一千六百八十兩
計款二萬七千四十七兩二錢二分六釐	

鳳山縣歲出表（乾隆二十年，據臺灣府誌）

分巡道薪湊銀	四十二兩九錢五分六釐
分巡道衙役	一百六十一兩二錢
知府薪湊銀	四十二兩九錢五分六釐
知府衙役	二十四兩八錢

府經歷民壯	四十九兩六錢
府儒學齋夫	十二兩四錢
本縣知縣俸薪	五十兩
縣衙役	三百零三兩八錢
舖司兵	一百九十七兩九錢四釐
縣丞俸銀	四十兩
又衙役民壯	八十六兩八錢
典史俸薪	三十一兩五錢二分
又衙役民壯	八十二兩
縣儒學教諭訓導	八十兩
廩生十名	二十八兩九錢三分三釐
齋膳夫門斗	五十兩五錢三分三釐
下淡水巡檢俸薪	三十一兩五錢二分
又衙役弓兵	四十五兩二錢六分
兩察院吏役	六十八兩二錢
聖廟香燈費	二兩五錢二分
祀典費	一百六十二兩
拜賀費	六錢
祈禱費	一兩二錢

鄉飲費	六兩
壇廟修理費	十一兩三錢五分七釐
新中舉人旗匾年額	一兩三錢三分三釐
會試舉人盤費年額	三十兩
進士旗匾年額	二兩
歲貢生旗匾年額	一兩二錢五分
存恤孤貧費	二百七十八兩五錢二釐
囚犯口糧	二十兩
計款一千九百二十兩七錢五分一釐	

諸羅縣歲入表（乾隆二十年，據臺灣府誌）

項目	款數
正供	一萬四千四百二十八兩八錢（供穀四萬八千九十六石餘，每石折銀三錢）
丁銀	一千二十九兩八錢三分九釐
番餉	二百十八兩三錢二分
陸餉	一千二百六十二兩九錢
水餉	七百八十兩七釐
官莊	一萬八千八百八十八兩二錢一釐
計款三萬六千六百八兩六錢七釐	

諸羅縣歲出表（乾隆二十年，據臺灣府誌）

同知薪湊銀	三十七兩四錢四分四釐
同知衙役	七十四兩四錢
知府衙役	一百九十三兩四錢
府經歷俸銀	十五兩七錢九分八釐
府經歷衙役	六兩二錢
府儒學門斗	十八兩六錢
澎湖通判民壯	一百二十四兩
本縣知縣俸薪	四十五兩
縣衙役	三百零三兩八錢
舖司兵	二百九十六兩八錢五分六釐
縣丞俸銀	四十兩
又衙役民壯	八十六兩八錢
典史俸薪	三十一兩五錢二分
又衙役民壯	六十二兩
佳里興巡檢俸薪	三十一兩五錢二分
又衙役弓兵	四十五兩二錢六分
斗六門巡檢俸薪	三十一兩五錢二分
又衙役弓兵	四十五兩二錢六分

縣儒學教諭訓導	八十兩
廩生十名	二十八兩九錢三分三釐
齋膳夫門斗	五十兩五錢三分三釐
兩察院吏役	六十八兩二錢
聖廟香燈費	二兩五錢二分
祀典費	一百六十六兩
拜賀費	六錢
祈禱費	一兩二錢
鄉飲費	六兩
壇廟修理費	十一兩三錢五分七釐
新中舉人旗匾年額	一兩三錢三分三釐
會試舉人盤費年額	三十兩
進士旗匾年額	二兩
歲貢生旗匾年額	一兩二錢五分
存恤孤貧費	二百三十八兩六錢一分五釐
囚犯口糧	二十兩
計款二千一百九十七兩九錢一分六釐	

彰化縣歲入表（乾隆二十年，據臺灣府誌）

項目	款數
正供	八千八百二十六兩九錢（供穀二萬九千四百二十三石餘，每石折銀三錢）
丁銀	一千一百三十四兩四錢六分四釐
番餉	四百六十七兩九錢二分
陸餉	四百四十八兩
水餉	二百六兩三錢四分三釐
官莊	四百七十三兩三錢六分六釐
計款一萬一千五百五十六兩九錢九分三釐	

彰化縣歲出表（乾隆二十年，據臺灣府誌）

本縣知縣俸薪	四十五兩
縣衙役	三百零三兩八錢
舖司兵	一百二十七兩二錢二分四釐
縣儒學教諭訓導	八十兩
廩生十名	二十八兩九錢三分三釐
齋膳夫門斗	五十兩五錢三分三釐
典史俸薪	三十一兩五錢二分
又衙役民壯	五十二兩

鹿子港巡檢俸薪	三十一兩五錢二分
又衙役弓兵	四十五兩二錢六分
貓霧捒巡檢俸薪	三十一兩五錢二分
又衙役弓兵	四十五兩二錢六分
兩察院吏役	六十八兩二錢
聖廟香燈費	二兩五錢二分
祀典費	一百六十六兩
拜賀費	六錢
祈禱費	一兩二錢
鄉飲費	六兩
壇廟修理費	十一兩三錢五分七釐
新中舉人旗匾年額	一兩三錢三分三釐
會試舉人盤費年額	三十兩
進士旗匾年額	二兩
歲貢生旗匾年額	一兩二錢五分
存恤孤貧費	一百九十兩六錢九分七釐
囚犯口糧	二十兩
協濟淡水廳費	二百零三兩二分
計款一千五百七十七兩八錢三分七釐	

淡水廳歲入表（乾隆二十年，據臺灣府誌）

項目	款數
正供	一千八十二兩一錢（供穀三千六百零七石餘，每石折銀三錢）
丁銀	一百五十七兩六錢七分三釐
番餉	二百六十六兩四錢四分
陸餉	十六兩八錢
水餉	十一兩七錢六分
計款一千五百三十四兩七錢七分三釐	

淡水廳歲出表（乾隆二十年，據臺灣府誌）

項目	款數
同知俸薪	八十兩
同知衙役	二百零四兩六錢
舖司兵	二百十二兩四分
竹塹巡檢俸薪	三十一兩五錢二分
又衙役民壯	七十兩六分
八里坌巡檢俸薪	三十一兩五錢二分
又衙役民壯	七十兩六分
計款九百零二兩八錢八分	

澎湖廳歲入表（乾隆二十年，據臺灣府誌）

項目	款數
正供	一百五十九兩六錢一分（地種折銀）
丁銀	一百三十四兩四錢
水餉	四百四十兩八錢六分
計款七百三十四兩八錢七分	

澎湖廳歲出表（乾隆二十年，據臺灣府誌）

通判俸銀	六十兩
通判衙役	一百七十九兩八錢
祀典費	十八兩
計款二百五十七兩八錢	

噶瑪蘭廳歲入表（道光十五年，據噶瑪蘭志略）

地丁	五千五百四十三兩四錢（徵穀九千二百三十九石餘，每石折銀六錢）
耗羨	五百五十四兩三錢四分（徵穀九百二十三石九斗餘，每石折銀六錢）
餘租	一千一百八兩六錢八分（徵穀一千八百四十七石八斗）
鹽課盈利	一千四百七十一兩（年引七千石，每石售銀三錢三分，計二千三百十一兩，除繳引價八百四十兩，實盈此數）
計款八千六百七十七兩四錢二分	

噶瑪蘭廳歲出表（道光十五年，據噶瑪蘭志略）

通判俸銀	六十兩
又養廉	五百兩
廳衙役	三百五十一兩八錢
舖司兵	二百四十八兩八錢八分
頭圍縣丞俸銀	四十兩
又養廉	四十兩
又衙役	三十七兩二錢
又民壯	四十九兩六錢
羅東巡檢俸銀	三十一兩五錢二分
又養廉	四十兩
又衙役	五兩八錢四分
又弓兵民壯	六十四兩二錢二分
祀典費	二十兩
計款一千四百八十九兩零六分	

臺灣文官養廉表（乾隆八年頒定）

巡視兩察院	二千四百兩（臺、鳳、諸、彰各解四百兩，府徵鹽價八百兩）
分巡臺灣道	一千六百兩（臺、鳳各解四百兩，諸羅八百兩）

臺灣府	一千六百兩（臺、彰各解二百兩，鳳山四百兩，諸羅八百兩）
臺防廳	五百兩（鳳山解二百兩，諸羅三百兩）
淡防廳	五百兩（本廳耗羨支給一百九十八兩一錢八釐，彰化解三百零一兩八錢九分一釐）
澎糧廳	五百兩（本廳耗羨支給八十七兩五錢二分二釐，臺灣解四百十二兩四錢七分七釐）
臺灣縣	一千兩（本縣耗羨內支給）
鳳山縣	八百兩（本縣耗羨內支給）
諸羅縣	八百兩（本縣耗羨內支給）
彰化縣	八百兩（本縣耗羨內支給）
府經歷	四十兩（臺灣耗羨支給二十兩，府徵鹽價二十兩）
臺灣縣縣丞	四十兩
臺灣縣典史	四十兩（以上與經歷同）
鳳山縣縣丞	四十兩（本縣耗羨支給二十兩，府徵鹽價二十兩）
鳳山縣典史	四十兩
下淡水巡檢	四十兩（以上與縣丞同）
諸羅縣縣丞	四十兩（本縣耗羨支給二十兩，府徵鹽價二十兩）
諸羅縣典史	四十兩
佳里興巡檢	四十兩
斗六門巡檢	四十兩（以上與縣丞同）
彰化縣縣丞	四十兩（本縣耗羨支給二十兩，府徵鹽價二十兩）

彰化縣典史	四十兩
鹿子港巡檢	四十兩
貓霧捒巡檢	四十兩（以上與縣丞同）
淡水竹塹巡檢	四十兩（諸羅縣耗羨支給二十兩，府徵鹽價二十兩）
淡水八里坌巡檢	四十兩（同上）
右巡視御史二、道一、府一、廳三、縣四、經歷一、縣丞四、典史四、巡檢七，計款一萬一千一百四十兩。	

臺灣武官養廉表（乾隆五十年，據臺灣府誌）

總兵	一千五百兩
副將	八百兩
參將	五百兩
游擊	四百兩
都司	二百六十兩
守備	二百六十兩
千總	一百二十兩
把總	九十兩
外委	十八兩
右總兵一、副將三、參將二、游擊六、都司三、守備十二、千總二十六、把總五十二，計款一萬九千兩。	

臺灣武官俸薪表（乾隆五十年，據臺灣府誌）

總兵俸銀	六十七兩
又薪湊銀	一百四十四兩
副將俸銀	五十三兩
又薪湊銀	一百四十四兩
參將俸銀	三十九兩
又薪湊銀	一百二十兩
游擊俸銀	三十九兩
又薪湊銀	一百二十兩
都司俸銀	二十七兩
又薪湊銀	七十二兩
守備俸銀	二十七兩
又薪湊銀	七十二兩
千總俸銀	十四兩
又薪湊銀	三十三兩
把總俸銀	十二兩
又薪湊銀	二十三兩
外委俸銀	十八兩

右總兵一、副將三、參將二、游擊六、都司三、守備十二、千總二十六、把總五十二，計款六萬六千零十兩；而外委在戰兵之內，不給薪湊銀，月給白米三斗。

臺灣兵餉支給表（乾隆五十年，據臺灣府誌）

鎮標三營兵二千七百七十名	共銀五千五百四十兩
城守營兵一千名	共銀二千兩
南路營兵一千五百名	共銀三千兩
北路三營兵二千四百名	共銀四千八百兩
淡水營兵五百名	共銀一千兩
安平水師三營兵二千五百名	共銀五千兩
澎湖水師二營兵二千名	共銀四千兩
計兵一萬二千六百七十名，共銀二萬五千三百四十兩。此外，每兵一月給米三斗，由各縣徵收正供碾放。又兵丁恤賞之款，例由官莊租息支給。	

噶瑪蘭營兵餉表（道光十五年，據噶瑪蘭志略；此款定由噶瑪蘭廳入款支給）

都司一員俸廉	四百四十九兩三錢九分四釐
守備一員俸廉	三百三十八兩七錢五釐六毫
千總二員俸廉	三百八十四兩（每員一百九十二兩）
把總二員俸廉	三百兩（每員一百五十兩）
外委四員俸廉	七十二兩（每員十八兩）
戰兵四百六十二名餉銀	八千三百十六兩（每名十八兩）
守兵二百四十名餉銀	二千八百八十兩（每名十二兩）

加餉	三千三百五十兩四錢（每兵年加四兩八錢，除外委外，共六百九十八名）
月米折銀	三千八十六兩六錢四分（每兵月給米三斗，共七百零二名，年須二千五百七十二石二斗，每石折銀一兩二錢）
眷穀折銀	一千十兩八錢八分（每兵年給穀二石四斗，共七百零二名，須一千六百八十四石八斗，每石折銀六錢）
盤費賞恤等	一千兩
計款二萬一百九十五兩九錢九分	

臺灣勇營月餉表

營制	勇營餉額錢	練營餉額錢	屯兵營餉額錢
管帶官	五〇、〇	五〇、〇	五〇、〇
幫帶官	五〇、〇	五〇、〇	—
文案	三〇、〇	三〇、〇	二〇、〇
冊籍	二四、〇	二四、〇	二〇、〇
帳房	二四、〇	二四、〇	一二、〇
營伍幫帶	一二、〇	一二、〇	三〇、〇
哨官	九、〇	九、〇	一八、〇
哨長	六、〇	六、〇	—
書識	四、五	四、五	八、〇
親兵什長	四、八	四、八	六、八

親兵	四、五	四、五	六、五
護勇	四、五	四、五	六、五
什長	四、八	四、八	六、八
正勇	四、二	三、六	六、○
伏勇	三、三	三、三	四、○
長夫	三、○	三、○	—

建省以後歲入總表（光緒十四年至二十年）

款目	兩數
地丁實徵	五十一萬一千九百六十九兩（光緒十四年清賦之額）
補水秤餘	十二萬八千二百四十六兩（隨糧徵收）
抄封叛產	五萬六千五百兩（照舊）
官莊租息	三萬三千六百五十七兩（照舊）
隆恩租息	三千七百五十兩（歲收租穀三千七百五十石，每石折銀一兩）
城租	八千兩（歲收租穀八千石，每石折銀一兩）
學租	
陸餉	一萬兩（照舊）
水餉	一千兩（照舊）
鹽課	十三萬兩（十五年實收之額）

腦磺盈利	四十萬兩
商務局	四十萬兩（火船鐵路等款）
電報局	六萬兩
郵政局	三萬兩
煤務局	四十萬兩（十五年收入之額）
伐木局	十萬兩（十五年收入之額）
金沙局	二萬兩（十八年商辦認繳之額）
茶釐局	十四萬四千兩（十六年商辦認繳之額二十萬圓，折兩如是）
海關稅鈔	九十九萬一百四十六兩（十五年收入之額）
船　鈔	五千九百二十三兩（十五年收入之額）
阿片釐金	四十四萬六千六百四十兩（十七年收入之額）
百貨釐金	七萬五千兩（此款未實）
文口規費	五千兩（十四年歸縣徵收）
武口規費	二千五百兩
福建協餉	四十四萬兩（十七年停止）
計款四百四十萬二千三百二十五兩	

臺灣通史卷十　典禮志

連横曰：禮，所以輔治者也。經國家，序人民，睦親疏，防禍亂，非禮莫行。故曰「道之以政，齊之以刑，民免而無恥；道之以德，齊之以禮，有恥且格。」臺灣爲海上荒服，我延平郡王闢而治之，文德武功，震鑠區宇，其禮皆先王之禮也。至今二百數十年，而秉彝之性，歷劫不沒，此則禮意之存也。起而興之，是在君子。

慶賀

鄭氏之時，朔望必朝，每有封拜，輒朝服北向，望永歷帝座疏而焚之，君雖不在不敢忘也。歸清之際，每有慶賀，行禮於府學之明倫堂。康熙五十年，巡道陳璸始擇地於城東永康裏建萬壽亭，前立午門，門旁列朝房，後爲祝聖殿。五十六年，巡道梁文科修，環以垣，東西辟門，曰敷文，曰振武。六十年，颶風圮。雍正元年，重建，後置僧室，奉埽除。乾隆十七年，巡道金溶、知府陳玉友以地屬城外，啓閉非便，仍行禮於明倫堂。三十年，知府蔣允焄乃擇地東安坊縣學之東，南向，爲校士院舊址，結構宏廠，崇臺巨宇，以奉龍幄。設東西臺班房廳事，殿門外左右爲更衣廳，正南爲午門，外爲東西朝房，周以繞垣，爲東西闕門。凡萬壽令節、元旦、冬至，文武官於前一日齋沐，率屬赴明倫堂習儀。至日四鼓，朝服入宮，文東武西，行三跪九叩禮。先期晉呈賀表，朝服行禮，派員賫至省垣附進。

接詔

詔至之時，總督遣官賫送。舟進鹿耳門，傳報。文武官具龍亭、綵輿、儀仗、鼓樂，至西門外接官亭迎接。恭捧詔書置於龍亭，文武官朝服北向跪迎，鼓樂前導，至萬壽宮。文武官東西立，賫送官南向立，贊唱排班，樂作，行三跪九叩禮。賫送官捧詔，讀詔官跪受，詣案前，宣讀。衆官跪聽畢，仍授賫送官，恭置龍亭，又行三跪九叩禮，以次退。詔交知府，分送各縣，宣讀頒佈。

迎春

立春之前，有司豫塑春牛、芒神，以桑柘布土爲之。牛身高四尺，按四時也；長三尺有六寸，三百六十日也；自頭至尾凡八尺，八節也；尾一尺有二寸，十二時也。鞭用柳枝二尺有四寸，二十四氣也。牛色以本年爲法。頭、耳、角用天干，身用地支，蹄、尾、腹用納音。籠頭以立春之日干爲色。拘用桑木。索孟日用麻，仲日用苧，季日用絲。造牛之土，以冬至後辰日於歲德之方取之。芒神身高三尺有六寸，一年三百六十日也。服以立春之日支受剋爲衣色，剋衣爲帶色。髻以立春之日納音爲法，罨耳以時爲法，鞋袴行纏亦以納音爲法，老少以本年爲法。塑成置於東郊之春牛亭。先期一日，府、廳、縣各率屬，盛服鳴騶而至，贊導至位前。就位，上香鞠躬拜。獻爵三，讀祝，再拜。禮畢，簪花飲酒，屬官先行，長官次之。迎至府、廳、縣頭門之外。春牛南向，芒神西向。是日清晨刑牲設醴，府、廳、縣各率屬朝服，贊導至位前。就位，鞠躬拜，獻爵三，讀祝，再拜興。至春牛之前，各官執綵仗，左右立，長官擊鼓，次各擊牛三，揖。至芒神前又揖而退。是爲鞭春之禮。

耤田

直省各府、州、縣均於東郊建先農壇，高二尺有一寸，寬二丈五尺，祀先農。旁置耤田，備農具黑牛，擇土宜之穀貯之。以農人二，免其役，給口糧，使耕之。仲春之日，有司先期齋沐。至日，文武官率屬朝服致祭。帛一、羊豕一、鉶一、簠一、簋一、籩四、豆四，行三跪九叩禮。畢，易服，知府秉耒，佐執青箱，知縣播種。其在州縣，則知州、知縣秉耒，佐執青箱播種。耆老一人牽牛，兩農扶犁，九推九返，農夫終畝。既畢，朝服，率耆老農夫望闕謝恩，行三跪九叩禮。耤田之穀，以供祭祀，重農也。

祭社

府州縣皆建社稷壇。府稱府社之神、府稷之神，爲紅牌金字。壇制：坐南向北，高三尺，方廣各二丈有五尺，四出，陛各三級。歲以春秋仲月上戊致祭。主祭官先期三日齋戒。將祭之前一日，省牲治器，除壇上下，設幕次中門，宿焉。祭日夙興，執事者陳禮器，設社位於稷之東，各列羊豕一、帛一、鉶一、簠二、簋二、籩四、豆四，主祭官祭服行禮，如儀而退，納主於城隍之廟。風雲雷雨、山川、城隍同壇，在社稷之右，亦以春秋仲月致祭。壇高二尺五寸，方廣各二丈有五尺，陛四出，南向五級，餘各三級。雍正二年，奏准風雲雷雨之神居中、山川左、城隍右，禮與社稷同。各以府州縣爲主祭，武官陪祭。祭畢，納主於城隍之廟。

釋菜

永曆二十年春，文廟成，延平郡王經親行釋菜之禮。歸清以後，康熙二十四年，巡道周昌、知府蔣毓英重建，是爲府學。三十九年，巡道王之麟建明倫堂。自是以後，各府、縣皆建文廟，尊先師也。每歲春秋二仲上丁之日，恭行釋菜之禮。先期三日，地方官齋沐停刑。將祭之前一日，習儀於明倫堂，省牲治器。四鼓齊集，執事者各司其事。文官爲主祭，武官陪祭。先祭崇聖祠，禮畢，祭孔子，祀以太牢，舞六佾，以復聖顏子、宗聖曾子、述聖子思子、亞望孟子配。祭官各就位，啓扉，迎神，舞佾，樂奏咸平之章，行三跪九叩禮，興，樂止。行初獻禮：主祭官詣盥洗所，次詣酒尊所，至神位前，樂奏寧平之章，主祭官跪，皆跪，奠帛，獻爵，叩首，興。跪，讀祝，樂止，行三叩禮，復位。行亞獻禮：樂奏和平之章，畢，復位。行三獻禮：樂奏永平之章，畢，復位。飲福受胙，叩首，興，復位。各官皆行三跪九叩禮，興。徹饌：樂奏咸平之章。送神：各官俱行三跪九叩禮，興。讀祝者捧祝，司帛者捧帛，各詣燎所，望燎，偃佾，止樂，以次退。

祭纛

纛，大旗也。臺灣鎭爲掛印總兵，統率師干，權在閫外。每年霜降之前一日，鎭標城守各營將士，盛裝鎧仗，迎纛於北門外之較場，張幕駐軍。翌日黎明，陳兵致祭，祀以羊豕，獻帛酹酒，三獻而畢。揚旗鳴炮，以寓秋獮之禮。薄暮，束裝入城，歸纛於廟，各營皆然。

大操

督撫巡臺之時，奉旨閱操。先期，總兵檄召各營，駐較場左右。至日，督撫蒞場，立於演武廳之中。總兵以下皆執櫜鞬之儀，督撫辭焉。行裝入謁，禮畢。總兵下令開操，爲兩軍攻擊之狀，考其優劣，犒以牛酒。副參以下，戎裝佩劍，送迎如禮。督撫回轅，各營亦拔隊歸。

旌表

鄉黨士女，有孝於父母、友於兄弟、守節勵烈者，縉紳列其事，狀於教官，鄰里爲之保。教官告之有司，有司詳之督撫，乃具奏。禮部詳覆，下旨旌表，賜帑二十兩建坊，入祀。有司造其家，鄰里以爲光，各具賀。祭之日，教官率縉紳行禮，子弟衣冠入拜，恭錄恩旨，藏於家。又有壽躋期頤，一產三子，爲國之瑞，以至急公樂善者，亦各賜匾錫物，昭示後人。旌表之禮，以勸善也。

鄉飲

鄉飲之禮尙矣。漢制饗三老於太學，所以教孝。順治初，詔令京府直省各州縣每歲以正月望日、十月朔日各於儒學行鄉飲酒之禮。先日，執事者陳設禮堂，司正習禮。黎明，宰牲治饌，主席率僚屬司正至，遣伻速賓僎。比至，執事報曰：「賓至。」主席迎於庠門之外。賓西行，三讓三揖，而後升堂。東西立，各拜，就坐。執事者又報曰：「僎至。」主席又迎如前禮。已而介至，各就坐。執事者告司正揚觶。司正由西階升，詣堂中，北向立。賓僎以下皆立。司正揖，賓僎皆揖。執事者以觶酌酒，授司正。司正舉酒曰：「恭維朝廷，率由舊章，敦崇禮教，舉行鄉飲。非爲飲食，凡我長幼，各相勸勉。爲臣盡忠，爲子盡孝，長幼有序，兄友弟恭；內睦宗族，外和鄉里，無或廢墜，以忝所生。」讀畢，司正飲酒，以觶授執事。司正賓僎皆揖，就坐。執事者舉律案於堂中，讀律者詣案前，北向立，眾皆立，行禮如前。既畢，徹案。供饌賓前，次僎，次介，次主。賓主乃起，北向立。執事者酌酒授主，主詣賓前，置席上，稍退，兩拜。賓答拜。執事者又酌酒授主，詣僎前，如前禮。於是賓起酬酒，僎從。執事者酌酒授賓，賓詣主前，置席上，如前禮。介三賓三僎以次酌酒，舉爵飲。供湯，復酌酒。三品畢，徹饌。賓主起。僎主僚屬居東，賓介三賓等居西，兩拜訖，送賓出門，東西行，三揖而退。凡鄉飲酒，主以府、州、縣爲之，位於東南。賓以致仕之紳爲之，位於西北。僎以鄉黨年高有德之人，位於東北。介以次長，位於西南。三賓以賓之次者爲之，位於賓主介僎之間。眾賓序齒，僚屬序爵。正以教職爲之，執事者以老生爲之。凡有違犯科條者，不許於良善之席。違者罪以違制。敢有喧嘩失禮者，揚觶以禮責之。然臺灣久已不行，但存其制而已。

祀典

傳曰：「國之大事，在祀與戎。」是故法施於民則祀之，以死勤事則祀之，以勞定國則祀之，能禦大災則祀之，能捍大患則祀之。非是族也，不在祀典。臺灣爲荒服之地，鄭氏之時，始建文廟，尊先師也。清代因之，復祀武廟，崇武德也。若夫山川社稷之壇，城隍祝融之廟，名宦義民之祠，凡屬禦災捍患者，俎豆馨香，鼖鼓軒舞，其禮重矣。延平郡王爲臺烈祖，精忠大義，沒而爲神，臺人祀之。同治十三年冬，欽差大臣沈葆楨奏請建祠賜謚，以明季諸臣配。功德在民，夐乎尚矣！是篇所載，皆在祀典之列。若夫叢祠薄祭，則缺如焉。

各府廳縣壇廟表

臺南府（附郭安平）

社稷壇	在府治東安坊，舊爲永康里。康熙五十年，巡道陳璸建。
風雲雷雨山川壇	在府治東安坊。康熙五十年，巡道陳璸建。
先農壇	在府治東門外長興里。雍正五年，知縣張廷琰建。
文廟	在府治寧南坊。鄭氏之時所建，祀先師孔子。康熙二十四年，臺廈道周昌、知府蔣毓英改建，中爲大成殿，東西兩廡配祀先賢先儒。前爲戟門、爲櫺星門、爲泮池，後爲崇聖祠。三十九年，臺廈道王之麟建明倫堂堂於殿左。五十一年，巡道陳璸建名宦、鄉賢兩祠。五十七年，知府王珍移泮池以櫺星門之外。乾隆十四年，廩生侯世輝等捐資改建，正殿居中，左右爲兩廡，前爲大成門，又前爲櫺星門、爲泮池，後爲崇聖祠，左右爲禮樂庫、典籍庫。門之左右爲名宦祠，鄉賢祠。門外之左爲禮門，右爲義路。又外爲大成坊、泮宮坊。廟左爲明倫堂。又左爲朱子祠。後爲文昌閣。並鑄祭器、樂器。規制完備。
武廟	在府治鎮北坊。永曆二十二年，鄭氏建，祀漢忠義侯關羽。中有寧靖王手書之額，題曰：「亙古一人」。康熙二十九年，巡道王效宗修，有碑記在廟中。雍正五年，詔以春秋仲月上戊致祭，用太牢，樂舞八佾，追封三代，後殿爲三代祠。此外，在坊里者，列於宗教志中。

天后宮	在府治西定坊，爲明寧靖王故宅，康熙二十三年，靖海將軍施琅建，內有施琅紀功碑。五十九年，列入祀典。歲以春、秋仲月致祭。乾隆五年，鎮標游擊石良臣，於後殿增建左、右廳，以右廳祀總兵張玉麟。四十三年，知府蔣元樞修，有碑記在廟中。其後疊修。臺灣奉祀天后甚多，其在坊里不列祀典者，載於宗教志中。
府城隍廟	在東安坊府署之右，永曆二十三年，鄭氏建。康熙二十五年，修。乾隆二十四年，知府覺羅四明重修，增建兩廡戲臺，有碑記在廟中。四十二年，知府蔣元樞復修。
龍神廟	在寧南坊。康熙五十五年，巡道梁文科建。
田祖廟	在鎮北坊。康熙五十五年，巡道梁文科建。而鄭氏所建者，一在廣儲西里，一在保大西里，今圮。
倉神廟	在鎮北坊。雍正十年，知縣林興泗建。
風神廟	在西門外。乾隆四年，巡道鄂善建。
火神廟	在小南門外。康熙四十七年，鳳山知縣宋永清建。
海神廟	在鎮北坊，爲赤崁樓故址。光緒十二年建。
五子祠	在鎮北坊蓬壺書院之內，祀宋關閩濂洛五子。光緒十二年，知縣沈受謙建。
朱子祠	在府學之左。康熙五十一年，巡道陳璸建，歲以春秋仲月致祭。
文昌祠	在東安坊。歲以春秋仲月致祭。
名宦祠	在文廟櫺星門之左。
鄉賢祠	在文廟櫺星門之右。
孝悌祠	在府學之右。
節孝祠	原在鎮北坊。雍正元年，奉旨建，祀烈女，節婦。後改建於府學之右。
旌義祠	在鎮北坊。乾隆五十三年，知府楊廷理建，祀林爽文之役陣沒義民，歲時致祭。嘉慶十年蔡牽之役，附祀者二十有七人。

府厲壇	在小北門外。爲康熙辛丑死事臺協水師游擊游崇功棲神之所。前爲地藏庵。雍正元年，巡道陳大輦建。祠有司議舉厲祀，則於其地以行，名爲北壇。歲以清明、七月望日、十月朔日致祭。先牒本府城隍設位於壇之上，祀以羊豕，下設無祀鬼神之位，陳牲焚楮，以妥其靈。乾隆十一年，知縣魯鼎梅修。三十七年，巡道奇寵格重修，有記。縣爲附郭，不別爲壇。
延平郡王祠	在東安坊。永曆間，郡人建，稱開山王廟。乾隆間，邑人何燦鳩資重建。同治十三年冬十月，欽差大臣沈葆楨奏請建祠列祀，春秋二仲，有司致祭。中祀延平郡王，東西兩廡，以明季諸臣配，後殿中祀翁太妃，左爲寧靖王祠，右爲監國世子祠。
施將軍祠	在寧南坊檨子林。康熙二十五年，郡人建，祀靖海將軍施琅。五十九年，地震圮。
吳將軍祠	在東安坊。康熙二十六年，郡人建，祀總兵吳英，欽賜「作萬人敵」之額。祠後有樓曰仰止。乾隆五十三年，知府楊廷理修。後改爲吳氏家廟。今圮。
衛公祠	在東安坊府城隍廟。康熙四十六年建，祀臺灣府知府衛臺揆。
吳公祠	在西定坊關帝廟右。雍正七年建，祀臺廈道吳昌祚。
蔣公祠	在鎮北坊眞武廟後。康熙三十年建，祀臺灣府知府蔣敏英。
高公祠	原在鎮北坊關帝廟左，康熙三十三年建，祀臺廈道高拱乾，後移於寧南坊。
靳公祠	在東安坊。康熙三十六年，祀臺灣府知府靳治揚，後圮。
洪公祠	在東安坊。同治二年奏建，祀臺灣道洪毓琛。
游將軍祠	在小北門外厲壇後。雍正元年建，祀水師游擊游崇功。
王公祠	在東安坊清水寺街。光緒元年奏建，祀提督王德成。
五忠祠	在安平鎮水師協署之左。雍正五年，水師副將陳烱倫建，祀水師副將許雲、游擊游崇功、千總林文煌、趙奇奉、把總李茂吉。

功臣祠	在寧南坊文廟之南，向西。乾隆五十三年敕建，供林爽文之役平臺功臣牌位，則大將軍太子太保大學士貝子公福康安、參贊大臣超勇公海蘭察、成都將軍鄂輝、護軍統領舒亮、護軍統領普爾普、閩浙總督李侍堯、福建巡撫徐嗣曾等三十人。棟宇崔巍，地亦寬敞，有御碑八方，高各丈餘，下承贔屭，鐫御製平臺及諸功臣贊滿漢文各四，上覆以亭。又有一碑立於中，刻詩一首，字大徑寸。文曰：「命於臺灣建福康安等功臣生祠，詩以誌事：三月成功速且奇，紀勳合與建生祠。垂斯琬琰忠明著，消彼萑苻志默移。臺地恆期樂民業，海隅不復動王師。日爲日毀似殊致（近來以各省建立生祠，最爲欺世盜名惡習，因令嚴行飭禁，並將現有者皆令毀棄。若今特命臺灣建立福康安等生祠，實因臺灣當逆匪肆逆以來，荼毒生靈，無慮數萬，福康安等於三月之內，掃蕩無遺，全部之民，咸登衽席。此其勳績固實有可紀，且令奸頑之徒觸目驚心，亦可以潛消狼戾。是此舉似與前此之禁毀雖相殊，而崇實斥虛之意則原相同，孰能橫議？且以勵大小諸臣，果能實心爲國愛民、確有美政者，原不禁其立生祠也），崇實斥虛意在茲。」旁譯滿文。道光二年，飭臺灣縣學教諭鄭兼才、訓導王承緯監修，今漸傾圮。
昭忠祠	原在縣學之左。雍正元年敕建，祀臺灣鎮總兵歐陽凱等，後圮。嘉慶七年，奉敕再建，附於功臣祠之側。十一年，乃設位以祭。道光元年，巡道葉始將康熙以來殉難官弁兵丁一律入祀。十三年，巡道徐宗幹、知府裕鐸率紳士等重修，立牌祀之。光緒十四年，改建於右營埔。
縣文廟	在東安坊，是爲縣學。康熙二十三年，知縣沈朝聘建。中爲大成殿、東西兩廡，前爲大成門，後爲崇聖祠。四十二年，知縣陳璸增建明倫堂於殿右。五十四年，巡道陳璸改建崇聖祠，以左爲名宦祠、右爲鄉賢祠。雍正十二年，貢生陳應魁建櫺星門於泮池之前。乾隆十五年，廩生侯世輝等資重建大成門，左爲忠義祠，右爲孝悌祠。
縣城隍廟	在鎮北坊。康熙五十年，知縣張宏建。乾隆十年，知縣李閶權修，有記。嘉慶十二年，知縣薛志亮乃廣其規，建兩廊。而安平鎮亦有城隍廟，乾隆十四年，水師副將沈廷耀建。五十年，副將丁朝雄修。自後疊修。

嘉義縣

社稷壇	在縣治東南，康熙二十四年建。
風雲雷雨山川壇	在縣治東南，康熙二十四年建。
先農壇	在縣治東南，雍正五年建。

文　廟	舊在縣治西門內。康熙四十五年，署知縣孫元衡建。乾隆十八年，知縣徐德峻改建於西門外。中爲大成殿、東西兩廡，前爲戟門，又前爲櫺星門，後爲崇聖祠。
武　廟	在縣署東北隅，康熙五十二年，參將翁國禎建。
天后宮	在縣署之左，康熙五十六年，知縣周鍾瑄募建。
城隍廟	在縣署之左，康熙二十四年建。
邑厲壇	在縣治東北，康熙二十四年建。
名宦祠	在文廟之內。
鄉賢祠	在文廟之內。
忠義孝悌祠	在文廟之內，雍正元年奉旨建。
烈女節婦祠	在文廟之旁，雍正元年奉旨建。
羅將軍祠	在縣治東門之內，雍正二年奏建，祀北路營參將羅萬倉。

鳳山縣

社稷壇	在舊縣治北門。
風雲雷雨山川壇	在舊縣治北門。
先農壇	在舊縣治東門外。
文　廟	在舊縣治北門外。康熙二十三年，知縣楊芳聲建。中爲大殿、東西兩廡，前爲戟門，又前爲櫺星門，後爲崇聖祠。四十三年，知縣宋永清重建。
武　廟	在舊縣治東門內，雍正五年，知縣蕭震建。
天后宮	在舊縣治龜山之頂，康熙二十二年奉旨建。乾隆二十七年，知縣王瑛曾重建。

八蜡祠	在舊縣治龜山之北，康熙四十五年，知縣宋永清建。
城隍廟	在舊縣治北門外，嘉慶十九年，改建於今治縣署之東。
邑厲壇	一在舊縣治北門外，一在下淡水。康熙五十八年，知縣李丕煜建。
名宦祠	在文廟之內。
鄉賢祠	在文廟之內。
忠義孝悌祠	在文廟之左，雍正元年奉旨建。
烈女節婦祠	在舊縣治北門，雍正元年奉旨建。
曹公祠	在今治鳳儀書院內之東，咸豐十年建，祀前鳳山知縣曹瑾。
昭忠祠	在縣城外，光緒三年敕建，祀開山殉難之提督王德成、張光亮、李常孚、總兵胡國恆、福建候補道田勤生等，鳳陽柳銘撰碑，在祠中。

恆春縣

社稷壇、風雲雷雨山川壇、先農壇	均未建。
文　廟	在城外猴洞山上。光緒十二年，知縣周有基建。中爲大成殿、爲兩廡，前爲欞星門，後爲崇聖祠，左爲明倫堂，右爲學廨。
武廟	
天后宮	
城隍廟	
邑厲壇	

澎湖廳

社稷壇、風雲雷雨山川壇、先農壇	均未建。
文廟	在文澳。
武廟	舊在媽宮澳之西，乾隆三十一年，通判胡建偉修，今圮。光緒元年，水師副將吳奇勳改建於紅木埕，法人之役被毀。十七年三月，總兵吳宏洛倡捐重建。
城隍廟	一在文澳舊廳署之東，咸豐元年，署典史呂純孝重修，規模不大。一在媽宮城內，乾隆四十四年，通判謝維祺捐建，有碑記；自後續修。光緒十一年亂後，通判程邦基飭紳士黃濟時等重修。
程朱祠	在城內，光緒十一年，通判程邦基建。十九年，紳士蔡玉成等捐資於祠之左建文昌閣，右築講壇。以書院距城稍遠，以此爲諸生講學之所。二十年夏竣工。
文昌祠	在文石書院之後，乾隆三十一年建。光緒元年，紳士蔡玉成等重建，有碑記。
天后宮	在媽宮澳，萬曆間建。康熙二十二年，靖海將軍施琅攻克澎湖，以爲神佑，奏請加封，遣官致祭，鐫文廟中。
風神廟	在媽宮澳城隍廟東。乾隆五十五年，通判王慶奎、水師副將黃象新等捐建。光緒七年，都司郁文勝重建。
龍王廟	在媽宮澳觀音亭之東。道光六年，通判蔣鏞、水師副將孫得發等捐建。
施將軍祠	在媽宮澳。康熙二十四年，人民合建，祀靖海將軍施琅。道光六年，通判蔣鏞籌款生息，祔祀在澎殉難文武官員，春秋致祭。
昭忠祠	在媽宮澳。光緒四年十二月，副將吳奇勳等倡建，祀同治元年之役協營各標調赴臺灣弁兵助勦陣沒者，則署左營守備蔡安邦等暨兵丁一百三十四名。
武忠祠	在媽宮澳協署之西，建置無考。乾隆五十六年，護理水師副將黃象新等捐修。
胡公祠	在文石書院內，祀通判胡建偉等。
節孝祠	在天后宮之西。道光十八年，署通判魏彥儀建，春秋致祭。光緒五年，媽宮澳商戶黃學周、黃鶴年重修。

臺北府（附郭淡水）

社稷壇	在府治東南，光緒十四年建。
飛雲雷雨山川壇	在府治東南，光緒十四年建。
先農壇	在府治東門外，光緒十四年建。
文　廟	在府治文武街，光緒十四年建。
武　廟	在文廟之左，光緒十四年建。
天后宮	在府治府後街，光緒十四年建。
府城隍廟	在府治撫臺衙後，光緒十四年建。
縣城隍廟	附於府城隍廟之內。
厲　壇	在府治北門外，光緒十四年建。
名宦祠	在文廟櫺星門之左。
鄉賢祠	在文廟櫺星門之右
忠義孝悌祠	
烈女節婦祠	

新竹縣

社稷壇	在縣治東門外，道光九年，同知李愼彝建。
山川壇	在縣治東門外，道光九年，同知李愼彝建。
先農壇	在縣治東門外，道光九年，同知李愼彝建。

田祖祠	舊在南門內，乾隆三十四年，同知宋應麟建。道光九年，同知李愼彝移於先農壇之右。
龍神祠	在縣治南門內，乾隆三十四年，同知宋應麟建。
風雲雷雨壇	未建。道光九年，同知李愼彝始設神位，附祀於龍王祠。
文　廟	在縣治東門內。嘉慶二十二年，同知張學溥建。道光四年，同知吳性誠乃竣成之。中爲大成殿，東西兩廡，後爲崇聖祠，左爲明倫堂。
武　廟	在縣治南門大街。乾隆四十一年，同知王右弼倡建。同治十年，邑人重修。
文昌祠	在文廟之左。嘉慶八年，同知胡應魁建。
天后宮	在縣治西門內。乾隆十三年，邑人陳玉友捐建。四十二年，同知王右弼修之。
城隍廟	在縣署之右。乾隆十三年，同知曾曰瑛建。
邑厲壇	在縣治北門外水田街。嘉慶九年，同知胡應魁建。
火神廟	在縣治試院之左。光緒十三年，知縣方祖蔭建。
名宦祠	在文廟之左。道光九年，同知李愼彝建。
鄉賢祠	在文廟之左，道光十三年奏建。
昭忠祠	在文廟之左，道光十三年奏建。
節孝祠	在文廟之左，道光九年，同知李愼彝建。光緒十七年改建。
孝友祠	在文廟之左，道光九年，同知李愼彝建。光緒十七年，移祀於節孝祠。
德政祠	在明志書院之左，舊爲敬業堂。咸豐七年，紳士許超英等改祀同知曹謹、曹士桂，後又祀同知袁秉義、薛志亮、李愼彝、婁雲等。

宜蘭縣

社稷壇	在縣治南門外，嘉慶十七年，通判翟淦建。
風雲雷雨山川壇	在縣治南門外，嘉慶十八年，通判翟淦建。
先農壇	在縣治南門外，嘉慶十七年，通判翟淦建。
文　廟	在縣治。光緒二年，進士楊士芳、舉人李望洋等捐建。中爲大成殿、東西兩廡，後爲崇聖祠。
武　廟	在縣治西門。嘉慶十三年，居民原祀於米市街，二十三年，文昌宮落成，通判高大鏞移祀於宮之前殿。
文昌宮	在縣治西門。嘉慶二十三年通判高大鏞倡建，前殿祀漢忠義侯，後殿祀文昌。
天后宮	在縣治之南。嘉慶十二年，官民合建。
城隍廟	在縣治西街。嘉慶十八年，官民合建。
火神廟	在縣署之右。嘉慶二十五年，官民合建。
神祇壇	即邑厲壇，在縣治南門外。嘉慶十七年，通判翟淦建。
名宦祠	在文廟之內。
鄉賢祠	在文廟之內。
忠義孝悌祠	
烈女節婦祠	
楊公祠	在文昌宮之右，供開蘭官長楊廷理七人祿位。

南雅廳

社稷壇、風雲雷雨山川壇、先農壇	均未建。
昭忠祠	在廳治。光緒十九年，巡撫邵友濂建，祀十二年討番病沒陣亡兵勇，友濂題額，文曰：「俎豆同榮」。

臺灣府（附郭臺灣）

社壇	在府治東門外，光緒十五年建。
風雲雷雨山川壇	在府治東門外，光緒十五年建。
先農壇	在府治南門外，光緒十五年建。
文　廟	在府治小北門內，光緒十五年建。中爲大成殿、東西兩廡，後爲崇聖祠，左爲明倫堂，右爲學廨。
天后宮	在府治大墩街。
府城隍廟	在府治新莊，光緒十五年建。
厲　壇	在府治北門外，光緒十五年建。
名宦祠	在文廟欞星門之左。
鄉賢祠	在文廟欞星門之右。
林剛愍公祠	在府治田中。光緒十五年，巡撫劉銘傳據全臺紳士奏建，祀福建陸路提督林文察。

彰化縣

社稷壇	在縣治東門外，雍正二年建。
風雲雷雨山川壇	在縣治東門外，雍正二年建。
先農壇	在縣治南門外，雍正二年建。
文廟	在縣治東門內，雍正四年，知縣張鎬建。中爲大成殿、東西兩廡，後爲崇聖祠，右爲明倫堂，後爲學廨。乾隆五十一年，明倫堂、學廨燬於亂。嘉慶二年，歲貢鄭士模捐修未竣；十六年，知縣楊桂森乃成之，改建明倫堂於廟左。
武廟	在縣治南門內。雍正十三年，知縣秦士望捐建。嘉慶五年，知縣胡應魁移建於同知舊署。
文昌祠	在縣治文廟西畔。嘉慶二十一年，知縣吳性誠建；而縣轄鹿港、西螺、北斗、員林、大肚、犁頭店、牛罵頭等處人士，亦各自建。
天后宮	一在縣治北門內協署之後，乾隆三年，北路營副將靳光瀚建。一在東門內，乾隆十三年，知縣陸廣霖建。一在鹿港海隅，乾隆五十五年，大將軍福康安建。
城隍廟	在縣治東門內，雍正十一年，知縣秦士望建。
龍神廟	在縣治南門內，嘉慶八年，知縣曹世駿建。
邑厲壇	在縣治北門外，乾隆三十五年，北路理番同知李本楠捐建。
名宦祠	在文廟崇聖祠之左，道光十年，知縣託克通阿與邑紳捐建。
鄉賢祠	在文廟崇聖祠之右，與名宦祠同建。
忠烈祠	在縣治西門內，道光二年，知縣吳性誠捐建，祀林、陳、蔡三役殉難文武官兵。
節孝祠	在縣治東門內，建省之後，合祀臺、彰、雲、苗四邑節婦、孝子。
朱公祠	在縣治西門內，光緒十五年，巡撫劉銘傳奏建，祀提督朱煥明，爲戴案義民祠之址。

義民祠	在縣治西門內，乾隆五十五年建，祀林爽文之役殉難義民。
十八義民祠	在縣治西門外。先是雍正十年春，大甲西社番林武力作亂，總兵呂瑞麟率兵討，累戰弗克，番益猖獗，恣焚殺，縣治戒嚴，淡水同知張宏章適率鄉勇巡莊，過阿束社，番突襲之，幾不得脫。鄰近粵人方負耒出，見而大呼，眾爭至，與番鬥，宏章乃免，死者十八人，曰黃仕遠、黃展期、陳世英、陳世亮、湯邦連、湯仕麟、李伯壽、李任淑、賴德旺、劉志瑞、吳伴雲、謝仕德、江運德、廖時雨、盧俊德、張啓寧、周潮德、林東伯。越日，鄉人葬之西門外，題曰「十八義民之墓」。已而番平，大府上其事，下旨嘉許賜祭，各發銀五十兩，飭有司購地建祠，春秋肸蠁，以旌其義。

雲林縣

社稷壇、風雲雷雨山川壇、先農壇	均未建。
文廟	未建，光緒十五年，暫就文昌祠奉祀孔子。
武廟	
城隍廟	原在舊治。光緒十四年，知縣陳世烈建，後移今治，暫蓋竹屋。
厲壇	在縣治南門外，光緒十年建。
朝天宮	在縣轄大槺榔東堡北港街，祀天后，廟宇巍峨，人民信仰。先是康熙年間，僧樹璧自湄州奉神像來，結廬祀之，香火日盛。雍正八年，乃建廟。乾隆十六年，笨港縣丞薛肇廣、貢生陳瑞玉等，捐資修之，以三十八年十月起工，翌年九月落成，費款一萬五千圓。道光十七年，子爵王得祿以平定海寇之役，爲神顯祐，奏列祀典，敕賜「神昭海表」之額，命江安十郡儲糧道王朝倫代祭。咸豐五年重修。
義民祠	在縣轄北港街。林爽文之役，街民固守拒戰，死者百零八人。高宗手書「旌義」二字，刻石建亭，號旌義亭。尋於亭後建義民祠以祀。
昭忠祠	在縣治西南。道光十三年奉旨建，祀張丙之亂殉難官員兵民等，則贈知府銜方振聲、贈游擊馬步衢、贈都司陳玉成等。光緒十四年，斗六鹽館委員葉大鏞監修，以茗葉稅爲祭費。

將軍廟	在都司署內，祀二十四將軍。後楹祀臺灣鎮總兵林向榮。光緒四年，都司淩定國修。
文昌祠	在縣治，同治七年建。又一在林圯埔街，光緒二十年重修。

苗栗縣

社稷壇、風雲雷雨山川壇、先農壇	均未建。
文廟	未建，光緒十五年，暫就文昌祠奉祀孔子。
武廟	
城隍廟	在縣治。

臺東直隸州

社稷壇、風雲雷雨山川壇、先農壇	均未建。
天后宮	在卑南馬蘭街。光緒十五年，統領張兆連建。先是兆連詳請巡撫奏請賜給匾額。十七年，卑南大麻里各社正副社長及通事等捐銀七百五十圓，購置田園，以爲祀費。
昭忠祠	在卑南寶桑海濱。光緒七年，同知袁聞柝建。十四年，番亂被燬。十八年，重建於鰲魚山。

臺灣通史卷十一　教育志

連橫曰：嗟乎！自井田廢，而學校息，人才衰；朝廷之所以取士者，唯科舉爾。夫科舉非能得人才也，而人才不得不由科舉，故以管商之政治，仲舒之經學，相如子雲之文章，苟非一入主司之目，亦終其身而不遇。是科舉非能得人才也，又且抑遏之、摧殘之，蔀其耳目、錮其心思，使天下英雄盡入吾彀，而精捍者亦不敢與我抗，而吾乃可無憂。故學校之設，公也；科舉之制，私也。以私害公，霸者之術也。古者量人授田，一夫百畝，八口之家，可以無饑。設爲庠序以教之。八歲入小學，學六甲五方書計之事。十五入大學，學先聖禮樂。其秀異者移鄉學於庠序；庠序之異者移國學於少學。諸侯歲貢少學之異者於天子，學於太學，命曰造士。行同能偶，則別之以射，論定然後官之，任官然後爵之，位定然後祿之。故古之取士也寬，其用之也嚴；後之取士也嚴，其用之也寬。人才何得而見之哉？

臺灣爲海上荒島，靡有先王之制也。荷蘭得之，始教土番，教以爲隸而已。領臺之三年，乃派牧師布教，以崇信基督。其時歸化土番，曰新港、曰目加溜灣、曰蕭壠、曰麻荳、曰大目降、曰大傑顛，各設教堂。每逢星期，眾皆休息，群集於此，禱福講經，以是從者日多。永曆二年，各社始設小學，每學三十人，課以荷語荷文及新舊約。牧師嘉齊宇士又以番語譯耶教問答及摩西十誡，以授番童。拔畢業者爲教習。於是番人多習羅馬字，能作書。削鵝管，略尖斜，注墨於中，揮寫甚速，凡契券公文均用之。故不數年而前後學生計有六百人。然其所以教之者，敬天也，尊上也，忠愛宗國也。故終荷蘭之世，土番無反亂者，則教化之力也。

延平克臺，制度初建，休兵息民，學校之設，猶未遑也。永曆十九年八月，嗣王經以陳永華爲勇衛。永華既治國，歲又大熟，請建聖廟，立學校。經曰：「荒服新創，地狹民寡，公且待之。」永華曰：「昔成湯以百里而王，文王以七十里而興。國家之治，豈必廣土眾民？唯在國君之用人求賢，以相佐理爾。今臺灣沃野千里，遠濱海外，人民數十萬，其俗素醇，若得賢才而理之，則十年生聚、十年教養，三十年之後，足與中原抗衡。又何慮其狹小哉？夫逸居無教，則近於禽獸。今幸民食稍足，寓兵待時，自當速行教化，以造人才，庶國有賢士，邦以永寧，而世運日昌矣。」從之。擇地寧南坊，面魁斗山，旁建明倫堂。二十年春正月，聖廟成，經率文武行釋菜之禮，環泮宮而觀者數千人，雍雍穆穆，皆有禮讓之風焉。命各社設學校，延中土通儒以教子弟。凡民八歲入小學，課以經史文章。天興、萬年二州，三年一試。州試有名者移府，府試有名者移院，各試策論，取進者入太學。月課一次，給廩膳。三年大試，拔其尤者補六科內都事。三月，以永華爲學院，葉亨爲國子助教，教之、育之，臺人自是始奮學。當是時，太僕寺卿沈光文居羅漢門，亦以漢文教授番黎。而避難搢紳，多屬鴻博之士，懷挾圖書，奔集幕府，橫經講學，誦法先王。洋洋乎，濟濟乎，盛於一時矣！

清人得臺之後，康熙二十二年，知府蔣毓英始設社學二所於東安坊，以教童蒙，亦曰義塾。其後各縣增設。二十三年，新建臺、鳳兩縣儒學。翌年，巡道周昌、知府蔣毓英就文廟故址，擴而大之，旁置府學。由省派駐教授一員，以理學務。而縣學置教諭，隸於學政。其後各增訓導一員。然學宮虛設，義塾空名，四民之子，凡年七、八歲皆入書房，蒙師坐而教之。先讀三字經或千字文，既畢，乃授以四子書，嚴其背誦，且讀朱註，爲將來考試之資。其不能者，威以夏楚。又畢，授詩、書、易三經及左傳，未竣而教以制藝，課以試帖，命題而監之作。肄業十年，可以應試。其聰穎者則旁讀古文，橫覽史乘，以求淹博。父詔其子，兄勉其弟，莫不以考試爲一生大業。克苦勵志，爭先而恐後焉。舊制：三年兩試，一爲科考，一爲歲考。康熙二十五年，福建總督王新命，巡撫張仲舉奏准，臺灣歲進文武童各二十名，科進文童二十名，廩膳生二十名，增廣生如之。歲貢以廩生食餼爲先後，年貢一人。將試之時，童生赴縣投考，書其姓名、年貌、三代籍貫，廩生保之。皂隸、廝養、倡優、賤戶之子不得試；有其人者，諸生逐之，廩保同坐。臨試之日，知縣入考棚，考棚亦曰校士院，點名給卷，扃門而試。兩文一詩，日暝乃出。考官校其上下，數日發榜，而覆試之。遞次而減，以至終覆，乃移之府。各縣俱集，制亦如之。臺灣隸於福建，以分巡道兼理提督學政。雍正五年，改歸漢御史。乾隆十七年，仍歸道。將試之前一日，學政朝服謁聖，至明倫堂，席地坐，中置一案，廩膳生立而讀經，諸生侍。禮畢，入院。先考古學，試以詩賦、策論、經解。新舊生畢至，其不考者聽之。次考舊生；廩、增生員畢至。上舍之外，列一等者，以次食餼。其不考者不得鄉試。試列四等，發學戒飭。三試不至者，褫其衣頂。次考童生；扃門而試，禁挾書，搜而焚之。數日發榜，拔其尤者十數名而覆試之，照額取進。再錄聖諭，而發紅榜，分發府、縣各學，是爲生員。學政率之謁聖，禮畢而退。臺灣府學歲貢一人，各縣學二歲貢一人，其後漸增，是曰歲貢，以廩生食餼之先後爲序。廩生者，在學讀書，歲給廩餼，故謂之上舍生。凡遇覃恩，則以是年當貢者爲恩貢，以其次一人爲歲貢。順治初，詔選府、縣學生之尤者赴廷試，十二年一行，是曰拔貢。雍正初，定爲六年一行，府學二人，縣學一人，無其人則缺。乾隆八年，遂定十二年一行，著爲例。鄉試之時，諸生赴試；其文優而限於額者，取爲副榜。臺灣定額皆正榜，雋者不備，或以副榜足之，謂之副貢。鄉試之後，學政就通省所舉優行生，考取數名，謂之優貢。五者皆爲選士。又有納捐者爲例貢。雍正二年，詔命各省，凡例貢非廩生者不得以教職用，其現用者皆罷之，所以重師道也。其後廢之，捐納盛行，皋比堂皇，且多不通之士矣。故例：三年大比，諸生畢至，天子命使者至其鄉，秋八月，三試於省闈，雋者登解榜，有司表其門，具聘幣，致之京師，曰舉人。明年春三月，天子命大臣扃禮闈而三試之，及第者詔集殿廷，天子親策問焉，遂甲乙其榜，曰進士。臺灣自康熙二十五年設學。二十六年，陸路提督張雲翼奏言：「臺士鄉試請照甘肅、寧夏之例，閩省鄉闈，另編字號，額取一、二名。俟應試者眾，乃撤去。」詔准編字額中一名。三十六年，總督郭世隆以臺士僉請撤去，一體勻中，入奏報可。自後每多輟科，渡海危難，試者益少。雍正七年，巡臺御史夏之芳奏准，照舊編號額中一名。十三年，巡道張嗣昌請加解額，巡撫盧焯具奏，詔許加中一名。乾隆元年恩科，福建加中三十名，臺灣亦加一名，遂以爲例。嘉慶十一年海寇之亂，臺人多募義禦侮。其明年，糧儲道趙三元巡臺，言於總督阿林保、巡撫張師誠，請加解額，並令臺士選舉優貢。十五年，詔可，遂定三名。

初，臺灣粵籍小試，附於各縣。乾隆五年，巡臺御史楊二酉以粵人流寓已久，戶冊可稽，現堪應試者計有七百餘名，奏准另編新號，四邑通校共取八名，附入府學。俟取進漸多，再將廩增並出貢之處，奏請定議，而鄉試仍附閩省，一體勻中。道光八年，總督孫爾準奏准於閩省內另編字號，別取粵生一名。蓋以粵人來臺，至是已多，釋耒讀書者亦不少也。

故例：府縣泮額應視錢糧爲差。而臺灣自乾、嘉以來，開墾日進，人民富庶，文風丕振，士之講經習史者，足與直省相埒。故至建省之時，全臺泮額驟增，而解額亦定爲七名矣。乾隆四年，巡臺御史諾穆布、單德謨等奏請臺士會試，照鄉試例，另編字號，取中一名。部議以臺士與試，果至十人，乃奏請取中一名，著爲例。其後遂有掇危科而入詞林者矣。

武科之制，始於唐代；其制與文士等。清代沿明之例，設爲甲、乙兩科。其初試武童者，必先通四子書，以文事與武備相爲表裏也。其後僅錄武經。每逢歲試，試以刀石馬步之箭，拔其尤者而進之。鄉、會亦同。

初，乾隆二十九年，巡臺御史李宜青歸京覆命之後，奏言：「臺灣四縣應試，多福、興、泉、漳四府之人，稍通文墨，不得志於本籍，則指同姓在臺居住者，認爲弟姪，公然赴考。教官不及問，廩保互結不暇詳，至竊取一衿，褰裳而歸。是按名爲臺之士，實則臺無其人。臣於上年抵臺，行文觀風，四縣生員祇八十餘卷。詢之官吏，據稱俱在內地。夫庠序之設，凡以宏獎風教，使居其土者知所方向。今臺灣南北二路，廣袤一千數百餘里，計其莊戶不下數萬，而博士弟子員寥寥不少概見，則皆內地竄名之所致也。查臺地考試，從前具有明禁：非生長臺地者，不得隸於臺學。聖朝作養邊陲之至意，人所共見。又定例入籍二十年，亦無原籍可歸者，方准予寄籍考試。今四府人士，其本籍不患無可以應試之處，而遠涉重洋，或兩地重考，或頂名混冒，藐功令而竊榮名，莫此爲甚。請將內地冒籍臺屬各文、武生員，照冒籍北闈中式之例，悉改歸本籍。仍請敕下該督撫，飭行兼管提督學政之臺灣道，嗣後府、縣試及該道考試，應作何設法稽查，識認精細，其廩保等不敢通同徇隱及受賄等弊。斯則海邦皆鄒魯，而作人之化，無遠弗屆矣。」旨下禮部議覆，禮部奏可。是爲禁止冒籍之令。及蔡牽之役，臺人士義勇奉公，郊商亦捐餉助軍。事後奏增泮額，並定郊籍三名，附於府學，以爲郊商子弟考試之途。

先是順治九年，頒發學規，詔命各學，刊立臥碑於明倫堂，以爲教育根本。其所以勉勵之者，則爲忠臣、爲清官；而所以監督之者，則不許上書陳述利弊，不許結社武斷鄉曲，不許刊文以要名譽，違者褫革，有司同罪，可謂嚴矣。夫國家養士，所以培元氣也。東漢太學三萬人，危言深論，不隱豪強，公卿避其貶議，天下視爲指歸。宋諸生伏闕撾鼓，請起李綱，三代遺風，唯此相近。今乃並國家大事而不許言，則諸生讀書奚用哉？斁亂民彝，摧殘民氣，其旨酷矣！夫清人以弓馬得天下，入關之後，仍沿明制，以科舉可籠絡人才也，故又範之以程式，約之以楷書。士子束髮入學，窮年矻矻，唯此是圖。其幸而得志者，則可以紆青紫、佩印綬、博富貴，爲宗族交游光寵。其不幸而失志者，則侘傺終身，老死牖下，而無一顧問焉。嗚呼！人才之進退，乃以此爲權衡，政何由而治，學何由而興哉？康熙九年，頒發聖諭十六條，命各地方官以朔望之日，集紳衿於明倫堂宣講，以俾軍民周悉。雍正元年，又刊欽定聖諭廣訓，頒發各鄉，命生童誦讀。朔望之日，亦集地方公所，逐條宣講。乾隆元年，復頒書院規訓。其所以造士者，可謂切矣。然而學校不興，浮華相尚，文字之獄，捕戮無遺。其所以鈐制士類，玩弄賢才，焚書阬儒，猶未若斯之甚也。臺灣爲海上新服，躬耕之士，多屬遺民，麥秀禾油，眷懷故國，故多不樂仕進。

康熙二十三年，知府衛臺揆始建崇文書院。十九年，分巡道梁文煊亦建海東書院；各縣後先繼起，以爲諸生肄業之地。內設齋舍，延師主席，設監院以督之。每月官師各試一次，取生童各二十名，每名給膏火銀七錢。課外各四十名，每名三錢七分。而山長束修四百圓，加考小課一百二十圓。監院月薪十兩。扃試之日，別給飯膳五十圓，均由學租支之。乾隆五年，分巡道劉良璧手定海東書院學規五條：一日明大義，二日端學則，三日務實學，四日正文體，五日愼交游。二十七年，分巡道覺羅四明又勘定之：一日端士習，二日重師友，三日立課程，四日敦實行，五日看書理，六日正文體，七日崇詩學，八日習舉業。道光間，徐宗幹任巡道，力整學規，拔其尤者入院肄業。每夜必至，以與諸生問難。訓之以保身立志之方，勉之以讀書作文之法。一時諸生競起，互相觀摩，及門之士，多成材焉。臺郡爲首善之區，文風丕振，東西南北各設文社，而以奎樓爲中樞；故奎樓亦謂之書院。每有學事，群集討議，以進有司，唯不敢爲過激之論，而賞奇析疑，亦以時會文焉。故例：有司下車，必行觀風之試，試以詩賦策論，或詢地方利弊，猶有博採芻蕘之意。古者士傳言，庶人謗，商旅於市，工執藝事以諫。正月孟春，輶人以木鐸循於路，采其風詩，以陳天子。故王者不出朝廷，而知天下治亂。然而三代以下，天下之是非，一出於朝廷，而不出於學校。是故天子榮之，則群趨以爲是；天子辱之，則群摘以爲非。習毒所中，利祿薰心，而道義鑠矣。

光緒十一年，劉銘傳任巡撫，析疆置吏，增設學額。嗣經禮部議准，乃飭各學查明，其由南北兩府學撥歸臺灣府學廩膳附增生員一百五十名、武生八十六名，又由彰化縣學撥歸臺灣縣學者五十二名、武生十一名，撥歸苗栗者十一名、武生十一名，嘉、彰兩學撥歸雲林者四十九名、武生二十二名。原設廩生增額，應照名次由新籍各生幫補。自十八年起，改歸新籍支膳。是時巡撫兼理提督學政，核定考費，歲科兩屆一萬二千圓，南北兩府均半，歲試三千三百圓，科試二千七百圓。而新設之臺灣府，定自辛卯科試分棚開考，即照南北章程，歲科兩試共六千圓，科試二千七百圓，均於鹽課餘款支用。南北兩府考費，則歲試各八百五十圓，科試七百圓，亦由鹽餘支用。

初，臺士鄉試，例由海東書院給發盤費，以助肄業諸生。建省以後，官船往來，改發船票。而會試者從前新科舉人在院肄業者給以百圓，雖不在院而連捷者亦同，否則僅給四十圓。應赴書院監督報名，而後分發。若臺北府，則由該府自行提給。臺灣府亦就近報名，送道核給。其所以獎勵科舉者至矣。

當是時，百事俱興，農工路礦次第舉辦，而多借才異國。銘傳乃爲樹人之計，十二年先設電報學堂於大稻埕，以習其藝。十六年又設西學堂於城內，聘西人爲教習，擇全臺聰慧之子弟而教之，課以英、法之文，地理、歷史、測繪、算術、理化之學。又以中國教習四名，分課漢文及各課程。學生皆給官費，每年約用一萬餘兩。成效大著。臺灣教育爲之一新。

夫撫墾之事，爲治臺之大政。前者番社雖設社學，又拔其秀者爲佾生，以寵錫之。顧此爲羈縻之策，而非長治之計也。是年春三月，並設番學堂，先選大嵙崁、屈尺、馬武督之番童二十名而教之，聘羅步韓、吳化龍、簡受禧爲教習，課以漢文、算書，旁及官話、臺語，起居禮儀，悉倣漢制。每三日，導之出游，以與漢人晉接。消其頑獷之氣，生其觀感之心。而銘傳又時蒞學堂，以驗諸生功課，極力獎勵，人才之盛，勃勃蓬蓬。再及數年，可以致用。然自邵友濂一至，十七年而撤西學堂，十八年而番學堂亦廢矣。嗚呼傷哉！

臺灣儒學表

臺南府儒學	在臺南府治，康熙二十四年建。以下俱附見典禮志各文廟內。
安平縣儒學	在安平縣治，康熙二十三年建。
嘉義縣儒學	在嘉義縣治，康熙二十三年建。
鳳山縣儒學	在鳳山舊治，康熙三十五年建。
恆春縣儒學	未建。
臺灣府儒學	在臺灣府治，光緒十五年建。
臺灣縣儒學	未建。
彰化縣儒學	在彰化縣治，雍正四年建。
雲林縣儒學	未建。
苗栗縣儒學	未建。
臺北府儒學	在臺北府治，光緒六年建。
淡水縣儒學	未建。
新竹縣儒學	在新竹縣治，嘉慶二十二年建。
宜蘭縣儒學	在宜蘭縣治，光緒二年建。

臺灣書院表

海東書院	在臺南府治府學之西。康熙五十九年，巡道梁文煊請建，後爲校士院。乾隆四年，巡臺御史單德謨奏請別建校士院。翌年，巡臺御史楊二酉奏請照福建省直轄之例，以府學教授爲師，考取諸生而教之，給以膏火。於是拔貢生施世榜首捐穀千石，以爲修繕之資，又捐水田百甲以充經費。遂延教授薛仲黃爲師。六年，巡道劉良璧手訂書院學規，二酉立碑記之，今在院中。十五年，知府方邦基、知縣魯鼎梅改建縣署於赤崁樓之右，移書院於舊署。十七年，詔以巡道兼提督學政，歲科校士，遂在道署，而校士院乃曠。廿七年，巡道覺羅四明又就舊院修理爲用，立碑記之。三十年，知府蔣允焄護道事，擇地於府學西崎之下，別建今院，廣三十丈，袤八十丈，東向，講堂齋舍悉備。其後疊修。
崇文書院	原在臺南府治東安坊，爲府義學。康熙四十三年，知府衛臺揆建。乾隆十年，巡道攝府事莊年重修。十五年，臺灣縣知縣魯鼎梅移海東書院於舊縣署，而以舊海東書院爲崇文書院。二十四年，知府覺羅四明乃就府署之東，新築講堂齋舍，立碑記之，現在院中。
南湖書院	在臺南府治法華寺旁。乾隆二十九年，臺灣府知府蔣允焄建，以爲諸生肄業之地。今廢。允焄碑所撰文，載於臺灣縣志。
正音書院	在臺灣縣署之左。雍正七年，奉文設立。鳳山、諸羅兩縣，亦設。今俱廢。
引心書院	原在縣治檨仔林街。嘉慶十五年，邑紳黃拔萃就白蓮教齋堂抄用，稱爲引心文社，獨任膏火。十八年，知縣黎溶與拔萃議改爲臺灣縣書院，各捐款置產。嗣移於柱仔行街。知縣姚瑩又捐款生息。光緒十二年，改爲蓬壺書院。
蓬壺書院	在縣治赤崁樓之右。光緒十二年，臺灣縣知縣沈受謙建。
奎樓書院	在臺南府治道署之旁。雍正四年建，爲諸生集議之所。
鳳儀書院	在鳳山縣署之東，嘉慶十九年，知縣吳性誠建。
屏東書院	在鳳山阿猴街。嘉慶二十年，鳳山知縣吳性誠、下淡水縣丞劉蔭棠建。
玉峰書院	在嘉義縣治西門內，爲舊時縣學之址。乾隆二十四年，諸羅知縣李倓改建。
宏文書院	在臺灣府治，光緒十五年建。

白沙書院	在彰化文廟之左。乾隆十年，淡水同知攝彰化縣曾曰瑛建。二十四年，知縣張世珍重修。五十一年之役被燬，知縣宋學顥乃改建於文祠之西。嘉慶二十一年，署知縣吳性誠重修，規模較大。先是嘉慶十六年，知縣楊桂森議以南門外舊倉改建主靜書院，延師主講，以爲貧士肄業之地，勸捐千餘圓，置田生息，後不果建，遂以此租撥歸白沙書院。
文開書院	在彰化縣轄鹿港之新興街。道光四年，鹿港海防同知鄧傳安倡建，中祀朱子，旁以沈光文、徐孚遠、盧若騰、王忠孝、沈佺期、辜朝薦、郭貞一、藍鼎元配，皆臺之寓賢也。光文字文開，故以其表德名書院。傳安自撰之記，載於彰化縣志。
龍門書院	在雲林縣治，乾隆十八年建。
藍田書院	在雲林縣轄南投街。道光十一年，南投縣丞朱懋延請南北投、水沙連兩堡士庶議建書院，乃以生員曾作雲、管俊升等董其事，十三年成。內祀朱子爲講堂，旁爲齋舍，費款四千一百餘圓。眾又捐款置田，延聘山長，以爲膏火諸費。貢生曾作霖立碑記之，現在院中。同治三年五月，紳士吳聯輝重建，兵備道丁曰健題曰「奏凱崇文」，以戴潮春之役方平也。光緒十年，聯輝之子朝陽又修之。
英才書院	在苗栗縣治，光緒十三年建。
登瀛書院	在臺北府治，光緒六年，臺北府知府陳星聚建。
明道書院	在臺北府治，光緒十九年，臺灣布政使司沈應奎建。
學海書院	在臺北府治艋舺下崁莊，原名文甲書院。道光十七年，淡水同知婁雲議建，未行；二十三年，同知曹謹續成之。二十七年，總督劉韻珂巡臺至艋舺，易以今名。同知曹士桂自爲山長，諸生肄業者數十人，文風丕振。同治三年十月，重修。
明志書院	在新竹縣治西門內。先是乾隆二十八年，永定貢生胡焯猷以其興直堡新莊山腳之舊宅，自設義學，顏曰「明志」，並捐學租以爲經費。淡水同知胡邦翰嘉之，稟請大吏，改爲書院。翌年，總督楊廷璋立碑記之。三十年，同知李俊原以書院距治太遠，課士不便，議移南門內。四十二年，同知王右弼乃以校士經費存款，以事改建。四十六年，同知成履泰又以南門地勢低窪，移於西門之內。道光九年，同知李愼彝修之。
仰山書院	在宜蘭縣治文昌宮之左。初，楊廷理入蘭籌辦時，以宋楊龜山爲閩學之宗，而蘭之海中亦有龜山嶼，故名仰山，志景行也。嘉慶十五年始建一椽。至二十四年，噶瑪蘭通判高大鏞乃延師開課，而屋漸圮。道光元年，署通判姚瑩改築於後殿左廂，亦祇一廳一室。未幾復圮。十年閏四月，署通判薩廉乃就舊址新築三楹，爲課士之地。自道光初年，以清丈餘款充爲租息，歲入約千圓，以供諸費。

崇基書院	在基隆廳治，光緒十九年建。
文石書院	在澎湖廳轄文澳之西。乾隆三十一年，通判胡建偉循貢生許應元等之請，捐款新建。中為講堂，祀宋代周、程、朱、張五子，旁為齋舍各十間，以澎產文石，故以名之。其後疊修。道光七年，通判蔣鏞與副將孫得發、游擊江鶴等捐俸倡修，自為主講，以束修充工資。九年春，改建魁星樓於巽方，以取文明之象，並請籌款生息。光緒元年，董事蔡玉成邀集士商重議修建，計捐二千餘兩。二年冬落成。規制宏敞。然以經費支絀，玉成又親赴道署稟請籌撥，巡道劉璈許之，而賓興膏火之費始裕。

臺灣通史卷十二　刑法志

連横曰：余聞之老者曰：道亡而後有德，德亡而後有仁，仁亡而後有義，義亡而後有禮，禮亡而後有法，法亡而後有刑。是刑者固不得已而用之也。人處一國之中，相生相養，相愛相親，固不能澘然而無爭。爭則強者勝而弱者敗，貴者伸而賤者抑。不平之氣，鬱於國中，而亂作矣。是故聖人作刑以威之，使之相戒而勿犯，然後能得其平，而民無邪心。故曰：刑以止刑。然而法者禁於已然之後，而禮者施於未然之前，故禮之爲用也微，而法之爲用也顯。微則用遠而效著，顯則用久而弊生。故曰：道之以政，齊之以刑，民免而無恥；道之以德，齊之以禮，有恥且格。嗚乎！世非渾穆，人非狉榛，其能無法以相守哉？唯在善惡而已。

臺灣爲荒服之地，我先民之來居聚者，耕漁並耦，無詐無虞，出入相友，守望相助，疾病相扶持，但有鄉約，而無國法，固不知其幾何世也。及明之季，荷蘭入處，布政施教，始以其法頒之臺灣，所謂屬地之法也。其賤乃不得與齊民齒。荷人以此法頒之爪哇，且以行之臺灣。土番睍睍伈伈，受其約束，莫敢支吾。而郭懷一則憤其暴而欲逐之，事雖不成、死者相繼，而積怨日深，內訌不息。鄭師一至，而荷人且敗走矣。

延平郡王鄭成功既克臺灣，養銳待時，與民休息，而立法嚴，犯者無赦。諸將以爲立國之初，宜用寬典。王不可。初，王在思明，設刑官以理訟獄，遵用明律。又設行軍司馬以理軍政。王之治軍，信賞必罰，眾莫敢犯。永曆十年，左先鋒鎭蘇茂敗績揭陽，王以其私縱施琅也，今又失律，命文武議罪，斬之。然茂建功多，諸將或以爲過。王乃自爲文祭之曰：「王恢非不忠於漢，然誤國家之計，雖武帝不能爲之赦；馬謖非無功於蜀，然違三軍之令，雖武侯不能爲之解。國無私法，余敢私恩？斷不敢以私恩而廢國法。今行國法而廢私恩，眷言酬之，神其格之。」諸將聞之乃服。及克臺後，任賢使能，詢民疾苦，民亦守法奉公，上下輯睦，奸宄不生，而訟獄幾息矣。經立，遵用成法，民樂其業。閩粵之人，至者日多，盡力農功，相安無事。及經西伐，委政陳永華，以元子克𡒉監國。克𡒉明毅果斷，親貴畏憚，而永華又輔相之，興利祛弊，民歸其德。臺灣之人，以是大集。

清朝得臺之後，頒行清律。清律之制，始於順治三年。入關未久，多沿明律，康、雍兩朝時有修改，及乾隆而大備，所謂大清律例者也。內分六律：一曰吏律，二曰戶律，三曰禮律，四曰兵律，五曰刑律，六曰工律，凡四百三十六款，千數百條；五刑：一曰笞，二曰杖，三曰徒，四曰流，五曰死；十惡：一曰謀反，二曰大逆，三曰謀叛，四曰惡逆，五曰不道，六曰大不敬，七曰不孝，八曰不睦，九曰不義，十曰內亂；八議：一曰議親，二曰議故，三曰議功，四曰議賢，五曰議能，六曰議勤，七曰議貴，八曰議賓。此則博採歷代成法也。

臺灣隸福建布政使之下，分設廳、縣，而寄其權於巡道。乾隆五十二年，詔加按察使銜，以理訟獄。凡人民之赴訴者，先告代書，書其事，呈之廳縣。定日召訊，判其曲直。搢紳、命婦可使家人代之，謂之抱告。其不服者，則控之府。不服，復控之道。然道控之案，每飭府再勘，唯重大者親鞫之。道判不服，控之省。復不服，則控之京，謂之叩閽。天子不能親聽，命刑部與都察院、大理寺訊之，所謂三司會審也。路遠費重，遷延歲月，非有奇冤巨案，未嘗至於京控也。

命盜之案，廳、縣訊之，取其口供，合以證據。有不招者，以刑威之。擬定罪名，案詳之府，復詳之道。由道造冊，送省秋審，酌其輕重緩急，乃由督撫彙奏，刑部議復。其有疑者發道再審。擬死之犯，錄其姓名，奏請天子親勾。部文到時，就地處決。未勾者監候。如遇恩赦，則減其罪。

監獄之制，典史司之。有輕罪重罪之房，已擬、未擬之別；而獄中污穢，暗無天日，饑寒交迫，疾病叢生，每多瘐斃。獄吏禁卒，又多勒索，一有不從，遭其荼毒。陰房寂寞，與鬼爲鄰，可哀也已。徒流之犯，定其遠近。徒者近至澎湖，遠至泉州。而流者則配口外，或發煙瘴之地。押解之時，必黥其面，以爲識別。非遇恩赦，久不得歸。零丁淒楚，與死爲鄰，亦可悲也。夫人肖天地之貌，懷五常之性，聰明精粹，有生之最靈也。乃以困苦之餘，或爲盜賊，或以一朝之忿，至於殺人；此固國法所當誅，而人情所宜宥者也。是以聖王之治民也，制井田以養之，設庠序以教之，勸其職業，修其人倫，入則孝弟，出則忠信，穆穆棣棣，和樂且間。後王無道，廢棄典章，刑罰不中，法令如毛，乃復橫征暴斂，財殫力痛，使民無所措手足。怨毒之中，遂生叛亂，而國祚隨之。此則任法而不任人之過也。

臺屬各廳縣招解命盜人犯，到郡勘定後，即將各犯留禁府縣二監。命犯隨時起解。盜案遣軍流徒之犯，俟奉到部覆，即由該廳縣造冊撥役，由鹿耳門口配搭商船，對渡廈門。若命犯直解赴按察司審辦，而盜犯則至同安縣交收，逐程接遞到省，定地請咨發配，故無積壓之弊。及道光十九年英人之役，海上不穩。大府以泉州辦理軍務，文書旁午，凡臺灣起解人犯有由漳、泉二府經過者，概行緩解。而淡水廳適獲英兵及印度兵二百餘名，解郡收禁，府縣二監一時擁擠，兵備道姚瑩飭將各屬定案人犯發回監禁。至發回者，如臺、鳳二縣仍由鹿耳門配渡，其餘不必解府。淡水則由八里坌，嘉義則五條港，彰化則鹿港，逕行配渡，以軍務敉平爲止。而商船來者較少，未足配運，愈積愈多，解費益難籌措。廳縣交卸，諉諸後任。接辦之員，又以前任無費交存，竟付高閣，而囹圄充斥矣。前時解犯之費，由臺防廳支給。迨道光十年，署同知蔣鏞牒言，命犯每名轉給船價三十圓、盜犯二十圓，廳中賠墊不貲；署知府王衍慶乃詳准承審廳縣勻貼一半，相安數載。十四年，署同知沈汝瀚以同知爲閒曹薄俸，未肯認賠。知府周彥始飭廳縣悉行支理。而人犯愈多，解費愈絀矣。及徐宗幹任兵備道，大府議飭清理。宗幹以爲酌減費用爲先，推廣配船章程次之，另立嚴催期限又次之。三者俱備，或不致再有積壓。「查臺灣廳縣解犯費用，較之內地各縣，不啻數倍之多。姚前道已將在臺各衙門用費，大加核減。嗣據淡、蘭二廳臺、鳳、嘉、彰四縣請將命犯解費，新案減四，舊案減六。夫出水人犯，書有紙筆之費，差有看管之勞，需用在所不免，唯通計尚鉅，似應如府議，毋分新舊，再行一律減半，以免瑣碎。盜犯一名，費不及命犯之半，爲數無多，該廳縣亦復請減，姑再准減十分之四。臺費既減，各廳縣又以請減內地沿途解費之說進。犯人抵廈，應繳廈防批費及同安等縣寄監費，爲數多寡不一。夫廈防廳不過點收人犯，同安等縣不過寄禁一宿，何需重費？尤應大加裁減。至現在各口船隻稀少，宜照舊章，量爲推廣。竊思哨船一項，配載戍兵來臺之便，必換載各兵內渡。若令權宜撥配，則兵力厚集，可資防護，非如商船之不敢多配。自應酌貼一半船費，分給舵水，以昭獎賞。夫費已核減，船又推廣，各廳縣如再敢諉延，漫無限制，應另立期限，分別記過撤參。從此明立章程，可冀振刷精神。即不能囹圄空虛，或可望其漸就清理也。」書上，大府從之。先是命盜立決人犯，皆由臺灣道奏辦。監候雜犯則由道提審成招，給批解司勘轉。宗幹至省，歷謁督撫，擬援他省，由道勘轉，請免解司之議。及歸臺後，詢之僚屬，以案犯情實者，皆留省處決，例應由院審題。其遣軍流徒等犯，終須由司定地，即免過臬司衙門，而解省則一。唯有道署勘定後，祗將招冊送省，由省具題，部准部覆轉行到臺，屆秋審時，仍解省彙勘。至遣軍等犯悉照臺地奏案，解司定地發配，則辦理簡易，自不至於煩難。宗幹以此陳之大府，又從之。

臺灣刑法既遵清律，世有其書，故不載。唯其所異者，則挈眷偷渡之律、侵墾番地之律、娶納番婦之律。及同治十三年，欽差大臣沈葆楨視臺，開山撫番，奏請解禁，而墾務乃日進矣。光緒初，白鷟卿爲臺灣知縣，善治盜，又設各種刑具，輕者斷指，重則殗斃，群盜屏跡。鷟卿以皀總李榮爲耳目，盜莫得逃。榮遂怙權納賄，攬詞訟，巡撫丁日昌諗其惡，誅之，一時吏治整肅。初，道控之案，需費多，審問又久，訟者莫敢至。及劉璈任兵備道，深知民間疾苦，每逢二、八等日，自坐堂上，許人民入控。旁侍胥役，每呈收費兩圓，隨到隨審，案多平反。故璈雖獲罪遠流，而人民猶念其德。光緒十三年建省之後，部議以臺灣道原加按察使銜，毋庸特設，一切刑名由道管理。乃設按察使司獄一員。凡遇秋審，由道酌擬罪名，以十月造冊送院。嗣由巡撫核定，分別實緩，以二、三月再請巡撫示期審錄，派撥官船至南，帶同經書案卷到北襄辦。仍由巡撫咨明閩浙總著，轉咨具題，以候朝旨。十七年十一月，巡撫邵友濂札道，以臺灣盜案，向係稟請就地正法，今南北相距密邇，解勘迅速，凡非叛逆土匪之犯，皆不許。

臺灣通史卷十三　軍備志

連横曰：古人有言，天生五材，民並用之，廢一不可。誰能棄兵？是故軒轅有涿鹿之戰，顓頊有共工之陳，姒禹有三苗之伐，成湯有南巢之師，周武有牡野之誓。降及春秋，齊桓、晉文，尊王攘夷，取威定霸，非兵莫屬，故使子孫無忘其功。秦、漢以來，其旨昧矣。

臺灣爲海上絕島，群雄必爭之地也，非兵莫守，非兵莫存。故可百年而不用，不可一日而不備。然而我族之不競久矣。當明之季，澎湖險遠，群盜出沒；萬曆二十年，東陲有事，議置游兵。二十五年冬，始創一游、一總、四哨，各鳥船二十艘、目兵八百有奇。翼年春，又慮孤島寡援，增守備一，游總哨舟師稱是。又於海壇、南日、浯嶼、銅山、南澳、大寨游各抽哨官一人，領堅船三艘，汎時遠哨至澎湖，以聯聲勢。後以兵餉難繼，裁去一游，而海壇、南日、南澳三處遠哨之船，漸各停發，僅一總、二哨，各鳥船二十艘、目兵八百五十有奇。其月糈則漳、泉共餉之。顧祖禹曰：「海中島嶼，東南錯列，以百十計；但其地有可哨而不可守者，有可寄泊而不可久泊者；若其險要而紆迴，則莫如澎湖。蓋其山周迴數百里，隘口不得方舟，內澳可容千艘。往時以居民恃險爲不軌，乃徙而虛其地，馴至島夷乘隙，巢穴其中，力圖之而後復爲內地，備不可不早也。」又曰：「海中舊有三山之目，澎湖其一爾。東則海壇，西則南澳，並爲險要。是故守海壇，則銅山、流江之備益固，可以增浙江之形勢；守南澳，則銅山、元鍾之防益堅，可以厚廣東之藩籬。此三山者，誠天設之險，或可棄而資敵歟？」初，萬曆三十七年，荷人突入澎湖，嗣爲總兵俞咨皐所逐。天啓二年，復至，戍兵已撤，遂踞而有之。更入臺灣，以兵分守南北，築壘自固。越三十八年，復爲我延平郡王所逐。蓄銳待時，謀復諸夏。故其奔走疏附者，皆赴忠蹈義之徒、枕戈執殳之士也。天厭明德，繼世而亡，而威稜所及，猶有存者。安平之壘，鐵砧之山，落日荒濤，尚堪憑弔；此則我族之武也。

初，延平開府思明，分陸軍爲七十二鎭，水師二十鎭。及經之時，頗有增設。陸讐海伏，軍聲大振。克臺之後，以周全斌總督承天南北軍務，休兵息民，以治農畝，僅留勇衛、侍衛二旅，以守承天、安平，餘鎭各屯田自給，故無養兵之患。古者兵農爲一。五國爲屬，屬有長；十國爲連，連有帥；三十國爲卒，卒有正；二百一十國爲州，州有牧。連帥比年簡車，卒正三年簡徒，群牧五載大簡車徒。是故春振旅以搜，夏拔舍以苗，秋治兵以獮，冬大閱以狩，皆於農隙以講事焉。故其兵爲國之兵，能執干戈以衛社稷。居則往來相樂，戰則患難相扶。而又糾之以政，行之以禮，閑之以義，奉之以仁，勵之以勇，秉之以忠，教之以務，使之以和，嚴之以刑，獎之以祿，故民皆可使，而足勝於天下。十六年夏，經嗣位，以忠振伯洪旭、永安侯黃廷守思明，率師入臺。檄銅山、南澳諸將，毋廢戰守。十八年，委政陳永華，又行屯田之制，臺灣以安。二十七年，平西王吳三桂、平南王尚可喜、靖南王耿精忠以次起兵，請會師。經至思明，進略閩、粵，遂克有十府，以遵奉故朔。一時麾下幾十數萬人，軍復大振。已而清人入閩，精忠稽顙，尚亦反噬，故無功而歸。然漳南之役，劉國軒、吳淑諸將，兵僅數千，以當十萬，飄驟馳突，略倣延平。清軍萎胙咋舌，莫敢支吾。則鄭師之善戰，亦足豪矣。

清人得臺，改設府縣，調兵分防。以總兵一員駐府治，水師副將一員駐安平，陸路參將二員分駐諸、鳳，兵八千名；澎湖水師副將一員，兵二千名；皆調自福建各營，三年一換，謂之班兵。康熙六十年朱一貴之役，全臺俱沒。及平，廷議以澎湖爲海疆重地，欲移總兵於此，而臺灣設副將，裁水、陸兩中營。總兵藍廷珍以爲不可，上書總督滿保曰：「若果臺鎮移澎，則海疆危若纍卵。部臣不識海外情形，憑臆妄斷，視澎湖太重。不知臺之視澎，猶太倉一粟爾。澎湖不過水面一沙堆，山不能長樹木，地不能生米粟，人民不足資捍禦，形勢不足爲依據。若一、二月舟楫不通，則不待戰自斃矣。臺灣沃野千里，山海形勢，皆非尋常，其地亞於福建一省。論理尚當增兵，易總兵而設提督五營，方足彈壓。乃兵不增而反減，又欲調離其帥於二、三百里之海中，而以副將處之乎？臺灣總兵果易以副將，則水陸相去咫尺，兩副將豈能相下？南北二路參將止去副將一階，豈能俯聽調遣？各人自大，不相統屬，萬一有事，呼應不靈，移誤封疆，誰任其咎？澎湖至臺雖僅二百餘里，順風揚帆，一日可到；若天時不清，颱颶連綿，浹旬累月，莫能飛渡。凡百事宜，鞭長莫及。以澎湖總兵控制臺灣，猶執牛尾一毛，欲制全牛，雖有孟賁之力無所用之。何異棄臺灣乎？臺灣一去，漳、泉先害，閩、浙、江、廣俱各寢食不寧，即山左、遼陽皆有邊患。廷珍無識，以爲此土萬不可委去。若遵部議而行，必誤封疆。望恕狂瞽，且賜明示。」滿保入告，提督姚堂亦以爲言，乃罷議。

雍正二年，詔曰：「臺灣換班兵丁，戍守海外巖疆，在臺支給糧餉，其家口若無力養贍，則戍守必致分心。每月著戶給米一斗。唯內地米少，可動支臺米，運至廈門，交與地方官，按戶給發，務使均霑實惠。」是為眷米之始。五年，詔曰：「臺灣防汛兵丁，例由內地派往更換。而該營將弁往往不將勤慎誠實得力之人派往。以是兵丁到臺，不遵約束，放肆生事。歷來積弊，朕甚患之。嗣後臺灣班兵，著該營官挑選派往。如有不法，或經發覺，該營官一併議處。」六年，總兵王郡奏言：「臺灣換班兵丁，例由內地派撥；而其中有字識、柁工、繚手、斗手、碇手等，向來多係僱募本地之人冒頂姓名，並非實有兵丁。請照隨丁之例，就地招募。」詔以「海洋操練水師，柁、繚、斗、碇關係甚重，若不換內地兵丁，而常令彼地之人執司其事，似有未便。應於換班之內，挑選學習。著兵部妥議具奏。」初，班兵來臺之後，鄉里不同，互分氣類，故從前分散各處。至是王郡奏請廢止，以便訓練。不許，詔曰：「駐臺兵丁軍器，悉係各營自製，是以易於破壞。然將內地精良軍器，給與臺軍，亦非善策。著該督撫於存公項內動支製造，務必堅利精良。至臺之日，又著巡視御史會同該鎮查驗點收。倘有不堪使用者，即據實奏參。」七年，詔以臺灣兵丁，每年賞銀四萬兩，以為養贍家口之用。著總督等均勻分派，按期給發，以示朝廷恤兵之意。

初，朱一貴之役，漳浦藍鼎元從軍，以半線以北，地長八、九百里，山海奧區，民番錯雜，而委之北路一營之兵，聚不足以及遠，散不足以樹威，議於半線劃設縣治，而設參將於竹塹，以固北鄙。十一年，詔陞臺灣鎮總兵為掛印總兵，給方印，添設城守營左右兩軍；改北路營為三營，以副將駐彰化，副以中營都司，而左營守備駐諸羅，右營守備駐竹塹，各有增設。於是臺灣之兵計有一萬二千六百七十名。然積弊漸深，軍律廢弛，兵驕將惰，為害閭閻。一旦有事，潰敗四出，而禍不可收拾矣。乾隆五十一年，彰化林爽文起事，鳳山莊大田應之，攻陷城邑，兵不能戰。詔命大將軍福康安領侍衛巴圖魯，以楚、蜀、粵、黔之兵九千至。歷戰數月，始平。則臺灣班兵之不可用也明矣。當是時，粵人、化番效命軍前，頗收臂助。事後，奏設屯丁，旌表義民，添用馬兵，稍為整飭。時陽湖趙翼從軍在廈，以鹿港處彰化之口，勢控南北，議移縣治於此，駐紮總兵，居中調度。總督李侍堯韙之，未及入奏。

五十三年，始以安平水師左營游擊移駐鹿港。自是以來，北鄙日拓，遠逮噶瑪蘭，且及臺東。嘉慶十五年，改淡水都司爲水師游擊，兼管陸路，南至新莊，北及蘭界。而水師則逮蘇澳，以爲臺北之干城。道光四年，又陞水師游擊爲參將。其時淡水東北悉已開墾，移民麕至，而噶瑪蘭又爲山海險阻，生番出沒，海寇窺伺，遠距淡水可六、七日程，統御莫及。總督趙愼軫議移北路副將於竹塹，以右營守備爲中營，中軍都司爲左營駐彰化，中軍守備爲右營駐艋舺。福建水師提督不可，乃留副將於彰化，而艋舺置參將。

當是時，臺灣班兵積弊已甚，嘉義陳震曜上書大府，請裁綠營，募鄉勇。臺灣道亦主其議。同知姚瑩以爲不可，議之曰：「比聞大府檄下，議改臺灣班兵，召募土著。愚竊以爲過矣。臺灣一鎭水陸十六營，額兵一萬四千六百五十有六，自督撫兩院、水陸二提、漳州、汀州、建寧、福寧、海壇、金門六鎭、福州、興化、延平、閩安、邵武五協五十八營抽撥更戍，多者七、八百人，少者百數十人。其到臺也，分布散處，每內一營分臺營者十數，極多不過百人而已。匪特三年之中，分起輪班、出營收營、紛紛點調之煩，配坐哨船或商船，重洋風濤，歲有漂溺之患，而且戍臺之兵，既有兵糈，又有眷米，歲費正供數十萬石。何所取而必爲之哉？蓋嘗推源其故，竊見列聖謨猷深遠，與前人立法之善，而不可易也。夫兵凶戰危，以防外侮，先慮內訌。自古邊塞之兵，皆由遠戍，不用邊人。何也？欲得其死力，不可累以家室也。邊塞戰爭之地，得失無常，居人各顧家室，心懷首鼠。苟有失守，則相率以逃，暮楚朝秦，是其常態。若用爲兵，雖頗、牧不能與守，故不惜遠勞數千里之兵，更迭往戍；期以三年，贍其家室，使之盡力疆埸，然後亡軀效命。臺灣海外孤懸，緩急勢難策應；民情浮動，易爲反側。然自朱一貴、林爽文、陳周全、蔡牽諸逆寇亂屢萌，卒無兵變者，其父母妻子皆在內地，懼干顯戮，不敢有異心也。前人猶慮其難制，分布散處，錯雜相維，用意至爲深密。今若罷止班兵，改爲召募，則以臺人守臺，是以臺與臺人也。設有不虞，彼先勾結，將帥無所把握，吾恐所憂甚大，不忍言矣。其不可一也。兵者，貔貅之用，必使常勞，勿任宴逸。自古名將教習士卒，勞苦爲先。手執戈矛，身披重鎧，雖遇寒冬雨雪、盛夏炎蒸，而大敵當前，亦將整旅而進。苟平居習爲安逸，何能驅策爭先？故練技藝、習奔走，日行荊棘之叢，夜宿冰霜之地，寒能赤體，暑可重衣，然後其兵可用。今營制訓練，各有常期，將弁操演，視同故事。唯班兵出營，約束煩難，且以數十處不相習之人萃爲一營，彼此生疏，操演勢難畫一。將裨懼罰，即欲不時勤操演，有所不能。是於更換之中，即寓習勞之意。蓋以賢能將帥，講習訓練，斯成勁旅。若改爲召募，則日久安閒，有兵與無兵等。其不可二也。兵者猛士，以勇敢爲上。勝敗在於呼吸，膽氣練於平時。百戰之兵，所向無前者，膽氣壯，故視敵輕也。古者名將教士，或臥於崩崖之下，或置諸虎狼之窟，所以練其膽氣，使習蹈危機而不懼，然後大勇可成。臺洋之涉，亦可謂危機矣，駭浪驚濤，茫無畔岸，巨風陡起，舵析桅欹，舟師散髮而呼神，鄰舶漂流而破碎，大魚高於邱岳，性命輕於鴻毛。若此者，班兵往來頻數，習而狎之，膽氣自倍。一旦衝鋒鏑，冒矢石，庶不致畏葸而卻步。且平日海洋既熟，即遇變故，亦往來易通。兵法云：置之死地而後生，此之謂也。今若改爲召募，免其涉險，則恇怯性成，遇難望風先走。膽氣既無，鮮不潰敗。愛之適足以死之，甚非國家所以養兵之意。其不可三也。以必不可易之制，而欲變更，是以臺地視同內地，毋乃於列聖謨猷，前人美意，有未之深思者乎？然大府之所以議改者，亦自有說。請釋其疑，可以無惑。一曰節糜費：閩省兵糈，僅能支給。自林、陳、蔡三逆軍興，各府、縣運穀赴省，積貯空其大半。頻年買補，尚缺額者十數萬石；而臺灣每歲運穀，不能時至。各動倉穀，墊放兵米。舊貯未滿，又有新借，各縣藉口不免虧空。且臺灣新設艋舺一營，兵米不敷支給。是閩省倉儲頗形支絀，若改班兵爲召募，則內地眷米一項，歲可省穀數萬。數年之後，不唯補足，且有贏餘，並可減運，以給艋舺兵米。此節糜費之說也。殊不知內地儲倉，並不虧於軍需，而虧於官吏。軍需既缺，歷年採買，不難報竣。所虧者有採買之名，無買穀之實。及至交代，輾轉流抵，虛報存倉。至臺穀不過運期稍遲，雖則借墊，運到即還，何至虧空？若艋舺不敷兵米，臺地尚有別款可籌，何必貪節省之虛名，而誤百年之大計？二曰處游民：臺地口禁雖嚴，而港汊紛歧，自鹿耳門、鹿港、八里坌三正口外，南路則打鼓港、東港、大港、喜樹仔，北路則笨港、五條港、大甲、吞霄、後壟、中港、大安、烏石港，其他私僻港口，不可勝紀。無業之民，偷渡日多，非遙聚市廛，則肆爲盜賊，捕治不勝其眾。若募爲兵，若輩有可資生，亦所以區處之道。此處游民之說也。不知召募之額有常，而游民之額無限。不爲兵者，又將何以處之？且若輩惰遊無根，小不遂意，及或犯法，則逃去無所顧忌。若操之稍急，又鼓噪爲變。一旦姦民蠢動，此輩皆其逆黨矣。況臺地漳、泉、粵三籍，素分氣類，動輒械鬥。將弁帶兵彈壓，非彼之仇，即彼之黨，不更助之亂乎？其患無窮，不待智者而決矣。三日免煩擾：臺灣班兵三年抽換，往來絡繹，則有造冊移報之煩；缺額事故，則有補革案牘之煩。臺灣、鹿港、蚶江、廈防四廳，配船候渡者無虛日，內五十八營，外十六營，收營出營者屬於途。且班滿出營之後，多不遵約束，紛紛滋事，帶兵員弁既畏如虎狼，地方廳縣更難於治問。若改爲召募，則諸弊皆清。此免煩擾之說也。不知文移案牘，不過書識之勞；廳營紛紜，各有舊章可守。倘其出營滋事，一能吏足以安之。若慮煩擾，務求安便，此事簡民醇之區所宜講求，而非所以施於繁要。況海外重兵之事乎？然則由前三者，其害甚大；由後三者，並無所利。吾不知議者何取，而輕改舊章也？夫老將言兵，計出萬全，忠臣謀國，期於久遠。事必權其利害，而利之所在，弊即在焉。亦視其大小何如耳。班兵之制，於今一百餘年，推其弊不過如此，其利則保障全海。而改爲召募，則其害不可勝言，並無所利。可以決所從違矣。」又曰：「班兵之不可易如此，則大府欲易之也，其誤明矣。吾聞大府入覲，嘗面言事宜，已得俞旨，必有言之甚切者，此可揣而知也。以爲班兵不得力耳。朱一貴之亂也，全臺陷矣。林爽文之亂也，南北俱陷，不破者郡城耳。陳周全之亂也，始陷鹿港，既陷彰化。蔡牽之亂也，始入艋舺、新莊，既陷鳳山，據州仔尾，郡城受攻者三月。班兵不能滅賊，皆賴義民之力，繼以大兵，而後殄滅。是爲班兵不得力之明驗。噫！此文武諸臣之罪也，班兵何與乎？臺灣地沃而民富，糖、麻、油、米之利，北至天津、山海關，南至寧波、上海，而內濟福州、漳、泉數郡，民商之力既饒，守土者不免噬肥之意。太平日久，文恬武嬉，唯聲色宴樂是娛，不講訓練之方，不問民間疾苦，上下隔絕，百姓怨嗟，故使姦人伺隙生心，得以緣結爲亂。倉卒起事，文武官弁猶在夢中。一貴致亂之由，言之使人痛恨。後來者不知炯戒，久而漸忘，又有爽文之事。陳周全本陳光愛餘孽，誅之不盡。及彰化米貴，匪民肆搶，臺守馳往，僅擒治二十餘人，粉飾了事，又置周全不問，以致縱成大患，甫旋郡而難作。蔡牽大幫騷擾海上十餘年，以重利啗結岸上匪類，受僞旗者萬餘人。一旦揚帆直入，匪民內應，故得直薄郡城。此皆諸臣經略不足，於班兵何尤？藉使不設班兵，當時已皆召募，能保無事耶？然吾聞朱一貴亂作，文員先載妻子走避澎湖，是以人心無主，總兵歐陽凱力戰死難。若林爽文初據嘉義，總兵柴大紀一出而殲賊復城；陳周全別股賊首王快攻斗六門，千總龍昇騰以兵百人，敗賊千數；蔡逆攻臺，澎湖副將王得祿以水師兵六百人，破賊數萬於洲仔尾，不三年卒殲蔡逆，臺人至今猶能言之。則是班兵非不得力，顧用之何如耳。而欲改變舊制，豈理也哉？抑臺營今日有宜講者五事：一曰無事收藏器械、以肅營規，二曰演驗軍裝槍炮、以求可用，三曰選取教師學習技藝、以備臨敵，四曰增設噶瑪蘭營兵、以資防守，五曰移駐北路副將、以重形勢。臺灣班兵器械，除炮位、鉛藥外，皆由內地各兵配帶。因雜派各營，恐有遺失，向皆自行收管，不交弁備。然分類之習未除，每口角細故，彼此出械相鬥，將裨不及彈壓，已致傷人。雖屢加嚴懲，此風不免。良由器械在手，易於逞兇故也。今宜定制，自入營點名之後，所有器械編號書名，交本營守備收入庫局，唯操演教習、差派出營、逐捕盜賊，按名散給。無事則皆繳收，不許執持。各汛距營稍遠，亦交千把總收管。如此則手無挾持，平時可免械鬥，而營規整肅矣。武備之用，利器爲先，籐牌、鳥槍、長矛、半斬腰刀，在在必須堅利。大小炮位一發擊賊數十人，尤爲取勝要具。臺營軍裝，唯火藥、硝磺由內地運給，自行煎煮，其餘皆由省局製造，委參遊諸大員解運赴臺，舊壞者收回繳省。嘗見刀刃脆薄，不堪砍斫。每斬決囚犯，僅一再用而缺。籐牌甚小，圍圓不過三尺，牌尤輕薄。此僅利操演時騰舞輕便耳，若以臨敵，不足遮蔽矢口。鳥槍尤短，不能及肩，安能中遠？至於炮位，鐵多未經熟練，又攙雜鉛砂，擲地稍重，兩耳即斷；火門又或欹斜，往往炸裂傷人，至於不敢演。武備若此，雖有健銳，亦難勝敵。向者出局交營，皆顧瞻情面，草率收受。貽誤軍情，莫此爲甚。今宜嚴定制度，務以厚大堅利爲主。槍炮必經委員當面演放，並由鎮道會驗，然後收營。否則駁回另造，且治工匠以應得之罪。如此則省局不敢偷減工料，委員不敢狥情解運，臺營不敢草率點收，而軍裝可期堅利矣。營制操演弓箭、鳥槍、籐牌、刀矛，各有用法，進退跳蕩，騰走擊刺，各有規矩。平時督撫提鎮較閱之時，皆按一定陣圖演習，此不過死法陳規，練其步伐耳。及至既遇敵衝鋒，則臨機應變，唯以勇敢便捷整齊爲上。必使手與器調，器與心調，心與伍調，伍與弁調，弁與將調。然後千人一氣，眾志成城，無不克敵之理。每見市中無賴，皆有膂力相尚，一營之中，豈無嫻長技藝之人？苟能留心拔取，使爲眾兵教師，朝夕訓練，將裨親自董率，日省月試，考其優劣，能教十人以上者賞，百人以上者拔用。如此則人爭以技藝見長，勁旅可成，臨敵必能制勝矣。噶瑪蘭新開，額設守備一員、千總一員、把總二員、戰兵二百六十名、守兵二百四十名，歸艋舺水師游擊管轄。所撥班兵，皆用上游四府。唯蘭境北至三貂，南至蘇澳，邊界橫亙百餘里，三面負山，口隘二十處，皆生番出沒之所，東臨大海，其內港則烏石、加禮宛二口，自三月至八月，港道通暢，民人販載米石，小船絡繹，外洋則蘇澳、龜山、雞籠洋面，南風司令，每有匪船遊弋，防堵尤要。蘭地僻遠，在臺灣極北山後，距郡十三日程，距淡水六日程，中隔三貂大山，徑窄溪深，極爲險阻。設有不虞，百人可以梗塞。今額兵僅四百名，分守汛防，未免單薄。須添設戰兵一百二十名、守兵八十名，設都司大員統之，駐五圍城內，守備移駐頭圍，千總移駐三貂。更設在城千總一員、外委二員，始足以資彈壓。唯設兵即須籌餉。竊見蘭地兵米餉銀，皆就蘭廳正供餘租支放，每歲銀穀皆有盈餘，穀約五千石，餘租番銀二千。今若抽撥戰守兵二百名添防，則歲增兵米七百二十石，不過用穀一千四百四十石，歲尚有餘穀矣。增設兵餉：戰兵一百二十名，每名月餉銀一兩四錢；守兵八十名，每名月餉銀一兩，歲約用銀二千九百七十六兩；都司全年俸薪、馬乾、養廉銀四百四十九兩，千總俸薪、馬乾、養廉銀一百九十二兩，外委養廉銀三十六兩，增設各兵加餉銀九百五十二兩耳，凡共需銀四千六百餘兩。蘭廳餘租一項，頗有盈餘，官弁養廉，戍兵加餉，足敷支給。至此項額兵，若再從內地抽撥，似覺紛繁。閱軍冊內，臺郡城中駐城守參將一員，兵一千一百七十九名，北路左營都司駐嘉義，兵一千二百八十二名，額兵頗多。今若於城守及嘉義二營中酌量抽撥，即可足額，且無庸另籌餉銀眷米。如此則蘭營兵力無單弱之虞，而防守更爲周密矣。臺灣府治東南路至瑯璚四百五十里，北路至蘇澳一千二百餘里。以形勢而論，南短北長。蘭境未開，初設北路副將一員，中營都司一員，額兵一千二百三十八名，駐彰化城內，轄嘉義都司爲北路左營；竹塹守備，額兵七百二十六名，爲北路右營；艋舺、新莊以上空虛。故嘉慶九年，蔡逆從滬尾登岸，徑至新莊。後乃添設滬尾水師一營，駐游擊一員、以艋舺守備，陸路兵八百七名，及蘭營陸路守備，皆歸管轄。所以兩營陸路皆轄於水師游擊者，北路副將駐彰化，鞭長莫及，故爲一時權宜之計耳。滬尾游擊所轄洋面，上自蘇澳，下至大甲，八百餘里，中隔雞籠，須候南風。由雞籠至滬尾及於大甲，須候北風。此一路淺澳最多，向爲匪船出沒之所，哨捕稽查，殊爲不易。今更統以陸路，實有顧此失彼之虞。一旦淡、蘭有事，仍不得力。愚意不若以北路副將移駐竹塹，改右營爲中營，抽撥彰化營額兵二百名、艋舺營額兵一百名，歸竹塹守備，加都司銜，隨同副將駐紮。改彰化都司爲北路左營，改艋舺守備爲北路右營，同蘭營守備，共四營兵，統歸副將管轄。其嘉義所轄，駐左營都司改歸郡中城守營參將管轄。如此則北路副將中權淡水，南可以應彰化，北可以應艋舺、噶瑪蘭，形勢始爲扼要。郡城可無北顧之憂，而艋舺水師游擊唯盡心洋面，以專責成。水陸兩路皆可得力矣。以上五條，實爲目前臺灣之急務，見諸施行，必有實效。然自古治法莫如治人。苟守土之官，平時廉正公明，勤於政事，不貪安逸，吾知臺人必愛之如父母，畏之如神明，雖有姦宄，不敢萌心。即萬一不虞，而吾以有備之兵禦之，再以子弟之民助之，有不旦夕撲滅者，未之有也。又何致上廑宸衷，遠煩數萬大兵，耗費無限之糧餉也哉？」初，瑩以此議上總兵，亟以爲然。已而愼軫督閩，見之，乃罷。復採其言，增改臺北營制。

先是總兵達洪阿以臺灣班兵廢弛，頗有意整剔。選六百人，練爲精兵，歲犒錢二萬五千餘緡。巡道周凱贊之，飭府縣捐助一半。及姚瑩至，飭屬酌議，鳳山知縣曹謹以爲不可。略謂：「臺灣孤懸海外，中徵內地五十二營之兵，三年一班，更番撥戍。人既雜則材力不一，時既暫則考校多疏，將與將不相習，兵與兵不相知，從前僨事，職此之由，則訓練誠亟亟也。顧練之云者，詎唯是有兵六百，遂可恃無虞哉？朝廷愼重海疆，額設水陸步戰守兵一萬二千六百七十名，無一非鎭帥之兵，即無一非鎭帥當練之兵。凡各營操演之時，參游以上，皆有犒賞，戍兵所得，較之內地倍多，本是以固其心而作其氣。其所以不練不精者，乃弁兵之辜恩，非朝廷之吝賞。今議者不務遵守舊章、申明紀律，而動議變增；計所練之兵，僅全臺二十分之一，而所賞較本兵糧餉倍之。試思朝廷設兵，原無彼此；此而當練，孰不當練？此而可精，孰不可精？如必厚賞而後精，則非厚賞遂不必精；必厚賞而後練，則非厚賞並不能練。是必歲捐數十萬金，以爲全臺練兵之用而後可。如其不然，是予各兵以藉口之端，而開各營推諉之漸也。且臺地綿亙一千餘里，精兵六百，以之自衛則有餘，以之衛人則不足。一旦南北交警，此六百人者，顧此則失彼，顧彼則失此，勢不能不驅未練未精之人相與從事。況費之所出，非官則民。查一縣捐攤，每歲數幾盈萬，已未能按款批解；今又加以千餘，名曰捐廉，實則挪移公項，此派之官者之不可行也。若取之於民，則臺民數經兵燹，十室九空，加以亢旱頻年，則素封之家所入不敷所出，此取之民者之不可行也。唯是練兵之舉，將及三年。既議停止，必籌安置。計唯就現練精兵之中，擇其年力精強、技藝嫻熟者，分插各營，使之轉相教習。除本營官照例於三、六、九操演外，鎮軍南北巡時，再按名操演。賞罰之政，備在中樞。實力奉行，何施不可。是鎮兵雖有自練之名，而通臺皆宿重兵，人人可成勁旅。官民之間，胥受其福。」鎮道從之。及英人之役，瑩募鄉勇六百名，增給餉糈而訓練之，漸次以及各營。然營制之壞，眾口同聲。戍守之兵，借住民家，包娼聚賭，挾械以嬉；而復各分氣類，私設公廳，犄角爭鬥。瑩乃移鎮拆毀，勒令歸營。其無營者，籌款以建。而議多未行。二十八年，巡道徐宗幹乃繼成之。宗幹之議：一曰都守以上不用閩人，都守以下不用漳、泉人；二曰裁減精兵一半，以其經費修理營房，分營居住；三曰非屬操演有事之時，軍裝器械；一概繳庫；四曰城內酌留精兵若干，餘則撥添各汛，隨時調遣；五曰換班之年，不准逗留；六曰調戍之期，漳、泉分歲；七曰減調提標之兵，到臺分撥外汛；八曰道府廳縣多養屯丁鄉勇，隨時練習，以補兵力。書上，大府從之。而班兵稍受約束。然綠營暮氣，濡染已深，各省皆然，雖有名將不能驅策。洪軍之役；望風而靡，湘淮諸傑，乃出而練勇營，立功致果。而彰化林文察亦率鄉勇數百名，轉戰閩浙，攻城克邑，所向告捷。於是臺勇之名聞隊曲，以其尚武習勞，堅毅矯捷，而足與共生死也。同治八年，奏准裁汰額兵，增給餉糈。於是全臺設總兵一、副將三、參將四、游擊四、都司九、守備十、千總十七、把總四十一、外委五十六、馬兵七十、戰兵三千一百四十六、守兵四千四百八十八，而勇營漸用矣。

牡丹之役既平，欽差大臣沈葆楨奏請開山撫番，以淮軍任之，並議大改營制。疏曰：「查臺灣營伍廢弛，曾經屢次奏陳。上年府城挑練兩營，毫無起色，並將營官林茂英等參革在案。府城如此，外縣可知。是其積弊之深，尤所罕見。汛弁干與詞訟，勒索陋規；兵丁巧避差操，雇名頂替。而班兵來自內地，各分氣類，偶有睚眥之怨，立即聚眾鬥毆。且營將利弁兵之規費，弁兵恃營將為護符，遇有兵民涉訟，文員移提，曲為庇匿。間有文員移營會辦之案，亦必多方刁難需索，而匪徒早聞風遠颺矣。種種積習，相沿已久；皆由遠隔海外，文員事權較輕，將弁不復顧忌。非大加整頓不可。臣等體察情形，計無逾於裁汛併練者。蓋分汛裁撤，則驕詐擅擾，不禁自除；併營操練，則汰弱補強，漸歸有用。臺地除澎湖兩營外，尚有十五營，擬仿淮、楚軍營制歸併，以五百人為一營。將臺南、鳳山、嘉義三營調至府城，合府城三營、安平三營為一支，專顧臺、鳳、嘉三縣。其北路協副將所轄中、右兩營，合鹿港一營為一支，專顧彰化一帶。艋舺、滬尾、噶瑪蘭二營為一支，專顧淡、蘭一帶。均各認眞訓練，扼要駐紮。遇地方有事，接准劄調移撥，立時拔隊，不准延宕。其兵丁換班，固多疲弱，而就地招募，亦利弊參半；尚須詳加察看。顧立法唯在得人，而事權尤宜歸一。現既巡撫來臺，似應歸之統轄。千總以下，即由巡撫考拔；守備以上，仍會同總督、提督揀選題補；臺灣鎮總兵應請撤去掛印字樣，並歸巡撫節制。如蒙俞允，伏懇飭部另行頒換該總兵官關防，以昭信守。臺地延袤一千餘里，處處濱海，皆可登岸。陸防之重，尤甚於水。而臺城以安平為屏蔽，安平向設臺協水師副將一員，所轄三營，中、右兩營都司駐安平，左營游擊駐鹿港，現擬改為陸路。府城既有巡撫董率，又有道員隨同辦事，總兵擬請移紮安平。即將安平協副將裁撤，以鎮標中營游擊隨總兵駐安平。其臺協水師中、右兩營都司改為鎮標陸路左、右兩營都司，原設鎮標左營游擊隨巡撫駐臺。其撫標原設兩營仍行駐省，改左營為中營，即以中軍參將領之。原設臺協水師左營游擊改為臺灣左營游擊，歸北路協副將管轄。守備以下弁兵缺額，均仍照舊。至巡洋艇船，萬不及輪船之便利，應將閩廠現造輪船，分撥濟用。臺、澎各營現僅存拖船八號，俟下屆修時，應請裁撤，歸廠變價，以節虛糜。」疏上，廷議以臺灣巡撫尚未定設，未可變易營制。乃於鎮標僅置練勇，而綠營如故也。於時新設恆春縣，以鎮標左營駐防，而右營隸巡道。

光緒十年法軍之役，劉銘傳督師臺灣，自率淮軍十營，以當防守。且檄文察之子朝棟募臺勇，赴前敵。及平，銘傳任巡撫，奏請辦防、練兵、清賦、撫番，次第舉行。議裁班兵，又不許。乃汰其老弱者，以汛兵改為隘勇郵丁，而將水師配置澎湖，陸副將為總兵。蓋以此時之臺灣，非如昔日。列強東顧，虎視狼貪，事勢之來，一息千里。自非整軍經武，據險恃危，未足以圖存也。十一年六月，閩浙總督楊昌濬奏言：「福建島嶼林立，海道險惡，籌防之難，甲於他省。而臺灣孤立重洋，物產豐腴，久爲各國所窺伺。此次法禍之起，獨趨福建，先毀馬尾舟師，以斷應援之路；繼則肉薄基隆，分陷澎湖，無非爲吞全臺之計。仰仗天威，越南大捷，法人悔禍請和，臺灣危而復安。使孤拔不死，固未嘗一日忘也。從前丁日昌在臺創議各事，實爲至要之圖，惜未及成而去。今防務已鬆，善後萬不可緩。而省城兼顧不及，應否請派重臣駐臺督辦？中國海面遼闊，在在須防；請劃水師爲三路。北洋設於津沽，兼顧奉東各口；中洋設於吳淞，兼顧浙江定鎮；南洋設於臺澎，兼顧廣東瓊廉。分布要害，聲息相通，外侮之來，庶幾克濟。」部議以南、北兩洋既設海軍，若臺澎新置水師，需費巨大，應須他日；故銘傳有志亦未逮也。

初，臺灣分巡道未有兵權，但率練勇，以理鹽政。及道光四年十月，始加營務處，頒給督辦軍務關防，得以調度戎機，奏行賞罰，然大權仍在總兵。十二年，銘傳設營務總處於臺北，隸巡撫，以道員盧本揚任之。中南各路設營務處，節制軍事。又設支應局，隸布政使司，理糧餉。其時分駐各營，北路爲定海四營，基隆爲銘字四營，中路爲棟字三營，南路爲練勇四營，後山爲鎮海八營，澎湖爲宏字四營。各具洋式軍械，而綠營漸廢矣。十三年十月，銘傳奏言：「臺灣綠營，額設水師七營，陸師十一營，共兵一萬四千餘名。自同治八年，前督臣左宗棠奏准裁兵加餉，存兵七千七百餘名。迨光緒三年，前撫臣丁日昌復奏請汰弱留強，暫停募補。至光緒八年，經臺灣鎮總兵吳光亮核明以故續裁，實存兵數四千五百餘名，年支餉銀十七萬餘兩。此後如有革故，隨時募補。是爲水、陸現存兵額。」是月二十日，戶部咨開：「閩省現在裁減水、陸額兵一成，以節餉需。臺灣綠營兵額，能否照裁，應由臺灣巡撫酌度情形，迅速議覆。」銘傳奏言：「臺灣地方遼闊，額設兵丁歷次裁減，僅存四千五百餘名。現在改爲行省，分治開山，拓地日廣，設汛益多，不足分布。以今觀之，實不能再行裁減。」從之。

法軍之役，設轉運局於上海，以輸餉械，而臺灣孤懸海上，一旦封港，航運莫至，則坐而待斃。淡水素產硝磺，可製火藥。是年設軍械機器局於臺北，以記名提督劉朝幹爲總辦，聘德人彼得蘭爲工師，自製槍彈，供軍用。又設火藥局於大隆洞、水雷營於基隆滬尾。南北各口增築炮臺，訓練炮兵。計費二百一十餘萬兩。夫銘傳之治臺，不獨辦防、練兵已也，造鐵路以通之，行郵船以輔之，振殖產以裕之，闢財源以養之，改內政以新之，設教育以明之，使民能知義，國無患貧，而兵乃可用。夫兵者所以禁暴保大、定功安民、和眾豐財者也；故以戰則克，以守則固，以攻則破，節制之師也。臺灣之雖未及此，而銘傳能整飭之，以防禦外侮，亦可用也。

鄭氏武官表

正總督	永曆三十二年設，以左武衛劉國軒任之，表賜尚方劍，專征伐。
副總督	永曆三十二年設，以後提督吳淑任之。
勇　衛	
侍　衛	
左武衛	
右武衛	
左虎衛	
右虎衛	
正提督	
副提督	
中提督	
前提督	
後提督	
左提督	
右提督	
五軍都督	
中軍都督	

督理戎政
五軍戎政
旗鼓中軍
總練使
行軍司馬
諮議參軍
參軍
監紀推官
材官
正總兵
副總兵
參將
游擊
都司
守備
千總
把總

鄭氏各將軍表

左龍驤將軍	永曆三十五年，以鄭明任之。
右龍驤將軍	永曆三十五年，以鄭智任之。
征北將軍	永曆三十二年，以劉國軒任之。
平北將軍	永曆三十七年，以曾瑞任之。

定北將軍	永曆三十七年，以王順任之。
平西將軍	永曆二十九年，以吳淑任之。
寧南將軍	永曆三十一年，以劉進忠任之。
安東將軍	永曆二十九年，以劉炎任之。
盪虜將軍	永曆二十八年，以張學堯任之。
殄虜將軍	永曆二十八年，以馬應龍任之。
破虜將軍	永曆二十八年，以武弘謨任之。
平虜將軍	永曆二十八年，以吳淑任之。
征虜將軍	永曆三十年，以張國勛任之。
滅虜將軍	永曆三十年，以苗之秀任之。

鄭氏陸軍各鎮表

勇衛前鎮	每鎮分中、前、後、左、右五協，又有總理、驍翊、領旗、領兵四協，由鎮帥主之。
勇衛後鎮	
勇衛中鎮	
侍衛前鎮	與勇衛同。
侍衛後鎮	
侍衛中鎮	

左武衛前鎮	與勇衛同。
左武衛後鎮	
左武衛中鎮	
右武衛前鎮	與勇衛同。
右武衛後鎮	
右武衛中鎮	
左虎衛前鎮	與勇衛同。
左虎衛後鎮	
左虎衛中鎮	
右虎衛前鎮	與勇衛同。
右虎衛後鎮	
右虎衛中鎮	
中提督前鎮	與勇衛同。
中提督後鎮	
中提督中鎮	
前提督前鎮	與勇衛同。
前提督後鎮	
前提督中鎮	
後提督前鎮	與勇衛同。

後提督後鎮	
後提督中鎮	
左提督前鎮	與勇衛同。
左提督後鎮	
左提督中鎮	
右提督前鎮	與勇衛同。
右提督後鎮	
右提督中鎮	
左先鋒鎮	每鎮分中、前、後、左、右、五協，各以副將主之；協或稱營，以下仿此。
右先鋒鎮	
衝鋒前鎮	
衝鋒後鎮	
衝鋒中鎮	
衝鋒左鎮	
衝鋒右鎮	
援勦前鎮	
援勦後鎮	
援勦中鎮	
援勦左鎮	

援勦右鎮	果毅前鎮	果毅後鎮	果毅中鎮	果毅左鎮	果毅右鎮	宣毅前鎮	宣毅後鎮	宣毅中鎮	宣毅左鎮	宣毅右鎮	揚威前鎮	揚威後鎮	揚威中鎮	揚威左鎮	揚威右鎮	建威前鎮	建威後鎮	建威中鎮

建威左鎮	建威右鎮	龍驤前鎮	龍驤後鎮	龍驤中鎮	龍驤左鎮	龍驤右鎮	折衝前鎮	折衝後鎮	折衝中鎮	折衝左鎮	折衝右鎮	護衛前鎮	護衛後鎮	護衛中鎮	護衛左鎮	護衛右鎮	振義鎮	奮義鎮

昭義鎮	彰義鎮	正兵鎮	奇兵鎮	進兵鎮	殿兵鎮	游兵鎮	親兵鎮	耀兵鎮	英兵鎮	前鋒鎮	中權鎮	後勁鎮	大武鎮	仁武鎮	義武鎮	禮武鎮	智武鎮	信武鎮

金武鎮	木武鎮	水武鎮	火武鎮	土武鎮	虛宿鎮	危宿鎮	室宿鎮	壁宿鎮	奎宿鎮	婁宿鎮	胃宿鎮	昴宿鎮	畢宿鎮	觜宿鎮	參宿鎮	井宿鎮	鬼宿鎮	柳宿鎮

星宿鎮	張宿鎮	翼宿鎮	軫宿鎮	角宿鎮	亢宿鎮	氐宿鎮	房宿鎮	心宿鎮	尾宿鎮	箕宿鎮	斗宿鎮	牛宿鎮	女宿鎮	戎旗一鎮	戎旗二鎮	戎旗三鎮	戎旗四鎮	戎旗五鎮

鄭氏水師各鎮表

樓船前鎮	
樓船後鎮	
樓船中鎮	
樓船左鎮	
樓船右鎮	
水師前鎮	
水師後鎮	
水師中鎮	
水師左鎮	
水師右鎮	
水師一鎮	
水師二鎮	
水師三鎮	
水師四鎮	
水師五鎮	
水師六鎮	
水師七鎮	
水師八鎮	
水師九鎮	
水師十鎮	

鄭氏臺灣及各島守將表

總督承天南北兩路軍務	永曆十五年設，以周全斌任之。
北路總督	永曆三十五年設，以左武衛何祐任之，智武鎮李茂爲副，駐雞籠。
承天府守將	
安平鎮守將	
鹿耳門守將	
澎湖守將	
淡水守將	
思明州守將	
南澳守將	
銅山守將	
達濠守將	
南日守將	
舟山守將	

清代臺灣水陸營制表

臺灣鎮標中營：康熙二十三年，駐府治。 鎮守臺灣總兵官一員：康熙二十三年設，雍正十一年議照山陝沿邊之例爲掛印總兵，給方印。

游擊一員	
守備一員	
千總二員	同治八年裁一員。
把總四員	裁一名。
外委五名	裁一名。
額外三名	裁一名。
馬兵二十四名	裁十二名。
戰兵三百八十二名	裁一百三十五名。
守兵四百三十名	裁一百三十五名。
計兵四百六十名。除抽裁革故停募未補者四十四名，又抽配左翼練兵一百三十九名，實存在營一百八十三名。	

鎮標左營：康熙二十三年設，駐防府治北路。光緒五年，改爲恆春營。	
鎮標右營：康熙二十三年設，駐防府治南路。同治八年，改爲道標營。	
臺灣城守營：雍正十一年設，分爲左、右兩軍。	
參將一員	
左軍守備一員	
千總一員	
把總二員	
外委四名	同治八年裁一名。
額外一名	

馬兵七名	
戰兵二百零五名	裁七十五名。
守兵二百八十三名	裁一百名。
右軍守備一員	
千總一員	同治八年裁。
把總二員	
外委六名	裁二名。
額外一名	裁。
馬兵七名	裁。
戰兵二百五十名	裁九十六名。
守兵三百四十五名	裁一百二十名。
左右計兵三百九十二名。除抽裁革故停募未補者二百四十四名，又抽配左翼練兵二百三十三名，分派八城及炮兵一百六十七名，實存在營汛防者一百十五名。	

恆春營：光緒五年設，駐防恆春。	
游擊一員	
守備一員	
千總二員	同治八年裁一員。
把總二員	

外委四名	裁一名。
額外三名	裁一名。
馬兵十四名	裁十一名。
戰兵三百三十二名	裁一百五十五名。
守兵四百名	裁一百四十五名。
計兵四百三十五名。除抽練兵一百八十六名，又派各汛一百八十五名，實存在營六十四名。	

道標營：康熙二十三年設。撥鎮標右營守備一員、左營千總一員、左右營把總各一員，三營兵各一百名。六十年裁歸。同治八年再設，陞游擊為都司，駐防府治。	
都司一員	同治八年設。
游擊一員	同治八年裁。
守備一員	裁。
千總二員	裁一員。
把總三員	
外委五名	裁二名。
額外二名	
馬兵十四名	裁十一名。
戰兵二百七十九名	裁九十三名。
守兵三百五十三名	裁八十一名。
計兵四百六十一名。除挑裁革故停募未補者一百三十名，實在存營三百三十一名。	

南路營：康熙二十二年設，駐防鳳山。

參將一員	
守備一員	
千總三員	同治八年裁二員。
把總三員	裁一員。
外委六名	裁三名。
額外四名	裁一名。
馬兵十名	裁。
戰兵四百二十九名	裁二百五十三名。
守兵五百八十名	裁三百三十六名。

計兵四百二十名。除挑裁革故停募未補者二百五十三名，實在存營及汛防者一百六十七名。

下淡水營：雍正十一年設，駐防下淡水。

都司一員	
千總一員	
把總三員	同治八年裁一員。
外委三名	
額外二名	裁一名。
馬兵六名	裁。

戰兵三百四十八名	裁二百十四名。
守兵二百三十五名	裁三十九名。
計兵三百三十名。除挑裁革故未補者二百零三名，實在存營及汛防者一百二十七名。	

北路協中營：康熙二十三年設參將，駐諸羅縣治。雍正十一年，移彰化，設副將，增爲中、左、右三營。	
副將一員	雍正十一年設。光緒十四年，移駐埔裏社。
都司一員	
千總二員	同治八年裁一員。
把總四員	裁一員。
外委九名	裁三名。
額外五名	裁三名。
馬兵十四名	裁。
戰兵五百四十七名	裁二百三十九名。
守兵六百六十三名	裁二百十七名。
計兵七百五十四名。除挑裁革故未補者四百六十八名，又調防埔裏社一百七十二名，實在存營及汛防者一百十四名。	

北路協左營：雍正十一年設，駐防諸羅，後稱嘉義營。	
參將一員	
部司一員	

守備一員	
千總三員	同治八年裁二員。
把總四員	
外委十名	裁五名。
額外四名	裁一名。
馬兵十四名	裁。
戰兵五百十二名	裁一百九十七名。。
守兵六百十二名	裁二百三十四名
計兵六百九十四名。除挑裁革故未補者三百八十八名，又抽練兵七十二名，實在存營及汎防者二百三十四名。	

北路協右營：雍正十一年設，駐防竹塹，後稱竹塹營。	
游擊一員	
守備一員	
千總三員	同治八年裁二員。
把總六員	裁四員。
外委九名	裁三名。
額外三名	裁一名。
馬兵十五名	裁。
戰兵四百七十九名	裁二百六十名。

守兵五百二十二名	裁二百零六名。
計兵五百三十五名。除挑裁革故未補者三百二十八名，實在存營及汛防者二百零七名。	

艋舺營：康熙四十九年設淡水營，駐守備，隸北路營。雍正十一年，改駐都司。嘉慶十三年，改都司為水師游擊，兼管陸路，移駐艋舺。道光四年，改參將，而滬尾水師營仍隸之。

參將一員	
守備一員	
千總一員	
把總二員	
外委五名	同治八裁二名。
額外二名	
馬兵八名	裁七名。
戰兵二百六十五名	裁九十名。
守兵四百二十七名	裁一百七十一名。
計兵四百三十二名。除挑裁革故未補者二百二十五名，實在存營及汛防者二百零四名。	

滬尾水師營：歸艋舺參將管轄。

守備一員	
千總一員	同治八年裁。

把總二員	裁一員。
外委四名	裁二名。
額外二名	裁一名。
戰兵一百十五名	裁三十二名。
守兵二百三十七名	裁六十名。
計兵二百六十名。	

噶瑪蘭營：嘉慶十八年設守備，駐五圍，隸艋舺營游擊。道光五年，改設都司，而移守備於頭圍。	
都司一員	
守備一員	同治八年裁。
千總二員	裁一員。
把總二員	添設一員。
外委四名	裁二名。
額外三名	裁二名。
戰兵四百五十五名	裁三百零三名。
守兵二百四十名	裁十二名。
計兵三百八十名。除挑裁革故未補者一百七十名，實在存營及汛防者二百十名。	

安平水師協標中營：康熙二十三年設副將，駐防安平等處，領中、左、右三營。光緒十四年，改中營為臺東陸路中營。

安平水師協標左營

游擊一員	
守備一員	
千總二員	同治八年裁一員。
把總四員	裁三員。
外委六名	裁五名。
額外二名	裁一名。
戰兵三百二十六名	
守兵三百八十二名	

計兵三百三十名。除挑裁革故未補者一百六十三名，又原配烏龍江水兵一名，實在存營及汛防者一百六十六名。

安平水師協標右營：光緒十四年，改為臺東陸路右營。

臺東陸路中營：原係安平水師中營，光緒十四年改設。

副將一員	
都司一員	同治八年設。
游擊一員	同治八年裁。
守備一員	裁。
千總二員	裁一員。
把總四員	裁三員。

外委五名	裁三名。
額外三名	裁二名。
戰兵三百五十一名	裁二百零七名。
守兵四百零七名	裁一百九十一名。
計兵三百六十名。除挑裁革故未補者一百九十五名，又抽配練兵六十八名，原配烏龍江水兵一名，實在存營及抽防者九十六名。	

臺東陸路右營：原係安平水師右營，光緒十四年改設。	
都司一員	同治八年設。
游擊一員	同治八年裁。
守備一員	裁。
千總二員	裁一員。
把總三員	裁一員。
外委五名	裁三名。
額外三名	裁二名。
戰兵三百五十一名	裁二百十九名。
守兵四百零七名	裁二百零九名。
計兵三百三十名。除挑裁革故未補者一百八十三名，又抽配練兵六十名，原配烏龍江水兵一名，實在存營及汛防者八十六名。	

澎湖水師鎮標營：康熙二十三年設副將，統轄兩營游、守各一員、千總各兩員、把總各四員、外委各七名、額外各三名，每營戰守兵各一千名。乾隆四十七年，裁汰一百四十二名。道光六年，各裁外委一名。至同治八年裁兵加餉之後，兩營改設都司一、千總一、左營把總四、右營把總二、外委各二、額外各一，兵則左營四百零二名、右營三百六十名。戰兵每名月餉二兩五錢五分，守兵二兩四錢。光緒十二年，陞副將爲總兵，左營設游擊守備，右營設都司，添兵二十名。

鎮守澎湖水師總兵一員：光緒十二年，奉旨以澎湖副將與海壇鎮總兵對調。

左營游擊一員

守備一員

千總一員

把總四員

外委二名

額外一名

戰兵一百六十名

守兵二百六十二名

右營都司一員

千總一員

把總二員

外委二名

額外一名

戰兵一百四十四名

守兵二百十六名

兩營計兵七百八十二名。

清代臺灣水陸汛防表

設弁駐兵謂之汛，撥兵分守謂之塘。汛防之設，所以保地方，而塘兵並以傳軍書，是爲綠營之制。顧自咸、同以來，漸用練勇，新建之地，分駐營哨，而綠營僅有其名。迨同治八年，裁兵加餉之後，汛防多所裁廢，至今更無用矣。茲將所存者具如左：

城守營左軍	
府城汛	舊設把總一、兵八十五，裁存五十八；今設十八名。
南炮臺塘	舊歸府汛分防，設兵五；今裁。
塗墼埕塘	舊歸府汛分防，設兵五；今裁。
崗山汛	舊設守備一、把總一、兵一百五十五，裁存一百零八；今設十八名。
大湖塘	舊歸崗山汛分防，設兵十三，裁存五；今設一名。
半路竹塘	舊歸崗山汛分防，設兵六；今裁。
羅漢門汛	舊設千總一、外委一、兵七十七，裁存六十一；今設二名。
木岡汛	舊設外委一、兵二十八，裁存十八；今設二名。
猴洞口汛	舊設外委一、額外一、兵八十一，裁存三十二；今設二名。
鹽水埔汛	舊設外委一、兵十九，裁存十四；今設二名。
埤仔頭塘	舊歸府汛分防，設兵十，改屬鹽水埔汛，設兵五；今設一名。
港崗塘	舊歸鹽水埔汛分防，設兵六，裁存五；今設一名。
角帶圍塘	舊歸鹽水埔汛分防，設兵五；今裁。
城守營右軍	
府城汛	舊設把總一、額外一、兵一百五十三，裁存八十八；今設四十名。

加溜灣汛	舊設把總一、兵三十五，裁存二十五；今設四名。
北炮臺塘	舊歸加溜灣汛分防，設兵五；今裁。
柴頭港塘	舊歸加溜灣汛分防，設兵五；今裁。
蔦松塘	舊歸加溜灣汛分防，設兵七，裁存五；今設一名。
木柵塘	舊歸加溜灣汛分防，設兵五；今設一名。
溪邊塘	舊歸加溜灣汛分防，設兵五；今設一名。
麻豆汛	舊設外委一、兵三十，裁存二十八；今設四名。
茅港尾塘	舊爲汛，設外委一、兵二十五；今改塘，歸麻豆汛分防，設兵三名。
水堀頭塘	舊歸茅港尾汛分防，設兵五；今裁。
下加冬汛	舊設守備一、把總一、外委一、兵一百三十六，裁存八十五；今設十二名。
鐵線橋塘	舊歸下加冬汛分防，設兵五；今設一名。
急水溪塘	舊歸下加冬汛分防，設兵三；今設一名。
北勢埔塘	舊歸下加冬汛分防，設兵十；今裁。
八槳溪塘	舊歸下加冬汛分防，設兵五；今設一名。
大穆降汛	舊設外委一、兵四十六，裁存四十；今設九名。
舊社塘	舊爲汛，設外委一、兵四十；今歸大穆降汛分防，設兵二名。
大武壟汛	舊設千總一、兵五十三，裁存二十五；今設五名。
蕭壟汛	舊設外委一、兵二十，裁存十八；今設四名。
西港仔塘	舊歸蕭壟汛分防，設兵七；今裁。

南路營	
鳳山城汛	舊設守備一、把總一、外委二、額外四、兵五百二十，裁存二百六十五；今設一百四十一名。
埤仔頭塘	歸鳳山城汛分防。
苦苓門塘	歸鳳山城汛分防。
打鹿潭塘	歸鳳山城汛分防。
舊城汛	舊設千總一、兵一百十六，裁存三十五；今設八名。
觀音山汛	舊設把總一、兵七十五，裁存三十五；今設四名。
小店塘	歸觀音山汛分防。
阿公店汛	舊設外委一、兵五十，改設把總一、兵四十；今設五名。
二濫塘	舊歸阿公店汛分防，改屬崗山汛。
攀桂橋汛	舊設把總一、兵五十一，裁存二十；今設四名。
土地公崎塘	歸攀桂橋汛分防。
枋寮汛	舊設外委一、兵五十，裁存三十；今設四名。
石井塘	舊爲汛，設千總一、兵一百十五；改歸阿公店汛分防，設兵一名。
水底寮塘	舊爲汛，設千總一、兵一百；改歸枋寮汛分防。
蕃薯寮塘	舊爲汛，設外委一、兵四十二；改歸羅漢門汛分防。
下淡水營	
山豬毛口汛，舊設都司一、外委一、額外一、兵二百，裁存一百六十；今設九十六名。	
萬丹汛	舊設把總一、兵五十，裁存四十；今設八名。

阿猴汛	舊設把總一、兵九十，裁存三十；今設六名。
阿里港汛	舊設把總一、兵八十，裁存三十；今設五名。
潮州莊汛	舊設外委一、兵四十，裁存二十；今設四名。
東港汛	舊設外委一、兵三十，裁存二十；今設四名。
新園塘	舊爲汛，設千總一、兵二百，改歸萬丹汛分防，設額外一、兵十五；今設二名。 九塊厝塘：舊爲汛，設額外一、兵二十，改歸阿里港汛分防，存兵五；今設二名。
北路協中營	
彰化城汛	舊設都司一、千總一、外委一、額外二、兵六百零五，裁存三百七十三；今設六十名。
八卦山汛	舊設外委一、兵四十，裁存二十；今設三名。
大墩汛	舊設外委一、兵四十，裁存三十；今設五名。
大里杙塘	舊爲汛，設外委一、兵五十，改歸大墩汛分防，存兵二十五；今裁。
葫蘆墩汛	舊設千總一、兵八十，改設把總一、兵六十；今設五名。
四張犁塘	舊爲汛，設外委一、兵三十，改歸葫蘆墩汛分防，存兵十四；今裁。
外攸汛	舊設把總一、兵三十，改設外委一、兵二十五；今設二名。
沙轆塘	歸外攸汛分防，設兵五；今裁。
大肚塘	舊爲汛，設外委一、兵五，改歸外攸汛分防，存兵十；今設四名。
許厝埔汛	舊設把總一、兵六十，裁存三十；今設三名。
南北投汛	舊設把總一、兵八十五，裁存六十；今設七名。
崁頂塘	舊爲汛，設外委一、兵四十，改歸南北投汛分防，存兵二十二；今裁。

內木柵塘	舊爲汛，設額外一、兵二十，改歸南北投汛分防，存兵十五；今裁。
燕霧汛	舊設把總一、兵三十，裁存二十二；今設十一名。
赤塗崎塘	歸燕霧汛分防，設兵五；今裁。
東螺塘	舊爲汛，設，外委一、兵二十，改歸燕霧汛分防，存兵十；今設四名。
沙仔崙汛	舊設外委一、兵二十，裁存十四；今設四名。
觸口塘	歸沙仔崙汛分防，設額外一、兵二十；今裁。
二林汛	舊設額外一、兵二十，裁存十；今設三名。
集集汛	舊歸嘉義營分防，設外委一、兵十；光緒十四年改歸北路中營，設兵三名。
北路協左營（即嘉義營）	
嘉義城汛	舊設守備一、把總一、額外四、兵四百，裁存三百四十；今設一百十二名。
城外汛	舊設把總一、兵三十二，裁存二十九；今設九名。
山底塘	歸城外汛分防，設兵五；今設二名。
八掌溪塘	歸城外汛分防，設兵五；今裁。
水堀頭塘	歸城外汛分防，設兵五；今裁。
牛稠溪塘	歸城外汛分防，設兵五；今裁。
店仔口塘	舊爲汛，設外委一、兵四十，改歸城外汛分防，存兵十；今設四名。
笨港汛	舊設千總一、兵七十四，改設把總一、兵三十；今設十名。
樸仔腳塘	舊爲汛，設外委一、兵十五，改歸笨港汛分防，存兵十；今設四名。
鹽水港汛	舊設把總一，兵十九，裁存三十；今設八名。

斗六門汛	舊設都司一、千總一、外委一、兵一百六十，裁存九十；今設十名。
虎尾溪塘	舊爲汛，設外委一、兵二十四，改歸斗六門汛分防，存兵十；今設四名。
中路頭塘	歸斗六門汛分防，設兵五；今裁。
西螺汛	舊設把總一、外委一、兵七十四，裁存三十；今設八名。
三條圳塘	歸西螺汛分防，今裁。
林圯埔汛	舊設外委一、兵三十，改設把總一、兵三十；今設十二名。
水沙連汛	舊設千總一、兵五十。同治八年裁。光緒十四年，復設外委一、兵五十名。
他里霧汛	舊設外委一、兵四十，裁存三十；今設十二名。
塗庫塘	舊爲汛，設外委一、兵三十九，改歸他里霧汛分防，存兵十；今設四名。
大崙腳塘	歸塗庫汛分防，設兵五；今裁。
大莆林汛	舊設外委一、兵三十，裁存二十五；今設八名。
打貓塘	歸大莆林汛分防，設兵五；今設二名。
北路協右營（即竹塹營）	
竹塹城汛	舊設游擊一、千總一、外委一、兵二百八十八，裁存一百五十三；今設一百四十四名。
大甲汛	舊設守備一、千總一、把總一、外委一、兵二百，裁存一百零六；今設十六名。
後壠汛	舊設千總一、額外一、兵五十三，裁存二十八；今設七名。
楊梅壢汛	舊設把總一、兵六十七，裁存三十六；今設三名。
大安汛	舊設把總一、兵七十四，改設外委一、兵三十九；今設三名。
銅鑼灣汛	舊設把總一、兵六十，改設外委一、兵三十一。光緒十四年，移駐苗栗縣城，設兵五名。

中港汛	舊設把總一、外委一、兵五十八，裁存外委一、兵二十九；今設三名。
桃仔園汛	舊設把總一、兵二十五，改設外委一、兵十二；今設三名。
吞霄汛	舊設外委一、兵三十，裁存十六；今設三名。
斗換坪塘	舊爲汛，設外委一、兵四十，改歸中港汛分防，存兵二十一；今設一名。
海口塘	歸楊梅壢汛分防，設額外一、兵十二，裁存六；今設三名。
香山塘	歸楊梅壢汛分防，設額外一、兵十，裁存五；今設三名。
嘉志閣塘	歸後壟汛分防，設額外一、兵三十八，裁存二十；今設九名。
貓盂塘	歸大安汛分防，設兵五，裁存三；今裁。
大甲溪塘	歸大安汛分防，設外委一、兵十，裁存五；今裁。
南崁塘	歸桃仔園汛分防，設外委一、兵三十六，裁存二十；今裁。
老雞籠汛	新設，駐兵一名。
磺油山汛	新設，駐兵六名。
艋舺營	
艋舺汛	舊設守備一、外委一、兵四百二十二，裁存二百六十二；今設一百八十二名。
海山口汛	舊設外委一、兵五十八，裁存三十五，今設三名；其外委，於光緒十五年移駐板曲橋汛。
龜崙嶺塘	歸海山口汛分防，設兵十，裁存六；今設一名。
水返腳汛	舊設外委一、兵二十五，裁存十五；今設二名。
大基隆汛	舊設把總一、兵九十，裁存三十五；今設七名。
三爪仔汛	舊設外委一、兵十，裁存六；今設一名。

暖暖塘	歸三爪仔汛分防，設兵十，裁存六；今設一名。
三貂港汛	舊設把總一、兵三十，裁存十七；今設一名。
燦光寮塘	歸三貂港汛分防，設兵十，裁存六；今設一名。
馬鍊汛	舊設額外一、兵二十五，裁存十八；今設一名。
北投汛	舊設外委一、兵十，裁存六；今設一名。
板曲橋汛	新設外委一、兵六名。
滬尾水師營	
炮臺汛	舊設千總一、兵五百七十，裁存一百七十五；今設七十一名。
八里坌汛	歸炮臺汛分防，設外委一、兵三十，裁存十五；今設十名。
北港塘	歸炮臺汛分防，設兵十，裁存五；今設一名。
金包里汛	舊設把總一、兵五十，裁存二十五；今設十名。
石門汛	歸金包里汛分防，設外委一、兵三十，裁存十五；今設六名。
小雞籠塘	歸石門汛分防，設兵十，裁存五；今裁。
噶瑪蘭營	
五圍城汛	舊設都司一、千總一、外委二、額外一、兵三百六十，裁存一百五十九；今設一百六十六名。
頭圍汛	舊設守備一、外委一、兵一百，改設千總一、兵五十一；今設十名。
三圍塘	歸頭圍汛分防，設兵十，裁存六；今設一名。
炮臺塘	歸頭圍汛分防，設兵十五，裁存八；今設一名。
三貂汛	舊設千總一、兵五十，改設外委一；今設兵三名。

溪州汛	舊設把總一、兵四十，裁存十八；今設八名。
北關汛	舊設外委一、兵四十，裁存十九；今設六名。
加禮宛汛	舊設額外一、兵三十，裁存二十四；今設五名。
蘇澳汛	舊設把總一、兵五十，裁存二十二；今設七名。
南風澳汛	歸蘇澳汛分防，設兵三十；今設一名。
龜山嶼汛	舊設把總一、兵三十；今設二名。
安平水師中營（改爲臺東陸路中營）	
安平汛	舊設游擊一、守備一、千總一、把總二、外委五、額外三、兵五百十三，改設都司一、外委一、額外一、兵二百二十；今設六十二名。
大港汛	舊設把總一、兵七十，裁存三十五；今設十二名。
鯤身塘	歸大港汛分防，設兵五，裁存三；今設一名。
鯤身頭汛	歸大港汛分防，設兵五，裁存三；今設一名。
喜樹仔汛	歸大港汛分防，設兵五，裁存三；今設一名。
茄萣仔汛	歸大港汛分防，設兵五，裁存三；今設一名。
蟯仔港汛	歸大港汛分防，設兵五，裁存三；今設一名。
鹿耳門汛	舊由中營守備右營千總輪年駐防，設兵五十，裁存四十；今設四名。
蚊港汛	舊設把總一、兵八十，改設外委一、兵三十八；今設八名。
青鯤身汛	歸蚊港汛分防，設兵五，裁存三；今設一名。
馬沙溝汛	歸蚊港汛分防，設兵五，裁存三；今設一名。

北門嶼汎	歸蚊港汎分防，設兵五，裁存三；今設一名。
南鯤身汎	歸蚊港汎分防，設兵五，裁存三；今設一名。
安平水師左營	
鹿港汎	舊設游擊一、千總一、把總二、外委二、額外一、兵三百四十三，裁去把總外委，存兵一百四十；今設一百十六名。
水裏港汎	舊設外委一、兵二十，改歸鹿港汎分防，存兵二十；今設三名。
王宮港汎	舊設把總一、兵四十五，改歸鹿港汎分防，設外委一、兵四十；今設四名。
	三林汎：歸鹿港汎分防，設兵十五；今設二名。
	番挖汎：歸鹿港汎分防，設兵十；今設二名。
笨港汎	舊設守備一、千總一、把總一、外委二、額外一、兵二百三十，裁去千總外委，存兵七十；今設三十一名。
海豐汎	舊設外委一、兵二十，改歸笨港汎分防，存兵二十；今設二名。
鰱仔港汎	歸笨港汎分防，設兵九，裁存七；今設二名。
猴樹汎	歸笨港汎分防，設兵八，裁存七；今設二名。
新店汎	歸笨港汎分防，設兵八，裁存六；今設二名。
安平水師右營（改爲臺東陸路右營）	
安平汎	舊設都司一、守備一、千總一、把總二、外委五、額外三、兵六百四十三，裁存守備一、把總一、外委四、額外二、兵二百；今設二十一名。
旗後汎	舊設兵十，改設外委一、兵五十二；今設十名。
打鼓汎	舊設把總一、兵三十，改歸旗後汎分防，存兵四；今設一名。

蟯港汛	歸旗後汛分防，設兵五，裁存四；今設一名。
赤崁汛	歸旗後汛分防，設兵五，裁存四；今設一名。
萬丹汛	歸旗後汛分防，設兵五，裁存四；今設一名。
大莆林汛	歸旗後汛分防，設兵五，裁存四；今設一名。
西溪汛	歸旗後汛分防，設兵五，裁存四；今設一名。
下淡水汛	歸旗後汛分防，設兵十，裁存四；今設一名。
東港汛	舊設千總一、兵三十，改設把總一、兵二十八；今設十五名。
茄萣汛	歸東港汛分防，設兵五，裁存四；今設一名。
放縤汛	歸東港汛分防，設兵五，裁存四；今設一名。
大崑麓汛	歸東港汛分防，設兵五，裁存四；今設一名。
小琉球汛	光緒三年新設，駐兵三十名。
澎湖水師左營	
媽宮澳東汛	舊係專汛官，管轄炮臺一座、汛兵二十八名、戰船一隻、配兵五十名；改設把總一員、兵二十一名。
新城汛	歸東汛分防，設兵六名。
嵵裏汛	炮臺一座、汛兵十五名，按季輪派千把總一員、戰船一隻、配兵六十名駐防，改設外委一名、兵十四名。
文良港汛	按季派外委一名、戰船一隻、配兵五十名協防，改歸嵵裏汛分防，設兵十一名。
風櫃尾汛	改歸嵵裏汛分防，設兵四名。
將軍澳汛	炮臺一座，汛兵二十八名，按季輪派千把總一員、戰船一隻、配兵五十名協防；改設把總一員、兵十六名。
挽門汛	炮臺一座、汛兵二十八名，按季派外委一名、戰船一隻、配兵五十名協防；改歸將軍澳汛分防，設兵八名。

水垵汛	炮臺一座、汛兵二十八名；改歸將軍澳汛分防，設兵八名。
澎湖水師右營	
媽宮澳西汛	舊係專汛官，管轄炮臺一座、汛兵二十八名、戰船一隻、配兵五十名；改設外委一名、兵十七名。
新城汛	歸西汛分防，設兵六名。
內塹汛	炮臺一座、汛兵二十八名，按季輪派千把總一員、戰船二隻、配兵一百名駐防；改設把總一員、兵二十二名。
外塹汛	炮臺一座、外委一名、汛兵十五名；改歸內塹汛分防，設兵十六名。
小門汛	炮臺一座、汛兵三十名；改歸內塹汛分防，設兵十六名。
北山汛	按季輪派千把總一員、戰船二隻、配兵一百名駐防；改設外委一名、兵十名。
吉貝汛	按季派外委一名、戰船一隻、配兵五十名協防；改歸北山汛分防，設兵十五名。

臺東勇營駐防表

鎮海後軍中營	統領兼管帶一員。光緒十年冬，以中、前、左三哨駐知本，右哨駐水尾，後哨以四隊駐成廣澳、四隊駐大陂鹿寮。
鎮海後軍左營	原名飛虎軍後營。光緒九年，改分駐花蓮港一帶。嗣以中、左、後三哨駐花蓮港，右哨四隊分防加禮宛、四隊吳全城，前哨五、六、七、八等隊分防象鼻嘴，三、四兩隊、六甲一隊大巴壟。
鎮海後軍前營	光緒十四年冬增設，以中、前、左三哨駐新開園，右哨駐成廣澳，後哨四、五、六、七等隊駐璞石閣，一、二、三等駐鹿寮。
卑南屯兵一哨	光緒十四年原設三哨，十五年夏裁兩哨，分防大麻里、知本社、蚶子岡、巴塱衛等處。
南路屯兵二哨	光緒八年原設三營，九年裁。十年復募二哨，分防歸化門、大樹林、出水坡、溪底等處。
海防屯兵二哨	光緒十五年六月設，原駐拔子莊。十八年秋，以後哨調防巴塱衛。十九年秋，前哨調防大麻里等處，與南路屯兵換防。

屯丁

乾隆五十一年林爽文之役，大將軍福康安率師入臺，歸附各番奔走軍前，克奏膚功。及平，奏請倣照四川屯練之例，設置屯丁。既又釐定章程六款。旨下軍機大臣會同兵部尚書等議奏。奏曰：「乾隆五十三年六月初七日，內閣欽奉上諭：『據福康安等奏稱：臺灣熟番向化日久，當逆匪滋事之時，各番奮勇隨同官軍打仗殺賊，頗能出力。欽奉諭旨，令將熟番補充額名。臣等因戍兵仍請遵照舊例換防，別將熟番挑募屯丁，酌撥近山未墾之地，以資養贍，先經附摺具奏在案。茲將應行釐定章程，仿照屯練之例，通融酌議，逐一臚陳，恭請聖訓等因，著軍機大臣會同該部議奏，欽此。』臣等查臺灣地方，民番雜處。當逆匪滋事之時，該熟番均能奮勇出力。現在事竣，自應酌量挑補兵弁、分給田畝，以示撫綏，而資捍禦。今據福康安等倣照屯練之例，通融釐定各條，悉心酌議，恭呈御覽。一、屯丁人數，應按各社酌挑、令其就近防守一款：據稱『全部熟番通共九十三社。臺灣縣屬番社較少，淡水、彰化近山地方番社最多，鳳山、嘉義次之。每社番自數百至數十不等，約可挑選壯健番丁四千名，分為十二屯。大屯四處，每處四百人；小屯八處，每處三百人，作為額缺，毋庸別設屯所，即令在本社防守地方，稽查盜賊。其戶口較少之社，或數社並作一屯，或附入近處大社；庶番民等不致遠違鄉井，而較驗調派亦易於齊集。至各屯相距之地，道里難以適均。臺灣縣所屬番社不過數處，不能多設屯丁；然臺灣縣地界本狹，郡城設有重兵，足資彈壓。唯南北兩路險要甚多，淡水一所尤為遼闊。原撥熟番在隘口搭寮防守，名為隘丁，零星散處，酌量地勢情形，按照番社多寡，分別設屯，與各處營汛官兵聲勢聯絡，則稽核查察巡防，自可倍加嚴密』等語。查臺灣熟番九十三社，挑選壯健番丁可得四千名，自應定額挑補，以資巡防。應如所請，准其於該處熟番內挑選四千名，作為屯丁，分為十二屯。大屯四處，每屯四百人，小屯八處，每屯三百人，定為額缺，按各處廳縣地勢情形，分別安設，即令在本社駐守。其戶口較少之社，或數社併作一屯，附入近處大社，均毋庸別設屯所。仍將各屯名目及屯丁花名，造冊報部查核。一、各屯番丁、宜設立屯弁、以資管轄一款：據稱『四川屯練兵，於額設屯守備、千總、把總、外委等官一百餘員。今臺灣屯兵弁目，無需似此之多，祇應仿照其例，量為設立。查各社原有民人充當通事，管理一社之事，代為交納社餉。但此通事積年充役，地方官僉派，本非番人同類，未便用為弁目。應於番社頭目內，擇其曾經打仗出力，及番社素所信服者，如岸裏社潘明慈之類，揀選拔補。於南北兩路額設屯千總二員統領屯兵，把總四員分管各屯，大小各屯每處設屯外委十二員，花名圖冊交理番同知稽核，仍將各屯事務交北路協副將、南路營參將就近管理。該番等素嫻技藝，非招募新兵可比，應照四川省屯練之例，毋庸歸營操演。點驗屯丁、拔補屯弁等事，統歸臺灣鎮總兵、臺灣道管轄，詳報督、撫，給與劄付，報部存案。經管六年後，如果董率有方，曾著勞績，由鎮、道詳報督、撫，加一等賞，給職銜以示鼓勵。倘所管內有生事廢業之人，及苦累番眾情弊，即行咨革究處。遇有事故出缺，仍揀選番社悅服之人，詳報拔補』等語。查四川屯練之兵丁，向設屯土守備、千總、把總、外委等管轄。今臺灣番社既經挑補番丁四千名，亦應設屯弁以資經理。如所請南、北兩路，額設屯千總二員、把總四員，其大小各屯，每處各設屯外委一員，統率分管。該弁等本係番社，毋庸歸營操演，責令北路協副將、南路營參將各就近約束，並將花名圖冊造報理番同知稽核。其一切點驗兵丁、拔補屯弁等事，統歸臺灣鎮總兵、臺灣道辦理。該弁六年，如果董率有方，著有勞績，即由鎮、道詳報督、撫，加賞職銜以示鼓勵。倘有生事廢業，及苦累番眾之事，即行咨革究處，毋庸稍事姑寬。所有該弁等應給劄付，由鎮、道詳報督、撫給與，仍隨時報部存案。一、屯丁番丁、毋庸籌給月餉、應酌撥近山埔地、以資養贍一款：據稱『臺灣東界內山，本多曠土，禁民越墾，准令熟番打牲耕種，以資生計。無如游民聚處日多，越界佃耕，新成熟業，以致爭奪之事，控案甚多。前經勒渾奏明，轉委鎮、道確切勘丈，尚未勘明詳報，即逢逆匪滋事。現經臣等提奏核查，共計丈出墾埔地一萬一千二百甲，每一甲合內地民田十一畝三分一釐，均應查明民墾番墾，分明陞科辦理。此外尚有未墾荒埔五千四百四十一甲，又四十八、五十一等年，漳、泉械鬥及互控結會案內抄沒翁雲寬、楊光勳等入官埔地三千三百八十餘甲，均屬界外之地，迫近內山。應請將新設屯丁四千名，每名撥埔地二甲，千總每員十甲，把總每員五甲，外委每員三甲，令其自行耕種。責令地方官勘明界址，造冊繪圖，載明四至段落，通報立案，以備稽查。屯丁出缺，即挑其子弟充補，承受田畝。如有私行典賣者，按律治罪，追賠契價充公，其地仍歸番社。所有撥給埔地，應照番田之例，免其納賦，以示體恤，即毋庸別行籌給月餉』等語。查臺灣各社熟番，既經作爲屯丁，令其巡防，自應酌給地畝，以資養贍。今將軍公福等請於界外未墾荒埔並械鬥結會案內抄沒入官埔地八千八百餘甲，每一甲合內地民田十一畝三分一釐，今新設屯丁四千名，每名撥給埔地二甲，千總每員撥給十甲，把總每員撥給五甲，外委每員撥給三甲，令其自行耕種。照番田之例，免其納賦，毋庸別行籌給月餉等因。臣等核其撥給埔地，係按屯丁屯弁約定數目，應如所奏，行令該省督、撫，即將籌給該丁弁等埔地，飭令地方官，於設屯處所，就近照數撥給。仍令勘定界址，造冊繪圖，載明四至段落，通報立案，以備稽查。其屯丁內遇有事故出缺，即挑其子弟充補，將分給田畝頂給承種，以資養贍。如有私行典賣者，按律治罪，追賠契價充公，將該地畝移給別挑屯丁承受。一、請查已墾埔地、以定界址一款。據稱『臺灣東面依山，地勢寬廣。從前因淡水、彰化二處墾闢日增，別行畫定界限，設立土牛，禁止奸民越界占墾，免滋事端。乃生聚日繁，民人私向生熟番黎，佃地耕種。價值稍輕者，謂之租贌，價值稍重者，謂之典賣。熟番等歸化日久，漸諳耕作；所以業經典賣與民，無由取贖，是以各處番地，不特嘉義以南多有侵越，即淡水等處立定土牛之界，亦成虛設。此時若不將埔地澈底清釐過境，遷移址界，必仍滋淆混。除未墾荒埔五千四百四十餘甲撥給新募屯丁外，其已墾之一萬一千餘甲，自應分別辦理。查民人租贌之地無多，原係民爲佃戶，番爲業主，自應同番社田畝一體免科。其業經賣斷與民者，既非番業，即應令民戶一體報陞。第民買番地之後，所費工本原多。佃人有每年抽給科則，按甲計畝徵銀，免其納粟。仍出示曉諭番社，使知租額無虧，俾得永資生計。民人疇籍有納賦明文，世守其業，亦可永杜爭端。其集集埔、虎仔坑、三貂、瑯璚等處，接壤生番，私墾田畝甚多。此等偷越民人，本應重加懲治，唯念開墾以來，與生番日久相安，並無事故。一經驅逐，沃土既須拋荒，而遊民又無歸宿。應請照現定買民地之例，一概陞科，免其查究。應令該處民番將租贌典賣地畝，先行呈報。一俟割穫登場，臣徐嗣曾專委大員前往細查，並將此外有無續墾地畝，一併查明，分別辦理，咨部存案。自此次清查之後，即以所墾地方爲界，俾人一望而知。仍交巡視臺灣之將軍、督、撫、提督及地方官等，不時週歷巡查。如有越界私墾，即行從重治罪，將失察之地方文武各官一併嚴參究治』等語。查臺灣地方，民田薄徵租賦，番地免其陞科，乃皇上優恤海外民番，格外加恩之至意。今將軍公福等奏稱，將佃墾生熟番埔地一萬一千餘甲內，民人租贌之地，同番社田畝，免其陞科。其業經賣斷與民者，照同安縣下沙科則，按甲計畝徵銀，免其納粟之處，係屬推廣皇仁，俾得番民得業起見，亦應如所奏辦理，令該省督撫出示曉諭民番，各知遵守。並將業經賣斷與民地畝，查照同安縣下沙科則，造具每畝征銀若干清冊，送部查核。至所稱集集等處民人田畝，既據聲明，自開墾以來，與生番日久相安，並無事故，一經驅逐，沃土即須拋荒，而遊民又無歸宿，應如所請，准其照現定民買番地之例，一體陞科。仍令該督撫轉飭民番，將租贌典賣地畝數目，即查明呈報。一俟割穫登場，即專委大員前往細查。如此外復有續墾地畝，一併查明，造冊報部。自此次清查之後，即將所墾地方立石為界，仍交巡視臺灣將軍、督、撫、提督及該處地方官等，不時巡查。如再有越界私墾，即行從重究治，將失察地方文武各官，一併嚴參究處。

一、屯丁習用器械、應令自行製備、報官點驗一款：據稱『番民打牲捕鹿，所用鏢槍、鳥銃、竹箭，器械不一，均屬犀利。即如岸裏社番善用鳥銃，隨同官兵打仗殺賊，最為賊匪所畏。一切器械，均可毋庸製給。但現在嚴禁民間私藏軍器，屯兵所用槍箭，亦應官為點驗，以備稽查。所有新設屯丁四千名，不必照綠營之例，拘定鳥槍兵若干名、弓箭兵若干名，祇以該番習用器械為准，呈報總兵，逐加印烙，編號備查。每年令總兵巡查之便，照點一次。如無火烙印記，即照民人私藏軍械之例，一體治罪』等語。應准所奏。屯丁所用器械，毋庸拘定槍箭，令該總兵逐加印烙編號。每年巡查之便，點驗一次。如無印烙，即照私藏軍器之例，一體治罪。一、屯丁徵役，酌與優免、以恤勉力一款：據稱『臺灣各社熟番，質樸淳良，最堪憐憫。從前文武員弁出差巡察，無不調撥番兵，背運行李。其餘如地方興築、遞送公文，亦皆社番應役。其勞苦急公之處，較之臺灣民人不啻數倍。今既挑補屯丁，分處防守，遇有搜捕盜賊等事，又須聽候征調；所有一切傜役，免其承應。其未補屯丁之番民，亦祇秖遞送公文，不得以私事役使。倘地方文武及理番同知不加體恤，有苛派擾累之事，令該鎮、道實力訪查，嚴加參究』等語。查臺灣熟番既經挑補屯丁，即有防守之責，自應加優恤，以免擾累。今將軍公福等奏請，新設屯丁之番民，亦祇遞送公文，不得以私事役使之處，應如所奏，行令該督、撫轉飭遵照。倘地方文武及理番同知不加體恤，復有苛派擾累之事，令該處鎮、道實力訪查，嚴行參究。臣等酌議緣由，是否有當，伏候聖諭遵行。」詔曰可。命閩浙總督覺羅伍拉遵旨詳查應辦事宜。五十五年十月二十有三日，覺羅伍拉奏陳十二款：一曰分設屯所，應酌量地方，以資捍禦；二曰請嚴屯弁責成，以資約束；三曰屯丁受地，宜酌配撥；四曰清出侵占界外田園，定等徵租，以昭平允；五曰已墾田園，應設法分別陞免；六曰現丈戈聲圖冊，應發廳縣存檔，仍按各戶另給四至丈單，以便轉撥；七曰清丈徵租，以垂永久；八曰徵收租銀，應酌定勻給存留，以補丁食，以資經費；九曰支撥屯餉，宜定章程，以杜弊竇；十曰應用器械，分別編驗，以從番便；十一曰照舊安設隘丁，以重邊防；十二曰重立界石，以杜爭越。旨下軍機大臣會同兵部尚書議覆具奏。十一月十有一日，詔可，以五十六年春正月舉辦。覺羅伍拉命臺灣鎮、道通飭所屬遵行，並發告示曉諭民番。於是南路設大屯一、小屯二、置屯千總一員、把總一、外委三，隸南路營參將，轄十二社；北路設大屯三、小屯九，置屯千總一員、把總三、外委十二，隸北路協副將，轄八十三社。凡大屯屯丁四百，小屯三百，計四千名。分給荒地，俾之耕稼，以資贍養；其詳如表。

又以屯務初設，應需經費，奏定屯千總年給俸銀一百圓、把總八十圓、外委六十圓、屯丁餉銀八圓，歲共需銀三萬三千二百四十圓。委員勘丈番社田園，責成廳縣按甲徵租，而由撫民理番同知理之。嘉慶十五年，噶瑪蘭設廳。二十年春二月，通判翟淦議以東勢、馬賽、西勢等處荒埔，或已私墾，或尚未開，請准隘丁熟番就近耕稼，計甲徵租，年可得銀一千三百圓，倣設屯丁可得一百五、六十名，以備緩急。而鎮、道以該處究屬流番，未便設屯，著將田園照例陞科，其議遂寢。道光中，水沙連六社歸隸之時，巡道徐宗幹稟請督、撫，以六社番眾男女一千餘人，可選壯番四百名，設一大屯，補用外委一名，仍屬北路屯千總統轄，召佃墾荒，以給屯餉。許之。自是以來，屯務漸廢，而屯租亦愈空乏，至於不足支給。

光緒十二年，巡撫劉銘傳奏辦清賦，並議整屯務。巡道陳鳴志飭中路撫民理番同知蔡嘉穀議查，遂上整頓之策，略曰：「查乾隆五十三年，將軍公福奏准，九十三社之化番，挑選壯丁四千，以爲屯丁。則設大屯四、小屯八，星羅棋布，聯絡各營。有事之際，隨時調集；農隙之時，爲之訓練。計丁給地，除徵租地界之外，未墾荒埔五千六百九十一甲餘，均分撥屯丁。其近屯之地，每丁一甲或至一甲一分。距屯稍遠者，一甲三、四分。命其自耕，以爲贍養。即照番田之例，減免租賦；立石爲界，官爲巡視。至於屯田，以查出界外私墾田園三千七百三十餘甲，按等陞科，以充其用。每年計徵租穀四萬一千二百六十一石四斗六升六合四勺三撮，每石折銀一圓，可得四萬一千二百六十一圓四角六分六釐四毫三瓣。又有九芎林口租穀折銀八十圓。除給隘丁佃首餉費二千一百三十圓，及屯弁屯丁俸餉等項三萬三千二百四十圓，此外尚剩五千九百七十一圓四角六分六釐四毫三瓣，收存各縣，調撥口糧，俾充振恤，專爲屯務之用。伏查屯丁設置以來，百有餘年，父以傳子，子以傳孫，數代相承，得免饑餓，實賴此屯。然此養贍之地，輾轉佃耕，百弊叢生。或私自賣買，或竟被侵占；埔地日削，幾無聊生。謹陳整頓之策五條，伏祈憲鑒。一曰清屯餉：查屯田徵餉每年四萬一千餘圓，例由本廳移牒各縣，造冊送呈憲鑒。而近來各縣或稱水衝沙壓，或言旱魃爲災，以是徵額每多缺損。茲請先令各縣清丈本項屯田，查勘地方段落四至，造成魚鱗清冊，分別報告。如有被害丈溢之業，妥爲處置，以充屯餉之需。二曰選精壯：屯丁久沐皇恩，一旦裁撤，四千之眾，失其衣食，弱者轉於溝壑，強者聚嘯生事。今請妥爲揀選，棄弱留強，以其子弟補缺；並造名簿，由本廳給發腰牌，俾之攜帶，以定壯丁之額，免糜餉項。三曰分調遣：揀選番丁成屯之後，分調二千名，以六營爲巡防，大屯仍舊四百名爲一營，小屯三百名爲一營，或分爲四營，以一、二年交代，均其勞逸，以資操防。四曰備工作：全臺建省之時，需工甚多，故月給工食。或開山墾地，成修路造城，仍給器械，以慣其用，勒以兵法。假如一旬之中，七日作工，三日操演，認眞訓練，自成勁旅。五曰分餉需：屯餉舊田若能清丈，溢出必多。然以現在每月支餉甚鉅，欲望驟增，實有至難。伏思臺灣土勇數營，曾立戰功，故未遣散。顧兩三年來，病故逃亡甚多，十不存一。請減每營爲二百，或改營爲旗，每旗二百四十名。如以改減爲難，遇有病故逃亡之時，暫不塡募，任其漸次減少，以節餉需。即以剩餘之款，改充屯餉。屯丁工作既畢，俟其訓練又精，再將駐屯之處，分給荒埔開墾，徵租繼餉，以充餉需，似足大減國帑。」嗚志嘉之，代詳巡撫請採用。唯分餉一條，以營勇增減本有定數，而屯租徵收亦有常額，斷不得以勇餉而分給屯餉。進止如何，乞爲裁奪。十二月，銘傳通飭廳縣查勘屯田甲數，並檄總兵朱名登、通判金提會同各廳縣點閱屯丁，驗其優劣，以備取舍，而屯租遂改爲官租矣。

南北屯弁分給埔地表

屯名	屯弁數	分給埔地	每人甲數	總數（終位毫）
南路	屯千總一	鳳山南坪頂	一〇、〇〇〇	一〇、〇〇〇
放縤大屯	屯百總一	鳳山南坪頂	五、〇〇〇	五、〇〇〇
放縤大屯	屯外委一	鳳山南坪頂	三、〇〇〇	三、〇〇〇
搭樓小屯	屯外委一	鳳山南坪頂	三、〇〇〇	三、〇〇〇
新港小屯	屯外委一	鳳山大北坪	三、〇〇〇	三、〇〇〇
北路	屯千總一	彰化罩蘭	一〇、〇〇〇	一〇、〇〇〇
竹塹大屯	屯把總一	淡水武陵埔	五、〇〇〇	五、〇〇〇
竹塹大屯	屯外委一	淡水武陵埔	三、〇〇〇	三、〇〇〇
武勝灣小屯	屯外委一	淡水三角湧	三、〇〇〇	三、〇〇〇
蕭壠小屯	屯外委一	彰化永平坑	三、〇〇〇	三、〇〇〇
柴裏小屯	屯外委一	彰化內木柵	三、〇〇〇	三、〇〇〇
東螺大屯	屯把總一	彰化沙轆	五、〇〇〇	五、〇〇〇
東螺大屯	屯外委一	彰化沙轆	三、〇〇〇	三、〇〇〇

北投小屯	屯外委一	彰化內木柵	三、〇〇〇	三、〇〇〇
阿里史小屯	屯外委一	彰化水底寮	三、〇〇〇	三、〇〇〇
麻薯大屯	屯把總一	彰化罩蘭	五、〇〇〇	五、〇〇〇
麻薯大屯	屯外委一	彰化罩蘭	三、〇〇〇	三、〇〇〇
日北小屯	屯外委一	淡水馬陵埔	三、〇〇〇	三、〇〇〇

南北屯丁分給埔地表

屯名	屯丁數	分給埔地	每人甲數	總數（終位毫）
放縤	三九	鳳山埔羌林	一、八七五	七四、五〇〇
茄藤	一二一	鳳山埔羌林	一、一八〇	一四三、〇〇〇
力力	六九	鳳山埔羌林	一、二三〇	八三、〇〇〇
下淡水	一一一	鳳山南坪頂	一、二〇〇	一三三、二〇〇
上淡水	六〇	鳳山南坪頂	一、一八〇	七一、〇〇〇
搭樓	一五五	鳳山南埔頂	一、二六〇	一九五、九九〇
武洛	五〇	鳳山南坪頂	一、二二〇	六一、〇〇〇
阿猴	七一	鳳山南崁林	一、八一〇	八三、八〇〇
上淡水	二七	鳳山南坪頂	一、五〇〇	三六、一六〇
新港	二〇一	鳳山大北坪	一、六八〇	三三四、七一〇
卓猴	六八	鳳山南坪頂	一、六三〇	一一一、四五〇

大傑顛	三一	鳳山南崁林	一、六七〇	五二、〇〇〇
蕭壠	四一	彰化永坪坑	一、五〇〇	六一、五〇〇
麻荳	五〇	彰化永坪坑	一、五〇〇	七五、三〇〇
蕭里	二〇	彰化永坪坑	一、五〇〇	三〇、〇〇〇
灣裏	四〇	彰化八娘坑	一、七七〇	六九、五〇〇
大武壠	三六	彰化大姑婆	一、四一〇	五〇、六六〇
茄拔	二五	彰化大姑婆	一、四一〇	三五、二五〇
芒仔芒	三〇	彰化大姑婆	一、四一〇	四二、三〇〇
嘉義	二〇	彰化沙轆	一、五〇〇	三〇、〇〇〇
哆囉嘓	二〇	彰化沙轆	一、五〇〇	三〇、〇〇〇
內攸	一〇	嘉義十張犁	一、一〇〇	一一、〇〇〇
阿里山	七	嘉義後大埔	一、一一〇	七、七七〇
柴裏	三八	彰化內木柵	一、四〇〇	五三、四〇〇
阿里山	四〇	嘉義芊蓁崙	一、六六〇	四六、六〇〇
水沙連	九〇	彰化八娘坑	一、〇〇〇	九〇、〇〇〇
打貓	一五	彰化沙轆	一、四〇〇	二一、〇〇〇
他里霧	二〇	彰化沙轆	一、四〇〇	二八、〇〇〇
西螺	五六	彰化水底寮	一、三六〇	七三、四六〇
貓兒干	二九	彰化水底寮	一、三六〇	三九、四四〇

南社	一二	彰化水底寮	一、三六〇	一六、三二〇
東螺	一五二	彰化水底寮	一、〇〇〇	一五二、〇〇〇
馬芝遴	二三	彰化水底寮	一、〇〇〇	七三、〇〇〇
二林	二八	彰化水底寮	一、〇〇〇	二八、〇〇〇
眉裏	五〇	彰化校栗林	一、〇一〇	五〇、五〇〇
大武郡	二八	彰化萬斗六	一、〇三〇	二八、八四〇
半線	一三	彰化萬斗六	一、〇三〇	一三、三九〇
大突	七六	彰化水底寮	一、〇〇〇	七六、〇〇〇
阿東	三〇	彰化水底寮	一、〇〇〇	三〇、〇〇〇
北投	一二八	彰化內木柵	一、〇〇〇	一二八、〇〇〇
南投	二三	彰化虎仔坑	一、〇二〇	二三、五〇〇
貓羅	四五	彰化萬斗六	一、〇〇〇	四五、〇〇〇
柴仔坑	三三	彰化水底寮	一、〇〇〇	三三、〇〇〇
大肚北	二一	彰化水底寮	一、〇〇〇	二一、〇〇〇
大肚南	二一	彰化水底寮	一、〇〇〇	二一、〇〇〇
貓霧捒	二九	彰化水底寮	一、〇〇〇	二九、〇〇〇
阿里史	一一九	彰化水底寮	一、〇〇〇	一一九、〇〇〇
水裏	二六	彰化水底寮	一、〇〇〇	二六、〇〇〇
牛罵南	三五	彰化水底寮	一、〇〇〇	三五、〇〇〇

牛罵北	一四	彰化水底寮	一、〇〇〇	一四、〇〇〇
烏牛蘭	三二	彰化水底寮	一、〇〇〇	三二、〇〇〇
沙　轆	二七	彰化水底寮	一、〇〇〇	二七、〇〇〇
大肚中	四七	彰化大姑婆	一、〇〇〇	四七、〇〇〇
麻薯舊	三八	彰化雞油埔	一、〇一〇	三八、三八〇
岸　裏	一一一	彰化雞油埔	一、〇一〇	一一二、一一〇
翁　仔	二五	彰化雞油埔	一、〇一〇	二五、三〇〇
葫蘆墩	二五	彰化雞油埔	一、〇一〇	二五、三〇〇
崎仔腳	二一	彰化雞油埔	一、〇一〇	二一、二一〇
西勢尾	二三	彰化雞油埔	一、〇一〇	二三、二三〇
樸仔籬	一四四	彰化雞油埔	一、〇一〇	一四五、四四〇
貓裏蘭	一三	彰化雞油埔	一、〇一〇	一三、一三〇
日　北	七〇	淡水馬陵埔	一、六八〇	一一八、〇〇〇
日　南	七四	淡水馬陵埔	一、六九〇	一二五、〇〇〇
大甲東	四〇	淡水黃泥塘	一、六七〇	六六、〇〇〇
大甲西	四〇	淡水黃泥塘	一、六七〇	六六、〇〇〇
大甲中	三二	淡水四方林	一、九〇〇	六一、〇〇〇
雙　寮	四四	淡水淮仔埔	一、六七〇	七三、五〇〇
竹　塹	九五	淡水武陵埔	一、五八〇	一五四、一〇〇

房裏	四四	淡水武陵埔	一、六八〇	七三、九二〇
苑裏	一二	淡水武陵埔	一、六八〇	二、〇一六
呑霄	二五	淡水武陵埔	一、六八〇	四二、〇〇〇
貓盂	八	淡水武陵埔	一、六八〇	一三、四四〇
後壠	三九	淡水芎蕉灣	一、一五〇	四五、〇〇〇
新港	五二	淡水內灣	一、一四〇	五九、三九〇
貓閣	三〇	淡水鹽水港	一、一一〇	三三、三〇〇
中港	三〇	淡水鹽水港	一、一一〇	三三、三〇〇
雙寮	四〇	淡水武陵埔	一、六八〇	六七、二〇〇
霄裏	二〇	淡水武陵埔	一、六八〇	三三、六〇〇
武勝灣	三二	淡水山坑仔	一、一九〇	三八、〇八〇
擺接	一三	淡水山坑仔	一、一九〇	一五、四七〇
里族	一四	淡水山坑仔	一、一九〇	一六、六六〇
雷裏	二二	淡水淮仔埔	一、一九〇	二六、一八〇
錫口	一四	淡水淮仔埔	一、一九〇	一六、六六〇
搭搭攸	一六	淡水淮仔埔	一、一九〇	一八、〇四〇
圭泵	一五	淡水尖山腳	一、一九〇	一七、八五〇
八里坌	五	淡水尖山腳	一、一九〇	五、九五〇
圭北屯	一一	淡水尖山腳	一、一九〇	一三、〇九〇

毛沙翁	四	淡水八連港	一、〇三〇	四、一二〇
大雞籠	一二	淡水八連港	一、〇三〇	一二、三六〇
金包裏	二八	淡水七堵埔	一、〇三〇	二八、八四〇
北投	二三	淡水七堵埔	一、〇三〇	二三、六六〇
三貂	二一	淡水七堵埔	一、〇三〇	二一、六三〇
小雞籠	六	淡水田寮港	一、〇三〇	六、一八〇
龜崙	二三	淡水七堵埔	一、〇三〇	二三、六九〇
南崁	一四	淡水三角湧	一、〇八〇	一五、一二〇
坑仔	一六	淡水三角湧	一、〇八〇	一七、二八〇

隘勇

臺灣設隘，仿於鄭氏。永曆十九年，諮議參軍陳永華請申屯田之制，以開拓番地，而人民之私墾者亦日進，每遭番害，乃築土牛以界之，禁出入。土牛者，造土如牛，置要害，戍兵防守。至今尚留其跡。或曰紅線，則以土築短垣，上砌紅磚以爲識，耕者不得越。歸清以後，仍沿其制。而墾田愈廣，漸入內山，官不能護。乃爲自衛之計，設隘寮，募隘丁，以資捍禦。其經費則隘內田園徵之，謂之隘租。鋤耰併進，弓矢前驅；南至瑯璚，北窮淡水，皆有漢人足跡，而政令且不及也。康熙六十年朱一貴之變，全臺俱動。及平，總督滿保以沿山一帶，爲盜番出沒之所，議逐人民於內。塞各隘，築長垣，以絕出入。總兵藍廷珍力陳不可。六十一年，福建巡撫楊景素奏請立石番界，派兵巡防；是爲官隘之始。雍正六年冬，山豬毛番亂，討之。十一年，以南路營兵三百戍其地。自是番不敢出，然猶未有隘名也。

十三年，彰化眉加臘番亂，討之。乃設隘於柳樹湳，在烏溪之北，爲今臺灣府治附近，其時臺中皆番地也。乾隆五十三年，大將軍福康安奏設屯番之制，以近山之地，照舊設立隘丁，或分地受耕，或支給口糧，均係民番自行捐辦。今其地歸屯，應以官收租穀內支給，仍責成各隘首，督率隘丁，實力巡查，以與營汛相表裏。於是鳳山、嘉義、彰化、淡水各設隘於邊。每處隘首一名，隘丁十數名，或二、三十名。每名年給口糧三十石，折銀三十圓，隘首倍之。唯九芎林隘，官徵屯租全給，餘則官給四成，民給六成，是爲官設之隘。然官隘之力有限，而人民之墾者日多。嘉慶七年，吳沙募三籍之氓，入闢蛤仔難，築堡以居。沿山各隘，俱戍鄉勇，曰民壯寮，故居者無害。各有田園數千甲，爲經費。設廳之後，雖陞科，而近隘之地，仍留爲隘丁耕稼，自收自給。奉旨准行。是爲私設之隘。蛤仔難處臺之北東，負山面海，皆番地。自三貂嶺越山行，爲遠望坑，有民壯寮焉。始用以通道，繼用以捍行。過此而西，爲大里簡，亦設民壯寮。又西爲梗枋，爲烏石港。遠望坑之南爲金面山，爲白石，爲湯圍，爲柴圍，迤西爲三圍。又南爲四圍一結，爲四圍二結，爲四圍三結，爲旱溪，爲大湖，爲叭哩沙湳，爲鹿埔，爲清水溝，爲崩山，爲員山莊，爲馬賽，凡二十處，各設隘祛害。前時行人出入，隘丁護之，每人酬錢四十文。迨設官後，由官賚之。十七年，漳人林朝宗等請墾蘇澳之地，增設施八坑隘。施八坑在東勢山尾，林深草茂，土番據之。而口甚狹，西連叭哩沙湳，出坑而東爲蘇澳，通海之處也。土廣而腴，眾每請墾，而有司以距城遼遠，慮藏奸宄，不許。及道光元年，耕者已三百餘人。署通判姚瑩乃籍其田以爲隘，未竣而去。六年夏，閩、粵械鬥，粵人黃斗乃居淡水之斗換坪，乘勢煽生番作亂。及平，設隘南莊，置屯把總一、屯兵六十以戍。十四年冬，淡水同知李嗣業以南莊既墾，而東南山地未闢，乃命姜秀鑾、周邦正集閩、粵之人，凡二十四股，合設金廣福隘，以從事墾荒。自樹杞林而入北埔，設隘寮十五處。所轄之地，袤三十餘里，廣一、二十里，徵收田租，以供隘費。是爲公設之隘。同治十三年，欽差大臣沈葆楨奏請開山撫番，而隘制久廢，以兵代之。光緒十二年，巡撫劉銘傳奏頒隘勇之制，收防費，廢隘租，以期整剔。十四年，阿罩霧人林朝棟、林文欽合設公司曰林合，給墾臺灣縣轄沿山數千甲，並營腦業，慮遭番害，請設隘勇兩營，凡五百名，自給餉械，以林榮泰、劉以專率之。自抽籐坑至集集，分設隘寮，謂之銃櫃。隘勇擊柝巡守，有警則鳴銃傳示，眾悉出，伏險擊。故番害稍戢。番之出草，每乘隙弋人，或昏夜突襲，故防之綦嚴。而任其事者，多愍不畏死，以殺番相雄長者也。

鳳山縣轄隘寮沿革表

隘寮社隘	官設，在山豬毛口，原設隘丁三十名，今裁。
漏陂社隘	官設，在南太武山南，原設隘丁十五名，今裁。
茄藤社隘	官設，在大崑麓，原設隘丁二十名，今裁。
力力社隘	官設，在佳佐山麓，原設隘丁二十名，今裁。
放縤社隘	官設，在三條崙嶺，原設隘丁二十名，今裁。

淡水廳轄隘寮沿革表

火焰山隘	民設，在大甲堡西南，即大甲溪，原設隘丁八名，今裁。
日北山腳隘	民設，原在日北山腳，後移入鯉魚潭高崗，屬苑裏堡，原設隘丁六名，今設八名，現隸苗栗縣。
三叉河隘	民設，在苑裏堡內山高崗處日北山隘之北，今移番仔城，原設隘丁十五名，現隸苗栗縣。
內外草湖隘 淡水廳	民設，原爲高埔隘，後移苑裏仔東首內山，而南勢湖隘亦歸併，在三叉河隘之北，二隘原設隘丁十七名，今設二十名，現隸苗栗縣。
銅鑼灣隘	官設，在後壟堡銅鑼灣內山要處，爲草湖隘之北，原設隘丁二十五名，現隸苗栗縣。
芎中七隘	官設，在後壟堡芎蕉、中心埔、七十分三莊之內，故名；爲銅鑼灣之北，原設隘丁三十名，現隸苗栗縣。
大坑口隘	官設，原爲中隘，後移後壟堡內山橫岡，爲芎中七隘之北。大坑口隘原設隘丁三十名，中隘十名，今設四十名，現隸苗栗縣。

蛤仔市隘	官設，在後壟堡蛤仔山內之橫岡，爲大坑口隘之北，今設隘丁二十名，現隸苗栗縣。
嘉志閣隘	民設，在嘉志閣莊，後改汛防，移入內山，爲蛤仔市隘之北，原設隘丁二十名，今三十名，現隸苗栗縣。
南港隘	民設，在中港、南港之內山，爲嘉志閣隘之北，原設隘丁十五名，今三十名，現隸苗栗縣。
三灣隘	民設，在中港堡三灣內山，爲南港隘之北。道光六年，奏請派撥屯把總一員、屯丁六十名、通事一名，以防中港、三灣、大北埔等隘。今改設隘丁四十二名、屯把總一名，現隸苗栗縣。
金廣福隘	民設，原在淡水廳東之鹽水港、南隘、茄苳湖、石碎崙、雙坑、大崎、金山面、圓山仔、大北埔、小銅鑼圈等十處。其小銅鑼圈即舊之中港尖山隘。嗣因土地日闢，已越舊址，乃裁撤爲一，移於五指山之右，沿山十餘里，均設隘以防。其石碎崙原設隘丁四十名，由官撥充租稅，以補不敷。而大北埔、中港尖山二隘，亦官奏設，由民給費。其鹽水港、南隘、茄苳湖、小銅鑼圈四處，原設隘丁各二十名，雙坑十四名，大崎、金山面各十八名，圓山仔六名，均民給費。今合設一百二十名，就地取糧，每年由官撥租四百餘石，發串著令自收。現隸新竹縣。
矺仔隘	民設，在三灣隘之北，距廳東三十里，原設隘丁十五名，今仍之，現隸新竹縣。
猴洞隘	民設，在矺仔隘之北，距廳東三十四里，原設隘丁十五名，今仍之，現隸新竹縣。
樹杞林隘	民設，在猴洞隘之北，距廳東二十五里，原設隘丁十五名，今二十名，現隸新竹縣。
九芎林隘	民設，即南河隘，距廳東四十里，原設隘丁十名，由官撥給屯租，今歸民辦，現隸新竹縣。
咸菜硼隘	民設，在九芎林隘之北，距廳東五十里，原設隘丁二十名，今仍之，現隸新竹縣。
大料崁隘	民設，在桃澗堡內山，原設隘丁三十名，今仍之，現隸南雅廳。
三角湧隘	民設，在海山堡內山大料崁隘之北，今設隘丁十名，現隸南雅廳。
大銅鑼圈隘	民設，原在四方林，後移桃澗堡內山，舊設隘首一名，丁無定額，今設十名，現隸淡水縣。
三坑隘	民設，在桃澗堡內山，爲大銅鑼圈隘之北，今設隘丁二十名，現隸淡水縣。
大坪隘	民設，在桃澗堡內山，爲銅鑼圈隘之北，今設隘丁二十名，現隸淡水縣。

溪洲隘	民設，在桃澗堡內山，爲大坪隘之北，今設隘丁十名，現隸淡水縣。
橫溪隘	民設，在擺接堡內山，今設隘丁五名，現隸淡水縣。
暗坑隘	民設，在擺接堡內山，今設隘丁十名，現隸淡水縣。
萬順寮隘	民設，在擺接堡內山，爲暗坑隘之北，原設隘丁十二名，今十五名，現隸淡水縣。
十份寮隘	民設，在石碇堡內山，原設隘丁十名，今裁。
三貂嶺隘	民設，在三貂嶺民番交界之處，原設隘丁十名，後改汛防。

噶瑪蘭廳轄隘寮沿革表

遠望坑隘	民設，在廳治北鄙，與淡水交界，前設民壯寮，今裁。
大里簡隘	民設，在廳治之北，前設民壯寮，後改汛防。
梗枋隘	民設，在廳治之北，前設隘丁，後改汛防。
烏石港隘	民設，在廳治之北，前設隘丁，後改汛防。
金山面隘	民設，在廳治之北二十五里，原設隘丁八名。
白石山隘	民設，在廳治之北二十里，原設隘丁十名。
湯圍隘	民設，在廳治之北十七里，原設隘丁八名。
柴圍隘	民設，在廳治之北十二里，原設隘丁五名，今裁。
三圍隘	民設，在廳治之北十二里，原設隘丁五名，今裁。
四圍隘	民設，在廳治之北八里，原設隘丁六名。
旱溪隘	民設，或作礁溪，在廳治之北九里，原設隘丁八名，今移於摸壁潭。

泉大湖隘	民設，在廳治西南二十五里，現設隘丁十三名。
葫蘆隘	民設，在廳治西南十六里，現設隘丁六名。
施八坑隘	民設，在廳治之南四十里，現設隘丁十二名。
馬賽隘	民設，在廳治之南三十里，原設隘丁十二名，今裁。
員山隘	民設，在廳治之南二十五里，原設隘丁十名。
鹿埔嶺隘	民設，在廳治之南二十五里，現設隘丁十二名。
清水溝隘	民設，在廳治之南十五里，原設隘丁八名，今裁。
崩山隘	民設，在廳治之南十二里，原設隘丁八名，今移於擺燕山。
大埤隘	民設，在廳治西北十里，現設隘丁八名。
三關仔隘	民設，在廳治西北五里，現設隘丁八名。
叭哩沙湳隘	民設，在廳治之西三十里，現設隘丁十二名。
內湖隘	民設，在廳治之西十五里，現設隘丁六名。
大湖隘	民設，在廳治之西四十二里，原設隘丁十二名。
穎廣莊隘	民設，在廳治之西七里，現設隘丁五名。
枕頭山隘	民設，在廳治之西六里，現設隘丁十名。

鄉勇

康熙六十一年，朱一貴既平之後，地方未靖；臺灣鎮總兵藍廷珍上書總督滿保，請行保甲。許之。既復請辦團練，以爲郡治今雖有協防之兵二千人足供調遣，然計南路下淡水岡山分去四百有奇，北路下加冬半線又分去四百，所存防兵不過千人。經制各營又多分守汛地，府治關係重大，未可遽云兵力有餘也。當今之時，宜急訓練鄉壯，聯絡村社，以補兵防之所有不周。無事皆農，有事皆兵，使盜賊無容身之地。所謂急則治其標，不可須臾緩者也。其後遂以爲例，每有兵事則舉辦之。林爽之役，南北俱陷，粵莊多出義軍助戰守，而鹿港郊商亦募勇自衛，故無害。一貴、漳人也。漳、泉方息鬥，又與粵莊仇，故多拒之。事平，下旨嘉許，立功者給以功牌，死者祀之，春秋豆俎，以旌義烈，故民多奮勇。

禁煙之役，英艦輒窺伺沿海，總兵達洪阿、巡道姚瑩治軍有律，策勵民兵，以資戰守，故無外害。淡水同知曹謹請停防洋經費，專募鄉勇，瑩不可。當是時班兵積弊，幾不可用，瑩乃選拔精兵六百名，增給月餉而訓練之，欲以漸及各營，未成而去。道光二十八年，徐宗幹任巡道，與總兵議，漸整營制。又以澎湖一營遠隔海洋，上書督撫，請改募兵。略曰：「澎人皆捕海爲生，極爲勤苦，且熟諳水性，履波濤如平地，壯健丁勇挑選入伍，以備不虞，較諸水師實爲得力；不但可以省戍兵換班之費，且可以收海島無業之民。沙線既熟，守望亦專，是一舉而數善備也。」不從。洪楊之役，湘淮諸將多練鄉勇，戡平大難，於是漸汰綠營。及戴潮春之變，攻陷彰化，南北俱動，官兵不戰而潰，巡道孔昭慈死之。乃再設團練，以淡水紳士林占梅爲團練大臣駐大甲，阻其北竄。而各莊亦多起義軍，以相搏戰，建功尤偉。然而猾紳土豪，夤緣爲利，怙其勢力，互相雄長，武斷鄉曲，莫敢誰何。巨奸積匪，藏之宇下，一言不合，趣起興戎。浸成游俠之風，而官莫敢問也。光緒七年，改爲培元總局。

法人之役，沿海戒嚴，巡道劉璈集士紳再辦團練，手訂章程十七條以布之。則於府縣城內設一總局，東、西、南、北、中各舉團總一人，歸總局經理。城外各鄉遠近不一，大約以周三、四十里爲分局，任以團總，副以團佐。閩、粵人之聚居者可設族團，族長主之。凡團內之壯丁皆註於籍，分爲義勇、練勇、團勇。義勇常駐局中，逐日操練，月給糧銀四圓八角。練勇按旬一操，每次給銀二角。其費皆由舖戶捐之；練勇八名抵義勇一名。不歸捐者爲團勇，自備口糧，每月赴操一次，由局豫選明幹義勇爲百長，以帶練勇。又由練勇選什長，以帶團勇。衣裝旗幟，捐戶備製，各分其色以俾辨別。其有膽略過人、願赴前敵者，准其自告，別編一冊，由縣會營，申明號令，隨軍出戰不，與前鋒，慮亂行也。信賞必罰，昭示鼓勵。從前犯法之人，如能改過自新以功抵罪，辦團紳士別爲請獎。夫團練之設，所以自衛也。在城守城，在鄉守鄉，足供行軍之不逮，唯在理者之得宜爾。八月朔，又刊漁團章程二十條，通飭紳民暨沿海漁戶遵行略。曰：「漁團辦法與陸團不同。沿海漁戶，貧苦居多，既難如陸團捐勇出資，又難如陸團派紳設局。情形既異，頭緒尤繁。」並議就漁團以選水勇，藉水勇以聯漁團，相輔而行，較爲妥便。除照原詳水勇名數，由各路挑選泅水精壯漁民，先後招募成軍，以固要防；並將漁團辦法，釐定章程，以清內亂，而禦外侮。其辦法則於海口陸團派委團紳一名，會同水營管帶，編造漁戶清冊。每船每筏給以白布小方旗一面，上書某路某口幾甲幾牌幾號之船。凡近海十里以內，或二百名、三百名、四百名聯爲一團，派管帶、幫帶各一員以統率之。每哨置正、副哨長；又於水勇之中，每船派充什長一名，每筏伍長一名。每哨配船四隻、筏八隻。無筏者即用小划。其船逐月租價七兩，筏一兩四錢。衣旗軍器由官給發。每旬逢五，操練一次。無事之時，仍准出漁，有事則分哨守戰，以與陸團策應。如有勾通外寇、洩露軍情、潛爲引港者，殺無赦。當是時，巡撫劉銘傳駐臺北，亦辦團練，奏簡林維源爲團練大臣。各府廳縣設總局，以名望紳士理之，下設分局。各鄉置團，劃爲一段，以衛鄉里，嚴守望，詰盜賊。其制甚善。

乙未之役，臺灣自主，以進士丘逢甲爲團練使，統率義軍，並辦漁團。一時蒼頭特起，執戈制梃，效命軍前，悍然而不顧死者比比也。然而蒼葛雖呼，魯陽莫返，則亦無可如何而已。

古者兵民爲一，存亡與共，其民皆國之兵也，故能有勇知方。自募兵起，而兵民分矣。兵民分，而其兵爲朝廷之兵、藩鎮之兵、悍將之兵，養其爪牙，以肆禽獮，而國之威稜乃不振。夫欲振威稜，當用民兵，遠師三代，近法歐洲，而後可以爭雄於天下。

師船

臺灣海國也，戰守之策，不在於陸而在於水，故治臺者多重海防。

昔者荷蘭以夾板之威，跋浪滄溟，稱雄東瀛。鄭氏繼之，亦設水師之鎮，駕乘風之船，狎侮波濤，若履平地。使清人不敢南顧者，則以重洋之險，未可投鞭斷流也。芝龍素習海，開府安平，舳艫直通臥內。凡海船出洋者，不得鄭氏令旗，不能往來。每船例入二千金，以此富敵國。延平入臺之後，亦時造巨艦，販運東南洋而攬其利。使鄭氏不亡，整軍經武，則已爲海軍之強國矣。而至於亡者，天也。

清人得臺，分汛水陸。安平水師副將統兵三營，有戰船五十四隻；澎湖水師副將統兵二營，有戰船三十三隻；其後添設淡水營水師都司，統兵五百，有戰船二隻；所以防備沿海也。臺、澎各營之船，例由通省廳員分派修造。康熙三十四年，改歸內地州縣。其尚可修整而不堪駕駛者，州縣派員辦運工料，赴臺興修。迨按糧議派，臺屬三縣始亦分修數隻。此非厚庇臺屬也，蓋以內地各廠員多力分，工料俱便，不煩運載，可以剋期報竣也。

先是康熙十三年，部定各省戰船，三年小修，五年大修。二十九年，奏准沿海戰船新造之後，三年小修，又後三年大修，又後三年尚堪駛用者仍令大修，否則奏明拆造，改爲內河之船。既又奏准各省戰船至應改修之年，以文到之日爲始，限一月領船，又一月估價報部。覆准之後，應以部文到日爲始，大修限三月，小修兩月，如逾限者照例議處。後又奏准福建戰船勻派通省道府監修。臺澎九十二隻，應由臺灣道府各十八隻，餘仍歸派內地。於是道府始設船廠，採伐內山樟木，以爲材料。未幾仍歸內地。四十四年，復歸臺屬，而府修倍道，飭與福州府分修。議於部價津貼運費外，每船捐貼百五十圓，繳交鹽糧廳代辦其半，道鎮協營廳縣共襄厥事。嗣又專歸府辦，而道廠廢矣。雍正三年，兩江總督查弼納奏請設立總廠於通達江湖之處，飭派道員監督，領銀修造，復派副將或參將一員公同監視，務節浮費。部價不敷銀兩，歷來州縣協貼，仍應照舊。詔可。福建總督亦奏言：「臺澎戰船，請於臺灣設廠，委令道協督造。」於是各船盡歸臺廠，而道協之責任獨重矣。七年秋九月，總督高其倬奏改福建分設福、漳、臺三廠，攤造戰船。而福廠由鹽驛，興泉二道承修海壇等營一百三十三隻，漳廠由汀漳道承修水師提標等營一百零一隻，臺廠由臺灣道承修臺協等營九十八隻。其後增設泉廠，由興泉道辦之，而福廠僅命鹽驛道。乾隆元年，總督郝玉麟奏言：「福建戰船，福廠承修七十六隻，泉廠五十三隻，漳廠九十九隻，臺廠九十六隻。而臺廠遠阻重洋，難以勻派。顧臺灣自設廠以來，開辦料館，沿山樟樹概歸官有，南之琅璚，北之淡水，均委匠首。而匠首以伐木之外，私攬熬腦，而贏其利。然臺廠自數十年來，津貼較少，工料日騰；修造戰船，屆期難竣。或至脆弱，不堪駕駛。歷任擱置，賠累爲難。是有修船之名，而無用船之實。」及徐宗幹任巡道，稟請變通船政。其書曰：「昔劉晏曰：成大計者不惜小費。置船場執事者，當先使之私用無窘，則官物堅完矣。誠古今之通論也。曩者臺地船工，道府有餘項，價寬則易完，舟師有口糧，物固則不腐，是以一船得一船之實用也。查船廠所需料物，有購自內地者，若松杉、若鐵、若油、若棕之類，皆由廈口商船配帶交廠，例不許民間私售。廠用有餘，則發商匠領賣，而交價浮於原值。舊船椗、柁等料，亦有廠戶承領繳價，以津貼工料例價之不敷。如有延欠同存料，並於交案作抵。此官私之皆有利益也。乃日久而利之所在，弊即生焉。今移交冊內，孔、劉、鄧、平四任流抵一萬餘兩。周、劉、沈等任流抵三萬六千餘兩，姚、熊兩任列抵廠料及匠欠九千餘兩，熊任又抵存廈料四千餘兩。其匠欠作抵，是以現存之項爲辦公之餘囊，而以待追之項爲懸抵之空賬也。又各屬有料差、有匠首承辦料物，由各澎船運廠，向來於差役中點派，有應交公費，亦爲廠中工需津貼。如恐其厲民而裁革之，則採伐料物，無所責成，或土棍影射滋擾，爲害更甚。然官有餘資，民少困窮，亦利弊參半，而久則有弊無利矣。今者道府之存款有減無增，舟師之出巡有名無實。應修應造之船，例應由營駕廠。因港道不能疏通，修船者得以卸責，而弁兵亦樂於折價，虛報領收，便可塘塞。或購買以補額，即補額亦爲兵丁販運耳。已修已造之船，例應由營領駕。因港口不能安泊，駕船者得以藉口，而工匠亦樂於草率，埔岸高擱，何須堅固？或粉飾以備驗收，即驗收亦爲兵丁需費耳。由是而料物之餘存者益多，則以發匠領賣爲利。由是而舖匠之積欠者益多，則以移居折抵爲便。領售多而完繳愈少，所追者半窮丐子孫。流抵多而存款愈少，所墊者皆寄存要款。完繳愈少，而比追無著，則不能不問及保人。追保人不能不累及鋪民。鋪民視為畏途，而接充者無人矣。是欲發料物以為津貼，不可得也。存款愈少，而工需急促，不能不取及料差造料。差不能不累及匠首。匠首皆苦無贏餘，而願充者無人矣。是欲藉料差以為津貼，又不可得也。是誠不如不開港，不駕廠之為便也。今一旦力矯其弊，而正告之曰：有船必造，有船必修。則應之曰：造必如何而後可用也，修必如何而後可用也。如其式而造之修之，則又曰：用不可也。即用之矣，而終置之無用之地。曰：非不用也，造不如式也，修不如式也。是誠不如不修船而給以修之之費，不造船而給以造之之費之為便也。然而又不應也，曰：料物不能私取也，工匠不能聽其使令也。則仍歸廠修造，而令水師營員監視之。其奉委者不過千把等官。或曰：此舊料不必用也，作價與我可也。或曰：此新料不必用也，作價與我可也。不得已而與將官親督之，則工皆實用矣。然而已造之船，桅柁皆完，駕未久而棄置者有之。已修之船，帆索悉備，領未久而折賣者有之。即不准其棄置，不許以折賣，而無兵丁以守之，無炮械以實之；有兵丁矣，有炮械矣，無官弁以統之，無口糧以養之，欲其不變價而不能也，欲其不販賣而不能也。私用窨則官物焉能全也？將官則知之而無如何也。數年而屆小修如是，數年而屆大修如是，又數年而屆拆造亦復如是。其間或偶遇風暴，則曰不堪修葺，甚且以為片板無存，修無可修，而造難遽造。久之而文冊中有船，海洋中無船矣。嗟乎！洋面無兵船，則洋面皆盜船。洋面皆盜船，則洋面無商船。商船絕而臺民危矣！今盜船漸以臺洋為逋逃藪，因循再久，患不遠也；勢不能不亟起而改圖之。全臺原設及裁改，應共存戰船九十六隻。內臺協中營十九隻：內省造四隻，本年新拆造二隻，本年及來年已屆大修四隻，小修三隻，應造補三隻，又應歸府廠造補三隻。臺協左營十四隻：內省造六隻，新拆造一隻，應造補一隻，屆大修一隻，小修二隻，又應歸府廠造補二隻，小修一隻。臺協右營十四隻：省造四隻，應造補二隻，屆大修四隻，小修二隻，應歸府廠造補二隻，小修二隻。澎協左營十七隻：省造六隻，應造補二隻，屆大修五隻，撥府拆造二隻，大修二隻。澎協右營十六隻：省造一隻，屆大修十三隻，撥府造補一隻，小修一隻。艋舺營十四隻：省造四隻，應造補六隻，屆小修一隻，大修一隻，撥府大修一隻，拆造一隻。除省造二十五隻、新造補三隻外，未修、未補者尚有六十八隻。大同安梭船新造實銷銀一千零五十兩零，內支臺耗二百兩零，實領司庫八百四十七兩零。拆造實銷銀六百二十八兩零，支臺耗一百四十二兩零，實領司庫四百八十六兩零。大修實銷銀四百七十三兩零，支臺耗九十二兩零，實領司庫三百八十兩零。小修實銷銀三百三十七兩零，支臺耗六十三兩零，實領司庫二百七十四兩。中小同安梭以次遞減。大號白底船新造實銷銀二千一百十二兩零，拆造銀一千一百五十八兩零，大修八百七十二兩，小修六百二十一兩零。小號白底船又以次減。例銷之價，實苦不敷。如前所謂料價等無可津貼，則賠墊益多。或曰：請將道府兩廠應拆造造補之二十三隻歸道府趕緊辦理，其餘屆限大小修之各船，竟請歸臺灣鎮督飭水師將備，各歸各營領價承修，勒限報驗。其料物仍由道廠支給，照例價於領項內扣收。臺協各營即在道廠興辦，由營員經理。澎湖、艋舺各營由該營將官督修，責成該廳據實查報，或由鎮委員驗收；既免駕廠之遲逾，又無領駕之周折。如屆拆造，則以舊船折料運廠，或應造補，即由廠興工，舊料無用再運；則事以簡而易集，工以分而易完矣。或曰：屆限大小修之船，大半皆不堪修葺。由修造以後，多擱於海埔，風日暴烈，雨水浸淋，責營承修，亦仍有名無實，不如一概全行由道府拆造，以大修兩船、小修三船之費，各按大小號折料添補，改爲新造一隻，庶幾工歸實在。於原設額數不符，另行籌議造補。其實照原額實備一半，即已得用。餘即補足，亦無兵無械，徒虛設耳。或曰，拆造造補之船，請全歸省廠興辦。例價不敷，由道府將折料變價，再另行籌捐，劃解省局，配渡到臺。後大小修仍歸營承辦。料物多需於內地，盜船不絕，商船日稀，料物不能源源配渡，不如就省製造之便。所需於臺地者唯樟木耳，回班哨船可帶運也。如此則所謂發料，僉差諸弊之有累於地方者，不過大小修之用。舊例即不能革除，而亦可稍爲輕減矣。如循舊由臺廠修辦，所有廈口料物亦須商哨並運，方無誤工需也。擇於斯三者而變通行之，全臺幸甚。明戚繼光言：『軍工當任武臣，不當任文臣。航海者漁人，而造舟者梓人，彼何與於利害，而勞苦以經營之，加倍以賠補之，不過苟且塞責而已，無補國家。』佟中丞云：『工料本貴，給價不敷，雖造成器具，總屬無用之物，所謂惜小誤大，其害不可勝言。』由此觀之，臺地之船工，責成舟師大員之賢者，而厚給其值，其爲上策。不然，積習相沿，徒糜帑項，而海洋之防僅有虛名，商民之受害其小焉者也。此可爲長太息也！」又以廠道淤塞，不便出入，擇地於小西門外迤南之處，建築船塢，中開港道，至三鯤身入海，計費二千百餘圓。

然自海通以來，輪船鐵艦縱橫海上，而舊式之船不足一顧。法軍之役，巡道劉璈駐南，以臺澎四面皆海，戰既不能，守又不可，稟請南北洋大臣分派戰船援助。弗從。事平，劉銘傳整理海防，乃購置輪船，以資郵傳，而尚不能籌艦隊，則以財力限之也。然自是而海戰形勢爲之一變。

炮臺

有明之季，海疆多事，始戍澎湖。澎湖爲臺灣外府，群島錯立，風濤淜湃，舟觸輒破。故守臺灣者重澎湖，而媽宮爲之紐。萬曆二十五年，增游兵；四十五年，復增衝鋒游兵；左右各置小城，列銃以守，曰銃城。天啓二年，荷將高文律乘戍兵單薄，以十餘舟入澎湖，據焉。因山爲城，環海爲池，破浪長驅，肆毒漳泉。總兵俞咨皋逐之，乃復澎湖，築城暗澳，高丈有七，厚丈有八，東西南各闢一門，北設炮臺，內蓋衙宇，建營房，鑿井，駐兵，以控制媽宮。媽宮之左爲風櫃山，高七、八尺，荷人鑿其中，壘土若雉堞，毀之，分軍以戍，與案山、西垵相犄角。東爲蒔上澳、豬母落水，當南之衝，舊有舟師戍之，亦築銃城，以防横突。西爲西嶼，北爲北山墩，又北爲太武，稍卑爲赤崁。循港而進爲鎭海港，壘城其中，以扼海道。其防守也如此。

荷人既入臺灣，築城一鯤身，即炮臺也，曰熱蘭遮，臺人謂之王城。基方二百七十六丈有六尺，高三丈有奇，爲兩層，用大磚調油灰共擣而成，雉堞釘以鐵，故甚固。城上瞭亭相望。上層縮入丈許，設門三。東畔崁空數處，爲曲洞，爲幽宮。四隅箕張，置炮二十。南北規井，下入於海，上出於城，水極清冽，可於城上引汲，以防火攻。置炮十，皆重千斤者。而北隅繞垣爲外城，狀極雄偉，駐兵守之。倚城一樓，榱楝堅巨，有機車，可挽重而上，亦置炮數尊。內城之北，下闢水門，傴僂而入，磴道曲折，下有地室，高廣各丈餘，長數丈，曲轉旁出。近海之處又一洞，內藏鉛子。其險固也如此。荷人建政署其中，以鎮撫民番。濱城之外爲巨海，水道紆迴，鹿耳門拱之，輔以師船，而內與赤崁樓相犄角。樓在鎮北坊，爲今之海神廟，亦炮臺也，建於永曆四年，荷人謂之普羅比熱蘭遮，猶言攝理也。壘磚爲垣，堅埒於石，周二十五丈有三尺，上置巨炮。南北兩隅，瞭亭挺出。樓高三丈六尺有奇，雕棟凌空，軒豁四達。其下有洞，曲折宏邃。右鑿穴，左浚井。前門之左復一井，以俯瞰市肆。當是時，荷人政令，南至打鼓，北達諸羅，而蚊港爲北鄙互市之口，猴樹港、鹽水港、茅港尾諸水匯焉。港外爲青峰闕，荷人築炮臺以守，制若城，內鑿一井，舟師邏之。既又逐西班牙人而有其地。雞籠、淡水各據炮臺，以握東洋貿易，一時幾無敢抗。

延平克臺，就赤崁城以居，改名安平。永曆十八年，嗣王經視澎湖，命築壘。左右峙各建炮臺，煙火相望，以薛進思、戴捷、林陞守之。十九年，聞施琅疏請伐臺，洪旭告曰：「前者荷人失守，恃其炮火、憑其港道，而不防備澎湖，故我先王一鼓而下。夫澎湖爲東寧門戶，無澎湖是無東寧也。今宜建築安平炮臺，副以炮船，扼鹿耳門。別遣一將鎮澎湖，嚴軍固壘，以待其來。」從之。三十六年春，施琅治兵於海，嗣王克塽以劉國軒爲正提督駐澎湖，修治各壘，環設炮城，淩師以守。激戰之後，敗績而降。

清人得臺，以安平爲郡治之塞，駐水師副將，有炮架三十，炮臺十九，煙墩四十三處，以防守沿海。而鹿耳門亦建炮臺，藉爲安平之蔽。彰化爲北路之衝，八卦山在其東，俯瞰城中，山破則城亦破，故建炮臺，駐兵固守，以爲擁護，所謂定寨者也，高可望海，然一有兵事，山輒被據，移炮以攻，故議主毀棄。鹿港爲彰化互市之口，乾隆五十四年，駐水師游擊，北自大安，南至海豐，各建炮臺，汛兵守之。當是時昇平無事，所欲防者，海寇而已。通商以後，西力東漸，夾板輪船，爭雄海上。一旦啓釁，沿海戒嚴，而舊式之炮，利不足以及遠，力不足以洞堅，拱手讓人，覆軍從之。同治十三年，福建船政大臣沈葆楨視師臺灣，奏築安平、旗後各炮臺，倣照西式。法軍之後，巡撫劉銘傳奏辦海防。光緒十二年，興工改築，新向英國購置鋼鐵後膛炮三十一尊及加農炮以配各臺，計費六十四萬九千餘兩。十四年，復聘德國工師，重造基隆炮臺，狀極堅固，且練炮兵以演放之。炮兵之外，又設水雷營，亦攻守之利器也。臺灣海防於是漸備。然有其器必有其人，而後可以致果，否則非唯無用，藉寇兵而齎盜糧，更爲覆亡之害也。悲夫！

鄭氏澎湖炮臺表

媽宮嶼上下炮臺二座
風櫃尾炮臺一座
四角嶼炮臺一座
雞籠嶼炮臺一座
東西蒔裏炮臺四座
內外塹炮臺二座
西嶼頭炮臺二座
牛心灣頂炮臺一座

清代臺灣炮臺表

鹿耳門炮臺	在安平鎮之西，俯臨大海。歸清之後，建築炮臺。其後海水汎濫，臺遂沉沒。
安平小炮臺	在安平鎮南隅，舊時所建。及築大炮臺，遂廢。
安平大炮臺	在安平鎮南隅，距臺南府治六里。同治十三年，沈葆楨奏建，光緒元年十一月竣工。中鑿大池，塹外有濠，海水入焉。置大炮五、小炮四，以水師副將率炮兵三百名守之，顏曰「億載金城」。
打鼓炮臺	在鳳治之西山，臨大海。其後增建旗後炮臺，以爲犄角。
旗後炮臺	在鳳治之西，與打鼓山對峙，爲互市之口，中關港道，輪船可入。光緒元年，聘英國工師築之，結構宏壯，中置巨炮，以兵守焉。

東港炮臺	在鳳治西南，兩岸相距三里許，水深丈餘，閩粵商船時來貿易。同治十三年，沈葆楨奏建，置炮十尊，駐兵五百，已而撤去。法軍之役，再駐二百，以防南犯。
青峰闕炮臺	在嘉義西南，距治六十里，爲蚊港之口，荷人所築，久圮，炮亦爲海水浸爛。嘉慶十年蔡牽之役，金門鎮總兵王得祿就附近再築炮臺三座、煙墩三、望樓一，以安平水師協營守備一員、千總、把總各一員、兵一百八十名守之。今圮。
鹿港炮臺	距彰治二十里，西臨大海，乾隆五十四年所築，今圮。
水裏港炮臺	距彰治西北二十里，昔爲貿易之口，港道久淤，炮臺亦圮。
三林港炮臺	距彰治西南四十里。港道久淤，移汛番挖，炮臺亦圮。
海豐港炮臺	距彰治西南七十里。港道久淤，租汛宗元，炮臺亦圮。
大安港炮臺	在苗栗縣治之西，舊屬淡水，爲貿易之口；港道已淤，炮臺亦圮。
滬尾炮臺	在臺北府治之西，爲互市之口，勢控北鄙。光緒二年，始築炮臺。法軍之役，扼險以守。及巡撫劉銘傳修之，置炮十一，顏曰「北門鎖鑰」。
基隆炮臺	基隆爲互市之口，舊設炮壘。光緒二年，改築炮臺以守，法軍之役被毀。光緒十四年，乃倣西式新築，置鋼鐵炮。
媽宮炮臺	在澎湖廳治之北。舊設炮壘，副以師船。光緒元年，改築炮臺。十三年，劉銘傳檄吳宏洛修之，駐重兵以扼海道。
大城北炮臺	在媽宮之西十里，光緒元年建，十三年修，駐兵千五百名，爲媽宮犄角。
西嶼炮臺	在媽宮之西，舊建炮臺於外垵，光緒十四年別建於內垵，俯瞰大海，駐兵千五百名。
桶盤澳炮臺	舊時所建，今廢。

臺灣通史卷十四　外交志

連橫曰：鴻濛之世，各君其國，各子其民，閉關自守。固無所謂外交也。然當春秋之際，禮樂征伐自諸侯出，齊楚秦晉迭為盟主，而鄭以一小國介立其間，聘問往來，不失其宜。孔子曰：「子產有辭，諸侯賴之。」信乎賢者之有益人國也。臺灣當鄭氏之時，彈丸孤島，拮抗中原，玉帛周旋，蔚為上國。東通日本，西懾荷蘭，北結三藩，南徠呂宋，蕩蕩乎！泱泱乎！直軼春秋之鄭矣。嗣王沖幼，左右失人，叛將倒戈，而臺灣乃不國焉。清人撫有，時會變遷，東漸之機，隨流而靡。而內外臣工猶欲以丸泥塞之，多見其不自量爾。夫塞之愈堅則衝之愈力，衝之愈力則破之愈大，而臺灣外交乃無往而不敗也。夫古今異勢，強弱殊形。弧矢之利，不可以禦堅炮；舟車之速，不可以競飛船。賢者審之，智者用之。苟非整軍經武，國殖民興，未足以言外交也。德宰相俾士麥曰：「世界無公理，唯鐵血爾。」故以其言，而大小是併，優劣是食。外交之敗，至於滅亡者，何可勝道？悲夫！語曰：前車之覆，後車之戒。余故採其得失者著於篇，以為興亡之鑒焉。

日本聘問

日本與中國為鄰，唇齒之國也。明亡之季，士大夫之東渡者，絡繹於途。而鄭氏復有渭陽之誼，往來尤繁。當成功之起師也，遣使往聘，致書德川幕府曰：「洲同贍部，就一水以判東西；境邇蓬萊，連三島而櫜天地。域占為雷之位，光拂若木之華。百篇古文，早得嬴秦之仙使；歷代列史，並分上國之車書。道不拾遺，風欲追乎三代；人重然諾，俗更敦於四維。恭維上將軍麾下，才擅擎天，勳高浴日。鑄六十五洲之刀劍，雌雄為精；服五百一郡之版圖，礫沙皆寶。文諧丹府，屢有表使至金臺；釋輔儒宗，再見元公參黃蘗。雖共臨乎覆載，還獨奠其山河。成功生於日出，長而雲從。一身繫天下安危，百戰占師中貞吉。叨世勳之賜李，恩重分茅；效文忠之祚明，情深復旦。馬嘶塞外，肅慎不數餘兇；虜在目中，女眞幾無剩孽。衹緣征伐未息，以致玉帛久疏。仰止高山，宛壽安之在望；溯洄秋水，悵滄海之太長。敬勒尺函，稍伸丹悃；爰齎幣篚，用締縞交。舊好可敦，蒼鳥使於今復往；中興伊邇，丹鳳詔不日重來。文難悉情，辭不盡意，伏祈鑒照，無任翹瞻。」幕府受之。永曆三年，復遣使乞師。寓書曰：「大明龍興三百年，治平日久，人遂忘亂。韃靼乘虛而破兩京，神州悉污腥羶。成功深荷國恩，不敢坐視，故喋血以報讎爲念。徘徊閩浙之間，以義感人，從者頗眾。然孤軍懸絕，千辛萬苦。中心未遂，日月幾何。成功生於貴國，仰望實深。今際艱難之時，願貴國憐之。乞假數萬之兵，則感義無限矣。」是時日本方行鎖港之策，文恬武嬉，不欲有事國外，幕議不可，唯時饋軍糈以助之。及克臺後，日人之在臺者，禮之有加。二十年，忠振伯洪旭以商船販日本，購造銅炮、刀劍、甲胄之屬，並鑄永曆錢。二十八年夏，爲三藩之役，經至思明，命兵都事李德東聘，再作兵鑄錢。而日本亦歲以寬永錢相餽，貿易繁盛。及鄭氏亡，德川幕府亦嚴鎖港，往來遂絕。初，成功歸國後，弟七左衛門襲母姓爲田川氏，留居長崎。

呂宋經略

初，羅馬神甫李科羅布教廈門，成功延爲幕客，軍國大事時諮問焉。克臺之翌年，召之來。春三月，命赴呂宋，勸入貢，而陰檄華僑起事，將以舟師援也。既至，呂宋總督禮之。華人聞者，勃勃欲動，蓋久遭西人殘暴，思殲滅之，以報夙怨。事洩，西班牙人戒嚴。五月初六日，以騎兵一百、步兵八千，分駐馬尼拉。凡華人商工之地，皆毀城破砦，慮被踞。而華人已起矣。鏖戰數日，終不敵，死者數萬，多乘小舟入臺，半溺死，成功撫之。而呂宋仍俶擾，又慮鄭師之伐也，遣使隨李科羅入臺。諸將議討之，未成而成功病革矣。二十年秋八月，呂宋總督遣使貢方物，且請傳教。勇衛陳永華不可，命以中國之禮入覲，申通商之約。於是販運南洋，遠至安南、暹羅、噶拉巴，海通之利，國以日殖。二十六年春正月，統領顏望忠、楊祥請伐呂宋，以爲外府。侍衛馮錫範不可，曰：「呂宋既已入貢，修好往來，今若伐之，有三失焉。師出無名，遠人攜貳，一也。殘擾地方，得之無用，二也。戍兵策應，鞭長莫及，三也。且自頻年以來，歲幸豐稔，民樂其業，豈可復興無益之兵？」議遂止。三十七年夏六月，清軍破澎湖。諸將以臺灣勢蹙，不可居，議全師取呂宋。建威中鎮黃良驥主其議，中書舍人鄭德瀟力贊之，出呂宋地圖，指示險要，曰：「諸島之中，唯呂宋待我國人最無禮。先王在日，每欲征之，以雪我中國人之恨。然因開創，至世藩業已興師，乃接耿藩之變，遂移兵過廈，而事又止。呂宋之兵不過千有餘人，所恃者城上之大炮而已。自西班牙竊據茲土，於茲已百四十餘年。我漳、泉人積骸其地者，何啻數十萬？羈魂厲魄，痛恨何如。夫積怨者神人所共憤，而叢貨者興盛所取資也。呂宋富饒甲諸國，今之積於公班巴禮者數十萬，是皆昔所誘惑愚昧死而括藏之物。天下安有久積而不散，虐侮而不復之理？又安知非天鐍其藏，以待興王之探取耶？故以議取呂宋者爲上策。」提督中鎮洪邦柱願爲先鋒，正總督劉國軒以爲不可。馮錫範詰之，國軒曰：「呂宋非不可取，顧當取之於無事之日。今清兵已迫，救亡不暇，尚何能勞師遠襲？若事機一失，進退兩難，則滅亡隨之。」克塽猶預，遂降清。南征之議，至今無有道者。

英人之役

清人得臺之後，閉關自守。中葉以來，外患漸迫，而英人始啓其端。初，英人以販運阿片，爲害酷烈。道光十八年冬，詔以林則徐督兩廣，嚴旨禁煙，犯者死。並燬阿片一萬三千六百餘箱，以絕禍源。英人不服，調艦至廣東，索賠款。於是開戰。臺灣戒嚴。兵備道姚瑩具幹才，得民心，與總兵達洪阿共籌戰守之策，增築炮臺，嚴海防，故英人不能得志。二十年夏五月，英艦窺鹿耳門，官兵擊之。詔以水師提督王得祿移駐臺灣，協同勦辦；已而廈門失守，警報頻至，官民又悉心禦侮。姚瑩赴南北，集紳耆，練義勇，以其半任調遣，凡四萬七千一百有奇。而漢奸之來臺勾結者，輒捕斬之，故無內患。

二十二年春正月十三日，英艦數艘至大安港；遙見岸上兵民堵立，將駛去，突觸暗礁。開炮擊之，船破，獲英兵二十、印度兵百六十五、大炮二十門及鎮海寧波營中之物。三月，英人調艦十九艘，大舉來犯，並結海盜，又破之。詔晉姚瑩布政使銜、達洪阿提督銜，各世襲輕車都尉。然英艦猶以時至，遊弋南北。八月，一艦將入旗後，知有備，乃北去。十四日，犯淡水，卻之。十八日，復窺雞籠，參將邱鎮功調守備許長明、歐陽寶等禦之。淡水同知曹謹委澎湖通判范學恆巡沿海，知縣王廷幹偕艋舺縣丞宓維康駐三沙灣炮臺，英艦將入口，發炮中之，桅折，觸礁而沒，又獲英兵。九月復至，再破之。自是不敢窺臺灣。然閩、浙、粵三省，均被侵擾，清廷命大臣與和。是秋、江甯款成，換捕虜，而臺灣所獲印度兵已於五月奉旨處斬，唯以英兵歸之。英領事璞鼎查遂訐臺灣鎮道妄殺遭難兵民。江蘇主款者及福建失守文武忌臺灣功，蜚語沸騰。欽差大臣耆英遂據閩人故總督蘇廷玉、提督李廷鈺二人家信，劾姚、達罪。詔飭福建新督查奏。新督至臺，查案卷，則姚、達所奏，皆營廳及紳民稟報，無冒功事。然為款故，強令鎮道引誣，以謝英人。將逮至京，兵民洶洶罷市。姚、達溫語勸解，新督亦旋告病，以劉鴻翔代之。臺人乃訴其冤，乞奏白。鴻翊據原稟送軍機處，始知其枉，旋起用。而英船亦屢至臺灣。二十八年，兵備道徐宗幹著防夷之書，頒發人民，而臺人亦立禁煙公約。咸豐十年，詔開安平、淡水，准與英人互市，景教隨之以入。民教之間，輒相反目，語在宗教志。同治七年，英人米里沙至蘇澳，娶番女為婦，謀墾南澳之野。噶瑪蘭通判遣人止之，不聽。且曰：「臺東非中國政令所及之地，故不得視為中國版圖。」芸稼如故。兵備道商之英領事，不聽。已而米沙里赴噶瑪蘭，途次溺死，其事始息。越明年，而有安平之役。

初，英人以建領事館購地故，與居民齟齬。未幾領事失物，照會有司捕盜。而有司未悉外情，人民之排外者又每債事。疊生交涉，大小十八起。英領事吉普理每詰責，不答。吉普理怒，稟報香港總督，派艦要挾，將以愓官民也。九月，英艦三艘至安平，泊港外。吉普理登艦，語以故，突開炮擊岸上，彈落海畔，居民大驚，相率走。越日，安平副將江國珍稟鎮署。總兵劉明鐙聞警，帥軍駐岸上。武弁蕭瑞芳止之，曰：「英人以炮擊我者，非欲出於戰，先聲而奪我爾。卑職頗知洋情，願掉三寸舌，說之釋兵。彼如不聽而擊之，則曲在彼矣。」從之。瑞芳至英艦，反復命，且曰，「艦將聞江協戎威名，願一見。」明日，艦將果至，國珍饗之，談釋兵事。既去，瑞芳曰：「洋人重信。彼艦既願出口，而我軍仍陣岸上，彼將謂我失約。」明鐙檄所部歸營。是夜，瑞芳晤國珍。二更許，見白光一道自海沖霄。國珍驚問曰：「胡爲者？」曰：「火號也，艦將出口矣。」遽辭去。而英兵已駕小艇上陸，圍協署。國珍倉皇失措，嘆曰：「豎子誤我！」踰墻匿民家。英兵大索不得，毀食局。居民自夢中驚起，鼎沸澈夜。且日，報國珍自戕死、英兵始去。郡中聞變，人心洶洶。鎮道會議媾和，無敢往者。紳士黃景祺慨然行，介許經秋爲譯人。吉普理索償款，先以四萬金爲押而後見。景祺家固富，飭人舁與之。及見，吉普理多要求。經秋大辯論，據理與爭。吉普理亦慮結怨紳民，則通商不利，乃許釋兵。

先是，郡紳許廷勳與英人合辦腦務。吉普理初至，賃其家以居，迭爲賓主。既與從兄廷道以分產故，控於官，案懸未結。廷道以他罪下獄，廷勳亦腦業失利。及英艦來，吉普理索償款，並列其事；於是有言廷勳通英者。廷道之子揭其事，且言炮攻安平，廷勳示意也。兵備道曾獻德縣稟總督，上奏，命嚴辦，而英人力庇之，事平始出。英艦既去，吉普理以金歸景祺。官民頌其功。廷議以臺灣道不善外交，解獻德職。而英政府亦召回領事，且治艦將啓釁之罪。唯瑞芳以功擢安平副將。瑞芳，廣東人，姓蘇，名阿成，刺舟爲業。廣東之役，爲英人間諜。總督葉名琛之劫，亦從行。乃改姓名，以賄得武弁。國珍之死，瑞芳實與謀。越數年，怒鞭從卒。洩之。曾江之子憤父仇，合籲於廷，詔斬於臺。英領事聞之馳救，已懸首道轅矣。

美船之役

臺灣生番久屬化外，殺人爲雄。航海遇風，或至其地，輒遭害。而番政措施未得其宜。故每出交涉，幾危臺灣者數矣。

先是咸豐八年，英國商船西爾偏篤號遭風，破於鳳山縣轄之枋寮，遇番出草，被殺虜，逃者僅數人。十年，普國軍艦優爾麥號至其地。艦兵上陸獵，途次遇番，相鬥。艦長發炮擊，始入山，然不能永懾也。南方之番爲科亞爾族，分處瑯璠一帶，地險族強，未服政令；而守土官又畏事，莫敢討。故爲害尤烈。同治六年三月初九日，美國商船那威號自汕頭出帆，遭風，至臺灣南岬，觸礁沒。船長馬西德率所部乘小艇至琅璠，上岸，爲番狙擊，皆死。水手某，廣東人也，伏草中得免，西走數百里，至打鼓，告官，爲達英領事。英領事電報北京公使，轉語美公使。美公使聞之，即向政府交涉。時英軍艦優爾摩厲德在安平，管帶甫魯道聞之，趣至其地，索美人，欲拯救之。二十六日上陸，又受番狙擊，莫能往，乃歸打鼓，赴廈門。初、美公使照會政府，請討生番，以保航路。政府荅以番界非臺灣政令所及。美公使即報其國，派兵討。六月，水師提督彼理率軍艦二艘，兵百八十有一人，以十九日至番地。番拒戰。副提督馬特西節沒焉。美軍大敗，退艦中。是地爲南鄙僻遠之域，山峻谷險，荊棘叢生。而科亞爾族尤悍，四出屠殺，敗則竄入山，據險莫破。彼理報其國，美政府必欲懲之，乃與臺灣鎮道議合討。九月，臺軍與美軍偕行，以領事李仙得主其事。至柴城，臺軍不盡力。李仙得亦知戰未必勝，不如說降。乃率通事入其社，從者五人。見番酋，爲琅璠八社之最強者，責以妄殺遭難之罪。酋謝不敏，置酒款，並歸船人之顱，立誓和好。謂此後苟有漂至者，如須供其不足，可舉紅旗爲信。事畢始歸，而琅璠平地生番遂無再害外人之事。

牡丹之役

美船遭難之後，越六年，而有日軍討番之役。先是同治十年春三月，琉球商船遇颶，至臺東八瑤灣，爲牡丹社番劫殺五十四人。牡丹社者，南番之悍者也。十二年，小田縣民四人又遭害。於是日本政府欲興問罪之師。然以生番隸臺版籍，未可遽往膺懲。時副島種臣爲全權公使駐北京，日廷命交涉，且質番地主權。種臣遣副使柳原前光詢總理衙門。答曰：「番人殺害琉民，既知其事。若殺貴國人，則未聞。然二島俱我屬土，屬土之人相殺，裁決在我。我恤琉人自有措置，何預貴國而爲過問也？」前光力爭琉球爲日本版圖，且證小田縣民遭害狀，曰：「貴國既知恤琉人，而不討臺番者何？」曰：「殺人者番，故且置化外。日本之蝦夷亦不服王化，此萬國所時有也。」前光曰：「生番殺人，貴國舍而不治。然一民莫非赤子，赤子遇害而不問，安在爲之父母？我邦將往問罪，以盟好故，使使者先告。」反覆論辯，累日不決。前光歸白狀。

初，鹿兒島縣參事大山綱良奏請討番，和者四應。參議木戶孝允力爭不可，以爲「內治未修，遽生外釁，勝敗固未知，而糜餉損兵，已先苦累吾民，豈爲國家之福，且適以速禍爾。臺灣不過東海一撮土，蠻夷好殺，其性使然。今以橫殺琉人之故，遽往伐之，豈足以揚國威？夫琉人雖已內附，其意半在中國。常聞其人所言，日本父也，中國母也，持其兩端，固爲弱國之常。則我之待其人，自有緩急之別。夫內國爲本，屬土爲末，先末後本，決非長治之計。」種臣主戰，日廷從之。十三年春正月，置臺灣番地事務局於長崎，以參議兼大藏卿大隈重信主之。命陸軍中將西鄉從道爲番地都督，陸軍少將谷干城、海軍少將赤松則良爲參軍，率兵赴臺。陸軍少佐福島九爲廈門領事，兼管番地事務。別延美國人李仙得爲參謀；仙得前爲廈門領事，番地論起，聘爲顧問，以助理交涉者也。四月，從道率海陸軍發品川，傭英、美兩國船爲運，旋至長崎。美公使先執局外中立之例，並飭廈門領事捕李仙得。英公使亦言中國必生異議。於是日本內閣遲疑，遣權少內史金井之恭傳內旨於長崎，令重信止軍行，且歸京。重信告從道，不奉命，曰：「近日朝政不定，令人危疑。況召集精銳，駕馭一失，誤潰四出，禍且不測，豈止佐賀之比。必欲強留，從道請奉還敕書，躬自擣醜虜巢穴，死而後已。苟中國果異議，朝廷目某等爲亡命；則咎之乎何有？」重信電報狀，朝議大憂。簡內務卿大久保利通赴長崎，從道卒不聽，乃戒毋戰，以待後命，而攜李仙得歸東京。五月初二日，日進、孟春、三國等艦發長崎。初五日，至社寮港，上陸，移陣龜山。尋遣輕兵深入。牡丹番伏莽擊，日兵少卻。越二日，以熟番爲導，進攻竹社、風港、石門。從道適乘高砂艦至。二十有二日，參謀佐久間、佐馬太自率兩小隊，攻破石門之險，陣傷番酋，諸番多納款，退守龜山，建都督府，設病院，修橋道，為屯田久駐計。當軍發之時，復遣柳原前光赴北京，領事福島九成至廈門，亦以書告閩浙總督李鶴年曰：「臺灣番界之事，昔者副島大使既告貴國政府，今我國將興問罪之師。若貴國聲教所暨，則秋毫不敢犯。疆場密邇，願毋騷擾。」鶴年答曰：「臺灣，我之境土。土番犯禁，我自處置，何假日本之力？請速收軍出境，毋啓二國之釁。」並白其事於朝。而總理衙門已先出奏，命船政大臣沈葆楨帥師視臺灣。前光至北京，與總理衙門辯論，辭旨牴牾，勢將構兵。中國官民多主戰，江蘇布政使應寶時著論尤烈，其言曰：「日本藉詞搆釁，闖入我邊地，虔劉我番民。中國欲全舊好，據理與爭，不遽用武，並許為之建造樓塔，保護商船，可謂寬大極矣。詎料彼以虛言款我，久踞番社，誘脅番人。群番迫於凶燄，勢必盡受羈縻，則臺灣之地與我共之。夫臺灣雖小，我聖祖仁皇帝勤勞二十年而得之者也。臺灣有事，則處處戒嚴。古人謂：『一日縱敵，數世之患』，今臺灣番事之謂也。且諸國通商以來，所以猶就範圍、不啓戎心者，以有條約在也。今日本不守條約，若令得志，非唯為所竊笑，西人更將藐視中國。為今之計，宜舉其事，布告諸國，直與之戰爾。雖然，古之馭外者，必能守而後和可恃，亦必能戰而後守可完。與其戰於內地，不如戰於外洋。與其戰於外洋，不如戰於彼國。然則綜而計之，今日畀以番地，曲全和約，兵端若可少弭，而後患無窮，且和亦難恃。策之下也。決計驅逐，待其入境，隨時禦之，策之中也。先為非常之舉，以奮積弱之勢，雖得失參半，猶愈於坐而受弱，策之上也。」葆楨既入臺，籌防務，募兵分汛，築炮臺於澎湖諸島，設海底電線以通福臺軍務。嗣調淮軍助防。歐美人士之在兩國者，評論曲直，日付報紙，乘機鼓煽，將收局外之利。而日兵又先後至，凡三千六百五十八人。以溽暑故，沒者五百六十一人。時傳福建巡撫王凱泰將兵二萬將渡臺，苟一啓戰，則兵連禍結矣。

先是閩浙總督命福建布政使潘霨、臺灣兵備道夏獻綸就從道議。六月朔，率法員二人乘艦至瑯璚。明日至柴城，與從道會，反覆辯論。初七日又會，日昃無成。霨拂袖起，從道止之曰：「我國暴師海外，糜財勞人，為貴國闢草萊鋤頑梗耳。費用耗損，豈可勝計？」霨曰：「若然，則將為日本償軍費。」乃立約三則。八月，日本簡參議大久保利通為辦理大臣，委以和戰全權。初六日發東京，李仙得隨行。

九月十九日抵總理衙門，先論番地經界，相持不下。利通宣言歸國，且貽書曰：「諸公所言，輒引條約，以背盟罪我，是陽唱和我而陰疏斥我也。我已束裝，或和或否，期以十日裁復。」英公使威妥瑪乃出爲周旋。軍機大臣文祥執不可。葆楨亦奏言力拒，顧爲兩國邦交，議始成，十一月十有二日鈐印。約曰：「一、日本國此次所辦，原爲保民義舉，清國不指爲不是。二、前次遇害難民之家，清國許給撫恤銀十萬兩。而日本在番地修道建房等件，清國願留自用，先行議定籌補銀四十萬兩。三、凡此次往來公文，彼此撤回註銷，作爲罷論。該地生番，清國自行設法，妥爲約束。」越日，利通歸國，下詔班師。十二月，從道乃振旅歸。於是葆楨奏開番界，析疆置吏，而臺灣局面一變。

法軍之役

法蘭西爲歐洲強國，當拿波侖第一時，志吞歐土；又以其餘力東向，謀並越南。越爲中國藩服，時適洪軍起事，國中俶擾，無暇南顧。越之君臣拱手唯命，日懼社稷之不血食，故法入愈張也。光緒九年冬，越王籲於中朝，出師保護。命兵部尚書彭玉麟視師兩粵。法亦派艦調兵，遂至開戰。詔以臺灣爲東南海疆重地，著嚴防務。兵備道劉璈駐臺灣，具幹才，得民望，乃整飭軍備，築炮臺，建營壘，購新槍，置水雷，分汛海陸。以曾文溪以南至恆春爲南路，統軍五千，由道領之。曾文溪以北至大甲爲中路，統軍三千，由鎮領之。又以大甲溪至蘇澳爲北路，統軍四千，由提督曹志忠領之。後山自花蓮港至鳳山之界爲後路，統軍千五百，由副將張兆連領之。而澎湖爲前路，統軍三千，由水師副將領之。計兵一萬六千五百名，各守其地，有事策應。顧兵力單薄，不敷防堵，乃辦團練。以陸團守內地，漁團備海口。各莊亦自行保甲，衛桑梓。璈以臺地遼遠，防務重大，稟請總督移駐，居中調度。不從。又請奏派知兵大員督辦，以一事權。於是命署福建陸路提督孫開華率所部擢勝三營，辦理臺北防務。已而提督章高元率淮軍、提督楊金龍率湘軍，各先後至。當是時，法艦輒游弋沿海，以窺臺灣。

十年春三月十八日，法艦一艘入基隆。三人上岸，登山瞭望，似繪地圖。欲入炮臺，臺官止之。既歸，以書詰基隆通判，謂臺兵無禮，當謝罪。又以商人不肯售煤，爲官所禁，限至翼早七點半鐘運到艦中，否則炮擊。稅務司乃出而調停，以官煤千擔交得忌利士洋行售之，始去。璈聞報，以法人無禮，稟明南、北洋大臣詰問，蓋法人固將啓釁矣。四月，詔以提督劉銘傳爲臺灣防務大臣。五月二十九日至基隆，駐臺北，設團練局。又於上海開臺灣軍械糧餉總局，委蘇松太道辦之，壽籌戰事。璈亦赴北，議戎機。而法艦來攻矣。

六月十四日，法水師提督孤拔乘旗艦奧爾札號，率戰艦五，載陸軍三千，入基隆，以三艦窺滬尾。銘傳聞警，率提督曹志忠、蘇得勝、章高元、鄧長安拒之。十五日凌晨，法艦開炮擊，岸上炮臺應戰。別以輕舟載兵千名上陸，猛撲二重橋之壘。曹、章兩軍力戰，卻之，陣斬中隊長一、兵百餘，獲聯隊旗二。法兵退艦，多溺死，遺械甚多。十七日，孤拔介稅務司請銘傳至艦會見，不許。事聞，下旨嘉獎，發內帑三千兩以犒戰士，軍氣大振。洋務委員李彤恩以滬尾港道寬闊，無險可據，請塡塞口門。英領事以秋茶上市，有礙商務，不可。彤恩往復辯論，始許，而法艦乃不能入也。

七月初二日，孤拔率戰艦八艘窺福州，泊馬尾。總督何璟素畏事，防務大臣張佩綸亦年少，無軍略。時傳有議和意，船政大臣何如璋見法艦入口，止諸軍無戰。清艦十餘艘泊附近，寂然不動。省中士庶已危之，紛紛走避，而佩綸視若無事也者。初三日黎明，法艦忽升紅旗示戰。清艦無設備，且俟張大臣之命。已而法艦開炮四擊，次第沉沒，毀船政廠，如璋跣足走鼓山。將軍穆圖善駐長門，開炮擊之，法艦始悠悠去。福州既挫，臺灣尤危。

二十日，銘傳視師滬尾。孤拔亦乘兵船來，測探港道，不得入，遂游弋沿海，以窺動靜。八月十三，復攻基隆，以兵五百由仙洞上岸。恪靖巡緝營、霆慶中營拒之，章高元亦率所部二百餘人援戰。法軍敗走，迷失道，困至日中，又殺其百數十人。然艦隊仍轟攻炮臺，銘傳屹立督戰，左右殪數人。眾請退，不聽，故士卒皆奮鬥。已而諜報法艦五艘犯滬尾。滬尾距郡三十里，銘傳命收軍往救。各提督諫止，不聽。唯留曹志忠所部三百及棟軍統領林朝棟駐獅球嶺。或反議之，曰：「是惡知吾之深謀也！」

其後法艦三攻滬尾，皆受創去。法軍既據基隆，謀取臺北，以陸軍二千進，輒爲朝棟所拒，相持匝月，別以四艦取滬尾。九月十九日黎明，將入口，炮臺擊之，乃去。翌日復至，潛渡陸軍上岸，肉搏進攻。孫開華邀擊之，張李成率士勇三百截其後，往來馳驟，當者辟易。法軍大敗爭舟，多溺死，陣斬五十，俘馘三十。於是不敢窺臺北。李成小名阿火，爲梨園花旦，姿質娬媚，顧迫於義憤，奮不顧身，克敵致果。銘傳嘉之，授千總，其後以功至守備。

初，馬尾之敗，清廷震怒，褫佩綸，以文華殿大學士左宗棠督師福建。又以銘傳爲巡撫，加兵部尚書銜，辭。及基隆既失，內外臣工多上封事。廣東道御史趙爾巽請進攻越南，以分敵勢。沿海各省以臺灣危急，協餉餽械，志切同仇，南洋最多，北洋次之，廣東助亦銀十餘萬兩、士乃得槍五百桿、前門槍三千桿，故稍無困乏。當是時，諸將多請規基隆，銘傳不聽。臺北府書識陳華介、親兵哨官奚松林請募兵千五百人，自備軍械，包取基隆，每兵月餉十二圓。銘傳不許，以淮楚軍制，無此重餉。若果能克復，當重賞之。記名道朱守謨聞其事，與約召募，數日而成。銘傳怒，遣散之。十五日，孤拔布告封港，北自蘇澳，南至鵝鑾鼻，凡三百三十九海里，禁出入。分駐兵船巡緝，以蘇澳至基隆八艘，淡水至安平三艘，打鼓至恆春二艘。航行之船須距岸五海里外，否則擊之。於是互市停息，物價踴貴，商船多被擊，文報不通，密以漁舟往來。兵備道劉璈駐南治軍，籌餉厲兵，以作士氣。及接法軍封港之文，憤其違犯公法，晤商各領事，請干涉。領事以事關重大，須待國命。二十九日，璈以封章密請沿海督撫代奏。十一月初六日，始達內閣。略曰，「法人突稱封口。查萬國公法，本有戰國封堵敵國海口之例，局外各國原不能禁。唯論法人今日情形，其不合公法，不應封口者五。不應封而准封，有礙各國今後通商者亦五。不能不先請咨明各國，一爲理論。查公法例載：交戰，師出有名者謂義戰，若違背公法，即謂不義之戰，局外諸國例得辯問。法人始則無理侵我屬國，繼則無理撲我防營，反索我賠款，又先攻我基隆及福州船廠。迨基隆、滬尾敗後，又分船擾及臺南安平、旗後二口，猶復冒昧侈談封禁。試問封口先憑義戰，戰且不義，口何由封？臺灣原止提出基、滬、安、旗四口，留與各友國通商。各國行棧林立，獨無法國商人。法果理直兵強，專欲奪占臺地，則臺、澎沿海四千餘里，無處不可登岸。所建城池，無處不可進攻。乃法兵到處畏縮，偏於各國通商不過二、三十里之口岸，肆行騷擾。可知法人固不能得利臺灣，特陷害各國通商爾。其不合義戰封口之例一。又例載：軍旅虐待居民，擄搶燒殺，姦污婦女，毀壞房屋及一切殘忍之事，皆爲戰例所嚴禁。並載陸路交戰，有散兵劫掠，必以之爲強盜等語。今法人占基，弁兵姦擄燒殺，無惡不爲。甚將該婦女孩童擄入兵船，有數百十名之多。又在南北海面，假稽查之名，截劫民船魚米雜物，擄掠民人。此等暴行，實同強盜，尚何配爲敵國而公然封口乎？其不合戰例封口之例二。又例載：城池地方被戰者圍困，局外不得與之貿易，封港亦同一例。今法兵聲言攻臺，不能爲竟日岸戰，與我中兵爭尺寸土，僅竊踞我所自棄之基隆偏偶，隔離城池遠甚。何謂圍困？抑知公法必待圍困而後准封口者，原以敵國軍械糧草缺乏，必仰濟於通商，戰國始乘勝封口以困之，使求救和，故局外各國甘受禁商之損而莫違。今臺灣兵精糧足，器械裕如，已非法兵所敢近犯。即再徵兵，全臺義民百萬，素習刀槍，一聞君父之仇，隨呼隨應，靡不裹糧坐甲，誓與仇寇不共戴天。一切軍需，就地取用不竭，並無須求助外人。是困之無可困，速和轉速戰也。法人封口果何爲者？其不合圍困封口之例三。又例載：戰國徒以出示禁絕往來，則非實力封堵，與祇派數船在洋面梭巡而無定所者，亦不作封堵論。今臺灣沿海商民船隻，四通八達，若實力封堵，非有累百兵船不能。法艦犯臺，統計不過十餘艘，其遊弋臺南安、旗二口者僅一、二艘，時去時來，渺無定所。其不合實力封堵之例四。又例載：封堵敵國口岸，其勢衰弱，而不實力辦理，即作爲廢弛。又載：師敗歸爲廢弛。今法酋一敗於基，再敗於滬，屢戰屢北，於臺南並不敢登岸交兵，其衰弱已可概見。各國應即作爲廢弛。法人何得靦然封禁，徒礙通商？其不合實力辦理之例五。此五者，皆法人自外於公法，原不應有封口之舉。而於各國通商有五礙者，祇得更申其說。如通商口岸，教堂、洋行、貨物、商民所在甚多，素由中國竭力保護。今法兵偏欲攻犯商岸，作爲戰場，彼此槍炮相加，更何能分辨某國某行某人，勢必至互有燬傷，保護不及。其各國受害商民，自應向法國理償，不與中國相干。即中國受害之處，亦應取償於法。因法人違例擅禁，偏擾商岸，其礙一。通商交涉，所欠洋行各款，向由地方官提追。今商岸封禁，原欠商民皆藉口於生計已絕，莫能歸還，且有遷徙他處，官中無可提追者，勢不能不概從緩辦，其礙二。通商以洋藥爲大宗。臺灣每年進口洋藥售銀計在四、五百萬兩。法人封口，洋藥不通。曾經紳耆公請，從權劃出官莊，准民自種罌粟，照例納稅助餉，無礙民地五穀，免貽洋銀巵。言本有理，事又爲公，地方官自應准如所請。將來罌粟廣種，洋藥勢必禁銷，其礙三。中國各省通商口岸甚多，若盡如臺灣，法人僅以數船虛聲，便聽封禁，則何口不可虛言示封？恐各口商民均有坐困之虞，大爲通商之害，其礙四。各國派撥兵船，保護商民，原係公法正辦。今法船突來封港，中國官照例嚴禁探水引港接濟，有犯立斬。各國兵船自不得與法船往來同泊一處，以避嫌疑，而免誤傷。唯護船離岸太遠，保護難周。若泊岸太近，法兵犯及近岸，中兵必盡力開炮抵擊，恐有槍炮誤傷，均不得歸咎中兵，其礙五。法人於公法既有五違，於各國通商又有五礙，要皆與中國無損，中國原不值與辯，祇以臣歷奉保護友國商民之恩旨。今法人逞兵臺灣，專擾商岸，倘各國未能執公法，以全通商之區，臺官亦祇能照戰例，稍謝保護之責。非不設法保護，而勢有礙難，不得不先以直告。法兵現據基隆，基口原許封禁，此外各口應否一概聽其虛言示封，及應否專攻通商口岸，以全友邦之處，應請旨飭令總理衙門咨明通商和好各國，以申公論，而顧大局。」清廷既聞法艦封港，命南洋大臣派兵船五艘，以總兵吳安康率之，會北洋艦隊剋期趣援。復以陝甘總督楊昌濬任閩浙，率所部至，相機調度，以謀克復。

十一年春正月二十一日，法軍猛攻獅球嶺。朝棟力拒，不退。法軍復至，戰及日中，移守六堵，蓋已迫近臺北矣。澎湖孤懸海上，四面受敵。時有綏靖、德義等五營及炮勇練軍，統計不過三千餘人，嶼汊紛歧，不敷分布，璈甚憂之，稟請宗棠委派大員統師駐防，副以海軍，或可保全萬一。未行而法艦至。二月十三日，孤拔以戰艦五艘伐澎湖，先攻漁翁島炮臺。炮臺應戰，未能命中。而法艦二艘入媽宮，毀觀音亭火藥局，副將周善初駐此，未戰而潰。夜半，法軍五百上蒔裏。十四日凌晨，薄綏靖營。營官陳得勝據濠戰，法軍稍卻，逐之至海隅，殺傷過當。法艦見勢急，發炮以助。得勝不能支，猶力戰。德義中營廣勇戍附近，閉壘不出，乃收軍，陣珠母水，薄暮退大城北，語諸軍曰：「法軍屯雙港仔，憑壘而守，余以爲可破。余先選死士，突入其壘，諸君從之，則敵可敗也。」眾曰：「諾。」十五日黎明，得勝進兵，趣諸軍猛擊。法軍張兩翼以抗。戰酣，得勝鞭馬入陣，欲搴其旗，中彈顛，從卒救之。善初陣雙頭跨，復敗，各弁多走。通判鄭膺杰乘小舟逃赤崁，而澎湖遂失。

二月初二日，孤拔乘艦至安平，介英領事請兵備道會見。璈許之。將往，官紳諫止。璈曰：「彼以此要我，不往謂我怯也。咄！乃公豈畏死哉！」戒安平炮臺視敵，「有警即開炮擊，毋以余在不中也。」遂登艦。孤拔握手甚歡，不及軍事，而臺南恃以無恐。當銘傳退失基隆，璈揭其事，宗棠據以入告，遂褫李彤恩之職。銘傳具疏辯，互論長短。而璈以加營務處，頗不受節制，銘傳啣之。

是時孤拔以澎湖險要，欲久踞，爲東洋軍港。而越南華軍疊勝，進迫宣光。法人有罷兵之意。政府咨請議院戰費，不可，內閣遂改，執政者雅不欲戰。孤拔憤無後援，且疫作，將士多沒，遂病死，以副提督李士卑斯接之。中法既開和議，法公使頗事要求，且索戍兵基隆五年。李鴻章不許，乃相約停戰，撤回宣光東西華兵，歸至桂滇邊界。而臺灣法軍亦於三月初一日停戰，即開各處封口。前敵諸將憤不奉命，洶洶欲戰，督兵大臣彭玉麟尤力爭，且揭鴻章辱國罪。鴻章辯曰：「臺灣郡縣也，越南藩服也，以余度之，寧失藩服，毋損郡縣。」電命至閩，宗棠以臺灣祇有停戰之文，而無交還基隆之語，疏請勿許，而鴻章已換約矣。三月初一日，法軍解封，換捕虜，銘傳厚遇之，各餽百金。初五日，檄記名提督吳宏洛赴澎湖接管。十二日，李士卑斯率艦去，事平。內閣學士梁曜樞以銘傳喪師失地，貽誤大局，疏請罷斥。銘傳亦自劾。詔命經理善後。

臺灣通史卷十五　撫墾志

連橫曰：臺灣固土番之地，我先民入而拓之，以長育子姓，至於今是賴。故自開闢以來，官司之所經畫，人民之所籌謀，莫不以理番爲務。夫臺灣之番，非有戎狄之狡也；渾沌狉榛，非有先王之教也；巖居谷處，非有城郭之守也；射飛逐走，非有炮火之利也；南北隔絕，互相吞噬，非有節制之師也；故其負嵎跋扈，則移兵以討之，望風來歸，則施政以輯之，此固理番之策也。清廷守陋，不知大勢，越界之令，以時頒行。而我先民仍冒險而進，剪除荊棘，備嘗辛苦，以闢田疇，成都聚，爲子孫百年大計者，其功業豈可泯哉！牡丹之役，船政大臣沈葆楨視師臺灣，奏請開山，經營新邑。及劉銘傳任巡撫，尤亟亟於理番，設撫墾總局，以治其事。而臺灣番政乃有蓬勃之氣焉。夫臺灣之番，非可羈縻而已也；得其地可以耕，得其人可以用，天然之利，取之無窮。而人治之效，乃可以啓其奧。是故理番之事，臺灣之大政也，成敗之機，實繫全局。余故述其始末，以詔來茲，亦足爲得失之林也。

荷蘭既得臺灣，集歸順土番而撫之，制王田，設學校，開會議，立約束，以養以教，而土番亦效命不敢違。故終荷人之世，土番無有亂者。當是時，西班牙亦據臺北，布政施教，以撫土番，而輒遭殺戮，誅之不畏。蓋以北番之悍，不如南番之馴，故西人亦大費經營，且爲荷人逐矣。

永曆十六年，延平郡王既克臺灣，巡視歸化番社而拊循之。翌年春，以部將十人管社事。分新港、目加溜灣、蕭壟、麻荳爲四大社，徵收鹿皮，與之貿易。十八年冬十二月，北路土番呵狗讓反，經命勇衛黃安平之。十九年，諮議參軍陳永華請申屯田之制，以拓番地，從之。於是南至琅璚，北及雞籠，皆有漢人足跡，番不能抗，漸竄入山，乃築土牛以界之。而寧靖王朱術桂亦自墾竹滬之野，歲乃大熟，民殷國富。二十二年，水沙連番亂，殺參軍林圮，所部多沒。既復進之，以墾其地，則今之林圮埔。二十四年，沙轆番亂。左武衛劉國軒駐半線，率兵討。番拒戰，殲之，殺戮殆盡，僅餘六人匿海口。大肚番恐，遷其族於埔裏社，逐之至北港溪，觀兵而歸。已而斗尾龍岸番亂，經自將討之。斗尾龍岸者，居大甲溪之北，地險眾強，黥面文身若魔鬼，殺人爲雄，以其頭作飲器，左右社番皆畏焉。經北巡，聞之，親至其地，不見一人。時亭午酷暑，軍士皆渴，競取蔗啖。國軒適至，見而大呼曰：「何爲至此！」命軍士速刈草爲壘。已而番至，可五百人，四面縱火，烈焰沸騰，狼奔豕突，勢甚猛。鄭軍據壘戰，番卻，乘勢逐之，燬其社。經遂登鐵砧山，留百人屯田，以制蓬山諸番。三十六年春三月，竹塹番亂。

初，軍戍雞籠者，遇北風盛發，船不能往，則命土番轉運。沿途供役，土番苦之，督運者又嚴為驅策，遂相率為亂，殺通事，掠糧餉。竹塹、新港各社應之，道無行人。報至，侍衛馮錫範請以左協理陳絳率兵討，宣毅前鎮葉明、左武衛左協廖進副之。番懼，遁入山。駐兵不敢歸。吏官洪磊言曰：「土番之變，勢出無奈。勞師遠討，似非所宜。蓋以番如野獸，深山藏匿，難搗其巢，不如寬以撫之。懷德遠來，善為駕馭，則番當自服。況當國家有事之時，尤不宜震動，以生外侮。」克塽從之，遣各社通事往諭各歸社，聽約束，然後班師。時同安王世傑從軍轉運，請墾竹塹之地，許之。三十七年春正月，聞清人將伐臺灣，乃籌防務，討軍實，而餉絀。五月，上淡水通事李滄請採金裕國，安撫司林雲言之，命監紀陳福率宣毅鎮兵往，以土番為道。因至卑南覓，不得而歸，而鄭氏亦亡矣。

康熙二十二年秋八月，清人入臺灣，招撫諸番，設土官以治，徵餉如舊。知府蔣毓英始至，經畫三縣疆域，集流氓，墾荒地，安輯諸番，教以授產之法。三十二年，淡水人陳文、林侃遭風至奇萊，始與臺東番貿易。越二年，賴科亦自雞籠越山而至崇爻。於是臺東之野，漸有漢人足跡矣。三十六年，仁和諸生郁永河以採礦來臺，自郡治而徂北投，所至番為具糗糧，負弓矢，兩月始達。永和著書，多詳番事。其言曰：「番為人愚，又畏法。若能化以禮義，風以詩書，教以蓄有備無之道，制以衣冠、飲食、冠婚、喪祭之禮，遠在百年，近三十載，將見改易狉榛，率循禮法。豈與中國之民異乎？」當是時，荒土初闢，農多餘畝，爭墾番地，尚未併進，故番無仇視外人之心，而行旅無害。然其後漢人日進，拓地愈廣。如楊志甲、吳洛、施世榜等，且先後而至半線，闢土田，興水利，以立彰化之規模，其功大矣。

三十八年，吞霄番亂。

初，通事黃申為贌社，征派無虛日，吞霄番苦之。土目卓个、卓霧、亞生性驍鷙，謀叛。二月，番將獵，申令納稅而後行。番固怨申，遂殺之，及夥數十人。事聞，鎮道遣員往諭，不得入。乃檄北路參將常泰帥兩標兵討之，以新港、蕭壟、麻荳、目加溜灣四社番為先鋒。番拒戰，四社頗死傷。請曰：

「聞岸裏社番多勇敢，能越山度澗。欲禽土目，非此不可。」時岸裏未內附，介通事以牛酒犒之、願效命。八月、岸裏番自山後襲其社，官軍亦進。番窮困，將竄入山。又要之，獲卓个、卓霧、亞生以獻，解郡正法，傳示諸番。官軍罹瘴而死者數百人。當呑霄番之亂，北投社番亦亂。北投踞上淡水溪畔，雖內附，每殺人。土目冰冷素負力，其戚以女字通事金賢，已而將娶之，不許。賢恕撻女父，女父愬於冰冷，遂殺賢以叛，遣人告呑霄相應。水師把總某巡哨適至，潛泊港口，募他番佯爲互市，猝禽冰冷至舟，剹之。遂介通事求撫。四十年，諸羅劉卻起事，北路倣擾，諸番亦乘虛出，頗殺人，及平乃止。

初，歸附番社例用通事，又有社商以攬其餉。番之互市，社商主之，每事朘剝，朋比爲奸。漢人之侵耕番地者，所在皆有。番無可籲訴。巡道王敏聞之，嚴飭所屬，凡給墾者須先請官查勘，定可否。又懲辦通事、社商數人以狥，乃稍戢。

四十七年，泉人陳章請墾大佳臘之野。署諸羅知縣宋永清遣社商、通事與土官會勘，報可。是爲臺北府治。自是移民漸至，越二年始設淡水守兵。然地多瘴毒，南崁以上，山谷奧鬱，窮年陰霧，罕晴霽，居者多病沒，而戍兵生還者不能得十之三。五十二年，北路營參將阮蔡文親至其地，歷大肚、牛罵、呑霄、竹塹諸社。所至集諸番而拊循之，番大悅。

五十三年。諸羅知縣周鍾瑄以社餉較重，上書總督覺羅滿保請豁減。略曰：番俗醇樸，太古之遺。自居民雜至，強者欺番，弱者媚番。地方隱憂，莫甚於此。查社餉一項，鳳山、淡水八社番米，在鄭氏原數五千九百三十三石八斗，嗣後酌減爲四千六百四十五石三斗。而諸羅社餉七千七百八兩有奇，未邀裁減。從前猶可支持，以地皆番有，出產原多。比年以來，流亡日集，以有定之疆土，處日益之流民，經月累年，日事侵削；番人世守之業，竟不能存什一於千百。且每年正供七千八百餘金，花紅八千餘金，官令採買麻石又四千餘金，放行社鹽又二千餘金，總計一歲所出二萬餘金。而通事頭家假公濟私，何啻數倍。土番膏血有幾，雖欲不窮得乎？時巡道陳瓚方以吏治爲海疆第一，乃議酌減，飭南北通事招徠生番。於是南路山豬毛等十社、北路岸裏等五社，凡四千七百五十三人請內附。滿保據以入奏。瓚亦自持糗糧，率從僕數人，北巡至淡水。夜宿村舍，詢諸番疾苦，見者嘆息。

五十五年，岸裏社土目阿穆請墾貓霧捒，許之。東至山，西及沙轆，北界大甲溪，南達大姑婆，是爲今之臺中。六十年夏，朱一貴起事，游擊周應龍請討。率兵四百，調新港、蕭壟、麻荳、目加溜灣四社番從。下令：殺賊一名，賞銀三兩。土番皆嗜殺，濫戮良民，放火焚廬舍，眾多恨起應，全臺俱陷。及平，滿保議劃界遷民，總兵藍廷珍以爲不可。復之曰：「執事留意海疆，諄諄切摯，議論高明。果能如此，文武皆可臥治，何其幸也！唯是臺地自北至南一千五百餘里，山中居民及附山十里以內民家，未經查確，不知其幾萬戶，田園幾萬畝，各山隘口幾何處。應俟委員勘核，造冊報聞。但天下非常之事，必非常人乃能爲。廷珍籌度再四，未得善法。唯執事明以教之。欲遷數萬戶之民居，必有可容數萬戶築室之處。而此數萬戶又不能不耕而食，必有可容十數萬人耕種之田。則度地居民，爲此日第一急務矣。今全臺山中之地既欲盡棄，附山平地又棄十里，即以三十里而計，已去一千五百餘里之三十里。截長補短，應得縱橫各四百五十里之地，以爲被遷之民之田疇廬舍。不知此地從何撥給？所當籌度者一也。人情安土重遷，非盡戀戀故地，亦苦田舍經營，所費不貲。富家棟梁瓦桷可以搬赴新居，工匠墻垣亦費其十之六。貧家土舍茅簷無可移用，一經遷徙，則當從新建蓋。以亂後殘生饔飧不繼之窮民，何以堪此茅綯土木之繁費！嗟嘆之聲既不忍聞，勢不得不有以資之。每屋一間給銀五錢，計費錢糧五、六萬兩。不知動支何項？所當籌度者二也。各山隘口未知幾何。即以羅漢門一處而論，已有二、四路可入。則此一千五百里之山，其隘口不止百計。每口伐木挽運，百夫亦須三、五日，計用人夫不下三、五萬。不知係官自僱募，抑或派之於民？所當籌度者三也。一千五百餘里之界墻，一千五百餘里之濠塹，大工大役，海外僅見，計費錢糧不下十萬兩。將給之自官，則無可動支之項；將派之於民，則怨聲四起，必登時激變。所當籌度者四也。寇亂風災之後，民已憔悴不堪，百孔千瘡，俱待補救。即使安靜休養，時和年豐，尚未能遽復元氣；況又有棄去田宅、流離轉徙之憂？即使有地築舍，有田開墾，而五錢之惠，能成屋宇幾何？薙草披荊，能望西成幾何？況又有無資可藉、無地可容之憂；誰肯餐風宿露、相率遷移於無何有之鄉乎？民而肯遷，豈不甚善；假如強項不依，曉曉有辭，將聽其不遷而中止乎？抑以兵威脅之乎？所當籌度者五也。既已三令五申，費盡心力，復聽其不遷而中止，則憲令不行，是教民兇悍，而開犯上之風，非所以爲治也。若以兵脅之使移，則民以爲將殺己，抗拒亦死，不抗拒亦死，必制梃與兵爲敵。至於敵敵，亦遂不容不殺矣。無故而殲我良民，於心不忍。殲不盡則禍不已，殲之盡則人又不服。既上乖朝廷好生之德，又下失全臺數百萬之人心。所當籌度者六也。自古以來，有安民，無擾民，有治民，無移民；無故而使千五百里之人，輕棄家鄉以餬其口於路乎？開疆拓土，臣職當然；蹙國百里，詩人所戒。無故而擲千五百里如帶之封疆，爲民乎？爲國乎？爲土番盜賊乎？以爲民，則民呼冤；以爲國，則國已蹙；以爲土番殺人，則劃去一尺，彼將出來一尺。界墻可以潛伏，可以捍追，正好射殺人民，以爲盜賊。則千五百里無人之地，有山有田，天生自然之巢穴，足以逞志。不知於數者之外，或有他取乎？夫事必求其有濟，謀必出於萬全，循此檄也以行，能必其有濟乎？無濟而不召亂，猶之可也；殘民而有功於國，亦未爲不可也。能必其不召亂，不殘民，而又能有功於國，則計出於萬全矣。不然，願執事之熟思之也。」滿保乃止，唯立石禁入番地。時阿里山番亂。六十一年，諸羅知縣孫魯遣人撫之。水沙連番亦內附，附阿里山番納餉。

初，府知靳治揚招撫土番。附郭各社，皆設義塾以教之。至是，巡道陳大輦選其秀者爲佾生。雍正元年，知府高鐸又獎勵之，於是熟番漸向學。

當是時，半線開墾，已成都聚。而諸羅遼遠，不足控制。滿保乃從廷珍之議，劃虎尾溪以北至大甲溪，設彰化縣。而溪北至雞籠，設淡水同知，駐竹塹，以理民番之事。漳浦藍鼎元曾從軍來臺，力言開墾竹塹番地之利，又與巡道吳昌祚論治臺之書。謂「彰化地多荒蕪，宜令人民開墾成田，勿致閒曠。前此皆以番地禁民侵耕，今已設縣治，無仍棄拋荒之理。若云番地，則全臺皆取之番，欲還不勝還也。宜先出示令土番各自開墾，限以一年盡成田園，否則聽民墾耕。依照部例，則爲業主，或令民貼番納餉，易地開墾，亦兩便之道也。」其後當道從之，頒行例則，而墾務乃大進。

傀儡番在深山之中，負嵎蟠踞，殺人爲雄。荷蘭、鄭氏之時，屢討未服。及一貴之變，餘黨王忠逃入山。廷珍遣外委鄭國佐偕通事章旺往捕，未能得。秋，心武里社女土目蘭雷爲粵人所殺，其族八歹率加者勝眼社番數百，伏東勢社，殺粵人三人。報至，派兵討，破其兩社，並撫附近之番而歸。四年，詔谿番婦丁稅；而熟番丁稅，每穀一石改徵銀三錢六分，著為例。水沙連番荷摩社素內附，當朱一貴之變，乘亂以逞。既就撫，土目骨宗恃其險阻，輒出殺人，官軍未能討也。秋九月，總督高其倬檄巡道吳昌祚至省，詢番情，授方略，命為總統，以北路參將何勉副，又調淡水同知王汧協征。時巡臺御史索琳在郡中，與昌祚會斗六門，議進勦之策。十月，軍至水沙連。番拒戰，大敗之，諸番震懾就撫。越數日，復進水裏社，禽骨宗並其二子，戮之。自是水沙連番二十五社復納餉如初。

五年，沙轆番亂。沙轆自遭兵後，勢微弱，而地腴，漢人爭購之。土目嘎即謂其眾曰：「祖宗遺此尺寸土，為子孫可耕可獵、可供衣食、輸課餉。今若盡售漢人，必受欺侮，我將無以自存。」遂殺人以叛。彰化知縣張縞請兵討。嗣從通事之請，許降。當是時，淡水同知王汧以番地日被侵墾，或以賤價售人，番無得食，日就窮困，致起爭殺。上書御史尹秦，奏定社田。大社留給水旱之地五百甲，中四百甲，小三百甲，以為耕獵之地，各立界碑，永遠保之。其餘草地悉令召墾，並限三年陞科。六年冬，山豬毛番亂，殺漢人二十有三人。翌年春二月，總督高其倬檄總兵王郡、巡道孫國璽會辦。以游擊靳光瀚、同知劉浴率兵討，調諸羅知縣劉良璧堵後山，發內攸社番要擊之。北路營參將何勉亦入楠梓仙山。軍至邦尉，番降。十一年，始以南路營兵三百戍山豬毛，自是番不敢出。九年，大甲西社番林武力潛謀作亂，結樸仔籬等八社，以十二月起事，恣焚殺。淡水同知張宏章走免，居民多被戕，北路洶洶。總兵呂瑞麟適北巡，至淡水。聞變，回及貓盂，被圍。瑞麟力戰，奔彰化，徵兵府中，累戰不克。十年五月，林武力復結沙轆、吞霄等十餘社齊反，圍彰化縣治，居民逃避，號哭於道。宏章率鄉勇巡莊，道經阿束社，番伏擊，眾潰。有粵人鋤田者十八人見之，制梃以救，宏章獲免，皆戰死。彰人葬之，謂之十八義民。六月，總督郝玉麟調瑞麟回府，檄新授福建陸路提督王郡討之。七月，郡偕巡臺御史覺羅柏修軍至鹿港，遣參將李蔭越、游擊黃林彩、林榮茂、守備蔡彬等，合兵攻阿束社。番不能拒，潛竄於山。郡以參將靳光瀚、游擊黃林彩、守備林世正等各率兵扼隘。八月，渡大甲溪，復遣將分擊。林武力之去也，踞險自守，官軍追之。過大安，登大坪，直抵番界。諜報林武力走南日內山，復追之，攀緣而上。番踞高崖，下矢石，官軍發炮攻，聲震山谷。番卻，搗其巢，遂縛林武力以降，戮之。是役捕虜千餘人，或殺或放。十二月，乃班師歸，建鎮番亭於彰化，改大甲社爲德化，牛罵社爲感恩、沙轆社爲遷善，而漢人多耕其地矣。十三年，眉加臘番亂，討之。眉加臘爲彰化野番，未內附。頻年以來，輒出沒於柳樹楠、丁臺各莊附近，焚殺居民。十月，北路副將靳光瀚、淡水同知趙奇芳合兵討，獲其數人，戮之，遂於柳樹楠設隘以守。臺中之設隘始於此。

乾隆二年，詔減熟番丁稅，著照民丁之例，每丁徵銀二錢，餘悉裁減。巡臺御史白起圖奏言：「嗣後漢民不得擅娶番婦，番婦亦不得牽手漢民，違者則行離異。漢民照民苗結親例，杖一百。土官通事照民苗結親媒人減一等例，各杖九十。地方官照失察民苗結親例，降一級調用。其從前已娶生有子嗣者，則行安置爲民，不許往來番社，以杜煽惑生事之端。」詔可。先是大學士鄂爾泰等以臺灣居民已數十萬，開墾承佃，各謀其生，而禁止攜眷，未有家室，別娶番婦，恐滋擾害，奏請解禁；許之。於是閩粵之人至者更多，爭墾番地，播稻植蔗。米糖之利，挹注他省，歲入各百數十萬金，商務以興，家富人給。莫不各立久遠，爲子孫計。乃未幾而越界之禁又出矣。

三年，總督郝玉麟奏言：「臺灣熟番與漢人所耕地界，飭令查明。其已有契可憑、輸糧已久者，立界管業。此後不准人民侵入番界，贌買番業。應令地方官督同土官，劃界立石，以垂永久。」顧越界之令雖頒，而官莊之開愈大。官莊之制，略如鄭氏屯田。文武官各備資本，召佃墾荒，以爲己業，而其地多在番界。九年，下詔禁止。十七年，更立石番界，禁出入；而臺灣之墾務一阻。

當是時，歸化熟番漸從漢俗，乃令薙髮，錫姓，以遵國制。自是以來，民番雜處，各安畎畝。然交涉之事愈多。三十一年，奏設南北理番同知，以北路駐彰化，南路駐府治，管理民番交涉事務。時兩路熟番九十三社，歸化生番二百數十社，輸餉課，聽約束，有事調遣，奉命維謹。及林爽文之役，大將軍福康安視師臺灣，諸番爭效命，建功多。五十三年，康安奏倣四川屯練之制，設置屯防，大屯四，小屯八，語在軍備志。又以未墾荒地五千四百四十一甲，抄封田園二千三百八十餘甲，分給屯丁，爲自耕自給之計，語在田賦志。然屯番未諳農事，多募漢人耕之，所入不供衣食。嗣以抄封田園撥充班兵之餉。五十五年，清丈，查出侵墾番界田園三千七百三十四甲餘，悉沒之。贌佃耕作，以其租爲屯餉，而開墾番地又日進矣。

蛤仔難在淡水北東，或曰甲子蘭，番語也。背山面海，土地廣漠，溪流交錯。西班牙人曾至，為番所殺。乾隆三十三年，淡水林漢生入墾，亦為番害。自是無有至者。漳浦人吳沙居三貂嶺，任俠，通番市。以嘉慶元年，募三籍流氓千數百人，率鄉勇二百餘前進。九月，至烏石港，築土堡以居，則頭圍也。二年，沙赴淡水廳給照，與以義首之印，隨山刊木，立鄉約，設隘寮，至者愈多，拓地至二圍。沙死，姪化代領其眾，遂進至五圍。蔡牽之亂，朱濆謀踞蘇澳，化敗之，請以地入版圖。知府楊廷理會師至此，諗其形勢，亦以為言。而大吏以險遠難治，慮有變，不許。嘉義縣學教諭謝金鑾撰蛤仔難紀略六篇而論之曰：「古之善籌邊者，卻敵而已。開疆闢土，利其有者，非聖主所欲為。顧是說也，在昔日不可以施於臺灣，在今日復不可以施於蛤仔難。其故何也？勢不同也。臺灣與古之邊土異，故籌臺灣者，不可以彼說而施於此也。夫古之所謂籌邊，其邊土有部落，有君長，自為治之。其土非中國之土，其民非中國之民，遠不相涉。偶為侵害，則慎防之而已。必欲撫而有之，有其土而吾民不能居也，徒為爭殺之禍，故聖王不願為，而為之者過也。若臺灣之在昔日，則自鄭氏以前，荷人據之，海寇處之。及鄭氏之世，內地之人居之，田廬闢，溝澮治，樹畜饒，漳泉之人利其肥沃而住者日相繼也。其民既為我國之民，其地即為我國之地。故鄭氏既平，施靖海上言以為不當棄，遂立郡縣。豈利其土哉，順天地之自然而不能違也。夫臺灣之在當日，與內地遠隔重洋，黑水風濤沙汕之險，非人跡所到，然猶不可棄，棄則以為非便。若夫今日之蛤仔難，較為密邇矣。水陸毗連，非有遼遠之勢；而吾民居者眾已數萬，墾田不可勝計，乃咨嗟太息，思為盛世之民而不可得，豈情也哉？況楊太守入山，遮道攀轅，如赤子之覿父母，而民情大可見也。為官長者棄此數萬民，使率其父母子弟永為逋租逃稅、私販偷運之人而不問也；此其不可者一。棄此數百里膏腴之地，田廬畜產、以為天家租稅所不及也；此其不可者二。民生有欲，不能無爭。居其間者，漳泉異情、閩粵異性，使其自鬥自殺自生自死若不聞也；此其不可者三。且此數萬人之中，有一雄黠材智桀驁不靖之人出而馭其眾，深根固蒂，而不知以為我疆我土之患也；此其不可者四。蔡牽窺伺，朱濆鑽求，一有所合，則藉兵於寇也；此其不可者五。且就其形勢觀之，南趨淡水、艋舺爲甚便，西渡五虎、閩安爲甚捷，伐木扼塞以自固則甚險。倘爲賊所有，是臺灣有患，而患則及於內地；此其不可者六。今者官雖未闢，而民則已開，水陸往來，刊木通道，而獨爲政令所不及，奸宄兇人以爲逋逃之藪，誅求弗至；此其不可者七。凡此七者，仁者慮之，用其不忍之心；智者謀之，以爲先幾之哲。其要歸於棄地棄民之非計也。或曰：『臺灣雖內屬，而官轄之外，皆爲番境，則還諸番可矣。必欲爭而有之，以滋地方之事，斯爲非宜。』不知今之占地而耕於蛤仔難者已數萬眾，必當盡收之，使歸於內地，禁海寇勿復往焉，而後可謂之還番，而後可謂之無事。否則官欲安於無事，而民與寇皆不能也。非民之好生事也，戶口日繁，有膏腴之地而不往耕，勢不能也。亦非寇之好生事也，我有棄地，寇將取之，我有棄民，寇將劫之。故使今之蛤仔難可棄，則昔之臺灣亦可棄。昔之所以留臺者，固謂郡縣既立，使吾民充實其中，吾兵捍防其外，番得所依，寇失所據。所謂安於無事者此也。今之蛤仔難亦猶是矣。或又曰：『蛤仔難之民，久違王化，其心不測。驟欲馭之，懼生禍端。』信哉是言也！夫君子之居官，仁與智二者而已。智者之慮事，不在一日而在百年。仁者之用心，不在一己之便安，而求益於民生國計。倘敬事以愛民，蛤仔難之民，即堯舜之民也，何禍端之有？楊太守之入也，歡聲動地；驅爲義勇，則率以從；索其凶人，則縛以獻。安在其久違王化哉？苟其圖利於身，弗達時務，抑或委用非人，土豪奸吏把持行私乎其間，則其啓禍也必矣。故此事非才德出眾者，不可與謀也。一方之闢，必有能者籌度乎其間。其見諸事者，蔚爲功業矣。或徒見諸言，而其時不能用，後卒不易其言焉，則皆此邦之文獻也。自施靖海以後，善籌臺事者，莫如陳少林、藍鹿洲二公，可謂籌臺之宗匠矣。當康熙時，彰化、淡水未曾設官，政令巡防，北至斗六門而止，或至半線、牛罵頭，要不越諸羅轄內二百餘里之地。自半線以北，至於雞籠，七、八百里悉荒棄之，亦委於番。即臺邑之羅漢門，鳳山之琅璚，皆擯弗治。當事者逡巡畏縮，志存苟安，屢爲畫地自守之計，唯云禁民勿侵番地，實則藏奸矣。故少林作諸羅縣志，慷慨著論。鹿洲呈巡使黃玉圃之詩亦言之。其所陳利弊，又皆與今日相類，是皆先事之師也。且夫制治之方，視民而已。民之所趨，不可棄也。沃足以容眾，險足以藏奸，臺灣之地大概如此。有類乎蛤仔難者，尚當以漸致之。其事非止於蛤仔難也。然而自昔以來，苟安者眾，焦頭爛額之事，乃使後人當之。

豈所以為民為國也哉？」

十三年春，福州將軍賽沖阿奏設屯防並免陞科，部議不准。十月，少詹事梁上國奏言：「臺灣淡水廳屬之蛤仔難，田土平曠豐饒，每為海盜覬覦。從前蔡牽、朱濆皆欲占耕，俱為官兵擊退。若收入版圖，不特可絕洋匪窺伺之端，且可獲海疆無窮之利。」詔命福建督撫議復。總督阿林保委署臺灣知府徐汝瀾詣勘，亦主設屯，未復奏。十四年春正月，詔以「阿林保等查勘蛤仔難地勢番情另行酌辦一摺，蛤仔難北境居民，現已聚至六萬餘人。且於盜賊窺伺之時，復能協力備禦，幫同殺賊，深明大義，自應收入版圖，豈可置之化外？況地又膏腴，若不官為經理，妥協防守，設為賊匪占踞，詎不成其巢穴，更為臺灣肘腋之患乎？著該督撫等熟籌定議，應如何設官經理，安立廳縣，或用文職，或駐武營，隨宜斟酌，以期經久盡善。」十五年，總督方維甸以漳泉械鬥，奉旨查辦。行次艋舺，土目包阿里等率各社番丁，叩轅求見，請入版圖，業戶何繪等亦請照則陞科。維甸據以入奏，歷言收入之利。命楊廷理偕巡檢胡桂等入查，分劃地界，以為設官之計。當是時，移墾之民，漳人四萬二千五百餘，泉人二百五十餘，粵人一百四十餘，均屬丁男。而熟番五社九百九十餘丁，歸化生番三十三社四千五百五十餘丁。其地東西寬約二、三十里，南北長約六、七十里，泱泱乎可為大邑也。廷理既至，籌辦三月，首廢業戶，具陳省憲。而司道以事難懸擬，請交臺灣鎮道議復。總督汪志伊初蒞任，即檄臺灣道張志緒覆勘。十六年，督撫會奏，命大學士會同各部議復。十七年八月，始收其地，設噶瑪蘭廳，置撫民理番通判，則今之宜蘭也。當是時荒土尚多，而番愚且惰，不能耕。通判翟淦乃議大社加留餘埔周迴二里，小社一里，給與熟番樹藝。西勢一帶，永為番業。東勢十六社之地，給與三籍開墾，而徵其租。自是以來，移民麕至，治溝塍，興水利，險阻集，物土方，而噶瑪蘭為樂國矣。

先是十五年，總督方維甸以臺灣番政廢弛已極，雖有禁令，眾多玩視。若佃農之侵耕，屯弁之呑餉，通事之剝削，官司之陋規，隘丁之空虛，匠首之訛詐，糧差之勒索，番割之比匪，兵丁之需求，游民之逐利，皆足以擾亂番界而生禍患，出示嚴禁，違者重辦。乃未幾而開墾埔裏社之議起。埔裏社在彰化萬山之中，距縣治九十餘里，中拓平原，周圍可三十餘里。土厚泉甘，產物當。南北兩溪皆源自內山，蜿蜒數十里而入於海，引水溉田者十數萬甲。歸化番社二十有四，而以埔裏、水裏為大。性馴良，不妄殺人。水社之間，有日月潭，廣可七、八里，水極澄清，中有小山曰珠嶼，景絕佳。雍正初，漳浦藍鼎元曾游其地，然其後少有至者。乾隆五十三年設屯之時，水、埔二社計有屯丁九十名，屯田百餘甲，番自耕田亦百餘甲。嘉慶十九年，水沙連隘首黃林旺貪其地腴，與嘉、彰二邑人陳大用、郭百年謀墾。府署門丁黃里仁為之助，乃假已故土目通事赴府，言積欠番餉，番無所食，願以祖遺水裏、埔裏二社地給與漢人耕墾，許之。二十年春，飭彰化縣予照，然未詳報也。其受約者僅水沙連，而二十四社不知也。百年既得示照，擁眾入山，先墾社仔之地三百餘甲。復由社仔侵入水裏，再墾四百餘甲。既復入沈鹿，築土圍，再墾五百餘甲。三社番弱，莫敢抗。百年喬為貴官，勢烜赫，率壯丁佃農千數百人至埔裏，囊土為城，樹紅旗，大書開墾。番不服，相持月餘。乃佯言罷墾，使壯者取鹿茸為獻。乘不備，大肆焚殺。番不敵，逃入內山，聚族以嚎者半月。獲生熟牛數千頭，粟數百石，器物無算。番俗死以物殉，掘塚百餘，得刀槍百數十桿。既奪其地，築土圍十三，木城一，益召佃。番無所歸，走依眉社赤崁以居。先是漢番相持，鎮道微有所聞，使人偵之。還報曰：「野番自與社番鬥爾。社番不諳耕作，漢佃代墾充食，而人寡力弱，依漢為援，故助之。所殺者野番也。」二十一年冬，總兵武隆阿北巡，悉其事，嚴詰之。彰化知縣吳性誠請逐佃，而墾戶恃府示，不從。有希府中指者曰：「漢佃萬餘，費工已巨。一旦逐之，恐滋變。」性誠上言曰：「埔地逼處內山，道路叢雜，深林密箐，一經准墾，人集日多。命盜凶徒，從而溷跡。若招聚亡命，肆為不法，事且奈何。且此地固生番打鹿之場，開墾以後，理疆定界，而姦人無厭，久必漸次私越。番性雖愚蠢，凶悍異常，一旦棲身無所，勢必鋌而走險，大啟邊釁。不若乘未深入，全驅以出，尚可清患於未然也。」鎮道從之，飭府撤還。二十二年六月，召諸人至府會訊，予百年枷杖，餘宥之。署北路理番同知張儀盛偕性誠赴沈鹿，毀土城，逐佃農。番始歸社。並立碑於集集、烏溪二口，禁出入。自是埔裏社復為番有。然二十四社日衰，漢人亦稍稍入。社仔被逐併於頭社，貓蘭併於水裏，而多咯啷、福骨二社與沙里興鄰，遂入從野番。眉裏、致霧、安里萬三社亦引野番以自固。埔裏人少，雖與水裏睦，而不能救助，甚自危。道光三年，萬斗六社通事田成發以事被革，詭與埔裏番謀，招外番爲衛，與以地使耕，聽之。成發乃結北投社革屯弁乃貓詩、革通事余貓尉募附近熟番，潛往復墾，而漢人陰持其後。成發之黨與水沙連丁首蕭長發有隙，長發首發其謀。九月，北路理番同知鄧傳安會營入埔裏社察之，撫循而還。傳安頗有開設議。而紹興人馬峨士久居臺灣，聞其地富，至福州，游說商人林志通爲墾戶。總督趙愼軫以問前臺灣知縣姚瑩。瑩曰：「臺灣生齒日繁，游手亦眾。山前已無曠土，番弱不能有其地，不及百年，山後將全入版圖，不獨水、埔二社也。然會有其時，今則尚早爾。」四年五月，巡撫孫爾準至臺，欲議其事。傳安力陳開墾之利。爾準意動，欲援噶瑪蘭故事，以問知府方傳穟。時姚瑩在臺，傳穟訪焉。瑩曰：「必欲開二社者，有要略八事，君其言之。」傳穟曰：「何謂八事？」曰：「往者噶瑪蘭之開也，乾隆年間則有漢人潛往，嘉慶元年吳沙率眾入山，占奪攻殺，凡十餘年。楊廷理往開時，大局已定，故眾番獻納輿圖，設官經理。然委員督墾之初，東勢番尚持不從，強而後可。今埔裏開墾之民已逐，社番又未輸誠，前此漢人焚殺之怨未忘。若往開設，必先和睦番情。其要一也。漢番言語不通，撫番須用通事，而通事多奸人，彼不以朝廷安撫爲辭，而以危言恫喝。番懼而從命，心實不服。設有異謀，殊傷國體。況開設之際，交涉事多，鬥毆小故，皆足釀亂。則通事必求良善。其要二也。水社在外，如社仔、沈鹿之地已爲漢人占墾者無論矣，埔地周圍數十里，番自墾成者僅十有一、二，餘皆荒埔。今外社熟番往墾者不過二百餘人，官墾則招佃，約費巨萬，將以何者爲番田，何者爲官佃，官課番租，不可淆混。其要三也。社東北沿山各社，則非埔裏之地。其內谿諸處亦並開否，或以山爲界。山外通噶瑪蘭及奇萊、秀姑巒之處，開後不無人民私越，往來其中。則界址作何開閉？其要四也。前此漢人往墾，各有頭人領照，其意在充業戶，此時必萌故智。業戶之設，其弊無窮。徵收租課，逋嘗十萬。一有破敗，更換爲難。不若官自召佃，永除業戶之名。其要五也。地方數百里，墾田數千甲，用佃殆將萬人。紛紛烏合，苟無賴人經理，不但無從約束，且工本何出。昔蘭人之法，合數十佃爲一結，以曉事而資多者爲首，曰小結首。合數十小結首，舉一富強有力而眾服者爲大結首，有事官以問之，然後有條不紊。視其人之多寡，授以地，墾成眾佃公分，結首倍之，或數倍之，視其資力。今開埔地，亦當略仿此意行之。其要六也。蘭地南北百餘里，並山計之幾二倍。

東西腹地亦四、五十里，不足置縣，故設一廳。今埔地方三十餘里，並水社山埔計之，或百餘里，似不足為一廳縣。然其地在萬山中，南自集集，北自烏溪，兩路入山，皆極迂險。內逼凶番，後通噶瑪蘭、奇萊諸處，蓋全臺之要領，前後山之關鍵。而去彰化縣城遼遠，非佐雜所能鎮撫，不得不略如廳縣之制。文武職官廉俸兵餉，作何籌給，不可不為計及。其要七也。田園日闢，生聚日多，不特商賈通行，則所產米穀民食亦必出山糶糴。其南由辭口進水社，山嶺重峻，勢不可行。唯北路烏溪水道可通；而溪水上流頗淺，亂石巑岏，亦當開通，以便舟楫。其要八也。」傳穟陳其說，爾準見而難之。時性誠為淡水同知，志恆為噶瑪蘭通判，傳穟更集眾議。性誠、志恆皆主禁，傳安不能執前說，亦以為當禁。傳穟遂詳請禁之如故。

初，竹塹沿海各地開墾已成。而近山番界土廣且腴，漢人漸事侵耕。嘉慶末，有粵人黃祈英者子身來臺，至斗換坪，與番貿易。頗獲利，遂從番俗，改名斗乃，娶番女為婦，生二子。已而邀其鄉人張大滿、張細滿等入山，約為兄弟，亦各娶番女，與番往來。遂墾南莊之地。道光六年夏四月，彰化閩粵械鬥，蔓延數十莊社，大甲以北亦起應。粵人弱，多竄南莊。斗乃遂煽土番，率之出，肆殺掠，所在騷動。八月，總督孫爾準至臺查辦，派兵討，陣斬土番七人，獲斗乃等二十有一人，皆戮之。事平，設隘南莊，置屯把總一，屯丁六十，以防番害。十四年冬，淡水同知李嗣業以南莊墾務既啓其端，而東南山地尚未拓，乃命姜秀鑾、周邦正集閩粵之人，合設金廣福隘，從事開闢。自樹圯林以入北埔。數年之間，墾田數千甲，時與番鬥。已而詳請鎮道會奏，頒鐵印，歲加給費四百圓，與以開疆重任，權在守備以上。自是而東南番地漸闢矣。當是時淡水吳全亦募佃往墾臺東，築壘以居，則今之吳全城。運會所趨，莫可抑遏。而前山舊壤，漸有人滿之患，不得不求之番界。顧未幾而開墾埔裏社之議復起。

埔裏社自逐佃後，輒為野番劫殺，勢不足以自存。乃邀嘉、彰熟番入墾，欲引為援。先後至者七十有二社，合力以拒漢人。道光二十一年，給事中朱成烈奏言：「臺灣曠土甚多，應許開墾。」詔命總督顏伯壽議覆。總兵武攀鳳、巡道熊一本、知府仝卜年入山履勘，具陳開墾埔裏社之利。而伯壽以與番人爭利，難防後患，援例奏禁。然民間之唱開墾者，前呼後應。臺、嘉、彰三邑業戶認捐墾費十八萬圓，墾田七千甲。紳士王朝綸、王雲鼎等且欲以墾內外國姓，長鹿埔等處。是封界之令，已不可行於今日矣。二十六年春正月，北路理番同知史密偕北路協副將葉長春、署南投縣丞冉正品率通事、土目入山。埔裏社番目督律與水裏社番目毛蛤肉、田頭社番目擺典，貓蘭社番目六改二，沈鹿社番目排搭母、眉裏社番目改努等，領六社眾千六百六十有三人求內附。密細查土田，則埔裏可墾四千餘甲，番僅二十有七人，生計困窮。而社南之地，爲熟番私墾者約千甲，其眾已達二千。水裏可墾三百餘甲，有眾四百三十有四人。田頭可墾八百餘甲，有眾二百八十有八人。貓蘭可墾七百餘甲，有眾九十有五人。沈鹿可墾四千餘甲，有眾五十有二人。眉裏可墾二千餘甲，有眾一百二十有四人。統計其地約達一萬三千甲，甲徵穀一石，則歲可收官穀一萬三千石，以充設官戍兵之費，綽有餘裕。密欲捐墾二千甲，以爲民倡，請援噶瑪蘭之例。巡道熊一本、知府仝卜年轉詳總督。劉韻珂大喜，下詢開墾可慮七事。一本條復籌辦，力主開設。十月，韻珂上其事，略曰：「臺灣孤懸海外，民情浮動，不逞之徒，動輒械鬥，甚至謀爲不軌。迨至兵役緝捕，而匪徒以水沙連內山爲緝捕難至之區，相率逃入，潛匿深藏。若開闢則地歸疆理，建廳設汛，棋布星羅，匪徒無從託跡，地方則可安謐。是其袪弊者一。臺灣向無土著，多係閩、粵之人。前此地曠人稀，物產豐富，力作經營，皆可謀食。今則生齒日繁，生產乏術，有游民而無恆產，鮮不從爲盜賊。若開闢則驅之力田，耕鑿相安，自消患於未萌。是其袪弊者二。水沙連土地肥美，甲於全臺。雖例禁私越，然小民趨利若鶩，難保無私越之人。即使加謹巡防，迭增厲禁，亦難保無官來則去、官去復來之弊。若開闢則按戶授田，奸人無從混跡，可免意外之虞。是其袪弊者三。佳里興等社野番在水沙連各社之後，不法之徒，向有勾引野番潛出擾害之事。而兵役不能深入查拏，以致負固恃險，毫無顧忌。若開闢則番社悉爲我有，摘要防守，奸人既不能私入，野番則不敢越界。是其袪弊者四。水沙連各社生番向以抽籐弔鹿爲生，不諳耕耨。茲因封禁日久，社地荒蕪，俯仰無資，籲懇歸附。若不允其所請，既見拒於官府，必串謀於熟番。即不串謀，而漢奸必有私誘生番之理。該生番始雖舍熟番、漢奸而求官，後必結熟番、漢奸而抗官矣。若開闢則番眾必安，可杜私墾之漸，而熟番、漢奸亦無由串謀勾結。是其袪弊者五。臺地夙稱殷富，近因物力有限，戶口頻增，以致日形凋敝。若開闢則利較溥，歲可產米百萬石，而木料、樟腦、藥材諸物更屬不少，通工惠商，培養生機，元氣可以漸復。是其興利者一。臺灣餉銀須內地撥解協濟，不特虛糜解費，而且重洋遠涉，疏失堪虞。若開闢則歲得正供數萬石，即可就地酌撥。在臺灣多一分餉銀，則內地少一分協濟。是其興利者二。臺灣為海外巖疆，倉儲不可不裕。若開闢之後，正供既有盈餘，而該同知捐墾之二千甲，一經成熟，又可酌提充公。從此倉儲日充，則可為地方緩急之用。是其興利者三。臺灣北路向設屯丁三千餘名，歲給餉銀，不敷衣食。若開闢則調取無業番丁，酌給荒田農具，令其自行耕作，由官給械，隨營操演，使之生計裕如。無事則保衛水沙連，有事則協助兵力。是其興利者四。水沙連內山前控嘉、彰兩縣，後近噶瑪蘭廳，為全臺腹背重地。若開闢則前後呼吸相通，全臺可資策應。是其興利者五。其祛弊也如此，其興利也如此，若竟重拂番情，拒而不納，未免坐失事機。伏思國家承平二百餘年，深仁厚澤，遐邇傾心，闢土開疆，所在多有。雖遠方甌脫，無不列入版圖。今水沙蓮各社雖衹彈丸一隅，而該生番伏居崖谷，性類犬羊，一旦感承高厚，薙髮易衣，獻圖納款，統榛榛狉狉之儔，遵蕩蕩平平之路，亦未始非太平之盛事也。」疏上，命大學士軍機大臣議奏，不可。又命韻珂渡臺履勘，籌及久遠。而史密以時機既至，未可停止，奉商道府，官先試墾，以定番心。於是各官皆捐工本召佃。一本亦捐墾千甲，會營派兵二百隨往彈壓，以十二月入山。既接部中復奏，密恐事勢又變，翌年二月，復上總督書曰：「臺灣之番與別省異，獻圖開闢，不自今始。全臺無地非番，一府數縣皆自生番獻納而來。由諸羅而彰化，由彰化而淡防，納土開疆，百餘年來，安於無事。即遠在後山噶瑪蘭，開墾以來，四十餘年，亦未聞番害。蓋臺番之所以迥異者有故。凡番情滋事，志在金帛牲畜，始有搶擄拒捕各情。而臺番最愚，一無所圖。既無大志，安有大事。此臺番之情也。番夷生事，必仗其器械精工，炮火便利，方能得力。而臺番獵食為生，所用者竹箭、鐵鏢，火藥絕少。一聞銃聲，遠竄無蹤。番酋每以聲勢相通，易於結黨。而臺番散處四山，各自為謀，絕不相屬。社雖多名，多至數百人而已。彼此不敢往來，呼應不通，從無糾結。此臺番之勢也。夫番情番勢既如此，其所以不同於別省之番，而絕無大患。然猶概指生番之大略，至若歸化埔水六社之番，其情尤為可靠。地近外山，常與漢人交接，和順曉事。附近六社番情同於埔水，而勢皆衰弱。此十二社僅有一千六、七百人。除婦女老幼，祗有壯番七、八百人，散於各社，窮苦可憫。見官經理，如嬰兒得母，投懷望哺之不暇，尚何敢生事，亦何能生事？安撫經年，調遣奔走，已成熟番。番性最直，又重薙髮。全臺十數萬熟番，其初何一非生，又何一難測？此生番改熟番萬無可慮之實在情形也。然而開闢之初，動計萬全。在無可慮之中，必存一可慮之心，而通盤籌畫，防患未然。查六社外遠近生番，業經陸續獻地歸化者八十餘社。例應增設大小各屯，挑取壯丁，大屯四百名，小屯三百名，增設屯弁管束。所有千總、把總、外委、屯目、土目、通事，則擇其本社強力頭人，充當委任，使之自相管轄，責成鈐制，數百里同於臂指。此控制之法也。每丁例給閒田二甲。生番既改熟番，仍不能諳耕作，佃給租穀籌餉八圓。番不需錢，准折鹽布。再按開墾之田，定給穀石。番愚無知，但謂歸化獻圖，便可有租。延頸經年，今歲萬不可無穀。未召業主，不得不官墾先給，以慰番情。此撫綏之法也。分別調遣，驅使當差，雜於熟番，俾其漸習漸馴，漸知禮法。更調強壯，以牽制全番，使不敢動。此馭治之法也。盡去東南北三面近山大樹叢林、深菁密草，一望平坦，無可伏匿。分守各隘炮臺，募番設隘，隘勇多用熟番，以番防番。此備禦之法也。投誠歸命，盡屬懽忭待哺之番。但須安置得宜，衣食有賴，便作良民。第一要籌在於設屯挑丁，自相維制。一番以至萬番，若網在綱，雖多奚慮？然此事試辦已一年有餘，經道府再四籌商，事關重大，慎之又慎。非全局在胸，何敢孟浪？自去年正月至今，大局已成，部署悉定；入山試辦，又經數月。漢番安堵，並無事端。然而准辦則然，否則其情頓別。不知者謂辦則可慮在後日，有識者謂不辦則可慮在目前。窮番無以自謀，苦無生路。一旦輸誠薙髮，求改熟番，天下無不准歸化、不准爲百姓之理。峻拒驟絕，眾望俱空，是激之使怒，其變有不待智者而決。自古傾心內附，無不撫收安置，況歸化例題之件，雍正、乾隆歷辦有案。熟番皆生改，設屯籌餉，不有閒田，則遵例安置之處，從何措手？故歸化與開墾原係兩事，而別無曠土，不得不併案以辦者也。」四月十五日，韻珂舟至鹿港，命淡水同知曹士桂、北路協副將葉長春、參將呂大陞及史密隨行。五月十三日，自南投入山，歷田頭、水裏、貓蘭、沈鹿、埔裏、眉裏等社。群番聞總督至，扶老攜幼，伏道懽呼，有獻鹿皮者、番布者、雞子者、番餈者，犒以鹽布使去。而北投之平來萬社、南港之丹社、吻吻社，野番也，亦前後獻物輸誠。

先是熟番徐贛棋倡占番地，掘番目改努姪墳，恃強焚劫，群番側目。韻珂聞其惡，檄密捕斬以徇。二十日，出內木柵而歸彰化。八月十六日，復上疏曰：「我國家開疆拓土，二百餘年，聲教所敷，東漸西被，遠邊僻壤，無不盡入版圖，幅員之廣，爲漢、唐以來所未有。茲水沙連六社番地，不過蕞爾一隅，或禁或開，本屬無關得失。特以生番率眾來歸，由於不知耕耘，生計日蹙，而招佃之熟番，又皆減租欺矇。其所以欲得官爲撫治者，實藉此爲保護身家之計。若不俯順番情，則生番日益窮困，熟番日益肆橫，勢不至不盡戕其生而盡併其地不止。久之呼朋引類，日聚日多，無賴之徒、負罪之犯，亦得以無官查察，潛跡遁藏。從此儔類互分，必致倚強凌弱，黨羽既眾，更恐拒捕抗官。得逋逃之所，爲負嵎之謀，其貽患殊難逆料。縱熟番不難驅逐，而利之所在，人所必趨，能禁今日之不來，不能保異日之不往。從前樹碑立界，設隘分防，立法何嘗不密，乃私墾者仍有二千人之多。禁令雖嚴，難期歷久無弊。則驅逐之後，厲禁迭增，無敢或有踰越。而被逐之熟番數至二千，既無本社可歸，又無田廬可家，饑寒交迫，勢必流而爲匪。臺灣地狹人稠，本多不靖，又何堪再益此二千流匪耶？若一經開墾，則分疆畫界，計畝授耕。生番收其租息，熟番得以力田。而撫馭兼有文武，巡查又有兵役，則一切無賴之徒、負罪之犯，更屬無從託足。顧議者謂臺地民情浮動，械鬥豎旗，層見疊出。若再開墾番地，將來內地匪徒，竟與番類勾連，勦辦必更費手。不知匪徒與番聲氣本不相通。溯查歷年檔案，祇有官兵不敷派撥、酌調屯兵協勦之案，未有匪番勾結，隨同附和之事也。或又謂生番世隸化外，罔知法度，現雖困苦來歸，迨衣食充裕，無所顧慮，安見不始順終悖。不知漢奸詐僞百出，每多首鼠兩端，而生番則不識不知，絕無機巧。縱使譎變無常，而所需之械與所習之技，又無一足恃，勦捕亦甚易易。且臺自鄭氏滅後，則爲中國所有。陸續開墾，無處非生番之地。百餘年來，涵濡帝澤，共安耕鑿之天，從未聞生番爲害，調兵征勦之舉也。或又謂臺地本屬外洋，現在閩省兩口通商，洋情或不無叵測。若六社番地一開，土地廣而財賦多，外洋之垂涎更甚。不知洋情祇在通商，並不貪圖土地。而六社僻處山隅，距海口甚遠，外人斷無垂涎之理。必謂外人之垂涎，專以六社之墾否爲行止，臣固未敢深信也。臣才識檮昧，非不知省事爲爲政之要，諉事爲便己之方。特以六社番地，開之則易於成功，禁之竟難於弭患。以臣愚見，似不若查照前奏，仍援淡水、噶瑪蘭改土爲流之例，一體開墾，設官撫治。俾六社生番均得優游聖世，附隸編氓，以昭盛治。」疏上，大學士穆彰阿等仍執不可，奏請遵例封禁。而埔裏社開設之議復止。

二十八年，徐宗幹任巡道，韻珂命籌善後之策。六社番目群至道署，環懇改熟，拳拳而不忍去。宗幹上書，請設屯丁，略謂：「臺地情形與他省異，一經歸化，番即我民，地即我地。而番地能爲後患者，在漢而不在番。漢民日聚日多，稽查不及，小則爭鬥，大則攘據。數十年，由彰化而闢淡水，由淡水而闢噶瑪蘭，跡似開疆，意實除害。今日之六社，即昔日之淡、蘭也。禁則必有事端，不禁則轉可綏靖。故設屯之議，亦出於不得已，非以調停於目前也。而其議則以番養番，以番防番，無創建糜費之煩，無戍兵流弊之慮。」韻珂從之，而埔裏社開墾之事始不廢。

琅璚在臺之極南，或作郎嶠，番語也。歸化之番凡十八社。雍正初，曾禁越墾。林爽文之役，莊大田起兵應。大將軍福康安駐軍柴城，以勦餘黨。而地仍荒蕪，閩粵之人相率開闢，鳳山熟番亦每遷其族。民番相訌，以是日多，而有司仍以化外視之。海通以後，洋船往來，南嶠之外，又爲東西交通之途，遇風遭難，時起交涉。同治五年，英艦篤甫號至鵝鑾鼻，爲番所攻。翌年，美船那威號漂至其地，亦爲科亞爾社番所殺，事在外交志。於是巡撫李鶴年奏請開拓，設官駐兵，通飭省會司道及臺灣鎮道通盤籌畫。臺灣鎮總兵劉明鐙主議開設，署鎮曾元福請照例封禁，而巡道吳大廷則兩存其說而節取之，以爲枋寮設官駐兵，琅璚、柴城各駐屯丁，選舉閩、粵莊人爲總理，與以防禦生番、保護遭難洋船之責。至於履田問稅，應從緩議。於是臺灣鎮道及護道梁元桂等疊次會議，陳其大略。省中司道亦有所議，而尚未合宜。乃飭本任平潭同知鄭元杰等往勘，繪圖立說，博采眾論，以爲琅璚之柴城、風港，民番雜處，未便設官。請照舊例，沿山各隘，設立隘寮，分段防守。而枋寮僻近番界，擬將鳳山縣之興隆里巡檢移駐其地。又於道標撥派千總一員、兵五十名，南路營兵五十名，同往駐紮，以衛地方。閩人多居近海，粵人多處沿山，山內則多番人，擬於三者之中，各選正副總理兩人，督同隘首並隘丁各五十名，分守要害。而風港別選正副隘首兩名，隘丁五十名，均隸千總統轄。至千總、巡檢歲各津貼公費二百兩，兵丁加餉外，月給薪蔬銀四錢，三年調換。正隘首年給八十圓，副六十圓，隘丁八圓。計加兵餉八百八十兩，隘費七百二十圓，均於臺府叛產之息，按季支給。從之。

十年，琉球人遭風至臺東，爲牡丹社番所殺。翌年，日本小田縣人亦漂至卑南被劫。十三年夏四月，日軍來伐。清廷以福建船政大臣沈葆楨視師臺灣。及平，詔命葆楨籌畫善後機宜。十一月，葆楨奏請開禁，略曰：「全臺後山除番社外，無非曠土。邇者南北各路雖漸開通，而深谷荒埔，人跡罕至。有可耕之地，而無可耕之民，草木叢雜，瘴霧下垂，兇番得以潛伏狙擊。縱闢蹊徑，終爲畏途。久而不開，茅將塞之。日來招集墾戶，應者寥寥。蓋以臺灣地廣人稀，山前一帶，雖經蕃息百有餘年，戶口尚未充裕，內地人民向來不准偷越。近雖文法稍弛，而開禁未有明文。地方官思設法招徠，每恐與例不合。今欲開山，不先招墾，則路雖通而仍塞。欲招墾，不先開禁，則民裹足而不前。臣等查舊例，臺灣不准內地人民偷渡，如拏獲偷渡船隻，將船戶等分別治罪，文武官議處，兵役治罪。又如有充爲客頭，在沿海地方引誘偷渡之人，爲首者充軍，從者杖一百徒三年；互保船戶及歇寓知情容隱者杖一百、枷一個月，偷渡之人杖八十，遞回原籍；文武官失察者分別議處。又內地商人置貨過臺，由原籍給照；如不及回籍，則由廈防廳查明，取保給照。該廳濫發，降三級調用。又沿海村鎮有引誘客民過臺、數至三十人以上者，壯者新疆爲奴，老者煙瘴充軍。又內地人民往臺者，地方官給照盤驗出口，濫給者分別次數，罰俸降調。又無照人民過臺，口岸失察之官，照人數分別降調，隱匿者革職。以上六條，皆嚴禁內地人民渡臺之舊例也。又稱人民私入番境者杖一百；如在近番處所抽藤、釣鹿、伐木、採棕者杖一百、徒三年。又臺灣南勢一帶山口，勒石分爲番界。如有偷越運貨者，專管之官失察降調，該管上司罰俸一年。又臺地人民不得與番民結親，違者離異治罪，地方官參處。從前已娶者，毋許往來番社，違者治罪。以上三條，皆嚴禁臺民私入番界之舊例也。際此開山伊始，招墾方興，臣等揆度時勢，仰懇天恩，請將一切舊禁，盡與開豁，以廣招徠，俾無顧慮。」許之。於是葆楨奏明開山，並請移駐福建巡撫於臺灣，以海防同知袁聞柝率兵三營，分二路，一自鳳山之赤山而至卑南，聞柝當之，計程一百七十五里；一自射寮亦至卑南，總兵張其光當之，凡二百十四里，是爲南路；以總兵吳光亮率兵三營，自彰化之林圯埔而至璞石閣，凡二百六十五里，是爲中路；以提督羅大春率兵十三營，自噶瑪蘭之蘇澳而至奇萊，凡二百零五里，是爲北路。軍過之時，沿途野番雖有狙擊，以阻前進，而或勦或撫，建壘駐兵，以警衛之。一年之間，遂告成功，而東西之途闢矣。臺東沃野數百里，可建一府三縣。葆楨以爲建城之地，應在奇萊。若新城、三層、馬鄰、鯉浪不過營汛之區；尤必截大清水以南隸奇萊，以北隸大南澳，方足以資控制。十二月十三日，葆楨率知府周懋琦、前署臺灣鎭曾元福至琅璠，駐柴城，查勘地勢。以柴城以南十五里之猴洞，可建縣治，擬名恆春，以其常燠也。巡道夏獻綸稟請南北兩路理番同知，均應移駐番地。各奏請，部議核准。光緒元年，詔設臺北府，置卑南、埔裏社兩廳，以南路同知駐卑南，北路同知爲中路駐埔裏社，各加撫民，以辦民番交涉之事。設恆春、淡水兩縣，改淡水廳爲新竹縣，噶瑪蘭廳爲宜蘭縣。令福建巡撫春冬駐臺，析疆增吏，撫墾並行，而番政一新。當開山之際，募民隨往，與地使耕。至是乃設撫墾委員，分臺東爲三路，以總兵吳光亮辦之。南爲卑南，中爲璞石閣，北爲花蓮港。而恆春別設一局，以知縣兼之。廈門、汕頭、香港各設招墾局，立章程，任保護。凡應募者與以便宜，日給口糧，人授地一甲，助以牛種農器。三年之後，始徵其租。當是時閩粵之人多赴南洋，遠至澳洲，謂萬金可立致，故來者較少。恆春知縣黃延昭稟言：「臺灣開拓後山，於茲三年，生番漸次受撫，而招墾尚無成效。今大軍分駐後山，需糧較多，米糧價貴，輸運甚難，宜廣募農民，以開荒土。」從之。於是招集臺人，假以農器，人月給口糧六兩。墾成之地，三年免租，以爲鼓勵。然臺東土地雖肥，瘴癘尚盛，居者多病沒，故農功猶未大啓也。

先是日軍撤退之時，獅頭社番乘虛出，戕殺兵民。元年二月，葆楨奏請進討。以提督唐定奎統淮軍，三路而入，別募鄉勇千餘爲道，隨山刊木。二十日，中軍提督周志本、副營提督章高元深入其地，番伏險拒，未能進。二十二日，志本督所部，自南勢湖而前，左巖右溪，徑窄不易行。番五百餘突起迎擊，官軍攀緣上，激戰兩時，乃敗之。直搗草山，燬其社，陣斬十數級，副營左哨官游擊東維清死焉。三月十七日，定奎進攻竹坑社，爲獅頭出入之道。以提督張光亮率武毅左軍爲中鋒，左軍游擊陳有元、何迪華爲左，右軍副將宋先聘爲右。又以武毅營總兵章高元、候補知府田勤生繞竹坑山後，以拊其背。殪番數十，遂破之。進攻龜紋。先聘軍其巓，以絕接濟。兼旬不雨，酷暑如蒸，光亮遂沒，德成、高元亦病莫能興。四月十五日，定奎自督各軍，攻內獅頭，連破其卡。龜紋以二百餘人來援，遇伏而潰，斬其番酋之弟。而提督周志本率副將劉朝林以中軍前營進攻外獅頭，提督梁善明為左，總兵余光德為右，併進破之，各有斬獲。番窮乞降，定奎許之，示以七約：曰還薙髮，編戶口，交兇犯，禁仇殺，立總目，墾番地，設社學。乃以龜紋社酋野艾為總土目，俾率其眾。改竹坑社為永平，本武社為永福，草山社為永安，內外獅頭社為內外永化。六月，班師歸。敕建昭忠祠於鳳山，祀將士。

是年北路統領羅大春通道奇萊，頻與番戰。至大南澳，番拒阻，輒殺行人。乃別闢一路，旁通新城，以避海濱懸崖，而阻兇番歧出之途。十一月，命千總馮安國率兵涉溪，番突出擊，眾可千人。官兵力戰，殪其數人，乃退。官兵亦略有死傷。十五日，行至谷中，高山壁立，忽聞銃聲，番大呼而至。鏖戰兩時，番至愈多。守備黃明厚語國安曰：「彼傾眾而來，其中必虛，可取之。」遂分一隊搗其社，闃然無人，唯見髑髏滿架，燬之。番見火起，如鳥獸散。千總吳金標亦沿途招撫木瓜、大巴壟等二十有九社，番丁一萬七千七百十九人。木瓜最悍，以窮來歸。乃以宣武左右兩軍，分戍東澳、大南澳、大濁水、得其黎、新城、加禮宛、花蓮港、吳全城等，以備不虞。唯中路一隊少遭番害而已。

二年，太魯閣番亂，討之。太魯閣為臺東野番，負其險阻，輒出殺人。大春進兵破其社。番伏山上，下巨石，幸少死傷。乃戍兵於三棧溪畔，曰順安城，為久住計。番無可歸，介通事乞降，許之。獲兇首三人，戮於臺北。三年，奇密社番殺總通事林東涯以叛。八月，統領吳光亮檄林福喜往討，不克。乃自將，合孫開華、羅魁、林新吉之兵伐之，番降。約以明春各獻米一擔，至期果至。光亮命閉門，屠之，濺血聲喧，死者百六十有五人，僅餘五人幸免。自是遂弱。

紅頭嶼在恆春海中，距縣東八十里，土番居之，性馴良，牧羊山中，翦耳為誌，無相爭詐。地沃，多椰樹，蒔雜穀，漁畜為生。周可六十餘里，山高至五、六十丈。有社七，錯居四隅，男女不及千人。語言略似西洋，實莫測其所由。前時漢人曾與互市，然未隸版圖。是年知縣周有基率船政學生游學詩、汪喬年始至其地，撫之。又有火燒嶼者，橫直二十餘里，與紅頭嶼並峙，距卑南六十里，居民五百餘人。商船避風，間有至者。

四年春正月，商人陳文禮至加禮宛墾田，爲番所殺。營官命贖罪，不從，且殺兵丁，與竹篙宛番謀叛。報至，六月，陳得勝率新城之兵討，不利。光亮自將，以張兆連自花蓮港，劉風順自吳全城，吳乾初自六合莊，吳孝祿自農兵莊，劉國志自濁水營，進兵合勦。七月二十六日，攻竹篙宛，破之，乘勢擣加禮宛。番不能支，竄於東角山。會大風雨，多餓死。老番乞降，許之。以酒布賈其地，東至加禮宛溪，西至山，南至荳蘭，北至加禮宛山。凡荳蘭溪以北爲官地，南爲番地，各事開墾，毋相侵凌。改加禮宛爲佳落，竹篙宛爲歸化，番乃服命。十年，率芒社番亂，討之。

法人之役，劉銘傳視師臺灣。及平，經畫善後，奏言辦防、練兵、清賦、撫番四事，語在其傳。銘傳以經畫臺灣，必須開疆拓土，廣徠人民，庶足自爲一省。詔設臺灣府於臺中，改臺灣縣爲安平，置雲林、苗栗兩縣，陞臺東廳爲直隸州，基隆通判爲北路撫民理番同知。十二年四月，銘傳任巡撫，奏設臺灣撫墾大臣，巡撫兼任；以在籍太僕寺正卿林維源爲幫辦，駐大嵙崁。分全臺番地爲三路，自埔裏社以北至宜蘭爲北路，以南至恆春爲南路，臺東一帶爲東路，置撫墾局及其分局。設番市司事，以理貿易，振興茶、腦，充其經費。以是拓地日多，租稅驟增，臺灣局面爲之一新。

初，開山之後，臺東、埔裏社、恆春、鳳山各開義塾，教番童，頒訓番俚言，俾之誦讀，將以陶鎔其蠻性。而吳光亮亦撰化番俚言三十二條，縷縷數千言，飭通事時爲講解，俾之同化。至是又頒教條五教：一曰正朔，二曰恆業，三曰體制，四曰法度，五曰善行。五禁：一做饗，二仇殺，三爭占，四佩帶，五遷避。設番學堂於臺北府治，擇土目之弟而教之。一道同風，漸革頑陋。其不服者則移師討之。勦撫並用，可謂能得其宜矣。

當開墾罩蘭之時，移民日至，伐木治田，每遭番害。十一年四月，統領林朝棟率棟軍三營，以鄭以金爲副，統領柳泰和亦率所部二營，進駐罩蘭。遣人說蘇魯、馬臘邦兩社歸順，不從，且結東勢角大湖各番以抗。五月，分兵三路而入，相持數月，地險不可攻。翌年七月，朝棟進兵陷圍。報至，銘傳自將麾下百名及兵勇屯丁九千五百人，大舉以勦。番懼而竄。駐大營於埋伏坪，大隙、什隻屋兩山各建炮臺，爲合圍計。然番每匿林中，以時狙擊，死傷頗多。九月，進兵，擣其社，不見一人。歸途遇覆，又損數百。於是戍兵三百五十名，以絕其道。番困無所得食，介老屋峨社土目請款。十月，始撤兵歸。銘傳以土目有功，授六品銜，改名白麻鳳。先是屈尺番污來社亦每出殺人，十一年九月，統領劉朝佑率銘軍三營討之，番降。十二年春正月，大嵙崁番亂，銘傳自將三營，至甘指坪，討之。番懼乞降，頒以衣食而鎮撫之。已而盍文坪之番叛。八月，甘指坪亦動，頗不受約束，乃議勦之。分兵兩路，一自水流東以攻盍文坪，一自甘指坪而進竹頭角。宜興社土目糾合各社，竭力以抗。山路危峻，瘴毒盛，未易進兵，官軍戰病而沒者數百人。相持四月，乃諭番約和，撤兵歸。十月，巡道陳鳴志、統帶鎮海後軍副將張兆連先後稟請，後山番社尚多未撫，南至卑南恆春，北抵蘇澳奇萊，若由水尾適中之地，與前山彰化開通道路，聯絡聲氣，先撫後山中路，則南北望風向化。否則一撫之後，仍然隔絕，徒糜經費，難求實效。銘傳從之。檄署臺灣鎮總兵章高元率炮隊，並鎮海中軍前營、定字左營及練兵七百，附以人工，由集集開山而東。兆連由水尾而西，剋期會辦。高元乃自拔埔社而至丹社嶺，計程一百二十有二里。兆連亦至，計程六十里。自冬徂春，一律開闢。當是時兆連以管帶黃定國、畢寶印招撫水尾南北川、丁仔老二十有四社，次由花蓮港至蘇奇沿山一帶，又撫他良等十有二社。兆連以太魯閣，木瓜等勢最強，若得內附，餘番可服。乃率兵三營，進駐山口，勸其納款，否則開炮以攻。土目懼乞撫，而大馬鞍、大巴壟等五十有三社亦就撫。移軍卑南，以次而進。平埔之南，以呂家旺爲最強，恃其丁眾，抗不奉命，附近各社多觀望。兆連進兵山麓，命通事米清吉讓之。土目知不敵，乃就撫，並約附近巴六凡等二十有六社歸化，而八栳等十有三社亦來。卑南與鳳、恆地相毗連，危峰疊嶂，人跡不通，野番盤踞其間。其在鳳山者以三條崙爲大，在恆春者以牡丹灣爲雄。兆連督鳳山營都司藍鳳春、管帶林維楨分道而進，招撫六儀等十有五社，阿眉等二十有二社，中心崙等四十有二社。管帶黃定國、畢寶印亦撫大蘭大、打臘等十有二社。地極深密，皆處山上，素不與人往來，至是乃出。先是銘傳檄統帶鎮海前軍副將陶茂森招撫鳳山前山各番，於是沙摩溪等六社、柏葉等十八社、糞箕等四社均內附。當高元開山之時，自水底寮至埔裏社，沿途招撫北港、萬霧等五大社、眉加臘、吻吻等四十有四小社。又自拔埔至丹社之時，亦撫卓大、意東等六十有一社。嘉、彰之交有番據焉，斗六門縣丞陳世烈設撫墾局於雲林坪，郡番、巒番、丹番等五十有三社均內附，薙髮輸誠。此爲最悍之族，而跳梁於中路山谷者也。巡道陳鳴志檄鎮標中軍易豫俊以撫大喃等等二十有四社，又以游擊劉智坤續撫大武壟、內攸等四社。唯新竹五指山番憑其險阻，頗不受約束，疊戕墾戶，眾請討。十二月，銘傳檄統領林朝棟自十八孩兒社以攻石加碌之南，營官鄭有勤率副營攻其北，各以化番爲道，深入七十餘里，開路築卡，以壓迫之。石加碌五社及哇西熬等十有七社皆乞降，並撫密拿栳等二十有四社而歸。十三年，銘傳奏言：「臣自上年十月，親督大隊，剿撫中、北兩路生番，歸化後，現在數月之間，所有後山各路生番二百十八社，番丁五萬餘人，一律歸化。前山各路續撫生番至二百六十餘社，番丁薙髮者三萬八千餘人。水尾、花蓮港、雲林、東勢角等處，可墾水旱田數十萬畝。不獨開疆闢地，且可免民番仇殺之禍。此皆朝廷威靈，遠播遐荒，遂使深山幽谷茹毛飲血之類，咸知向化歸仁，化狉獉而登衽席，實非臣所敢逆料。唯撫招愈多，經費愈巨。現已捐輸截止，支絀異常。經飭各軍仍回防所，籌畫設官分治。俟有經費，再行續撫，以期全臺生番一律歸化。」

初，北港溪番就撫後，人民多往開墾。而林朝棟亦給墾內國姓、乾溪灣、抽藤坑等處。鋤耰並進，可闢田園數百甲。然阿冷、白毛兩社番輒出殺人。朝棟止之，不聽。請討。八月，以兵二千五百分四道而入。扼要之地，各建炮臺。番不敢出，伏叢莽以狙，頗多死傷。稍來社土目乃爲斡旋，願受約。十月，撤兵歸，設隘於險，駐勇守之。是年埔裏社熟番、水社、田頭、貓蘭、沈鹿與卓大社合以叛，戍兵不支，退焉。中路之山，往來暫絕。十四年六月，臺東平埔番大社以有司暴斂，憤而謀叛。水尾溪南北各社俱起，大巴壟、馬太鞍各番應之，勢頗猖獗，遂迫花蓮港營。李得勝邀擊之，番敗走。依其族七腳川、薄薄二社。二社已歸順，佯許之，醉以酒而戮之，以其頭來獻。越二日，平埔番合亞米士之族，可數千人，大舉至卑南，環攻州署。統領張兆連督兵戰，防守半月，不退。適兵艦自臺北來，開炮擊，以兵上陸助戰。番不敵，始解圍去。八月，統領劉朝祐率兵四百，自宜蘭小坡塘坑入山，至凍死人坑，爲南澳番老狗社所襲，力戰免。十五年，銘傳議討。調福建兵艦來援，以同安水師副將傅德高爲先鋒，艤舟蘇澳，大軍繼之。游擊王冠英率鎮海前營自小南澳上陸，以拊老狗社之背，總兵竇如田以銘字各營扼其前，定海、永保兩艦爲運船，靖遠護之，游弋海上，備策應。銘傳自督全軍，駐蘇澳。德高以數人偵察，爲番所殺。如田率兵二千，深入其地。番懼而竄，匿荒谷，不敢出。相持兩月，頗爲瘴毒所苦，乃班師。以鎮海前營駐蘇澳。是時呂家望社亦亂，張兆連討之。九月，大嵙崁馬速社殺隘勇二十餘人，銘傳派兵討，乃降。十六年三月，牡丹社土目率番丁數人至田中央莊，狙殺莊民三人，莊民亦殺其番，烹之。牡丹番怒，合高士滑、加芝來等社可五、六百人，以攻柴城、田中央二莊。莊民禦之，激戰數日。恆春知縣呂兆璜接報，命柴城把總以兵彈壓。番不從，且殺兵。乃請討。十二月，總兵萬國本率兩營至，聲言大舉，而按兵不動。嗣派通事與番和，各毋相仇殺。十七年春正月，兵退，番復跋扈，再請討。國本以兵千餘，駐牡丹山下，不敢進。數月，再派通事申前約，撤兵而去。十八年六月，射不力社番殺楓港莊民，民亦殺之，番遂夜襲，有眾千餘。莊民聞警，併力拒戰，赴縣請救。知縣高晉翰與恆春營游擊張世香率兵至，命和，不從。晉翰病歸，未幾而沒。世香請討。總兵萬國本以兵千餘至，分戍各地，命通事入山說降，又不從。乃先攻老佛、巴士墨二社，破之，燬其屋。又募楓港莊民六十爲道，進攻他社。汛官汪斌素有力，率壯士數人入其內，猝禽土目出，斬之以徇。八月，大風雨，山水暴發，不可駐。新任知縣陳文煒謂國本曰：「懸軍深入，空老我師，不如且約之和，以待後舉。」派通事，集土目，與莊民約。國本歸，而民番仍相仇殺。當是時，銘傳已去，邵友濂任巡撫，百事俱廢。然人民之墾番地者，前茅後勁，再接再厲，合力一心，以自成其都聚。二十年，遂設南雅廳於大嵙崁。二十一年春正月，臺東觀音山莊平埔番亂，殺大莊總理宋梅芳。十五日，花蓮港營官邱光斗平之。

鄭氏各鎮屯田表

參軍莊	今鳳山長治二圖里，爲參軍陳永華所墾。
前鎮莊	今鳳山大竹里，爲中提督前鎮所墾。
前鋒莊	今鳳山仁壽上里，爲前鋒鎮所墾。
後勁莊	今鳳山半屏里，爲後勁鎮所墾。

後協莊	今鳳山仁壽上里，爲先鋒鎭後協所墾。
右衝莊	今鳳山半屏里，爲右衝鋒鎭所墾。
中衝莊	今鳳山仁壽上里，爲中衝鎭所墾。
援勦中莊	今鳳山觀音上里，爲援勦中鎭所墾。
援勦右莊	今鳳山觀音里，爲援勦右鎭所墾。
中權莊	今鳳山小竹下里，爲中權鎭所墾。
角宿莊	今鳳山觀音上里，爲角宿鎭所墾。
仁武莊	今鳳山觀音下里，爲仁武鎭所墾；而嘉義鐵線橋堡亦有仁武埔，與查畒營莊相近。
北領旗莊	今鳳山維新里，爲侍衛領旗協所墾，並有水圳。
三鎭莊	今鳳山維新里，爲戎旗三鎭所墾。
左鎭莊	今鳳山興隆外里，爲宣毅左鎭所墾。
營前莊	今鳳山長治一圖里，必爲某鎭營前，故名；營後亦同。
營後莊	今鳳山長治一圖里。
五軍營莊	今嘉義赤山堡，爲五軍戎政所墾。
查畒營莊	今嘉義鐵線橋堡，爲清查田畒之地。
果毅後莊	今嘉義果毅後堡，爲果毅後鎭所墾。
新營莊	今嘉義鐵線橋堡，鎭名未詳。
舊營莊	今嘉義鐵線橋堡，鎭名未詳。
中營莊	今嘉義茅港尾西堡，鎭名未詳。

後營莊	今嘉義麻荳堡，鎮名未詳。
下營莊	今嘉義蕭壠堡，鎮名未詳。
大營莊	今嘉義新化北里，鎮名未詳。
二鎮莊	今嘉義赤山堡，爲戎旗二鎮所墾。
左鎮莊	今嘉義外新化南里，爲折衝左鎮所墾。
中協莊	今嘉義赤山堡，爲左先鋒鎮中協所墾。
林鳳營莊	今嘉義赤山堡，爲參軍林鳳所墾。
林圯埔莊	今雲林沙連堡，爲參軍林圯所墾；林內亦同。
統領埔莊	今恆春興文里，爲統領某所墾，在柴城近附。

臺灣撫墾局管轄表

撫墾總局	光緒十二年設，駐大嵙崁，隸巡撫，總理全臺撫墾事務。
大嵙崁撫墾局	隸總局，掌理該管撫墾事務，下設分局：
雙溪分局	
三角湧分局	
咸菜甕分局	
五指山分局	
南莊分局	
東勢角撫墾局	

大湖分局	
馬鞍龍分局	光緒十四年裁。
大茅埔分局	光緒十四年設。
水長流分局	同上。
北港分局	同上。
埔裏社撫墾局	
蜈蚣崙分局	
木屐蘭分局	
叭哩沙撫墾局	
阿里央分局	
蘇澳分局	
林圯埔撫墾局	
蕃薯寮撫墾局	
隘寮分局	
枋寮分局	
恆春撫墾局	
臺東撫墾局	
璞石閣分局	
花蓮港分局	

臺灣撫墾局局制表

總辦一員	以三品文員任之，總理局中一切事務。
委員一員	以七品文員任之，或以營官兼任，掌理撫墾事務。
幕賓	總局四員，局二員，隨時聘用，處理文案等事。
司事	二名或四名，分辦庶務會計。
通事	人數不等，分任通譯。
局勇	人數不等，保護墾務並監督隘勇。
醫生	各局置一、二名，以任醫務。
教讀	各社置一名，以教番人讀書。
教耕	各社置一名，以教番人耕田。

臺灣通史卷十六　城池志

易曰：「王公設險，以守其國。」是故有百里之封者，必有十里之城；有五十里之封者，必有三里之城；所以駐軍旅而衛人民也。連横曰：臺灣之建城古矣。澎湖虎井嶼之東南，有沈城焉，天空浪靜，望之在目，繚垣相錯，周可數十丈，漁者常得其磚，色紅堅若鐵。然當沒水鑿之，上生蠣蚌，似千數百年物。或曰，隋代之所建也，而文獻無徵，搢紳之士難言之。明嘉靖末年，海寇林道乾亂，據澎湖，都督俞大猷征之，乃駐偏師，築城暗澳，其址猶存。天啓二年，荷人來此，築城媽宮，周百二十丈，役死者千三百人；外建炮臺，分守海道，臺人謂之「紅毛城」。四年八月，入臺灣，築城於一鯤身，俯瞰大海。基廣二百七十六丈有六尺，高三丈有奇，爲兩層，四隅各置巨炮，駐兵以守。曰「熱蘭遮」。六年五月，西班牙人入雞籠，築山嘉魯城；嗣入淡水，築羅岷古城，各戍兵犄角。已而荷人逐之。永曆十五年，延平郡王克臺灣，就荷蘭城以居，改建內府，臺人謂之「王城」。別闢一門曰「桔柣」，以春秋鄭國有此門也。官署市肆別建於永康下里，則今之臺南郡治。當是時統治僅在承天，而雞籠、淡水尚荒蕪。三十七年，聞清軍有伐臺之舉，三月，命左武衛何祐城淡水，增戍兵。六月，清軍破澎湖，克塽降，改承天府爲臺灣，設縣三，尚未築城也。朱一貴之役既平，總督滿保議築城，僅圍衙署倉庫於中。總兵藍廷珍以爲不可，覆之曰：「夫設兵本以衛民。而兵在城內，民在城外，彼蚩蚩者不知居重馭經之意，謂出力築城衛兵，而置室家婦子於外，以當蹂躪。夜半賊來，呼城門而求救無及矣。理宜包羅民居爲是。北從總兵大營後圍起，環臺灣縣署而東，跨溝爲水門，遂包東嶽廟、臺灣縣學、鳳山公館，南包郡庠、防廳、臺厦道公署，西包天后宮，而北環左營游擊署，計一週不過十里。北跨高坡，南瞰鬼子山，西俯海岸，東北當北路要衝，東南控南、中二路，方得建郡形勝。幸即具題請旨，開輸磚石城工事例，諸羅、鳳山皆可刻日行之。不然道旁築舍，偷安目前，實非經國安邦之道也。」書上，不行。雍正十一年，巡撫鄂彌達奏請築城，旨下大學士等議覆。總督郝玉麟等奏言：「臺灣城工浩繁，或可因地制宜，先於城基之外，栽植刺竹，可資捍衛。再於刺竹圍內，建造城垣，工作亦易。」奉旨以郝玉麟等所奏，「不過慮其地濱大海、工費浩繁，故有莿竹藩籬之議。殊不知城垣之設，所以防多患。如必當建城，雖重費何惜。而臺灣變亂，率皆自內生，非禦外寇比。不但城可以不建，且建城實有所不可。臺郡門戶曰鹿耳門，與府治近，號稱天險。內設炮臺，可恃爲固，其法最善。從前平定鄭克塽、朱一貴，皆乘風潮舟行入港，故旬日可克。向使有城可據，收其府庫人民以自固，攻之不拔，坐守安平，曠日相持，克敵不易。蓋重洋形勢與內地異，固未可輕議建制也。今郝玉麟等所奏，因地制宜，甚有裨益。其淡水各處炮臺，務須建造，各屬並應增修，不可惜費。」於是植竹爲城。洎林爽文之役，再議建築，是爲今日之臺南城。先是乾隆四十年，知府蔣元樞以府城未建，而各屬之城易圮，乃率廳縣公捐一萬二千圓，分交四縣，各三千圓，置田收息，歲得租穀可八千石，以備修繕之費，謂之「城租」。然遇有大繇役，則由紳富捐出，或奏發國帑，以爲之用。光緒十一年建省，擇地於東大墩之麓，命棟軍築之，以控制南北。而各縣亦以時建造，故得記其工事，次於篇。

臺灣府城（附郭安平）：雍正元年，臺灣縣知縣周鍾瑄始建木柵，周二千六百六十有二丈，建七門。正東倚龍山寺，曰大東門。南抱山川壇，曰小南門。度南拱文廟之前，曰大南門。自東以北亙右營廳，曰小東門。北近城守營，曰大北門。西北逼烏鬼井，曰小北門。迤西外逼船廠，南折跨溝，爲水門。過媽祖樓之西而終焉，獨缺其西。十一年，巡撫鄂彌達奏請植竹爲城，乃自小北以至大南，計植一萬七千九百八十有三株，亦缺其西。而於小北、小西兩門，各建炮臺一座，並設敵臺城門望樓焉。乾隆元年，發國帑，甃石建七門，護以女墻。每門周二十五丈，高二丈八尺，又建窩鋪十五座。二十四年，知縣夏瑚增植綠珊瑚爲外護。四十年，知府蔣元樞修之，且建小西門於土墼埕西。五十三年，大學士福康安、工部侍郎德成、巡撫徐嗣曾等會奏，改築磚城。以臺未燒磚，用土。進士鄭光策以臺地多震，不宜築城，請仍舊制，加鑿濠溝，足以爲守。不從。是年十月二十七日起工，東南北三方，悉用舊址，唯西方近海，內縮一百五十餘丈，畫自小北以至小西，狀如半月沈江，故謂之半月城。壁高一丈八尺，頂廣一丈五尺，基廣二丈。新建大西門樓。凡八門：東曰迎春，西曰鎮海，南曰寧南，北曰拱辰。置窩鋪十六座。以五十六年四月十一日告成，計費十二萬四千六十餘兩。蔡牽之亂，郡治戒嚴，郊商多在西城外，乃捐建甕城於新港墘，以防海道。道光四年許尚之變，十二年張丙之變，南北相擾，官紳議建外郭，不許，僅築東郭之門，旁植刺竹，設仁和、永康二門以出入之。同治元年五月十一日，地大震，城壁多壞，修之。光緒元年，欽差大臣沈葆楨又發國帑，大修之。十三年，移臺灣府縣於臺中，改稱臺南，而縣曰安平。

嘉義縣城：康熙二十三年，置諸羅縣於佳里興堡，則昔之諸羅番社。四十三年，遷今治，知縣宋永清始設木柵。周六百八十丈，建四門。雍正元年，知縣孫魯改築土城，周七百九十五丈有二尺，壁基厚二丈四尺，上廣一丈四尺，池深一丈四尺，闊二丈四尺，周八百三十五丈有五尺。五年，知縣劉良璧建城樓，東曰襟山，西曰帶海，南曰崇陽，北曰拱辰，各門置二炮。十二年，知縣陸鶴又於城外環植刺竹，用以爲固。林爽文之變，環攻數月，死守不下。事聞，詔改嘉義。其後屢遭兵燹，城半傾圮。道光十三年，紳士王得祿等捐款重修，並築炮壘。以九月起工，十六年二月告竣，用費十一萬九千三百六十兩。同治九年，大震復圮。光緒十五年，知縣包容與紳士林啓東等重修。

鳳山縣城：前在興隆內里前鋒莊，康熙二十三年建，以其地有鳳山故名。六十一年，知縣劉光泗始築土城，周八百有十丈，高一丈三尺，建四門，左倚龜山，右連蛇山，池廣一丈，深八尺。雍正十二年，知縣錢洙奉命環植刺竹。乾隆五十一年林爽文之變，莊大田應之，城破，文武多死，乃移於埤頭店，環植刺竹。嘉慶十一年蔡牽之亂，吳淮泗陷新城。將軍賽沖阿議復舊城，且建石，嗣以費大而止。道光三年，總督趙愼軫議建，飭知府方傳穟查復。翌年，巡撫孫爾準巡臺，奏請再建。而是時適有楊良斌之變，潛入新城，其議遂定。十一月，傳穟謀於紳民，捐款十四萬兩。五年七月起工，以知縣杜紹箕爲監督，紳士黃化鯉、吳尙新、黃名標、劉伊仲等爲董事。擴其舊址，內包龜山，外接蛇山，壘石爲之，高一丈有二尺，廣一丈有五寸，上建雉堞，闢四門，東爲鳳儀，西爲奠海，南爲啓文，北爲拱辰。四隅各築炮臺。計費九萬二千一百兩。六年八月竣工，擇吉告遷，而紹箕忽死，衆以爲不祥，無敢移者。衙署漸就荒廢，於是乃建新城，積土以築，略具規模，則今之縣治也。

恆春縣城：同治十三年，欽差大臣沈葆楨至琅璚，奏建縣治。擇地於猴洞，山勢迴環，左趨海岸，而右廓平原，似爲全臺收局。名曰恆春，以其地爲極南，四時皆春也。光緒元年起工，翌年告竣。

城高二丈有八尺，周九百七十二丈，用土石築之，建四門。

臺灣府城（附郭臺灣）：光緒十三年建省，移臺灣府於此，附郭亦曰臺灣。先是巡撫岑毓英來巡，擇地於藍興堡東大墩之麓，劉銘傳亦以爲可。十五年起工，先建八門四樓。東爲靈威，樓曰朝陽。西爲兌悅，樓曰聽濤。南爲離照，樓曰鎭平。北爲坎孚，樓曰明遠。而小東爲艮安，小西爲坤順，小南爲巽正，小北爲乾健。十六年，檄棟軍統領林朝棟督勇築城，以紳士吳鸞旂等董工。十七年二月略成，周六百五十丈，費款二十一萬五千兩。而銘傳一去，其事遂止。

彰化縣城：雍正元年建縣治於半線。十二年，知縣秦士望環植刺竹，建四門。林爽文之役，剪伐殆盡。嘉慶二年，知縣胡應魁再植。十四年，總督方維甸巡臺，紳士王松、林文濬等請捐建。以城東倚八卦山，形勢不利，議包圍之。而工巨，乃仍舊址，別建炮臺於山上。知縣楊桂森先捐款，眾從之，計得十四萬餘兩。以十六年起工，二十年告竣。周九百二十二丈二尺有八寸，高一丈五尺，雉堞高三尺，基寬一丈五尺。爲門四：東曰樂耕，西曰慶豐，南曰宣平，北曰拱辰。樓二層，高三丈九尺，炮臺十二，水洞六，堆房十六。先是林爽文之役，陽湖趙翼從軍，議移治鹿港，其後陳震曜亦有鹿港建城之議，皆不行。以城在山下，每攻必破也。

雲林縣城：光緒十三年建縣，擇地林圮埔之雲林坪，固鄭氏部將林圮所闢也。翌年二月，知縣陳世烈奉命築城，周一千三百丈有奇，寬六尺，多植竹三重。既成，建旌義亭，以志工事，題曰「前山第一城」。然其地當濁水、清水兩溪之域，每逢汎濫，往來杜絕。十九年，知縣李烇請移治斗六，築城以居，周一千一百六十丈，高五尺，廣八尺，外植刺竹，闢四門。竹多環池，深七尺，寬八尺。

苗栗縣城：未建。

臺北府城（附郭淡水）：光緒元年，欽差大臣沈葆楨奏建府治，擇地於大佳臘堡。四年，知府陳星聚謀於紳士，捐款二十餘萬兩，以五年正月起工，八年告竣。壘石爲之，周一千五百有六丈，池略大之。闢五門：東曰照正，西曰寶成，南曰麗正，北曰承恩，小南曰重熙，而東、北兩門又築一郭，題曰「巖疆鎖鑰」。既成，聚者漸多，其後復建巡撫衙門，遂爲省會。

新竹縣城：雍正元年，設淡防廳於竹塹埔，固番社也。十一年，同知徐治民始植竹，周四百四十餘丈。闢四門，建樓。嘉慶十一年蔡牽之亂，城民增築土垣。十八年，同知查廷華擴之，周一千四百有四丈，高廣各一丈，池深一丈。董事林超英、吳國步等亦改建四門，且增窩舖。道光六年，總督孫爾準巡臺，同知李愼彝從紳士鄭用錫之議，稟請改建，砌石爲之，周八百六十丈，高一丈五尺，堞三尺，基廣一丈六尺，上廣一丈。雖較舊略小，而既高且固。仍闢四門：東曰迎曦，西曰挹爽，南曰歌薰，北曰拱辰。樓二層，高一丈九尺，各建炮臺。以七年六月起工，九年八月告竣，計費十四萬七千四百九十八兩，均爲官民捐出。是役巡道孔昭虔親勘其地，紳士鄭用錫、林國華、林祥麟等各董其事。其後疊圮疊修。光緒十九年四月，知縣葉意深再發國帑重修，凡支三千八百二十四兩。先是道光十九年，巡道姚瑩命同知龍大惇別建一城於西門之外爲犄角，以地當港口，用以防海也。二十年英軍之役，同知曹謹乃擴之，周四百九十五丈，高一丈。建四門樓，東爲賓暘，西爲告成，南爲解阜，北爲承恩。又闢四小門，小東曰卯耕，小西曰觀海，小南曰耀文，小北曰天樞。城多植竹鑿池，廣二丈，深一丈五尺。紳士鄭用錫等董之。二十三年修。同治九年，增建炮臺，今圮。

宜蘭縣城：宜蘭故蛤仔難也，嘉慶十五年建噶瑪蘭廳，擇地五圍。委辦知府楊廷理始築土城，周約三里，長六百四十丈，東西互均，南北相距一百八十丈，垣高六尺有奇，環種九芎，故曰「九芎城」。十七年，通判翟淦增植刺竹，並建四門，各以方向名之。二十四年，通判高大鏞重建。道光十年，薩廉修之。城內舊有水圳兩道，自西而東，乃引以爲池，深七尺，寬一丈五尺。光緒元年，改爲宜蘭縣。

臺東直隸州城：未建。

埔裏社廳城：光緒四年，改北路理番同知爲中路撫民理番同知，駐埔裏社。總兵吳光亮以官帑四千圓，建築廳署，疊土爲城，多植刺竹，爲四門，周二里許，曰「大埔城」。

基隆廳城：未建。

南雅廳城：未建。

澎湖廳城：鄭氏之時，置安撫司，駐暗澳舊城。歸清後，設巡檢，而城已圮。康熙五十六年乃築小城，稱「新城」。雍正五年，改廳，猶未建也。光緒十一年法軍之役，城陷。十三年十二月，總兵吳宏洛乃發兵築城，十五年十月告竣，周七百八十九丈有二尺二寸，高一丈五尺，堞高三尺，凡五百七十，基深三尺五寸，寬二丈四尺。闢四門，西南各增一門，皆建樓壯麗。東南臨海，西接金龜頭，北浚護濠。計費二萬三千五百三十七兩，爲臺灣善後局支辦。是年，移廳署於今治。

衙署

延平郡王府：在安平鎮王城內，今圮。

東都總制府：在承天府治西定坊下大埕，土名統領巷。同治間，陳氏子孫以陳永華曾爲總制，改建宗祠。

承天府：在府治東安坊南向。歸清後，改爲臺灣府署。

天興縣：在府治鎮北坊米市，今廢。

萬年縣：在興隆里，即鳳山舊城，今廢。

臺灣巡撫衙門：在臺北府治撫臺街，光緒十三年，巡撫劉銘傳建。

臺灣布政使衙門：在臺北府治，舊爲巡撫行臺，光緒十三年，布政使沈應奎建。

滿漢兩察院：在臺南府治東安坊，雍正元年建，今圮。

臺灣撫墾大臣衙門：在南雅廳治，光緒十二年，幫辦撫墾林維源就其別莊暫用。

分巡臺澎道署：在臺南府治西定坊，康熙二十三年，巡道周昌建。

臺南府：在府治東安坊，原臺灣府署。雍正七年，知府倪象愷就明承天府改建。

經歷司：在府署東南。

臺北府：在府治，光緒四年，知府陳星聚建。

經歷司：在府署之南。

臺灣府：未建，暫設彰化縣治，以舊時北路理番廳署充用。

經歷司：在府署。

臺東直隸州：光緒十三年，南路撫民理番同知袁聞柝建。十四年秋，番亂被燬。十二月，知州吳本杰乃就故址之南畔詳請築壘，四圍各寬三十丈。

臺灣海防廳：舊在鹿耳門。雍正八年，移建臺南府治西定坊。光緒十一年裁。今廢。

淡水海防廳：原在竹塹士林莊。雍正二年，同知王汧建。乾隆二十一年，同知王錫縉移建於廳治。光緒元年，裁，暫充臺北府署。

澎湖海防廳：原巡檢署，在大山嶼西澳，康熙二十三年建。

北路理番廳：原在彰化縣治。乾隆五十三年，移鹿港。嘉慶二年，同知汪楠建於粟倉南畔。光緒九年，裁。

中路理番廳：在埔裏社大埔城。光緒四年，總兵吳光亮建。

基隆海防廳：原基隆通判署。

南雅理番廳：在大嵙崁莊，光緒二十年建。

噶瑪蘭通判署：在廳治東街。嘉慶十八年，通判翟淦建。光緒元年，改爲宜蘭縣署。

基隆通判署：在廳治。光緒元年建。十三年，改爲海防同知署。

卑南州同署：在卑南莊，寄治於安撫軍營內。

花蓮港州判署：未建。

安平縣署：原臺灣縣署，舊在臺南府治東安坊。乾隆十五年，知縣魯鼎梅移建鎮北坊。

典史署：在縣署之右。

鳳山縣署：原在舊城。康熙四十三年，知縣宋永清建。乾隆五十三年，移建今治埤頭街。

典史署：原在舊城，後移今治縣署之右。
嘉義縣署：原在佳里興。康熙四十三年，移駐今治。四十五年，攝縣事同知孫元衡建。乾隆二十七年，知縣衛克堉重建。
典史署：在縣署之右，雍正二年建。
恆春縣署：在縣治。光緒元年，知縣周有基建。
典史署：在縣署之右。
淡水縣署：在臺北府治，光緒四年建。
典史署：在縣署之右。
新竹縣署：在縣治，光緒元年建。
典史署：在縣署之右。
宜蘭縣署：原噶瑪蘭廳署。
典史署：在縣署之右。
臺灣縣署：在府治新莊仔莊，光緒十四年建。
典史署：在縣署之右。
彰化縣署：在縣治之中。雍正六年，知縣湯啓聲建。林爽文之役，燬。乾隆五十三年，知縣宋學灝重建。戴潮春之役，復燬。同治十二年，知縣孫繼祖再建。
典史署：在縣署之右。乾隆十二年，典史朱江重建。
雲林縣署：原斗六門巡檢署。
典史署：在縣署之右。
苗栗縣署：在縣治，光緒十四年建。
典史署：在縣署之右。
羅漢門縣丞署：乾隆二十七年建，五十四年改爲巡檢署。

萬丹縣丞署：乾隆二十六年，移駐阿里港。

笨港縣丞署：原在笨港。雍正十一年，移建於坂頭厝。

下淡水縣丞署：原下淡水巡檢署。

頭圍縣丞署：嘉慶二十五年，縣丞朱懋移建於烏石港之南。

南投縣丞署：乾隆二十四年，縣丞張成器建。林爽文之役，燬。五十三年，縣丞徐英重建。

新莊縣丞署：乾隆五十五年建，後移駐艋舺。

大武隴巡檢署：康熙間建。

佳里興巡檢署：雍正十年建。

新港巡檢署：康熙間建。

斗六門巡檢署：乾隆二十六年建，後改爲雲林縣署。

鹿仔港巡檢署：雍正六年建。

大甲巡檢署：嘉慶十四年建。

貓霧捒巡檢署：在犁頭店，雍正十年建。乾隆五十三年重建。今廢。

葫蘆墩巡檢署：光緒十一年建。

枋寮巡檢署：光緒元年建。

竹塹巡檢署：乾隆二十一年建。

八里坌巡檢署：雍正十一年建，乾隆十五年風災圮，移駐新莊。

羅漢門巡檢署：原縣丞署。

八罩巡檢署：光緒十一年建。

鎮守臺澎總兵官署：在臺南府治鎮北坊。康熙二十五年，總兵楊文魁建。乾隆五年，總兵何勉添築土城，高一丈一尺，周三百三十丈，闢東西兩門。

中營游擊署：在臺南府治鎮北坊。

左營游擊署：在臺南府治鎮北坊。光緒元年，移駐恆春。

右營游擊署：在臺南府治鎮北坊。光緒元年，裁。

城守營參將署：在臺南府治鎮北坊。

道標營都司署：原鎮標右營游擊署。

南路營參將署：在鳳山縣治。

北路營副將署：在彰化縣治縣署之東。雍正十一年建，乾隆五十三年重建。

噶瑪蘭營都司署：在宜蘭縣治。原守備署，嘉慶十八年，守備黃廷耀建。

鎮守澎湖水師總兵官署：在媽宮城內，原水師副將署。

左營游擊署：在媽宮城。

右營游擊署：在媽宮城。

安平水師副將署：在安平鎮，乾隆五年，副將王清建。

中營游擊署：在安平鎮。

左營游擊署：原在安平鎮。乾隆五十三年，移建鹿港北頭。六十年，燬，改建於土城內。

右營游擊署：在安平鎮。

艋舺水師參將署：在艋舺。原淡水營都司署，嘉慶十三年建。

局所

全臺團練總局：在臺南府治。咸豐三年設。自後凡有軍事，則開辦焉。法人之役，臺北亦設，各廳縣皆設分局。

培元總局：光緒七年，臺灣道劉璈改團練總局為培元總局，仍委紳士理之，以辦地方公事。法人之役，復為團練。
全臺籌防總局：一在臺北府治，一在臺南府治，均光緒十年設，二十年復設。
保甲局：各府廳縣皆設，無事之時則辦冬防。
臺灣通商總局：在臺灣道署。咸豐九年設，以辦通商事務。光緒十三年，臺北亦設此局，歸布政使督辦。
全臺清賦總局：一在臺南府治，一在臺北府治，均光緒十二年設。各廳縣皆設分局，十八年事竣，裁撤。
全臺撫墾總局：在淡水縣轄大嵙崁。光緒十二年設。各地多設分局。
轉運局：在上海。光緒十年設，委蘇松太道辦之，以理臺灣軍械餉項轉運之事。
支應局：在臺北府治。光緒十一年設，由布政使督辦，而臺南設分局。
捐輸局：在臺北府治。光緒十一年設，由布政使督辦，而臺南設分局。
善後局：在臺北府治。光緒十二年設，由布政使督辦，以理戰後之事。
招墾局：光緒元年設於廈門、汕頭、香港，以辦閩粵人來臺開墾之事。
招商局：光緒十二年設於新嘉坡，以辦南洋華僑來臺經營之事。
鑄錢局：在臺南府治東安坊，康熙二十四年設，後裁。
官銀號：同治二年設於滬尾，以收解關稅。其後旗後、安平、雞籠以次開辦。
官銀局：在臺北府治，光緒十六年設。
臺南官票局：在臺南府治，光緒二十一年設。
法審局：在臺北撫署內，光緒十二年設。
官醫局：在臺北考棚內，光緒十二年設，十七年裁。
軍器局：在臺北大稻埕，光緒十一年八月設，翌年十月竣工，費款十二萬餘圓，以記名提督劉朝幹為總辦，聘德國工師以製軍器。

電報總局：在臺北府治，光緒十二年設，各地多設分局。

釐金總局：在臺北府治，由布政使督辦。先是通商之後，奏設釐金局於滬尾、安平，以徵各貨釐金。其後各處添設，計有三十八分局。

烙號局：同治五年設於滬尾、安平，以烙阿片之號，而徵其釐，歸道督辦，其後改由商人攬辦。

金沙局：在基隆廳轄瑞芳，光緒十七年設。而暖暖、六堵、七堵、四腳亭、頂雙溪各設分局。

腦磺總局：在臺北府治，光緒十三年設，由巡撫督辦。而大嵙崁、彰化、恆春、宜蘭各設分局。其外又設支局。十七年，改歸撫墾局兼辦。

煤務總局：在基隆，光緒五年設，聘用西人，以機器開採煤炭。

磺油局：在苗栗縣治，光緒十三年設，十七年裁。

鐵路總局：在臺北府治，光緒十三年設。

軍裝局：在臺北府治，光緒十一年設，而臺南設分局。

火藥局：在臺北大隆同莊，光緒十二年設；而臺南在小北門外。

水雷局：一在滬尾，一在基隆，均光緒十二年設。

硝藥局：在臺北大稻埕，光緒十二年設，歸軍器局兼辦，以自製火藥。

伐木局：在臺北大稻埕，光緒十二年設，歸軍器局兼辦，以機器切鋸材木，配售上海，並爲鐵路枕木之用。

蠶桑局：在臺北大稻埕，光緒十六年設。

臺北通商局：在臺北東門外，光緒十三年設，以辦建築城內舖屋之事。

清道局：光緒十三年設。凡臺北及通商口岸各設一局，以清街道。十七年裁。

郵政總局：在臺北府治，光緒十四年設。各地多設分局。

通誌局：在臺北登瀛書院內，光緒十七年設。各廳縣皆設採訪局，以編纂臺灣通誌。

臺南樂局：在臺南府治奎樓內，由紳士辦之，以司文廟祀典，歲收租穀數千石。

臺灣通史卷十七　關征志

昔禹平洪水，畫九州，任土作貢，賦稅之義始此。賦以足兵，稅以足食，國用既足，民亦安寧。而暴君污吏以天下爲私有，橫征倍斂，吸食脂膏，兆民怨怒，起而逐之，國亡身戮，爲天下笑。連橫曰：明以前尚矣。臺灣遠隔海外，爲古荒服，土番所處，海寇所踞，未有先王之制也。明季，荷蘭人始闢斯土，以通東洋貿易之途，設官行政，制王田，募民耕之，而納其賦，語在田賦志。是時歸附土番歲納鹿皮，視社之大小爲差。其後因之，每年五月初二日，主計官集公所，召民贌社，眾環視之。官歷舉各社餉銀之數，高呼於上，贌者應之，至最多者而畀之。乃具姓名及社餉於冊，取殷戶爲保，以四季分納，謂之「社商」。社商時率夥記至番社貿易。夥主財物，記任會計，而社商領之。凡番耕獵之物悉與社商，而以布帛、鹽鐵、煙草、火藥易之。其令嚴密，番不敢私。社餉之入，大社數千金，小亦數百，是爲雜稅之一。當是時，土地初闢，地廣而腴，一歲三熟，閩、粵沿海之氓相率而至，以逐什一之利，歲率數千人。荷人課其丁稅，每丁年納四盾。領臺之初，歲收三千一百盾。其後二十年，增至三萬三千七百盾。蓋移殖者眾，而歲入亦多也。臺灣之山多麋鹿，獵者領照納稅，月課一盾。逐犬入山，肆其捕殺。於是麋鹿漸少。其後增至十五盾，歲入三萬六千盾，少亦二萬餘盾。其脯皮販運中國、日本，歲率十餘萬金。設關榷稅，以稽市物，歲亦十餘萬金。若夫山林川澤之利，工之所計，虞衡之所入，莫不權其輕重，以佐行政之費。荷官俸養所入，歲不足用，各自私買，以罔市利。暴待細民，侵奪田宅，上下交爭，賄賂成習。甲螺郭懷一因民之怨，糾合同志謀逐之，事敗被殺，株連數千人。亡命之徒，轉相嘯聚，以與抵抗。又聞延平郡王將興光復之師，荷人懼，乃請爪哇總督增兵戍臺，多課雜稅，以助兵食，而內訌不息，搶攘昏墊，以至於亡。夫國以民爲本，富則國富，貧則國貧。故曰：「不患寡而患不均，不患貧而患不安。」今荷人之有臺灣也，肆其橫暴，剪食我土地，侮虐我人民，剝奪我權利。而世之論者曰，是殖民之策也，嗚呼痛哉！

延平入臺，國用不足，多沿荷人舊制。及經嗣位，諮議參軍陳永華乃籌長治之策，盡心經畫，建保里之方，布屯田之制，開魚鹽之利，伐林木之材，內課農桑，外興貿易。十數年來，移民大至，多至數十萬人，拓地遠及兩鄙。臺灣之人以是大集。孔子曰：「道千乘之國，敬事而信，節用而愛人，使民以時。」故民皆勤功樂業，先公而後私。故曰：「衣食足而知榮辱，廉讓生而息爭訟。」夫自延平入臺以來，與民休息，而永華又咻噢之，道之以政，閑之以誼，教之以務，使之以和，漸之以忠，厲之以勇，勸之以利，嚴之以刑，民於是乎可任也。二十年間，臺灣大有。取其有餘，以供國用，民亦樂輸不怠。善乎德化之入人深也！洎永華亡，政教偷薄，而雜稅之徵濫矣。

清人得臺之際，議遷其民而墟其地。靖海將軍施琅力陳不可，乃設一府、三縣。田賦之制略同行省，而雜稅仍舊，或更立之，名目繁多，變本加厲。其設於陸者曰「陸餉」，麗於水者曰「水餉」。「厝餉」始於荷人，大小有差，歲徵銀一千四百六十六兩有奇。雍正元年五月，有司查驗府治家屋，除破壞者，凡得大厝七千七十四間，間徵一錢五分一釐九毫，小厝一千七百零三間，徵半之。按戶給照。納餉後有倒壞者，許繳照註銷，而新建者餉亦如之，著爲例。磨餉者，鄭氏所立也，一首徵銀五兩六錢。蔗車者，新餉也，一張亦徵銀五兩六錢。當舖者，以權子母者也，年徵五兩，謂之官典，官保護之，雖收贓不罪。然多勢豪所設，而地方官稍分潤焉。不徵餉者爲小典，則武營弁兵以薄資而弋重利者也。瓦窑也，菜園也，檨宅也，檳榔宅也，亦以大小徵餉，其稅微不足道。此陸餉之大略也。塭養魚也，潭亦養魚也，而塭之出息優於潭。其後塭視下園徵稅，而編於田賦焉。澎湖產魚盛，以海爲田。琅入臺後，據爲私有，歲收規費千二百兩。及許良彬至，奏請歸官，以充提督衙門公費。而行家任意苛求，漁民多受剝，深以爲苦。乾隆二年，下諭禁革。命總督郝玉麟飭地方官照例，編列魚舟號數，以時稽查。夫魚舟有大小，計擔徵餉，每擔七分七釐。次曰尖艚，每隻八錢四分。次曰杉板，每隻四錢二分。網一張則三兩五錢，小者一兩七錢五分。箔者，削竹如簾，長十餘丈，立海坪，乘潮汐以捕魚也，每張一兩二錢六分。滬者，築土圍，高尺餘，缺其門以入潮水，而置網以捕魚也，每口八錢四分。繚，垂餌以釣也，每條五兩八錢八分。縺亦釣也，餉與繚同。罟也，䍅也，罾也，均用以捕魚，而得魚之多少不同，故徵餉之輕重亦別。罟一張十一兩七錢六分，䍅五兩八錢八分，罾四兩二錢。烏魚旗者，亦謂之藏。每冬至前，烏魚自北而南，多以萬計。漁戶先時領旗，旗徵餉一兩二錢，鈐蓋縣印，列號備查。鳳邑最多。此水餉之大略也。

同治十三年冬十二月，欽差大臣沈葆楨奏言：「舊例：臺灣鼓鑄鍋皿農具之人，須向地方官舉充，由藩司給照。通臺祇二十七家，名曰『鑄戶』。其鐵由內地漳州採買。私販者治罪。邇來海口通商，鐵觔載在進口稅則。昔杜內地之出，今自西洋而來，情形迥異。而不肖兵役人等，往往藉端勒索。該鑄戶亦恃官舉，任意把持，民甚苦之。又臺產竹竿，向因洋民不靖，恐有接濟，因禁出口，以致竹竿經過口岸，均須稽查。不知海船蒲布皆可爲帆，無須用竹。立之厲禁，徒爲兵役留一索詐之端，民間多一受害之事。應請無庸查禁。」詔可。光緒三年春，巡撫丁日昌既視臺灣，親見雜稅之苦，奏請蠲除。其言曰：「查臺郡當鄭克塽歸誠時，僅有臺灣、鳳山、嘉義三縣之地。其彰化縣、淡水、噶瑪蘭兩廳，皆係後闢之土。東至內山，西至海，地皆淺狹，唯南北袤長。計臺、鳳、嘉三縣合長二百九十里，共額徵供穀十三萬餘石。而後闢之一縣、兩廳合長五百八十里，僅徵供穀五萬六千餘石。核計彰、淡、蘭之地，比臺、鳳、嘉幾多一半，而所徵之穀，反不及一半。何也？蓋臺、鳳、嘉開闢之地較早，所徵稅則皆沿鄭氏之舊，而彰、淡、蘭新墾之地，則由朝廷新定科則，故賦課較輕也。然其爲民累者，則莫如雜餉。查雜餉名目繁多，內如歸化生番，無畝可計，無糧可科，以納鹿皮爲餉。而所謂塭餉者，則徵於畜魚之所。所謂廍餉者，則徵於熬糖之所。雖謂苛細，而稽其贏利，酌取一、二，以益正供，於民尚無大損也。他如海水支流曰港，窪深積水曰潭，凡可養魚之所，則如塭餉徵收。而小道可通之處，竹筏小艇運貨往來，亦按照徵收。又如建屋之基，磨麪之場，瓦窰、菜園、檳榔、番樣之類，莫不按數徵餉。若其徵諸漁戶者，曰罟、曰罾、曰䍅、曰縺、曰箔、曰縗、曰網、曰滬、曰烏魚旗，吏役勒索，橫取窮民。而傭戶漁人又多去來無定，官役不能盡悉，假手土豪，出爲攬辦。豫納承充之費，壟斷浮收，舐糠及米，輸於官者十，取於民者百。民奈何而不困耶？臣到臺後，查悉各弊，則擬稍爲釐剔，而各項名目瑣碎，影射牽連，非盡斷葛藤，終難以絕弊竇。除番餉、塭餉、廍餉之外，其港潭等項雜餉，統計各屬共徵銀五千二百二十三兩九錢六分五釐，均應豁免，以除民累。伏查臺、鳳、嘉三縣正供，徵稅既重，而雜餉名目猶繁。小民終歲勤勞，所得無幾。而一經吏役隳突叫囂，遂有枷棒在手、雞犬無聲之嘆。民困何由而蘇，元氣何由而復乎？且此項雜餉徵收不過數千餘兩，就地支發，歸入奏銷。臺灣近年出產茶葉、樟腦等，釐稅均屬新徵，較此多至數倍。而臺北現議開鑛，則地利更可勃興。謹將前項雜餉查列清單，請自光緒三年起，永遠一律蠲除。」詔可。臺人大說，至今猶稱頌焉。

契稅爲入款之一，亦雜稅也。舊例：每百圓繳稅並費共十三圓，人民以爲過巨，多不投稅。光緒二年，郡紳蔡霞潭囑御史某出奏，旨下部議。定自三年起，減爲一半，即百圓徵稅六圓五角，外費悉裁。然經辦者猶不能盡廢，每宗加繳司單六角。若在千兩以上者，由縣送府加印，或由業戶自送，每宗規費二、三十圓。而稅額之中，以三圓解府轉藩，知縣例得一圓八角，餘由書吏、家丁、房總、差役分肥。故知縣下車之後，則示民稅契，按期輪比，而私其利。多者數萬圓，少亦數千。已稅之契曰「紅契」，未稅者「白契」，衆不以爲憑，故人民亦自知爲要也。

安平爲府治通商之口，向由臺防同知管理，徵收船費，謂之「文口」，派員查之。凡內地商船來臺者，應驗牌照。出口之時，船上須掛紅旗。巡丁到船，丈量擔位，報明無差，乃由委員給照收費，每百擔五圓六占六瓣，歲約五千餘圓。不換照者以爲走私，船貨充公。光緒元年，臺防同知移駐卑南，仍歸收費。至十四年，改由安平縣收之，以抵津貼一半之額。其時帆船漸少，歲約三、四千圓，而輪船則由海關收之。又有「武口」，歸安平水師副將管理，亦派弁兵以驗出入，詰盜賊，每船徵費二圓，歲約二千餘圓。天津之約，許開臺灣互市。咸豐九年，兩江總督何桂清奏准美國先在潮州、臺灣通商，福州將軍東純、閩浙總督慶端、福建巡撫瑞璸會奏在臺開設海關。已而英、法兩國請照美國徵稅，復奏准一律辦理。其稅項仍解關庫，歸將軍督辦，統併南臺、廈門兩口奏銷。十年，奏派道員區天民會同臺灣鎭林向榮、兵備道孔昭慈、知府洪毓琛等商辦。議以淡水、八里坌爲通商碼頭，而於對岸滬尾設關。其北路之雞籠、香山、後壟、中港，南路之鹿耳門、打鼓，大小各口，一律禁止洋船貿易。同治元年六月二十二日，滬尾開關徵稅。二年正月，奏派道員馬樞輝接辦。適彰化亂，各地俶擾，未到，乃委淡水同知恩煜代之。恩煜請設關渡驗卡，以查洋商進出，巡邏仍用關船。稅務司又稟總理衙門，請於雞籠、旗後、安平三處，照例通商。部議許之。八月十九日，雞籠開口，派副稅務司以辦。三年四月，安平、旗後亦開辦。以滬尾爲正口，雞籠、安平、旗後爲外口。徵稅銀冊，均由總口轉繳關庫，歸福州將軍督辦。四年春二月，旗後稅務司以安平徵收洋稅，遞年加多，各商赴旗完納，諸多不便，請於安平添設銀號，管出入。將軍慶麟調查原案，以安平僅爲驗口，祇准洋船寄碇起貨，不許開設。而打鼓委員德協領復以此舉實爲華商之便。嗣經戶部核准，以六年十月開辦。既又設船政廳，理港務，徵船鈔。其時貿易未盛，稅項亦少，蓋以中國協定稅率甚輕，而土貨之往來者別課釐金。

釐金之設，始於道光之季。時當軍事旁午，徵賦爲難，故爲權宜之計，取以助軍。凡貨物出入，照擔徵收，不論粗細，故謂之釐。咸豐十一年，知府洪毓琛奉飭遵辦，省中亦派候補知府程榮春至淡水，設局開徵，以阿片爲大宗。分局之外又有驗卡，徵釐如前。而胥吏舞文弄弊，格外苛求，以飽私橐，商賈病之。夫釐金之設，爲救一時之急，而非可以永遠也。故自事平之後，士大夫多請裁撤，歸併海關。而清廷不聽。然自通商以來，地利日闢，物產日興，糖、米、茶、腦之出口，歲率數百萬圓。米爲民食之本，供給福建，故無釐。糖每擔二錢，以天津、上海爲銷路，香港、日本次之。茶別徵釐，設局於大稻埕。樟腦之利，或歸官，或歸民，其釐較多。而煤炭、金沙之利，前後以興，故其詳可得而聞焉。

光緒十八年，旗後商人以波羅麻一宗，每百斤徵釐六角，合銀四錢三分二釐，而海關向徵稅銀七錢。自十六年三月，併入苧麻類，一律改徵，減爲三錢五分。是前本稅重釐輕，今反稅輕釐重，故請核減。波羅麻者，即鳳梨絲，配至汕頭，以績夏布，其額頗多，全臺釐金局以爲出口貨物。如土茯苓百斤，洋關稅徵銀一錢三分，釐金定章爲一圓；牛皮膠百斤，洋關一錢五分，而釐金爲五角；此稅輕而釐重也。又如芝麻百斤，洋關徵一錢三分五釐，而釐金爲一角四瓣；樟腦洋關徵七錢五分四釐，而釐金爲五角五瓣；此稅重而釐輕也。是則關稅之與釐金，原有參差，不得以百貨釐金俱照關稅減半徵收。其子口半稅，原指洋商請領之三聯票，運貨到最後子口，完納半稅而言。若華商則逢關納稅，遇卡抽釐，何得援出口半稅爲例。但該商人近來市景蕭條，銷路尤滯。旗後波羅麻出口，每年徵釐約二、三百金，爲數甚少，姑准核減，併入苧麻章程，每百斤改徵四角二瓣，合銀三錢二釐，以恤商艱。

夫稅釐之設，所以供國之用也，而民間亦有私徵。城廂之市，村落之墟，牛豚之畜，蔬果之場，凡至此販者，每收其費，以充廟祀義舉之款。然必稟官出示，以杜分爭，故人肯樂輸也。初，道光間，郡中商務繁盛，牛車入城，日數百輛。城兵欺其鄉愚，勒索規費，每輛收錢百文，多至數百文。鄉人不堪其苦，群籲郡紳。鎮道合示禁止，違者治罪，而弊稍革矣。

鄭氏徵收雜稅表

厝稅	每間六錢二分，凡六千二百七十間半，年徵三千八百八十七兩七錢一分。
瞨社	凡二十七所，年徵三千六十兩。
港潭	年徵一萬九千三百八十八兩。
樑頭牌	每擔一錢一分，凡一萬三千六百三十七擔，年徵一千五百兩七分。
澎湖船隻	凡一百十一隻，年徵七十三兩八錢。
安平鎮渡船	凡三十四隻，年徵四百兩。
牛磨	每首二十四兩，凡二十七首，年徵六百四十八兩。
蔗車	凡一百張，年徵一千九百七十六兩。
大小網箔	凡八十張，年徵二百零八兩四錢。
罟罾縺縗等	年徵八百四十兩。
烏魚旗	凡九十四枝，年徵一百四十一兩。
入港貨稅	年徵一萬三千兩。
出港鹽稅	年徵二百兩。
僧道度牒	僧每名二兩，道士五兩，年徵二百兩。

清代陸餉徵收表（據乾隆二十九年臺灣府志）（終位：釐）

款目＼廳縣	臺灣	鳳山	諸羅	彰化	淡水	澎湖
厝餉	一、二五六、一九三		二〇〇、五〇〇			
牛磨	二三五、二〇四			一〇〇、八〇〇	五、六〇〇	
蔗車	二七四、四〇〇	五六二、八〇〇	八七一、九〇〇	三四七、二〇〇	一一、二〇〇	
檨宅	七〇、〇〇〇	六、〇〇〇				
檳榔宅			六〇、〇〇〇			
菜園			三、〇〇〇			
瓦窰			一二、五〇〇			
當舖	五〇、〇〇〇	五、〇〇〇	一一五、〇〇〇			

清代水餉徵收表（據乾隆二十九年臺灣府志）（終位：釐）

款目＼廳縣	臺灣	鳳山	諸羅	彰化	淡水	澎湖
漁船	六四五、六四一	三八七、九二六	二二六、六六九	一五五、八八五		二三三、〇二〇
渡船		七六、一五三				
港潭	四二五、六二四	四四二、九七四	三五一、四一七	四四、五三八		

魚塭	一六、五〇〇		一〇〇、〇〇〇		
大小網					一五四、〇〇〇
箔		一一、七六〇			三、一五〇
滬					三二、一三〇
罾	三二、四〇〇	八、四〇〇	八、四〇〇		二八、五六〇
罟	七〇、五六〇	一二九、三六〇	五、八八〇	五、八八〇	一一、七六〇
䍅	一七、六七〇	五、八八〇			
縺	五二、九二〇	六四、六八〇	二九、四〇〇		
蠔	五二、九二〇	四七、〇二〇	四七、〇四〇		
縩			一一、七六〇		
烏魚旗		九八、七〇〇			

臺灣海關徵收稅鈔表

年分	淡水及基隆（兩）	安平及旗後（兩）	合計（兩）
光緒七年	三二〇、四六九	二一八、三九五	五三八、八六四
八　年	二八五、三二〇	一八六、九六一	四七二、二八一
九　年	二九六、九三一	一九四、八九五	四九一、八二六
十　年	二九七、八七九	二一〇、二一四	五〇八、〇九三
十一年	三七二、七二〇	一五二、三七五	五二五、〇九五

十二年	三八二、一五六	一五四、〇八八	五三六、二四四
十三年	五三四、五二三	三三七、五七六	八七二、〇九九
十四年	五九八、三八三	四〇四、二〇五	一、〇〇二、五八八
十五年	五九〇、九四四	三九九、二〇二	九九〇、一四六
十六年	五八四、二四一	四六一、〇三一	一、〇四五、二七二

臺灣海關徵收船鈔表

年分	淡水及基隆（兩）	安平及旗後（兩）	合計（兩）
光緒八年	一、八九七	五、〇六七	六、九六四
九年	二、二八三	四、九三九	七、二二二
十年	一、九六一	五、四九一	七、四五二
十一年	六五六	二、五四八	三、二〇四
十二年	一、四四二	二、四一五	三、八五七
十三年	七〇七	二、四七五	三、一八二
十四年	四、八六九	三、四二三	八、二九一
十五年	三、一九二	二、七二四	五、九二三
十六年	一、六三〇	四、〇五九	五、六八九
十七年	二、〇六五	一、七二七	三、七九二

臺灣通史卷十八　　權賣志

連橫曰：昔者太公治齊，官山府海，以殖其利，管仲因之，齊以富強。故能霸諸侯，攘夷狄，功傳數世。漢興，至武帝時，拓地用兵，軍旅歲動，國計不足，設鹽鐵之官，榷酒酤之稅。文學之臣以爲聚斂，而功利者且以爲富國焉。臺灣榷賣之制，始於清代。初理鹽、磺，後及煤、腦。蓋此爲天地自然之利，苟振興之，足以裕國而益民焉。先是臺灣鼓鑄鍋皿農具之人，例由地方官舉充，藩司給照，而納其稅。全臺定二十有七家，名曰「鑄戶」。其鐵由漳州採辦，私販治罪。蓋以臺灣孤立海上，慮造兵器，故官督之。然自通商以來，洋鐵入口，載在稅則，而舊例遂成虛文。同治十三年，欽差大臣沈葆楨奏請廢止，用者便之。夫榷賣之制，各國皆有，大小輕重，或有不同。而臺灣之所行者則此。記曰：「百姓足，君孰與不足。」旨深哉！

鹽

臺灣濱海之地，煮水爲鹽，其利甚溥。前時鹽味苦澀，不適於用，多自漳、泉運入。永曆十九年，諮議參軍陳永華始教民晒鹽，擇地於天興之南，則今之瀨口也。其法築埕海隅，鋪以碎磚，引水於池，俟其發滷，潑而晒之，即日可成，色白而鹹，用功甚少。許民自賣，而課其稅。歸清以後，鹽戶日多，銷路愈廣；爭晒競售，市價不一。雍正四年春，奏歸官辦，由府管理。分設鹽場四處：曰州南，曰州北，爲臺邑武定里；曰瀨北，爲今附郭之鹽埕莊；曰瀨南，則鳳邑之大竹里，而毗於打鼓山麓也。每場設管事一名，巡丁十人，或八人、或六人，視其大小，以防私漏。鹽戶晒鹽，例於春冬，春曰大汎，冬曰小汎，以夏秋多雨也。鹽成運納於場，而發其價。每石時銀一錢二分。瀨南稍遜，減二分。歲收約九萬石，或至十萬石。府中設總館一，市鎭各設分館。販戶赴館繳課，領引而出。其鹽石銀三錢。水運陸載，視路遠近，以定市價，故各地不均。鹽課所入，每月支發鹽戶及經費外，悉存府庫，造冊申報，以充兵餉。乾隆二十年，增設瀨東，爲嘉邑之井仔腳。而布袋嘴、北門嶼亦先後分設。蓋以彰、淡設治，墾戶日進，故由此給之。五十五年，議定臺灣定額之外，所有埕底泥鹽，歲約二萬石，分撥各廳銷售。每年徵課一千八百十八兩餘，入冊奏銷。嘉慶十五年，設噶瑪蘭廳。鹽用瀨北，歲銷七千石，歸廳採運。每石售銀三錢三分，共徵二千三百十兩。除原價及折紋銀外，可得盈餘紋銀一千三百三十七兩。先是興化、惠安魚船，每當春夏之交，遭風收泊蘭屬，運鹽散賣，斤錢七、八文。間有收積居奇，至秋冬時，價至二、三十文。及設官後，禁私販，議照汀州行銷廣潮鹽引，募雞籠小船，給照至蒲田、惠安就場購運，以資民食。蓋以蘭地僻處北東，府鹽運至淡水，又須待風而入，費大時久，或虞斷絕，故其價昂。而司道不許。以蘭爲臺屬，行銷府鹽，可杜私販，且緩急足濟，乃議定歸廳。自十八年三月爲始，每斤價十六文，用者便之。道光四年閏七月，省議以南靖、長泰二縣鹽引阻滯，奏請臺灣代銷。於是歲課一萬七千石，合以臺灣自晒者十三萬石，入款頗巨。自是以來，北鄙日闢，淡屬住民幾數十萬，而仍行銷府鹽，採配不便。咸豐中，始許於虎仔山自晒。一時私鹽充斥，課項銳減。同治六年二月，改歸道辦，嚴緝捕。虎仔山場亦歸官，七年移府，九年二月復歸道，十年仍歸府辦。而鹽引愈多矣。

澎湖四面皆海，小島錯立，其地斥鹵，可以自晒。仍銷府鹽，每銀一圓售八十斤，色灰稍苦。澎人以海爲田，需鹽較重，一旦不至，人受其病。光緒初，議設鹽場，不許。十一年建省，十四年整飭鹽務，南北兩府各設總局，以攬其事。南歸兵備道，而北歸布政使。基隆、艋舺、宜蘭、新竹、大甲、鹿港、嘉義、鳳山、恆春、澎湖各設總館，各地仍置小館，由民攬辦。其館主多鄉紳宦戚，獲利不少。大者歲盈萬金，小亦一、二千圓。臺灣銷鹽約按人口，每人日用三錢，年須六斤十二兩。以三百萬人計之，則當鹽二千二十有五萬斤。斤勻銀一分，爲二十萬二千五百兩，實歲入之一大宗也。

生番渾噩，僻處內山，茹毛飲血，需鹽孔亟。其歸化者由官給之，或以互市。而舊志載崇爻山有鹹泉，掘地汲之，編竹爲鑊，內外塗泥，煮之成鹽。若中壢、後壠各地熟番，有以挑沙瀝鹵自煮者，官不徵課。蓋歸化時，曾經奏准者也。

硫磺

硫磺產於淡水，爲今北投之地。當西班牙人據臺時，曾掘取之。而瘴毒披猖，蟲滋水惡，工人多病。歸清後，康熙三十五年冬，福州火藥局災，典守者負償，欲派吏往，無敢至。仁和諸生郁永河適在省，慨然請行。三十六年春二月至郡，四月北上，先命淡水社通事張大入北投築屋。既至，集番酋飲，告以採磺事，與約一筐易布七尺。番喜，各負磺至，命工煮之。磺有黃、黑二種，質沉有光，以指撚之，颯颯有聲者佳，反是則劣。先碎爲粉，暴日極乾。鑊中置油，徐入土，以兩人持竹桿攪之。土既得油，則磺自出。油土相融，而後成物。一鑊可得四、五百斤，或一、二百斤，唯視火候之純疵爾。產磺之地爲內北投，石作藍靛色，有沸泉，草色萎黃，無生意。山麓白氣縷縷，如雲乍吐，是爲磺穴。風至，磺氣甚惡。更進半里，草木不生，地熱如炙，白氣五十餘道，皆從地底騰激。怒雷震撼，地岌岌欲動。所以不陷者，熱氣鼓之爾。穴中毒焰撲人，觸腦欲裂。左傍一溪，聲如倒峽，即沸泉所出源也。永河著稗海記游，其所言略如此。當是時，淡水未闢，而北投又在番境，奸宄潛至，私製火藥。乾隆中，出示禁止，嗣命屯丁守之。每年四季，北路營副將派弁入山，焚燬草木，以杜私煮。同治二年，福建巡撫徐宗幹奏請開採，以俾軍務。六年，淡水同知嚴金清稟請不可，以採之有四可慮。八年，盧壁山奉南洋通商大臣之命，來臺採辦，募工煮之。既而閩浙總督英桂飭總兵楊在元、兵備道黎兆棠派員會勘。蓋以其時整軍經武，多用火藥，故議開採。然以所產未巨，恐耗經費，九年，復封。及劉銘傳任巡撫，謀殖地利，光緒十三年，奏設腦磺總局，與樟腦皆歸官辦。而所產日盛，以至於今。

煤

煤爲礦產大宗。臺灣多有，而基隆最盛。當西班牙據北時，則掘用之，其跡猶存，爲今之仙洞。歸清以後，仍事採掘。乾隆中，移民漸眾，以其有傷龍脈，請官禁止，然尚有私掘者。道光十五年，淡水同知婁雲再示禁。十七年，同知曹謹復禁。而是時海通已啓，東西往來，以臺爲徑，各國遂多注目。禁煙之役，英艦窺基隆。及平，英人輒來臺灣，謀通商。二十八年，英國水師游擊吳倫至基隆，查勘煤層，歸報其國。三十年，英公使請准英人開採，不許。咸豐四年，美國水師提督彼里亦來勘，以煤層豐富，謀據此地，建軍港，以開美國貿易之途，而臺人不知也。天津之約，許開基隆通商。同治三年，福州稅務司上書，陳採煤之利，請准英商租地開辦。淡水稅務司亦爲是言。巡撫徐宗幹奏言不可。而紳民亦立公約曰：雞籠山一帶，爲合境來龍，靈秀所鍾，風脈攸關。近有沿海奸民，訛言山根生有煤炭，難保無人偷掘。一經損傷，全臺不利。如遇偷挖，即行圍捕送官。倘敢抗拒，格殺勿論。有不遵者，公議懲罰。然其後私掘愈多，勢不能禁。九年春正月，總督英桂命署道黎兆棠派員查勘，乃委江蘇候補道胡斌與淡水同知會勘。據復海港東邊之深澳、八堵、土地公坑、竹篙厝、偏坑、田寮港、后山、石梗港、暖暖、四腳亭、大水堀等處，皆屬旁山，無礙正脈；遠隔民居，且於田園廬墓亦無妨礙。計得九十二洞。閉歇者二十三洞，其煤已竭，地歸山主。停辦者二十一洞，以價賤滯銷，流淺難運。現開者四十八洞。而中如四腳亭四洞，夏秋之間亦流淺難運，俟八、九月方可配出。於是傳集山主及鄉人士，妥定開採章程，立石爲界，不許租與外人，並私相典賣。各洞相距，南北二十五里，東西五、六里。閉者不得再開，以七十洞爲限。而煤戶須本地人又有親族廬墓者，互相環保，其曾爲洋行辦事者不許。煤工亦須土著，家在五十里以內者方可用。每洞不得過二十人。煤戶具保，所出之煤投行仲賣，官爲督辦。違者照罰。禁約雖開，而約束尚嚴也。當是時，基隆、滬尾已爲通商之口，輪船出入，用煤日多，或運至福州、廈門，每年出產多至三、四十萬擔，少亦十餘萬擔。其煤三等：上曰角煤，擔值錢二百；次中煤，稍降；又次煤粉，最賤，僅得五、六十文。此爲在山之價，若運出市上，則視路之遠近而差。照例每擔徵稅五釐，唯船政局採用者豁免，而煤戶亦無稅。光緒元年，欽差大臣沈葆楨奏言：「臺灣之地，病於土曠。而土曠之病，由於人稀。重洋遠隔，勢必獲利三倍，而後內地力食之眾，不召而來。然墾田之利微，不若開煤之利鉅；墾田之利緩，不若開煤之利速。南北各省按日以煤炊爨，入冬以煤禦寒。若出口暢旺，煤價必昂，於民開不無窒礙。而臺灣則炊爨禦寒均無需此，除出口外，別無銷路。雖其煤質鬆脆，不敵西洋之產；而較之東洋，尚去不遠。然臺煤雖富，年來開採仍不甚旺，其故由於滯銷。西洋之煤，金山最夥。從前船隻皆繞金山而來，貨物之外，以煤壓載，煤佳價平，固非臺煤所能敵。自埃及紅海開通以後，洋船無須繞道金山，而金山之煤遂稀，價亦日昂。而臺煤仍不暢銷，則必減輕稅率，以廣招徠。此後稅率雖減，而入款仍不懸殊，則於民間生計當有起色。至船局所用臺煤，向係免稅，不在定則之內。今擬將出口之煤，每噸減爲稅銀一錢。如蒙天恩允准，伏懇飭下總理各國事務衙門，札行總稅務司，言明臺煤無關民間日用，爲洋船所必需，是以減稅惠商。南北洋各口均不得援以爲例。」詔可。三年，聘英人臺札爲礦師，並購機器裝置八堵，大爲開採，出口亦多。而經費繁雜，不敷開用。委員浮冒，積弊日深。八年二月，臺灣道劉璈稟請督撫，略曰：「臺北煤務爲臺灣漏卮，中外疑議，已非一日。職道履任以來，亟思設法整頓，以期除弊興利。蓋以煤務事屬創辦，職道又未親履其地，遠觀懸揣，漫議章程，失刻失疏，均虞未協。然屢奉鈞批，又不敢以月耗巨帑責歸臺防之事，置諸後圖。從前張升道深知其難，請由船政主辦，實由於此。嗣後黎星憲復稱統歸船政辦理。蓋以煤務之壞，壞於歷辦不得其人。浮費過多，成本過重，隨處浮冒，任意報消爾。鄭倅接辦以來，自稟牘觀之，較前諸員似有把握。然以冊報論之，似其不實不盡之處，仍所不免。八堵以總炭一萬九千八百五十餘石起解，基隆祇收一萬六千五百五十餘石。十餘里間，少去三千三百餘石，已屬不解。而八堵以粉炭九千零十石起解，基隆僅收三千四百三十石，竟少去五千一百八十石。基隆收發之時，又各有失耗，大較又去一成。既減成色，又失斤重。一轉移間，一月之內，耗至八千餘石。揆之於理，似欠圓通。又工匠等聽燒官煤，月至數千石。洋人三名，月燒官煤九千斤。路旁三燈，月燒官煤四萬斤。其間不應濫支之處，不可勝數。此煤斤濫耗之情形也。至於銀錢數目，採煤工價，浮於所收之額，多至三千四百餘石。車運之價，亦難實按。種種糜費，悉難枚舉。今擬委補用同知史悠棻、候補通判李嘉棠會同辦理，不過欲於臺灣漏卮稍求補苴爾。」於是妥定章程八條，竭力整飭。時有畢德衛洋行攬消總炭，船局以爲不可。乃於上海自設臺灣煤務分局，又於汕頭、香港、廈門託商代售。統計每年出煤一百四、五十萬石，可得二十餘萬圓，而局費不過數萬圓，入多出少，漸有起色。若能擴充銷路，尤足以興其利也。法人之役，基隆失守，煤局被燬。及平，巡撫劉銘傳奏設煤務局，委張鴻祿辦之，投資四十餘萬兩，新置機器，又聘外國礦師，召工開採。至十三年，每日出煤可百噸，而辦理未得其宜。銘傳委用粵商代辦，眾多訾議，部議以爲不可，復歸官辦。及邵友濂至，遂裁撤之。

煤油

煤油或稱石油，其利溥，而前人未知也。臺人燃燈多用豆油，及西人發見煤油以來，運入臺，其始僅見於城市，不十數年遍村野，以其價廉而光倍也。煤油之用，以美國彗星標者爲最多，次爲俄墺之產，歲率數十萬圓。然臺自有煤油，而未知採法，爲足惜爾。咸豐末年，粵人邱苟，通事也，勾引生番殺人，官捕之急，遁入山。至貓裏溪上流，見水面有油，味殊惡。時乏燭，燃之絕光。竊喜，以告吳某。某以百金贌之，而不知用。苟復贌寶順洋行，歲得銀千餘兩。遂互爭權，集眾械鬥，久不息。九年二月，淡水同知逮苟治罪。又以外商無在內地開礦之權，封之。及沈葆楨巡臺，聞其事。光緒四年，聘美國工師二人勘驗，以後壟油脈最旺，乃購機器取之。其始多鹽水，堀至百數十丈，達油脈，滾滾而出，日得十五擔。久之工師與有司不洽，竟辭去，遂廢。光緒十三年，巡撫劉銘傳乃設煤油局，委棟軍統領林朝棟兼辦，而出產未多，入不敷出。十七年，巡撫邵友濂撤之。聞礦學家謂臺灣油脈甚長，自苗栗而至安屬之噍吧哖，蜿蜒千里，如能取之，足以供用而有餘。又臺多火山，間有瓦斯，質若炭，光勝於煤，其用尤宏。

樟腦

樟腦爲臺灣特產，當鄭芝龍居臺時，其徒入山開墾，伐樟熬腦，爲今嘉義縣轄，配售日本，以供藥料。其法傳自泉州。歸清以後，封禁番地，犯者死。康熙五十九年，曾逮熬腦者百數十人治罪，其業漸廢。而山麓細民猶有私熬者。雍正三年，閩浙總督滿保奏准臺澎水師戰船，令於臺灣設廠修造，以臺道臺協監督。於是南北二路各設軍工料館，採伐大木，以為船料，而檄匠首任之。臺灣產樟北路較盛。樟有兩種：香者可熬腦，臭者僅為器具。故匠首率眾入山，並許熬腦，以私其利，而他人皆禁也。道光五年，始設軍工廠於艋舺，並設軍工料館，兼辦腦務。內山所熬之腦皆歸所收，而後配出。禁煙之役，英船輒至雞籠，潛以阿片易腦。奸人牟利，私熬日盛，法令幾不能禁。咸豐五年，英商德記洋行始與臺灣道訂約購腦，每擔價十六圓，配赴歐洲。而發腦戶僅八圓，利入道署。十年，臺灣開港，外商漸至。樟腦為出口之貨，歲約二十萬圓。臺灣道陳方伯議歸官辦，設局收之。同治二年，艋舺料館改為腦館，竹塹、後壠、大甲等處均設小館，以理其事。其時艋舺、大甲所出特多，歲各一萬二、三千擔，竹塹、後壠亦各有一、二千擔，而噶瑪蘭、彰化之內山且有熬者；消用日廣。然為官辦故，外商不能獲利。五年，安平英領事請歸民辦，兵備道吳大廷不許。駐京英公使以為有阻通商，遂向總理各國事務衙門交涉。六年，閩浙總督派興泉永道曾獻德至臺，與英領事議。八年，廢官辦，新立購腦章程。凡外商入內地採腦，須先向總稅務司請給護照，塡明行號姓名，完納出口稅之半，以代內地稅。運至口岸，報明海關，照章納稅，而後出口。若無護照者，將腦充公，人亦治罪。然非通商口岸，外國商船不得入泊，亦不得私自貿易。九年，始設釐金局，徵收腦釐，每百斤課銀五錢。初由商人攬辦，其後歸局。光緒十三年，巡撫劉銘傳奏言：「樟腦一項，近來日本出產甚多，而香港腦價日落。如歸官辦，每石可獲利二、三圓。臺灣產腦每年約出萬石。硫磺則臺產最佳，前兩江督臣沈葆楨奏請開禁，採備官用，歷年辦有舊章，每石成本洋一圓，官買每石洋三圓，每年出產六、七千石。上等硫磺每年祇出千石，均歸官用。其次積聚三千餘石，官既不用，商禁未開，不能出口，日久月聚，愈積愈多，不獨糜費棄置可惜，且香港年銷硫磺至萬餘石，運至江南、天津一帶，薰炙葵扇草帽，蒸炊餑餑，製造爆竹，銷路甚廣。臺灣硫磺既佳，奸民私熬販運，出口不少。夫以自採之磺，禁不出口，既聽日本暢銷，又不能禁止私熬；若設法經理，獲利雖尚未多，而於撫番經費不無少補等因。臣查樟腦、硫磺兩項，民間私熬私售，每多械鬥滋事，墾請歸官收買出賣，發給執照出口。以目前情形而論，年可獲利三萬餘圓。以後若能出產較多，銷路較暢，經理得人，日漸推廣，以自有之財，供無窮之用，實於國計民生，兩有裨益也。」詔可。乃設全臺腦磺總局，隸巡撫。而於北路之大嵙崁，中路之彰化，各設腦務總局。若南莊、若三角湧、若雙溪、若罩蘭、若集集、若埔裏社，皆設分局，以委員辦之，又有司事、執秤、查竈、勇丁分任其職。而宜蘭、恆春別設總局，以獎勵腦務。按照竈數，徵收防費，以充撫番之款；製出之腦悉歸官局，每擔八兩，售之商人爲十二兩，年可獲利百餘萬兩。時爲臺北德商公泰洋行攬辦，配赴香港，每擔可售二十兩，多至二十餘兩。十六年五月，臺北改歸蔡南生，而彰化由林朝棟，繳價三十圓，釐金防費在內。以十二圓給腦戶，餘入官。是年出口六千四百八十餘擔。十七年爲一萬五千九百八十餘擔。十八年爲一萬三千一百二十餘擔。而腦價亦漸起。蓋以歐美市場消用愈巨，化學日精，藉以製器合藥也。

初，德人晦實祿在南，開設瑞興洋行，先至集集設館熬腦，自配香港。數年之間，獲利不貲。及歸官辦，頓失其益，去之汕頭，以腦業交英商怡記洋行承辦。十六年五月，怡記自集集運腦七百餘擔至鹿港，九月又運五百四十擔，彰化局丁以爲走私，要而奪之。安平英領事照會巡撫索還，不聽。彼此相持，勢將決裂。駐京英公使乃與總理各國事務衙門交涉，而各國亦以有礙通商，請撤官辦。旨下戶部議覆，奏曰：「熟考古今律例，鹽、硝、硫磺均歸官辦，嚴禁私販。除此三項之外，未嘗別有所禁也。臺灣內山今以出產樟腦之多，奸商夤緣賄賂，挾謀其間，不准他人售賣，實屬無謂。今英商收腦數萬斤，爲巡察委員所沒，是則奸商之故意而後至此，即臺灣巡撫亦難辭其責。況樟腦一物，原係藥材，未可禁止私販。如英國地多蟲蟻，以腦薰屍，可免蟲蝕，此消用之所以較多也。此後各省新出，不論利益多寡，應先奏明而後舉辦，方爲得策。伏乞諭飭臺灣巡撫劉銘傳，即將樟腦一項改爲民辦，官府但可徵稅。」詔可。十一月，廢官辦，撤防勇。生番乘隙出草，燬寮殺人，沿山紛擾，腦務大損。於是請設隘勇而納防費，凡腦百斤徵稅八圓，腦丁每竈一粒月徵八角，以十竈爲一份。其出口者則海關稅一圓一角五分五釐，釐金五角五分，所入仍屬不少。十七年，改腦磺事務隸布政使司，仍於北路之大嵙崁、中路之彰化，各設腦務稽查總局，下設分局，悉以撫墾分局委員兼之，以其事相關連也。二十一年，裁竈費，每百斤改徵釐金四圓。其時外國消用愈宏，香港每擔至七、八十圓，或至百圓。

沙金

臺灣採金始於三百年前。舊志稱鄭氏末葉，遣官陳廷輝往哆囉滿採金，老番訝之曰：「臺其有事乎！」或問之，曰：「日本採金而荷蘭來，荷蘭採金而鄭氏至。今鄭氏又採，其能晏然耶？」已而清軍果入臺。語雖不經，亦足以知採金之古。「海上事略」曰：「鄭氏時，上淡水通事李滄請取金自效，監紀陳福偕行。至淡水，率宣毅鎮兵，將至卑南覓，土番伏莽以俟。曰：『吾輩以此爲生，漢人來取，必死戰』。福不敢進。歸至半途，遇土番泛舟販。福攻之，禽其酋，獲金二百兩。令道取，不從。」又曰：「金出山後，其番爲傀儡種，人跡罕至。自淡水乘蟒甲，自西徂東，返而自北而南，溯溪進，匝月方至。土番善泅者從水底取之，如小豆，藏之竹簏，或秘之瓿甎。間出交易。」「番境補遺」曰：「哆囉滿產金，淘沙出之，與瓜子金相似。土番鎔成條，藏巨甓中，客至每開甓自炫，然不知所用。近歲始有攜至雞籠、淡水易布者。」「臺灣志略」曰：「港底金在蛤仔難內山。港水深且冷，生番沈入，信手撈之。亟起，口噤不能言，爇火良久乃定。金如碎米。」據此數說，則臺之產金已久，而多在東北。乾隆三十六年，波蘭人麥禮荷斯奇謀拓臺東，與馬波奧時科番戰。番降，獻金二十斤、銀八百斤，皆此地之產。其地爲今之瑞芳附近。然則臺之產金早爲外人所涎矣。光緒十一年，法事已平，巡撫劉銘傳築鐵路。十五年，架八堵車站之橋。工人入水造礎，偶見沙中有金，取出淘之。其時造橋監督爲都司李家德，廣東順德人，曾游美國。而路工亦多閩、粵人，有至新舊金山者。聞之爭取，居民亦從之，各獲利，每兩易銀八兩。十六年九月，採者三千餘人，地亦日廣。十七年八月，出示禁止，而逐利之徒昏夜偷取，犯者多。基隆同知黎景嵩議歸官，巡撫邵友濂許之。十八年二月，奏准開辦，設金沙總局於基隆。瑞芳、暖暖、四腳亭、六堵、七堵、頂雙溪各設分局，派員理之。採者領照納稅，駐勇彈壓。是年冬，商人金寶泉稟請承辦，每年認繳二萬兩，一切費用及勇餉悉由支理。許之。以十九年起，撤局歸商。而自十八年二月至歲終，計收釐金二萬七千一百十二兩餘，除開局費一成並新勇一哨薪糧衣器帳房等款，實剩一萬七千六百六十二兩餘。以此劃入海防費內，奏明存案。未幾，金瓜石大石坑亦發見金苗，採者日盛。時金價頗廉，每兩在山易銀十八圓。後漸貴，歲可值銀一百數十萬圓。而臺東之新城、秀姑巒、花蓮港、得其犁、宜蘭之蘇澳、叭哩沙等，橫亙六十餘里，亦有金苗。然以開闢未久，野番出沒，居民輒遭害，取之尚少。

阿片釐金

臺灣之阿片，始於荷蘭之時。荷人貿易以此爲巨，消售閩、粵兩省，漸乃及於內地。當明之際，華人已有吸用，然僅以爲藥，故本草綱目謂之「合敷融」，或曰「阿芙蓉」，則以罌粟實之漿而熬之也。阿片出於印度，以此爲國課之大宗。而突厥、埃及、波斯皆有產。上者曰「公班」，則黑土也，味濃力大；次曰「白皮」；又次曰「金花」，則紅土也。臺灣之銷阿片，其始多用黑土，繼乃合用紅土，價較賤，故吸之者眾。乾、嘉以來，宇內無事，上自士夫，下至走卒，莫不以此爲樂。及道光十八年，下詔禁止，以林則徐督兩粵，燬英人阿片一萬三千六百餘箱。英人不服，遂至搆兵。臺灣道姚瑩亦奉旨禁止，初犯者刑，再犯死，一時阿片幾絕。然英人輒以夾板至雞籠，潛與奸民授受，而易樟腦，山陬海澨猶有吸者。及媾和後，徐宗幹任兵備道，著防夷論，又謀禁止。其言曰：「銀何以日少？洋煙愈甚也。民何以日貧？喫煙愈多也。以每日每人約計之，須銀二錢，就臺地富貴貧賤良莠男女約略喫煙者不下數十萬人，以五十萬計之，每日耗銀十萬兩矣。」而臺人亦自立禁煙公約，吸煙者幾不以人齒。雷厲風行，一時殆盡。咸豐元年，洋商始來貿易，照例徵稅。十一年，設釐金局，以阿片爲大宗，謂之「洋藥」。同治五年，淡水同知王鏞詳請入口阿片，不論內地已徵與否，每箱徵釐五十圓，大吏許之，歲率十餘萬兩。而安平之入款亦如之。光緒五年，改歸道署，召殷商攬辦。各地設局，按枚烙號，始得出售市上。否則以私貨論，充公而重罰之。然走私者時有所聞，而局員防不勝防也。十年法人之役，南北禁港，商船杜絕，阿片不至，市價日昂，每箱漲至千圓。兵備道劉璈奏言：「臺灣通商，以洋藥爲大宗，每年進口售銀四、五百萬兩。今法人封口，洋藥不通。曾經紳耆公請，從權劃出官莊，准民自種，照例納稅。」於是嘉、彰各屬多有種者，其味較淡。而雲南、四川、福建亦有產。然臺灣銷者以印土爲多，洋人運來易貨，臺商亦自採辦。臺南販土之商合設一會，曰「芙蓉郊」，輪年值理，每箱徵費二圓，以充義舉。售煙者曰「芙蓉舖」，亦有公會。銷用之廣，幾於粟米麻絲矣。先是商人陳郁堂攬辦臺南阿片釐金，欠款四萬六千兩。防務之時，軍費浩大，疊催不繳。巡撫劉銘傳札飭撤辦，提轅訊究，而璈仍任之。銘傳大怒，以其通同作弊，奏請革職。璈遂以此獲罪。

臺灣阿片進口表

年分	滬尾及基隆（箱）	安平及旗後（箱）	合計（箱）
光緒四年	一、八四八	二、八五三	四、七〇一
五年	二、一六五	三、三八七	五、五五二
六年	二、一四九	三、六四七	五、七九六
七年	二、一四二	三、七三九	五、八八一
八年	一、五八四	三、〇一二	四、五九六
九年	一、二六五	二、七五二	四、〇一七
十年	一、二七〇	二、三〇八	三、五七八
十一年	一、四三六	二、三三九	三、七七五

十二年	一、六三三	二、九一三	四、五四六
十三年	一、六二二	二、六二六	四、二四八
十四年	一、九七四	二、六七二	四、六四六
十五年	一、九八三	二、七五二	四、七三五
十六年	一、九六七	三、〇七六	五、〇四三
十七年	二、一八一	三、四〇一	五、五八二
十八年	二、一〇三	三、〇三六	五、一三九

臺灣徵收阿片釐金表

年分	滬尾及基隆（兩）	安平及旗後（兩）	合計（兩）
光緒十三年	一三一、二八〇	一六八、〇〇八	二九九、二八八
十四年	一五七、九五七	二一三、六〇八	三七一、五六五
十五年	一五八、八〇九	二一九、九〇三	三七八、七一二
十六年	一五七、六〇三	二四六、二〇〇	四〇三、八〇三
十七年	一七四、五五三	二七二、〇八七	四四六、六四〇
十八年	一六九、一五八	二四二、九〇二	四一八、〇六〇

臺灣通史卷十九　郵傳志

連橫曰：臺灣海國也，四面皆水。荒古以來，久不與世接矣。而高山摩漢，平野生雲，獸蹄鳥跡之交，爲土番盤踞者又不知幾千載。夫臺與閩、粵比鄰，順風揚帆，剋日可至。隋代既鎮撫東番，宋人又從而貿易，而皆不隸版圖，則以交通未便也。明季，葡船發見此土，荷、西二國遂分據之，各主其地。中間數百里，抑未有往來者焉。當是時，臺灣之名遠播歐土，而日本之八幡船亦出沒海上，瀛壖片壤，遂爲東、西洋人交接之區矣。延平相宅，萬眾偕來，閩、粵之人扶攜而至。閩居近海，粵處山陬，守望相助，出入相友，而交通闢矣。歸清以後，拓地日廣，南船北馬，昔昔往來，而陸輸海運仍從舊轍，尚未足以促群治之進也。及劉銘傳任巡撫，乃立富強之策，購輪船，築鐵路，設郵遞，通電線，經營布置，面目一新。惜功未全成，而解任去，寧不可恨？然銘傳之功，固宜特書而不容泯者。記曰：「登高自卑，行遠自邇」，今試著於篇，曰陸運，曰海運，曰郵電，而燈臺附焉。

陸運

臺灣當鄭氏之時，統治僅及承天，半線以北尚委荒蕪，唯巡防一至而已。清人得臺，沿用舊法，置驛戍兵，漸及北鄙。康熙三十六年，仁和郁永河始至北投採磺。其時斗六門以上，猶是未闢之地也。中葉以後，至者日多，南達瑯嶠，北及三貂，而臺東之遠且有至焉。然自極南以至極北，計程幾八百里，行者須十三、四日，急亦八、九日。而溪流廣漠，每逢大水，阻遏不前，或至浹旬不渡。且臺之陸運僅藉人力，未曾以車馬往來。其駕牛車者，但爲載糖輸穀之用，日行二、三十里。牛車之制，夾以兩輪，輪徑幾二丈，每輛可載十石，笨重難行。其有溪流者，則多用筏焉，臺人謂之渡。曰官渡，由官司之，不取其賃。曰義渡，由鄉司之，而收其稅，以充善舉，或爲寺廟香火。請官准給，曰私渡，由民司之，以載客貨，而時有勒索之弊。有司示禁，其風稍息。溪之小者多架竹橋，或積石爲杠。深山大谷中，則多縛籐橋，兩旁繫於巨樹，長十數丈，人行其上，如步虛空，搖蕩殊甚，懦者至不敢過。然山居谷飲之民，趨之若夷，習險故也。近則多附鐵線，行者便之。臺地無車，故用轎。轎制略同漳、泉，日行可五、六十里。漢書淮南王諫伐南粵，謂乘轎踰嶺。其時南粵之道路未治，猶臺灣也。

同治十三年，欽差大臣沈葆楨奏請開山撫番，以總兵吳光亮帥中軍、同知袁聞柝帥南軍、提督羅大春帥北軍，分兵三路而入。自前山以達後山，測地繪圖，建標計里，而獸蹄鳥跡之區，始為行旅往來之道矣。葆楨之疏曰：「南路一帶，自九月間袁聞柝率綏靖一軍越崑崙坳而東，張其光隨派副將李光領前隊繼之。十月初一日，李營至坳東，袁聞柝乃拔營前進，自崑崙坳至諸也葛，計程不過數十里，而荒險異常，上崖懸升，下壑眢墜，山皆北向，日光不到，古木慘碧，陰風怒號，相顧失色，不能不中途暫駐，以待後隊之來。當袁聞柝駐營諸也葛之日，正張其光內埔辦理兇番之時。有老鴉石者，崑崙坳之西境也。初八日，張其光左營有勇丁五人暮經該處，突有數番殺傷二人。都司張欣、守備周思培等即派隊追趕，該番逃散無蹤。隨傳內埔社頭人，查係七家蛋社兇番。二十四日，參將周善初出哨雙溪，途見無首勇丁橫臥血漬。旋見兇番多人，執械狂竄。麾勇追之。適周恩培出哨，橫截坡前，槍斃其一，擒其三，餘悉散走，俱為陳阿修社番，即將三人就地正法。二十日，都司張朝光率兩哨營於大石巖，都司張天德亦率隊至諸也葛。袁聞柝乃得拔營前赴卑南。諸也葛以下，地略平坦，然榛蕪未剪，焚萊伐木，頗費人功。聞柝露宿空山，染病甚重，輿疾率旅，逕抵卑南。張天德一軍亦已趨紮大貓裏，與之犄角。辰下卑南一帶，業已開通。崑崙坳左近，雖有兇番出沒，已分別懲儆，諒無敢生心。唯山道險遠，糧運殊艱。而卑南一帶海口，波濤拍岸，船不能泊。自內埔至卑南，均已派營分布，聲勢尚能聯絡。此南路近日開山之情形也。臺北一帶，提臣羅大春自九月十八日派都司陳光華為首隊，守備李英、千總王得凱為次隊，游擊李得升為三隊，前赴新城。別遣軍功陳輝煌率兩哨赴大清水溪，總兵戴德祥以三哨紮大南澳、二哨紮大濁水溪。時正風雨連山，諸軍阻不能進。二十五日天晴，陳輝煌先至大濁水溪。旋有兇番抗拒。擊斃二人，遂即走散。李得升、李英、陳光華等踵至，會勘形勢。近溪荒壤，周圍約寬數十里。唯地皆砂石，不及大南澳之膏腴。溪岸南北約距三十餘丈，波流陡急。副將周維光等，連日趕造正河，支河木橋各一。工程既竣，各軍乃得越溪而前。自大濁水溪以往，前者曰小清水溪，後者曰大清水溪。十月初八日，陳光華一營紮小清水，而陳輝煌等進紮大清水。即有新城通事李阿隆等率太魯閣番目十二人來迎，願爲嚮導。隨至新城，營於溪東。又有符吻、豆蘭等社番目來迎。我軍遂進駐奇萊、花蓮港之北，爲後山橫走秀姑巒之道。自蘇澳至新城，計山路二萬七千餘丈；自新城至花蓮港，計平路九千餘丈，統計二百里有奇。而沿途碉堡，除蘇澳至大南澳已設者不計外，應添建十有二處，均已興工。唯大南澳至大濁水溪一帶，兇番充斥，狙殺行人。乃於大南澳山腰，再闢一路，旁通新城。一以避海濱懸崖之險，一以塞兇番歧出之途。經派千總馮安國帶勇往辦。涉溪五重，方開十餘里。十一月十一、十三等日，正在開路，突有兇番千餘，分伏放槍。我軍竭力抵敵，擊斃四人始退，而我軍陣亡者四人，傷者十八人。十五日，行至崇山之麓，我兵正在峽中開鑿，忽聞槍聲四起。抵禦兩時，至者愈多。黃明厚、馮安國以該番傾社而至，其中必虛。分兵繞擣，闃其無人。唯見新舊髑髏，每寮或數十顆或百餘顆。乘風縱火，燬寮十數，陣番始散。是日計亡兵勇四名，重傷二十名。其駐大濁水溪之勇，由小南澳運糧而歸。於十三日，途過石壁，突遇兇番蜂擁包抄，陣亡二人，溺死四人，重傷一人。經守備朱榮彪馳隊赴救，始各駭散。羅大春以番族肆擾，難疏提防，而山地遼闊，不敷分布，飛函商請添兵。臣等即檄駐彰化之宣義左右兩軍馳赴，日內可到。唯新城、奇萊一帶，應如何設立營汛、建造墩臺，俟羅大春親至相度，再籌布置。此北路近日開山之情形也。」又曰：「羅大春以本年正月初五日，自蘇澳起程。初九日，至新城，履勘三層城、馬鄰溪等處，旁繞加禮宛、南勢，直抵花蓮港之北，中界得其黎。得其黎以北百四十里，山道崎嶇，沙洲間之。而大濁水、大小清水一帶，峭壁插雲，陡趾浸海，怒濤上擊，眩目驚心。軍行束馬，捫壁而過，尤稱險絕。以南六十里，則皆平地，背山面海，如悉墾種，非無良田。然地曠人稀，新城漢民僅三十餘戶，外盡番社。自大濁水至三層城，依山之番，統名太魯閣：曰九宛，曰實仔眼，曰龜女，曰女沙，曰符吻，曰崙頂，曰實空，曰實亞八眼，凡八社。憑高恃險，野性靡常。奇萊平埔之番，居鯉浪港之北者，曰加禮宛，曰竹仔林，曰武暖，曰七結仔，曰談仔秉，曰瑤歌，凡六社，統名加禮宛番。其性畏強欺弱。而居鯉浪港之南者，曰根老爺，曰匏干，曰薄薄，曰斗難，曰七腳川，曰理劉，曰脂屘屘，凡七社，統名南勢番，男女共七千七百有七人。雖悉就撫，而薄薄、理劉二社既順復貳。除薄薄能煮鹽，加禮宛頗耕種，餘則茹毛飲血，叛復不常，時當防範。他日建城之地，宜在奇萊。若新城、三層、馬鄰、鯉浪不過營汛之區。然必截大清水以南隸奇萊，以北隸大南澳，方足以資控制。羅大春自率大隊入新城，添設碉堡。該番驟生疑慮，呼聚悍黨，晝則伏莽，夜則撲碉。疊經奮擊，時有斬獲。自蘇澳之五里亭起，至秀姑巒之鵲子埔止，計地三百四、五十里，擬分五段，沿途建硼三十有二，各派營哨屯之，俾得一氣聯絡。即以宣義左營駐三層城，策應鵲子埔以北；宣義右營駐加禮宛，策應鵲子埔以南。此花蓮港以北籌辦之情形也。其南爲走秀姑巒之道，固木瓜番游獵之場也。登高一望，平沙無垠，茅葦盈丈，人跡不到。該番兇悍不亞斗史，故沃壤曠如。南北溪道闊及三十餘丈，欲造木橋，苦無巨材，乃先建支河一道。陳輝煌業率所部，結筏以濟，直趨吳全城，距秀姑巒祇數十里，即有成廣澳番目來營乞撫。別有大巴壟社、馬達唵社皆近附強番，亦就撫。平埔之番，聞已盡此。平埔既附，以之專圖高山，事勢較易。此花蓮港以南籌辦之情形也。中路原派前南澳鎮總兵吳光亮帶兩營駐集集埔一帶。嗣經臣等奏派臺灣道夏獻綸督理開山撫番諸事，吳光亮以本年正月初九日率勇由林圯埔、社寮分開兩路，至大坪頂，合爲一路，進向大水窟，至頂城，計開七千八百三十五丈有奇。二月初七日復開工，直抵鳳凰山麓。躋半山，越平溪，經大坵田、跨扒不坑等處而入茅埔，又開三千七百七十五丈有奇。兩處凡建塘防八所。沿途橋道、溝渠、木圍、宿站俱漸興修，分派兵勇。自集集至社寮、大水窟、大坵田、茅埔、南仔腳、萬東埔各隘，逐節配駐。並招撫水裏、沈鹿等三十九社，男女七千二百九十有二人。現方循途漸入，斬棘披榛，以出秀姑巒之背。倘能因勢開通，將與北路諸軍聯爲一氣。此又中路一帶開山之情形也。」又曰：「吳光亮以三月初九日起，至四月初八日止，自茅埔越紅魁頭，經頭社仔坪，過南仔腳萬，至合水，計開四千六百八十丈，遞建塘坊四，營壘一，茶亭、木圍、公所各二，以便往來。自初九日至於五月初八，大雨兼旬，工程稍滯。然自合水歷東埔社中，走霜山，至東埔坑頭，又開三千七百九十丈。公所、兵房隨地建置。當再陸續前進，別以人工從牛輻轆旁開一道，側接茅埔，俾得分達埔裏、集集、社寮、南投各處，以便商旅時通。」於是中路自東埔坑頭越八通關而過，爲群山之最高者，與臺東秀姑巒對峙，氣象雄偉，喬木蔽天，亙古以來，不通人跡，光亮名之，摩崖刻字，至今尚存。過關而東，爲雉公關，爲先鋒印，爲雷風洞，地皆險峻。遂經黃祈山，以光緒元年冬十一月至璞石閣。而南路自恆春之四林格，經牡丹灣、吧塱衛、卑南覓而至大莊；北路自宜蘭之蘇澳，經新城、花蓮港而至大巴壟，均以是年秋竣工。南北相通，東西可達，理番開墾爲之一進。是役開路八百五十有九里，爲時幾一載，而經費不過三萬餘圓，多藉兵勇之力。然以山谷深峻，瘴癘披猖，生番剽殺，頗多損失。而乃臨危遇險，不屈不撓，困苦備嘗，奮邁前進，以闢此曠古未闢之道，可謂勞矣。於是葆楨奏請獎敘。羅大春以革職提督，開復原官；吳光亮、袁聞柝各進一級，餘亦嘉賞。

光緒七年，福建巡撫岑毓英巡臺，以大甲溪爲南北要道，溪大流急，每苦難涉，乃勸紳富捐款，助以官帑，築隄架橋。以鐵桶積石爲礎，橋長百五十丈，費款二十萬圓。越年六月十七八日，山水驟漲，奔流挾木而下，橋礎斷絕，隄潰六百丈。巡道劉璈擬修，飭臺北府查勘，費須數萬圓。璈再集紳富議捐，眾以溪險流大，恐無益，其時秋漲方盛，驟難施工，遂止。璈以臺南爲首善之區，而道路湫隘，市廛櫛比，非以安民居而興商務也。乃議開運河，導水入城。東引五空橋之水，南引二層行之水，北引柴頭港之水，以出於海。宣積穢，利運輸。河之兩旁改築大道，植樹列屋，爲郡之表。前時安平之水可達郡中，其船至大井頭街，而河道漸淤，水多溷濁，故璈欲疏之。而郡人以拆屋多損，持不可，其議又止。安平距郡治六里，中隔帶水，往來乘舟。璈命防兵築之，旁樹榕柳，於是始有馬車，行者稱便。十三年，巡道陳鳴志、鎮海後營副將張兆連合請巡撫劉銘傳，別闢後山之路，自彰化之集集以達臺東之水尾。剋期進工，東西並舉，自正月以至三月，大功告成，而前後山之連絡較縮矣。

先是光緒六年，銘傳上疏，請造鐵路以圖自強。略曰：「臣嘗私患竊嘆，以爲失今不圖自強，後雖欲爲，終恐無及。夫自強之道，練兵、製器固宜次第舉行，然其機括莫急於築造鐵路。夫鐵路之利於漕務、賑務、商務、礦務、釐捐、行旅者，不遑殫述，而於用兵之道，尤急不可緩之圖也。查中國要道，南路宜開二條：一自清江經山東，一自漢口經河南，俱達京師。北路宜自京師，東通盛京，西通甘肅。唯是經費浩繁，急切未能盡舉。擬請先修清江至京師一路，與本年議修之電線，相爲表裏。事關軍國，安危繫之。若輾轉遷延，視爲緩圖，徒託空言，永無自強之日矣。」旨下內外大臣議奏。李鴻章、劉坤一均贊其議，而駐德公使劉錫鴻方歸自歐洲，亟言不可。議遂寢。及銘傳任臺灣巡撫，十二年，奏請試辦鐵路。略曰：「臺灣既爲我國海防之要，當此建省之時，宜速振興殖產，招徠工商，以爲富強之計。而欲行其事，必先利其器。曩者奏派革職道張鴻祿、候補同知李彤恩等考察南洋商務。今既歸臺復命，新設輪船公司以往來淡水、新加坡、西貢等港。然以臺灣內地運輸未便，遂致沿山貨物，不能配至港口。據該委員稟稱：『南洋僑商素聞臺灣土地肥沃，出產繁盛，官府又竭力鼓勵，多欲來臺經營。然荊棘滿地，道路崎嶇，欲期工商聚集，貿易勃興，實非易事。擬請築造鐵路，起自基隆，以達臺北，與各港連絡。不特可以振全臺之商務，而亦大有裨於海防也』。又據該委員等稟請：『當此國家財政困難之秋，官辦非易。請招募商款壹百萬兩，發行鐵路股票，以其得利，攤還母息。則不動公款，而鐵路可成，誠計之善者也』。臣愚，以爲臺灣不獨海外之孤島，實爲東南七省之屏蔽。將來通商惠工，開闢利源，全臺經費，足以自給。而臺北駐防之兵，調轉自在，永保巖疆。如練軍、清賦以及架設電線，次第舉辦，本年內外當可陸續告竣。至如築造鐵路，臣已深信不疑。唯以經費之故，躊躇至今。茲幸該委員等請以商款措辦，唯由官府保護，將來坐收其利，其議甚善，似可舉行。至如築造鐵造之利，除驛遞、開墾、商務之外，尚有益於現今臺事者三，請略陳之。臺灣四面皆海，防不勝防。基隆、滬尾、安平、旗後四口，現雖建造炮臺，駐兵防守，而新竹、彰化沿海一帶，港汊分歧，一旦有事，敵兵上陸，南北隔絕，全臺立危。若築造鐵路，則調撥軍隊，朝發夕至。是其便於海防者一也。臺灣既建一省，選擇省城，控制南北。其地襟山帶海，最爲適當。然距海較遠，將來建築衙署廟宇，鳩工治材，運輸不便。若鐵路開通，則商業可致繁盛。是其便於建省者二也。自臺北至臺南，計程六百餘里，中多巨溪，春夏之際，山水暴漲，行旅遏絕。臣今擬於大小各溪上流窄處，架設橋梁，通算工費須銀三十萬兩。今若許准建築鐵路，則此橋梁二十餘條，一齊興工，可爲朝廷節省巨款。是其便於臺灣工事者三也。」疏上，下旨照議。於是設鐵路總局於臺北，以記名提督劉朝幹爲總辦，從事招股，應者甚多。以德人墨爾溪爲監督，英人馬禮遜爲工程長，測量路線，自臺北至基隆二十英里。是年六月，自大稻埕起工。以余得昌所帶昌字四營爲工役。中經獅球嶺，開鑿隧道，長十八鎖。翌年，由臺北而南，涉淡水河，架橋以渡，長千五百二十英尺，以時啓閉，下通舟楫。越龜崙嶺，經桃園、中壢、大湖口而至新竹，計長四十二英里，中有巨橋三。如紅毛田溪之七百五十英尺，鳳山崎溪之六百八十英尺，荳仔埔溪之六百十七英尺，此工事之難者。而臺北至基隆以十七年十月開車，臺北至新竹則至十九年正月告竣。路廣十一、二尺，軌條闊三尺六寸，重三十六封度。其機關車十五噸，或二十五噸。列號之外，又錫以名，曰騰雲，曰御風，曰超塵，曰掣電，言其速也。分上下兩等，設備頗簡。每車長約二丈，貨車略同。凡設車站十六處，均以土造，曰火車房，其驛長曰司事。顧當草創之時，站中不設信號機，亦無昇降場。其始每日開車六次，後乃減爲四次。然途中遇車，隨時可以搭乘，故時刻不定。每逢大稻埕致祭城隍之日，臨時增駛，以便往來。而歲首、臘底以及五節均停車焉。乘車之費，自臺北至基隆者四角四尖，而至新竹者八角六尖，上等倍之，每里約當二尖一釐。貨物則擔抵一人。平均一日之客，臺北基隆五百人，臺北新竹四百人。顧是時民用未慣，物產未盛，而基隆河之水尚深，舟運較廉，鐵道未足與競，以是入款尚少，每月搭客一萬六千圓，貨物四千圓，收支不足相償。然銘傳又欲達至南路，以速全臺交通。而自新竹以南，溪多且廣，非可易過。乃命德國工師測量大安、大甲兩溪，籌架鐵橋。其策果成，臺人之福也。

當是時，銘傳以厲行新政，清賦加稅，民怨其苛，而政府又多方掣肘，物議沸騰，工事遲進。十七年，遂稱病辭職。邵友濂繼之，疏言經營鐵路之難。略曰：「臣查臺灣爲海外孤島，港汊分歧，欲爲居中控制之策，固宜建築鐵路。然經營七年之久，僅得臺北竣工。從前籌劃不爲不善，而卒未能相副。何也？臺灣土地鬆浮，田園漫衍，培築不密，隨見崩塌，又或坡陀參差，巒壑倚伏，曲直不定，高下靡常，北穿獅嶺，洞隧百尋，南度龜崙，坂踰九折；路工之難如此。又或谿澗縱橫，宜臨宜束，水流湍急，因勢築防，齧址重淵，搆基陡岸，洪波方迅，壘石旋傾，積沙既深，插樁亦陷；橋梁之難又如彼。加以工銀料價，其須倍加，此後增進，計難逆料。」奉旨批准，而臺灣鐵路爲之一挫矣。顧自基隆至新竹計程六十二英里七十鎖，用款一百二十九萬五千九百六十兩，每英里僅二萬六千五百七十五圓，較之他國所築，工費較省，蓋以使用兵役之故。而所雇路工其資亦廉，每名日給三角。工師多用粵人，如淡水鐵橋則張家德所築者，技亦巧矣。鐵路所過之地，大小橋梁七十四、溝渠五百六十八。其軌條雖購之英國，而枕木則皆用臺產，故別設伐木局，以統領林朝棟辦其事，入山採取。凡松一片爲價三角五尖、樟四角五尖，由溪運往。而樟較耐用，且取之不盡。友濂既奏准停工，乃由福建藩庫借撥一百零四萬兩，贖歸官辦。裁伐木局，併鐵路局於通商，以縮小之。而臺灣鐵路遂不進。

前山道里表

自恆春（十五里）、柴城（十八里）、柴寮（十五里）、楓港（十五里）、枋山（十三里）、嘉鹿塘（四里）、率芒溪（五里）、枋寮（十二里）、蘆竹塭（十四里）、東港（七里）、王爺宮（十六里）、芎蕉腳（八里）、鳳山東門。
自鳳山（九里）、大將廟（十一里）、楠梓坑（十里）、橋仔頭（十里）、阿公店（二十里）、大湖（七里）、二層行溪（十里）、大林莊（三里）、安平南門。
自安平（三里）、柴頭港（四里）、三崁店（十里）、看西街（十五里）、曾文溪（九里）、茅港尾（十五里）、火燒店（十五里）、下茄苳莊（十八里）、水堀頭（十二里）、嘉義西門。
自嘉義（五里）、牛稠溪（八里）、打貓街（七里）、大莆林（十里）、他里霧（十二里）、虎尾溪（五里）、刺桐巷（二十里）、寶斗街（十五里）、二抱竹莊（十二里）、茄苳莊（八里）、彰化南門（由他里霧別行十里至雲林城）。
自彰化（五里）、茄苳腳（七里）、大肚街（十五里）、沙轆街（八里）、牛罵頭（八里）、大甲溪（五里）、溪北（五里）、大甲街（十里）、房裏街（十里）、呑霄（二十里）、後壟（十五里）、中港（十七里）、香山（八里）、新竹西門。
自新竹（十三里）、鳳山崎（十里）、大湖口（十五里）、楊梅壢（七里）、土牛溝（十三里）、中壢新街（十五里）、桃仔園（十里）、龜崙嶺（十五里）、新莊（十二里）、淡水南門。
自淡水（十二里）、錫口（十五里）、水返腳（十六里）、八堵（九里）、暖暖街（二十五里）、三爪仔莊（八里）、龍潭堵（十五里）、三貂嶺（二十五里）、三貂溪。
計七百九十三里。

後山道里表

自三貂溪（九里）、牡丹坑（八里）、草嶺頭（十五里）、大里簡（二十一里）、北關（九里）、頭圍（十五里）、礁溪（十一里）、宜蘭北門。
自宜蘭（十五里）、溪洲渡（五里）、羅東（十二里）、猴猴莊（十八里）、蘇澳（二十里）、東澳（三十里）、大南澳（三十五里）、大濁水（二十五里）、大清水（三十五里）、得其黎（十里）、新城（五十里）、花蓮港。
自花蓮港（二十里）、吳全城（三十九里）、大巴壟（二十二里）、周塱社（二十二里）、水尾（三里）、璞石閣（二十四里）、石牌莊（四十五里）、卑南草寮（五十里）、卑南寶桑。
自卑南（二十里）、知本（二十五里）、大貓裏（三十三里）、干仔闢（二十里）、巴塱衛（十里）、阿郎壹溪（二十七里）、牡丹灣（二十五里）、八瑤灣（二十里）、萬里得（二十里）、射麻裏（十三里）、恆春東門。
計八百零八里。

前山至後山道里表（一）

自林圯埔（十七里）、大平頂（七里）、大水窟（七里）、鳳凰山麓（十八里）、茅埔（十八里）、南仔腳（十九里）、東埔社（十里）、東埔坑（十五里）、鐵門洞（十八里）、八通關（十三里）、八母坑（十八里）、雙峰仞（九里）、大崙溪（二十五里）、雷風洞（三十一里）、打淋社（四十里）、璞石閣。
計二百六十五里。

前山至後山道里表（二）

自楓港（十里）、射不力（十五里）、雙溪口（二十里）、大雲頂（十五里）、英華嶺（二十里）、阿郎壹溪（十里）、巴塱衛（二十里）、干仔闢（二十里）、干仔崙（十三里）、大貓裏（二十五里）、知本（二十里）、卑南。
計二百三十六里。

前山至後山道里表（三）

自下淡水（十二里）、赤山（十五里）、雙溪口（二十里）、崑崙坳（十里）、大石巖（四十里）、諸也葛（二十里）、干仔崙（十三里）、大貓裏（二十五里）、知本（二十里）、卑南。
計一百七十五里。

前山至後山道里表（四）

自艋舺（八里）、梘仔尾（九里）、樟腳（六里）、深坑（十二里）、崙仔洋（十八里）、銃櫃（十一里）、頭圍（十五里）、礁溪（十五里）、宜蘭北門。
計一百零三里。

中路道里表

自鹿港（十二里）、馬鳴山（五里）、三塊厝（三里）、彰化西門（五里）、大竹圍（十里）、內快（十里）、本縣莊（十里）、營盤口（五里）、南投（二十里）、集集街（十里）、風谾口（二十里）、頭社（十里）、水社（十里）、新城（十里）、白葉嶺（十里）、埔裏社。
計一百五十里。

航　運

荷蘭爲海上之霸，侵略臺灣，以拓商務，夾板之利，遠暨東西，而以安平爲碇泊之口。其時港道深廣，可至熱蘭遮城，小者且及赤崁樓下；樓固海中小島也。安平之北謂之臺江，舳艫千艘，聚會於此，今則變爲平陸矣。荷人既據安平，駐兵戍守，開鑿運河至柴頭港，又北至看西，以通蕭壟、麻荳諸社，故道猶存，則今之鹽水溪也。安平之南為七鯤身，港汊紛錯，今亦淤為平陸矣。當是時，航運之利，西至閩粵，東及日本，南遍爪哇。安平一口遂為交通之紐矣。

延平克臺，亦恃航運，故能橫厲重洋，以憑天塹，而清人莫敢抗。永曆十八年，英人來請通商。二十年，呂宋總督派使來聘。二十八年，命戶都事李德赴日本。又造巨舶往賈暹邏、呂宋、葛拉巴。其後輒相貿易，皆有航運之利。當是時，清廷方嚴海禁，凡入海者殺無赦，而閩、粵人之住南嶠者已數百萬人，均以臺灣為內府，故得獨操通海之利。

清人來後，雖開海禁，而商船渡臺者須領照，由廈防廳司之，至則臺防同知驗之。其船皆漳泉富人所造。有糖船、橫洋船，材堅而巨，大者可載六、七千石。南至南洋，北暨寧波、上海、天津、牛莊，販運之利，頗操其益。故郡中商務一時稱盛。其後派運臺米，配載班兵，船戶苦之。積穀日多，遂有雇船官運之議，語在糧運志。續以蔡牽之亂，俶擾海上，凡十數年，商船多毀。於是至者日少，而漁船愈眾。然漁船輕小，向不配差，口員照例僅查出入。積滯公文，數月不至。道光三十一年，巡道徐宗幹議定，漁船兼配公文，以免阻遏。前時郡中有太平船二艘，專以運送兵丁骸骨並附客柩，招募郊商舉充，棄廢殆將十載，至是議興之。

通商以後，外貨紛至，於是始有輪船，設船政廳以理之。同治七年十一月二十二日，總理各國事務衙門咨稱：「本年九月初十日，據赫總稅務司將引水章程十五條改為引水新章十條，申送本衙門，於九月十五日照會布、俄、英、法、美、日各國駐京大臣去後，除日本國未接照復外，茲據布、俄、英、法、美各國駐京大臣先後照復，允飭各口領事試辦等因前來。除札知赫總稅務司遵照外，相應抄錄總稅務司所改章程十條，咨行查照。」總督接後，即飭巡道遵辦。於是復訂臺灣各口引水分章十條，與專條略有更改。十年，英船海輪始定臺灣航路，以往來安平、淡水、廈門、汕頭、香港，每兩星期一回。其船尚小，載重僅二百七十七噸，而貨客繁夥，獲利厚。乃設得忌利士公司，以爹利士航行香、汕、廈、安，科摩沙、海龍、海門行於汕、廈、淡水，而臺灣航業遂為所攬矣。光緒七年，巡撫岑毓英巡臺後，以臺地孤懸海外，非舟莫渡，商諸船政大臣，派撥琛航、永保兩輪船，循環來往，以速文報，並准商人配貨。是爲官辦之船。其搭客自安平至廈門，或自基隆、滬尾、艋舺至福州每人三圓，自安平至福州及由臺北至廈門者五圓，又自臺南至臺北者亦三圓。貨物之儎，則照招商局所定，酌減二成。一時頗殺外船之利。其後又增伏波、萬年清兩船，以速郵遞，而載煤至上海者亦較多。法人之役，沿海被封，出入杜絕，唯帆船時得偷渡，然每遭擊沉，往來殊險。十一年，巡撫劉銘傳以飛捷、威利、萬年清航行臺灣及中國各港。十二年，設招商局於新加坡。又以三十二萬兩購駕時、斯美兩船，往來上海、香港，遠至新加坡、西貢、呂宋。而外船之載糖、茶者多至日本、美國。太古輪船亦時一往來。於是航業漸盛。先是光緒二年，帆船之至淡水者百十一艘，而輪船僅四十四艘。至十六年，則帆船減爲八艘，而輪船增至百二十六艘，計有十七萬七千五百餘噸。蓋自銘傳治臺以後，物產大興，商務日盛，而航運亦受其利。

初，銘傳既築鐵路，籌疏基隆港，以連陸運。十三年，以林維源爲總辦，測量港道。擬自牛稠港至蚵殼港，括鱟嶼於中，填平海岸，以建車站。又自小基隆至鱟嶼，新築市廛，建埠頭，以接車站。其中按造鐵橋，長十有二丈，爲車馬往來之道。惜功尚未竟，而解任去矣。

旗後爲臺南商埠，港道稍隘。歷任稅務司疊請開鑿，巡撫丁日昌亦奏請開浚。兵備道夏獻綸稟請遵辦，而日昌以開浚之時，慮有三難：港底有石，一也；形勢有礙，二也；經費太巨，三也。獻綸復曰：「開港與挖煤不同，祇將浮沙挖去，並無石隔；一免慮也。地方形勢，既建炮臺，可以防守；二免慮也。經費一途，可由臺餉提用，似可裕如；三免慮也。且通商以來，中外遭風船隻，時有所聞，如不開浚，設有洋船遭風之事，藉此要求，反落後著。」故獻綸以爲開之便。未行而獻綸卒，張夢元接任，仍不欲辦，遂以籌款未定，照會稅務司。並稟總理衙門，以前開浚估價五萬三千餘圓，續估二十萬四千餘圓，爲數太巨，擬照吳淞之例暫止。九年，安平英領事霍必瀾以港道日塞，易致膠舟，遞年險惡。現有浚港之船，爲價不上五千圓，願自發價疏浚，或由中國自辦。不從。及銘傳任巡撫，十六年夏五月，命英人馬禮遜查勘，將大興工事，以張貿易，未行而銘傳去矣。

安平至府之運河，例由三郊自浚。數十年來，日形淤塞。而安平港口又以沙汕之阻，自夏徂秋，波濤澎湃，輪船不能入口，多泊於四草湖外。一遭大風，駛避旗後，遠或繫碇澎湖，貨物起落，以是困難。商務之興，為之頓挫。

夫臺灣處大海之中，又有澎湖隔之，黑潮所經，其流甚急。澎之四圍多礁石，舟觸輒破。故自通商以來，輪船遭者凡數十次。雖有巡洋哨船以為救護，而事起倉卒，慮有未周。光緒二年夏六月，福建巡撫札飭各廳縣，選舉沿海地甲頭目，分擇地段，責成保護中外船隻在洋遭風之事。並頒行圖冊章程告示，委員前往各海口確查，由各廳縣給發號旗，以為憑准，俾其督率鄉民，實力救護。十年秋八月，英船某自旗後遭風，漂至草湖。時適法人犯臺，沿海戒嚴，莊人見之，以為敵船也者，持械禦之，躍登船上，刃傷船長，並奪貨物。鹿港同知鄒鴻漸趣往彈壓，北路營游擊郭發祥、署彰化知縣蔡祥麟亦至，救其船人，追還所失。兵備道陳鳴志乃與領事霍必瀾商議賠款，而船主不從。旋委鳳山知縣李嘉棠再與領事交涉，往返數次，以七兌銀七千圓賠之，事始息。十一年夏六月，琉球漁人陳文達等十二人遭風至基隆，莊人救之，給以路費，並修船費六圓，送之歸。十二月，復有日本駁船漂至後山高士佛，恆春知縣派人救之，資遣回國。十四年十一月，英船威定在洋遭難，澎湖右營都司李培林率兵救起五十餘人。十八年八月，澎湖大風，海水群飛，英船卜爾克自上海航行香港，觸礁沒，溺斃洋人一百三十餘名，澎湖官民赴救，得二十三名，載至府治，知府唐贊袞禮之，水師總兵王芝生餽金三百，英人大喜，救護之人各有賞給。

初，紐西蘭海上保險公司來臺開辦保險事務，委瑞興洋行理之，已而華洋保險公司亦分設南北，商務日興，而航運往來亦日盛。

郵電

置郵傳命，其來久矣。明制十里設一舖，每舖設舖長一名；舖兵要路十名，僻路四、五名，即於附近有丁力田糧五斗以上、二石以下點充，必須少壯正身。每舖設十二時晷一個，以驗時刻。舖首置牌門一座，牌額一方，簿曆二本。舖兵各備夾板一副，鈴欅一副，纓槍一把，棍一根，回歷一本。凡遞送公文，照古法，以一晝夜合爲一百刻。每三刻行一鋪，晝夜須行三百里。公文一到，不問多少，隨時遞送，無分晝夜。鳴鈴疾走，以交前鋪。即於回歷附寫到鋪時刻，以憑稽考。鄭氏因之，南北各設鋪兵；故臺人謂十里爲一鋪。清代沿用明制。乾隆二十一年，乃裁驛丞。而臺灣以遠隔重洋，向未設立，僅置鋪兵，以事遞送。軍務之時，兼用塘兵。顧此爲公家之用，民間私信必覓長足以寄。市鎮繁盛之區，或設信局，以代傳命。信資之數，按道爲差，而每多阻滯，或致遺失，不能朝發夕至也。

同治十三年牡丹之役，欽差大臣沈葆楨治軍臺南，奏請架設電線，以速軍情。乃由丹墨國人德勒耶攬辦。光緒三年，巡撫丁日昌議由臺南府城至鳳山之旗後，先行開辦，飭游擊沈國先率福州船政電報學堂學生蘇汝灼等，以七月初十日自郡起工，九月初五日告成。凡二線：一自郡治達安平，一達旗後，計長九十五里。是爲南路電線之始。十年，法人來犯，軍書旁午。巡撫劉銘傳以南北電報未通，不足以輔戎機。十二年，飭通商局委員李彤恩與上海德商泰東洋行立約攬辦。凡兩線：一自臺北郡治分歧而至滬尾、基隆，一至臺南與舊線接，計長八百里。而於新竹、苗栗、彰化、雲林、嘉義各設局辦理。十四年四月竣工，以候補道張維卿爲總辦。是爲南北交通之線。十三年八月，又自淡水沉設至福州之芭蕉島，而安平亦接至澎湖。是月二十一日，輪船飛捷自福州起工，翌日達滬尾，與陸線連。乃赴澎湖，以接安平。海陸兩線既成，自臺灣可通福州，遠而至於東西各國，莫不瞬息萬里，而臺灣不至孤立矣。

當是時，銘傳既築鐵路，以利交通，又以鋪遞遲緩，奏請改設郵政。十四年，置郵政局於臺北，各地皆設分局。郵票兩種：一爲官用，不徵其費；一爲民用，按站計費，每站長百里，凡信一函重二錢以內者徵錢二十，付郵之時交納。自臺南至臺北凡十三站，每函須二百六十文。郵路以外之地，別加其費。其發中國外洋者，則以輪船代遞。又有郵船兩艘：曰南通，曰飛捷，按期往來於上海、福州及臺之各港，以遞送之。唯郵票之式，彫印頗粗，上繪一龍，國徽也；下繪一馬，驛也，所以示中國之郵傳也。十五年十一月，奏頒臺灣郵政章程，歸巡撫管理，以候補道任其事。每年入款達一萬兩。而民間信局仍開設，頗奪公家之利。使得逐漸更改，臻於至善，必有可觀。

是年又設電報學堂，聘西洋教習，以授臺人子弟。而英國醫士梅威令，既在旗後，自設醫館，傳授醫術。十六年九月，復請架設電話，以廣學業。通商局不從。及邵友濂至，而電報學堂亦廢矣。乙未之役，劉永福駐臺南，安平稅務司麥嘉林請設郵政，其制略同前時，半取歐洲成法，以稅務司兼辦之。票印一虎，民主國之章也。凡三種：分爲三十文、五十文、一百文。以兵遞之。當是時戎馬倥傯，私信斷絕，故民間多用。乃未幾而臺南亦陷，其制遂止。

燈臺

臺灣爲南海之邦，而東西洋交通之道也。船舶往來，以是爲的。然而礁石隱現，風濤澎湃，稍一不慎，舟輒破碎。往時船舶自廈來南，過澎湖後，遙望王城之老榕，以取航程，漸近漸現。城在安平海隅，址高而望遠，荷人所建也。然當天昏月黑時，四顧茫茫，東西莫辨，則於巡道署內立一燈竿，高可三丈餘，每夜燃燈，用以照遠。是爲燈臺之濫觴。舊例：船舶出入，巡道管之，故以是爲航路之準。而澎湖錯立雍、乾之間，商務大盛，帆檣相接，北至天津、牛莊，南至暹羅、呂宋，皆以澎湖爲門戶。而澎湖大海，群島相望，沉舟之禍，時有所聞。乾隆三十四年，臺灣府知府蔣元樞檄澎湖通判謝維祺，擇地於西嶼之杙仔尾，建造石塔七級，座約五丈，每夜燃燈，光照海上。是爲燈塔之始。道光八年，修之。光緒元年，乃倣洋式爲燈臺。先是同治六年三月，美國商船那威號遭風，至鳳山之鵝鑾鼻，觸礁而沒。事後美領事請建造燈臺，以利航海，政府許之而未設也。已而日本來討牡丹社番，駐軍瑯璚，亦請速建。八年，聘英人爲工師，費款七萬兩，規模宏大，光照二十餘海里。臺成，照會各國，以地邇番界，駐兵守之。

安平燈臺：在安平海關之側，以磚建之。形圓而色白，距水面七丈七尺。燭光三百五十燭，可照遠十四海里。每四秒發光一次，爲第六等閃光白色。光緒十七年建。

打鼓燈臺：在鳳山縣打鼓哨船頭，以石造之。爲四角形，距水面十六丈四尺。燭光三百五十燭，可照遠十海里，爲不動白色。光緒十八年建。

鵝鑾鼻燈臺：在恆春縣鵝鑾鼻莊土名船帆石之南，以石造之。形圓而色白，距水面十八丈。燭光二萬六千燭，可照遠二十餘海里，爲第一等不動白色。

淡水燈臺：在淡水海關之側，以石建之。爲四角形色白，距水面三丈三尺。燭光一百燭，可照遠九海里。或紅或綠，以分別之。而滬尾街上別建燈竿，火用瓦斯，色白，每二秒間發一閃光。燈高三丈五尺，距水面十四丈二尺。燭光三百五十燭，可照十五海里。均爲光緒十四年建。

西嶼燈臺：在澎湖廳西嶼，則漁翁島也。廈門航行臺灣之船，均以此爲標幟。乾隆三十四年，始建燈塔。道光八年，修之。光緒元年，改燈臺。其燈爲第四等不動白色，距水面十五丈八尺。燭光五百燭，可照遠十五海里。

臺灣通史卷二十　糧運志

連橫曰：臺灣爲宇內奧區，土沃宜稻。初闢之時，一歲三熟，故民無饑患。鄭氏養兵七十有二鎮，諮議參軍陳永華乃申屯田之制，以足兵食。又能以其有餘，供給漳、泉，以取其利，故國用無匱。清人得臺，分駐戍兵皆調自福建，三年一換，乃賦其穀曰正供，以備福建兵糈。凡商船赴臺貿易者，須領照，準其樑頭，配載米穀，謂之臺運，其事由廈門海防同知司之。福建水陸官兵五十營，與駐防旗兵不下十萬，歲徵糧米，唯延平、建寧、邵武、汀州、興化五府產米之區，足給兵食；而福州、福寧、泉州、漳州四府則兵多米少，協濟猶不足，半給折色。督標金廈、漳鎭、銅山、雲霄、龍巖、南澳諸營，且有全折者。雍正間，先後奏請半支本色，以臺灣額徵供粟內撥運，謂之兵米。嗣增戍臺兵眷米，亦以臺穀運給。於是臺灣歲運福建兵眷米穀八萬五千二百九十七石，遇閏加運四千二百九十八石。乾隆十一年，巡撫周學健奏定分配商船，運赴各倉。此臺運之由來也。

臺灣商船，皆漳、泉富民所造，渡海貿易，以博贏利。一時商務繁盛，故皆急公樂運。自五十九年水災之後，械鬥又起，續以蔡牽之亂，騷擾海上，軍興幾二十載，漳、泉之民困焉，臺灣亦然。百貨蕭條，泛海日少，於是臺穀不能時運。而福建兵糈孔亟，廳縣皆借用備儲，而倉穀空矣。商船大者載貨六、七千石，小亦二、三千石。定例樑頭寬二丈以上者配運一百八十石，一丈六尺以上者一百三十石，石給運費六分六釐。初無所苦，既而倉吏多方挑剔，遷延時日，而民貨一石運費三錢，或至六錢，多於官運者數十倍。夫誰肯樂爲哉？且臺船載貨，多赴寧波、上海、膠州、天津，遠至盛京，然後還閩。往返數月，官穀在艙久，懼海氣蒸變，倉吏不收，故多私易銀買貨，其還也亦折色交倉。不可，乃買穀以應。官吏特以爲利，久之遂成陋規，如江、浙之漕焉。嘉慶十四年，總督方維甸以臺穀積滯，奏開八里坌港，與鹿耳門、鹿港一律配運。於是鹿耳門應運四萬九千餘石，鹿港二萬二千餘石，八里坌一萬四千餘石。

初，部議按照樑頭，每船配運自一百石至三百石而止。乾隆三十七年，詳定糖船應配百六十石，橫洋船八十石。四十八年，又奉部議逢閏加運。及開二口之後，議定鹿耳門糖船配三百六十石，橫洋船百八十石；鹿港之廈船亦百八十石，蚶江船百四十石，蓋以蚶船較小，而八里坌漁船之渡海者，亦令配運，自三十石以至八十石。然有司奉行不謹，商人又巧爲規避，而臺穀之積滯猶故也。十六年，總督汪志伊奏請自運，飭廈門、蚶江兩廳封僱商船二十艘，每艘各載一、二千石，照例給費。每石別給銀二分，派丞倅、游守各一員監運，以三回運歸十萬石。二十二年，復僱運七萬。商人雖勉強應命，而臺灣一聞專運，米價躍貴，民食被害。彰化知縣楊桂森議請改徵折色，奏罷臺運。省議不可。鹿港盧允霞聞之曰：「此奇貨也！」謂所善商人：「我能革陋規！」眾信之，以爲謀主。設館，徵各船戶錢爲訟費；然郡中及泉、廈商船未從也。二十五年，巡道葉世倬至鹿港，諗商困，歸欲革之，議造官船自運，以語臺灣縣姚瑩。瑩曰：「未可，臺穀歲十萬石，舟以二千爲率，當用五十艘。一艘以五千爲率，當費二十五萬圓。弁兵、管駕、舵工、水手每舟不下數十人，歲費又數萬圓。海舟駕駛，三年一修，費又數萬。而重洋風濤不測，一有沉失，舟穀兩亡。是漕艘之外，又增國家一病也。」世倬疑其有私。及爲巡撫，力持前說，未及改制而去。已而趙慎畛、孫爾準爲督撫，患商運不前，命臺灣府方傳穟籌之。傳穟以鹿港口門淤淺，商船不至，道光四年，乃開五條港以利出入。而是年奉旨運米十四萬石至天津，免配兵穀者六十艘，配運之船益少。傳穟曰：「今雖極力疏通，不足運本年之額。計來歲積欠當十萬以上，勢又必需僱運，然非善策也。重洋險阻，歲有漂沉。平時配運祇百餘石，糖市倍之。失水責償，爲數無多，故行之可久。若僱船專運，每船何止十倍。設有不虞，官商難賠。雖前已三次行之，而未可恃也。昔時商本豐厚，船料堅固；今則商船薄小，沉碎較多。民間買貨千石，猶必分寄數船，以防意外。而官穀豈可不重乎？積穀十三萬，用船六、七十艘。廈、蚶二廳僱撥，當爲四起，或五、六起。每起必有文武正副委員護送，弁兵供應犒賞，取諸四縣，賠累已甚；而內地各倉，既失商運之利，則必多所挑駁。此累之在官也。官穀運費，每石六分六釐，較之民貨，僅爲十分之一；每船以二千石爲率，船戶僅得運銀一百餘兩，不敷費用。其船本及修整蓬索、桅碇之需，皆於何出？每逢僱運，行商及通港之船，皆科派津貼，而商戶仍不免賠。此累之在商也。臺灣三口，來往商船祇有此數；既運積穀，則明年新穀必有短配。是疏積欠，反增新欠，亦非計之得者。況臺地近年米貴，一聞專運，市價忽騰。是官商既病，復以病民。計唯有漸停新穀，折色支放。請飭廳縣查明積穀，照舊配運。其新穀悉易銀，按中平市價，每石折番銀一圓三角，分四季解至內地。有穀廳縣領回，折放兵食。內地番銀一圓可易制錢八百餘文，以二穀一米計之，每米一斗可折放制錢二百文。俟積穀運竣，仍配新穀。再有屯積，亦可仿此而行，則免僱運之害，而臺之積穀可清，內地之倉儲可補矣。」愼軫韙之，而水師提督許松年以爲不可。適盧允霞入京上控，求罷商運。事下督撫議。司道乃採楊桂森之說，停止商運，請臺地供粟，半折本色，以給臺營，半收折色，每穀一石徵銀一兩二錢，以給內營。即全數抵臺灣兵餉，可免一領一解之煩，每年又可省運費六千餘兩。愼軫曰：「閩省漳、泉諸府，負山環海，田少民多，出米不敷民食。臺地產米之區，故令徵收本色，運給內營兵糈。原以臺地之有餘，濟內營之不足。今如改解折色，已失立法之意。臺郡各屬徵收供粟，向無半本、半折之例。方守所議暫解折色一年，猶屬一時權宜之計，尚可由官酌辦。若改徵半折，則臺民有穀之家較多，紛紛糶穀完銀，必有平水火耗之加，更滋流弊。是利商以病民也。更易舊章，未可草率，其再議之。」於是臺灣道孔昭虔、臺灣府方傳穟，臺防同知杜邵祁、鹿港同知鄧傳安、淡水同知吳性誠、臺灣縣李愼彝、嘉義縣王衍慶會議，皆謂商運不可罷。臺人聞將改折，大譁，紳士咸曰：「民間完納正供，已百餘年。雖今昔情形不同，私有折色，亦皆按時價之低昂，無有一定。若改徵折色，每穀一石徵銀一兩二錢，轉成定例。行之日久，勢必又有加徵。平水火耗，受累更深。且臺民市易皆用番餅，並無紋銀，全賴每年兵餉散布民間。紋番兩便，故錢價得平。若大餉永停，則紋銀斷絕，番餅增昂，必致民商兩病。大不便。」爾準亦以改折抵餉之說，密訪於傳穟。傳穟復書曰：「今之紛紛言商病者，皆務虛名，未計其實。商船往來臺洋一次，販貨之獲利，與船戶之水腳，所得凡數千金。以數千石之船，而僅運百餘石之官穀，復給以每石六分有奇之運費，國家恤商，可謂厚矣。何病之有？所謂病者，有司之陋規爾。有國法在，罪之可也，裁之可也。若改易舊章，設有他弊，又何以處之？自古無不弊之法，利之所在，弊即生焉。苟鑒於末流，遂並亡其本，是爲因噎廢食，烏可不察？夫商船運穀，雖以養兵，其端原於正供。臺地產穀之區，頗艱銀貨，故昔人因地定賦，有供粟而無地丁。雖有勻丁雜稅，爲數無幾。而漳、泉、福州兵民繁庶，產穀不足，故以有易無，運臺穀以濟各地之兵糈，發帑金以給全臺之兵餉。各得其所，民便久矣。雖近時臺屬正供不無折收，內地兵米不無折放，船戶運穀不無折交，然名存法在。每有需穀之時，猶可立備。一經改制，則內地永無得穀之期，臺地永無見銀之日。一旦需用，反費周章。其不便者一。臺屬貿易俱用番餅，官民收用紋銀，皆仰給於臺餉。給兵之後，散布民間，舍此則海外紋銀斷絕矣。其不便者二。全臺兵餉歲發銀二十一萬一千有奇，逢閏發銀二十二萬六千有奇，又加餉銀六萬七千有奇。臺屬額徵鹽課、叛產、官莊雜項錢糧捐款，盡數劃扣。歷年司中尚應發銀十四、五萬有奇。今以通臺運穀折價，即使年清無欠，裁十萬爾，不足抵大餉之數。設歲又歉收，民欠積累，立形支絀。海外兵餉攸關，貽誤匪細。其不便者三。自古三代不廢力役之征，國有徵發，里出車徒馬牛唯所用。唐定租庸調之法，史猶稱善。蓋軍國之需，不能不資民力，匪特賴以濟事也，亦陰以維持上下，使民知趨事赴功、尊君親上之義，故民安其分而忘其勞。今西北直省猶有車馬差徭，故其民情愿樸，以奉公為分所應爾。東南諸省民俗澆偷，一切便民，猶謗其上者，不知分與義也。海船無他徭役，官使往來，皆予僱值。獨過臺配載軍士，回棹配載運穀，此二事尚有奉公之意爾。然亦有水腳之給。雖稍有賠費，亦由船戶自圖巧利，為口員、胥吏之所挾持，遂成陋規，非無故而致也。若裁去運穀，則商船自此不識奉公之義。設一旦有意外之徵發，反興嗟怨，以為不當役使之意。履霜堅冰，由來有漸。其不便者四。盧允霞一無賴訟棍爾。昔嘗以唆訟擬遣，逢恩赦歸。又盤踞鹿港，煽惑商民。假控革陋規之名，設立公館，每船抽費數十。是以奸民暴斂也。各商船戶唯泉郊數人稍稍附之，餘皆已悟其奸，有赴廳控其假公者。此前歲鄧丞所以往毀其館也。彼挾此恨，又為眾船戶所歸尤，故冒死叩閽，以塞眾人之責。始因斂費而控陋規，繼因陋規而陳改制。是以一奸民而敢橫議，變亂祖宗成法矣。雖停罷商運之議，啟自楊桂森，然桂森之議，昔已不行。今則因盧允霞之控而行之，是奸民舞智，反優於邑令之建言也。其不便者五。州縣親民之官，必使有力辦公，乃可不形竭蹶。臺穀陋規，不但內地各屬賴之，即臺屬廳縣亦有折半徵收之利。每穀一石折收番銀二圓，或一圓八角，可當紋銀一兩四錢，或二、三錢。今使以半折抵給臺餉，則官無絲毫餘羨，而廳縣從此大困矣。海外經費無一不倍內地，幕友修金歲常四、五千圓，捐賠之款又一、二千兩。廉俸無幾，何以供之，非盡為私肥之計也。其不便者六。雖有廉吏，亦必俾能自給，然後不侵國帑，不朘民膏。陋規既盡，勢必虧空倉庫。否則詞訟案牘，掊克贓私，民間受禍更烈，海外隱憂自此深矣。其不便者七。夫病商之弊，其實猶小；若以便商之故，而病官與民，因以病國，則害更巨。古之爲政者，利均則權之以義，害均則權之以大小輕重，不可不謹也。」爾準納之。愼軫亦與書傳穟曰：「此閱陳議，所見正同。事關國制，不可不盡言。然已違眾議，不能商運。」傳穟所云運舊停新之策，亦遂置之，明年仍僱運焉。傳穟復議停運眷米，每米一石抵與紋銀一兩。藩司於臺餉扣發，臺屬以折色納府，抵大餉焉。是時愼軫已去閩，議雖暫行，未及咨奏，傳穟亦改調矣。道光七年，議定不計樑頭之大小、船之名目，凡廈船配穀百五十石，蚶船大者百石、小者八十石，橫洋船百八十石，糖船三百六十石。務欲以清積滯，而積滯猶如故也。於是奏請折色，自是年起，每石易紋銀一兩，令各兵眷自行買米，商船便之。

鹿耳門應運兵眷米穀表（米從△．穀從▲）

運出之地	收用之地	兵米兵穀	眷米眷穀
嘉義	廈防廳倉	▲二四、一五四	▲一、九二〇
臺灣	龍溪縣倉	▲二、三七〇	
臺灣	龍溪同安平和		▲三、八〇六
鳳山	福州府倉	△一、五〇〇	
鳳山	南澳廳倉	▲三、六三八	
鳳山	漳浦縣倉	▲五、九一四	
鳳山	海澄縣倉	▲九八三	
鳳山	詔安漳浦		▲三、四七六

鹿港應運兵眷米穀表

運出之地	收用之地	兵米兵穀	眷米眷穀
嘉義	福州	△五、五○○	
		▲五、五○○	
彰化	福州	△八七五	
		▲八七五	
彰化	莆田		▲三、七二七
彰化	晉江		▲五、四一四
彰化	南安		▲四六五

八里坌應運兵眷米穀表

運出之地	收用之地	兵米兵穀	眷米眷穀
彰化	閩縣	▲一、○四○	▲五、五○○
彰化	羅源	▲二、二○五	▲四六○
彰化	福安	▲二、○七三	
彰化	侯官	▲二、三八一	
彰化	連江		▲四五六
彰化	長樂		▲六四八

倉儲

倉儲之制，倣於成周；所以充兵糈，裕民食，而平市價也。漢時始建常平倉，由官主之。穀賤則糴，穀貴則出，以時調劑，故曰常平。唐時又設義倉，則由官民合置，以備凶年之需。及宋朱熹復立社倉之法，後世行之，民以稱便。臺灣爲宇內奧區，土田肥美，一歲三熟，以其有餘，供給福建，漳泉之民賴焉。鄭氏之時，曾建天興、萬年二倉，其址猶存。歸清以後，各縣增設。一曰文倉，儲供穀也；前時正供多完本色，故以此收之，或時以撥平糶。一曰武倉，備兵糧也；戍臺之兵按月發米，故以此存之。一曰義倉，官民捐設。而人民之自建者曰社倉。大清會典曰：「凡民間收穫時，隨其所贏，聽出粟麥，建倉貯之，以備鄉里借貸，謂之社倉。公舉殷實有行誼者一人爲社長，能書者一人副之。按保甲印牌，有習業而貧者，春夏貸米於倉，秋冬大熟，加一以償。中歲則捐其息之半，下歲免息。社長、社副執簿檢校，歲以穀數呈官，經理出納，唯民所便，官不得以法繩之。豐年勸捐社穀，在順民情，禁吏抑派。有好義能捐十石至百石以上者，旌獎有差。社長、社副經理有方，亦按年給賞。制甚善也。又有番社倉，以貯熟番口糧，制略同。康熙四十三年，議定福建倉穀存留發糶之數，各州縣照額存留。而常平之穀，則依時價悉糶。唯臺灣孤懸海外，現在捐穀八千六百餘石，常平倉穀十一萬餘石，每縣照例應存之額，餘悉發市易銀，以備荒年賑濟。又臺、鳳、諸三縣所存供穀，現有七十餘萬石，爲數既多，積久易腐，應留二十萬石，以供三載兵糈，餘亦悉賣，充爲兵餉。雍正四年，議定臺灣歲運福建平糶之米五萬石外，別以正項購運十萬石，分儲沿海各處。若臺灣年豐，可酌情形加運。」七年，總督高其倬奏言：「臺灣之穀，祇可存備全臺及金、廈兩處兵糈。若漳、泉平糶之米，請將官莊之款採辦。」從之。乾隆十一年，省議以福、興、漳、泉之米，不能不藉資臺灣。而臺灣歲有豐歉，又不能不豫爲籌備。乃定臺灣各廳縣買穀四十萬石，永爲定例，存儲臺倉。如逢福建乏糧之時，撥往接濟，即以藩庫之款，發還買補。越二年，議定福建常平積穀之數，而臺灣應存四十萬石。夫臺灣爲出穀之地，拓地日廣，收成愈多。非遇兵燹、水旱之災，粒食無缺。即有其災，而人民尚義，業戶輒出平糶，樂善之士亦多捐賑，故無道饉之慘。道光十七年，淡水同知婁雲又勸各莊合設社倉，眾多踴躍，後先設立。而正供以改徵折色之故，其後又裁班兵，文武各倉，遂多虛設，漸就傾塌。唯義倉尚存，今舉其所知者，著於表。

臺灣官倉表

臺灣府倉	一在府治鎮北坊縣署左，計七十六間；一在東安坊舊縣署右，計三十七間。儲穀二十萬石；其不足額則由臺、鳳、諸三縣撥倉收存。
臺灣縣倉	一在舊縣署左，計五十七間；一在縣署右，計十四間；一在安平鎮，計二間；一在羅漢門，計三間。儲穀三萬石。又有監倉在縣署左，計二十間，乾隆二十四年奉文建。
鳳山縣倉	一在府治錢局，計二十八間；一在東安坊，計二十一間；一在大埔街，計二十間；一在安平鎮，計二十五間；一在舊縣治，計八間。乾隆五十四年，知縣常明修，儲穀五萬石。又監倉在舊縣治倉後，計五間，乾隆二十四年建。
嘉義縣倉	一在府治東安坊，計一百三十六間；一在縣治，計八十間；一在笨港，計一百零九間；一在斗六門，計九間。乾隆五十五年，知縣單瑞龍修。儲穀五萬石。監倉未建。
彰化縣倉	一在縣治半線堡，計十五間，康熙五十四年，諸羅知縣周鍾瑄建，以儲半線至竹塹兵米，則武倉也。雍正二年，移歸彰化縣。嘉慶十六年，知縣楊桂森改建城內。一在鹿港米市街，計十六間；一在貓霧捒堡，計三間。俱雍正年間建，儲穀五萬石。監倉未建。
淡水廳倉	一在竹塹，計十二間，康熙五十五年，諸羅知縣周鍾瑄建，以儲淡水至南崁兵米。雍正二年，歸淡水廳。嘉慶二十二年，同知薛志亮修。一在八里坌，計十二間，旋圮，移於艋舺。一在後壟，計一間；一在南崁，計一間。均經薛志亮修，儲穀二萬石。又有監倉二所：一在竹塹，計五間；一在廳署內，計六間。
澎湖廳倉	在廳治媽宮。雍正七年，議定撥儲倉穀五千石，飭臺、諸二縣各先撥運正供穀一千五百石，候冬收後，各再運千石以足其數。嗣通判王仁以澎地潮濕，貯穀恐爛，請飭寄儲原地，如遇歲歉乃運至。大府不肯。始先運到二千石，尚缺三千石，久不補足。其後通判胡建偉詳請知府查照舊案，飭臺、諸二縣各再撥運一千五百石，以敷原議之數。乾隆二十四年正月，諸羅縣運到其額，而臺灣縣仍缺，故額存三千五百石，以備平糶。此外又有官捐之穀，每年三石。然今已無存，倉亦多塌。又有武倉，亦在媽宮，即從前碾支兵米之倉。向例：澎營赴臺運米，每年七千二百石，儲倉支給。乾隆二十年，通判王祖慶稟稱：澎不產穀，唯藉客米販濟民食。然風信靡

澎湖廳倉	常，每値市上缺乏時，幸賴月運兵米六百石，照期散給，互相調劑。而年來每至逾期。查媽宮現有武倉十間，緣澎地潮濕，儲米易爛，請改爲穀。以一米二穀計之，凡七千二百石，貯存武倉，令文員管之，按月碾給，則於常例無違，而兵民兩益。奏准議行。其後改穀爲米，由澎湖廳向臺灣縣支領米價，自行採辦。同治年間，因接濟遲延，戍兵索餉，始歸臺灣縣採辦，仍由澎湖廳發票監放，各兵自向船艙支領，而武倉遂虛設。近亦多圮。
噶瑪蘭廳倉	一在廳治，一在頭圍。嘉慶二十一年，通判翟淦建。儲穀二萬石。

臺灣社倉表

臺灣社倉	原在鎭北坊，計四間。康熙五十年，臺廈道陳璸建。乾隆十五年，知縣魯鼎梅改建縣署，因就縣倉以貯社穀。其後移建於龍王廟左。據同治六年紳董黃應清彙造清冊，計倉十二間，貯穀一萬六千二十二石。
鳳山社倉	康熙四十四年，知縣宋永清捐建。一在興隆里，一在下中洲，一在內土庫，一在半路竹，一在下埤頭，一在崁頂，一在萬丹。其中多圮。
嘉義社倉	一在諸羅山，一在安定里，一在斗六門，一在茅港尾，一在新化里，一在打貓社，各一間。至今多圮。道光十五年，紳士王得祿倡建一所於縣治，貯穀二萬石。
彰化社倉	在縣治小西門，計十九間。道光十四年，臺灣府周彥、彰化縣李廷璧勸諭紳士羅桂芳等捐建。一在沙連堡林圯埔街，乾隆十六年，莊民捐穀公建。
淡水社倉	道光十七年，同知婁雲創設，勸各業戶捐穀，尙未建倉，業經奏獎在案。同治六年，署同知嚴金清復捐廉俸一千圓，購穀千石，並諭業戶林恆茂、鄭永承等，計捐四萬九千石。另撥捐穀三千六百石爲義塾經費。乃於竹塹、艋舺兩處各設明善堂以理其事。而竹塹係購地新築，費款二千九百七十二圓餘。艋舺舊倉久圮，則就址重建。又以大稻埕捐穀較多，議設總倉未行。此外各地，亦多捐設。一在大甲文昌祠內之左，有倉五間，一在後壠，一在貓裏，一在桃仔園，捐穀各未詳；一在北埔，業戶江大賓等捐穀五百五十石，續捐八十五石；一在九芎林，業戶詹國和等捐穀五百七十一石；一在中港，業戶葉廷祿等捐穀八百四十石；一在新埔，業戶陳朝綱等捐穀八百五十石；一在大湖口，業戶張阿龍等捐穀八百五十石；一在大溪漘，業戶葉從青等捐穀九百石。倉俱未建，暫由捐戶存儲。

澎湖社倉	雍正八年，福建督撫奏辦社倉，飭各屬官民捐穀。自九年起，至乾隆十六年，文武共捐二百五十九石。是年八月，臺灣知府陳關以澎湖係屬臺邑，應將社穀歸入臺邑撥貯三萬石內造報。通判何器遂將存穀二百十五石碾米移營，抵作撥臺之額。又於十八年，再將八石撥縣，尙存三十六石。奉文改作溢捐，以入官倉存貯。道光十一年，通判蔣鏞始自捐俸七百千文，副將吳朝祥亦捐二百千文，乃勸諭紳富陳均哲、黃寬、紀春雨等各捐四百二十千文，餘亦樂捐，計得三千五百八十五千文。自十三年起，分發各澳總董生息。如逢歲歉，豫購藷絲雜糧以濟民食，俟有盈餘，建倉存貯，出陳易新，以垂永久。總理五年一換，由紳董舉充，以杜私弊。光緒十九年，鹹雨爲災，候補知府朱上泮奉委至澎，考察情形，以社倉不可終廢，稟明撫藩撥款爲倡。通判潘文鳳捐俸百圓，勸諭紳民黃濟時、蔡玉成等共捐一千四百三十五兩，三郊合捐一百六十三兩，而署總兵王芝生亦捐三百兩，並諭將弁兵勇共捐九百二十四兩，計得銀三千兩，以爲社倉資本。乃就舊文倉修理三間，新建三間以儲之，舉濟時、玉成等爲董事。凡捐五十兩以上者，給與「義舉襄成」之匾以嘉之。至是而澎湖義倉始成。

臺灣番社倉表

臺灣縣番社倉	一在大傑顚社，一在新港。
鳳山縣番社倉	一在放縤社，一在茄藤社，一在力力社，一在上淡水社，一在下淡水社，一在搭樓社，一在武洛社，一在阿緱社，各一間。
嘉義縣番社倉	一在羅山社，一在打貓社，一在他里霧社，一在柴裏社，一在蕭壠社，一在大武壠頭社，一在加麥社，一在芒仔芒社，一在哆囉嘓社，一在阿里山社，一在麻荳社，一在灣裏社。
彰化縣番社倉	未設。
淡水廳番社倉	一在搭搭攸社，一在蜂仔峙社，一在擺接社，一在雷裏社，一在武勝灣社，一在圭柔山社，一在大浪泵社，一在八里坌社，一在毛少翁社，一在北投社，一在奇里岸社，一在小雞籠社，一在金包裏社，一在大雞籠社，一在三貂社，一在南崁社，一在龜崙社，一在坑仔口社，一在霄裏社，一在竹塹社，一在後壠社，一在中港社，一在貓裏社，一在新港社，一在加志閣社，一在呑霄社，一在宛裏社，一在房裏社，一在貓盂社，一在德化社，一在大甲社，一在雙寮社，一在南日社，一在麻糍舊社。

臺灣通史卷二十一　鄉治志

連橫曰：古之治民也，築城郭以居之，制廬井以均之，開市肆以通之，設庠序以教之。士農工商，各有其業；故朝亡廢官，邑亡敖民，地亡曠土。理民之道，地著爲本。是故五家爲鄰，五鄰爲里，四里爲族，五族爲黨，五黨爲州，五州爲鄉。鄉萬二千五百戶也。鄰長位下士，自此以上，稍登一級，至鄉而爲卿。故其政不令而舉，其教不勞而齊，其兵不養而備，其稅不歛而足；此則鄉治之制也。連橫曰：泰西之政，其知此道乎，故能強其國而富其民。

臺灣當鄭氏之時，草昧初啓，萬庶偕來。廣土眾民，蔚爲上國，此則鄉治之效也。當是時，布屯田之法，勵墾土之令，徠避難之民，拓通海之利。故能以彈丸之島，收亡國、擁諸王、奏群賢、建幕府，以與清人爲難；此固已得霸王之道矣。經立，委政勇衛陳永華，改東都爲東寧，分都中爲四坊，曰東安、曰西定、曰寧南、曰鎮北。坊置簽首，理民事。制鄙爲三十四里，置總理，里有社；十戶爲牌，牌有長；十牌爲甲，甲有首；十甲爲保，保有長；理戶籍之事。凡人民之遷徙、職業、婚嫁、生死，均報於總理。仲春之月，總理彙報於官。考其善惡，信其賞罰。勸農工，禁淫賭，計丁庸，嚴盜賊。而又訓之以詩書，申之以禮義，範之以刑法，勵之以忠敬，故民皆有勇知方。此則鄭氏鄉治之效也。

清人得臺，沿用其制，而有司奉行不謹，漸就廢弛。朱一貴既平之後，地方未靖，總兵藍廷珍上書總督滿保，請行保甲，就各縣簽舉一幹練勤謹、家殷品端者，使爲鄉長。就其所轄數鄉，以聯守望相助之心。給之游兵，以供奔走使令之役。如有一家被盜，則前後左右齊出救援，堵截各處，協力獲禽。又設大鄉總一、二人以統轄之，督率稽查，專其責成。鄉長如有生事擾民、縱容奸匪，而大鄉長不報者，則罪同。是雖無鄉兵之名，而不啻有鄉兵之實。今臺灣中路，擬設鄉長六名，南路鳳山八名，各立大鄉總一名；北路諸羅十二名，分立大鄉總二名，以統率之。鄉長准給養游兵四名；而大鄉總與以外委千把總銜，准給養游兵十名。每兵月給銀一兩、米三斗，就官莊內支之。而鄉長、大鄉總則酌量給之。凡地方有竊劫之案，則飭鄉長限期緝獲。初限不獲，比游兵；再限不獲，罰其身；三限不獲，重懲之。凡三次不能獲者，革之，而大鄉總銷其銜。其有勤謹辦公、三年無過者，量行擢用，以示鼓勵。從之。於是設大鄉總四名，鄉長二十有六。廷珍慮其未備，復請權行團練；以爲今日郡治雖有協防之兵二千、足供調遣，然分派南北，所存無多。宜急訓練鄉壯，聯絡村莊，以補不足。無事則農，有事則兵。所謂急則治標，不可須臾緩者也。其後遂立爲例，每有兵事，則舉辦之。乾隆五十一年林爽文之變，南北俱陷，郡治戒嚴，各鄉多辦團練、出義民，以資戰守。而鹿港郊商亦募勇自衛，故無害。顧此爲防內之事，而禦外則尤烈。

道光季年禁煙之役，英艦輒窺伺海口，臺人大憤，與之開戰。和成，詔開五口通商，遂倡攘夷之論。且公約曰：「曩者英人犯順，罷兵議撫，准其通商。而不通商之地，則不許登岸，違者送其領事治罪，此人人共知者。臺灣非英人應至之地，我等知朝廷寬大，許其和約，不與抗拒，非畏之也。彼既俯首恭順，我等豈敢生事？且所謂和者，但見之不殺爾，非聽彼之使令也。彼先侮我，我豈讓彼？我百姓如爲所用，是逆犯也，是犬羊之奴也，餓死亦不肯爲。我百姓自爲義民報國，地方官亦不得牽制。如彼本無異心，而奸徒從中指引，則我等不殺其人，而殺勾通之人。於撫洋之道，固並行而不悖也。風聞英人欲於臺地貿易，如果成事，貽禍無窮。習教惑眾，是子弟罹其害也；占地蓋房，是居民遭其殃也；霸攬貨稅，是商賈絕其生計也；買用男婦，是子女受其荼毒也。臺地孤懸海外，無可徙避，亟宜及早圖之。一曰勤瞭望：沿海城鄉居民隨時於高處探望，但見洋船蹤影，即飛報該管文武衙門，一面探其駛入何口，再行阻截，不得專恃口岸吏胥。一曰聯聲勢：洋船如來停泊，並無逞強情形；我百姓多至千人，少數百人，暗藏刀棍，排立港岸，阻其深入，不與鬥狠，靜以待之，久則自退。一曰查奸細：洋人不足慮，慮土匪勾結爾。如有私與交接者，公同拿送文武衙門。若查出確有勾通證據，或造謠乘間搶劫，應報地方官殺斃。一曰選壯丁：無事之時，各街鄉除鰥寡孤獨及家無次丁外，每家各出一人，年約在五十以下、二十以上。殷實紳商各自添備，不拘定數。先造名冊，存於各義首處。一旦有事，呼之即至，違者公罰。至有事動支口糧，或由官給、或由民捐，臨時定議，宜從優厚。即有一、二死傷，定邀褒卹。一曰籌經費：防堵軍需，自有帑項。我百姓仍須備儲，同保身家。每街鄉公議以公正紳耆爲義首，查明現在經商及田產較多者，每家每日捐錢數百文或數十文，一月一支，零星積存。俟有成數，再議生息。除卻防洋，不准動用。一曰備器械：刀槍牌銃，家家俱有；人執一器，即成勁旅。所慮者洋人之炮爾。

然彼炮在船，遠不能及。我炮在岸，近而易攻。但令大炮不能登岸，則其技已窮。我不必用炮，唯禦彼之炮，而其技亦窮。每家或三兩家，各置遮牌一面，以木版高與身齊，或編竹為之。內安鼻紐，外釘牛皮鋪棉紙，或加網絲，或塗蔗糖，此臺地所易辦者。得壯士千百人，持此為前，則炮火不能傷。人人膽壯，有進無退，則一鼓而殲之矣。」當是時，徐宗幹任巡道，尤為鼓勵，故敵愾愈深。宗幹以欲禦外侮，須清內奸。通飭各屬總理，凡所管莊內向來為匪之人，非無畏法改悔者，許其將功折罪。如願作線緝捕，即赴附近分防衙門，代為稟請。願當差者，考其技藝，留充壯勇；願在鄉者，記其姓名，派守村莊，酌給口糧，俾資養贍。其有怙惡不悛者，即率眾捕拿解送，自應從優獎勵。又以書諭各社家長曰：「查姚前道任內，諭各社家長，以各莊丁口萬人、千人，最少數百人。賊雖多不過數十，少僅十餘人，爾族丁十倍於賊，賊雖強，焉敢伺夜深入？此必有與賊通者。通賊者非他，即本族本莊貧乏人爾。若輩無業忍饑，富者不肯贍給，故怨而通賊。爾社內富家可出公費若干，將社中貧乏無業而年壯者，悉召歸之，日給飯錢，使為壯丁。大社四十人，中社三十，小社二十。分為兩班，每夜一班巡社防守。一人執鑼不鳴，一人擊梆，餘執大挺，不許持刀槍鳥銃。自三更起，繞行社外，向明而止。見賊則鳴鑼大呼，一社之人群起應之，賊必不敢入社。一社鳴鑼，則鄰社皆應。不逐賊者罰之。賊既走，不可遠追擊捕，恐其窮迫傷人。此法一行，則各社貧者有以自養，皆自保其社，不但不通賊，亦不復出而為外盜矣。姚前道任內，各社遵行，立見安謐。至隆冬以後，平日各須妥議章程，以期閭里益臻清靜。凡子弟為非，父兄同罪。當綢繆於未雨，期任卹之可風。各社內一人興訟，眾人牽連；一家滋事，大家破費。官兵至則妻孥移散，壯勇來則雞犬皆驚。典田鬻產，為無益之虛糜；積怨深仇，遭不測之禍患。與其為難於事後，何如早籌於事前。人無愚智，各具天良。境處饑寒，易成地棍。各社家道殷實者公議按捐地畝若干，各家分收近支族中貧苦孤獨子姪若干人，或借給糧食，傭工出力，按年抵扣；或支付銅錢，小本營生，餘利歸還；或祠堂公提生息，或本社捐置贍田。幼而慧者設義塾以免游閒，壯而鈍者習技勇以防奸宄。如怙惡不悛，公請族長責懲逐出，本支聯名送官究處，不准回社。如改過自新，或保送衙門充當壯勇。爾等同心協力，庶幾有安享太平之日，其各勉旃。」宗幹為治，每致意於公務，整剔利弊，循名核實。而紳民亦相觀感。一時士氣不振，風俗純美，至今猶稱道焉。

淡水據臺之北鄙，地大物溥。閩、粵分處，閩居近海，粵宅山陬，各擁一隅，素少來往。而閩人以先來之故，稱粵籍曰「客人」，粵人則呼閩籍曰「福老」，風俗不同，語言又異。每有爭端，輒起械鬥。閩、粵鬥則漳、泉合，漳、泉鬥則粵人陰持其後。搶攘昏墊，蔓延數十村落，而有司莫能止也。道光十一年，淡水同知婁雲乃立莊規四條，禁約八條，飭民守之。澎湖為海中群島，居民好訟。其時亦立鄉約曰：毋非時而賭，以新春六日為限；毋為竊盜；毋放牛蹊人之田；毋侵人漁界；毋演淫戲；毋怠公役；毋健訟。違者罰錢一千，其不從者請官治之。

初，林恭之亂，宗幹以淡水林占梅辦北路團練，彈壓地方。及戴潮春起事，淡水同知秋曰覲遇害，全臺俶擾。占梅又集紳士，籌守禦。時宗幹已任福建巡撫，命以辦理全臺團練事務，頒發鈐記，通飭所屬。然鎮道俱駐府治，籌兵籌餉，須設總局，乃由巡道委派紳士任之。劃城中為五段，設總簽首。東段二員：一轄六合境，一轄八協境。西段二員：一轄六和境，一轄六興境。南段一員，為八結境。北段一員，為十八境。中段一員，為二十一境。而小西門內外亦設一員，轄四境。大西門外為商務繁盛之區，分為南北，各一員。而三郊別有大簽首三名，理其事。三郊者，糖郊、南郊、北郊也。其辦事處在水仙宮，曰三益堂。每有交涉，開會平斷，不假於官。凡地方有大繇役，輒捐餉助軍，集資賑濟，為一方之重。蓋其時商務發達，貿易多利，而當事者又能急公好義，故人多尚之，其後乃稍凌夷焉。

初，各縣紳商均為義民首領。義民隨軍出戰，則各街舖戶派出壯丁，每境十名或二十，謂之舖民，每夜登城巡警，及旦始歸，僅留一人守之。每名夜給點心錢六十文，油燭十文，五日一發，屆期各街簽首向局支領。事平之後，尚存其名。坊里之人每有爭執，輒向總簽首論其曲直。而有司亦每循其意，以興除利弊。光緒七年，兵備道劉璈改為培元總局，以理一切善舉。其總辦由道府札委，下置紳董。凡清溝、修道、救卹、施醫等，歲率數萬圓，悉由洋藥釐金項下開支，其所以整齊市政者至矣。及法人之役，再辦團練，璈手定章程十七條以布之。既又刊漁團章程二十條，通飭紳民暨沿海漁戶遵行，頗收指臂之助，語在軍備志。時福建巡撫劉銘傳駐臺北，亦辦團練，奏簡林維源為團練大臣。十二年，奏辦清賦，飭屬先辦保甲，查造戶口。十戶爲牌，牌有長。十牌爲甲，甲有長。十甲爲保，保有正。均隸於保甲局。總局在臺北，以候補知府爲彙辦。各廳縣皆設分局，札委丞倅任之。按季彙報，先送按察使司查核，乃詳巡撫彙題，登其民於戶部，以知戶口之盈虛。而銘傳尤勵精圖治，欲置臺灣於富強。然以經費之故，未能竟行其志，惜哉！乙未之役，復辦團練，以進士丘逢甲爲團練使。先是臺南府治每年應辦冬防，以詰盜賊、嚴水火。光緒十年，知縣俞鴻詳請道府，以抄封公款庫平六千圓，發各當鋪生息，每千圓月利十圓，歲收七百二十圓。又以外新豐里魚潭瞨租二百圓，以充其費。尚有不足，則由鹽課盈餘撥用。夫保甲之制，所以衛民，使之相安而無事，然而民不能永安也。水旱之不時，疫癘之間作，鰥寡孤獨之無告，則必爲之盡心力，先事而防之，後事而循之，而後得遂其生。夫均是人也，均是一鄉一縣之人也，出入相友，守望相助，疾病相扶持，則百姓親睦。是故建義倉以平之，開醫局以治之，設養濟以卹之，而後可以收鄉治之實，而後可以爲治國平天下之道。

臺人重宗法，敬祖先，故族大者必立家廟。歲時伏臘，聚飲聯歡，公置義田，以供祭祀，又爲育才、婚嫁、恤孤、振乏之資。其大者則聯全臺之子姓，建立大宗，追祀始祖，深得親親之義。臺灣戍兵多來自福建，瓜期而代，各建公廳，以爲集議之所。故郡城之中，有福州公廳，有詔安公廳，有雲霄公廳，均在鎮北方，糾其黨羽，肆爲不法。道光間，巡道徐宗幹移鎮禁毀，其風始息。而外省之居臺者，有兩廣會館，有浙江會館，亦爲仕商集議之所。聯鄉誼，萃眾志，其有流落不歸者，則資遣之，故無窮途困苦之悲，是亦枌榆之義也。南郡大西門外有五大姓，蔡爲眾，郭次之，黃、許、盧又次之。各踞一街，以相憑陵，莫敢侵犯。蓋以其地爲郊商屯集之處，貨物出入，資之輸運，故爭擁其利。夫以一郡之中，而族自爲族，黨自爲黨，能不仳離，且因之而生私鬥？然能善用之，亦足以資其力。朱一貴之變，粵人不附者，以省界也。林爽文之變，泉人不應者，以府分也。若夫蔡牽之亂，協力同袍，爭趣殺敵，即以寇自外至也。詩曰：「兄弟鬩於牆，外禦其侮。」爲此詩者，其知鄉治之義乎？故曰日月食於外，而賊在其內。

臺灣善堂表

臺北官醫局	在臺北城內考棚。光緒十二年，巡撫劉銘傳設，以候補知縣爲總理。招聘西人爲醫生，以醫人民之病，不收其費，並設官藥局於內。
臺北病院	亦在考棚。光緒十二年，巡撫劉銘傳設，以醫兵勇之病。
臺灣養濟院	在縣治鎮北坊。康熙二十三年，知縣沈朝聘建。
臺灣普濟堂	在縣治縣城隍廟內。乾隆十一年，巡臺御史六十七、范咸命臺灣縣李閶權建，凡十二間，撥公款千餘圓充用，以收養窮民。
臺灣棲流所	在縣治聖公廟街。光緒十二年，知縣謝壽昌稟設，以收流民，其款由普濟堂撥用。
臺灣育嬰堂	在縣治外新街。咸豐四年，富戶石時榮倡建。自捐家屋充用，並捐五千圓生息，以爲經費。又勸紳商集款數千圓，稟官批准，凡安平出入商船抽稅充用，而富戶亦各捐田園舖屋，入款頗多。其後巡道黎紹棠以爲義舉，更勸紳士辦理，並以洋藥釐金提撥充用。及光緒八年，巡道劉璈乃廢其例，以司庫平餘及鹽課餘款千餘圓，撥爲經費。
臺灣卹嫠局	在縣治。同治十三年，欽差大臣沈葆楨倡設。自捐千圓，命巡道夏獻綸提撥公款，並勸紳富捐款九千圓，購置田園生息，以卹嫠婦。凡年三十以內，家貧守節者，鄰右保結，每名月給二圓。
嘉義養濟堂	在縣轄善化里東堡。康熙二十三年，諸羅知縣季麒光建。
嘉義育嬰堂	在縣治城隍廟內。同治七年，紳商捐設，額收二十名。
鳳山養濟院	在縣轄土墼埕。康熙二十三年，知縣楊芳遠建。
彰化養濟院	在縣治八卦山下。乾隆元年，知縣秦士望建，以收養痲瘋殘疾之人，約四十名。
彰化留養局	在養濟院之左。乾隆二十九年，知縣胡邦翰建，以收養窮民一百名，捐置田園，歲收租銀一千二百八十四圓，以爲經費。
彰化育嬰堂	在縣治。道光年間，官紳合建。久而荒廢。光緒七年，知縣朱幹隆乃勸紳富重設，以抄封家屋充用。

淡水留養局	原在竹塹城內。乾隆二十九年設，以收養窮民。及同治元年之亂，佃冊紛失，收租漸減，僅養七十名。光緒十五年分治之際，重設此局，以舊時局產撥充，並捐經費，額收四十名。
淡水育嬰堂	在縣治艋舺學海書院後。同治九年，官紳合建，詳撥三郊洋藥抽捐每箱四圓之半，以充經費。
淡水保嬰局	在縣轄擺接堡枋橋莊。富紳林維源倡設，自捐五千圓，並勸富戶集款二千圓，置田生息，以充經費。
新竹棲流所	在縣轄樹林莊，以收孤老窮民百餘名。同治三年燬，嗣築。
新竹育嬰堂	在縣治龍王廟之右。
澎湖普濟堂	道光六年，通判蔣鏞籌建。捐款四百圓，交媽祖宮董事生息，嗣以貧民尚可棲身，無庸建屋。九年，澎湖紳商合捐二百十圓，交鹽課館生息，續捐制錢四萬七千五百文生息。又詳准徵收小船之費，歲入一萬九千八百文，以充口糧。額定三十名，每名月給三百文。
澎湖棲流所	在媽宮。嘉慶二十四年，郊戶德茂號等捐款置屋，以爲難民棲宿，稟官存案。
澎湖育嬰堂	在媽宮。紳商捐設，後歸廳辦理。歲收租息三十二萬四千文。每月又於鹽課撥銀五十兩，以充經費。約收女嬰三十餘名，每名月給三百文。又分卹養濟院窮民，每名月給三百文。如病故者，別給四百文。

臺灣義塚表

臺灣縣義塚	一在縣治大南門外魁斗山，歷年已久。一在新昌里，康熙五十九年，監生陳仕俊捐置，與魁斗山毗連。一在水蛙潭。一在北壇前。一在海會寺前。俱乾隆十七年，知縣魯鼎梅購置。又一亦在大南門外，俗稱「師爺塚」，爲江浙游幕人士公置，並建一堂，春秋祭祀，公舉一人爲董事。
嘉義縣義塚	一在縣治附近，計七所。一在打貓堡，計六所。一在鹽水港堡，計五所。一在他里霧堡，計四所。一在下茄苳堡，計三所。一在哆囉嘓堡，計三所。一在茅港尾堡，計二所。一在麻荳堡，計二所。
鳳山縣義塚	一在縣治西門外蛇頭埔，雍正二年，知縣錢洙置。一在府治南門外魁斗山後。
彰化縣義塚	一在縣轄內快官莊，知縣蘇渭生置。一在八卦山及番仔井山等，知縣胡邦幹置。一在各處官山，歷任知縣秦士望、劉辰駿、胡應魁、吳性誠等出示聽民安葬。嘉慶十六年，紳士王松等請官詣勘各處官山塚地，示禁侵墾。又一在鹿港街外，乾隆四十二年，紹興魏子嗚與巡檢王坦倡建，購地充用，曰「敬義園」，以其餘款置業生息，歲舉泉廈郊商爲董事。

新竹縣義塚	一在縣南巡司埔尾，一在中塚傍，俱道光十六年紳士捐置。一在枕頭山，一在土地公埔，一在鼻頭莊，均爲乾隆六十年業戶黃意使捐置。一在後壟莊，一在大甲莊，今屬苗栗。
淡水縣義塚	一在艋舺，計兩所，爲林士快、陳長茂捐置。一在大隆同，乾隆三十年，邱文華置。一在滬尾，嘉慶元年，何宗泮置。一在圭柔山，嘉慶二年，陳晃生置。一在新莊，同治九年，縣丞鄒祖壽置。
澎湖廳義塚	一在媽宮澳東北，一在尖山鄉，一在林投按，一在西嶼，一在瓦硐港，一在網垵澳。又一在北山後寮灣，凡海中漂屍，拾葬於此。

臺灣通史卷二十二　宗教志

連横曰：宙合之中，列邦紛立。而所以治國定民者，曰政，曰禮。夫政者，以輔民志者也；禮者，以齊民俗者也。如車兩輪，相助爲理。然而詩書所載，每言鬼神。降祥、降殃，歸之天帝。一若冥冥之上，果有一眞宰者焉。詩曰：「赫赫不顯，上帝維辟。」書曰：「維皇上帝，降衷下民。」宗教之興，其來久矣。然而儒者之言天，必指之以人。故曰：「天視自我民視，天聽自我民聽。」又曰：「天討有罪，天秩有禮。」跡其所以治國定民者，莫不代天爲之。是以郊社之禮，祝史之告，薦信鬼神，靡敢誕謾；此所謂明德維馨也。夫政者，以輔民志者也，有時而亂；禮者，以定民俗者也，有時而弊。然則其用以範圍一世之人心者，不得不藉之宗教。神道然，佛老然，景、回二教亦無不然。顧善用之，足以助群德之進。不善用之，反足以推其沉溺，而奸詭邪僻生焉。連横曰：臺灣之宗教雜揉而不可一者也，故論次其得失。

神教

神道設教，本於人情。人情好善而惡惡，趨利而避害，故聖人率之以道。道也者，不可須臾離也。是故迪吉迪凶，唯天所示。然而天者，空間也，無聲無臭，可見而不得見，可聞而不得聞。以音讀之爲巓，以文觀之爲一大，以義釋之爲自然。是天者，爲至高、至大之景象，而具自然之作用焉。夫此至高、至大之景象，夫婦有所不知，故不得不假之上帝。上帝者，自然者也，故亦曰天然。臺灣之人無不敬天，無不崇祀上帝。朔望必祈，冠婚必禱。刑牲設醴，至腆至誠。

臺南郡治有天公壇者，所祀之神謂之玉皇上帝，歲以孟春九日爲誕降之辰。此則方士之假藉，而以周易初九見龍在田之說附會爾。古者天子祭天，諸侯祭其域內名山大川。臺灣爲郡縣之地，山川之禮，見於祀典，而不聞祭天之儀。然則此天公壇者，其爲人民所私建，以奉祀上帝，則當先正其名矣。

次爲三官，其禮降於玉皇一等。神仙通鑒謂：「天官，堯也；地官，舜也；水官，禹也。」夫堯定天時，以齊七政。孔子曰：「大哉堯之爲君，唯天爲大，唯堯則之。」故爲天官。舜畫十有二州，以安百姓，故爲地官。禹平洪水，奠民居，故爲水官。是皆古之聖王，功在後世，沒而祀之，宜也。然而臺人之言曰：「天官賜福，地官赦罪，水官消災。」此則出於師巫之說。東漢張道陵修煉於蜀鶴鳴山，造作符書，以役鬼卒。令有疾者，自書姓名及其服罪之意，爲牒三：一上之天，一埋之地，一沒之水。三官之名始於此。及北魏時，尊信道士，寇謙襲道陵之說，以孟春、孟秋、孟冬之望爲三元，而相傳至今矣。

復次爲五帝。五帝之說見於史記封禪書：東方曰青帝，西方曰白帝，南方曰赤帝，北方曰黑帝，中央曰黃帝。秦漢天子以時祀之，其禮特隆。而臺灣所祀之五帝有二：其一爲五顯大帝，廟在臺南郡治之寧南坊。夷堅志謂五聖廟即五顯之祖祠。七修類稿謂五通神則五聖。而陔餘叢考謂五聖、五顯、五通，名雖異而實則同。按五通之祀，宋時已盛。清初，湯斌巡撫江南，奏毀之，其害始絕。然臺南所祀者，爲像一，赤面三眼，則又別爲一神。而爲師巫所假藉，故亦稱爲五顯靈官也。其一爲五福大帝，廟在鎮署之右，爲福州人所建，武營中尤崇奉之，似爲五通矣。然其姓爲張、爲劉、爲鍾、爲史、爲趙，均公爵，稱部堂，僭制若帝王。歲以六月出巡，謂之「逐疫」。喬裝鬼卒，呵殿前驅，金鼓喧闐，男女雜遝，傾錢酬願，狀殊可憐。越二日以紙糊一舟，大二丈，奉各紙像置船中，凡百器用、財賄、兵械，均以紙綢爲之，大小靡不具。愚民爭投告牒，賚柴米，舁舟至海隅火之，謂之「送王」。七月七日，又至海隅迎之，此瘟神爾，而與靈官皆竊五帝之號，是淫祀也。

復次爲王爺。王爺之事，語頗鑿空。或曰，是澎湖將軍澳之神也。舊志謂神之姓名，事蹟無考。豈隋開皇中虎賁陳稜略地至此，因祀之歟？又曰，府志載邑治東安坊開山王廟，今圮。按開山王廟所祀之神，爲明招討大將軍延平郡王，即我開臺之烈祖也。乾隆間，邑人何燦鳩資重建。同治十三年冬十月，欽差大臣沈葆楨與總督李鶴年、巡撫王凱泰、將軍文煜合奏，改建專祠，春秋致祭，語在建國紀。是開山王廟固祀延平也。陳稜之廟在西定坊新街，面海，曰開山宮，爲鄭氏所建，以稜有開臺之功也。而府志誤爲吳眞人，且言臺多漳、泉人，以其神醫，建廟特盛。夫吳眞人醫者爾，何得當此開山之號？固知所祀之神，必有大勳勞於臺灣也。唯臺灣所祀之王爺，自都邑以至郊鄙，山陬海澨，廟宇巍峨，水旱必告，歲時必禱，尊爲一方之神。田夫牧豎，靡敢瀆謾。而其廟或曰「王公」，或曰「大人」，或曰「千歲」，神像俱雄而毅。其出游也，則曰「代天巡狩」。而詰其姓名，莫有知者。嗚呼！是果何神，而令臺人之崇祀至於此極耶？顧吾聞之故老，延平郡王入臺後，闢土田，與教養，存明朔，抗滿人，精忠大義，震曜古今。及亡，民間建廟以祀，而時已歸清，語多避忌，故閃爍其辭，而以「王爺」稱。此如花蕊夫人之祀其故君，而假爲梓潼之神也。亡國之痛，可以見矣！其言代天巡狩者，以明室既滅，而王開府東都，禮樂征伐，代行天子之事。故王爺之廟，皆曰「代天府」，而尊之爲「大人」，爲「千歲」，未敢昌言之也。連横曰：信哉！余嘗游埔裏社，途次內國姓莊，爲右武衛劉國軒駐軍之地，以鎮撫北港溪番者。莊人數十戶，皆祀延平郡王。又嘗登火山，謁碧雲寺，寺祀釋迦，而前殿亦奉延平。顧此爲有清中葉之事，法網稍疏。若在雍、乾之際，芟夷民志，大獄頻興，火烈水深，何敢稍存故國之念？故府縣舊志雖載開山王廟，而不言何神。東都之事，一切抹殺，且加以「僞鄭」之名，此則桀犬吠堯也。夫臺人之祀延平，固爲崇德報功之舉。後人不察，失其本源，遂多怪誕。而師巫之徒，且藉以歛錢，造船建醮，踵事增華，惑世誣民，爲害尤烈。嗚呼！先民雖愚，斷無如是之昧也。然二百數十年來，無有能糾其謬者，而今乃得抉其微。先民有知，能毋慰乎！

復次爲天后，亦稱天上聖母。臺之男女靡不奉之，而郊商海客且尊爲安瀾之神。按天后姓林，福建莆田人，世居湄洲。父愿，五代時爲都巡檢，配王氏，生五女、一子。宋太祖建隆元年三月二十有三日，誕后，曰九娘，彌月不聞啼聲，故又名默娘。八歲就外傅，解奧義。性好禮佛。年十三，老道士元通至其家，曰：「是兒具佛性，應得正果。」遂授以要典祕法。十六，觀井得符，能布席海上濟人。雍熙四年九月初九日昇化，或言二月十有九日也，年二十有八。自後常衣朱衣，乘雲氣，遨遊島嶼間。里人祀之。顯聖錄之所言如此。康熙十有九年，閩浙總督姚啓聖奏言：「蕩平海島，神佑靈異，請錫崇封」；遂封「天上聖母」。二十有二年，清軍伐臺灣，靖海將軍施琅奏言：「澎湖之役，天妃效靈。及入鹿耳門，復見神兵導引，海潮驟漲，遂得傾島投誠，其應如響。」詔遣禮部郎中雅虎至澎致祭，文曰：「國家茂膺景命，懷柔百神，祀典具陳，罔不祇肅。若乃天休滋至，地紀爲之效靈；國威用張，海若於焉助順。屬三軍之奏凱，當重譯之安瀾。神所憑依，禮宜昭報。唯神鍾靈海表，綏奠閩疆。昔藉威靈，克襄偉績，業隆顯號，禋享有加。比者慮窮島之未平，命大師以致討。時方憂旱，川澤爲枯，神實降祥，泉源驟湧。因之軍聲雷動，直擣荒陬，艦陣風行，竟趨巨險。靈旗下降，助成破竹之功；陰甲排空，遂壯橫戈之勢。至於中山殊域，冊使遙臨，伏波不興，片帆飛渡。凡茲冥祐，豈曰人謀。是用遣官，敬修祀事。溪毛可薦，黍稷維馨。神其佑我邦家，永著祝宗之典；眷茲億兆，益宏利濟之功。維神有靈，尚克鑒之。」加封天后，泐文廟中，並敕建祠原籍。琅既入臺，以明寧靖王之邸改建神廟，即今之天后宮，刻石紀事。五十九年，翰林海寶冊封琉球歸，奏言神祐封舟，詔飭春秋致祭，編入祀典。於是臺灣府縣之廟，祭以太牢。雍正四年，巡臺御史禪濟布奏言：「朱一貴之役，天后顯靈，克奏膚功。」乃賜「神昭海表」之額，懸於郡治廟中。十一年，總督郝玉麟、巡撫趙國麟奏請賜額，御書「錫福安瀾」，懸於福州南臺之廟。並令江海各省，一體葺祠致祭。自是以來，歷朝每賜額表彰，而臺灣各地亦後先建祠。凡此皆所祀之神也，其列於祀典者唯天后，其不列者則載之於表。

道　教

道家者流，出於史官，歷記成敗存亡禍福古今之道，以知秉要勢，本清虛以自守，卑弱以自持；此君人南面之術也。及放者爲之，則欲絕去禮學，兼棄仁義，此其所短也。夫道家皆宗老子。老子爲周柱下史，祖述黃帝，故曰黃老。黃老之教，漢用之而治，晉用之而亂。非黃老之道有純駁，而用之能適與否爾。臺灣道教，非黃老之教也，微不足道。而其流衍人間者，則爲張道陵之教。道陵既以符書役鬼卒，孫魯又吹煽之，從者日多。朝延士夫亦信其術，封爲眞人，尊曰天師，奕世相承，主持劍璽，悍然而據一方，故其徒皆號道士。然臺灣道士，非能修煉也。憑藉神道，以贍其身，其賤乃不與齊民齒。唯三官堂之道士，來自江西，蓄髮方衣，懸壺賣藥，謂之「海上方」，頗守道家之律。若市上道士，則僅爲人家作事爾。坊里之中，建廟造像，陳牲設醴，宰割白雞，以血點睛，謂之「開光」。天災火害，懼而修省，設壇以禳，謂之「建醮」。旱魃爲虐，禱告龍宮，朝夕誦經，謂之「祈雨」。親喪未除，三旬卒哭，表神禮懺，謂之「報恩」。又或婦孺出門，忽逢不若，畫符吹角，謂之「收煞」。病人勿藥，合家有喜，上牒焚楮，謂之「補運」。中婦不孕，乞靈於神，換斗栽花，謂之「求子」。凡此皆所以用道士也。而道士每張大其辭，以欺罔愚頑。巾幗之中，尤多迷信。顧此猶未甚害也，其足惑世誣民者，莫如巫覡。

臺灣巫覡凡有數種：一曰瞽師，賣卜爲生，所祀之神，爲鬼谷子，師弟相承，秘不授人，造蠱壓勝，以售其奸；二曰法師，不人不道，紅帕白裳，禹步作法，口念眞言，手持蛇索，沸油於鼎，謂可驅邪；三曰紅姨，是走無常，能攝鬼魂，與人對語，九天玄女，據之以言，出入閨房，刺人隱事；四曰乩童，裸體散髮，距躍曲踴，狀若中風，割舌刺背，鮮血淋漓，神所憑依，創而不痛；五曰王祿，是有魔術，剪紙爲人，驅之來往，業兼醫卜，亦能念咒，詛人死病，以遂其生。凡此皆道教之末流，而變本加厲者也。夫道家以玄默爲主，尚眞一，任自然，乃一變而爲煉汞燒丹，長生久視；再變而爲書符作法，役鬼求神；三變而爲惑世誣民，如蛇如蝎，此其所以衰也。而臺灣之道教更不振。

佛教

佛教之來，已數百年，其宗派多傳自福建。黃蘗之徒，實授衣鉢，而齋堂則多本禪宗。齋堂者，白衣之派也。維摩居士能證上乘，故臺灣之齋堂頗盛。初，鄭氏之時，龍溪舉人李茂春避亂來臺，居永康里，築草廬曰「夢蝶」，朝夕誦經，人稱「李菩薩」。而太僕寺卿沈光文且逃入羅漢門，結茅爲僧。蓋以玄黃之際，干戈板蕩，綱維墜地，懷忠蹈義之士，有託而逃，非果以空門爲樂土也。當是時，東寧初建，制度漸完，延平郡王經以承天之內，尚無叢林，乃建彌陀寺於東安坊，延僧主之，殿宇巍峨，花木幽邃，猶為郡中古剎。其後諮議參軍陳永華師次赤山堡，以其地山水迴抱，境絕清淨，亦建龍湖巖；巖則寺也。蓋當鄭氏之時，臺灣佛教已漸興矣。

清人得臺之際，寧靖王術桂閣家殉國，捨其居邸為寺。靖海將軍施琅就旁改建天后宮，而觀音堂猶在也。當是時，鄭氏部將，痛心故國，義不帝胡，改服緇衣，竄身荒谷者，凡數十人，而史文不載。忠義之士，未得表彰，傷已！康熙二十九年，巡道王效宗、總兵王化行改建北園別墅為海會寺，霸業銷沉，禪風鼓扇，滄桑之感，能不慨然！自是以後，移民愈多，佛教漸盛。宏轉法輪，以開覺路。徽音古德，代有所聞。而黃蘗寺僧尤特出。豈所謂能仁能勇者非歟？僧不知何許人，逸其名，居寺中，絕勇力，能蹴庭中巨石，躍去數丈。素與官紳往來，而知府蔣元樞尤莫逆。一日，元樞奉總督八百里密札，命拿此僧，不得則罪。潛訪之，知為海盜魁。恐事變且得禍，乃邀僧至署，盤桓數日，欲言又止。僧知之曰：「窺公似大有心事者。大丈夫當磊磊落落，披肝見膽，何為效兒女子態哉？」曰：「不然。事若行，則上人不利。不行，吾又不能了。故踟躕爾。」出札示之。僧默然良久，曰：「不慧與公有前世因，故一見如舊。今願為公死，但勿求吾黨人。不然，竭臺灣之兵，恐不足與我抗。」曰：「省憲祇索上人爾，餘無問。」僧曰：「可。」命招其徒至，告曰：「而歸取籍來。」徒率眾肩入署。視之，則兵卒、糧餉、器械、船馬之數。一一付火。元樞大驚，僧曰：「我祖為鄭氏舊將，數十年來久謀光復。臺灣雖小，地肥饒可霸。然吾不猝發者，以閩粵之黨未勁爾。今謀竟外洩，天也。雖然，公莫謂臺灣終無人者！」又曰：「公遇我厚，吾禪房穴金百餘萬，將為他日用，今舉以贈公。公亦好速歸。不然，荊軻、聶政之徒將甘心於公也。」元樞送至省。大吏訊之，不諱。問其黨，不答。刑之，亦不答。乃斬之。是日有數男子往來左右，監刑者慮有變，不敢問。待決時，一黑面長髯者努目立，僧叱曰：「小奴尚不走！吾昨夜諭而速改惡，勿妄動。今如此行跡，欲何為？勿謂吾此時不能殺汝也！」其人忽不見。事後，大吏問獄吏：「何以許人出入？」曰：「旦夕未見人。且僧有神勇，桁楊輒斷，幸彼不走爾。」聞者皆愕然。是則湛虛寂靜之中，忽有叱吒風雲之氣，豈非奇事？

初，朱一貴之變，有僧異服怪飾，周游街巷，詭稱天帝使告臺民：「四月杪，當有大難。難至，如門設香案，以黃旗書「帝令」二字，插於案上，可免。」及一貴至，家如僧言。官兵見者，以爲民心已附，多敗走。及林爽文、戴潮春之役，亦以天地會、八卦會爲號召。天地會者，相傳延平郡王所設，以光復爲旨，閩、粵之人多從之，故爽文率以起事。而八卦會者，環竹爲城，分四門，中設香案三層，謂之「花亭」，上供五祖，中置潮春祿位，冠以「奉天承運大元帥」之號。旁設一几，以一貴、爽文爲先賢而配之。入會者爲「舊香」，跣足散髮，首纏紅布，分執其事。凡入會者納銀四錢，以夜過香，十數人爲一行，叩門入。問：「從何來？」曰：「從東方來。」問：「將何爲？」曰：「欲尋兄弟。」執事者遵跪案前，宰雞，誓曰：「會中一點訣，毋對妻子說；若對妻子說，七孔便流血。」宣示戒約，然後出城。張白布爲長橋，眾由橋下過。問：「何以不過橋？」曰：「有兵守之。」問：「何以能出？」曰：「五祖導出。」又授以八卦隱語。會眾相逢，皆呼兄弟。自是轉相招納，多至數萬人。而潮春遂藉以起事矣。

夫佛教以慈悲爲本，宏忍爲宗，普救眾生，誕登彼岸。故佛者覺也，能自覺而後覺人也。六塵不染，五蘊皆空，法界圓融，人天永受，此其所以超絕群倫也。然而臺灣之佛教，則愈失之誣。緇徒既乏高明，檀信亦少智慧。其所以建寺造像者，多存邀倖之心，求福利而禳禍災也。其下者則墜入外道，穢垢心身，歷萬劫而不起，此其可哀也。生有過去、有現在、有未來，是三者不能有因而無果。因果之說，佛言之矣。是故苦海之中，當求自度。能自度而後能度人也。臺灣齋堂之設，從者頗多，其派有三：曰先天，曰龍華，曰金幢，皆傳自惠能，而明代始分。先天之中，又分三乘：拋別家園，不事配偶，專行教化，是爲上乘；在家而出家，在塵不染塵，是爲中乘；隨緣隨俗，半凡半聖，是爲下乘。龍華之中，亦分九品：一曰小乘，二曰大乘，三曰三乘，四曰小引，五曰大引，六曰四偈，七曰清虛，八曰太空，九曰空空。金幢之教，但稱護法，餘爲大眾。三派入臺，以龍華爲首，金幢次之，先天最後。初，乾隆季年，白蓮教作亂，蔓延四省，用兵數載，詔毀天下齋堂。時郡治檨仔林有龍華之派，聚徒授經，乃改爲培英書院。道光以來，漸事傳播。迨咸豐間，有黃昌成、李昌晉者，爲先天之徒，來自福建。昌成在南，建報恩堂於右營埔，而昌晉往北。各興其教，至今頗盛。全臺齋堂，新竹爲多，彰化次之，而又以婦女爲衆，半屬懺悔，且有守貞不字者。夫齋徒以修淨爲主，禁殺生，絕五辛，可謂能清其體矣。清其體而後能澄其心，澄其心而後能絕其慮，絕其慮而後能明其性，明其性而後能通其道，通其道而後可以悟生死、解輪迴，自度而度人也。然而齋徒每多執著，獨善其身，不以衆生爲念。夫獨善可也，佛說所有一切衆生之類，我皆令入無餘涅槃而滅度之，如是方可爲佛。若乃假藉淨修，潛行邪慝，情緣未泯，穢德彰聞，則又佛教之罪人也。臺灣居家婦女，多持觀音之齋，逢九之日必絕葷。又有早齋，有朔望之齋，有元日之齋。若九皇之齋，則男女多持之。禮：祭天地，祀百神，先日齋戒，天子徹樂，諸侯止刑，大夫息政，士省身，庶人栗栗，所以潔心志而通幽冥也。持齋之益，可以攝生，可以修德，可以阜財，可以愛物，非僅爲祭祀之儀。而愚民不察，以爲成佛之道，昧矣！初，臺南郡治呂祖祠有比丘尼，頗玷清規，郡人逐之，改爲引心書院，自是遂絕。而臺灣佛教亦漸式微矣。

景教

景教有二：曰新教，則基督；曰舊教，則天主。兩派入臺，皆在有明之季。當荷人據臺時，大布福音，以牖土番。建教堂，設學校，譯聖經，授十誡，三十年間，實收其效。當是時，牧師之權特大，擯斥異教，凡拜偶像者，擬定其罪，當衆笞之。荷蘭評議會以爲苛，不可。而西班牙據北鄙，亦布景教。其神甫且遠入蛤仔難，南至竹塹，爲聖神之使者，以感化番人；事各在教育志。然北番性悍，搏人若猛獸，不若南番之馴，故西人之感化，亦未易爲也。延平既至，荷人出降。牧師之在番社者，或留其間，而鄭氏仍保之。當是時，意大利神甫李科羅在廈布教，延平禮之，待以上客。克臺之後，召之來，使赴呂宋，謀征略。及歸，延平已薨，遂居東寧。永曆二十年，呂宋來聘，請傳教。諮議參軍陳永華不許，乃申通商之約。

歸清以後，閉關自守。禁煙之役，浸啓兵戎，而民間之攘夷者，且與阿片同禁。天津之約，開口通商，西人漸來，新舊教會亦傳播。同治元年，有西班牙人至鳳山力力社，設天主教堂，以社番爲同宗，而勾引之。無賴之徒又爲疏附，於是力力、赤山、加匏朗三社入教者二百餘人。事聞，鳳山知縣派員偕下淡水縣丞往查，召通事潘永泉、土目潘岐山等，告以此地非通商之埠，外人不得居住，逐之出。而西班牙人乃遷於旗後近附之前金莊。四年，英國長老教會亦派牧師馬雅谷來臺。雅谷精刀圭術，以藥醫人，而傳其教，設教堂於府治看西街，從者頗多。仇教者肆爲蜚語以排擠之。有司慮禍，照會英領事請移口岸。雅谷乃去之旗後，別設教堂於鳳治，聚徒傳播，相安無事。已而又派甘爲霖、盧加閔來臺。爲霖赴嘉義，而加閔往彰化。嘉、彰非通商之地，見外人至，眾驚訝，每尾其行。加閔乃之岸裏大社。岸裏在葫蘆墩之西，土番郡落也，族大丁多，林爽文之役，效命前軍，頗有功。見而款之，獻其室爲教堂。加閔亦能醫，遂設醫院，社番多就之。初，爲霖在嘉傳教，從者少。至店仔口莊，莊豪吳志高嗾人夜襲之。爲霖逃，伏叢莽中，數日始歸府治。七年八月，前金莊教堂以講教故，與村人齟齬，鳴金集眾，圍而攻之。鄉耆恐僨事，趣出止。風聲一播，鳳治之人亦一呼而集，至者數十，拆屋毀物，殺教徒二，並捕堂丁高長以去。雅谷在旗後，聞警將往，而旗後教堂亦被困，商人乃出解之。始，城中兒每遺失，或言洋人潛殺，剖其腦製藥。雅谷固業醫，縣役貓角命人盜童骸埋之室中，計欲以實其事。翌日，知縣凌定國往勘，觀者如堵。貓角又力言。掘地及室，見白骨，信之。拘長嚴鞫，不服。下之獄，以狀白郡，並照會英領事。領事以爲誣，馳稟駐京公使，與總理衙門交涉，各執一辭。乃命興泉永道曾獻德偕廈門英領事吉普理渡臺會辨，諗爲貓角所爲，定其罪，流於泉州，償工費千兩，並恤死者之家，案始結。當鳳山教案之起也，郡中莠民聞之快。越三日，亦毀小東門內天主教堂，神甫走逸民家。有司聞警彈壓，眾始散。嗣援鳳山之例以償，而民教稍安矣。雅谷既居府治，益盡心傳教，設教堂於大東門之內，傳授醫術。於是西醫之名聞遠邇。又以上海翻譯西籍，頒之會中。教徒漸知天下大勢，或派子弟肄業於福州、香港，攻英文，習西學，造就人才。然其所學僅爲景教之學，尚無益於人群也。教徒之中又多拘囿，臺人敬天法祖，禮百神，而肆爲抨擊，欲舉數千年歷聖相承之綱紀而悉毀棄，此其所以鑿枘也。爲霖既居府治，察民情，習漢語。數年，乃之埔裏社，亦土番部落也。時尙未設廳，備嘗險阻，以傳其教，故得今日之盛。十一年，坎拿太長老教會亦派牧師偕里士至淡水傳教。光緒八年八月，擬照中國義塾，延師設學，以教貧寒子弟。兵備道劉璈以外人設學育才，實爲義舉，特以教學與游藝不同，此端一開，誠恐逐漸推廣，致岐趨向。且以中國之子弟，而受外人之栽培，官斯土者能無歉然。乃議延師束修，歲由臺北府支送。遇有甄別，會同領事官酌給獎賞，以存體制。自是以來，新教漸行，而舊教尙弱。蓋自大甲以南爲倫敦教會，以北爲坎拿太也。法人之役，基隆失守，臺北士民，同仇敵愾，而無賴以爲教陡勾引，大呼而起，往燬八甲教堂。已而枋寮、錫口亦遭火。事後，英領事照會地方官，請保護，乃以萬圓償之。十七年，荷蘭政府以臺灣爲舊時屬地，議派教士，再來傳教，以與英、西相角逐。嗣以有故而止。

回教

回教之傳，臺灣絕少。其信奉者僅爲外省之人，故臺灣尙無之清眞寺也。

連橫曰：宗教之事，各地俱有，所處不同，即所祀之神亦異。是故山居者祀虎，水居者祀龍，陸居者祀牛，澤居者祀蛇。則不得以祀虎者爲是，而祀龍者爲非。跡其所以崇奉之者，莫不出於介福禳禍之心，而以此爲神也。夫臺灣之人，閩粵之人也，而又有漳、泉之分也。粵人所至之地，多祀三山國王，而漳人則祀開漳聖王，泉人則祀保生大帝，是皆其鄉之神，所以介福禳禍也。若夫士子之祀文昌，商人之祀關帝，農家之祀社公，藥舖之祀神農，木工之祀魯班，日者之祀鬼谷，所業不同，即所祀亦異。是皆有追遠報本之意，而不敢忘其先德也。

臺灣廟宇表（中所列多屬治內，其在鄉里者多略之）

臺南府（附郭安平）

小南天	在府治番藷崎上，祀社公。當荷人時，華人多居於此。地爲小邱，下有溪，流水潺湲，西入於海，所謂竹仔行也。其後漸建市廛，而廟仍在。相傳廟額三字，爲明寧靖王手書，今已非舊。
開山宮	在府治內新街。鄭氏時建，祀隋虎賁中郎將陳稜。乾隆五年修。而舊志以爲吳眞人，且謂臺多漳泉人，以其神醫，建廟獨盛。夫吳眞人一醫者爾，何得當此開山之號？鄭氏之時，追溯往哲，以稜有開臺之功，故建此廟。而今又誤爲開仙宮，更屬不通。
興濟宮	在府治鎭北坊。鄭氏時建，祀吳眞人，稱保生大帝。神名本，福建同安白礁人，生於宋太平興國四年，茹素絕色，精醫術，以藥濟人，廉恕不苟取。景祐二年卒。里人祀之，有禱輒應。敕賜「慈濟」。慶元間，復敕爲「忠顯」。開禧二年，封英惠侯。
北極殿	在東安坊。鄭氏時建，祀北極眞君，或稱玄天上帝。按玄武，北方七宿也。其像龜蛇。
東嶽廟	在東安坊。鄭氏時建，祀東嶽泰山之神。康熙間修。乾隆十六年，舉人許志剛等重修。
馬王廟	在東安坊。鄭氏時建，祀天駟之神，而俗以爲輔信將軍。
總管宮	在西安坊。鄭氏時建。神倪姓，軼其名，爲海船總管，歿而爲神。又一在大西門外中樓仔街，康熙三十年，巡道高拱乾建。
天公壇	在西定坊，祀玉皇上帝。
三官堂	在寧南坊，乾隆四十三年建，祀三官。
五帝廟	在寧南坊，康熙時建，祀五顯大帝，又稱五顯靈官。
藥王廟	在西定坊，康熙時邑人建，祀神農。
水仙宮	在西定坊，面海。康熙五十四年，漳泉商郊合建，祀五神，莫詳姓氏，或以爲大禹、伍員、屈平，而二人爲項籍、魯班，或易以王勃、李白。按禹平水土，功在萬世，伍相浮江，屈子投汨，人以爲忠，祀之可也。項籍、魯班，何足當此？王勃、李白，亦有不宜。余意苟欲實之，不如改祀伯益及冥。夫禹之治水也，益烈山澤，其功相若，冥勤其官而水死，殷人祀之，皆有合於五祀者也。乾隆六年修。旁有三益堂，爲郊商集議之所，歷年積款甚多，置產生息，故其壯麗，冠於他廟。

奎樓	在臺澎道署東南隅。雍正四年建，祀魁星。下爲關帝廳，旁爲觀音堂。又名奎樓書院，爲士人集議之所。
海安宮	在大西門外濱海，西向。乾隆五十三年，大將軍福康安建，祀天后。而府治之祀天后者，尚有數處。
開漳聖王廟	在大南門內。咸豐元年，漳籍紳商合建，祀開漳聖王。按王陳元光，唐末爲福建觀察使，王審知部將，帥軍入漳，逐土黎以處華人，築寨於龍溪柳江之西，置唐化里，因爲將軍知州事。漳州之開闢始於此，故漳人多祀之。
精忠廟	在東安坊，祀宋岳忠武王。
三山國王廟	在鎮北坊。雍正七年，知縣楊元璽、游擊林夢熊率潮州商民建，祀潮州中山、明山、獨山之神。三山皆在揭陽縣界。
普濟殿	在西定坊，祀王爺。
元和宮	在鎮北坊大銃街，祀吳眞人。
良皇宮	在鎮北坊，祀吳眞人。
彌陀寺	在大東門內。明延平郡王鄭經建。康熙五十七年，里人董大彩修。五十八年，武夷僧一峰募建西堂，里人陳仕俊復增建之，殿宇寬敞，花木幽邃，爲郡治冠。
觀音亭	在鎮北坊，鄭氏時建。康熙三十二年修。乾隆五十六年，里人陳漳山等重修。
海會寺	在縣轄永康里，距大北門三里，爲鄭氏之北園別墅。康熙二十九年，巡道王效宗、總兵王化行改建爲寺，有碑記，尚存。置田五十甲、園六甲、檨圃一所，以供香火，延僧志中主之。花木幽邃，殿宇巍峨，爲諸寺冠。乾隆十五年，巡道書成修，改名榴禪。嘉慶元年，提督哈當阿重修，又改名海靖，亦曰開元。其後疊修。寺祀釋迦佛，並供明延平郡王神位。
黃蘗寺	在大北門外。康熙二十七年，左營守備孟大志建。三十一年，火。三十二年，寺僧募建。地大境幽，題詠者多。今圮。
竹溪寺	在大南門外，康熙三十年建。徑曲林幽，清溪環拱，頗稱勝概，顏其山門曰「小西天」。乾隆五十四年，里人蔡和生倡修，嘉慶元年重修。
法華寺	即夢蝶園故址，康熙二十二年改爲寺。知府蔣毓英以寺後之地二甲爲香火。乾隆二十九年，知府蔣允焄重建，並於寺前浚一池曰「南湖」，旁造一樓曰「半月」。

廣慈庵	在東安坊，康熙三十一年建。
慈雲閣	在東安坊，康熙三十五年，諸羅知縣周鍾瑄建。乾隆十六年，諸羅知縣周芬斗修。嘉慶八年，里人王琳等重修。
龍山寺	在大東門外。雍正時，里人公建。乾隆五十四年，里人王拱照等修。
清水寺	在東安坊。
萬壽寺	在城東永康里。康熙五十年，建萬壽亭，爲朝賀之地。雍正元年，重建，後置僧舍供佛，置香火田五十甲。乾隆三十年，新建萬壽宮於城內，而寺仍存。然以寺租撥歸崇文書院，漸就傾頹。今圮。
大士殿	在鎭北坊海神廟之右，光緒十二年建。
白龍庵	在鎭署之右，福州人建，祀五福大帝，則瘟神也。後於亭仔腳街別立扶鸞之所，曰西來庵。
臨水夫人廟	在東安坊。
五妃廟	在大南門外桂子山。康熙年間，邑人就明五妃之墓建廟。乾隆十一年，巡臺御史六十七、范咸命海防同知方邦基修之，並刊其詩於石，立於大南門城畔，今存。
辜孝婦廟	在東安坊，邑人建，祀辜氏婦；事見列傳。其後祔祀黃寶姑。

嘉義縣

龍湖巖	在縣轄赤山堡六甲莊。鄭氏時，諮議參軍陳永華建，其前有潭曰龍湖，花木幽邃，稱勝境。乾隆元年，六甲莊人文超水、漆林莊人蔡壯猷募款重建，並祀延平郡王。
碧雲寺	在縣轄哆囉嘓堡之火山。康熙十四年，僧參徹自福建來，住錫龍湖巖，偶至此地，以其山林之佳，遂闢茅結廬，奉龍湖巖之佛祀之，朝夕誦經，持戒甚固。附近莊人，乃謀建寺，曰大仙巖。嗣命其徒鶴齡居之，又建一寺於玉案山之腹，後祀如來，而前奉延平郡王神位。乾隆五十五年二月，參徹沒，眾葬之寺前，建浮屠。五十六年，邑人洪志商募修。嘉慶二十四年，子爵王得祿重修。

鳳山縣

雙慈亭	在縣治，俗稱大廟，建於乾隆初年。道光八年，重修。前祀觀音，後祀天后，故曰雙慈。
寧靖王廟	在縣轄維新里。竹滬莊田爲王所闢，薨後與元妃羅氏合葬於此，佃人建廟立像祀。至今莊人猶稱老祖，每年以七月二十七日、九月二十五日致祭。廟前古榕兩株，蔭大數畝，境極清閟。
超峰寺	在縣轄嘉祥外里崗山之上。舊志以崗山樹色爲邑八景之一。雍正間，有僧紹光者，結茅於此。乾隆二十八年，知府蔣允君乃建爲寺。
興隆寺	在舊治龜山之麓，則興隆里，康熙三十三年建。
元興寺	在縣轄打鼓山之麓。乾隆八年，僧經元募建。光緒十七年，火。
清水巖寺	在縣治之南，則鳳山也。縣志稱鳳山有十三勝，而清水巖其一。道光十四年，鄉董簡立募建。

澎湖廳

水仙宮	在媽宮澳渡頭。康熙三十五年，右營游擊薛奎建。光緒元年，媽宮街商人重修。
觀音亭	在媽宮澳。康熙三十五年，右營游擊薛奎建。法人之役，佛像被毀。光緒十七年，總兵吳宏洛捐修。
地藏廟	在媽宮澳武忠之祠畔。
眞武廟	在媽宮澳。乾隆五十六年，通判蔣曾年、副將黃象新等捐修。光緒元年，董事高其華重修。
祖師廟	在廳治東三里許，祀清水巖祖師。廳志云：「康熙間，有僧自泉州清水巖至此，不言其名，爲人治病有神效，不取藥資，酬以錢米亦不受，去後，里人思之，立廟祀。」
眞人廟	祀保生大帝，各澳多建廟。
將軍廟	在八罩嶼網垵。神之姓名事跡無考。澳之得名，亦因此廟。府志云：「豈隋開皇中虎賁陳稜略地至此，因祀之歟？」按將軍澳之名已久，是此廟應建於明代，惜無文獻足徵爾。
大王廟	一在八罩嶼，一在龍門港，一在通梁澳。各澳亦有。澎湖紀略以爲金龍大王之類，亦土神也。西嶼之神尤著靈異，海船出入，必備牲醴，投之海中祀之。

臺灣府（附郭臺灣）

天后廟	在府治大墩街。

彰化縣

慶安宮	在縣治東門內，嘉慶二十二年建，祀吳眞人。
定光廟	在北門內，乾隆二十七年，北路營副將張世英建，祀定光佛。
威惠宮	在南門內。雍正十年，漳籍人士合建，祀開漳聖王。
開化寺	在北門內。雍正二年，知縣談經正倡建，祀觀世音，爲彰化最古之寺。
虎山巖	在燕霧上堡白沙坑莊。乾隆十二年，里人賴光高建。虎巖聽竹爲邑八景之一。
清水巖	在武東堡許厝莊。乾隆初建，寺在大武郡山之麓，丘壑林泉，頗饒幽趣，故清水春光爲邑八景之一。

雲林縣

沙連宮	在縣轄東埔臘街。咸豐六年十一月，生員劉漢中倡建，祀明延平郡王，規模宏敞，香火甚盛。光緒十三年，生員劉士芳等重修。又一在林圮埔街。
廣福宮	在縣治西南，祀開漳聖王。光緒十九年，紳士陳一尊修。
吳鳳廟	在縣轄嘉義東堡社口莊。嘉慶二十五年，莊人楊秘等建，祀阿里山通事吳鳳，事見列傳。光緒十八年，邑人請列祀典，未准。
三山國王廟	在縣治南隅，粵籍九莊合建。

臺北府（附郭淡水）

霞海城隍廟	原在大佳臘堡八甲街，爲霞海人合建。咸豐三年，械鬥，街燬，移建於大稻埕。
龍山寺	在艋舺街西南。乾隆三年建，爲府治最古之寺。嘉慶二十年，地震悉圮，再建。
慈聖宮	在大稻埕。同治五年，郊商合建，祀天上聖母。
保安宮	在大佳臘堡大隆同街。
惠濟宮	在芝蘭一堡石角莊之芝山巖。乾隆五十三年，芝蘭莊人吳慶三等建，祀開漳聖王。其地小邱獨立，石蹬數十級，闢一門，右有片石刻「洞天福地」四字。
文昌祠	在惠濟宮之傍。道光二十年，里人潘定民建，祀文昌。
劍潭寺	在芝蘭一堡劍潭之畔。臺灣志略謂：「潭有樹，大可數抱，相傳荷人插劍於樹，故名。」鄭氏之時，華人之居此者，結茅祀佛。至乾隆三十八年，僧榮華募資新建。
西雲巖寺	在八里坌堡觀音山之麓，曰獅頭巖。乾隆三十三年，胡林獻地建寺，一名大士觀。山高二千餘尺，中峰屹立，自遠望之，宛如觀音趺坐。寺外有反經石二，其一形如馬鞍，每置羅經盤於上，則子午針反向爲卯酉，故名。
文昌廟	在擺接堡枋橋莊。同治二年，莊人林維源建。
廣濟宮	在擺接堡枋寮莊。雍正間，開墾之人合建，爲該堡最古之廟。
慈祐宮	在興直堡新莊街。康熙二十五年建，祀天上聖母。
文昌廟	在興直堡新莊街。嘉慶十八年，縣丞曾汝霖捐建。
武聖宮	在興直堡新莊街。乾隆二十五年，貢生胡焯猷建，祀漢壽亭侯關羽。
先嗇宮	在興直堡二重埔莊。乾隆二十一年建，祀先農。
龍山寺	在縣轄滬尾街。乾隆間建，規模頗大。光緒十二年，巡撫劉銘傳奏請賜匾，御書「慈航普度」四字，懸於寺中，今存。

福祐宮	在縣轄滬尾街。乾隆間建，祀天上聖母。光緒十二年，巡撫劉銘傳奏請賜匾，御書「翼天昭佑」四字，懸於廟中，今猶存。
慈生宮	在芝蘭二堡唭里岸莊。永曆二十三年，龍溪、同安兩縣來此之人合建，祀五穀大帝、三官大帝、天上聖母、福德正神，爲縣轄最古之廟。蓋該地原爲番地，故移墾之人建廟祀神，以祈景福也。乾隆四十四年，水災毀塌，莊人重建。其後疊修。
三將軍廟	在芝蘭二堡嗄嘮別莊關渡。康熙五十四年，莊民合建，祀鄭氏部將中提督劉國軒、左武衛何祐、智武鎮李茂，以其有功北鄙也。每年四月十七日致祭，香火頗盛。
關渡宮	在芝蘭二堡關渡，祀天上聖母，俗稱關渡媽祖，香火頗盛。康熙五十六年，漳、泉興化之人合建。乾隆四十七年，重建。
寶藏巖	即石壁潭寺，在拳山堡，下臨新店溪，境絕幽靜。康熙間，郭治亨捨園爲寺，與康公合建。其後治亨之子佛求則爲寺僧。

新竹縣

長和宮	在縣治北門口街。乾隆七年，同知莊年、守備陳士挺合建，祀天后。嘉慶二十四年修。
水仙宮	在長和宮之側。同治二年，郊商捐建，祀夏禹。
地藏庵	又稱嶽帝廟，在東門後街。道光八年，同知李愼彝、守備洪志宏倡建，祀地藏菩薩並東嶽大帝。
天公壇	在東門內。咸豐元年建，祀玉皇上帝。
北極殿	在竹北一堡蘆竹莊。道光九年，林功成倡建，祀玄天上帝。
金闕殿	在竹北一堡客雅莊。乾隆間建，祀玉皇上帝，後祀三官。
慈天宮	在竹北一堡北埔莊。先是金廣福設隘墾田，嘗祈神佑，至咸豐三年乃建廟，中祀釋迦，配以天上聖母、神農大帝、文昌帝君、三山國王諸神，而旁祀淡水同知李嗣業、墾首姜秀鑾、姜榮華三人。同治十二年修。
文昌祠	在竹北一堡新埔莊。道光二十三年，舉人陳學光倡建，祀文昌，春秋致祭，並爲鄉人士文社。

文武廟	在竹南一堡大南埔莊。道光二十五年建，祀漢忠義侯關羽。
文林閣	在竹北一堡高梯莊。光緒二年建，祀文昌，爲鄉中學宮。
五穀大帝廟	在竹南一堡五穀王莊。嘉慶二年，業戶張徽陽等倡建，祀神農。
三山國王廟	在竹北一堡樹杞林莊。嘉慶十五年，開墾粵人建。同治九年修。此外尚有數處，均爲粵莊所祀。
三聖宮	在竹南一堡頂街頭莊。咸豐四年建，祀開漳聖王、開臺聖王、保生大帝。
龍鳳宮	在竹南一堡草店尾街，祀王審知，稱開閩聖王。按審知，河南固始人，唐末爲福建觀察使，帥軍入閩平亂，封瑯琊王，固始人從之者眾。唐亡，天下俶擾，遂自立，稱閩王。臺多漳、泉人，故祀之。
褒忠廟	在竹北二堡枋寮莊，稱義民亭。先是朱一貴、吳福生等役，各縣俱建義民祠，春秋致祭。而林爽文之役，莊人赴義而沒者頗多，詔賜褒忠之額，乃建此亭。五十三年，林先押等建廟，以祀粵籍義民，並祀三山國王。同治二年，巡撫徐宗幹晉「同心報國」之額。光緒十四年，巡撫劉銘傳亦晉「赴義捐軀」之額。
集義亭	在竹北二堡新埔莊。光緒三年建，祀死事義勇。
褒忠祠	在竹南一堡頭份莊。光緒十年，頭份以南百二十莊人張維垣等捐資萬金合建，祀朱一貴、吳福生、林爽文等役死事義勇。
軍大王廟	在竹北一堡埔尾莊。同治六年，莊人建，以祀先民，無以名之，而稱爲軍大王。按此地原爲番界，瘴癘披猖，而我先民冒危難，闢土田，以殞歿於斯者，不知凡幾，故後人建廟祀之，以妥其靈，亦以追念遺烈也。光緒十五年重建。
萬善廟	在竹北一堡大窩莊。先是咸豐五年，莊人建於三重埔莊，以祀拓殖番地而死之人。光緒三年，改建於此。
竹蓮寺	在南門巡司埔，祀觀世音。先是移民初至，僅建小剎，其後業戶王世傑乃捐地以建，爲新竹最古之寺。道光五年，紳士林紹賢修之。迨同治五年，紳士莊榮陞、湯奇才等又募捐重建。
金山禪寺	在竹北一堡金山面莊。乾隆五十年，郭、陳、蘇三姓始設隘防、事開墾，結茅祀佛，以祈福佑。咸豐三年，乃建寺曰香蓮庵。同治間，復建之，以寺前有泉，稱靈泉寺，又名金山禪寺。

臺灣通史卷二十三　風俗志

連橫曰：六藝，聖人之書也。是故禮以節人，樂以發和，書以道事，詩以達意，易以道化，春秋以道義。撥亂世反之正，莫近於春秋。春秋之時，王熄詩亡，孔子傷焉，故爲其書，以究天人之際，通古今之變，其用弘矣。夫拘於天者，不足以治人。泥於古者，不足以制今。風俗之成，或數百年，或數十年，或遠至千年。潛移默化，中於人心，而萃爲群德，故其所以繫於民族者實大。夫夏人尚忠，殷人尚質，周人尚文，一代之興，各有制作。是故食稻者其人柔，食麥者其人剛，食稷者其人狹。所食不同，而秉氣異焉。臺灣之人，中國之人也，而又閩粵之族也。閩居近海，粵宅山陬，所處不同，而風俗亦異，故閩之人多進取，而粵之人重保存。唯進取，故其志大、其行肆而或流於虛；唯保存，故其志堅、其行陜而或近於隘。是皆有一偏之德，而不可以易者也。緬懷在昔，我祖我宗，橫大海、入荒陬，臨危禦難，以長殖此土，其猶清教徒之遠拓美洲，而不忍爲之輿隸也。故其輕生好勇，慷慨悲歌，十世之後，猶有存者。此則群德之不墜，而有繫於風俗焉，豈小也哉！

歲時

立春之前一日，有司豫塑春牛，置於東郊之外。至日往迓，謂之迎春。男女盛服觀，衣香扇影，雜喧滿道。春牛過處，兒童爭摸其耳，或鞭其身，謂可得福。迎春如在歲首，尤形鬧熱，宛然太平景象也。

元旦，各家先潔室內，換桃符，舖設一新。三更後，開門祀神，燃華燭、放爆竹，謂之開春。次拜長上，晉頌辭。出門訪友，投刺賀。見面，道吉祥語。客至，饗以甜料檳榔，一品即行。親友之兒女至，以紅線串錢贈之，或百文、數十文，謂之「結帶」。是日各家皆食米丸，以取團圓之意。或絕葷，祀井門竈。爆竹之聲，日夜不絕。

初二日，祭祖於家。新婚者以是早往外家賀春，設宴饗之。婿歸，贈以儀。

初三日，出郊展墓，祭以年糕甜料。自是日至暮春，播間之地，往來不絕。

初四日，備牲設醴，燒紙馬，謂之「接神」。市肆始開門貿易。

初九日，傳爲玉皇誕辰，各街演劇致祭。自元旦至望日，搢紳之家，多設筵宴客，互相酬酢，蓋取春酒介壽之意。

元宵之夕，自城市以及鄉里，點燈結彩，大放煙火，競演龍燈。士女出游，笙歌達旦。各街多設廟會。而臺南郡治三山國王廟，則開賽花之會，陳列水仙數百盆，評其優劣，亦雅事也。赤崁筆談謂：「元宵，未字之女，偷折人家花枝竹葉，爲人詬詈，以爲異日必得佳婿。」此風今已無矣。

二月初二日，爲社公辰，各街多醵資致祭。群聚讌飲，謂之「頭衙」。而以十二月十六日爲尾衙。頭，始也；尾，終也；衙，集也；謂春東作而初集也，故鄉中尤盛。商賈亦然。

三月初三日，古曰上巳，漳人謂之三日節，祀祖祭墓。而泉人以清明祭墓謂之嘗墓；嘗，春祭也。祭以餑餅，治牲醴，掛紙錢，歸乃食之。餑餅以麪爲衣，內裹蔬肉。炸油者謂之春餅。嘗墓之禮，富貴家歲一行之，常人則兩、三年一行。婦孺歸時，各插榕枝於髻，以祓不祥。

三月十九日，傳爲太陽誕辰，實則有明思宗殉國之日也。以麵製豚羊，豚九頭，羊十六頭，猶有太牢之禮，望東祭之，帝出乎震也。家家點燈，欲其明也。亡國之思，悠然遠矣！

二十三日，天后誕辰。南北鄉人多赴北港晉香，粵莊尤盛。自春初至月杪，旗影鸞聲，相續於道。晉香之人，盜不敢劫，劫之恐神譴也。

五月初五日，古曰端午，臺人謂之午日節。插蒲於門，瀹艾爲湯，以角黍時果祀祖。婦女帶繭虎。以五色絲製鳥獸花果之屬，兒童佩之，謂可辟邪。沿海競鬥龍舟，寺廟海船皆鳴鑼擊鼓，謂之龍船鼓。從前臺南商務盛時，郊商各醵金製錦標，每標值數十金。先數日以鼓吹迎之，各選健兒鬥捷，觀者滿岸，數日始罷。

六月初一日，人家以米丸祀祖，謂之半年丸；或以望日行之。

七月初一日，謂之開獄門，各家致祭。自是日至月杪，坊里輪流普度，延僧禮懺，大施餓鬼。先放水燈，以照幽魂。尙鬼之俗，漳、泉爲甚。糜錢巨萬，牢不可破。

七月初七日，古曰七夕。士子供祀魁星，祭以羊首，上加紅蟳，謂之解元。値東者持歸告兆，以羊有角爲解，而蟳形若元字也。富厚之家，子女年達十六歲者，糊一紙亭，祀織女。刑牲設醴，以祝成人，親友賀之。入夜，婦女陳花果於庭，祀雙星，猶古之乞巧也。

十五日，謂之中元。臺人以清明爲春祭，中元爲秋祭，冬至爲冬祭，各祀其祖，必誠必腆。非是者幾不足以爲人子孫。

八月十五日，謂之中秋，各祭社公。張燈演戲，與二月初二日同；春祈而秋報也。兒童建塔點燈，陳列古玩。士子遞爲讌飲。製月餅，硃書元字，擲四紅奪之，以取秋闈奪元之兆。夜深時，婦女聽香，以卜休咎。

九月初九日，謂之重陽，以麻粢祀祖。兒童放紙鳶，繫以風箏。自朔日起，人家多持齋，曰九皇齋。泉籍爲尙。

十月十五日，謂之下元，人家有祀神者。

冬至之日，祀祖，以米丸粘門戶。前一夕，兒童塑雞豕等物，謂之添歲，猶古之亞歲也。

十二月十六日，祀社公，謂之尾衙。工人尤盛，以一年操作至是將散也。而鄉塾亦以上元開課，尾衙放假。外出之人，多歸家度歲。

二十四，治牲醴，焚紙馬，各祭所祀之神，謂之「送神」。至明年正月初四日，如前儀，謂之「接神」。翌日以爲天神下降，鑒察人間善惡，莫敢褻黷，語言必愼。

除夕之日，以年糕祀祖，並祭宅神門竈。以飯一盂、菜一盂，置於神位之前，上插紅春花，以示餘糧之意。先數日，親友各饋物。是夕燃華燭，放爆竹，謂之「辭年」。闔家圍爐聚飲，爐畔環錢，既畢，各取錢去，曰「過年錢」。陳設室內，以待新年。

宮室

臺灣宮室，多從漳泉。城市之中，悉建瓦屋，以磚壘墻，比鄰而居。層樓尚少，以地常震，故其棟梁必堅，榱桷必密，可歷百數十年而不壞。堂構之謀，其慮遠矣。

富厚之家，各建巨廈，環以墻。入門爲庭，升階爲室。大約一廳四房，房爲兩廂。廳之大者廣約一丈八尺，上祀神祇，或祀祖先，可爲慶賀宴饗之用。房之左，長輩居之，婢僕居於兩廂。合族而處者，則巨廈相連，旁通曲達也。

鄉村之屋，架竹編茅。亦有瓦屋，土墼爲墻，久而愈固。棘籬環之，以畜雞豚，所謂五畝之宅也。前時墾地之人相聚而居，外築土圍，以禦番害，故謂之堡。而澎湖則處於水隈，故謂之澳；所謂四隩既宅者也。澎湖近海，築墻皆用硓砧，生於水濱，似石而脆，螺蚌巢之，亦可煆灰，價廉用廣，取之不竭。以船載來，府治亦有用者。

臺灣雖產材木，而架屋之杉，多取福建上游，磚瓦亦自漳、泉而來。南北各處間有自燒，其色多赤。屋脊之上，或立土偶，騎馬彎弓，狀甚威猛，是爲蚩尤，謂可壓勝。而隘巷之口，有石旁立，刻「石敢當」三字，是則古之勇士，可以殺鬼者也。

臺之富家少建庭園，或於宅內略植花木。然如臺南府治吳氏之園，亭臺水石，布置甚佳；而飛來峰尤勝。壘石爲山，幽邃曲折，雖居城市之中，而有丘壑之趣。若竹塹林氏之潛園，則爲一時觴詠之地，文酒風流，及今已泯。而霧峰林氏之萊園，依山築室，古木蕭森，頗有自然之妙也。

衣服

臺灣多燠，南北稍殊。夏葛冬裘，儘堪度歲，故無狐貉之需。而仕宦之帶來者，僅於迎春用之。然春日載陽，野花已放，負暄之獻，汗流浹背矣。

南北氣候，大甲爲界。大甲以下，愈南愈暖，至恆春而燠，故冬不衣裘。其上則愈北愈寒，基隆亦有積雪。今則人煙日盛，地氣爲溫。立夏以後，全臺俱熱，皆衣葛布矣。

地不種棉，故無紡績。尺縷寸帛，皆自外來。而男女多用素布，鄉村則尙青黑，以其不易緇也。青黑之布，各地自染，澣之不褪，外省之人甚珍重，以爲土宜。蓋以溪水清澄，白能受色也。沿海漁戶，悉以薯榔染衣，其色爲赭，渝水不垢。所業不同，則所服亦異，固可一望而知也。

綢緞之屬，來自江浙，紳富用之。建省以後，杭綾盛行，局緞次之。大都以藍爲袍，以玄爲褂。亦有怡紅公子，慘綠少年，爭華競美，月異日新，則五花十色，所尙不同矣。

海通以後，洋布大消。呢羽之類，其來無窮；而花布尤盛，色樣翻新，婦女多喜用之。若泉州之白布、福州之綠布、寧波之紫花布，尙消行於鄉村也。

衣服之式，以時而易。從前男子之衣，皆長過膝，袖寬四、五寸。自同治季年以來，衣則漸短而袖漸寬，有至一尺二寸者。今則漸復其初矣。

紅閨少婦，繡閣嬌娃，選色取材，皆從時尙。臺灣以紅爲瑞，每有慶賀，皆著紅裙，雖老亦然。嫠婦側室，則不得服，其禮稍殺。

男女成婚之時，先卜吉日，延福命婦人，以白布爲製衣袴，謂之「上頭服」，取其潔也。婚後收之，沒時以此爲殮。

漳泉婦女大都纏足，以小爲美。三寸弓鞋，繡造極工。而粵人則否，耕田力役，無異男子，平時且多跣足。粵籍業農，群處山中，其風儉樸，故衣青黑之布。婦女之衣，僅以本色爲緣，而袴相同。每出門，以黑布覆髻上，纏繞項後，俗不著裙，富家亦然，以其便於操作也。

沿海多風，近山多瘴，商工農漁皆裹黑布；而士子則戴小帽，衣長衣，有事必加短褂，彬彬乎儒雅之林也。

鞋襪之屬，皆求之市。前時多自漳泉配來，亦有本地製者。建省以後，漸尙上海之式，裝飾之物，莫不皆然。而搢紳之家，日趨奢美矣。

婦女首飾，多用金銀。一簪一珥，隨時而變。富家則尚珠玉，價值千金。纏足少艾，或以金環束腳，旁繫小鈴，丁冬之聲，自遠而至，月下花間，如聞環佩矣。

鬟髻之式，城鄉不同，老少亦異。垂髫之女，年十四、五，始有梳頭，或爲盤蛇之樣，或爲墜馬之形。而粵婦則高鬟燕尾，別饒風韻。

前時婦女出門，必攜雨傘，以遮其面，謂之「含蕊傘」；相傳爲朱紫陽治漳之俗。後則閣之如杖，尚持以行。而海通以後，改用布傘，以蔽炎日。

歸清以後，悉遵清制，而有三不降之約。則官降吏不降，男降女不降，生降死不降也。清代官服皆有品級，而胥吏仍舊。婚時，男子紅帽袍褂，而女子則珠冠霞佩，蟒襖角帶，端莊華麗，儼然明代之宮裝。若入殮之時，男女皆用明服，唯有功名者始從清制。故國之思，悠然遠矣！

飲食

臺灣產稻，故人皆食稻。自城市以及村莊，莫不一日三餐，而多一粥二飯。富家既可自贍，貧者亦食地瓜，可無枵腹之憂。地瓜之種，來自呂宋，故名番藷。沙坡瘠土，均可播植，其價甚賤，而食之易飽。春夏之間，番藷盛出，掇爲細絲，長約寸餘，曝日乾之，謂之藷纖，以爲不時之需。而澎湖則長年食此，可謂饋貧之糧也。藷之爲物，可以生食，可以磨粉，可以釀酒，可以蒸糕。唯長食者，須和以鹽，始可消化。若煮以糖者，僅爲茶點而已。

稻之糯者爲朮，味甘性潤，可以磨粉，可以釀酒，可以蒸糕。臺人每逢時歲慶賀，必食米丸，以取團圓之意，則以糯米爲之也。端午之粽，重九之粢，冬至之包，度歲之糕，亦以糯米爲之。蓋臺灣產稻，故用稻多也。

麥爲溫帶之產，臺灣較少。其麥粉多來自他省。近則多用洋粉，製餅作麵，皆粉爲之，消用頗宏。

歲時慶賀必用紅龜，象其形也。白者謂之饅頭，則喪祭爲之爾。糕餅之餡，多用豆，或以麻，或搗落花生爲末而和之。臺灣產糖，故食糖亦多也。

酒以成禮。祀神燕客，多用老酒，以朮釀之，味甘而酕；陳者尤佳，故曰老酒。市上可沽，然不及家釀之美。老酒之紅者用於嫁娶，取其吉也。村莊之間，或以地瓜爲酒，其味較淡。而番社則以黍釀之，親朋相見，以此爲歡。亦既醉止，載歌載舞，頗有太古之風。番俗凡有罪者，課其牛酒。一飲之後，嫌疑盡釋，故無用刑之罰。而漢人之與媾和者亦以牛酒。然番既嗜酒，酗飲之後，每至僨事。挾彈而出，殺人爲雄，其性然也。外省之酒，如北地之高粱、紹興之花朝，消用亦廣。海通以後，漸用洋酒，其數甚微，唯爲官紳酬酢之物，尚不至爲漏卮也。

臺灣之饌與閩粵同。沿海富魚蝦，而近山多麋鹿，故人皆食肉。饌之次者爲魚翅、爲鴿旦，皆土產也。盛宴之時，必燒小豚。而粵莊則殺貓，以其首饗貴客。閩粵之中各有佳肴，唯嗜之不同爾。

故例：禁殺耕牛，食之者寡。而談果報者且以食牛有罪。蓋以祀天祭聖，始用太牢，平日未堪食此，以其有耕田之勞也。凡宰牛者謂之牛戶，例須納稅；鄉間每私屠之。若遇祈雨、求晴之時，官必禁屠，而民間之建醮祀神者亦多斷葷，以寓齋戒之意。

檨爲臺南時果。未熟之時，削皮漬鹽，可以爲羞。或煮生魚，其味酸美，食之強胃。黃時汁多而甘，眾多嗜之。或以下酒，然非臺南人不知此味。赤崁筆談謂：「臺人以波羅蜜煨肉，鳳梨煮肺，亦海外奇製。」信不誣也。

番石榴，亦名奈茇，遍生郊野。盛出之時，初皮棄子，和以油糖，下鹽少許，煮而食之，亦可下飯。檳榔可以辟瘴，故臺人多喜食之。親友往來，以此相餽。檳榔之子色青如棗，剖之爲二，和以蔞葉石灰，啖之微辛，既而回甘。久則齒黑。檳榔之性，棄積消溼，用以爲藥。近時食者較少。盈盈女郎，競以皓齒相尚矣。檳榔之幹，其杪如筍，切絲炒肉，味尤甘美。臺人謂之「半天筍」。

臺灣果子最多。盛出之時，其價甚賤。而臺又出糖，故各處多製蜜餞。如新竹之萌薑，嘉義之梅李，鳳山之鳳梨糕，尤馳名。近數年來，旗後醫生林璣璋始以西法製鳳梨爲罐頭，售之他處。若能擴大規模，消用愈廣，亦利源也。

冠婚

成人之禮，男冠女笄，臺灣多以婚時行之。唯富厚之家，子女年達十六者，七夕之日，祀神祭祖，父師字之，戚友賀之。以紙製一亭，祀織女，以介景福。

議婚之時，媒氏送女庚帖於男家，書其年月日。三日內家中無事，然後訂盟。間有誤毀器物者，則改卜；亦古者問名之意也。

訂盟之日，男家以戒指贈女，附以糕餅之屬。母嫂親往，女奉茶。既定，女家留宴。或僅遣媒氏送之。

納采之禮，俗曰「插簪」。男家以金簪一對，繫朱絲，置於盒內，或用銀簪，視其貧富。具豚羊、糕餅、糖品、鮮花、老酒、大燭之屬，媒氏乘轎前導，鼓吹送之。女家酬以糕餅時果，若香蕉、鳳梨、芋頭、紅柑之類。各以其物，分饋親友。

納徵之禮，俗曰「完聘」。男家具婚書聘金，介以鳳冠、蟒襖、衣裳、繡靴、金鐲、珠花及大餅、糖品之屬，送至女家。又以錫製檳榔兩座，每座四葉，一書「二姓合婚」，一書「百年偕老」。女家收一，復婚書，以糕餅時果答之，又以紅帽、緞靴、袍褂、鞋襪及荷包、扇袋、書籍、筆硯之類饋婿。別以錫盒兩座，一植蓮蕉、一植石榴，以銀製榴實四顆，桂花數朵，繫紅絲纏繞枝頭，謂之連招貴子。男家種於庭際，以示昌盛。納徵之禮，略同納采。而臺南則同時行之。

請期之日，命媒氏送日課於女家，別具更儀。女家反之。更儀者，催粧之禮也。

親迎之日，卜吉而冠，擇戚屬少女父母兄弟俱存者爲賓，倣古者筮日筮賓之禮也。婿坐堂上，置冠履新衣於竹篩，以香薰之，袚不祥也。賓三梳婿髮而加之冠，三加之義也。既冠，拜先祖，告廟也。次拜父母，無父母者主婚者代之，醮以酒，申戒辭，倣醮席也。次拜諸父兄長，皆答之，重成人也。是時女亦行笄禮，如前儀，唯賓用童子。既畢，設筵以餞，女首坐，父母兄弟姊妹以次陪。酒三巡而徹。凡冠笄之禮，俗曰「上頭」。先以糯米磨爲大丸，上點以紅，分饋親友。是日合家食之，以取團圓之意。

親迎之時，婿具衣冠，乘大轎，圍紅綵。媒氏先導，鼓吹從之。以朋輩四人爲燦行，兩童子提燈，兩童子鳴鑼，皆乘轎。沿途放爆竹，雖遇官長不令避焉。凡納徵親迎，名具禮盤，一人肩之先行，以爲贄。盤內置豚、羊肩各一，鹿脯兩片，明筋兩束，冬瓜冰糖各數片，紅酒兩瓶。女家收之，答以糕餅時果之屬。唯親迎易鹿脯爲鴨，鴨形如雁，以行奠雁之禮。

婿至女家，駐轎於庭，款燦行者於別室。女弟三致茶湯，婿具儀答之。次致荷包，答以練裙，贈女弟以花炮。女盛粧出廳，父醮以酒，母命之，立於堂中，向外而拱者三。婿答之。母爲著練裙，父蒙以帕。婿退。花轎進門，紫姑扶女登轎，樂作而行。以兩童子提宮燈，乘轎前，媵婢從之。女家放爆竹，閉門，以示不歸之意。非親迎者，婿俟於堂，禮稍殺。

花轎之後，蓋以竹篩，朱畫八卦，避不祥也。既至，少駐於庭。一童子以盤奉雙柑，請新人出，婿揖之，女拱手答拜。紫姑扶出。預請福命婦人攜新人手，以一手擎竹篩覆之。足履紅氈，婿並行，直入洞房。以竹篩置床上，案上置銅鏡一。交拜訖，婿爲揭帕，並坐案前，燃華燭，飲合巹酒。翌日，紫姑歸婦家傳語，告成婚也。男家以鮮花、糖包饋之。

三日，廟見，拜祖先，成婦道也。次拜舅姑，坐而受之。次拜伯叔諸母，立而答之。衆就坐，新婦獻茶，致履襪之屬以爲贄，分卑幼以荷包，各答以儀。既畢，宴新婦於堂，諸母姊妹陪之。姑酌酒，數巡，徹席，送婦家。引新婦入廚房，親井臼，理蘋蘩之事。是日，婦家以食物餽女，命女弟致之，轉致之姑。別以首飾香奩之屬饋女。女弟乘轎往，鼓吹前導。婿迎入，坐於堂左，獻茶。少頃，導入房，俗曰「探房」，宴之。婿及新婦饋以儀，媼翁母亦饋之，又答以糕餅柑蕉之屬。

旋車之期，臺南以第四日。而各屬或以五、六日，七、八日。先期外父母具柬，命女弟請之。婿與女偕來，鼓吹前導。至家，女先入，婿從之，合拜先祖，次拜外父母及諸父諸母。各具贄，反之。分卑幼以儀，受而不報。就坐，獻茶。少頃開宴，婿居左。宴女於內，亦居左。畢辭歸，外母率眷屬出見，婿揖之。外父以席送婿家，報前貺也。饋婿以儀及米糕、糖豆、大餅、紅桃、時果之屬，又以雛雞兩對置轎中，婿家畜之，以寓蕃衍之意。

凡新婚，戚友致賀。以三日宴女賓，四日宴男賓。數月之後，兩家有慶，乃具筵相宴，是爲會親之禮。

喪祭

父母病篤，置床堂左，謂之「搬舖」，易簀之義也。既絕，乃哭，披髮袒臂，跣足擗踊，少須分告戚屬。既嫁之女，聞喪即歸，望閭而哭。越日乃殮。

將殮，梳沐襲衣含飯，設坐堂中，備物以祭，謂之「辭生」。既畢，子女扶就殮，憑棺哭，親友臨弔。

設靈於堂，早夜哭，朝夕上飯。七日一祭，謂之一旬。七旬卒哭，延僧禮懺，入夜徹靈。凡喪視家之有無，或三旬而徹、或百日而徹。卑幼之禮稍殺。

三旬之日，女婿祭之，以祭品分致戚屬。而親友之奠者，多在卒哭。

謝弔以夜，孝男具喪服，一人持燈，至門，免冠拜。置帖門縫，不敢見也。分胙於人，謂之「答紙」。

除靈之時，收魂帛於匣，祭時乃啓。期而小祥，再期而大祥，朔望朝夕奠哭，禫猶素服，餘哀未忘也。

凡葬於卒哭之後者，前三日舉哀，朝夕奠，曰「開堂」。親友畢弔，曰「辭堂」。厥明，移柩舉奠，出門，魂轎香亭之屬畢具，以一人在前放紙，鼓樂從之。富家或糊方相，裝鬼卒，謂之「開路神」，至墓焚之。親友白衣送，或祭於道左，謝以帛。將至，孝男跪謝。親友返，各謝以帛。葬之時，孝男撮土。既畢，題主、設祭而返。至家，設坐以祭。三日，至墓謝土。

大祥以二十四月爲期。而臺人有計閏扣除者，謂死者無閏。唯縉紳家乃遵制行之。忌辰必祭，生日亦祭。富厚之家且有演劇置酒者，謂之「陰壽」，戚友亦具禮賀之，非禮也。

清明之日，祭於宗祠。冬至亦然。祭畢飲福。小宗之祠，一族共之。大宗則合同姓而建，各置祀田，公推一人理之，或輪流主之。凡祀田不得私自變賣。無宗祠者祭於家。家祭之禮，載於歲時。泉人日中而祭，漳人、潮人質明而祭。

演劇

演劇爲文學之一，善者可以感發人之善心，惡者可以懲創人之逸志，其效與詩相若。而臺灣之劇，尚未足語此。臺灣之劇，一曰亂彈；傳自江南，故曰正音。其所唱者，大都二簧西皮，間有崑腔。今則日少，非獨演者無人，知音亦不易也。二曰四平，來自潮州，語多粵調，降於亂彈一等。三曰七子班，則古梨園之制，唱詞道白，皆用泉音。而所演者，則男女之悲歡離合也。又有傀儡班、掌中班，削木爲人，以手演之，事多稗史，與說書同。夫臺灣演劇，多以賽神。坊里之間，醵資合奏。村橋野店，日夜喧闐。男女聚觀，履舄交錯，頗有驩虞之象。又有採茶戲者，出自臺北，一男一女，互相唱酬，淫靡之風，侔於鄭衛，有司禁之。

歌謠

臺灣之人，來自閩粵，風俗既殊，歌謠亦異。閩曰南詞，泉人尚之；粵曰粵謳，以其近山，亦曰山歌。南詞之曲，文情相生，和以絲竹，其聲悠揚，如泣如訴，聽之使人意消。而粵謳則較悲越。坊市之中，競爲北管，與亂彈同。亦有集而演劇，登臺奏技者。勾闌所唱，始尚南詞，間有小調。建省以來，京曲傳入。臺北校書，多習徽調，南詞漸少。唯臺灣之人，頗喜音樂，而精琵琶者，前後輩出。若夫祀聖之樂，八音合奏，間以歌詩，則所謂雅頌之聲也。

臺灣通史卷二十四　藝文志

臺灣三百年間，以文學鳴海上者，代不數睹。鄭氏之時，太僕寺卿沈光文始以詩鳴。一時避亂之士，眷懷故國，憑弔河山，抒寫唱酬，語多激楚，君子傷焉！連橫曰：吾聞延平郡王入臺之後，頗事吟詠。中遭兵燹，稿失不傳。其傳者北征之檄，報父之書，激昂悲壯，熱血滿腔，讀之猶爲起舞，此則宇宙之文也。經立，清人來講，書移往來，曲稱其體；信乎幕府之多士也。在昔春秋之際，鄭爲小國，聘問贈答，不失乎禮，齊、楚、秦、晉莫敢侵凌。孔子曰：「子產有辭，諸侯賴之」；此則文章之有益於國也。清人得臺，耆舊多物故。光文亦老矣，猶出而與韓又琦、趙行可、鄭廷桂等結詩社，所稱福臺新詠者也。其時臺灣初啓，文運勃興，而清廷取士，仍用八比，士習講章，家傳制藝，茆塞聰明，汨沒天性，臺灣之文猶寥落也。連橫曰：我先民非不能以文鳴也。我先民之拓斯土也，手耒耜、腰刀銃，以與生番猛獸相爭逐，篳路藍縷，以啓山林，用能宏大其族；艱難締造之功，亦良苦矣。我先民非不能以文鳴，且不忍以文鳴也。夫開創則尚武，守成則右文。昔周之興，陳師牧野，一戎衣而天下定。及成康繼統，棫樸作人，制禮作樂，爲後王範。漢高以馬上得天下。陸生曰：「陛下以馬上得之，能以馬上治之乎？」故漢之文章亦卓越千古。臺灣當鄭氏之時，草昧初啓，萬眾方來。而我延平以故國淪亡之痛，一成一旅，志切中興。我先民之奔走疏附者，兢兢業業，共揮天戈，以挽虞淵之落日。我先民固不忍以文鳴，且無暇以文鳴也。

夫以臺灣山川之奇秀、波濤之壯麗、飛潛動植之變化，可以拓眼界、擴襟懷、寫游蹤、供探討，固天然之詩境也。以故宦游之士，頗多撰作。若孫元衡之赤崁集，陳夢林之游臺詩，張湄之瀛壖百詠，皆可誦也。光緒十五、六年，灌陽唐景崧來巡是邦，道署舊有斐亭，景崧葺而新之，輒邀僚屬爲文酒之會，臺人士之能詩者悉禮致之。揚風扢雅，作者雲興。既而景崧升布政使，就任臺北。臺北初建省會，游宦寓公，簪纓畢至。景崧又以時集之，潤色昇平，一時稱盛。

臺灣固無史也。康熙三十三年，巡道高拱乾始纂府誌，略具規模。乾隆二十九年重修，其後靡有續者。各縣雖有方志，而久已遺佚，或語多粗漏，不足以備一方文獻。光緒十八年，臺北知府陳文騄、淡水知縣葉意深稟請纂修通志，巡撫邵友濂從之，設總局於臺北，以布政使唐景崧、巡道顧肇熙爲監修，陳文騄爲提調，通飭各屬，開局採訪，以紳士任之。二十一年，略成，續進總局。猝遭割臺之役，戎馬倥傯，稿多散失，其存者亦唯斷簡而已。

初，海東書院藏書頗富，至是亦遭兵燹，而臺灣之文獻亡矣。今但列其書目與其作者，以供後人之考求焉。

藝文表（一）

臺灣府志十卷	康熙三十三年，巡道高拱乾輯。
重修臺灣府志二十卷	乾隆六年，巡道劉良璧輯。
續修臺灣府志二十五卷	乾隆十一年，巡道六十七輯。
新修臺灣府志二十六卷	乾隆二十九年，巡道覺羅四明輯。
臺灣縣志十卷	康熙六十年，知縣王禮輯。
重修臺灣縣志八卷	乾隆十七年，知縣魯鼎梅輯。
新修臺灣縣志八卷	嘉慶十二年，知縣薛志亮輯。
鳳山縣志十二卷	康熙五十八年，知縣李丕煜輯。
重修鳳山縣志十二卷	乾隆二十九年，知縣王瑛曾輯。
諸羅縣志十二卷	雍正二年，知縣周鍾瑄輯。
彰化縣志十二卷	道光十二年，知縣李廷璧輯。
噶瑪蘭志略十四卷	道光十七年，通判柯培元輯。
噶瑪蘭廳志八卷	道光十九年，通判薩廉輯。

淡水廳志八卷	同治九年，同知陳培桂輯。
澎湖廳志十五卷	光緒十九年，同安林豪輯。
右方志十五種，凡二百卷	

藝文表（二）

臺灣志稿□卷	臺灣王喜撰。
淑齋詩文集四卷	臺灣陳鵬南撰。
剛齋集二卷	臺灣張從政撰。
通虛齋集二卷	臺灣王克捷撰。
半石居詩草一卷	臺灣曾日唯撰。
草廬詩草二卷、東寧游草一卷	臺灣黃仁撰。
東寧自娛集一卷	臺灣陳斗南撰。
半嵩集四卷	臺灣章甫撰。
鶴山遺集六卷	臺灣陳思敬撰。
達五齋家誡四卷、海內義門集四卷、小滄桑外史二卷、風鶴餘錄二卷、歸田問俗記四卷	嘉義陳震曜撰。
陶村詩集二卷	彰化陳肇興撰。
戴案紀略二卷、施案紀略一卷、讓臺記二卷	彰化吳德功撰。
偷閒集一卷	淡水陳維英撰。

石房樵唱一卷	淡水施鈺撰。
淡水廳志稿四卷、北郭園集十卷	淡水鄭用錫撰。
靜遠堂詩文抄三卷	淡水鄭用鑒撰。
潛園琴餘草二卷、潛園唱和集二卷	淡水林占梅撰。
一肚皮集十八卷、三長贅筆十三卷、經餘雜錄十二卷、小草拾遺一卷	淡水吳子光撰。
周易義類存編三卷、易義總論一卷、古今占法一卷、觀潮齋詩集一卷	淡水黃敬撰。
周易管窺四卷	淡水楊克彰撰。
讀史劄記二十四卷、竹里館詩文集	淡水彭培桂撰。
晁湖居筆記四卷、傍榕小築詩文集四卷	淡水彭廷選撰。
新竹採訪冊十二卷、十癖齋詩文集	新竹陳朝龍撰。
竹梅吟社擊鉢吟四卷	新竹陳瑞陔輯。
偏遠堂詩集二卷	新竹鄭如蘭撰。
越南紀略四卷、炎荒紀程四卷、香祖詩草一卷	澎湖蔡廷蘭撰。
鳳山採訪冊八卷	鳳山盧德嘉撰。
雲林採訪冊十卷	
臺東採訪冊五卷	
右臺灣人士著書四十種，凡二百零三卷	

藝文表（三）

臺灣輿圖考一卷、草木雜記一卷、流寓考一卷、臺灣賦一卷、文開文集一卷、文開詩集一卷	鄞縣沈光文撰。
福臺新詠一卷	沈光文輯。
島噫詩一卷、島居隨錄二卷	同安盧若騰撰。
靖海記二卷、平南事實一卷	晉江施琅撰。
臺灣郡志稿六卷、臺灣雜記一卷、山川考略一卷、海外集一卷、蓉洲文集一卷	無錫季麒光撰。
郊外集一卷	鐵嶺沈朝聘撰。
東寧唱和詩一卷	季麒光、沈朝聘合撰。
臺灣紀略一卷	長樂林謙光撰。
海上紀略一卷、鄭氏紀事一卷、稗海紀游一卷、番境補遺一卷	仁和郁永河撰。
平臺紀略一卷、東征集六卷	漳浦藍鼎元撰。
游臺詩一卷	漳浦陳夢林撰。
赤崁筆談四卷、番俗六考一卷、番俗雜記一卷	大興黃叔璥撰。
巡臺錄一卷	浮山張嗣昌撰。
臺灣風土記一卷	衡陽劉良璧撰。
臺灣采風圖考一卷、番社采風圖考一卷、使署閒情一卷	滿洲六十七撰。
瀛壖百詠一卷	錢唐張湄撰。
婆娑洋集二卷	仁和范咸撰。

澄臺集一卷	長州莊年撰。
赤崁集四卷	桐城孫元衡撰。
桴園詩一卷	丹霞吳藁撰。
碧浪園詩一卷	輪山楊宗城撰。
澎湖志略十二卷	江夏胡格撰。
澎湖志略續編二卷	三水蔣鏞撰。
澎湖紀略一卷	安岳周于仁撰。
小琉球謾誌十卷	邵武朱仕价撰（內分六編：曰泛海紀程、曰海東紀勝、曰瀛厓漁唱、曰海東賸語、曰海東月令、曰下淡水寄語）。
海東札記二卷	武陵朱景英撰。
東瀛祀典一卷	貴陽蔣允焄撰。
臺灣志略三卷	濟寧尹士俍撰。
噶瑪蘭說略一卷、東游詩草一卷	馬平楊廷理撰。
蛤仔難紀略一卷	閩縣謝金鑾撰。
東槎紀略四卷	桐城姚瑩撰。
渡海前記一卷、渡海後記一卷、東溟文集二卷	南通徐宗幹撰。
治臺必告錄八卷	大興丁日健輯。
六亭文集四卷、臺灣守城私記一卷	德化鄭兼才撰。
臺灣隨筆一卷	徐懷祖撰。

臺北紀事一卷	丹陽胡應魁撰。
東瀛載筆二卷	馬克惇撰。
臺灣小記一卷	龔柴撰。
臺灣番社考一卷	鄺其照撰。
搜篋拾遺一卷	龍溪石福祚撰。
臺灣地輿圖說二卷	新建夏獻綸撰。
東瀛識略八卷	無錫丁紹儀撰。
海音詩一卷	侯官劉家謀撰。
臺灣雜記一卷	湘陰黃逢昶撰。
訓番俚言一卷	寶應王凱泰撰。
化番俚言一卷	揭陽吳光亮撰。
日本窺臺始末一卷、開山記四卷	樂平袁聞柝撰。
巡臺退思錄三卷	岳陽劉璈撰。
潛園寓草一卷	閩縣林維垣撰。
草草草堂詩草二卷	海寧查元鼎撰。
臺陽聞見錄六卷、澄懷園唱和集二卷、詩畸四卷	善化唐贊衮輯。
東海集一卷	安溪林鶴年撰。
臺灣思慟錄一卷	思慟子撰。

右宦游人士著書八十種，凡一百六十卷

臺灣通史卷二十五　商務志

易曰：「日中爲市，致天下之民，聚天下之貨，交易而退，名得其所。」皇古以還，其來尚矣。連橫曰：臺灣爲宇內奧區，農礦虞衡，名蘊其利。商務之盛，冠絕南海。當宋之時，華人已至北港貿易，其詳雖不可考，然已開其端矣。方是時，馬來人之居此者，勢力忽漲，漸事遠略，駕竹筏渡大海，以與呂宋通商，轉售於內山之番，其物猶有存者。荷蘭爲商務之國，略地殖民，以侵東海。明天啓二年，據澎湖。四年，復據臺灣，與中國貿易，語在開闢志。初，荷人設東印度公司，經略爪哇，不用一兵、不碎一艦，而得數千里之地，握其海權，以肆蠶食，一時無敢抗衡。而臺灣亦隸於公司之下。土田初墾，一歲三熟。出口之貨，糖約十五萬盾，米十萬盾，羽毛齒革之屬多售日本，年亦數萬盾。而日本幕府方嚴海禁，唯許荷人貿易，故商務獨大。荷制吏祿薄，不足用，各自爲商，博私利，以與民爭，而賦稅又重。日人以先來之故，時與抵抗，其後遂有濱田彌兵衛之事。

永曆十五年，延平克臺，與民休息。整軍經武，以待時機，而財用不匱，以有海通之利也。初，芝龍駐安平，自爲堅艦，貿易於南洋群島。凡海舶不得鄭氏令旗者，不能來往。每舶例入二千金，歲入以千萬計，以此富敵國。及王入臺，而清廷方嚴海禁，沿海數千里，盡委而棄之，故得獨握其利。通飭金廈、銅山、達濠諸鎮，與民交易，無相詐虞。凡中國諸貨，海外之人皆仰給焉。故能以彈丸之島，而養七十二鎮之兵。苟非歲入充裕，其何以堪？諮議參軍陳永華又行屯田之制，內興殖產，而外飭軍實，故無患。二十八年，嗣王經命戶都事楊賢監督洋船，往賈暹羅、爪哇、呂宋。是時華人之在南洋者已數百萬，多遭異族苛待，而清政府不能保之，且以爲叛民，任其殺虐，破家蕩產，莫可籲訴。故延平有征伐呂宋之舉，而經亦有經略南洋之議也。使行其議，鎮撫華僑，用張國力，以開關外府，則群島皆我有也。而延平無祿，經亦早世，遂至跼蹐一隅，不能展布，豈非天哉！是年英國水師提督奉命東來。八月，駕兩夾舨至安平，求通商。經命禮官待之，許開安平、廈門，訂立條約。是爲英國通商之始。方是歐洲各國之在東海者，葡萄牙有澳門，西班牙有呂宋，荷蘭雖失臺灣，尚有爪哇，而東印度公司之勢未艾也。是諸國者，皆與臺灣貿易，歲率數十萬金。而日人之居臺者皆禮之，別以雞籠爲商埠，許其僑住。臺灣所用之銅，來自日本。德川幕府亦輒以寬永錢助餉，歲率數十萬貫。此則鄭氏通商之策也，其所以裨益於國計民生者甚大，故漳泉人爭附之。是臺灣者農業之國，而亦商務之國也。

清人得臺，漸開海禁。是年省議以鄭氏之時，販運白糖、鹿皮，擬照例歲辦鹿皮九千張、白糖二萬擔，往販外洋。下詢其事，諸羅知縣季麒光復以興販一項，實關國計；唯所用之船，不得不豫爲籌畫。前時鄭氏商船，現多停泊廈門，應請撥用。從之。四十二年，議准出洋商船，許用雙桅。於是漳泉商人貿易於東南洋者，逐年而多。而廷議以漳泉人民，希圖巨利，私販糧米；臺灣之人又時與呂宋之人來往，皆當嚴防。特召閩浙總督入京會議。五十六年，遂定往販南洋之禁，唯許外人互市。雍正五年，總督高其倬奏言：「閩省福、興、漳、泉、汀五府，地狹人稠，自平定臺灣以來，生齒日增。本地所產，不敷食用。唯開洋一途，藉貿易之贏餘，佐耕耘之不足，貧富均有裨益。從前暫議停止，今外國之船許至中國，廣東之船亦許至外國，彼此來往，歷年守法。應請開禁。」從之。臺灣商務爲之一進。洎乾隆間貿易甚盛，出入之貨歲率數百萬圓，而三郊爲之主。三郊者，南郊蘇萬利、北郊李勝興、糖郊金永順也，各擁巨資，以操勝算。南至南洋，北及天津、牛莊、煙臺、上海，舳艫相望，絡繹於途，皆以安平爲往來之港，而南之旗後，北之北港，亦時有出入。四十九年，許開鹿港。五十七年，又開八里坌港，以與泉州互市。而商務乃暫及臺北。及蔡牽之亂，大被劫掠，損失巨萬，一時遂爲停滯。嘉慶十四年春正月，福州將軍賽沖阿入覲，奏言：「漳、泉二郡向不產米，全仰臺灣。從前商販流通，食貨贍足，皆緣商船高大，梁頭有高至一丈數尺者，又准配帶炮位器械，間遇盜船，克資抵禦。近年洋匪不靖，恐其牽劫商船，梁頭不准過高；又恐炮械出洋，有接濟盜賊之事，不准攜帶。商船畏懼，無不裹足。間有出洋之船，多被擄劫。米石既資盜糧，船隻復爲盜有，是以商販不通，漳、泉米貴。刻下蔡牽勢已窮蹙，可否仍准用高大梁頭，並配帶火藥器械，則遇盜足以抵禦矣。」詔以「盜船接濟之源，最重食米。其劫掠既專注臺灣商販之船，則商販往來，首當防範。朕思兵船在洋勦賊，東追西逐，未能肅清。迨經嚴飭，又往往以海洋遼闊，未能遇賊爲詞。揆厥緣由，或係盜船畏懼兵威，望而卻走；或因兵船無可劫掠，故不駛近。若照賽沖阿所議，遽令改易大船，多帶火藥器械，又慮爲賊牽劫，所獲滋多。而商船出洋之後，更難保無不肖奸徒，陰爲接濟。此時欲求其有利無弊，莫若酌派兵船，與之同行。既可無慮盜劫，更可藉以攻勦。唯兵船、商船向來各有旗號，不如混爲一色。則盜船駛近，可以乘機注擊，並可剪縛巨魁。且商販流通，漳、泉得免米貴，而盜船無由接濟。此爲正本清源之道，但須妥議周詳，不致窒礙，方爲盡善。其速議奏。」於是乃定兵船護衛之法，而海寇亦漸平矣。

天津之約，許開臺灣互市。英、美、法、德相繼而來，派領事、劃租界、設商行、建棧房。輪船出入，次第漸興，而交涉亦愈繁。咸豐九年，設通商局於道署，由道辦之。置提調官二員、委員四員、翻譯官二員、稿案書二名、清書二名，以理租界商務，保護游歷、領事往來、教堂傳教以及華洋互訟之事。滬尾、雞籠、安平、旗後各設分局，駐委員。光緒十三年，藩署亦設通商總局，歸布政使，而臺南仍歸道。當是時，貿易雖少，而遞年增加。洎光緒十九年，竟至一千一百十七萬餘兩，可謂盛矣。蓋自劉銘傳巡撫以來，墾田治產，茶腦大興，運至歐美各埠。居民既多，幾至三百萬人，所需洋貨亦盛。出入足以相抵，且有溢過。故能百事俱舉，民戶殷庶。使長此以往，臺灣之富未可量也。

夫外國貿易，以英爲首，美德次之。英貨之多，以阿片爲最，每年四千箱，箱值五百圓，則爲二百萬圓。此則臺灣之漏卮也。臺南土產以糖爲巨，其始多配天津、上海。同治九年，旗後陳福謙乃自運至橫濱，歲率二、三萬擔，頗贏其利。十三年，又設順和棧於其地，以開臺糖販路。是爲臺人互市日本之始。是年，又以夾板裝糖三萬擔至英倫，以前此多由香港轉配也。光緒十一年，劉銘傳任巡撫，官山府海，大拓其利。十二年，設招商局於新嘉坡，委革職道張鴻祿、候補知府李彤恩偕赴南洋，考察商務，招徠華僑，以籌興物產。又購駕時、斯美兩輪船，航行上海、香港，遠至新嘉坡、西貢、呂宋。而飛捷、成利、萬年清三艘，則往來沿海及東南各省，運載貨物，無有積滯。夫欲興商務，必速交通。故內建鐵路，而外開航運，以啓闢地利。初，天津之約，許開淡水，而範圍廣漠。凡淡水河所至之地，皆可互市。其時竹塹置廳之地，亦稱淡水。而清廷臣工昧於地理，荒忽訂約。淡水德領事欲擴商權，銘傳知之，乃以城外之大稻埕爲商埠，瀕河而居，可通航運。遂說富戶林維源、李春生合建千秋、建昌二街爲市廛，內外茶商多僦之，其後日盛。十三年，邀江浙商人集資五萬兩，設興市公司，創建城內之石坊、西門、新起諸街，以棲商賈，治大路，行馬車。聘日本人鑿井，曰自來水，汲者便之。翼年，設電汽燈，燃煤爲之，凡巡撫、布政各署機器局及大街均點之。而大稻埕鐵橋亦以是年成，費款七萬餘圓，上利行人，而下通船舶。設機爲紐，可以啓閉。當是時，省會初建，冠蓋雲集，江浙閩粵之人，多來貿易。而糖、腦、茶、金出產日盛，收鳌愈多。其後遂改招商局爲通商總局，以董其事，而臺灣商務乃日進矣。

各國立約通商表

英吉利	咸豐八年五月十六日，天津條約第十一款。
法蘭西	咸豐八年五月十六日，天津條約第六款。
美利堅	咸豐八年五月初八日，天津條約第十四款。
俄羅斯	咸豐八年五月初三日，天津條約第三款。
布魯士	咸豐十一年七月二十八日，天津條約第六款。
丹　墨	同治二年五月二十八日，北京條約第十一款。
荷　蘭	同治二年八月二十四日，北京條約第二款。
西班牙	同治三年九月初十日，北京條約第五款。
比利時	同治四年九月十四日，北京條約第十一款。
義大利	同治五年九月十八日，北京條約第十一款。
奧大利	同治八年七月二十六日，北京條約第八款。
日　本	同治十年七月二十九日，天津條約第一款。

臺灣外國貿易表

年分	滬尾及基隆（兩）	安平及旗後（兩）	合計（兩）
同治二年	二四七、三六六	三四七、八六七	五九三、二三三
三年	六五九、八八一	九二七、四〇五	一、五八七、二八六
四年	七一〇、六二八	一、八九三、四五五	二、六〇四、〇三八
五年	八六二、二五四	一、八六二、三一三	二、七二四、五六七
六年	七八二、三三九	一、八三二、六四八	二、六一四、九八七
七年	八二二、八四六	一、二九六、六七九	二、一一九、五二五
八年	七五九、六五七	一、五三七、七九六	二、二九七、四五五
九年	九八五、七六六	二、一四四、八九九	三、一三〇、六五五
十年	一、二三九、八二〇	二、二七七、九六一	三、五一七、七八二
十一年	一、四九三、九四四	二、一五九、二八〇	三、六五三、二二四
十二年	一、四四五、九一〇	一、八二九、八九八	三、二七五、八〇八
十三年	一、六二六、九四五	二、三〇三、二二九	四、二六六、一〇一
光緒元年	一、八四二、二二一	二、二七九、四七〇	四、一二一、六九一
二年	一、四一〇、三七〇	二、六九八、三二〇	五、一〇八、六九〇
三年	二、七六六、五九五	二、八三七、七一四	五、五九八、三一一
四年	三、〇八九、三〇九	二、四九三、三八三	五、五八二、六九二
五年	三、六三三、一八六	三、七五〇、九二五	七、三八四、一一一

六年	三、九二六、九九五	四、五二七、五四四	八、四五四、五三九
七年	四、一六五、八八〇	四、〇五九、三一一	八、二二五、一九一
八年	四、〇一八、七二三	三、一七〇、六六七	七、一八九、三九〇
九年	三、五六一、六八二	三、七七二、九九六	七、三三四、六七八
十年	三、六五三、四一六	三、〇八四、六〇八	六、七三七、四八四
十一年	四、五三七、四六五	二、四七八、六八一	七、〇一六、一四六
十二年	五、四六二、五〇三	二、五八三、六二五	八、〇四六、一二八
十三年	五、六四一、九九〇	二、七六二、五三八	八、四〇四、五二八
十四年	五、七〇一、一八五	二、八六二、〇二〇	八、五六三、二〇五
十五年	五、二九四、七九六	二、七四六、四六四	八、〇四一、二六〇
十六年	五、五七九、七一三	三、五七五、七二三	九、一五五、四三六
十七年	五、三五二、五五四	三、一三一、二六〇	八、四八三、八一四
十八年	五、七九六、二八四	二、九三二、三一一	八、七二八、五九五
十九年	七、八八〇、二〇四	三、二九五、八六九	一一、一七六、〇七三

臺灣糖出產表

年次	出口斤數	自用斤數	合計斤數
同治九年	五九、七四五、二〇〇	一七、九二三、五六〇	七七、六六八、七六〇
十年	五八、三八五、四〇〇	一七、五一五、六二〇	七五、九〇一、〇二〇

十一年	六二、八八二、三〇〇	一八、八六四、六九〇	八一、七四六、九九〇
十二年	五〇、七四六、八〇〇	一五、二二四、〇四〇	六五、九七〇、八四〇
十三年	六八、六二七、〇〇〇	二〇、五八八、〇〇〇	八九、二一五、〇〇〇
光緒元年	四八、八八九、六〇〇	一四、六七五、二〇〇	六三、五六四、八〇〇
二年	八八、〇五四、六〇〇	二六、四一六、三八〇	一一四、四七〇、九八〇
三年	六〇、八〇六、〇〇〇	一八、二四一、八〇〇	七九、〇四七、八〇〇
四年	四一、三六八、四〇〇	一二、四一〇、五二〇	五三、七七八、九二〇
五年	七六、五三五、九〇〇	二二、九六〇、七七〇	九九、四九六、六七〇
六年	一〇六、四一四、六〇〇	三一、九二四、三八〇	一三八、三三八、九八〇
七年	七五、四八九、二〇〇	二二、六四六、七六〇	九八、一三五、九六〇
八年	六一、三四五、四〇〇	一八、四〇三、六二〇	七九、七四九、〇二〇
九年	七七、五七三、一〇〇	二三、二六一、九三〇	一〇〇、八三五、〇三〇
十年	九六、七一六、八〇〇	二九、一五〇、四〇〇	一二五、八六七二〇〇七
十一年	三五、八九八、〇〇〇	一六、七六九、四〇〇	七七、六六七、四〇〇
十二年	三九、〇一五、五二二	一一、七〇四、六五六	五〇、七二〇、一七七
十三年	五五、四四八、八〇〇	一六、六三四、六四〇	七二、〇八三、四四〇
十四年	六五、五六七、八〇〇	一九、六七〇、三四〇	八五、四二八、一四〇
十五年	五七、〇一三、五〇〇	一七、一〇四、〇五〇	七四、一一七、五五〇
十六年	七二、三一八、一〇〇	二一、六九五、四三〇	九四、〇一三、五三〇

十七年	五六、九九九、〇〇〇	一七、〇九九、七〇〇	七四、〇九八、七三〇
十八年	六〇、一一〇、一〇〇	一八、〇三三、〇三〇	七八、一四三、一三〇
十九年	五一、〇六七、〇八八	一五、三二〇、一二六	六六、三八七、二一四
二十年	七三、五五七、四〇〇	二二、〇六七、一二〇	九五、六二四、六二〇

此表據海關造報及外人著書而列之，唯中有可疑者，則光緒六年自用之額爲三千一百九十二萬餘斤，而十二年降爲一千一百七十萬餘斤；僅以六年之間，銳減約三分之一，似有不當。夫糖市之盛衰，雖係收成之豐歉，而以臺人用糖程度計之，每人年約五斤，則全臺三百萬人應用一千五百萬斤，故以此額而推算臺灣產糖，表之於後。

臺灣產糖推算表

年次	斤數
同治九年	七四、七四五、二〇〇
十年	七三、三八五、四〇〇
十一年	七七、八八二、三〇〇
十二年	六五、七四六、八〇〇
十三年	八三、六二七、〇〇〇
光緒元年	六三、八八九、六〇〇
二年	一〇三、〇五四、六〇〇
三年	七五、八〇六、〇〇〇

四年	五六、三六八、四〇〇
五年	九一、五三五、九〇〇
六年	一二一、四一四、六〇〇
七年	九〇、四八九、二〇〇
八年	七六、三四五、四〇〇
九年	九二、五七三、一〇〇
十年	一一一、七一六、八〇〇
十一年	七〇、八九八、〇〇〇
十二年	五四、〇一五、五二一
十三年	七〇、四四八、八〇〇
十四年	八〇、五六七、八〇〇
十五年	七二、〇一三、五〇〇
十六年	八七、三一八、一〇〇
十七年	七一、九九九、〇〇〇
十八年	七五、一一〇、一〇〇
十九年	六六、〇六七、〇八八
二十年	八八、五五七、四〇〇

臺灣糖出口表

年次	擔數
同治九年	五九七、四五二
十年	五八三、八五四
十一年	六二八、八二三
十二年	五〇七、四六八
十三年	六八六、二七〇
光緒元年	四八八、八九六
二年	八八〇、五四六
三年	六〇八、〇六〇
四年	四一三、六八四
五年	七六五、三五九
六年	一、〇六四、一四六
七年	七五四、八九二
八年	六一三、四五四
九年	七七五、七三一
十年	九六七、一六八
十一年	五五八、九八〇
十二年	三九〇、一五五

十三年	五五四、四八八
十四年	六五五、六七八
十五年	五七〇、一三五
十六年	七二三、一八一
十七年	五六九、九九〇
十八年	六〇一、一〇一
十九年	五一〇、六七〇
二十年	七三五、五七四

臺灣通史卷二十六　工藝志

連横曰：吾讀考工記，而知古人制作之精也。輪人爲轂，輿人爲軫，輈人爲輈。一車之成，各致其藝，通工合作，其用溥矣。夫人能群者也，群故能相生，相生故能相養；不生不養，群乃日渙。渙則離，離則爭奪，而群德敗矣。古者聖人之治天下也，設耒耜以耕之，結網罟以漁之，建宮室以居之，畫衣冠以差之，作弓矢以威之，制鐘鼓以和之。利用厚生，使民不慝，道乃大備。後儒不察，以爲形而上者謂之道，形而下者謂之器，談空說玄，維精維一。而所以福國益民者，乃置而弗講，其道廢矣。秦漢以來，史家相望，而不爲工藝作志，余甚憾之。夫鍾律量衡之設官，陶匠梓輿之相變，進化之跡，可以類推。泰西文明，後於中夏。東來舊法，致效愈宏。降及近代，汽電併用，工藝之巧，乃可以侔神明而制六合。黃人不慧，自亡其制。是故周公之指南車，公輸子之飛鳶，張衡之渾天儀，諸葛亮之木牛流馬，藝術之士不能由而傚之，以發皇光大，而且賤之爲器。器亡而道何存？可不痛哉！臺灣爲海上荒島，其民皆閩粵之民也，其器皆閩粵之器也。工藝之微，尚無足睹。然而臺郡之箱，大甲之席，雲錦之綢緞，馳名京邑，採貢尚方，則亦有足志焉。夫大輅成於椎輪，岑樓起於尺礎。後之視今，能不愈於今之視昔乎？故紀其梗概，以資參考。若夫開物成務，則有俟於後之君子。

紡織

臺灣天氣和燠，厥土黑墳，最宜蠶桑。而開闢以來，尚少興者。臺人習尚奢華，綢緞紗羅之屬，多來自江浙；棉布之類消用尤廣，歲値百數十萬金。其布爲寧波、福州、泉州所出。商船貿易，此爲大宗。鄭氏之時，曾籌種棉，以自紡織，而封略初建，其議未行。雍正元年，漳浦藍鼎元上書巡臺御史吳達禮以論治臺事宜，其一條云：「臺地不種蠶桑，不種棉苧，故其民多遊惰。婦女衣綺羅，粧珠翠，好遊成俗。則桑麻之政不可緩也。制府滿公撫閩時，嘗著蠶桑要法，繪十二圖，頒行郡縣。臺土寛曠，最宜樹桑，可倣而行之。漳泉多木棉，俗謂之吉貝，可令民於內地收其核，赴臺種之，並令廣種麻苧，織紝爲冬夏布。婦女有蠶桑紡績之務，則勤儉成風，民可富而俗可美也。」然其後至道光之間，蠶桑之業尙未有行。蓋以臺地肥沃，播稻植蔗，獲利較宏。沿山之園始種麻苧，安、嘉爲多，新竹次之。配至汕頭、寧波，用以織布，乃再配入，而臺人不能自績也。鳳山縣轄素產鳳梨，刈葉繅絲，可織夏布。而臺人亦不能自績也。唯以鳳梨之絲配至汕頭，轉售潮州，歲率十數萬圓。臺地多暑，夏布用宏，而不能自給。天然之利，遺之於人，可謂昧矣。

咸豐初，江南大亂，有蔡某者爲南京織造局工，始來郡治之上橫街，織造綢緞紗羅，號曰「雲錦」。木質柔紉，花樣翻新，渲染之色，歷久不褪。銷路甚廣，馳名各省，凡入京者多以此爲土宜。然其絲仍取之江浙，尙未能自給也。蔡某既死，傳之其子，以爲世業。同治初，廣東人凌定國爲城守營參將，深以臺灣蠶桑有利，自廣東配入其種，租屋於做篾街，延工飼蠶，種桑東門之外。蓋以臺桑葉小，不宜養育，故移其佳種也。然初辦之時，頗小成效，或蠶多而桑少，或桑豐而蠶稀。經營數年，損失不資，其事遂廢。光緒元年，開山之議既成，臺東亦設官分治，兵民漸至。巡道夏獻綸乃命戍兵種棉，以興地利。而臺東多雨，棉每腐敗。及劉銘傳任巡撫，日以興產爲務。十五年十月，委雲林知縣李聯奎等赴江浙、安徽各省，搜集蠶桑之種及其栽飼之法，編印成書，頒與人民，大爲獎勵。又購棉子，通飭廳縣曉諭農家播種。於是淡水富紳林維源樹桑於大稻埕，以籌養蠶之業，一時頗盛。迨銘傳去，而事亦止矣。初，雲錦織造綢緞，既聞京邑，光緒大婚之時，內廷命臺灣布政使採貢，爲款數萬圓。帳褘衣褥之屬，皆能照圖織成。內庭大悅，以爲江浙官局所織猶有遜色。雲錦得此令譽，不能擴大其業，子孫游惰，日就式微，能不惜哉！當是時竹塹福林堂尼素蓮亦設織機，以資衣食。素蓮姓黃氏，少失偶，持齋守節，與其徒共事紡織。所出之布，人爭購之。臺灣之番能自織布，以苧雜樹皮爲之，長不滿丈。臺人購以爲袒，善收汗。而水沙連番婦以苧麻雜犬毛爲紗，染以茜草，錯雜成文，謂之「達戈紋」。道光中，大甲番婦始採藺草織席，質紉耐久，可以卷舒，漢人多從之織。於是大甲席之名聞遠近。其上者一重價至二、三十金。大甲人以此爲生，至今不替。

刺繡

臺灣婦女不事紡織，而善刺繡。刺繡之巧，幾邁蘇杭。名媛相見，競誇女紅。衣裳裁紉，亦多自製。綠窗貧女，以此為生。故有家無儋石，而纖纖十指，足供饔飧。近唯淡水少女爭學歌曲，纏頭有錦，而女紅廢矣。臺南婦女尤善造花，或以通草，或以雜綵。一花一葉，鮮艷如生。五都之市，則有售者。

雕刻

雕刻之術，木工最精；臺南為上，而葫蘆墩次之。嘗以徑尺堅木，雕刻山水、樓臺、花卉、人物，內外玲瓏，栩栩欲活。崇祠巨廟，以為美觀，故如屏風、床榻、几案之屬，每有一事，輒值百數十金。蓋選材既佳，而掄藝亦巧。唯雕玉刻石，尚不及閩、粵爾。

繪畫

繪畫為文藝之一。開闢以來，善畫者頗不乏人；而臺南郡治之火畫，其技尤精。南郡附近多檳榔，每取其籜為扇。畫者又選其輕白者，以線香燃火灶之。四體之書，六法之畫，靡不畢備。又鑲以錦緣，飾以牙柄。每把可售數金，或數百錢，視其精粗為差。西洋人士購之餽贈，以為臺灣特有之技。然臺灣之中，唯臺南有售，餘則罕見也。

鑄造

臺灣鑄造鐵器，前由地方官舉充，藩司給照。通臺凡二十有七家，謂之「鑄戶」。所鑄之器，多屬鍋、鼎、犁、鋤，禁造兵，慮藉寇也。同治十三年，欽差大臣沈葆楨奏請解禁。然鑄造小刀者，各地俱有，唯淡水之士林最佳。又臺灣產金，故婦女首飾多用金。一簪一珥，極其精巧。而臺南所製銀花，質輕而白，若牡丹，若薔薇，若荷，若菊，莫不美麗。故西洋士女購之，以爲好玩，或以餽贈也。

陶製

鄭氏之時，諮議參軍陳永華始教民燒瓦。瓦色皆赤，故范咸有赤瓦之歌。然臺灣陶製之工，尚未大興。盤盂杯碗之屬，多來自漳泉，其佳者則由景德鎮，唯磚甓乃自給爾。鄉村建屋，範土長方，厚約二寸，曝日極乾，壘以爲壁，堅若磚，謂之土墼，費省數倍。光緒十五年，有興化人來南，居於米市街。範土作器，以售市上，而規模甚少，未久而止。唯彰化有王陵者，善製煙斗，繪花鳥，釉彩極工，一枚售金數圓。次爲臺南郡能治之三玉，其法傳自江西。而王陵且能製瓶罍之器，亦極巧。惜乎僅爲玩好之物，不與景德媲美也。

煆灰

灰有兩種：曰蠔灰，曰石灰。沿海之地多種牡蠣，臺人謂之蠔，取其房燒之，色白，用以堊牆造屋，而近山一帶，則掘石煆之，價較廉。

燒煉

山居之民，採伐雜木，積火燒之，而取其灰，煮煉。煉有二種：固者曰煉砣，用以合染；流者曰煉油，可調食，色黃有毒，助消化。燒煉之木，以山蕉貫眾爲佳，亦有配出。

竹工

嘉義產竹多，用以造紙，銷用甚廣。編爲器具，亦用宏。而水沙連之竹，徑大至尺餘，縛以爲筏，可渡大洋，淩濤不沒，故沿海捕漁皆用之。竹工之巧者，爲床、爲几、爲籃、爲筐，日用之器，各地俱有。

皮工

臺南郡治之皮箱，製之極牢，髹漆亦固，積水不濡。次爲鹿港。售之外省，稱曰臺箱。臺地多皮，惜無製革之廠，以成各器，故但爲枕、爲鼓爾。

臺灣通史卷二十七　農業志

連横曰：古人有言，一夫不耕，或受之饑。是故國以民爲本，民以食爲天，則農業重矣。臺灣爲海上荒島，古者謂之毗舍耶，梵語也。毗爲稻土，舍耶莊嚴之義，故又謂之婆娑世界。是臺灣者爲農業之樂國，而有天惠之利也。然土番狉榛，未知耕稼，射飛逐走，以養以生，猶是圖騰之人爾。及宋之時，始通貿易。元、明以來，移民漸至。崇禎間，熊文燦撫閩，值大旱，謀於鄭芝龍，乃招饑民數萬人，人給銀三兩，三人與一牛，載至臺灣，令其墾田築屋；秋成所穫，倍於中土。以是來者歲多。荷人既至，制王田，募民耕之。所產之物，米、糖爲巨；以其有贏，販運中國，遠至日本、南洋，歲值數十萬金。鄭氏因之，改爲官田，又布屯田之制。漳、泉、惠、潮之民望風而至，拓地遠及兩鄙，所產愈豐。土地初闢，厥田上上，播種之後，聽其自生，不事耕耘，而收穫倍屣。餘糧棲畝，庶物蕃盈。民殷國富，故能以彈丸之島，拮抗中原也。

歸清以後，農業愈興。舊額正供徵穀九萬二千一百二十七石。至雍正十三年，新墾田園，增徵八萬零七十五石；而糖亦漸盛。三縣每歲所出之糖，約六十餘萬簍，每簍一百七、八十斤。青糖百斤值銀八、九錢，白糖百斤一兩三、四錢。全臺仰望資生，四方奔走，圖息莫此爲甚，故爲貿易之大宗。然自朱一貴平後，定聯䑸之法，非經數旬不能齊一。及至廈門，歸關盤查，一船所經，兩次護送、八次掛驗，俱須糜費。是以船難即行，運費貴而糖價賤矣。

當是時，彰化初建，淡水亦開，移住之民，盡力甽畝，而施世榜、楊志申之流，且投巨資，鑿陂圳，以大興地利。臺灣之溪，自山徂海，源遠流多，引水入渠，闢圳道之，蜿蜒數十里，以時啓閉，故無旱澇之患；而歲可兩熟。或於山麓壟畔，築陂於窪，積蓄雨水，以資灌溉；大者數十畝，而旱田有秋。其瘠者則種番藷、播山菁，故無凶年之患。

臺灣之地，以田育稻，以園植蔗。植蔗之後，可收兩年，改種雜穀，以休地力。而稻田則以水利之富，壅肥之厚，可歲歲耕也。上田一甲收穀百石，中七十石，下四十石，唯視其力之勤惰爾。

雍正九年，部定臺灣徵收正供之穀十六萬九千二百六十六石餘，支給戍臺兵米爲穀八萬九千七百三十石，例運督標兵米爲穀一萬五千五百七十石，福建兵眷、金廈兵米五萬五千二百十七石，又運福、興、漳、泉四府平糶之米十二萬二百八十七石。通計徵穀不敷起運，乃以四府穀價發臺，分給四縣，糴補足額，語在糧運志。先是雍正元年，巡撫御史黃叔璥以臺灣之米出口日多，恐其接濟洋盜；或以市價騰貴，慮生事端，奏請禁止。從之。於是漳、泉之民仰食臺米者，大形困苦。四年，閩浙總督高其倬奏言：「臺灣地廣民稀，所出之米，一年豐收，足供四、五年之用。民人用力耕田，固爲自身食用，亦圖賣米換錢。一行禁止，則囤積廢爲無用。既不便於臺灣，又不便於泉、漳。究竟泉漳之民勢不得不買，臺灣之民亦勢不能不賣。查禁雖嚴，不過徒生官役索賄私放之弊。臣查開通臺米，其益有四：一、泉、漳二府之民，有所資藉，不苦乏食；二、臺灣之民，既不苦米積無用，又得賣售之益，則墾田愈多；三、可免泉、漳、臺灣之民，因米糧出入之故，受脅勒需索之累；四、泉漳之民，既有食米，自不搬買福州之米，福民亦稍免乏少之虞。至開通米禁，有須防之處二端，亦不可不加詳慮。其一於冬成之時，詳加確查。若臺灣豐熟，即開米禁；倘年成歉薄，即禁止販賣。雖年歲稍豐，而一時偶有米貴情形，亦即隨時查禁。其一泉、漳之民，過臺買米者，俱令於本地方報明，欲往臺買米若干，載往某處販賣，取具聯保，詳報臣等衙門。即飛行臺灣及所賣之府縣，兩處稽查。如有不到，即係偷賣，必嚴懲聯保，究出本船之人，盡法重處。如此查防，自不至接濟洋盜矣。」疏入，從之。漳、泉之人深以爲善。然出口既多，市價自騰。已而頒定商船渡廈者，每船限載食米六十石，以防偷漏。漳、泉米少人眾，恃臺供給，一旦不足，粒食維艱。於是多至臺灣，歲率數萬人，半爲流民，坐而待食，米價遞起。乾隆七年，巡臺御史書山、張湄奏言：「臺灣雖稱產米之區，而生齒日繁，地不加廣；兼之比歲，雨暘不時，收成歉薄，蓋藏空虛。歷奉諭旨，臺民無不感激。唯是內地臣工未履其地，徒執傳聞。如御史陳大玠生長泉州，尚疑臺郡有岐視漳、泉之見。不知臺灣固爲東南之藩籬，八閩之門戶，而與漳、泉所係尤非淺鮮。臺灣四面俱海，舟楫相通，唯泉、廈爾。而泉、廈又山多地少，仰藉臺穀。是臺灣之米有出無入，猝有水患，非如他郡，可有鄰省通融、商賈接濟也。臣等蒙皇上畀以巡視重任，豈不知春秋嚴遏糴之戒？況全隸閩省版圖，原無彼疆此界，而於海口之米，不得不責成官吏，嚴其出入，實由事勢使然也。若任其運載透越，則臺穀指日可竭，而地方不能安謐，日後之漳、泉亦無從而仰藉矣。此臣工之籍隸漳、泉者，亦宜為久遠計，而毋徒務爭目前之利也。夫臺地之所出，每歲止有此數，而流民漸多，已耗其半，復有兵米、眷米及撥運福、興、漳、泉平糶之穀，以及商船定例所帶之米，則通計不下八、九十萬石。此則歲歲豐收，亦斷難望其如從前之價值平減也。是以臣湄同前任滿御史臣舒輅有請建府倉以裕民食之請，工部給事中楊二酉有先實臺倉之奏，臣等於上年十月，亦有請禁透越私渡之摺。即今閩省督撫二臣議復科道楊二酉等條奏，亦以臺倉之積貯不充則內地之轉輸易竭，海外設有緩急，他處難以接濟為慮。但督撫所議，今臺灣四縣貯粟四十萬石，恐一時買足，為數太多，為期太迫，應定三年之限，照數購買。而部臣議復，以採買倉穀，定例年歲豐稔，應全數採買，並無逾限三年之期。臣等伏思臺灣上年收成實止七分，既非豐稔，似不得全數採買。且楊二酉原奏，請先實臺倉，然後買運內地。該督撫等以內地兵糈民食，無從措辦，關係非小，仍請照舊撥運。部議既准其奏，而本處貯穀，又不寬其期限，未免米價更昂，轉於民食有礙，是不若督撫所請三年之議為得也。再楊二酉所稱內地發買穀價，僅三錢六分，或三錢不等，裝運腳費俱從此出。從前穀賤之年，原足敷用，今則不免賠累。嗣後必依時價運費發買。該督撫亦請以後按歲豐歉，酌量增減，所見相同。而部臣拘於成例，謂從前並無以歲之不齊，稍議加減，恐啓浮冒揑飾之端，是猶以從前之臺灣視今日也。查上年臺灣於收成之際，米價每石尚至一兩五錢，則穀價亦在七錢上下，與從前大相懸殊。可知原議穀價，即不論裝運腳費，已不抵時價之半。倘仍不議增，必致因循歲月，互相觀望。若勒以嚴限，迫之使趨，非縣令受賠償之累，即閭閻罹價短之苦。小民終歲勤勞，至秋成而賤賣之，既失皇上愛民重農之意，若使有司賠墊，勢必那移虧空，亦非皇上體恤臣下之心。伏乞准照督撫所議，按年豐歉，酌量價值，及時採買，庶於海外地方，實有裨益。」於是減運四府平糶之穀七萬二百八十七石，以實臺倉。而內地窮民無所得食，來者愈多。二十年始悉停運，來者益眾。遂侵越界石，爭墾番地矣。

臺灣熬糖之廍，謂之廍。一曰公司廍，合股而設者也；二曰頭家廍，業主所設者也；三曰牛犇廍，蔗農合設者也。每犇出牛三，為園九甲。一廍凡九犇，以六犇運蔗，三犇碾蔗，照鬮輪流，通力合作，其法甚善。各鄉莫不設之。製糖之期，起於冬至之前，清明而止。每甲竹蔗可得青糖六、七十擔。製糖之時，須用糖師。以蔗漿入鑊煮之，候其火色，入以石灰。俟糖將成，又投萆麻油，恰中其節，乃移於槽，以棍攪之，漸冷漸堅，是為青糖。最佳者曰「出類」，次曰「上斗」，又次曰「中斗」。又有白糖，其法以成糖時，入於碥內，下承以鍋，而受其汁，謂之糖水。上蓋以泥，約十四日，其色漸白。易泥蓋之，凡三次，悉白，唯下稍赤爾。白糖至佳者曰「頭擋」，色皎味香，從前盛消蘇州。次曰「二擋」，又次曰「三擋」，色稍遜而味甘。臺南郡治所製白糖，謂之「府玉」，馳名各埠。糖水再熬之糖曰「赤沙」，性涼可解毒，又以釀酒。白糖再熬成塊，剖而為片，甚堅若冰，謂之「冰糖」，亦曰「糖霜」，價較貴。歸清之後，部議歲採臺糖，諸羅知縣季麒光慮其病官損民，上書督撫，略曰：「白糖興販，關係軍需。在國賦為重，在民力為最難。二十四年，臺灣辦糖一萬一千石之額，派於臺灣縣者六千石，派於鳳山縣者一千五百石，派於諸羅縣者三千五百石。鳳、諸兩縣以車少糖虧，興販需時，皆挪移正項，重價購買。自知有累考成，不敢計及利害。但明年糖數又復倍增，六千石者將一萬二千石矣，一千五百石者將三千石矣，三千五百石者將七千石矣。查民間蔗車並未添設，若取足於民，斷不能使窮山荒海之殘黎，堪此重困。若取足於官，更不能使蹈險覆危之貧吏，勝此累賠。即立加參處，而終無所濟。卑縣等悉心籌畫，不得已欲照內地按田辦課。援今年漳、泉之例，計三縣田園之數，照甲勻辦，庶幾眾擎易舉。計按田辦糖，其便有三，而應議者亦有三。每田園一甲，出糖數十斤，給以部價，不致賠累；一便也。種蔗之園，有糖可完，不煩別買，未種蔗之田，零星買納，不須蔓辦，糖價不至頓昂；二便也。佃丁知今年之糖出之於田，明年不煩督勸，皆急公插蔗，糖額自敷；三便也。其所應議者：一、水田與旱田之分也。官佃田園多係水田，不宜插蔗，其收倍厚。文武官田皆屬旱地，雖可種蔗，其收甚薄。故鄭氏之糖，皆辦於水田之佃丁。今總計三縣水田幾何，應辦糖幾何？旱田幾何，應辦糖幾何？斯則難於均矣。一、官田與民田之分也。民田者，令佃耕無主之地，按甲而納糖，眾所願從。自將軍以下各自管耕督墾，即為官田，其數已去臺灣田園之半。今使之急公辦課，不特事難勢格、仰觸忌諱，即佃丁管事亦非縣令所能制。縱目前自認均辦，在民田竭蹶而供之，而官田之糖，臨時違誤，咎將誰任？一、官車與民車之分也。種蔗之人既豎車熬糖矣，若使之一無供辦，反可昂價轉售，是利歸車戶，而累及百姓也。查三縣民車舊額計五十張，而各衙門新立之車亦不下五十張。按車而責以一百石，在民車較今年之徵已省三分之一，即官車之糖，現有部價支領，誰敢阻撓？而佃丁亦不必拘每甲一石之議，可以少紓貧民衣食之資矣。卑縣臆見，以官車與民車均派、官田與民田勻辦，再爲分別水田、旱田之輕重，約計官民之車百張爲率，可得糖一萬石。官佃田園八千三百九十一甲，文武官田一萬六十二甲九分，就田勻派，以審乎輕重之宜，毋誤賦，毋厲民，立一時之計，垂萬世之規。則小民頌德，下吏沾仁，共爲不朽矣。」夫臺灣產糖，三縣爲多，彰化尚少。及至乾、嘉之際，貿易絕盛，北至京、津，東販日本，幾爲獨攬。郡中商戶至設糖郊，以與南北兩郊相鼎立，謂之三郊。挹注之利，沾及農家。年豐物阜，生聚日眾，一時稱盛。洎蔡牽之亂，俶擾海上凡十數年，帆檣斷絕，貨積不行，價乃愈落，而農家損矣。當是時，噶瑪蘭初啓，產米多，糖價亦漸復。續以英人之役，海上又警。自是以來，開口互市，暹羅、安南之米，爪哇、呂宋之糖，配入中國，以與臺灣爭利。然臺灣之地，漸拓漸廣。每年產米猶七、八百萬石，糖亦七、八十萬擔，運販各埠，尚得與之抗衡也。

顧自開口以後，外商雲集，臺北之茶因之而盛。臺灣產茶，其來已久。舊志稱水沙連之茶，色如松蘿，能辟瘴卻暑。至今五城之茶，尚售市上，而以崠頂爲佳；唯所出未多。臺北產茶近約百年。嘉慶時，有柯朝者歸自福建，始以武彝之茶，植於鰶魚坑，發育甚佳。既以茶子二斗播之，收成亦豐，遂互相傳植。蓋以臺北之地多雨，一年可收四季，春夏爲盛。茶之佳者，爲淡水之石碇、文山二堡，次爲八里坌堡。而至新竹者曰埔茶，色味較遜，價亦下。其始僅消本地；道光間，運往福州，每擔須納入口稅銀二圓，方可投行發賣。迨同治元年，滬尾開口，外商漸至。時英人德克來設德記洋行，販運阿片、樟腦，深知茶業有利。四年，乃自安溪配至茶種，勸農分植，而貸其費。收成之時，悉爲採買，運售海外。南洋各埠前消福州之茶，而臺北之包種茶足與匹敵。然非薰以花，其味不濃，於是又勸農人種花。花之芳者爲茉莉、素馨、梔子，每甲收成多至千圓，較之種茶尤有利。故艋舺、八甲、大隆同一帶，多以種花爲業。夫烏龍茶爲臺北獨得風味，售之美國，銷途日廣。自是以來，茶業大興，歲可値銀二百數十萬圓。廈、汕商人之來者，設茶行二、三十家。茶工亦多安溪人，春至冬返。貧家婦女揀茶爲生，日得二、三百錢。臺北市況爲之一振。及劉銘傳任巡撫，復力爲獎勵，種者愈多。時臺邑林朝棟方經營墾務，闢田樹木，爲永久計，亦種茶於乾溪萬斗六之山。未及十年，而朝棟解兵去，戎馬倥傯，剪伐殆盡，惜哉！

初，銘傳籌興物產，尤於大嵙崁水利，以資灌溉。當是時，大嵙崁新設撫墾，以其土沃，欲闢水田。光緒十三年，命德國工師墨爾溪往查水源，議鑿巨圳，以潤海山、桃澗等堡，未行而去。又以臺灣紡績，皆仰外省，歲需巨萬，亦勸農家種植桑棉，語在工藝志。故事：直省有司，歲以仲春之日，行藉田禮。銘傳自蒞任後，即率僚屬行之。集老農，詢豐歉，使課其子弟，盡力農功，勿荒勿嬉，勿爲淫辟，其勤勞者，則獎賞之，著爲例。夫臺灣農產，以米爲首，糖次之，茶又次之。其所以裨益國計民生者至深至大。管子曰：「倉廩實而知禮義，衣食足而知廉恥。」夫國之所恃者民爾，民之所重者農爾。故正其經界，薄其賦斂，平其輕重，勉其勸勞，使民得盡力於田疇而不有所奪，此其所以強也。

稻之屬

粳稻：即食米，有早晚，其種甚多：

白殼：粒長而大，蒸飯最香，十月收之。

烏殼：同白殼，唯皮略黑。

早占：種出占城，有烏占、白占兩種，粒小而尖，蒸飯最佳。清明種之，大暑可收。

埔占：米色略赤，種於園，八、九月收。

三杯：皮薄粒大，形如早占，可以久藏。早季以六月收，晚季以九月收。

花螺：有高腳、低腳二種，殼微斑，粒大。

清油：有大粒、小粒二種，又分白腳、紅腳兩類，早晚俱種。

銀魚草：早春種之，七十日可收，故又名七十日早。

圓粒：粒短而肥，種如埔占。

羌猴：粒長，有紅、白二種。
唐山：種出福建。粒長，皮薄，色白，味香。有二種：曰含穗，曰厚葉。煮粥極佳。
潤種：種出潤州。有三種：一曰高腳潤種，一曰低腳潤種，一曰軟枝潤種。播於水田，霜降後收。
　粒長，皮薄，色白，味香。
格仔：有高腳、低腳、紅腳三種，略同潤種，均米之佳者。
棉仔：粟尾有紅鬚，長五、六寸，不畏鹽水，可種海濱。
齊仔：種於瘠土，可以收成。乾隆間，始自中國傳入。
鳥踏赤：米微赤，略如齊仔，可種瘠土。
銀硃紅：外紅、心白，種後七十餘日可收。
園早：即陸稻，種後百餘日可收。
白肚早：米肚甚白，故名。

一枝早

安南早：種出安南。
呂宋早：種出呂宋。有赤、白二種，粒小而尖。播種同埔占，但不堪久藏。

萬斤獻

大伯姆：米白而大，種於窪田，水不能浸。

天來

大頭婆：粒圓，味香。
香稻：一名過山香，粒大倍於諸米，色極白，以少許雜他米蒸飯，盡香；稻之最佳者。
糯稻：即朮，用以釀酒，並製糕餌，其種亦多：
鵝卵：形如鵝卵，粒短，皮薄，色白，性軟；朮之最佳者。
鴨母潮：性黏，朮之佳者。

紅殼：有高腳、低腳兩種，一名金包銀，又名占仔朮，皮稍厚，米微赤，田園俱種。
虎皮：皮赤有紋，粒白而大。
芒花：皮微黑，大暑後種，霜降後收；朮之下者。
火燒：粒長，皮厚，色微褐。
豬油：有高腳、低腳二種，粒長，皮薄，色白。
葉下藏：粒長，皮稍厚，味香，色白。
烏占：粒長，皮薄，味香，色白，大暑後種，降霜後收；朮之佳者。
烏踏：略如烏占，朮之最佳者。
竹絲狀：米微綠，故名。
圓粒：有黑、白二種，田園皆可種，粒肥，皮薄，味香，色白，蒸糕最美。
番朮：粒大，土番種以釀酒。
紅米：色紅，味香，彰化、淡水有種之者。
烏米：色黑，味香，鳳山縣下有種之者。炒之微焦，用以代茶。

菽之屬

土豆：即落花生，有數種：曰大花，曰二花，曰鴛鴦，曰鈕仔。蔓生，花黃，結實土中，故名。種於沙園。澎湖最多，嘉、彰近海次之。用以搾油，銷用甚廣。或佐食，或以子煮糖充茶品，臺人莫不嗜之。
白豆：粒圓，又名珠豆。
黃豆：粒圓，以製豆腐。
黑豆：四、五月種，八、九月收，以造醬油甚甘，並爲鹽豉。
青仁豆：爲黑豆之類，皮黑，肉青，性溫。以火炒之，煎湯爲茶。

綠豆：正、二月種，四、五月收。性涼解毒，夏時多以充食，並為餅餡。
米豆：皮白，粒微彎。和米煮食，故名。八、九月收。
菜豆：白、紫兩種。莢長尺餘，蔓生下垂。秋時盛出。合莢炒之，佐食味美。紫者又名裙帶豆。
肉豆：即扁豆，亦名蛾眉豆。有青、白兩種，一穗十數莢，冬時盛出，煮以佐食。
黃莢豆：亦名皇帝豆。冬時盛出，一莢二、三子，煮食甚美。臺南產之。
虎爪豆：形如虎爪，故名。或稱莢仔豆。煮食亦美。
肥豬豆：莢長而碩，人無食者，飼豚易肥。
荷蘭豆：種出荷蘭。花有紅、白二種，冬時盛出。其色新綠，其味香嫩。

麥之屬

大麥：臺灣地熱，種麥較少。唯嘉、彰近海有種，用以充糧。
小麥：有兩種：一九月種，正月收；一十二月種，三月收。用以碾粉製麵。
蕎麥：出產亦少。

黍之屬

黍：穗垂粒細，番地多種。又有鴨蹄黍，穗如鴨蹄，故名。釀酒甚美。
蘆黍：高六、七尺，葉如蘆，故名。北方名為高粱。釀酒甚美。澎湖種以為糧。
玉蜀黍：一名番麥，高七、八尺，葉大如蔗，實若黃豆。各地俱種以充食。
芝麻：即胡麻。出產多，炒以搾油。性熱，或用以製餅餌，銷用甚廣。

稷之屬

稷：有細米、黃粟二種。番地及澎湖多種之，用以充食或釀酒。

枲之屬

苧：即紵。山地種之，一年四收。剝皮取絲，以績夏布，出口頗大。

麻：山地多生，取絲績布，幹可爇火。

藍之屬

山藍：亦名大青。山地多產，壅田甚肥。子售泉州，幹以爇火。

木藍：亦名小菁，種出印度，荷人移植。宜於高燥之地，一年可收三次。以製藍泥，每四百斤可得藍三十斤。

藷之屬

番藷：一名地瓜，種出呂宋。明萬曆中，閩人得之，始入漳、泉。瘠土沙地，皆可以種。取蔓植之，數月即生。實在土中，大小纍纍。巨者重可斤餘。生熟可食。臺人藉以爲糧，可以淘粉，可釀酒。其蔓可以飼豚。長年不絕，夏秋最盛。大出之時，掇爲細條，曝日極乾，以供日食。澎湖乏糧，依此爲生。多自安、鳳二邑配往。藷有數種：曰鷃哥，皮赤肉黃，爲第一；曰烏葉，皮肉俱白；曰青藤尾，曰雞膏，最劣。又有煮糖以作茶點，風味尤佳。

豆藷：蔓生，實如番藷，皮肉均白。切片炒肉，味如荸薺。

馬鈴藷：種出西洋，近始傳入，蒸食甚佳。

蔗之屬

竹蔗：皮白而厚，肉梗汁甘，用以熬糖。

紅蔗：皮紅而薄，肉脆汁甘，生食較多，並以熬糖。

蠟蔗：皮微黃，幹高丈餘，莖較竹蔗大二、三倍，肉脆汁甘，僅供生食。

茶之屬

包種茶：葉細味清，出口甚多。

烏龍茶：葉大味濃，出口甚多。

蓏之屬

西瓜：種自西域。沙地爲宜。色綠，其瓤有白、有紅，味甘性冷。臺南地熱，十月則熟。舊時入貢，園在小北門外。

王瓜：一名刺瓜，以皮有微刺。臺地早熟。

苦瓜：味微苦後甘，或名諫瓜。煮食甚佳，夏時盛出。

菜瓜：一名絲瓜。元宵種之，夏秋盛出。又有一種曰七葉瓜，蔓生，七葉則生，人家多樹架種之。

冬瓜：夏時最盛。大者二、三十斤，性涼，佐食。或切小條和糖煮之，以作茶點，消用甚多。

金瓜：一名南瓜。大如斗，皮黃，有瓣，肉亦黃，忌與羊肉合食。又有一種，大如碗，色紅可愛，僅供玩好。

涵瓜：有青、白兩種，夏時盛出。漬鹽佐食。又有纖小如指者，漬以豆醬，謂之醬瓜。臺南最佳。

匏：有兩種：一曰長匏，亦名臘條匏，長可三尺；一曰勁匏，亦名葫蘆匏。皆以佐食。而勁匏老則堅，剖以爲器。

葫蘆：別爲一種，較小，僅爲玩具，或以盛藥。

蔬之屬

薑：春種夏熟，山地最多。

芥：秋種冬熟，子製芥末。又有油芥子，可搾油。

蔥：有風蔥、香蔥、麥蔥三種。風蔥爲藥，可治風疾。

韮：四時俱有，秋初開花。
蒜：有軟莖、硬莖二種，味惡。
菘：即白菜。有兩種：一曰土白菜，味微苦；一曰山東白菜，種出山東，味甚肥美，冬時盛出。
芹：有水、陸兩種。
茄：有紫、白兩種。又有野生者，實黃如球，謂之黃水茄，不可食。
迦藍：俗稱隔藍菜。又有番迦藍，葉紫而硬，不可食。
菠薐：種出西域頗陵國，誤爲菠薐，或稱赤根菜，臺南謂之長年菜，以度歲須食之也。
莙薘：俗稱厚末菜。
冬荷：爲菊之類，味香。
莧：有紅、白二種，忌與鱉同食。
甕菜：種出東夷古倫國，以甕盛入，故名。水陸俱種。
蒝荽：種出西域，漢時傳入中土，俗稱㮇荽。葉小，莖柔細，根多鬚，味辛而香。
茴香：即小茴。葉如蒝荽，幹高數尺。
蘿蔔：俗稱菜頭。
高麗菜：種出高麗，傳入未久，其形如菘。
芋：有紅心、白心二種。又有紫紋者，曰檳榔芋，尤佳。
葮菼筍：種於塘沼，九月盛出。
萵苣：俗稱鍋仔菜。
辣椒：俗稱番薑，種出南洋。有兩種：曰雞心，粒小；曰羊角，粒長均以形名。味極辣。又有言
椒，粒大有稜，炒食甚美。
香菰：產於內山。
木耳：產於內山，集集爲多。

紫菜：產於海濱石上，澎湖為多。
滸苔：產於海濱石上。

果之屬

檨：即檨果，種出南洋，荷人移植，至今尚有存者。舊志以為傳自日本，非也。樹大合抱，花小微白，夏時盛出。有肉檨、柴檨、香檨三種。肉檨先出，味稍遜。柴檨最多，青者切片和醬代蔬，或漬鹽藏之以時，煮魚味尤酸美，可醒酒。黃者生食。內山則晒乾，用糖拌蒸，配售閩粵。香檨肉脆味香，最後出。又有牛心檨，大如牛心。產檨之地，臺南為多，彰化以北則少見。

梅：嘉義盛出，以製蜜餞。
桃：有甜桃、苦桃二種。又有水蜜桃，種自上海。
李：有紅李、黃李、血李、夫人李，而紅李為多。嘉義以製蜜餞。
柑：有仙柑、紅柑、盧柑、虎頭柑四種。紅柑佳者，以西螺為第一。虎頭柑實大皮粗，酸不可食。
橘：有金橘、月橘、四時橘。金橘以製蜜餞。月橘一年相續，或名公孫橘。
柚：有紅柚、斗柚、皮山柚、文旦柚數種。而文旦柚產於麻荳莊，皮薄肉白，汁多而甘如蜜，馳名內外。舊志不載。種之他處，則味不及。
橙：味酸，臺人謂之雪柑。
柿：嘉義、新竹出產較盛。有大小兩種。將熟時採下，針以煉油，數日肉軟，謂之紅柿。若浸以灰水，可棄澀，則肉黃爽若梨，謂之浸柿。八月盛出，或曝為柿餅。又有毛柿，種自西域。
梨：有鳥梨、牛心梨、樱包梨。
栗：雲林內山野生頗多，唯實較小。
棗：有酸棗、甜棗、紅棗。
椰子：鳳、恆二邑較多，臺東番社亦有種者。樹高數丈，直立無枝，結實纍纍。利用甚廣。其幹可以爲柱，葉可蓋屋，絲可索綯，肉可製餅，漿可釀酒，殼可作器。蓋爲熱帶之植物。樹之海濱，可以生財。

椎子：新竹內山，野生頗多。實如金橘，有紅點，帶皮可食。

橄欖：一名青果，出產未多。

油柑：實小如鈕，色微黃，味澀，漬鹽可食，能消食積。

黃彈：實如彈子，色黃味酸。

番柑：即檸檬。種出歐洲，荷人移植。大於橘，肉酸皮苦。夏時搗汁，和鹽入水飲之，可解暑渴。

楊梅：味遜漳、泉。

枇杷：新竹較多，以製蜜餞。

甘蜜：形如柑，煮糖以作茶點。

葡萄：出產不多，味亦遜。

薏苡：鳳山有種之者。

無花果：葉可作藥，棄毒收濕。

南無：或稱軟霧，譯音也。種出南洋，傳入臺灣未及百年，故舊志不載。樹高至三、四丈，葉長而大。春初開白花，多鬚，結實纍纍，大如茶杯。有大紅、粉紅、大白、小青四種。味甘如蜜。夏時盛出。臺南最多，彰化以北則少見。實曝乾煎茶，可治痢疾。

釋迦：種出印度，荷人移入。以子種之二、三年則可結實。樹高丈餘，實大如柿，狀若佛頭，故名。皮碧，肉白，味甘而膩。夏秋盛出。

菩提：一名香果，種出印度。葉如南無而薄，花白多鬚，實如臘丸，中空有子，味極香。夏時盛出。

波羅蜜：一名優鉢曇，種出印度，荷人移入。如安邑歸仁里舊社所種者，至今尚存。樹高數丈，實生於幹，纍纍若贅疣，大如斗，重至七、八斤。剖開其皮，肉黃有瓤，氣甚芳郁。每房有核，大如棗仁，可食。乾苞者液不濡，濕者則否。瓤可生食，以子煨肉，風味殊佳。全臺唯安、嘉二邑有此，他邑不見。

佛手柑：狀如香櫞，唯瓣長如人指。五、六月初熟，載赴江、浙發售。

香櫞：樹如佛手柑。實熟之時，切片漬鹽以佐食，或曝乾煎茶，味甘而香，可消積解醉。臺北出產較多。

賓婆：種出西域，漢代傳入中土。樹巨葉大，春初開花，成穗結實，有房，外青內紅，熟時自剖，有子二、三，削皮見肉，如卵黃，故亦名鳳凰卵。煮湯和糖，味勝栗子。

香蕉：臺產甚佳，味極香美。又有紅蕉，實小，可治喉疾。

鳳梨：一名黃萊。葉長，攢簇有如鳳尾，可劈絲以織夏布。實生叢心，皮有鱗甲。棄皮食，味甘微酸。夏時盛出。採後，以足踏碎叢心，至秋再生。實較小，味尤甘脆。置之室中，清芬襲人。臺人以鳳梨炒肉，亦珍羞也。鳳山、彰化出產最多。

荔支：臺產較遜閩粵。

龍眼：有大、中、小三種。嘉、雲兩邑所產特盛。曝乾者謂之福圓。剝肉焙乾者謂之福肉。每年配售上海、天津，為出口大宗。

木瓜：種出爪哇。樹高及丈，亭亭直上，開花甚小，結實於幹。或以醃醬、或煮糖，味尤美。臺人以木瓜煮肉，產婦食之通乳。

石榴：種出西域，漢時傳入。臺俗納采之時，女家須酬以蓮蕉、石榴二株，乃植於庭，以其多子也。

奈茇：或稱番石榴。有紅心、白心兩種，自生郊野。幹堅花白，結實如榴。熟時，色黃味香，切片棄心，煮以豬油，和糖少許，佐食尤美。

羊桃：有甘、酸兩種。又有廣東種者，實大多汁。樹大葉細而密，春時著花於幹，朵小色紅。實有稜五六，酸者以製蜜餞，或漬糖水泡湯食之，可治肺熱止嗽。

檳榔：高一、二丈，直幹無枝，葉大上豎，四圍展布。苞可為扇。花小，淡黃，味香。實如大棗，色綠，一莖數十粒。自秋徂冬，發生不絕。剖實為二，和以蔞籐、石灰。臺人多嗜食之，謂可辟瘴。

簍籐：即扶留籐。採葉與檳榔和食，長年不絕。

愛玉子：產於嘉義山中。舊志未載其名。道光初，有同安人某居於郡治之媽祖樓街，每往來嘉義，採辦土宜。一日，過後大埔，天熱渴甚，赴溪飲，見水面成凍，掬而飲之，涼沁心脾，自念此間暑，何得有冰？細視水上，樹子錯落，揉之有漿，以為此物化之也。拾而歸家，以水洗之，頃刻成凍，和以糖，風味殊佳，或合以兒茶少許，則色如瑪瑙。某有女曰愛玉，年十五，楚楚可人，長日無事，出凍以賣，飲者甘之，遂呼為愛玉凍。自是傳遍市上，採者日多，配售閩、粵。按愛玉子，即薜荔，性清涼，可解暑。

臺灣各屬陂圳表

安平縣

參差陂	在文賢里。荷蘭時，鄉人王參差所築。
公爺陂	在新豐里。鄭氏某公爵所築。
甘棠潭	在保大東里。鄭氏時，鄉民合築，以潭邊多甘棠樹，故名。
王有潭	在仁和里。鄭氏時，鄉人王有所築。
鴛鴦潭	在文賢里。兩潭相連。
鯽魚潭	在永康里。延匯三十餘里，多生鯽魚。以灌永康、廣儲、長興三里，中望如湖，故縣志有「鯽潭霽月」之景。今已淤小。
蓮花潭	在文賢里，以灌田。
崁下陂	在永康里。
新港陂	在新化里。鄉民合築，有東、西二陂。

鳳山縣

王田陂	在嘉祥里。荷蘭時築，今廢。
大湖陂	在長治里。鄭氏時築。
三鎮陂	在維新里。鄭氏戎旗三鎮所築。
中衝陂	在仁壽里。鄭氏中衝鎮所築。
北領旗陂	在維新里。鄭氏侍衛領旗協所築。
左協陂	在維新里。鄭氏時築，今廢。
赤山陂	在赤山莊，周百餘丈。鄭氏時築。
烏樹林陂	在維新里。鄭氏時築。
新園陂	在長治里，周二百餘丈。鄭氏時築。
草陂	在觀音上里。蓄水多，灌田廣。
三老爺陂	在維新里。鄭氏時築。
大陂	在嘉祥里。鄭氏時築。
角宿陂	在觀音上里。鄭氏角宿鎮所築。
仁武陂	在仁武莊。鄭氏仁武鎮所築。
將軍陂	在鳳山下莊。靖海將軍施琅築。
眠牛湖陂	在觀音山官莊。大小兩陂，雍正四年築。
鳳山陂	在鳳山莊。乾隆間築。
二濫埔陂	在維新里。

林內陂	在興隆里。
石壁陂	在興隆里。
石湖陂	在觀音山下。
賞舍陂	在鳳山莊，今廢。
硫磺陂	在硫磺港。康熙四十五年，知縣宋永清募民修。
菱角潭	東灌嘉祥里，西灌長治、維新二里之田。
曹公圳	道光十八年，知縣曹謹募民築，以灌小竹、觀音、鳳山等里之田。越年，復築一圳，曰新圳；事載循吏列傳。

嘉義縣

番子陂	在縣治之北。康熙三十四年，番民合築，引北香湖之水以溉。
臺斗坑陂	在縣治之北。康熙四十五年築，以灌負郭之田。
諸羅山大陂	即柴頭港陂。源出八掌溪，長二十餘里，大旱不涸。
柳子林陂	源出八掌溪分流，長十餘里。
埔姜林陂	源出八掌溪分流，長十餘里。
馬稠陂	源自內山，由土地公崎流出。
楓子林陂	在下茄苳莊，東引白水溪之水以溉。
佳佐林陂	源出草潭。
安溪寮陂	源出白水溪，長十餘里，以灌安溪寮等莊。
王公廟陂	在下茄苳莊，東南引白水溪之水以溉。

新營陂	源自白水溪，長三十餘里，以灌新營等莊。
哆囉嘓大陂	源出九重溪，長二十餘里，以灌哆囉嘓等莊。
大腳腿陂	在大腳腿莊，源出十八重溪，長十餘里。
新陂	在北新莊，源出番子坑，長十餘里。
大溪厝陂	在大溪厝莊，源出番子坑，長十餘里。
朱曉陂	在外九莊，引荷包嶼之水以溉。
樹林頭陂	在外九莊，引八掌溪之水以溉。
牛桃灣陂	在外九莊，引龜仔港之水以溉。
土獅子陂	源出牛稠溪，南灌六加甸，北溉土獅子。
狗咬竹陂	源出牛稠山，長二十餘餘里，以灌狗咬竹等莊。
打貓大潭	莊民合築，以灌打貓、青埔二莊。
打貓大陂	源出三疊溪，長十餘里，以灌打貓、南路厝、火燒莊等。
虎尾寮陂	在打貓莊北，源出三疊溪。
雙溪口大陂	在崙仔莊，源出三疊溪。
西勢潭陂	源出三疊溪分流，以灌西勢潭、柴林腳二莊。
洋子莊陂	在茅港尾莊東。
番子溝陂	莊民合築，以灌佳里興：茅港尾二莊。
龍船窩陂	莊民合築，以灌龍船窩、烏山頭、三鎮等莊。
北社尾陂	莊民合築，以灌北社尾、水牛厝二莊。

大目根陂	源出牛稠溪，以灌大目、根堡之田。
槺榔陂	莊民合築，以灌大、小槺榔二莊。
頭橋陂	在打貓莊東。
中坑仔陂	在打貓東北。
龍湖	即赤山莊大潭，莊民引水以溉。

恆春縣

柴頭陂	一名竹橋陂，莊民合築，引阿猴林之水以灌。
萬丹陂	在港西里。

臺灣縣

快官圳	在快官莊。業戶楊、曾二氏合築，灌田四千餘甲。
貓兒高圳	即快官下陂，業戶張、陳二氏合築，以灌半線堡之田一千餘甲。
二八圳	康熙間，業戶楊志申築，水源與快官圳同，灌田一千餘甲。
貓霧拺圳	一名葫蘆墩圳。乾隆間，業戶張振萬與藍、秦二氏合築，引大甲溪之水，以灌拺東堡之田一千餘甲。
大甲溪圳	莊民合築，引大甲溪之水以灌牛罵頭、沙轆等莊之田。
險圳	在南北投堡。乾隆十六年，業戶池良生築，引烏溪之水以灌堡內七十餘莊之田，工事甚大。
萬丹坑圳	在南北投堡之東。
萬斗六圳	在貓羅堡。業戶吳伯榮築，引萬斗六溪之水以灌堡內之田千數百甲。

馬龍潭陂	在貓霧拺。流長二十餘里，大旱不涸，溉田甚廣。
南投圳	在南投堡。引哮貓之水，以灌堡內之田。
馬助圳	在險圳之下。引烏溪支流，以灌上下茄荖之田五百餘甲。
阿轆治圳	在馬助圳之下。源同烏溪，以灌石頭埔莊等之田五百餘甲。
聚興莊圳	在拺東堡。光緒十六年，業戶林朝棟築，引葫蘆墩圳支流，以灌聚興莊之田。
內國姓圳	光緒十七年，業戶林朝棟築，引北港溪之水，以灌內國姓莊之田。

彰化縣

打馬辰陂	在西螺社。東引虎尾溪支流，以灌西螺之田二千餘甲。
引引莊陂	在西螺社。康熙五十三年，諸羅知縣周鍾瑄募築。
打廉莊陂	在東螺社西北。康熙五十五年，諸羅知縣周鍾瑄募築。
燕霧莊陂	在半線社南。康熙五十五年，諸羅知縣周鍾瑄募築。
施厝圳	一名八堡圳，在東螺堡。康熙五十八年，業戶施世榜築，灌田甚廣；事載世榜傳中。
埔鹽陂	業戶施氏築，引施厝圳支流，以灌好收莊等田數百甲。
十五莊圳	在大武郡堡。康熙六十年，業戶黃仕卿築。
二八水圳	在東螺堡。橫亙施厝圳、十五莊圳之間。
王田圳	大大肚堡。業戶董顯謨築，引大肚溪之水，以灌山麓七莊之田。
中渡頭圳	在大肚堡。業戶王綿遠築，引大肚溪之水，以灌龜山等莊之田。
福馬圳	業戶施世榜築，引大肚溪之水，以灌李厝莊等之田千數百甲。

大肚圳	雍正十三年，業戶林、戴、石三氏合築，引大肚溪之水，以灌百順莊之田六百餘甲。
福口厝圳	在馬芝堡。業戶陳士陶築，引快官、施厝兩圳支流，以灌上下寮之田。

雲林縣

斗六圳	在縣治附近。
大竹圍圳	在大竹圍莊。
鹿場圳	雍正間築，引虎尾溪分流，至溪州堡吳厝莊外入圳，復分為二，灌田四千餘甲。
他里霧圳	在他里霧社，番民合築。
埔姜崙圳	在他里霧社之西。
猴悶圳	在他里霧社之北。
柴裏圳	在柴裏社，源出庵古坑。
尖山圳	在尖山社。
走豬圳	源出石龜溪，以灌走豬、排仔路二莊。
荷包連圳	源出石龜溪，灌田約三百甲。
加冬腳圳	在他里霧社之南，源出石龜溪。
石龜溪圳	源出石龜溪。
水碓圳	在斗六堡，分為上、下二圳。
六十甲陂	在新廍仔莊，源出庵古坑。
觀音陂	源出小坑仔溪。

社口陂	源出溪邊厝溪。
林內圳	源出濁水溪，以灌林內、石榴班等莊。
頂下橫溝圳	
海豐圳	
老發圳	
番子圳	
虎尾圳	源出陂仔頂溪，以灌虎尾溪莊。
和溪厝圳	在沙連堡，源出清水溪。
東埔蠟圳	乾隆二十一年，業戶劉氏築，灌田二百餘甲。
坪仔頂圳	道光元年，業戶張天球築，源出清水溪。
清水溝圳	嘉慶二十四年，佃戶廖阿禮築，源出清水溪。
三角潭圳	道光二十四年，業戶陳希亮築。
大水窟陂	源出崠頂山下泉，邱、董二氏合築。
姜仔寮圳	乾隆五年，業戶葉初築。
隆興陂	乾隆間業戶張天球、陳佛照合築，以灌濁水溪南岸之田四百餘甲。
茄荖湖陂	源由梅仔坑溪，灌田四百六十甲。
林仔陂	在崙仔莊，灌田四百五十餘甲。
溝心陂	源由林仔陂。
石圭溪陂	源由大湖口。

阿丹陂	源出崁頂厝溪。
竹頭角陂	
將軍崙陂	
新陂	
南勢陂	
十三莊圳	源出西螺溪，灌田一千餘甲。
通濟圳	源出虎尾溪，至赤坵仔分爲南、北、中三圳，凡二十八莊，灌田八百餘甲。同治十二年，大坵園開堡，莊民合築。
大有圳	在布嶼堡。雍正十三年，業戶張、方、高等姓合築，引虎尾溪分流，以灌大有莊等，與鹿場圳通。
崁頂厝圳	源出大湖溪。

苗栗縣

貓裏圳	在後壠堡。乾隆三十四年，佃戶合築，引合歡坪之水，灌田四百四十八甲。貓裏即今之縣治。
蛤仔市圳	在後壠堡。乾隆五十二年，佃戶合築，源出合歡坪，灌田六百餘甲。
嘉志閣圳	在後壠堡。乾隆三十三年，佃戶合築，源出合歡坪，灌田一百四十甲。
獅潭圳	在後壠堡。佃戶合築，源由獅潭，灌田三百餘甲。
四成陂	在苗栗一堡。光緒十六年，幫辦撫墾林維源築，引大安溪之水，以灌月眉、六份等莊之田五百餘甲。
馬龍陂	在後壠堡。
大安溪圳	在大甲堡。源出大安溪，灌田約四百甲。
火焰山腳圳	在大甲堡。

新莊陂	在大甲堡。
瀨施陂	在大甲堡。
九張犁圳	在大甲堡。
日南圳	在大甲堡。
七張犁圳	在大甲堡。
安寧莊圳	在大甲堡。
西勢圳	在苑裏堡，源由大安溪。
苑裏圳	在苑裏堡。
古亭笨圳	在苑裏堡。

淡水縣

大安圳	在擺接堡溪東。乾隆間，業戶林成祖築，引三叉河之水，以灌大安寮等莊之田一千餘甲。
永豐圳	在擺接堡。亦林成祖所築，以灌枋寮莊之田一百九十餘甲。
暗坑圳	與永豐圳毗連，嘉慶間業戶林登選築。
瑠公圳	一名金合川圳。乾隆間業戶郭錫瑠築，引大坪林溪之水，以灌拳山、大佳臘兩堡之田一千餘甲。
大坪林圳	在拳山堡。莊民合築，源出青潭溪，灌田四百六十五甲。
內湖陂	在拳山堡。莊民合築，源出內湖，以灌大佳臘堡西畔之田七百餘甲。
頂陂頭陂	在大佳臘堡。莊民合築，灌田百餘甲。又有下陂、頭陂，灌田較少。
雙連陂	在縣治附近，灌田百餘甲。

雙溪圳	在芝蘭堡。雍正間，業戶鄭維謙築，引七星墩之水，以灌堡內之田。
番仔井圳	在芝蘭堡。乾隆間，業戶潘宗勝築，灌田百餘甲。
七星墩圳	在芝蘭堡。雍正間，業戶王錫祺築。
水梘頭圳	在芝蘭堡。乾隆四十一年，番民合築。
靈潭陂	在桃澗堡。乾隆十二年，霄裏社通事知母六募佃合築。
霄裏大圳	在桃澗堡。乾隆六年，業戶薛奇龍偕知母六募築，以灌番仔寮六莊之田。後因溉水不足，佃戶張子敏等再築一圳以接之。
永安陂	在海山堡。乾隆三十一年，業戶張必榮、張沛世合築，源出擺接溪，灌田六百餘甲。
福安陂	在海山堡。業戶張必榮、吳際盛合築，源出擺接溪，灌田三百餘甲。
隆恩陂	在海山堡。源出擺接溪，以灌隆恩之田三百十餘甲。
萬安陂	一名劉厝圳，在海山堡。乾隆三十六年，業戶劉承纘募佃築，源出擺接溪，灌田二百六十餘甲。
七十二份陂	在海山堡，灌田七十二份，故名。今多淤爲田。
十八份陂	在海山堡十八份莊。業戶林啓泰等築。今多淤爲田。

新竹縣

隆恩圳	一名四百甲圳，在竹塹堡。雍正初業戶王世傑募佃合築，引九芎林溪之水，以灌竹塹埔一帶之田約二千甲。
振利圳	在竹塹堡。道光初，業戶吳振利築，引隆恩圳分流，以灌縣治附近之田。
花草林圳	在竹塹堡。同治間，業戶金惠成築，引五指山溪之水，以灌花草林莊之田。
藤寮坑圳	在竹塹堡。同治間，業戶錢朝拔築，引五指山溪之水，以灌新莊仔莊之田。
九層頭圳	源出油羅溪，道光間業戶劉萬政築。

謀人崎圳	源出油羅溪，道光間業戶徐元官築。
猴毫圳	源出油羅溪，道光間業戶劉萬政築。
坪林圳	源出花草林溪，嘉慶間業戶金惠成築。而樹杞林圳、雞油林圳亦惠成所築。
石壁潭圳	源出油羅溪，咸豐間業戶劉阿成重修。
高梘圳	源出石壁潭。
九芎林圳	源出九芎林溪，道光初業戶姜勝祉築，灌田四百餘甲。又五塊厝圳亦勝祉所築。
頂員山圳	源出樹杞林溪，道光初業戶陳徹築。
下員山圳	源出樹杞林溪，乾隆間新社番通事某築。
七份仔圳	源出九芎林溪。
麻園圳	源出九芎林溪。
隘口圳	源出九芎林溪。
六張犁圳	源出九芎林溪，乾隆間業戶林先坤築，以灌六張犁等莊田一百六十餘甲。
泉興圳	在麻園堵莊後，引隆恩圳之水以溉。嘉慶間，業戶林泉興所築，未成而款絀，何勝成之，故亦名何勝圳。
二十張犁圳	源出九甲埔溪，灌田百餘甲。
新陂圳	源出九芎林溪，乾隆間新社番築。
翁厝圳	源出九芎林溪，業戶翁氏築，灌田一百二十餘甲。
烏瓦窰圳	源出金門厝溪，業戶金永和築。
土地公埔圳	源出新埔溪，灌田百餘甲。
塗溝仔圳	源出隙仔溪。

南埔圳	源出五指山，道光間墾戶金廣福築。又南埔溪底圳、北埔崁下圳、中興莊圳，均其所築。
月眉圳	源出五指山。
隆恩圳	在竹南堡，源出內灣溪，乾隆間業戶陳曉理、林耳順等合築，灌田一千一百餘甲。
番佃圳	源出頭份溪北岸，灌田四百餘甲。
南莊圳	源出大東河溪，光緒初業戶黃流民築。又田尾圳、南埔圳，亦其所築。
三灣圳	源出南莊溪，咸豐九年業戶徐昌讚築。又腰堵角圳，亦其所築。
內灣圳	源出三灣溪，咸豐七年莊民合築。
牛欄堵圳	源出內灣溪，咸豐四年業戶林梅二築。
茄苳坑圳	源出內灣溪，道光間業戶徐九二築，灌田一百五十餘甲。
水流潭圳	源出頭份溪，道光間業戶劉煥文築。
鹹菜甕崁上圳	在竹北堡。又有崁下圳。
蛤子窟圳	源出鹹菜甕溪，道光間築。
石岡子圳	源出鹹菜甕溪，灌田百餘甲。
水汴頭圳	源出鹹菜甕溪，嘉慶間築。
新埔圳	源出鹹菜甕溪，乾隆間築。
四隻厝圳	源出霄裏溪，道光十八年業戶林坤築。
枋寮圳	源出霄裏溪，乾隆間築，灌田二百餘甲。
貓兒椗圳	源出鳳山崎溪，乾隆十二年業戶合築。
菁埔圳	源出三腳寮溪，墾戶徐國華築。

三七圳	在竹北堡大溪湄南岸。乾隆八年，墾戶曾昆茂築，分灌大竹園等莊田七百甲，又灌隘口寮等莊田三百甲，故稱三七圳。

宜蘭縣

陂頭圳	在珍珠里簡社，源出羅東。
冬瓜山圳	源由山腳大陂。
武荖坑圳	源出西畔溪，以灌南興、廣福等莊之田。
馬賽圳	源出武荖溪。
金大成圳	業戶合築，源出濁水溪，長二千餘丈，分灌三鬮二、四鬮二等莊之田九百餘甲。
羅東北門圳	業戶合築，引羅東西北之水灌田百餘甲。又有南門圳，亦灌溪州莊田。
萬長春圳	業戶合築，引鹿埔溪之水，灌田千甲。
大湖圳	源出大湖山麓之陂。
四鬮二結圳	源出梅州圍山，灌田二百餘甲。
豆仔罕圳	源出西勢大溪。
四圍圳	源由大陂。
三十九結圳	源出四圍山麓之水。
三圍圳	源出三圍山麓之水。

臺灣通史卷二十八　虞衡志

連橫曰：天下之富，在於土著；生殖之源，出於庶物。是故天不愛其時、地不愛其寶、人不愛其力，則國可以強，而家可以給。昔者太公治齊，官山府海，管仲因之，齊以稱霸。臺灣爲南海之國，天時溫煦，地味膏腴，兼之以山林之饒、藪澤之富、金石之美、漁鹽之利、羽毛齒革之豐、飛潛動植之庶，取之無涯，用之不竭，是造物者之無盡藏也；而土番據之，島夷攘之。洪維我先民渡大海、入荒陬，以拓殖斯土，爲子孫立萬年之業，厥功偉矣。古者虞衡設官，以作山澤之材。周禮職方氏相天下物土之宜，蕃九穀，別六畜，所以裁成輔相，俾上下草木鳥獸咸若也。後王失道，賦歛不時，而山澤之利涸也。甚者與民爭利，搜粟摸金，以肥其上；閭閻條敝，瑣尾流離，漠然而不顧者。吁可傷已！臺灣爲天府之國，蓄積豐，人民庶，加以無數年水旱兵燹之災，其爲道易興，而爲治易平也。是篇所載，多屬天然之物，其大者則著於農工、榷賣諸志，非所以博異懷奇也，經之營之，用啓我後。

草之屬

臺灣之草，多至五千餘種。原隰邱谷，茂育叢生。舊志所載，半屬土名；山經之所不記，岐伯之所未嘗，猗歟盛矣。是篇特舉其有用及爲藥材者列之：

茅：野生，鄉人取以蓋屋，爲用極大。

藺：大甲種以織席，極柔紉。

蒲：俗稱鹹草，以織席。

艾：爲藥。

蘋

萍

藻

藜：葉嫩，可食，幹老爲杖。

簞：類多，皆有毒，唯雨後生於竹下者曰竹菰，清早採之，煮食味美，過午則蟲生。
茯苓：蔓生，產於松林之下。集集最多，有重至三、四十斤。
蓖麻：子可搾油，用極廣。
香茅：味香，可製香水。
仙草：高五、六尺，晒乾，以水熬之成凍，色黑，和糖飲之解暑。夏時消用甚多。
通草：野生甚多，截取其心，切爲薄片以製花，可染五色，並銷外省。
風草：春初生葉，農人以驗颶風。
茜草：用以染色。
煙草：內山野生，近亦有種之者，味濃。
薑黃：葉如薑，花白，成莖狀若雞毛撢，根可染黃。安邑之噍吧哖一帶野生甚多。配銷外洋。
芊蓁：葉大如茅，取幹張壁，歷久不朽。
澤蘭：爲藥。
菖蒲：爲藥。端午插於門上，謂可辟邪。
紫蘇
薄荷
木通
沙蔘
香附
白麴草：取以製麴釀酒。
鼠麴草：製粿用之。
龍舌草：俗稱露薈。葉長徑尺，厚約半寸，旁有刺，狀如舌。人家種之，其漿極粘，取以潤髮，無異膏澤。

書帶草：或稱七絃草。葉色微綠，如稻秧，上有白紋七畫，至冬則變紅，花若蘭。或云藏之書中，可以辟蠹。
含羞草：高四、五寸，葉如槐，以指撓之，則含垂。花黃而小。
車前子：即芣苢，俗稱五根草。嬰兒產後，搾汁和蜜飲之，以祛胎毒。
夏枯草：冬生夏枯，爲藥。
虎耳草：治耳疾。
金銀花：可解毒。
雞舌紅：葉紅如雞舌。
珍珠紅：葉小花紅如珠，人家種之，治喉疾。
金石斛：內山野生頗多。
金線蓮：葉如新荷，上有金紋，治傷暑。埔裏社山中野生頗多。
仙人掌：葉大如掌，色綠、乳毒，入眼每致失明。
鳳尾草
天門冬：中路近山野生較多，有用以製蜜餞。
麥門冬
蒲公英
益母草
馬尾絲：生於濕地，以根擦蛇傷，立愈。
羊角草
木賊草：爲藥，並以拭銅木諸器。
金鎖匙：治疳。
一枝香：一名馬蹄金。

葉下紅：一名消息草。
萬年松：葉如松而小，曝乾，漬水復青，可治腹痛。
鹹酸草：治喉痛。
蚶殼草：治痧。
豬母草：治瘵。
曼陀花：善醉人，服之至狂。然其葉以湯泡之，敷癰可愈。
蒼耳子
白蒺藜
天南星
九層塔：治打傷。
鴨嘴黃：一名定經草，可以調經。
雞屎籐：治風。
水燭草：生池沼中，葉如蒲，花若燭，可治刀傷。
羊甘草：可治黃疸。
姑婆草：治毒。
馬鞍籐：治癰。

木之屬

臺灣處熱帶之地，林木之多，指不勝數。崇山大嶽，峻極於天，海拔至萬二、三千尺。如玉山者，長年積雪，佳木挺生。故凡寒帶、溫帶之木，莫不兼備。信乎天然之寶藏也。然自百數十年，林政不修，斧斤濫伐，郊鄙之地，芟夷盡矣。而東望內山，蒼蒼鬱鬱，氣象萬千，猶足以興巨利。往者英人瑞諷來游南北，曾撰臺灣植物志，以爲森林之富，得未曾有，且多有用之材。余亦好游，數入番界，跋涉溪谷，佳樹茂林，每爲考究，故得略知梗概。是篇所載，多屬目逢，參以群書，表其作用。較之舊志，精粗見矣。

桑：有家桑、野桑，實紅可食，皮以作藥，曰桑白。

樟：臺產甚多，有兩種：香樟以熬腦，臭樟以作船材、器具。

檜：阿里山最多。有大至四、五圍者，建屋作器，爲用極宏。

榕：各地俱有，葉極密，有蔭至四、五畝者，乳可爲膠。

松：內山極多，子可食。

柏：內山亦多。又有扁柏，以葉爲藥。

杉：內山亦多。別有油杉、紅杉，材尤堅緻。

楠：有香楠、奇楠、臭楠、石楠等種，爲用極廣。又有虎皮楠，皮若虎文。

梓：俗稱大中黃，埔裏社較多。製器特佳，色潤如象牙。

柳：有水柳、垂柳數種。

檉：即絲柳，葉如絲而綠，植於庭畔，裊裊可人。

楊

楝：俗稱苦楝，以子苦也。晚春開花，朶小色絳，一穗數十朶，植之易長，材可製器。

楮：俗稱鹿好樹，以鹿好食之，皮以製紙。

樸：木可作器。葉粗而利，以拭銅錫極光。

楓：木可作器。又有青楓、石楓，葉皆五出，入秋變紅。

槐

榆：俗稱白葉樹。

棕：皮以索綯。

椅：葉如桐而小，阿里山及紅頭嶼較多。

柃：俗稱油葉茶。

橡：俗稱杆仔皮，木可造車。

桐：有梧桐、白桐等種。又有油桐，產於臺、嘉二邑山內，子特大，可以搾油。

櫸：俗稱雞油樹。有數種，木質極佳，可爲車輛。

柯：新竹較多。木堅，以作斧柄。又有水柯，皮爲染料。

杜：葉如蒲荊，幹直，徑大至三、四尺，木心暗赬。

椿：幹高，葉爲藥。

菻茶：一作林投，番語。臺南以南，野生極多。樹高及丈，直幹無枝，葉簇生，長四、五尺，刺利，列如鋸齒。擘葉爲絲，可用。結實若鳳梨，不可食，子如金鈴。年久木堅，有文理，可作碗箸、歌板、月琴諸器。根可織屨。

山杉：即竹柏木之最佳者，色澤若象牙，作器最美。

石柳：生長甚緩，材極美，色澤若象牙。

烏桕：臺北較多。晚秋之時，葉變紅色。材可作器，子可搾油，又可製蠟。

埔柹：樹如柹，無實。

山荔：樹如荔，無實。

梢楠：葉似松，或稱黃肉樹，材極堅美。

茄苳：樹大，木色黑，極堅緻，製器難朽，葉可爲藥。

木棉：俗稱斑梔，以花紅也。實可爲棉。安、嘉二邑內山，野生甚多。

厚栗：或作校力，質堅可爲棟梁。

水松：性好近水，皮濕，厚如棉，枝喬而上勾，葉碎披粉。

鐵樹：幹黑，葉尖而梗，不易開花，故臺人有鐵樹開花之諺，幾於俟河之清也。
槺榔：幹直無枝，葉可爲箒。
石柃：木極堅緻。
山漆：別有水漆，生海泥中。葉有粗毛，觸之腫痛，或名咬人狗。
刺桐：似桐有刺，臺南郡城未建之時，植以爲藩。
蒲荊：即蔓荊，葉如楊，易長。
肉桂：樹皮如桂，有油，味香。
鳥松：即赤榕，葉較榕而大。初生之時，苞含如筆，新葉鮮紅。
茄萣：生海濱，木可爲薪。皮色赭，以染網。安邑有茄萣莊。
藷榔：產於內山，根如藷，色赭，染布。
枸杞：嫩葉爲蔬，子爲藥。
破布子：葉如桐而小，秋初結實，若楝子，以鹽漬食，味甘。
黃目樹：即無患樹。高二、三丈，實如枇杷，色黃，皮縐，用以澣衣，漿若肥皀。
百日青：即羅漢松。採伐之後，而皮仍青，以製几榻，甚佳。
爛心木：質極堅，唯心空如腐，故名。
相思樹：葉如楊，木堅，花黃，結實若紅豆。左思吳都賦載之。臺灣最多，近山皆種之，用以燒炭。
八角樹：木質堅緻，皮可染黃，實曰八角，味香，爲藥。
烏心石：葉如夜合，花若含笑，質堅如石而色暗黃，製器特佳。
紅厚殼：質極堅緻，可造舟車。恆春沿海有產。
紅淡樹：葉如榕，木可作器。基隆較多，有地曰紅淡林。
紅豆樹：即相思子，俗稱雞母眞珠。子鮮紅可愛。或言有毒，土番用以粧飾，葉可作茶。
金剛纂：俗稱火秧。巨幹直立，爲三角形，稜有刺。葉小，花黃亦小，乳極毒，植爲籬落，牛羊不敢越。又有一種大者曰奇楠，以其久能結香，味如奇楠也。

綠珊瑚：枝幹如珊瑚，折之有乳，甚毒，植爲籬落。

苦林盤：生於海岸，可以防風制水，亦可爲藥，煎葉洗之，以祛濕毒。

海茄苳：臺南沿海有產。

土沈香：花白五瓣，子黃如大豆，根香。赤崁筆談謂打鼓山有香木，色類沈香，味尤烈，不知何香，人不知貴。聞昔年有蘇州客商能辨，載數十擔，後有某官作爲杖，今所存碎木，有爲扇器者。

金龜樹：以金龜多宿之，故名。

山胡椒：實小而香，北番取以爲鹽。

饅頭樹：幹如梧桐，但不直聳，春夏開花，朵小色綠，一穗三、四十朵。

番豆樹：樹大如槐，結實有莢，肉白可食，或稱刺豆。

竹之屬

刺竹：土產，各地俱有。高至四、五丈，節有刺如鷹爪，質堅難朽。鄉村皆環植之，險不可越。郡城未建之前，亦種此竹以爲衛。築屋製器，多用其材，唯筍苦不可食。凡種竹，以五月八日植之則活，謂之竹醉日。

綠竹：臺南尤多。每簇數竿，葉大無刺，筍極甘脆，夏秋盛出。

麻竹：高如刺竹，葉幹俱大，林圮埔產者尤巨，用以縛筏。切筍曝乾，味極酸美，銷售外省。

筀竹：徑大二尺，高至四丈。

黑竹：幹黑，大如指，產於嘉義山中，以製几榻。

紅竹：高數尺，葉大而紅，幹可爲杖；亦有綠者，植之庭中，開花成穗。

石竹：大如筆竹，以作器具。
棕竹：淡水有產，皮似椶，節密，高四、五尺。
蘆竹：即蘆，產於水濱，筍可食。
斑竹：產於嘉義，皮有斑點，以製蕭管床几。
白竹：諸羅縣志謂諸羅有產，今未見。
黃竹：高不及丈，幹黃，產於臺邑之黃竹坑、北溝坑一帶，筍極佳。
貓兒竹：嘉、雲二邑所產較多，冬時生筍，曰冬筍，味美。
長枝竹：高二、三丈，節長一尺餘，以製几榻。
空涵竹：產山中，高二丈許，徑二、三寸，無旁枝。
觀音竹：高不及丈，幹細葉小，植以爲籬，密綠可愛。
珠籬竹：一名籆籬竹，高丈許，大如指，用以編籬。
金絲竹：一名箭竹，大如小指，質級，土番用以爲箭。
七絃竹：高及丈，幹白，有青紋六、七。
人面竹：嘉義有產，高四、五尺，節密，狀如人面。

藤之屬

水藤：內山野生甚多。一莖長數十丈，以製椅榻諸器，利用極廣。
風藤：狀與藤異，似木通，浸酒服之，可治風疾。
黃藤：爲藥，可治腹痛。
鉤藤：爲藥，一莖雙鉤者尤佳。

魚藤：葉並生，性毒，服之死。鄉人用以毒魚。
乳藤：葉如扶留藤，折其莖則流乳，花淡黃，有香。
蔞藤：即扶留藤，以葉與檳榔子合食。
紫藤：種出中國，花美。
三葉藤：生長甚速，花三瓣若葉，色絳，中有黃心。

花之屬

梅：臺灣地熱，嘉義以北較多，而臺南頗少。延平郡王祠有古梅一株，相傳為王手植，十月即花。先是臺南府署之右有鴻指園，為承天府署之內，此梅則在其中，枝幹槎枒，必為鄭氏遺物。光緒初年建祠之時，乃移於此，至今寶之。
桃：有重瓣、單瓣數種。
李：嘉、彰二邑甚多。
櫻：淡水竹仔湖及埔裏社內山，野生頗多。
桂：有月桂、丹桂兩種。
杏：淡水及埔裏社內山，野生頗多，有紅、白二種。
牡丹：每年自上海移種，花後即萎。
夜合：各地俱有。
仙丹：有丹、白二種。
木槿：白者，臺人稱為水錦。
佛桑：一名扶桑，有紅、黃、殷數種。

紫荊：白者，臺人稱爲九芎，木堅可作器。
山茶：有紅、白、八寶、八角數種，彰化最多。
玉蘭：種自廣東傳入未久。樹高數丈，花白若蘭，味極清芬。
木筆：即辛夷。
梔子：重瓣者爲玉樓春，臺南北種之，春季盛開，採以薰茶，子可染色，臺北謂之蟬薄。
木蘭：一名樹蘭，高數丈，葉如山礬，花小而黃，一穗數十朵，味香若蘭，臺南用以薰茶。
木蓮：產於內山，花大若蓮。
薔薇：種多。有野薔薇，花白而小，臺人稱爲刺仔花，劚其根作茶。
玫瑰：爲薔薇之類，味尤香，花可點茶。
長春：亦薔薇之類，花較小，四時不絕。
唐棣：花如李，色紅，春時滿樹皆花。
赬桐：花如仙丹，有鬚，色極紅，亦有白者。五月盛開，俗稱龍船花。
杜鵑：雞籠山上野生頗多，開時如火。
木香：花如茉莉，香烈。
海棠：臺灣地熱，花開較小。淡水之三貂嶺有秋海棠甚多，俗稱山海棠，花紅幹綠。
含笑：臺南最多。
貝多羅：種自西域，俗稱番花。樹高二、三丈，葉長及尺，花白，六出，心黃，味極香，可以辟蠹。
七里香：即山礬，花白，香烈。
木芙蓉：俗稱九頭芙蓉，或稱霜降花。
番胡蝶：花似蝶，有鬚，中紅外黃，一莖數蕊，四時常開。舊志以爲臺產。
夾竹桃：有紅、白二種。
指甲花：一名水木樨，花白，小於丁香，搗葉以染指甲，色極鮮紅。

馬纓花：花如馬纓，淡水較多。

刺球花：高數尺，有刺，植爲籬落，秋冬開黃花，細攢如絨，臺人稱爲消息花。可製香水，結實如豆筴，根可染絳，或名番蘇木。

虎了花：花黃，鬣長，狀若虎首。

山躑躅：花較杜鵑而小，色紅，苗栗山中野生極多。

馬蹄花：葉如梔子，花白味香。

紅蠟花：種出西域。幹多刺，折之有乳，花紅如海棠。

山芙蓉：葉細，花黃，香味極烈，九月盛開。

山茱萸：野生。

卉之屬

蘭：一莖一花者爲蘭，一莖數花者爲蕙。臺地蕙多蘭少。或傳自福建，內山野生者香較遜。唯淡水觀音山產者爲佳。

菊：種有數十。臺南較暖，自秋徂春，花開不絕，故有「荷花獻歲菊迎年」之詩。又有萬壽菊，味劣。

荷：清明則開，秋晚始謝。有午時蓮，種盆中，花小如錢，至午始開，過時則萎。

葵：有大、小二種。

水仙：每年自漳州移種，花後即萎。

芍藥：臺灣少種之者。

曇花：種出西域，有紅、白二種。白者，臺人稱爲隱水蕉。

蘭蕉：或稱蓮蕉，葉如蕉而花若蘭，有紅、黃二種。

月桃：葉如蘭蕉而大，取以裹粽，花白若桃，一莖數十朵。

繡球：花白，團簇如球。

噴雪：花小如雪。

鹿蔥：即萱花，一名宜男草。單瓣者為金簪花，可佐食。

茉莉：一名抹麗。有單瓣、重瓣兩種。花開四季，夏時尤盛。淡水種以薰茶，每甲可收益千金。又有番抹莉，木本，花大如菊，香遜。

素馨：俗稱四英，花開四季，淡水種以薰茶。

鳳仙：有紅、白二種，紅者搗染指甲。

石竹：俗稱錦竹。

剪絨：即剪秋羅。

瑞香：蔓生，花微綠，有尖瓣、圓瓣二種。

荼蘼

燕支：色有數種，向晚始開，結實棄皮，可以製粉。

玉簪：葉如萱草。

罌粟：種自印度。花有數色。結實之時，割取其漿以為阿片。子細如黍，可食。殼可為藥。光緒間，嘉、彰二邑有種之者。兵備道劉璈亦稟總督，請准民間自種，以塞漏卮，唯風味不及印度爾。

兔絲：野生，俗稱燭仔花。

玉蔥：葉如韭，一莖一花，有紅、白兩種，雨後盛開。

百合：臺北有產，僅用為藥。

珍珠蘭：俗稱雞爪蘭，花如金粟，味若蘭。

胡蝶蘭：產於恆春山中，寄生枯木。一本五、六葉，春秋開花，一莖多至十數蕊，花白狀若胡蝴，爲熱帶植物，他處不見。移植室內，根不著土，但灑以水。

鶴頂蘭：產於嘉義山中。葉大如初種檳榔，一莖十數花，狀若蘭，瓣有紅點，如鶴頂，故名。

百子蘭：種出南洋，傳入未久。葉長二尺，環簇而生，利能禦人中心吐。莖高至三、四尺，著花百數十蕊，花白若蘭較大，惜無香。

鷹爪蘭：蔓生，葉如菩提，向晚始開。花五、六瓣，色微黃，狀若蘭而香更烈。枝幹有刺，若鷹爪，故名。結子如橄欖，數十成團，臺人植爲籬落，高不可越。

倒垂蘭：幹如火秧，附墻而生，入夜始開，花白如蓮，自上倒垂。採置瓶中，插以燭，可爲燈。

晚香玉：一名月下香，種出西域，有單瓣、重瓣二種。

西番蓮：一名天竺牡丹，種出印度，傳入未久。花如菊，有十數種。播子插枝，皆可發生。

夜來香：蔓生，花微黃，小若丁香，一穗數十朵，入夜極香。

子午花：一名金錢花，種出毗尸沙國，午開子落。

美人蕉：似蕉而小，花紅若蓮。

雞冠花：有高、低、紅、白各種。

胡蝶花：一名金莖花，葉長如蒲，花黃若蝶，有紅點，有鬚，臺人以根爲藥。

日日春：花五瓣，有大紅、淺紅、粉白三種，長開不絕。

水鴛鴦：生於水上，葉略圓，花作絳色，一莖十數朵，浮游池沼，生長甚速。

一丈紅：有紅、白兩種。

老來嬌：一名雁來紅。

畜之屬

牛：有水牛、黃牛兩種。耕田輓車，均藉其力。唯水牛力大，一隻可載千斤，黃牛不及。荷蘭之時，南北各設牛頭司，放牧生息。歸清以後，尚多野牛，千百成群，擒而馴之。其後開闢日廣，野牛漸滅。清律禁屠牛，唯祀典始宰之。鄉村貨牛之處曰墟，定日一開。

馬：臺產較少，悉自北省移入，爲軍營之用。

羊：黑色毛短，爲中國傳入，農家畜之，放牧山野。

豚：飼畜最多，滋長亦速，牝牡悉閹之，有重至四、五百斤者。

犬：有家犬、獵犬。又有洋犬，通商以後，始自外國傳入。

雞：有土產，有外種。又有火雞，傳自外國。

鴨：有田鴨，傳自福建。番鴨爲土產，又有土番鴨，則兩種合生者。道光中，始入傳人工孵化之法，故滋育甚盛。

鵝：有白、黑兩種。

禽之屬

鷲：似鷹而大，展其翼，長可三、四尺。

鷹：每年清明，有鷹成群，自南而北，至大甲溪畔鐵砧山聚哭極哀，彰人稱爲南路鷹。

鳶

鵲：鄉人以鵲巢之高低，驗暴風之有無。

鳩：有火鳩，又有羽綠喙紅者曰金鳩，而白鳩澎湖爲多，能知更。

鴿：有家鴿，俗稱粉鳥。野鴿，俗曰斑鴿。

雀：巢於簷下，俗稱粟鳥。

鶯

燕

雉

鷗：俗稱水鴨。

鷺

鳧

鴃

鴉

鴟：俗稱貓頭鳥，晝昧夜明，好食鳥。

鵂鴿

鸕鶿

鴐鴒：或作迦陵，色黑如鵲，產於臺南，畜之馴，能學人言，則鸜鴒也。

畫眉：善鳴，畜之以鬥。

鵪鶉：畜之以鬥。

竹雞：似雞而小。

華雀：似雀而小，鳴聲唧唧，飼之甚馴，能自來去。

布穀

烏鶖：形如鴝鴿，喙利尾長，飛疾，惡鳥不敢近。

翡翠：俗稱釣魚翁。

鴛鴦

練雀：俗稱長尾三娘，翠翼朱喙，光彩照人。

鵪鶉：土番出草，聞聲則返。

鵃鶴：俗稱食蛇鳥，似鶴而小，羽色淡紅。

海鵝：俗稱南風鷇，翎可作箭。

孔雀：來自越南，人家有畜之者。

鸚䳇：來自香港，人家有畜之者。

信天翁：彭佳嶼最多。

海雞母：產海嶼中，色黑腳綠，比雞較大。

白頭翁

倒掛鳥：種出呂宋，足短爪長。

獸之屬

鹿：臺產者有斑，稱梅花鹿。荷蘭以來，鹿脯、鹿皮為出口之貨，至今漸少。人家亦有畜者，歲取其茸。

麞：似鹿而大。

羌：似鹿而小。

豹：俗稱石虎。

熊：產於內山。

兔：有白、黑、赤三種，人家飼之，以食其肉。

鼠：有家鼠、田鼠、飛鼠，錢鼠。又有白鼠，身長寸餘，眼紅若朱，人家以廚飼之。廚內置一鐘輪，旁置一鐘，鼠在輪中旋轉，則鐘自鳴。別有大者，長及尺，種自粵東，然不能轉輪。

貓：有家貓、野貓、果子貓。
獺：產於溪傍。
猴：種多，亦有白猴。
山豬：毛粗牙銳，能噬人，重至三、四百斤，獵人以銃斃之。
山羊：沿山多有。

蟲之屬

蜂：有蜜蜂，人家畜以取蜜。有野蜂、竹蜂、黑蜂。又有虎頭蜂，巢如虎首，體大刺毒，傷人較劇。
蟻：有赤者、黃者、黑者。又有白蟻，生於濕處，一巢數萬匹，棟宇器物，每被損蝕，爲害頗烈。
蝶：種極多，埔裏社最盛，有大如蝙蝠者。
蟬
蜩：俗稱紅蒲齊，即燕人所謂齊了者也。
螗：似蟬而大，色灰，俗稱吉黎，謂其聲也。
蛇：種多。曰山辣，長至丈餘，能食鼠。曰草花，長一、二尺，俱不傷人。曰龜殼花，背如龜紋；曰飯匙倩，頭扁如飯匙，見人則昂首逐之；曰青竹絲，長一、二尺，色青如竹；曰百步癀，最毒；曰雨傘節。
蛙：俗稱水雞，有兩種。
蚊
恙：極小，生於草中，人如被噛，則發熱。
蚤

蠅

螢

蛾

蠹

樹蛤：似蛙而小，色青，產於樹上。又有生於田中者，曰田蛤。

蟋蟀

梭雞：俗稱竈雞。

螽斯

蟷螂

螟蛉

蜾蠃：俗稱鴛鴦蜂。

蜘蛛

蛸蠨

蜻蜓

蜈蚣

蜥蜴：似蛇，身扁，有四足，長及尺，俗稱四腳蛇。說文：在草曰蜥蜴，在壁曰蝘蜓。

蝘蜓：即守宮，俗稱神蟲，入夜能鳴，其聲似雀。唯南過下淡水溪、北趣大甲溪、西渡澎湖，則不鳴。

蚯蚓

蠅虎

蝤蠱：生於櫥中，矢可爲藥，曰蝤蠱沙。

水蛭：俗稱蜈蜞，誤食者飯醋可化。又有樹蛭，生木上。

蜣螂

土猴：形如蟋蟀，身肥鬍短而色白，炸油可食。

蔗龜：生於蔗中，炸油可食。

蜂虎

蜉蝣

毛蟲

金龜：狀如龜，色綠而光，六足，有翼能飛，生於樹上。

蝦蟆：俗稱蟑螆。

蝙蝠：俗稱蜜婆，巢於古屋。臺南郡治赤崁樓井中最多；又有巢於樹上者，以爪倒掛樹枝，俗稱倒吊連，嗜食果實。

魚之屬

臺灣四面環海，熱潮所經，魚類之多，不可計數。而有鹹水、淡水之分。淡水者生於溪澗或畜池沼，而鹹水則取諸海者也。捕魚之器，有網、有罟、有繒、有罭、有縺、有箔。烏魚旗者，亦謂之藏。每年捕魚之時，向官給發，曩皆有稅。光緒三年，巡撫丁日昌乃奏除之，民以爲惠。塭者，築隄海濱以養魚者也，曩亦有稅。十四年清丈之後，乃降於下則之園，而第爲天、地、人三等。臺南沿海素以畜魚爲業，其魚爲麻薩末，番語也。或曰，延平入臺之時，泊舟安平，始見此魚，故又名國姓魚云。郡治水仙宮之前，積水汪洋，帆檣上下，古所謂安平晚渡者，則臺江也。自道光以來，流沙日積，淤蓄不行，人民給以爲塭，稅輕利重，繼起經營。其大者廣百數十甲，區分溝畫，以資蓄洩。至今臺江之跡，僅見港道一條，以通安平而已。夫養魚之業，起於臺南。南自鳳山，北暨嘉義，莫不以此爲務。信乎天時之所賜，而地利之所興也。澎湖群島錯立，以海爲田。歲之凶稔，視魚豐嗇。故其民衣食之源，皆資於此。然捕魚之法，尚未啓明。苟能研求其理，精良其器，以從事海國，尤爲無疆之利。唯臺灣之魚，多屬土名，茲特列其雅馴者，其不詳者，乃以土名釋之。

鯧：有黑、白二種。

鱖

鱸

鰣

鰛

鯊：有十餘種。大者至千餘斤，肉粗而翅極美，銷售外省。東港、澎湖所產較多。

鯨：俗稱海翁。重萬斤，舟小不能捕。時有隨流而入斃於海澨者，漁人僅取其油。

魴：有十種。錦魴身圓，有花點，大者三、四百斤。

鰷：長約寸餘，色白。

鯙：比鰷尤小，色純白，刺弱，或名飼兒飯，以孩提食之，毋憂骨硬也。

鯿：身薄，晒乾炸之，味尤香美。鳳邑較多。

鮀魠：爲海魚之最佳者。重十餘斤，皮潤微黑，身無鱗刺，僅一脊骨，骨亦脆。肉美味甘，作膾尤好。每冬初則至，晚春始稀。然唯臺南、澎湖有之，他處未見。或曰延平入臺之後，某都督以此魚進，因不識其名，故錫爲都督魚，臺音與鮀魠相似。

烏魚：即本草之鯔。有江鯔、河鯔二種。臺南六、七月間，塭中所飼者上市，長及尺，無卵，味略腥，則江鯔也。故老多言烏魚產於黃河，避寒而來，則河鯔矣。每年冬至前十日，則至安平。味美卵肥，謂之「正頭烏」。自是而南，至於恆春之楓港生卵。至後而來，則瘦而味劣，謂之「回頭烏」。過是則不見矣。故又名信魚，謂其來去不爽也。各港俱有，唯安平、東港最多，每來時團結海中，高出水面，漁者以篙擊散，方可下網，一舉輒數千尾。烏魚之卵，結爲一胎，略分爲二，長及尺，重十餘兩。

漬鹽曝乾，以石壓之至堅，可久藏。食時濡酒，文火烤之，皮起細胞，不可過焦，切爲薄片，味極甘香。爲臺南之珍羞。

敏魚：俗稱鮸魚。春、冬盛出，重二十餘斤。臺南以魚和青檨煮之，味極酸美。

虎魚：狀如虎頭，巨口無鱗，長不盈尺，肉嫩而美。

飛烏：狀如江鰮，有翅能飛。

海鯉：俗稱紅膏鯉。

赤鯮：色紅如海鯉而大，春夏盛出，基隆最多。

銀魚

黃魚

魛魚

銚魚：生海濱泥中，長三、四寸，色黑善跳，俗稱花銚，以身有白點也。

花鈴：身有花點。

獨魚：大如掌，皮粗，晒乾可磨木器。

烏鯽：俗稱木賊，一名黑魚。

鰇魚：狀如黑魚，而身長瘦，曝乾味美。又有小者曰小卷，基隆較多。

章魚：狀如烏鯽而大，澎湖較多。

沙蠶：生海泥中，狀如蠶，晒乾炸油，味美。

沙梭：狀如梭。

馬鮫：狀如鮀魠略小，味遜。

金精：細鱗花點。

秋姑

三爵：身薄小，多刺。

金錢：狀如花鯰，體薄多刺。

花身

旗魚：色黑，背翅如旗，鼻一長刺，大者二、三尺，極堅利，重至六、七百斤，泳水如飛。

螟魚：俗稱海豎，首如豕，大至千餘斤。嘗於水面躍起，高及丈餘，噴水如雪。

魟魚：狀如章魚，八足，中有一足極長，腹大無骨。

海參：小琉球、花蓮港有產。

水母

河豚：肝臟有毒，食之致死。

魚虎：俗稱刺鯢，體圓口小，遍身有刺，毒不可食，唯張其皮爲燈。

海龍：產於澎湖，首尾似龍，無足，長及尺，冬日雙躍海灘，以之入藥，功倍海馬。

海馬：亦產澎湖，狀如馬，頸有鬃，四翅，漁人網之，以爲不祥。

麻薩末：清明之時，至鹿耳門網取魚苗，極小，僅見白點，飼於塭中，稍長，乃放之大塭，食以豚矢。或塭先曝乾，下茶粕乃入水，俾之生苔，則魚食之易大。至夏秋間，長約一尺，可取賣，入冬而止。小者畜之，明年較早上市。肉幼味美。臺南沿海均畜此魚，而鹽田所飼者尤佳。然魚苗雖取之鹿耳門，而海中未見。嘉義以北無有飼者，可謂臺南之特產，而漁業之大利也。

比目魚：俗稱貼沙，味美，狀如鯿，上黑下白，唯身較狹長。

龍舌魚：狀如舌。

白帶魚：亦名裙帶魚，無鱗。

鐵甲魚：鱗硬如甲，去皮方可食。

狗母魚：長尺餘，多刺，與醬瓜煮之，湯極甘美。

鸚哥魚：狀如鯉，色綠，嘴尖曲，故名。

獅刀魚：狀如長刀，無鱗，多刺，然味美。

三牙魚：色微黃，有三齒。

田鴿魚：體圓。

梳齒魚：色黑，花點，齒如梳，肚有毒，食之立死。

龍尖魚：澎湖多產，晒乾尤美。

烏鵁魚

石首魚

赤海魚：色紅。

安美魚：細鱗，味美。

交網魚

歸秉魚

牛尾魚：狀如牛尾。

五色魚：產於基隆海中（以上鹹水）。

鯉：俗稱鮘，有紅、黑二種，飼於池沼。

鯽：產於溪中，或飼於沼，仲春最肥。

鰱：每歲自江西購入魚苗，飼於池沼。

鯁：飼於池沼。

鱺：海產者尤大。

鰷：俗稱國姓魚，亦曰香魚，產於臺北溪中，而大嵙崁尤佳。

鰻：鹹水亦有。別有蘆鰻，產內山溪中，專食蘆茅，徑大及尺，重至數十斤，力強味美。

鱔：即鱓。臺俗，凡持觀音齋者禁食之。

草魚：飼於池沼。

金魚：畜於池中。

鬥魚：俗稱三斑，產於溪沼，狀如指，長二、三寸，紅綠相間，尾鮮紅，有黃點，性善鬥。

塗虱：頭扁，身黑，長五、六寸，產於溪沼。

塗鰍：似鱔而小，多涎難握（以上淡水）。

介之屬

介類亦多。沿海一帶，多種牡蠣，其殼可以煅灰，爲利甚溥。同治九年，英人某曾來打鼓，蒐集介類化石，攜歸其國。惜余學陋，未能研求。然是篇所載，多屬有用之物，非泛泛也。

黿：俗稱鼊，大者數百斤，漁人得之，不敢殺，好善者購放諸海。

龜：產於海上，尤大，俗禁食之。

鼈：產於溪澗。

鱟：殼堅，可作杓。

螺：有香螺、花螺、響螺、肉螺數種。而香螺最美，爲海錯之佳者。響螺可吹，賣肉者用之。又有珠螺，甚小，產於澎湖，醃食味甘。

蟹：產於溪者曰毛蟹。產於海者曰沙錐，色黃，殼有兩刺，甚銳；曰沙馬，色赤，善走；曰大廣仙，則擁劍也，一螯特大；曰虎獅蟹，遍體紅點；曰青蚶蟹，兩螯獨大；曰金錢蟹，身扁，色略赤。

蟳：似蟹而大，亦名螃蟹。膏多者紅蟳，無者曰菜蟳。或畜於塭，飼以鴨子，則膏易肥。

蠘：狀如蟹，殼多白點，螯甚銳。

蠔：即牡蠣，種於石者曰石蠔，竹曰竹蠔。

蚶：有血蚶、毛蚶數種，產於海濱。

蟯：即蜃。

蛤：有花蛤。

蚌：沿海有產。

蜆：沿海有產。

蟶：有竹蟶。

蝦：有龍蝦、紅蝦、草蝦、沙蝦數種。而龍蝦最大，紅蝦最美。

九孔：肉美如螺，其殼九孔，故名。淡水出產頗多，基隆亦有。

空豸：產於海濱，甲絕薄。前時一斤值錢數文，近來較少。

蛤蜊

鬼蟹：狀如傀儡。

蝳瑁：似龜，產於澎湖。

蝦姑：似蝦而身寬，卵尤美。

海蜇

水龜：一名龜虱，醃食甚美。

石螺：產於溪沼。又生水田者較大，曰田螺，唯大甲之鐵砧山沼中所生田螺皆斷尾。

海蒜：殼似蛤，肉垂三寸餘，色白，上有黑點，食之多患腹瀉。

陵鯉：一名穿山甲，生山谷中。臺人食其肉，謂可清毒。甲可為藥。

江瑤柱：臺南有產。

西施舌：打鼓、鹿港所產較多。

夜光貝：產於小琉球，嶼可作鈕。

寄居蟲：如螺而有腳，形似蜘蛛，生固無殼，入空螺中戴以行，觸之縮入，以氣噓之乃出。

日月蟶：則蛤類，其殼一紅一白，為窗鏡。

礦之屬（附）

金：淡水、臺東有產，見榷賣志。

銀：淡水之瑞芳有產，唯不及金之多。

銅：臺東有產，尚未開採。

鐵：淡水近山及臺邑之火焰山麓有產。

鉛

水銀

玉：相傳玉山之內有玉，然未發現。

石：其類頗多。有火山岩石，有水層岩石，唯質頗粗脆，不合雕琢，故建屋刻碑之石，來自泉州、寧波，而取以煆灰者，利甚廣。又淡水觀音山之石頗美，可用。

硯石：彰化縣志謂東螺溪石，可作硯，色青而玄，質堅而栗。有金沙、銀沙、水紋之別，然佳者頗少。

石棉：臺東內山有產。

瓦石：諸羅縣志謂內山有鬆石，鑿之成片，方廣一丈，以代陶瓦，望之天然石室也。按宜蘭之蘇澳，有石色黑，可爲硯盤，亦可作瓦。

文石：產澎湖海濱，有花紋，五色相錯，可製玩具。

空青：產於澎湖海中，大如卵，中有清水，可治眼疾。

海青：宜蘭海濱有產，爲海水所結。

水晶：噶瑪蘭志略謂玉山之麓有水晶。

硓砧：產於淡水、澎湖海濱，狀極離奇，用以築隄煆灰。

硫磺：產於淡水之北投，見榷賣志。

煤炭：各地有產，基隆最多，見榷賣志。
煤油：苗栗及嘉義之十八重溪有產，見榷賣志。
海棉：澎湖有產。
珊瑚：產於澎湖海中，爲蟲聚處之巢，高或數尺，唯色不純紅。

臺灣通史卷二十九　列傳一

顏、鄭列傳

連橫曰：臺灣固海上荒島，我先民入而拓之，以長育子姓，至於今是賴。故自開闢以來，我族我宗之衣食於茲者，不知其幾何年。而史文零落，碩德無聞，余甚憾之。間嘗陟高山、臨深谷，攬懷古跡，憑弔興亡，徘徊而不能去。又嘗過諸羅之野，游三界之埔，田夫故老，往往道顏思齊之事。而墓門已圮，宿草萋焉。嗚呼！是豈非手拓臺灣之壯士也歟！而今何如哉！故余敘列傳，以思齊為首，而鄭芝龍附焉。

思齊，福建海澄人，字振泉。雄健，精武藝。遭宦家之辱，憤殺其僕，逃日本為縫工。數年，家漸富，仗義疏財，眾信倚之。天啓四年夏，華船多至長崎貿易，有船主楊天生亦福建晉江人，桀黠多智，與思齊相友善。當是時，德川幕府秉政，文恬武嬉；思齊謀起事，天生助之。游說李德、洪陞、陳衷紀、鄭芝龍等二十有六人，皆豪士也。六月望日，會於思齊所，禮告皇天后土，以次為兄弟。芝龍最少，年十八，材略過人，思齊重之。

芝龍南安石井人，少名一官，字飛黃。父紹祖，為泉州太守葉善繼吏。芝龍方十歲，常戲投石子，誤中太守額。太守擒治之，見其狀貌，笑而釋焉。居無何，落魄之日本，娶平戶士人女田川氏，生成功。

思齊既謀起事，事洩，幕吏將捕之，各駕船逃。及出海，皇皇無所之。衷紀進曰：「吾聞臺灣為海上荒島，勢控東南，地肥饒可霸。今當先取其地，然後侵略四方，則扶餘之業可成也。」從之。航行八日夜，至臺灣。入北港，築寨以居，鎮撫土番，分汛所部耕獵。未幾而紹祖死。芝龍昆仲多入臺，漳泉無業之民亦先後至，凡三千餘人。

五年秋九月，思齊率健兒入諸羅山打獵，歡飲大醉，傷寒病數日篤，召芝龍諸人而告曰：「不佞與公等共事二載，本期建立功業，揚中國聲名。今壯志未遂，中道夭折，公等其繼起。」言罷而泣，眾亦泣。思齊死，葬於諸羅東南三界埔山，其墓猶存。卒哭之日，天生議舉一人為主，眾曰可。乃奉盤鍉割牲而盟，以劍插米，各當劍拜，共約拜而劍躍起者為主。至芝龍而劍躍出地，眾乃服，推為魁。然大權仍歸衷紀。衷紀亦海澄人，最桀驁，芝龍猶陽奉焉。

六年春二月，芝龍謀出軍。召諸部計議曰：「夫人惰則弱，眾合則強。今臺灣庶事略備，勢可自守，宜爲進取之計。吾欲自領師船十艘，前赴金、廈，若乘其虛而據之，則可爲臺之外府。公等以爲如何？」衷紀曰：「善」。乃命諸部。以芝虎、芝豹爲先鋒，芝鵬、芝豸次之，芝彪、張泓爲左軍，芝獬、李明爲右軍，芝鵠、芝蛟爲衝鋒，芝莞、芝蟒、芝燕、衷紀爲護衛，芝麟、陳勳爲游哨，芝麒、吳化龍爲監督，楊天生、洪陞爲參謀。每船戰士六十，皆漳、泉習水者。既定，以林翼、楊經、李英、方勝、何斌等十餘人留守。三月初十日伐金門，十八日伐廈門，官軍莫能戰。已而薄粵東，沿海戒嚴。朝議招撫，以蔡善繼習芝龍，爲書招之。芝龍感激，歸命。及降，善繼坐軍門，令芝龍兄弟泥首。芝龍屈意下之，而一軍皆譁，竟叛去，復居臺灣，劫截商民，往來閩、粵之間。

崇禎元年春正月，泊於漳浦之白鎮。巡撫朱之馮遣都司洪先春擊之。鏖戰自晨及晡，未有所敗。會海潮夜生，先春漂泊失道。芝龍陰度前山，繞先春後。先春腹背受敵，身被數刃。芝龍故有求撫意，乃佚先春。又趣中左所。中左所者，廈門也。督師俞咨皋與戰敗，又佚之。中左人開門納之。於是芝龍威名震於南海。七月，泉州太守王猷遣人招撫，芝龍從之，率所部降於督師熊文燦，授海防游擊。

當是時，衷紀在澎湖，勢稍弱，爲海寇李魁奇所殺。魁奇惠安人，素習水，力舉千斤，集漁舟，劫商舶。既殺衷紀，遂據之。二年夏四月，魁奇犯金門，泊遼羅。芝龍擊之。魁奇亦善戰，終被殺。三年，以平粵盜、征生黎、焚荷蘭、收劉香功，遷都督。於是成功在日本已七歲矣，芝龍屢遣人請歸，不能得。乃使使者齎金幣，圖寫芝龍爲大將秉鉞軍容烜赫之狀，幕吏受賄歸之。

北京破，福王立江左，改元弘光，封芝龍南安伯。二年，鄭鴻逵、黃道周共迎唐王，即位福州，改元隆武，晉同安侯，加太師。昆仲亦多封。芝龍幼習海，群盜多故盟，或在門下。就撫後，海船不得鄭氏令旗，不能往來。每舶例入二千金，歲入以千萬計，以此富敵國。自築城於安平，舳艫直通臥內。所部兵自給餉，不取於官。凡賊遁入海者，檄付芝龍，取之如寄。以故鄭氏威權振於七閩。

既而成功陛見，帝奇之，賜姓朱，改名成功，封御營中軍都督。芝龍以擁立非本意，日與文臣忤。

又以偏安一偶，不足以拒清師，密有反顧意。時招撫江南者內院洪承疇，招撫福建者御史黃熙胤，皆晉江人，與芝龍通音問。及兩浙敗，關門不戒，帝議親征，芝龍亦以不出關無以壓民望。十二月，命水師先鋒副將崔芝齎書至日本請兵，別以書貿甲二百領。日本幕府不從。

當是時，清軍已迫福建上游。芝龍乃分兵為二，聲言萬人，實不滿千。以鴻逵為元帥，出浙東；鄭彩為副，出江右。帝倣淮陰故事，築壇郊送之。既出關，疏稱餉缺，駐不發，詔書切責。不得已踰關，行四、五里而還。二年春三月，帝親征。六月，晉芝龍平國公、鴻逵定國公、成功忠孝伯。芝龍疏請航海，拜疏即行，遣使止之，不及。武毅伯施福撤關兵歸，駕陷汀州，成功走金門。方清軍之未至也，芝豹入泉州，大索富民餉，不應，立梟之。抵暮，得數萬金。俄而貝勒博洛及韓固山猝至，乃走，田川氏不去，伏劍死，成功大號，悲不自勝。

芝龍退保安平，軍容甚盛。以洪、黃之信未通，猶豫未敢迎師。博洛命泉紳郭必昌招之，芝龍曰：「我非不忠於清，恐以立主為罪爾。」會固山兵迫安平，芝龍曰：「既招我，何相逼也？」博洛乃檄固山，離三十里而軍，以書邀之曰：「吾所以重將軍者，以將軍能立唐藩也。人臣事主，苟有可為，必竭其力。力不勝天，則投明主而事，乘時建不世之功，此士之一時也。若將軍不輔立，吾何愛將軍哉？且兩粵未平，今鑄閩、粵提督印以相待。吾所以冀將軍來者，欲商地方人才故也。」芝龍得書大喜，召成功計事。成功泣諫曰：「父教子忠，不聞以貳。且北朝何信之有？」芝龍曰：「喪亂之天，一彼一此，誰能常之？若幼惡識人事。」鴻逵亦力諫，不聽。遂進降表。過泉州，大張文告，艷投誠之勳。至福州，見博洛，握手甚歡，折矢為誓，命飲酒三日夜。博洛知成功雄，俟以俱行，久而不至。芝龍嘆曰：「此子不來，清朝其道敝乎！」夜半，忽拔砦，挾芝龍以北。成功遂起師，清人莫敢侮。永曆八年，清廷遣使至泉州，欲封成功海澄公、芝龍同安侯。成功不從。於是置芝龍於高俎，成功不顧。十五年，克臺灣。十月，清廷棄芝龍於柴市，子孫在北京者皆被殺。成功聞之，大慟曰：「吾固知有今日也！」令諸部舉喪，設位以祭。

連橫曰：西人有言，中國人無冒險進取之心。嗚乎！如思齊者，豈非非常不羈之士哉？成則王而敗則寇，固猶不失爲男子。若夫芝龍以一游俠少年，倔起而至通侯，亦足豪矣。而末節不彰，稽首再拜於異族之馬下，抑足羞焉！始如脫兔，終如處女，人之度量何自反也？孟子曰：「富貴不能淫，貧賤不能移，威武不能屈。」此之謂大丈夫。

寧靖王列傳

寧靖王，名術桂，字天球，別號一元子，明太祖九世孫遼王後也。始授輔國將軍。崇禎十五年，寇破荊州，術桂偕惠王及宗室避湖中。十七年，北京破，帝殉社稷；福王立南京，改元宏光。術桂與兄長陽王入朝，晉鎮國將軍，令隨長陽守寧海；翌年夏，浙西復亡，長陽率眷入閩。時鄭遵謙從紹興迎魯王監國，未知長陽存沒，乃以術桂襲封。既而鄭芝龍保閩，尊唐王爲帝，改元隆武，術桂奉表賀。帝亦如監國封。嗣聞其兄尚在，已襲封遼王，乃具疏請以長陽之號讓兄子，不許，改封寧靖王。仍依監國，督方國安軍。五月，清軍渡錢塘，術桂奔寧海，乘海船出石浦。監國亦自海門來會，同至舟山。十一月，鄭彩率舟師迎，偕監國南下。歲暮抵廈門，而帝已陷汀州，芝龍亦降清去矣。

當是時，芝龍之子成功起師安平，進泊鼓浪嶼，勢頗振。鄭鴻逵亦迎淮王於軍，請術桂監其師。遂會成功，伐泉州，不克而還。鴻逵載淮王至南澳，術桂從焉。先是粵東故將李成棟奉桂王之子即位肇慶，改元永曆。術桂入揭陽，帝令居鴻逵軍中。二年春，復命兼督成功師。四年冬，粵事又潰。越年春，與鴻逵旋閩，取金門。是時成功已開府思明，禮待避亂宗室，術桂遂居兩島，成功待以王禮。

十八年春三月，經奉術桂渡臺，築宮西定坊，供歲祿。術桂見臺灣初闢，土壤肥美，就萬年縣竹滬墾田數十甲，歲入頗豐，有餘則賜諸佃。已而元妃羅氏薨，葬焉。術桂狀貌魁偉，美鬚眉，善文學，書尤瘦勁，承天廟宇匾額多所題，至今寶之。三十二年，聞降將施琅請伐臺，鄭氏諸將無設備，輒暗自痛哭。

三十七年夏六月，清軍破澎湖，克塽議降。術桂自以天潢貴胄，義不可辱，召姬妾而告曰：「孤不德，顛沛海外，冀保餘年，以見先帝先王於地下。今大事已去，孤死有日。若輩幼艾，可自計也。」皆泣對曰：「殿下既能全節，妾等寧甘失身？王生俱生，王死俱死。請先驅狐狸於地下。」遂冠笄被服，同縊於室，是月二十有六日也。於是術桂大書於壁曰：「自壬午流寇陷荊州，攜家南下，甲申避亂閩海，總爲幾莖頭髮，保全遺體，遠潛外國。今已四十餘年，六十有六歲。時逢大難，全髮冠裳而死，不負高皇，不負父母。生事畢矣，無愧無怍。」次日，冠裳束帶，佩印綬，以寧靖王印交克塽，再拜天地、列祖、列宗之靈，招耆舊從容飲別。附近老幼皆入拜，各以家財贈之。又書絕命詞曰：「艱辛避海外，總爲數莖髮。於今事畢矣，祖宗應容納。」遂自縊死。侍宦二人亦從死。臺人哀之曰：「王孫與北地爭烈矣！」自是明朔遂亡。越十日，葬於竹滬，與元妃合，不封不樹。而姬妾別葬於承天郊外桂子山，臺人稱爲五妃墓。五妃者，袁氏、王氏、荷姑、梅姑、秀姐也。術桂無子，以益王之後儼鉁爲嗣，方七歲。清人入臺，遷於河南杞縣。

初，成功克臺，優禮宗室。魯王世子朱桓、瀘溪王朱慈曠、巴東王朱江、樂安王朱俊、舒城王朱著、奉南王朱熺、益王朱鎬等，皆先後入臺，待之如制。及施琅至，奪其冊印，遷於各省。

連橫曰：余如竹滬，竹滬人多朱氏子孫。每年六月，祭寧靖王甚哀。余又謁其墓，徘徊而不忍去。悲哉！夫王以天潢之貴，躬逢亂世，避地東都，終至國破家亡，毅然抱大節以隕。明社雖墟，而王之英靈永存天壤矣。

諸臣列傳

連橫曰：明亡久矣，我延平郡王之威靈，尚存天壤。而一時忠義之士，奔走疏附，間關跋涉，以保存故國者若而人。以吾所聞諮議參軍陳永華，尤其佼佼者也。永華以王佐之才，當艱危之局，其行事若諸葛武侯，而不能輔佐英主，以光復舊物，天也。然而開物成務，締造海邦，至今猶受其賜，偉矣。顧吾觀舊志，每巇延平大義；而諸臣姓名，且無有道者。嗚呼！天下傷心之事，孰甚於此？清同治十三年冬十月，福建將軍文煜、總督李鶴年、巡撫王凱泰、船政大臣沈葆楨始從臺灣紳民之請，奏建專祠，春秋俎豆，以明季諸臣配。詔曰可。於是從祀者百十有四人。而潛德幽光，乃揚東海矣。是篇所載，僅舉其名。而林圮之開拓番地，林鳳之戰沒海隅，竟不列於祀典，豈一時之失歟？若夫沈、徐諸公，禮為上客，分屬寓賢，故別傳之。

太子太保文淵閣大學士路振飛。
東閣大學士曾櫻。
尚書唐顯說。
都察院左副都御史徐孚遠。
兵部侍郎總督軍務王忠孝。
太僕寺卿沈光文。
兵科給事中辜朝薦。
兵科給事中謝元忭。
御史沈佺期。
南京主事郭符甲。
諮議參軍陳永華。
舉人李茂春。
定西侯張名振。
定南伯徐仁爵。

仁武伯姚志倬。
閩安侯周瑞。
懷安侯沈瑞。
平西伯吳淑。
興明伯趙得勝。
崇明伯甘煇。
中書舍人陳駿音。
浙江巡撫盧若騰。
監紀推官諸葛斌。
內監劉九皋。
內監劉之清。
戶官楊英。
惠來縣知縣汪匯。
吏部主事攝同安縣知事葉翼雲。
同安縣教諭陳鼎。
參軍柯宸樞。
參軍潘賡鍾。
建安伯張萬禮。
建威伯馬信。
忠振伯洪旭。
慶都伯郝興。
五軍都督張英。

五軍戎政陳六御。
征北將軍曾瑞。
總練使王起鳳。
督理江防柯平。
戎旗鎮林勝。
義武鎮邱煇。
智武鎮陳侃。
智武鎮藍衍。
殿兵鎮林文燦。
進兵鎮吳世珍。
正兵鎮盧爵。
正兵鎮韓英。
中權鎮李泌。
侍衛陳堯策。
前鋒鎮張鴻德。
參宿鎮謝貴。
斗宿鎮施廷。
大武鎮魏其志。
同安守將林壯猷。
同安守將金縉。
同安守將金作裕。
　以上從祀東廡。

副將洪復。
副將林世用。
副將蔡參。
副將魏標。
副將楊忠。
副將黃明。
江南殉難楊標。
江南殉難張廷臣。
江南殉難魏雄。
江南殉難吳賜。
水師三鎮林衛。
中提督中鎮洪邦柱。
折衝左鎮林順。
中提督前鋒鎮陳營。
中提督後鎮楊文炳。
右提督後鎮王受。
後勁鎮黃國助。
總兵沈誠。
戎旗二鎮吳潛。
戎旗五鎮陳時雨。
火攻營曾大用。
援勦後鎮劉獻。

援勦後鎮萬宏。
援勦後鎮陳魁。
援勦後鎮金漢臣。
右先鋒鎮楊祖。
右先鋒鎮後協康忠。
水師四鎮陳陞。
水師後鎮施舉。
侍衛中鎮黃德。
潮州守將馬興隆。
左鎮衛江勝。
右提督右鎮余程。
宣毅左鎮黃安。
宣毅左鎮巴臣興。
護衛右鎮鄭仁。
援勦右鎮黃勝。
親隨一營王一豹。
親隨一營黃經邦。
龍驤左鎮莊用。
奇兵鎮部將呂勝。
定海守將章元勳。
銅山守將張進。
廈門守將吳渤。

澎湖殉難張顯。
澎湖殉難廖義。
澎湖殉難林德。
澎湖殉難陳士勳。
海澄殉難葉章。
定海殉難阮駿。
東石殉難施廷。
東石殉難陳中。
祖山殉難張鳳。
懷安侯弟沈珽。
殉難世子裕。
殉難世子溫。
殉難世子睿。
以上從祀西廡。

連横曰：吾讀野史，載鄭氏故將事，心爲之痛。以彼其才，足建旗鼓，以樹立功名，而乃國破家亡，竄身流俗，至隱其名而不道，亦足悲矣！夫敗軍之將，不足言勇。然世之秉節鉞寄封疆者，豈皆豪傑之士哉？際會風雲，乘時起爾。嗚呼！成敗論人，吾所不忍。屠釣之中，儘多奇才，亦遇之與不遇而已。豈以此而衡其得失哉？東寧既亡之後，江蘇無錫有華氏者，居於蕩口。一日至某里，見眾環堵。一賣卜者儀容俊偉，顏色微赬，似久歷患難者。聞其語，精奧若不可解。異之。日暮眾散，賣卜者行，華尾之，至一古廟，入焉。華問曰：「先生何許人？」曰：「賣卜者。」又問之，答如前。華曰：「敝廬在邇，先生能一過乎？」不答。乃要之行。至家，略坐，即欲去，舉止傲岸。強之坐，呼子弟出拜，請受業門下。顧而嘻曰：「賣卜人能爲皐比師乎？」華曰：「先生道貌岑古，必非常人。如不棄寒微，請設帳於此，俾子弟得受益也。」不可，良久乃許之。

初，里中有巨盜，劫人越貨，莫敢攖。一日，華戚某持盜刺來，言「夜將被劫，今事急，可奈何？」盜刺者，盜欲劫某家，先以刺來，以寓先禮後兵之意，且示勇。受者不敢報官，報亦無益。故盜愈無忌。華曰：「家有子弟師，異人也，請詢之。若可，當無害。」乃偕入，告以故。其人俯首，自循其髮曰：「事亦易易。然使人慮不勝任，必親往。」某曰：「先生與若有故耶？」喟曰：「彼盜安得故我？我豈與盜故哉？」怒欲止。某跪而謝，華亦代請。乃曰：「勉爲若一行。」既至，環相居宅，曰：「盜當從此來。取磚甓列門外，爲數壘。誡家人閉戶寢，勿聲。」彼亦就寢。久之，聞有人馬聲自遠至，火炬照耀如白晝。家人潛起窺之，盜眾數百，劍戟有聲，勢張甚。及壘而騁，旋繞不息。自初更至於黎明，竟不知其何爲。其人亦寤，問：「盜來乎？」曰：「來矣。」「來何在？」曰：「在門外旋繞。」曰：「然則吾當遣之去。」眾於門外設坐，俟之出。坐定，以麈尾麾盜，若寐盡仆。顧曰：「縛之。」眾次第反接其手，驅之前跪。其人大言曰：「男子負膂力，不能爲國家效命，乃棄身匪類，以污辱鄉里。罪當死！吾今且貸汝，須改過，勿妄動。」顧某取百金來，命解其縛，叱之去。

賣卜者既居華家，賓主甚相得。課授之餘，獨處一室，不與人士往來。歲暮饋修贄，亦不受。強之，曰「吾今固無事此也。」華氏兄弟與談文史，應答如流。而每至玄黃之際，君亡國破之慘，則悲中從來，潸然欲涕，乃強爲歡笑。一日趣華治具，作飯四斛，曰：「明旦有客至。」如其言。至則兩僧，儀狀雄偉，操閩南音。始見皆伏拜，起而肅立。命之坐，不敢坐。有問則跪答。賣卜者曰：「止。今豈可以昔禮比耶？吾之在此，而具知之。而之行止，吾亦無不知。自今各以心喻，毋瑣瑣。顧而可即去，勿再來，吾已爲而治飯矣。」出具食之。二僧袒衣大啖，俄頃而盡。撫腹曰：「徑飽。自此至彼，可免再餐也。」再拜告別，出門逕去。賣卜者亦黯然。後值重九，生徒散學。華氏兄弟邀出游，逍遙隴畔，意甚得也。已而指一地問誰氏有，具答之。曰：「後日可葬我於是。」華訝不祥。笑曰：「修短有命，吾已盡於明日矣。」華氏兄弟驚而泣曰：「自得先生，親承杖履，十有二年矣，尚未識里居姓氏。固知先生有隱痛者，是以未敢強問。今日月淹迫，先生寧終忍無一言乎？」賣卜者亦泣曰：「薄命人何足言？必欲識吾者，吾腰帶中藏有小佩囊，沒後可取視。」翌日竟卒。啓之，果有寸帛，字模糊不可讀。略得一、二，蓋鄭氏故將。臺灣亡後，隱憫遁世，而兩僧則爲其舊部，故在播遷，猶不失禮。乃葬於其地，建一室以祀，惜仍不識其姓名爾。

嗚呼！懷忠蹈義之士，豈僅一賣卜也哉？吾撰通史，吾甚望爲之表彰也。

諸老列傳

連橫曰：正氣之存天壤也大矣。論語誌逸民，而冠以伯夷、叔齊。孔子稱之曰「不降其志，不辱其身。」嗚呼！此則孔子之微意也。當殷之衰，武王伐紂，會於牧野，一戎衣而天下定，八百諸侯罔不臣服，而伯夷、叔齊獨恥其行，義不食周粟，隱於首陽山，及餓且死；此則所謂求仁得仁者也。明亡之季，大盜竊國，客帝移權，縉紳稽顙，若崩厥角，民彝蕩盡，恬不知恥。而我延平郡王獨伸大義於天下，開府思明，經略閩粵。一時熊羆之士、不二心之臣，奔走疏附，爭趨國難。雖北伐無績，師沮金陵，而闢地東都，以綿明朔，謂非正氣之存乎？吾聞延平入臺後，士大夫之東渡者蓋八百餘人，而姓氏遺落，碩德無聞；此則史氏之罪也。承天之郊，有閒散石虎之墓者，不知何時人，亦不詳其邑里。余以爲明之遺民也。墓在法華寺畔，石碣尚存，而舊誌不載。巖穴之士趨舍有時，若此類湮沒而不彰者，悲夫！漢司馬遷曰：「伯夷、叔齊雖賢，得夫子而名益顯。」余感沈、盧諸賢之不泯，而臺灣之多隱君子也，故訪其逸事，發其潛光，以爲當世之範。詩曰：「雖無老成人，尚有典型」；有以哉！

沈光文，字文開，號斯庵，浙江鄞人也。少以明經貢太學。福王元年，預於畫江之師，授太常博士。明年，浮海至長垣，再預琅江諸軍務，晉工部郎。隆武二年秋八月，閩師潰，扈從不及。聞桂王立粵中，乃走肇慶，累遷太僕少卿。永曆三年，由潮陽航海至金門。閩督李率泰方招徠故國遺賢，密遣使以書幣聘，光文焚書返幣。而是時粵事亦不可支，乃留閩中，思卜居泉州之海口。浮家泛宅，忽遭颶飄至臺灣。時臺爲荷人所踞，受一廛以居，極旅人之困，弗恤也，遂與中土音耗絕，亦無以知其生死者。十五年，延平郡王克臺灣，知光文在，大喜，以客禮見。而遺老亦多入臺，各得相見爲幸。王令麾下致餼，且以田宅贍之。亡何王薨，子經嗣，頗改父之臣與政。光文作賦有所諷。或讒之，幾至不測。乃變服爲僧，逃入北鄙，結茅羅漢門山中。或以言解之於經，乃免。山外有目加溜灣者，番社也。光文於其間教授生徒，不足則濟以醫。常嘆曰：「吾二十載飄零絕島、棄墳墓不顧者，不過欲完髮以見先皇帝於地下爾。而卒不克，命也夫！」已而經薨，諸鄭復禮之如故。三十七年，清人得臺灣，諸遺臣皆物故，光文亦老矣。閩督姚啓聖招之，辭。又貽書問訊，曰：「管寧無恙。」欲遣人送歸鄞，會啓聖卒，不果。諸羅知縣季麒光，賢者也，爲粟肉之繼，旬日一候門下。時寓公漸集，乃與宛陵韓又琦、關中趙行可、無錫華袞、鄭廷桂、榕城林奕、丹霞吳蕖、輪山楊宗城、螺陽王際慧等結詩社，所稱福臺新詠者也。尋卒於諸羅，葬焉。

光文居臺三十餘年，自荷蘭以至鄭氏盛衰，皆目擊其事。前此寓公著述，多佚於兵火，唯光文獨保天年，以傳斯世。海東文獻，推爲初祖。著有臺灣輿圖考一卷，草木雜記一卷，流寓考一卷，臺灣賦一卷，文開詩文集三卷。邑人全祖望爲訪而刊之，志臺灣者多取資焉。同時居臺者有徐孚遠、王忠孝、辜朝薦、沈佺期等，亦一國之賢者。

徐孚遠，字闇公，江蘇華亭人。崇禎十五年舉於鄉，與邑人夏允彝、陳子龍結幾社，以道義文章名於時。會寇亂亟，陰求健兒劍客而部署之，蓄爲他日用。子龍爲紹興推官，引東陽許都見之，使募義勇，西行殺賊。又請何剛薦之。既而東陽激變，子龍單騎入都營，許以不死，招之降。大吏持不可，竟殺之。孚遠貽書曰：「彼以吾故降，今負之。天下誰復敢交子龍哉？」故子龍以功遷給事中，辭不赴。弘光時，馬、阮亂政，養晦不出。及南都亡，允彝起兵，而爲之輔，授福州推官，進兵科給事中。閩亡，浮海入浙。是時義旅雲興，不相統屬；孚遠周旋其間，說以國恤，而悍將鄭彩、周瑞之徒咸不聽，乃返浙東，入蛟關，結寨定海之柴樓。比監國入舟山，往賀，以勸輸貢賦，遷左僉都御史。及舟山破，監國入閩，航海從之。當是時，招討大將軍鄭成功開府思明，禮待朝士，搢紳耆德之避地者皆歸之。而孚遠領袖其間，軍國大事，時諮問焉。永曆十二年，帝在滇中，遣漳平伯周金湯晉成功延平郡王，遷孚遠左副都御史，餘各授爵。冬，隨金湯入覲，失道越南。越王要以臣禮，不從，曰：「我爲中朝大臣，何可辱？」越王嘉之，乃歸。克臺之歲，從入東都，禮之尤厚。常自嘆曰：「司馬相如入夜郎，教盛覽，此平世事也。以吾亡國大夫當之，傷如之何！」十月，清廷詔遷沿海居民，各省騷動。兵部尚書張煌言寓書成功，以乘勢取福建；並遺孚遠書，勸其代請出師。時東都初奠，休兵息民，故未行。久之卒。或曰，永曆十七年，清軍破思明，孚遠遁入饒平山中，提督吳六奇匿之，完髮以死。居臺生一子，扶櫬至松江，未葬，子亦死。

張煌言字元箸，浙之鄞人也。崇禎時登賢書。從魯監國。監國敗，率殘兵數百，飄蕩海上。延平郡王招之，至思明，表爲兵部左侍郎。永曆十四年，北伐至金陵。王謂煌言曰：「蕪湖爲上游門戶可，倘留都不旦夕下，則江楚之援日至；控扼要害，非先生不可。」七月初七日，煌言率師至蕪湖，馳檄郡邑，江南北相來附。未幾鄭師敗績，煌言走銅陵，與楚師遇，兵潰。變姓名，從建德、祁門山中，出走天臺，入海，仍與王同定臺灣。當是時，東都初建，軍旅未精。煌言見王無西意，爲詩刺之曰：「中原方逐鹿，何暇問虹梁？」又曰：「祇恐幼安肥遯老，藜床皀帽亦徒然。」王一笑而已。無何王薨，子經嗣，知不足與謀，益鬱鬱不樂。乃散其部曲，拂衣竟去。浮海涉江，至杭州西湖，覓山僻小庵，隱焉。瞻望藩籬，猶有所冀。爲杭守吏所偵，與健僕楊貫玉、愛將羅自牧同被執，二人皆勇絕群倫者。煌言烏巾葛衣，不言不食，啜水而已。臨刑，二卒以竹輿舁至江口。煌言出，見青山夾岸，江水如澄，始一言曰：「絕好江山。」索紙筆賦絕命辭三首，付刑者，端坐受刃。貫玉、自牧同斬，略一振臂，綁索俱斷。立而受刃，死不仆，刑者唯跪拜而已。時永曆十八年中秋之日也。煌言所著詩詞，貯一布囊，悉爲邏卒所焚，唯絕命辭在。

王忠孝，字長孺，號愧兩，福建惠安人。崇禎元年登進士，以戶部主事榷關，劾太監，忤旨，廷杖下獄，復戍邊，士卒千餘赴都送留。三年免。福王立，授紹興知府，擢副都御史。隆武元年，召見，陳光復策。帝大喜，授兵部左侍郎，總督軍務，賜尚方劍，便宜行事。已而福京破，家居，杜門不出。延平郡王在廈門，設儲賢館，禮待避亂搢紳。忠孝往見，欲官之，辭，乃待以賓禮。時遺老多往來廈門，而忠孝與辜朝薦、沈佺期、盧若騰等均為幕上客。軍國大事，時詢問焉。永曆十八年，偕若騰入臺，經厚待之，日與諸寓公肆意詩酒。居四年卒。

辜朝薦，字在公，廣東揭陽人，崇禎元年進士。始任江南安慶推官，歷掌諫垣，晉京卿。北京破，南歸，居金門。既為延平郡王上客。後入臺卒。子文麟，及長回鄉。

沈佺期字雲又，福建南安人。崇禎十六年登進士，授吏部郎中。隆武立福京，擢右都副御史。及帝陷汀州，佺期南下，隨延平郡王起兵於泉州桃花山，為幕府上客。後入臺灣，以醫藥濟人。永曆三十六年卒。

盧若騰，字閑之，號牧洲，福建同安金門人。崇禎八年舉於鄉，十二年成進士。帝以天下多故，御文華殿，簡用新進士三十人，觀政兵部，若騰與焉。時督師楊嗣昌奪情起用，玩寇佞佛，若騰劾其罪，下旨切責，天下壯之。累遷武選司郎中，總京衛武學。三上疏彈定西侯蔣維祿。有惡其太直者，遷寧紹巡海道。瀕行，又劾內臣田國興諸不法事。帝納之，逮國興抵法。至浙，潔己愛民，興利除弊，勢豪屏跡，莫敢逞。蕩平劇寇胡乘龍等，閭里晏然。浙人建祠祀之。

福王立南京，擢鳳陽巡撫。若騰以馬、阮當國，綱紀大壞，辭不赴。及唐王立福京，下旨徵辟，單騎赴召。授浙東巡撫，駐溫州，督師北伐。特薦宿將賀君堯為水師總兵，募靖海水兵，扼守要害。以族弟游擊將軍若驥守盤山溪，為藩衛。奏簡學臣考試，以取人才、收士望。從之。是歲溫州大饑，捐資賑濟，得旨嘉獎，加兵部尚書銜。魯王起兵紹興，號監國，其臣不奉福京之命，以兵窺溫州，有兼併意。賀君堯勒兵拒之。而于穎亦有撫浙之命。若騰疏言十羊九牧，號令不一，恐誤封疆，請自撤。不許。鄭彩之殺熊汝霖也，眾畏其勢，莫敢言；若騰直揭其罪，朝士振悚。帝英明果斷，有知人鑒；而鄭芝龍專權，日事驕奢，大學士黃道周嫉之，奏請出師，窺江西，途次以門生為託。若騰復書相勉許。已而道周殉難，紹興之師亦潰，清軍迫溫州。若騰與君堯力守，糧絕不繼，七上疏請援，不報。城民議款，拒之，願以身殉。城破，率親兵巷戰，背中三矢，爲靖海營水師所救，乃由海回閩，上疏自劾。而闕兵已撤，芝龍降矣。若騰歸里後，與同志傅某等結社，舉兵圖恢復，所謂望山之師也。既以糧盡而罷。桂王立肇慶，改元永曆，若騰上表賀。溫諭下答。方是時招討大將軍鄭成功開府思明，招徠遺老，若騰依之。禮爲上客，軍國大事，時諮問焉。永曆十八年春三月，與沈佺期、許吉燝等同舟入臺。至澎湖，疾作，遂寓太武山下。臨終，命題其墓曰：「有明自許先生盧公之墓」。年六十有六。嗣王經臨其喪，以禮葬於太武山南，今猶存。生平著述甚富，有留庵文集二十六卷、方輿互考三十餘卷與耕堂隨筆、島噫詩、島居隨錄、浯洲節烈傳、印譜各若干卷，後多散佚。邑人林樹梅求數種刊之。

許吉燝，福建晉江人，崇禎十六年登進士，以知縣擢刑部主事。國變後，歸里，杜門不出。及延平郡王克臺灣，遺老多依之。永曆十八年春三月，與盧若騰同舟入臺，卒於東寧。

李茂春字正青，福建龍溪人。隆武二年舉孝廉。性恬淡，風神整秀，善屬文。時往來廈門，與諸名士游。永曆十八年春，嗣王經將入臺，邀避亂搢紳東渡，茂春從之。卜居永康里，築草廬曰「夢蝶」，諮議參軍陳永華爲記。手植梅竹，日誦佛經自娛，人稱「李菩薩」。卒葬新昌里。

郭貞一，字元侯，福建同安人。崇禎十三年進士，授御史，巡撫浙東。福王立，擢右都御史。有內監不遵朝班，疏糾之，宦寺屏息。貞一所交多吉士，疏薦夏允彝、陳子龍、徐石麟、徐汧、沈延嘉、葉廷秀、熊開元等，具忠愛之誠，乞召用。又言憲長王夢錫以賄遷官，選郎劉應家黷貨，乞正罪。一時風采凜然。南都破，入閩。已而延平郡王開府廈門，禮之。後隨入臺灣，居數年卒。

諸葛倬，字士年，福建晉江貢生。隆武時，以薦授翰林院侍詔，加御史，監鄭鴻逵軍，出浙東。已而福京破，從延平郡王於廈門。永曆時，晉光祿寺卿。同學某降清，以書來招，謂惠然肯來，監司可立致，且怵以危語。倬復書曰：「聖主隆唐虞之德，小臣守箕山之操，代有其人。新朝政尚寬大，須彌大千，何問微塵？必欲相強，便當刳胸著地，勿問是肝是肉也。」某得書憫然。倬後入臺卒。

黃事忠，字臣以，佚其里居，官兵部職方司。隆武時，崎嶇閩粵，疊起兵，謀光復。兵敗，母妻俱被難，事忠走廈門，依延平郡王。永曆十二年冬，偕御史徐孚遠、都督張自新奉使入滇。途經越南，與國王爭禮，全命而歸。後入臺灣。

林英，字雲又，福建福清人。崇禎中，以歲貢知昆明縣事，有惠政，縣人稱之。永曆立滇中，官兵部司務。及帝北狩，英亦流離凄愴，祝髮爲僧，間道至廈門。嗣入臺灣。

張士椰，福建惠安人。崇禎六年，中副榜。明亡，入山，數年不出。耿精忠之變，避亂金門。嗣入臺，居東安坊。持齋念佛，悠然塵外。辟穀三年，唯食茶果。卒年九十有九。

黃驤陛，字陟甫，福建漳浦人，大學士道周之從子也。天資醇篤，讀書數百回乃成誦，誦即焚之，終身不忘。天啓四年舉於鄉，設教里中，及門多成材。北都陷，與里人林蘭友合糾義旅抗賊。及福建破，浮海入臺，與徐孚遠諸人放浪憑弔。久之卒。

張灝，字爲三，福建同安人，巡撫廷拱子也。萬曆朝，登進士，官兵部職方司郎中。明亡，隱大嶝。後入臺灣，居於承天府之郊。清人得臺時，施琅聞其賢，具舟送回故里，至澎湖病卒，葬焉，年九十有五。弟瀛字洽五，崇禎十五年，舉孝廉，隨兄居臺。耦耕壟畔，怡怡如也。後卒於臺，年八十有四。

葉后詔，福建廈門人。崇禎十七年，以明經貢太學。猝遭國變，即南歸。與徐孚遠、鄭郊輩爲方外七友，縱情詩酒。後渡臺灣，著鵝草五經講義，行世。

連横曰：我始祖興位公生於永曆三十有五年。越二載，而明朔亡矣。少遭憫凶，長懷隱遯，遂去龍溪，遠移鯤海，處於鄭氏故壘。迨余已七世矣。守璞抱貞，代有潛德。稽古讀書，不應科試。蓋猶有左衽之痛也。故自興位公以至我祖、我父，皆遺命以明服殮。故國之思，悠然遠矣！横不肖，懼隕先人之懿德，兢兢業業，覃思文史，其葆揚國光，亦唯種性之昏庸是儆。緬懷高蹈，淑慎其身，以無慙於君子焉。

陳永華列傳

陳永華，字復甫，福建同安人。父鼎，以教諭殉國難。永華方舞象，試冠軍，已補弟子員。聞喪歸，即棄儒生業，究心天下事。當是時，招討大將軍鄭成功開府思明，謀恢復，延攬天下士。兵部侍郎王忠孝薦之。成功接見，與談時事，終日不倦。大喜曰：「復甫今之臥龍也。」授參軍，待以賓禮。

永華爲人，淵沖靜穆，語訥訥如不能出。而指論大局，慷慨雄談，悉中肯要。遇事果斷，有識力，定計決疑，不爲群議所動。與人交，務盡誠。平居燕處，無惰容。布衣疏飯，澹如也。永曆十二年，成功議北征，諸將或言不可，永華獨排之。成功說，命留思明，輔世子。嘗語經曰：「陳先生當世名士，吾遺以佐汝。汝其師事之！」

十五年，克臺灣，授諮議參軍。經立，軍國大事，必諮問焉。十八年八月，晉勇衛，親歷南北各社，相度地勢。既歸，復頒屯田之制，分諸鎮開墾。插竹爲籬，斬茅爲屋，以藝五穀。土田初闢，一歲三熟，戍守之兵，衣食豐足。又於農隙以講武事，故人皆有勇知方，先公而後私。東寧初建，制度簡陋。永華築圍柵，起衙署；教匠燒瓦，伐木造廬舍，以奠民居。分都中爲東安、西定、寧南、鎮北四坊，坊置簽首，理庶事。制鄙爲三十四里，里有社，社置鄉長；十戶爲牌，牌有首；十牌爲甲，甲有首；十甲爲保，保有長；理戶籍之事。勸農桑，禁淫賭，詰盜賊。於是地無游民，番地漸拓，田疇日啓。其高燥者，教民植蔗。製糖之利，販運國外，歲得數十萬金。當是時，閩粵逐利之氓，輻輳而至，歲率數萬人。成功立法嚴，永華以寬持之。險阻集，物土方，臺灣之人，以是大治。十二月，請建聖廟，立學校。經從之。擇地寧南坊，二十年春正月成，經行釋菜之禮。三月，爲學院，以葉亨爲國子助教，聘中土之儒，以教秀士。各社皆設小學，教之養之。臺灣文學始日進。永華既教民造士，歲又大熟，比戶殷富，猶恐不足國用，請經令一旅駐思明，與邊將交驩，彼往此來，以博貿易之利。而臺灣物價大平。二十八年春，耿精忠據福建，請會師。經以克𡒉爲監國，命永華爲東寧總制使。克𡒉，永華婿也，事無大小，皆聽之。永華爲政儒雅，轉粟餽餉，軍無缺乏。及經歸後，頗事偷息，而馮錫範、劉國軒忌之。三十四年春三月，請解兵。經不聽，既而許之，以所部歸國軒。永華見經無西志，諸將又燕安相處，鬱鬱不樂。一日齋沐，入室拜禱，願以身代民命。或曰：「君秉國鈞，民之望也。」已復嘆曰：「鄭氏之祚不永矣。」越數日逝。經臨其喪，謚文正，贈資政大夫正治上卿。臺人聞之，莫不痛哭，馳弔於家。

初，經知永華貧，以海舶遺之。商賈僦此貿易，歲可得數千金。不受。而自募民闢田，歲收穀數千石。比穫，遍遺親舊之窮困者，計其所存，僅供歲食而已。妻洪氏，小字端舍，賦質幽閒，善屬文。晨興，盥沐畢，夫婦衣冠斂衽揖而後語。一家之內，熙皞如也。合葬於天興州赤山堡大潭山。清人得臺後，歸葬同安。子夢緯、夢球居臺蕃衍，至今為邑望族。

連橫曰：漢相諸葛武侯，抱王佐之才，逢世季之亂，君臣比德，建宅蜀都，以保存漢祚，奕世稱之。永華器識功業與武侯等，而不能輔英主以光復明室，徬徨於絕海之上，天也。然而開鎮成務，體仁長人，至今猶受其賜。澤深哉！

林圯、林鳳列傳

林圯，福建同安人，為延平郡王部將。歷戰有功，至參軍，從入臺。及經之時，布屯田制，圯率所部赴斗六門開墾。其地為土番游獵，土沃泉甘，形勢險要。圯至，築柵以居，日與番戰，拓地至水沙連。久之，番來襲，力戰不勝，終被圍。食漸盡，眾議出，圯不可，誓曰：「此吾與公等所困苦而得之土也，寧死不棄。」眾從之。又數日，食盡，被殺，所部死者數十人。番去，居民合葬之，以時祭祀，名其地為林圯埔。

連橫曰：開闢之功大矣哉！林圯埔在嘉義東北，背倚層巒，右控濁水，居民數萬，大都林氏子孫。讀書力田，饒有堅毅不拔之氣。是豈非圯之所遺歟？光緒十四年，始建縣治於此，名曰雲林，志圯功也。越五年，從知縣李烇之議，移斗六，而林圯埔之繁盛猶故。夫天下無失敗之事，而千古有必成之業。圯之初拓斗六門也，斬荊棘、逐豺狼，經營慘淡，未嘗一日安處。乃又為番所迫，身死眾亡，則圯亦自怨其敗矣。然圯沒未久，黨徒繼進，前茅後勁，再接再厲。而昔日跋扈之番，竟降伏於我族之下。日月也由我而光明，山川也由我而亭毒，草木也由我而發揚，則圯應又嘆其成矣。大雅之詩曰：「立我蒸民，莫非爾極。」我同胞其念哉！

林鳳，福建龍溪人，為延平郡王部將，從入臺。永曆十五年，率所部赴曾文溪北屯田，則今之林鳳營也。初，福建總督李率泰約合荷蘭、攻臺灣。十九年，荷人據雞籠。報至，延平郡王經命勇衛黃安督水陸諸軍逐之，以鳳為先鋒，陣沒，荷人亦敗去，經念其功。至今所墾之地已成都聚。

連橫曰：吾過曾文溪，輒臨流感嘆。追懷鄭氏興亡之跡，未嘗不扼腕也。溪源自內山，水大勢急，奔流而西，以達於海。其旁平疇萬畝，禾麥芃芃，皆我族所資以衣食長子孫者。苟非鄭氏開創之功，則猶是豺狼之域也。渡溪北行十里，為番仔田，有碑立田中，荷文也，剝落不可讀。又十里為林鳳營，十里為新營，北為舊營，東為五軍營，西為查畝營，是皆鄭氏屯田之地，以強兵保國者，至今猶見其威稜。而一變再變，衣冠文物，蕩然無存，唯使弔古者徘徊於落日寒村之中而已。

劉國軒列傳

劉國軒，福建汀州府人也。狀貌雄偉，懷材未遇，為漳州城門把總。永曆八年冬十月，招討大將軍鄭成功伐漳州，國軒開門迎。參軍馮澄世奇之，為語成功，擢為護衛後鎮。十年秋，從中提督甘輝伐閩安，克之。十二年，從伐南京。十五年，從克臺灣。成功薨，子經嗣，分汛東寧，以國軒守雞籠山，勦撫諸番，拓地日廣。二十年，晉右武衛，駐半線。二十四年秋八月，斗尾龍岸番反，經自將討之，國軒從，遂破其社。十月，沙轆番亂，平之。大肚番恐，遷其族於埔裏社，追之至北港溪，乃班師歸。自是北番皆服。二十八年，靖南王耿精忠據福建，使如東寧約會師。經率侍衛馮錫範及六官等渡海而西，國軒從。精忠調趙得勝之兵，得勝不從，邀國軒於海澄，議奉經。經說精忠，借漳、泉二府爲召募，精忠難之。於是耿、鄭交惡。六月，經入泉州。精忠之將王進來攻，國軒及右虎衛許耀敗之於塗嶺，追至興化而還。七月，清軍圍潮州，精忠不能救，總兵劉進忠納款。經遣援勦左鎮金漢臣率師援之，潮圍解，以進忠爲中提督，國軒副之。二十九年春二月，左虎衛何祐伐饒平；五月，國軒入潮，與何祐、劉進忠兵數千人，狥屬邑之未下者。平南王尚可喜兵十餘萬，盡銳來攻；相持久，國軒食盡，議退於潮。尚之信麾騎，晨掩祐軍，戰於鱟母山下。祐以身先旗，矯尾厲角，直貫中堅，出其左右；國軒繼之，大敗尚軍，追奔四十餘里，斬首二萬有奇，捕鹵七千，轔籍死者滿山谷。由是國軒、何祐威名震於南粵。十月，經入漳州。三十年春二月，吳三桂兵至肇慶、韶州，碣石總兵苗之秀、東莞守將張國勳詣國軒降。尚之信降於三桂，三桂檄讓惠州於經，國軒入守之。五月，精忠守將劉應麟以汀州降，後提督吳淑入守之。七月，經調進忠於潮，不至。九月，清軍入福建，擒精忠，其將馬成龍以興化降，許耀入守之。十月，耀與清軍戰於烏龍江，敗歸，調趙得勝、何祐代之。十一月，精忠守將楊德以邵武降，吳淑入守之。十二月，淑與清軍戰於邵武城下，敗歸。三十一年春正月，清軍攻興化，祐與得勝禦之。清軍縱反間，得勝戰沒，祐亦敗歸，興化遂陷，漳泉俱潰，經歸思明。六月，進忠降於三桂，尋歸清，被殺。國軒亦棄惠州，惠州之人送之。凡十府一時俱失，經不知所爲。見國軒至，大喜，軍事盡委國軒。國軒爲將，愛士卒，信賞必罰，而出奇制勝，眾莫能測，故每戰得捷，敗亦能完，諸將皆莫及也。三十二年春正月，晉正總督，吳淑爲副。經表賜尚方劍，專征伐，諸將咸聽命焉。二月，伐漳州，下玉州、三叉河、福河、下浒等堡，斷江東橋，以遮餉道。援軍適至，分兵擊之，夜取石碼，數戰皆捷。遂揚帆直入鎮門，取灣腰樹、馬洲、丹洲諸堡。軍聲日震。

當是時，清軍之援漳者，福建總督郎廷相、海澄公黃芳世、都統胡克按兵不前，提督段應舉自泉州、寧遠將軍喇哈達、都統穆黑林自福州、平南將軍賴塔自潮州，後先至。國軒及吳淑諸將，兵僅數千，飄驟馳突，略倣成功。當事者萎腇咋舌，莫敢支吾。由是國軒、吳淑威名復震於閩南。閏三月，與黃芳世、穆黑林戰於灣腰樹，敗之。胡克率副將朱志麟、趙得壽來戰於鎮北山，又敗之。姚公子、李阿哥來援，亦敗之。段應舉戰於祖山頭，復敗之，逸入海澄。遂取平和、漳平，圍海澄三匝。六月，清廷以隨軍布政姚啓聖爲福建總督、吳興祚爲巡撫，趣諸軍援澄，次葛布山。三次隔帶水，高壘自完，相望而已。城中食盡，破之。段應舉自經於敵樓，總兵黃藍巷戰死，殺滿漢兵數萬，捕鹵數千，馬萬餘匹。晉國軒武平伯征北將軍、吳淑定西伯平北將軍、何祐左武衛、林陞右武衛、江勝左虎衛。士氣大振，幾五萬人。遂取長泰、同安，乘勝圍泉州，狥下南安、永春、安溪、德化諸縣。八月，清軍水陸援泉。大學士李光地、寧海將軍喇哈達、平南將軍賴塔自安溪出同安，巡撫吳興祚自仙遊出永春，提督楊捷自興化下惠安，總兵林賢、黃鎬、林子威以舟師自閩安出定海，剋期俱至。樓船中鎮蕭琛與林賢遇，未戰敗。經以宣毅後鎮陳諒、援勦後鎮陳啓隆禦之於海山。國軒帥二十八鎮還漳州，築十九寨。九月，以吳淑、何祐、江勝等十一鎮，可二萬人軍浦南，而自率林陞、林應、吳潛、陳昌等十七鎮，可三萬人軍溪西，直逼漳城之北，軍容烜赫。翼日，決勝於龍虎山。耿精忠爲左拒，賴塔爲右拒，啓聖在前，胡克又在啓聖之前，揮兵二萬先合。國軒敗之。啓聖亦敗。精忠親督戰，斬退縮者三人，大呼而馳，賴塔尾之，兩軍酣戰。海澄鎮鄭英、吳正璽皆沒，國軒麾軍退，收拾餘兵，以保灣頭。亢宿鎮施明良受啓聖賄，謀獻思明。經嬖之，常在左右。國軒入告曰：「今軍破國殘，蹙地千里。殿下宜效先王之志，臥薪嘗膽，親君子，遠小人。中興之業，乃可圖也。」經納其言，而明良謀之益急，國軒殺之。及施世澤，琅之長子也，爲女宿鎮，再叛再降，又與其謀，故誅之。三十四年春正月，清軍大舉伐思明。經以左武衛林陞爲督師，率諸鎮禦之。方戰而潰，國軒亦全師歸，遂入東寧。

三十五年春正月，經薨，子克塽嗣，晉武平侯。十月，清廷以萬正色爲陸路提督、施琅爲水師提督，將以伐臺。克塽命國軒駐澎湖，拜正總督，假節行事。以征北將軍曾瑞、定北將軍王順爲副。擢林亮爲右虎衛，改名豪。以援勦左鎮陳諒爲右先鋒，提調陸師。右武衛林陞爲水師提調，左虎衛江勝副之。援勦右鎮邱煇、援勦後鎮陳啓明各爲先鋒。修戰艦，築炮壘，討軍實，以待清師。三十七年夏六月，清軍發銅山，窺澎湖。國軒知八罩嶼惡，望間當有颶至。自督精兵，強逾二萬。以戎旗一鎮吳潛守風櫃尾；果毅中鎮楊德守雞籠嶼；後提督中鎮張顯守中灣；游兵鎮陳明守四角山，中提督前鎮黃球佐之；果毅後鎮吳祿守內塹，侍衛後鎮顏國祥佐之；壁宿鎮楊章守外塹，右先鋒鎮李錫佐之；右虎衛領兵江高守東峙，侍衛殫忠營王鯉佐之。沿海巨舟，星羅棋布。環設炮城，凌師以守。邱煇請曰：「彼兵遠來，乘其未定而擊之，可破也。」建威中鎮黃良驥曰：「先人有奪人之心，擊之便。」國軒不從。已而清軍萃至，環泊花、貓二嶼。煇復請襲之，不許。十六日黎明，微風振柮，鉦鼓傳喧。兩軍將合，琅以七船突入鄭䑸。國軒以林陞、江勝、邱煇、曾瑞、王順各船迎之，焚殺過當，濺血聲騰。時南潮正發，琅舟為急流分散。國軒師合，兩翼齊攻。琅困不得出，其先鋒藍理突圍救之，炮中其胸；琅亦集矢而卻。林陞幾得琅，連中三矢，不退；炮傷其股，乃退。邱煇、江勝欲逐之，國軒不可；請宵戰，又不可。越六日。琅分為八隊，每隊七船，皆三其疊。將戰，有風從西北來，滃浥蓬勃，逢迎清軍，士皆股栗。鄭艦居上風，國軒麾之。琅大驚禱天，須臾雷發，立轉南飆，軍乃復起。國軒聞之，掀案而呼曰：「天也！」遂決戰。發火矢噴筒，燔焰怒張，水為之赤。宣毅左鎮邱煇與總兵朱天貴遇，炮沈其船，往來衝突。琅督諸舟環攻。煇兩足俱傷，負痛苦戰，而勢迫，遂投火藥桶，燬船死。左虎衛江勝之船，突入陣中，殺傷過當。諸船萃攻，亦自沉死。征北將軍曾瑞、定北將軍王順、水師副總督江欽、右先鋒陳諒、援勦右鎮鄭仁、援勦後鎮陳啓明、護衛鎮黃聯、後勁鎮劉明、折衝左鎮林順、斗宿鎮施廷、水師一鎮蕭武、水師二鎮陳政、水師三鎮薛衡、水師四鎮陳立、中提督中鎮洪邦柱、中提督右鎮尤俊、中提督後鎮楊文炳、中提督親隨一鎮陳士勛、龍驤左鎮中協黃國助、龍驤右鎮左協莊用、侍衛中鎮黃德、侍衛右鎮蔡智、侍衛驍翊協蔡添、侍衛領旗協林亮、侍衛左總轄毛興、勇衛中協張顯、勇衛左協林德、勇衛右協陳士勳、勇衛前協曾遂、中提督領兵協吳略、中提督左協林德、中提督前協曾瑞、中提督領旗協吳福、中提督前鋒協陳陞、中提督總理協陳國俊、右武衛右協吳遜、右武衛隨征二營梁麟、水師二鎮前鋒副將李富、水師二鎮左營副將張欽、水師三鎮左營副將許端、水師三鎮右營副將林耀、援勦右鎮右營廖義、援勦前鎮前鋒營莊超、折衝鎮左營陳勇、左提督後鎮左營王受等，皆戰死。損兵一萬二千有奇，沉失大小師船一百九十四艘。戎旗一鎮吳潛守西嶼頭，遙望眾師漸沒，趣左右欲赴援而無舟，拔劍嘆曰：「大丈夫既不能爲國馳驅，豈可偷生苟活，爲世所笑乎？」遂自刎死。國軒見師敗勢蹙，乘走舸，從吼門而入東寧，與文武議奉克塽以降。琅至，歸克塽於北京，封漢軍公。國軒授天津總兵。

連横曰：古之所謂良將者，若白起、王翦之徒，皆能闢地強兵，以輔其國，世稱功伐，彼蓋有得於時也。不然，以國軒之武略，使乘風雲而建旗鼓，豈不足烜赫一世？而終爲敗軍之將者，何哉？語曰：「大廈將傾，非一木所能支。」吳淑、何祐皆負驍勇，而亦無名，時之不得假也。悲夫！

臺灣通史卷三十　列傳二

施琅列傳

施琅字琢公，福建晉江人。少從戎。唐王立福州，授左先鋒，爲平西侯鄭芝龍部將。已而芝龍降清，子成功起兵安平，琅及弟顯從之，收兵南澳，得數千人，遂略有金、廈。琅年少，號知兵，恃才而倔。有標兵得罪逃於成功，琅禽治；馳令勿殺，竟殺之。成功怒捕琅，逮其家，殺琅父及顯；顯時爲援勦左鎮。琅夜佚，顧四寨環海，無可問渡，匿荒谷中三日，餓且死。適佃兵鋤園，見之，告以故。佃兵聞其才也，飯之。成功購琅急，曰：「此子不來，必貽吾患」；令國中匿者族。琅乃偕佃兵之所部蘇茂家。茂大驚失色，留二日，捕者跡至。茂伏諸臥內，幸無事。顧不可久留，乃假以一舟、一劍、一豎子，夜渡五通，入安平。久之降清，授同安副將，遷總兵。康熙元年，擢水師提督。二年，從伐兩島，以功加右都督。四年，掛靖海將軍印，疏請攻臺。夏四月，軍出銅山，至外洋，爲颶飄散而還。六年，清廷命孔元章至臺議款，延平郡王經不從。琅聞之，上疏。七年，復上，略曰：「鄭經竄逃臺灣，負嵎恃固。去歲朝廷遣官招撫，未見實意歸誠。伏思天下一統，胡爲一鄭經餘孽盤踞絕島，而析五省邊海地方畫爲界外，以避其患？況東南膏腴田園及所產魚鹽，最爲財賦之藪，可資中國之潤，不可以塞外風土爲比也。倘不討平臺灣，匪特賦稅缺減、民困日蹙，即邊防若永爲定例，錢糧動費加倍，是輸外省有限之餉，年年協濟兵食，何所底止。萬一有懼罪弁兵、冒死窮民，以爲逃逋之窟，似非長久之計。且鄭成功之子有十，遲之數年，並皆長成。若有一、二機智才能，收拾黨類、結連外島、聯絡土番，羽翼復張，終爲後患。我邊海水師雖布設周密，以臣觀之，僅能自守；若欲使之出海征勦，實亦無幾。況此精銳者老、習熟者疏，何可長恃？查自故明時，原住澎湖百姓有五、六千人，原住臺灣者有二、三萬，俱係耕漁爲生。至順治十八年，鄭成功挈去水陸官兵眷口計三萬有奇，爲伍操戈者不滿二萬。康熙三年，鄭經復挈去官兵眷口約六、七千，爲伍操戈者不過四千。然此數年，彼處不服水土，病故及傷亡者五、六千人。歷年渡海窺伺，被我水師禽殺者亦有數千，相繼投誠者復有數百人。雖稱三十餘鎮，皆係新拔，並非夙練之才。或轄五、六百兵，或二、三百，計之不滿二萬；船隻大小不及二百，散在南北二路，墾耕而食，相去千有餘里。鄭經承父餘業，智勇不足，戰爭匪長，各鎮亦皆碌碌之流，不相聯屬；而中無家眷者十有五、六，豈無故土之思乎？鄭經之得馭數萬之眾，非有威德制服，實賴汪洋大海，為之禁錮。如一意招撫，則操縱之權在乎鄭經；若大師壓境，則去就之機在於賊眾。是為因勦寓撫之法。夫大師進勦，先取澎湖，以扼其要，則形勢可見，聲息可通。然後遣員往宣德意。若鄭經勢窮向化，可收全績。倘頑梗不悟，俟風信調順，即率舟師聯䑸，直抵臺灣，據泊港口，以牽制之。一往南路打鼓港，一往北路蚊港、海翁港。或用招誘，或圖襲取，使其首尾不得相顧，自相疑慮。彼若分則力薄，合則勢蹙。於以用正用奇，相機調度，次第攻擊，可取萬全之勝。倘彼踞城固守，則先清勦其村落黨羽，撫輯其各社土番，狹隘孤城，僅容二千餘眾。以得勝之卒，攻無援之城，即使不破，亦將有垓下之變，固可計日而平矣。夫興師所慮，募兵措餉。今沿邊防守經制及駐紮投誠閒曠官兵，皆為臺灣而設。如聽臣會同督提諸臣，挑選精銳，用充征旅，無事徵募動費之煩。此等兵餉，征亦用，守亦用。與其束手坐食於本汛，何如簡練東征於行間？至修整船隻，就於應給大修銀兩領收，可無額外動支。若不足用，則浙、粵二省水師，亦為防海設立，均可選用。仍行該省督提，選配官兵，各舉總兵一員，領駕協勦，安配定妥。毋論時日，風信可渡，立即長驅。利便之舉，誠莫過於此者。」詔琅入京，詢方略，授內大臣，裁水師提督，盡焚戰船，示無南顧之意。

二十年，大學士李光地奏言：「經死，克塽幼，諸部爭權，攻之必克。」因言琅習海，可專任。閩浙總督姚啟聖亦薦之。再授福建水師提督，加太子太保。琅至軍，簡練舟楫，籌出師。二十一年秋七月，彗星見，給事中孫蕙疏請緩伐臺灣，尚書梁清標亦以為言。詔且止軍。琅意銳，復奏曰：「我皇上御極以來，宇內廓清，無思不服。唯鄭氏抗逆顏行，深費南顧之憂。臣復荷起用，重臣以水師提督之任，責臣以平定臺灣之患，面奉天語，溫諭諄諄。銜命以來，兼程疾走，抵廈視事。至本年四月終，方得船堅兵練，事事俱備，移請寧海將軍臣喇哈達、侍郎臣吳努春閱看。臣即於五月初三日，會同督臣姚啟聖統率舟師至銅山，以俟夏至南風當令，聯䑸進發。第督臣以五月初一日，准部咨以進勦臺灣關係重大之旨，隨轉意不前。三軍側聽，並盡解體。臣自初七日，與督臣決計進取，力爭十餘日。至十六日，將軍二臣抵銅山營所，臣又面懇將軍，而督臣終執旨意，臣不便抗違，姑聽主疏展期，實非臣之本意。本月初七，承准兵部劄付，以寧海將軍喇哈達等疏，稱督臣、提臣謂南風不如北風，臣深為駭異。竊思臣在銅山，與將軍二臣言，並無此語。且日與督臣爭執南風進勦，不唯三軍皆悉其情，通省士庶亦無不知。且督臣日遣各總兵分道勸臣，權依督臣之議。今將軍二臣具疏，竟不分晳明白，陷臣推諉不前。若非皇上寬置不究，則臣先後具疏，自相矛盾，罪當萬死。夫南風之信，風輕浪平，將士無暈眩之患；且居上風上流，勢如破竹。豈不一鼓而收全勝？臣見督臣意堅，難以挽回，故聊遣趕繒快船三十二號，令隨征總兵臣董義、投誠總兵臣曾成等領駕前往澎湖，瞭探消息。據其回報，來去無阻，見有明徵矣。臣年六十有二，血氣未衰，尚堪報稱。今若不使臣乘機撲滅，再加數年，將老無能，是以臣鰓鰓必滅此朝食。如蒙皇上信臣愚忠，獨任臣以軍事；令督、撫二臣催載糧餉接應，俾臣整頓官兵，時常操演，勿限時日，風利可行，則出其不意，攻其無備，何難一鼓而平。若事不效，治臣之罪。伏乞皇上大賜乾斷，決策嚴旨，事必見效。民生幸甚，封疆幸甚。」許之。

二十二年春，治兵於海。光地假歸，邂逅逆旅，詢以眾言南風不利行軍之故。琅曰：「非也。北風猛烈，入夜更甚。自此至澎，魚貫而行，幸而不散；然島嶼悉為敵踞，未能一鼓奪之，無可泊舟。風濤振撼，軍不能合，將何以戰？若夏至前後二十餘日，風微夜靜，海水如練，可以碇泊。聚而觀釁，舉之必矣。故用北風者邀倖於萬一，而南風則十全之算也。」光地韙之。六月十四日，發銅山，會於八罩嶼，以窺澎湖。鄭將劉國軒守之。知八罩嶼惡，六月望間，當有颶至。自督精兵，強逾二萬，蜂擁於風櫃尾、牛心灣等處。又率林陞、邱輝、江勝、陳起明、王隆、吳潛等將，集於雞籠嶼。環設炮城，凌師守之。琅令大小戰艦，於風帆大書將帥姓名，知進退、定賞罰也。十六日黎明，微風振柑，鉦鼓傳喧，兩軍將合。琅令藍理、曾誠、吳啓爵、張勝、許吳、阮欽為、趙邦式等七船，突入鄭䑸，焚殺過當，濺血聲喧。時南潮正發，前鋒數船為急流分散。鄭師復合，兩翼齊攻。琅望藍理之船，度其不能強出。自將坐船，突圍赴援。理傷炮還，琅亦集矢於目。夜收八罩。十八日，以甲裳裹首，集諸將，申軍令。自總兵以下，皆按以失律罪，將斬之。諸將匍匐祈請，許以立功自贖。兵氣復振，取虎井嶼。明日，琅獨駕小舟，潛偵諸砦，還令諸軍鑿井。澎水多鹹，泉竟甘出，眾大喜。二十二日，誓師。分為八隊，每隊七船，皆三其疊。自統一隊，居中調度。以八十餘舟為後援。五十舟從東畔嶼綴其歸路，五十舟從西畔牛心灣、內外塹為疑兵牽制。將戰，有風從西北來，滂浥蓬勃，逢迎清軍，士皆股栗。琅循師大呼曰：「唯天唯皇上之靈，尚克相余。」天乃反風，軍復大喜。兩軍大戰，水為之赤。總兵朱天貴戰死，總兵林賢亦重傷。自辰至於日中，未有勝負。琅策勵諸將，奮勇爭先。鄭將林陞、邱輝、江勝、陳起明、吳潛、王隆等皆沒，焚燬大小戰艦幾二百艘，軍萬餘人。國軒知勢蹙，乘走舸自吼門出，以入東寧。澎湖既破，克塽遂降。琅命二等侍衛吳啓爵先入臺灣，諭官民薙髮。八月十八日，琅至，克塽迎之。越數日，刑牲奉幣，告於成功之廟曰：「自同安侯入臺，臺地始有居民。逮賜姓啓土，世為巖疆，莫可誰何？今琅賴天子之靈、將帥之力，克有茲土。不辭滅國之罪，所以忠朝廷而報父兄之職分也。但琅起卒伍，於賜姓有魚水之歡，中間微嫌，釀成大戾，琅於賜姓，剪為讎敵，情猶臣主。蘆中窮士，義所不為。公義私恩，如是則已。」言畢淚下。臺人聞之，為嗟嘆曰：「父仇一也，隕公辛賢於伍員矣。」捷書至闕，上大喜，解御袍賜之，封靖海侯，世襲罔替，仍管水師提督事。命侍郎蘇拜至福建，與督撫及琅議善後。廷議以臺灣險遠，欲墟其地。琅疏言不可。旨下議政王大臣會議，仍未決。復詢廷臣。大學士李霨請從琅議。啓聖亦言收臺之利。乃設府一、縣三，駐巡道，隸福建。調水陸兵，以總兵鎮之。已又奏減臺灣地租，許之。二十四年，請申嚴海禁。二十七年，入覲，優旨嘉錫。三十五年三月，薨於位，年七十有六，贈太子少傅，賜祭葬，謚襄壯。雍正十年，詔祀賢良祠，子世範襲爵。六子世驃亦有名。

世驃，以行伍出身，為守備。從父伐澎湖，有功，累遷至總兵。康熙四十七年，陞廣東陸路提督。五十一年，調福建水師提督。六十年夏五月，朱一貴起兵臺灣，攻陷府縣，號中興王。世驃聞報，集諸將議，以廈門為閩南門戶，而避亂者踵至，慮有變，嚴兵防堵。自率師船赴澎湖；而總督滿保已檄南澳鎮總兵藍廷珍會師矣。六月十三日，以林亮、董方為先鋒，進攻鹿耳門，克之。又破安平，迫府治。一貴淩師以拒，大戰於二鯤身。廷珍亦率所部助戰。一貴北走，追之，入府治。而世驃已先一日傳令水陸合擊，駐南較場。閏六月，一貴被擒，檻致北京，餘黨亦次第平。八月十三日，怪風暴雨，相逼為災，兵民多死。世驃終夜露立，遂病。九月，卒於軍中。下旨悼恤，贈太子太保，賜祭葬，謚勇果。

藍理，字義甫，又號義山，福建漳浦人。少桀驁自大，不屑與群兒伍。偉軀幹，力可舉八百斤。以事下獄論斬。耿精忠之變，縱之，令赴藩下效力，不從。聞康親王伐閩，間道出仙霞關，謁軍前。王嘉其勇，命從軍。以功授松溪營游擊，未幾遷參將。又以罪下獄。康熙二十三年，清軍伐臺灣，靖海將軍施琅聞其勇武，奏赦之，署提標右營游擊，爲先鋒。有二卒市薪，爲提標噶叭什所毆，且詆理，理擒斬之。齎文飛報曰：「今日上吉，先鋒啓行。」琅聞之不說，既而曰：「虎將也，必成功。」率師隨之，戰於澎湖。理入鄭艅，中炮，腸流出。族子法侍側，裂帛以裹。理猶奮鬥，鄭師復合，殺傷過當。琅度其船終不能強出，自駕救之。夜收八罩。上其功，至舟慰勞。其後再戰，戒左右勿使理知。琅舟遇險，不能出。諜者飛報，理負創起，趣救之，獲勝。臺灣平，紀功第一。乞歸省。越二載入京，過趙北口，遇鹵薄，舍騎入梁園中。上遣侍衛問：「誰騎？」理出伏地，奏曰：「臣藍理從福建來者。」曰：「是征澎湖拖腸血戰之藍理否？」對曰：「是。」問血戰狀，解衣視之。復召至行宮，授陝西神木副將。未行，改授宣化府總兵官，掛鎮朔將軍印。數年移鎮天津，遷福建陸路提督。後以罪入旗，越數載賜還。卒於家。

吳英，字爲高，泉州人，寄籍莆田。康熙二年，以金廈戰功，授都司。耿精忠之變，爲浙江提督左軍游擊。會寧海將軍視師，問誰可膺大任者。提督以英對，遂授先鋒。歷戰有功，擢副將，任浙、閩總督中軍，尋鎮同安。時沿海遷界，民失其業。值歲凶，請總督姚啓聖許民出海採捕，全活甚眾。移興化鎮。二十二年夏六月，清軍伐臺灣，遂統陸師爲副。克澎湖，駐師東寧數月。禁暴詰奸，市肆不擾。凱旋入覲，溫旨嘉褒。調舟山，尋擢四川提督。凡十一年，授福建陸路提督，嗣改水師。後以年老乞休，加威略將軍，卒贈太子少保。臺人建祠郡治，今圮。

朱天貴，福建莆田人，爲延平郡王部將，任樓船左鎮。康熙十九年，清軍伐思明，從督師林陞禦之。及戰而降，授總兵，歷任至平陽鎮。二十年，總督姚啓聖奏調福建。明年夏六月，靖海將軍施琅伐臺，天貴從之。大戰於澎湖，中炮死。啓聖上其功，詔贈太子太保，謚忠壯。是時平臺立功者，有海壇總兵林賢、金門總兵陳龍、銅山總兵陳昌、廈門總兵楊嘉瑞、副將蔣懋勛、林葵、詹六奇、參將羅士珍、游擊林瀚、王朝俊、許穀、張勝、何應元、曾成功、吳輝、趙邦式，二等侍衛吳啓爵，各晉封有差。

連橫曰：施琅爲鄭氏部將，得罪歸清，遂藉滿人以覆明社，忍矣！琅有伍員之怨，而爲滅楚之謀，吾又何誅？獨惜臺無申胥，不能爲復楚之舉也。悲夫！

吳球、劉卻列傳

臺灣歸清以後，人思故國，時謀光復。民變之役凡十數起，而吳球爲首。球，明之遺民也，居於諸羅之新港。素有志，與草澤豪傑圖舉大事而未發也。朱祐龍者，明裔也，國變後，居村落，與球素往來；祐龍亦有志者。康熙三十五年秋七月朔，球家設蘭盆會，演劇，至者十數人。其妹婿陳樞適來訪；樞爲鳳山縣糧吏，方侵呑官穀，慮事覺而罪也。是夜球留宴，衆歡呼狂飲。席間有言官吏暴狀者，皆嘆息。球曰：「吾輩亡國之人，賤於豚犬。生死宰割，權操自彼。亦唯自怨其不辰爾。夫何言！」樞聞之憤，起曰：「諸君豈皆無血氣哉？大丈夫亦好自爲爾。」球曰：「弟固有心者，特患少同志爾。」衆皆曰：「吳大哥苟有所命，生死以之。」時悉被酒。球復言曰：「吾輩久遭殘暴，全臺憤怨。今若舉大事，推祐龍兄爲首，以復明之旨，號召四方，則我臺同志必有助我者。」舉杯爲誓，約期起兵。各散去。樞匿球家，招募漸衆。其黨余金聲與保長林盛友，約相助。盛佯許之，夜奔郡告變。郡吏聞，檄北路參將陳貴往捕。球謀拒之。初八日，集衆列械以待。分告南北，而召募未成，諸人疑懼不敢應。兵至，球力戰不敵，被捕。樞等六人亦同俘，燬其居。下郡訊，乃悉其謀，皆戮之。祐龍走入山，越五年而有劉卻之變。

劉卻亦諸羅人，爲管事。精技擊，以武力雄一鄉，四方無賴群附之。歃血爲盟，集健兒數百。所居村，盜無敢入者。衆中有謀起事者，慮卻不許，乃夜燃樟腦瓦上，火光熊熊，上灼雲漢。卻見之大驚，眾相聚語，以爲吉兆。卻頗自負，遂謀起事。當是時，明室雖亡，而種性之念，尚濡人心。且臺自歸清後，視之亦不甚惜，守土官又無能爲，卻輕之。穴地於舍，佯置田器，治軍械，約日舉兵。康熙四十年冬十二月初七日，遍召其黨，揚旗擊鼓，攻下茄苳營，燬之。襲茅港尾，入市中，汛兵見而走。附近熟番亦爲亂，掠劫民家。卻退次急水溪。北路參將白通隆整軍以禦，鎮、道兩標亦發兵援之。十二日，官兵大集，戰於急水溪，殺傷相當。已而卻敗，黨人陳華、何正等十餘人皆死。卻入山，眾各散去。越二年，又謀起事，往來北港，密集其徒。二月上旬，至秀水莊，爲官兵偵知。卻執棒立門外，上下飛擊，當者莫不辟易。乃火其居，奪圍出，中彈仆，禽之。解郡，戮於市。長子某亦杖斃，妻孥皆發配。

連横曰：吳球、劉卻以編戶之細民，抱宗邦之隱痛，奮身而起，前後就屠。人笑其愚，我欽其勇。嗚呼！此豈有激而爲者歟？

朱一貴列傳

朱一貴，少名祖，漳之長泰人，或言鄭氏部將也。明亡後，居羅漢內門，飼鴨爲生。地遼遠，政令莫及，性任俠，所往來多故國遺民、草澤壯士，以至奇僧劍客；留宿其家，宰鴨煮酒，痛譚亡國事，每至悲歔不已。當是時，昇平日久，守土恬嬉，絕不以吏治民生爲意。一貴心易之。康熙六十年春，鳳山知縣缺，知府王珍攝縣篆，委政次子，事苞苴，徵稅苛刻。縣民怨之。又以風聞治盟歃者數十人，違禁入山伐竹數百人，眾莫可訴。黃殿者，亦羅漢門人，與一貴善，謀起兵，誅貪吏，集眾數百人。三月，李勇、吳外、鄭定瑞等相率至一貴家。聚謀曰：「今地方長官但知沉湎樗蒲爾，政亂刑繁，兵民瓦解，欲舉大事，此其時矣。」一貴曰：「我姓朱，若以明朝後裔光復舊物，以號召鄉里，則歸者必眾。」僉曰：「可。」四月十九日，李勇、吳外、鄭定瑞、王玉全、陳印等五十有二人，就黃殿家奉一貴爲主，焚表結盟，椎牛饗士，至者千數百人。樹紅旗，書大元帥朱。夜攻岡山汛，克之。報至，總兵歐陽凱議出師。中營游擊劉得紫請行，弗許。命右營游擊周應龍率兵四百往；又白道府，遣臺灣縣丞馮迪調新港、目加溜灣、蕭壟、麻豆四社番隨行。是日小雨，應龍行五里，駐半路店。翌日，復行十五里，屯角帶圍。一貴出槺榔林，敗把總張文學，多獲軍裝。應龍隔一溪，不能救。遂略大湖而去。粵人杜君英居鳳山之下淡水，聞一貴起兵，揭旗應，有眾數百人。而郭國正、翁義起草潭，戴穆、江國論起下埤頭，林曹、林騫、林璉起新園，王忠起小琉球，皆願從君英，約一貴共事。於是一貴移屯岡山之麓。應龍至小岡山，兩軍遇戰。一貴退駐袁交友莊，應龍亦收兵回二濫，縱焚掠。土番乘勢多殺人，所在騷動。進紮楠梓坑，而君英已破下淡水汛矣。南路營參將苗景龍請援。應龍至赤山，一貴、君英合擊之，踉蹌走。千總陳元戰死，把總周應遂被禽。一貴逐之，迫府治。君英亦別破鳳山，殺把總林富；守備馬定國戰敗自刎死。苗景龍走萬丹，為郭國正所殺，以其頭獻一貴。郡中驟聞赤山之敗，譁然大震，文武各遣眷宵遁，先後駕舟出鹿耳門。士民亦相率逃竄。總兵歐陽凱率兵千餘，出駐春牛埔；水師副將許雲亦率兵五百來會，時尚未有城也。軍中夜驚，鎮兵四散，黎明稍集。四月晦，一貴兵至。許雲拒戰，水師奮勇，陸師繼之。一貴稍卻，屯芊蓁林。五月朔，一貴復至，君英亦率所部來，眾可數萬。鎮兵未戰而潰，把總楊泰刺歐陽凱墜馬，眾馘其首。守備胡忠義、千總蔣子龍、把總林彥、石琳皆死，游擊劉得紫、守備張成俱被禽，許雲力戰，與游擊游崇功、千總林文煌、趙奇奉、把總李茂吉，皆陣沒，餘各駕舟逃。巡道梁文煊、知府王珍、同知王禮、臺灣知縣吳觀域、縣丞馮迪、典史王定國、諸羅知縣朱夔、典史張青遠偕走澎湖。君英先入，駐鎮署；一貴繼至，駐道署。出示安民，禁殺掠。開赤崁樓，鄭氏以貯軍器，四十年來莫有啓者，得大炮、刀槍、硝磺、彈藥甚多。是日，諸羅縣人賴池、張岳、鄭唯晃、賴元改、萬和尚、林泰、蕭春等起兵應。越三日，破縣治。北路營參將羅萬倉戰死，賴池、張岳以其首來獻。眾見全臺俱得，奉一貴為中興王。一貴冠通天冠，黃袍玉帶，築壇受賀，祭天地列祖列宗及延平郡王，遵故明，建元永和。布告中外曰：「在昔胡元猾夏，竊號神州，穢德彰聞，毒逋四海。我太祖高皇帝提劍而起，群士景從，以恢復區宇，日月重光，傳之萬禩。逆闖不道，弄兵潢池，震動京師，帝、后殉國。地坼天崩，椎心泣血。東南忠義，再造邦基，秣馬厲兵，方謀討賊。何圖建虜，乘隙而入，藉言仗義，肆其窮凶。竊據我都邑，奴僇我人民，顛覆我邦家，殄滅我制度。長蛇封豕，搏噬無遺。遂使神明胄子，降爲輿臺；錦繡江山，淪於左衽。嗚呼痛哉！延平郡王精忠大義，應運而生，開府思明，經略閩粵。旌旗所指，喋血關河，使彼建虜，疲於奔命。則有熊羆之士，不二心之臣，戮力同仇，效命宗國。南京之役，大勳未集，移師東下，用啓臺灣。率我先民，以造新邑，遙奉正朔，永戴本朝。蓄銳養精，俟時而動。雖張堅之王扶餘、田橫之居海島，史策所載，猶未若斯之烈也。天未厭禍，大星遽殞，興王之氣，猝爾銷沈。然東都片壤，猶足以抗衡海上焉。嗣王沖幼，輔政非人，大廈將傾，一木難杜。以故權奸竊柄，偷事宴安，叛將稱戈，甘爲罪首。滄海橫流，載胥及溺，茫茫九州，無復我子孫託足之所矣。哀哉！夫盛衰者時也，強弱者勢也，成敗者人也，興亡者天也。古人有言，炎炎之火，可焚崑岡。是以夏后一成，能復故國，楚人三戶，足以亡秦；況以中國之大，人民之眾，忠臣義士之眷懷本朝，而謂不足以誅建虜者乎？不佞世受國恩，痛心異族。竄逃荒谷，莫敢自遑。佇苦停辛，垂四十載。今天啓其衷，人思其舊，揆時度勢，否極泰來。爰舉義旗，爲天下倡。群賢霞蔚，多士雲興；一鼓功成，克有全土。此則列聖在天之靈實式以憑，而中興之運可操左券也。夫臺灣雖小，固延郡平王肇造之土也。絕長補短，猶方千里。重以山河之固、風濤之險、物產之饒、甲兵之足，進則可以克敵，退則可以自存。博我皇道，宏我漢京，此其時矣。唯是新邦初建，庶事待興，引企英豪，同襄治理。然後獎帥三軍，橫渡大海，會師北伐，飲馬長城；擣彼虜庭，殲其醜類，使胡元之轍，復見於今，斯爲快爾。所望江東耆艾、河朔健兒，嶺表孤忠，中原舊曲，各整義師，以匡諸夏。則齊桓攘夷之業，晉文勤王之勞，赫赫宗盟，於今爲烈。其或甘心事敵，以抗顏行、斧鉞之誅，罪在不赦。夫非常之原，黎民所懼，救國之志，人有同心。敢布區區，咸知大義。二三君子，尚克圖之。」於是大封諸將：以王玉全爲國師，王君彩、洪陳爲太師，杜君英、陳福壽、李勇、吳外、翁飛虎、陳印、戴穆、鄭定瑞、郭國正、顏子京、楊來、黃殿、劉國基、黃日昇、江國論、王忠、林曹、薛菊、林騫、林璉、陳正達、張秀、賴池、賴元改、鄭唯晃、鄭文苑、陳成等爲國公，張岳不受公爵，爲將軍，陳燦、蘇天威等爲侯，張阿山、卓敬、陳國進等爲都督，蕭斌、詹遴爲尚書，內閣辦事，厤恩、林玉爲輔弼大將軍。文自部科以下，武自副參以下，凡數十人。鄭定瑞、蘇天威尤驍勇，命率兵三千，守鹿耳門。飭兵民蓄髮，復明制。

初，君英入府時，欲立其子會三爲王，眾不服。君英恚甚，每事驕蹇，掠婦女七人，閉署中。一貴出令禁淫掠。戴穆強娶民女，一貴殺之。洪陣私鬻官笥，亦殺之。眾震悚。君英所掠女，有吳外戚屬。外請釋，不聽，怒欲相攻。一貴曰：「立國之初，宜嚴法典，如此妄舉，何以長民？」遣楊來、林璉讓之，君英不從，且拘使。一貴怒，命李勇、郭國正討之。君英敗，率粵人數萬，北走虎尾溪，駐貓兒干。淡水營守備陳策聞變，勒兵守要害。有范景文者潛入境，謀起事，被殺。策急遣人渡廈門請救。方是時，閩浙總督覺羅滿保既接臺變之報。兼程赴廈，檄南澳鎮總兵藍廷珍出師，而水師提督施世驃已先赴澎湖矣。六月十六日黎明，清軍抵鹿耳門。天威率兵據險，炮臺亦發炮以拒，別以小舟往來奮擊。清軍前鋒林亮、董方以六巨舟冒死進，發炮還攻。兩軍合戰，血濺聲喧，迄未勝負。亮望炮臺火藥堆積，彈中其中，轟然大震，烈焰燔空。天威退安平，清軍復至，與定瑞列兵迎。鏖戰數時，亮方陷陣，廷珍率大隊繼之，眾可五千。天威退駐東都。翌日，一貴遣楊來、顏子京、張阿山、翁飛虎率兵八千餘人，取安平。清軍拒戰，別以一隊會戰於四鯤身，及暮始息。越日，復戰於塗墼埕。其明日，一貴以李勇、吳外、張阿山、翁飛虎、陳印、楊來、郭國正等統兵數萬，駕牛車，列盾爲陣，復取安平，大戰於二鯤身。飛虎氣銳，率所部烏龍旗爲先鋒，驅車擁盾，冒炮火衝突而至。大隊繼之，頗殺傷。清軍不能當，瞪眙相視。廷珍見勢迫，親督大炮，連環齊發，盾不能禦，飛虎棄車而走，短兵接戰，死傷枕籍。清軍援至，又以炮船附岸夾擊。飛虎猶力戰，終不敵，乃退保東都。一貴議戰守之計，王玉全曰：「東都之險，在於安平。安平已失，無險可據。不如退守諸羅，扼財賦之區，用民番之眾，表裏山河，猶無害也。」江國論曰：「古人有言，臥榻之側，豈容鼾睡？今清軍在安平，戰勝而驕，臣願率一旅，從西港仔偏襲之。邀天之幸，乃爲後圖。」一貴曰：「將軍爲國效命，忠勇可嘉。」命林曹、黃殿、林騫、林璉等偕往。世驃接報，密遣林亮、董方、魏大猷、洪平以兵千二百名來拒。翌早，廷珍知其事，急晤世驃曰：「謀必出於萬全，豈可恃勝輕舉？聞敵多在蕭壟、麻豆之間，西港仔乃其肘下，距府不遠，呼應立至；又多竹林可埋伏。彼如以數千人分布要害，四面掩擊，則我軍危矣。」世驃瞿然曰：「如何？」廷珍曰：「我當親往。」二十一日初昏，留所部三分之一會攻府治，率舟師五千五百餘人而進。而國論已與林亮、董方大戰於蘇厝甲，清軍將敗。廷珍分兵八隊，自領麾下五百爲中軍。國論邀戰，呼聲動地，無不奮勇突擊，死傷相當。然清軍勢盛，乃收軍而退。薄暮至犁頭店，夜往劫營，廷珍有備，不利。翌日，復戰於木柵。世驃亦率軍以攻府治之南，一貴自率諸將拒戰。自晨至於日旰，營壘盡失，乃率所部而北。世驃、廷珍以次入郡。捷報廈門，總督滿保以廷珍署臺灣總兵，命興泉道陶範賚上諭至臺，並署臺廈道事。汀州知府高鐸知臺灣府，建寧通判孫魯署臺灣府同知，兼攝縣事。海澄知縣劉光泗署鳳山，漳浦知縣汪紳文署諸羅。一貴之北去也，駐大穆降。廷珍以參將王萬化、林政等南下，收鳳山縣。顏子京、鄭定瑞等拒戰不利，遂被殺。以游擊林秀、薄有成等攻大穆降。一貴走灣裏溪。清軍追之。走下茄苳。

初，漳浦人王仁和往來溝尾莊，與莊人楊石善。知其族楊旭、楊雄等爲一方巨擘，可與謀。以言餂之，石許焉。仁和密告廷珍，各與以守備、千總銜箚，令禽一貴。而蘇山、黃遵爲、李祖賚書於楊旭，亦與謀。於是密糾溝尾等莊鄉壯以待。閏月初五日，一貴率千數百人至。旭、雄椎牛饗之，許號召六莊子弟以助。一貴曰：「能如是，豈唯孤受其賜；其自太祖以下實嘉賚之。」翌日，赴月眉潭莊，雄邀其歸。薄暮大雨，分所部居，集六莊鄉壯佯爲守護，潛以水灌所帶之炮。夜闌大呼，一貴驚起，伏者盡出，遂被禽。王玉全、翁飛虎、張阿山在焉，吳外、陳卻率眾突圍出，餘多走。旭縛一貴置牛車，赴八掌溪，交游擊林秀解赴世驃營。廷珍會訊。一貴岸然立。廷珍叱之跪，不從。廷珍罵曰：「朝廷深仁厚澤，待汝不薄。汝何反？速自陳。」一貴曰：「孤爲大明臣子，興師光復。何言反？汝等堂堂漢人，甘心事虜，乃眞反爾。」廷珍怒，命捶其足，至不能立，伏地而號。顧飛虎曰：「大丈夫死忠義爾。事之不成，天也。卿其無懟。」對曰：「君有所命，敢不勉從。」於是檻送廈門，滿保命解赴北京。

初，賴池、張岳既據諸羅，北路營千總陳徽、把總鄭高遯入山，已而起兵來奪，殺賴元改，以其頭祭參將羅萬倉。一貴聞報，檄翁飛虎、江國論救之，復得諸羅。至是廷珍命游擊朱文福、謝希賢等率兵至，萬和尚被殺，楊來亦爲大排竹人所戮。於是吳外、陳印、李勇、陳正達、林曹、林騫、林璉、鄭唯晃、張看等次第被禽。淡水營守備陳策已引兵南下半線，謝希賢亦以兵北上，與援淡之軍合。先是一貴起兵時，下淡水莊粵族侯觀德、李直三等不從，獨建大清義民旗，聯絡各莊，籌戰守。一貴遣陳福壽、劉國基、薛菊、王忠、劉育等率眾數萬攻之。六月十九日，大戰於下淡水溪。劉育陣歿。福壽敗自刎，爲左右所救，乃入山。劉國基、薛菊、王忠俱奔琅璚。外委陳章聞之，與林尙、蘇庚駕船往，說以投誠。三人皆首肯。有提督差官至，舉動傲岸，責以拜跪。王忠曰：「今若此，至郡可知」，遂遁去。章以劉國基、薛菊見廷珍。七月，江國論、鄭元長集餘黨，樹旗於阿猴林。廷珍發兵往，國論、元長俱竄北路。差員張騰霄邀之俱至。杜君英之去也，久處羅漢門山中。及聞陳福壽就撫，心稍動。廷珍檄守備施恩、陳祥說降。君英恐被紿，欲見福壽，詢情實。廷珍即命福壽往。君英果出。越三日，其子會三亦出，皆留署中。居有頃，廷珍呼君英等至幕下，紿之曰：「頃得制府來書，欲授若輩備弁。今有船可速赴廈考驗。」國論不可。廷珍叱曰：「汝福薄，固知非有官相者。」君英許諾；國論知不可留，亦請行。遂與陳福壽、鄭元長、杜會三俱赴廈門。清保奏解北京，與一貴對質。訊之日，刑官問一貴曰：「汝一匹夫，敢謀大逆，果何爲者？」一貴曰：「欲復大明爾。」於是與李勇、吳外、陳印、王玉全、翁飛虎、張阿山俱被磔，親屬同坐。杜君英、杜會三、陳福壽以就撫故，斬於市。黃殿、江國論、鄭元長等亦先後就戮。唯王忠竄入後山卑南覓，數年乃獲。詔以臺變文武諸員，令總督、提督會審。十二月十八日，悉斬於臺灣。而一貴之役次第平。

連橫曰：朱一貴之役，漳浦藍鼎元從軍，著平臺紀略，其言多有可採。而曰：「臺人平居好亂，既平復起」；此則誣衊臺人也。吾聞延平郡王入臺之後，深慮部曲之忘宗國也，自倡天地會而爲之首，其義以光復爲歸。延平既沒，會章猶存。數傳之後，遍及南北，且橫渡大陸，浸淫於禹域人心今；之閩粵尤昌大焉。婆娑之洋，美麗之島，唯王在天之靈，實式憑之。然則臺灣之人固當以王之心爲心也。顧吾觀舊志，每衊延平大義，而以一貴爲盜賊者矣。夫中國史家，原無定見，成則王而敗則寇。漢高、唐太亦自幸爾，被豈能賢於陳涉、李密哉？然則一貴特不幸爾。追翻前案，直筆昭彰，公道在人，千秋不泯。鼎元之言，固未足以爲信也。

歐陽凱列傳

歐陽凱，福建漳浦人。康熙五十七年，任臺灣鎮總兵，加左都督。六十年春，朱一貴謀起事。有粵人高永壽者，負販為生，途次見一病人，餓且死，救之，亦不問其姓名。一日至南路，遇之，欷歔感泣。引入山，置酒待，偕見一貴，刀槍森列，具言起兵事。邀入黨。佯許之，乘間走赴南路營告變。弗信。至府，復告鎮署，凱亦弗信，且以為狂。會巡道梁文煊鞫問，坐妖言惑眾論死，從寬遞回原籍。

方是時，文恬武嬉，固不以治亂為意。已而一貴果起事，破岡山汛。報至，中營游擊劉得紫請行，不許。右營游擊周應龍，龐然魁偉，議論風生。令以兵四百人往。大敗而逃。一貴逐之，迫府治。凱率鎮兵出駐春牛埔，軍中夜驚，黎明稍集。五月朔，一貴來攻。鎮兵內亂，把總楊泰刺凱墜馬，馘首去。右營守備胡忠義、千總蔣子龍、把總林彥、石琳皆戰沒。府治遂陷。事平，詔贈太子少保，賜祭葬，廕一子以守備用。

忠義，陝西長安人。子龍、林彥皆福建閩縣人。琳，永定人，為汀州鎮標中營把總，適帶班兵渡臺，赴戰死。馬定國陝西人，為臺灣南路營守備，死於鳳山。陳元，福建侯官人，為鎮標左營千總。林富，福建長汀人，為南路營把總。皆死於赤山，各予卹，賜祭葬，廕一子以衛千總用。孫文元，雲南人，康熙五十七年任臺灣鎮左營游擊，及是兵敗，走鹿耳門，投海死，贈拖沙拉哈番，予卹，賜祭葬，廕一子以守備用。俱祀忠義祠。

許雲，福建海澄人，康熙五十七年，任臺灣水師副將。朱一貴之役，南路既失，總兵歐陽凱出駐春牛埔，雲率水師援之。五月朔，一貴攻府治。鎮兵敗，凱死，雲衝突血戰，與游擊游崇功、千總林文煌、趙奇奉、把總李茂吉奮臂大呼，所向披靡。自黎明至於日中，矢窮炮盡，雲重創，墜馬步行，猶手刃數十人；弁兵俱沒。次子方度在旁，顧之曰：「吾為副將，義當死。汝其速突圍出，將安平、鹿耳門各炮封釘，無畀敵。」方度從之。雲遂陣沒。事聞，贈他拉布勒哈番世襲，賜祭葬，廕一子以守備用。

方度後隨參將王萬化攻鹿耳門、安平鎭，有功，補臺灣鎭中營游擊。

崇功，漳浦人，康熙六十年春，任水師左營游擊，巡哨笨港。聞報，以兵還至鹿耳門，見文武眷舟逃出，嘆曰：「官者，兵民之望。官眷逃，則人心散，大事去矣！」登岸赴敵。婿叩馬請區處家屬，叱之曰：「今日遑知有家哉！」麾軍至春牛埔，手持大刀，左右馳突。遂戰死。贈拖沙拉哈番，賜祭葬，廕一子以守備用。奇逢廣東人，文煌候官人，茂吉漳浦人，俱賜祭葬，廕一子，以衛千總用，入祀忠義祠。安平人士憫其死，別建五忠祠以祀。

羅萬倉陝西寧夏人。康熙五十八年，任臺灣北路營參將，駐諸羅。朱一貴之役，府治既失，萬倉驟籌戰備。五月初四日，賴池、張岳、鄭維晃等率眾來攻。萬倉與千總陳徽、把總鄭高、葉旺分門拒之，而自當其南，奮戰尤烈。顧無援，所部略盡。陳碧以槍刺其喉，顚，張岳、賴元改揮刀斬之，其頭獻一貴。妾蔣氏見乘馬逃歸，濺血被體，大呼曰：「吾夫其死矣！」遂自縊。事聞，贈拖沙拉哈番世襲，賜祭葬，廕一子以守備用。蔣氏，下旨旌表，祀節烈祠。

藍廷珍列傳

藍廷珍，字荊璞，福建漳浦人。少勤恪力田，忽有所懷，喟然嘆曰：「吾其爲持戟之士乎！」族祖理鎭舟山，釋耒從之。康熙三十四年，擢把總，累遷至溫州鎭右營游擊。獲海寇有功，五十八年春，遷澎湖副將，尋授南澳鎭總兵。六十年夏五月，臺灣朱一貴起兵據府治。聞警，簡師徒，治軍實，上書總督滿保請行，並陳進兵事宜。滿保赴廈，途次得書大喜，命統水陸軍萬二千名、戰船四百餘艘伐臺。而水師提督施世驃已先至澎湖矣。會議軍略，部署既定，以林亮、董方爲先鋒。六月十六日，進攻鹿耳門，克之。復攻安平，再克之，逼府治。一貴敗不敢出。世驃用降者計，夜遣林亮、董方率兵千二百從西港仔暗渡，以出府治之背。廷珍見曰：「此誠奇計。顧彼眾我寡，脫有失，將奈何？」世驃曰：「然則何如？」曰：「公宜速遣將弁至瀨口、塗墼埕等處分道夾擊。某當親率大軍，以繼林、董二將之後，方可萬全。府治恢復，在此數日間爾。」平明，大戰於蘇厝甲，一貴稍卻；復戰，追之至木柵，又敗之蔦松溪。一貴北去。遂入府治，而世驃至。閏八月，一貴被禽，地方漸平。署臺灣鎮總兵，仍統諸軍。九月，世驃卒，署理提督印務，遂撫杜君英父子而械之，餘黨悉平。

滿保以經理臺疆，擬畫沿山之界，禁出入。廷珍復之，略曰：「人情安土重遷，既有田疇廬舍、室家婦子環聚耕鑿，一旦驅逐搬移，不能遍給以資生之藉，則無屋可住、無田可耕，失業流離，必爲盜賊；一可慮也。其地既廣且饒，宜田宜宅，可以容民畜眾，而置之空虛，無人鎮壓，則是棄爲賊巢，使奸宄便於出沒；二可慮也。前此臺地何人非賊，國公、將軍而外，僞鎮不止千餘，今誅之不可勝誅，俱仍安居樂業；而獨於附近賊里之人，田宅盡傾，驅村眾而流離之，鄰賊之罪，重於作賊；三可慮也。臺寇雖起山間，在郡十居其九，若欲因賊棄地，則府治先不可言；況郎嬌並無起賊，雖處極邊，廣饒十倍於羅漢，現在耕鑿數百人，番黎相安，已成樂土，今無故欲蕩其居，盡絕人跡往來，則官兵斷不肯履險涉遠而巡入百餘里無人之地；脫有匪類聚眾出沒，更無他人可以報信；四可慮也。鋸板抽籐、貧民衣食所係，兼以採取木料、修理戰船，爲軍務所必需，而砍柴燒炭、尤人生日用所不可少，暫時清山則可，若欲永永禁絕，則流離失業之眾，又將不下千百家，勢必違誤船工，而全臺且有不火食之患；五可慮也。疆土既開，有日闢，無日蹙，臺地宋、元以前，並無人知，至明中葉，太監王三保舟下西洋，遭風至此，始知有此一地，未幾而海寇林道乾據之，顏思齊、鄭芝龍與倭據之，荷蘭據之，鄭成功又據之，國家初設郡縣，管轄不過百餘里，距今未四十年，而開墾流移之眾，延袤二千餘里，糖穀之利甲天下，過此再四、五十年，連內山山後野番不到之境皆將爲良田美宅，萬萬不可遏抑，今乃欲令現成村社，廢爲坵墟，厲禁不能；六可慮也。曩者諸羅令周鍾瑄有清革流民以大甲溪爲界之請，鳳山令宋永清有議棄郎嬌之詳，今北至淡水、雞籠，南盡沙馬磯頭，皆欣然樂郊，爭趨若鶩，雖欲限之，惡得而限之？職等愚見，以爲人無良匪，教化則馴，地無美惡，經理則善。莫如添兵設防，廣聽開墾。地利盡，人力齊，雞鳴狗吠相聞，而徹乎山中。雖有盜賊，將無逋逃之藪。何必因噎廢食，乃爲全身遠害哉？今竊議於羅漢內門中埔莊設汛防兵三百名，以千總一員駐劄其地，郎嬌亦設千總一員、兵三百，控扼極邊一帶。三、六、九期操演之外，准其自備牛種，就地屯田，以爲餘資，雖險遠而弁兵便焉。槺榔林在平原曠土之中，杜君英出沒莊屋，久被焚毀。附近村社，人煙稠密，星羅棋布，離下淡水營內埔莊汛防不遠，無庸更議。至各處鄉民欲入深山，採取樹木，或令家甲鄰右互結，給與腰牌，毋許胥役需索牌費一分一釐，聽從其便。伏讀憲檄，添防之制，宜速議定，以便題覆。夫今所宜更議者，唯羅漢門、郎嬌而已矣。外此則移八里坌汛千總駐劄後壟，爲半線、淡水適中之地，及添設文員諸事，尚未舉行。其餘俱經遵照憲檄，於南路添設下淡水營守備，帶兵五百駐劄新園；設岡山守備，帶兵五百，駐劄淡水溪埔，扼羅漢門諸山出沒竇徑；北路添設半線守備一營，帶兵五百，居諸羅、淡水之中，上下控扼，聯絡聲援；以諸羅山守備駐劄笨港，增兵二百名；添設下茄荖守備一營，兵五百；郡治添設城守游擊一營，兵八百，與鎮標三營相埒；再加羅漢門、郎嬌各添設汛防兵三百，則全臺共計增兵三千六百名，較憲檄前指之數，止多一百。但此三千六百之兵，不須請旨額外添設，就內地各標營分額招募，按班來臺，如往例三年一換。然後內地不至空虛，無顧子失母之病。諸羅地方遼闊，鞭長不及，應劃虎尾溪以上，另設一縣，駐劄半線，管轄六、七百里。鹿子港雖口岸扼要，離半線僅十五里，不用再設巡檢。將巡檢設在淡水八里坌，兼顧雞籠山後。笨港設巡檢一員，駐箚笨港。佳里興巡檢仍還佳里興駐箚，兼管目加溜灣。移典史歸諸羅縣治。南路鳳山營縣，雖僻處海邊，不如下埤頭孔道衝要，然控扼海口，打鼓、眉螺諸港乃匪類出沒要區，當仍其舊，不可移易。添設鳳山縣丞一員，駐箚搭樓，稽察阿猴林、篤佳等處，彈壓東南一帶山莊。下淡水巡檢一員，不許留郡，仍令駐劄下淡水，稽察淡水以南各莊及諸海口。臺、鳳、諸各縣各練鄉壯五百名，在外縣丞巡檢各練鄉壯三百名，無事則散之隴畝，有役則修我戈予，鄉自爲守，人自爲兵，此萬全之道也。」滿保韙之，乃罷議。

六十一年，廷議以兩次平臺，皆先駐軍澎湖，而後進兵，將移總兵官於此，而府治僅設陸路副將。廷珍以爲不可，上書論之，語在軍備志。而提督姚堂亦上奏，仍以總兵官駐臺灣。廷珍乃籌善後之策，論築城，增戍兵，行保甲，辦團練，語多可採。以次班師。雍正元年冬十月，授福建水師提督，加左都督，世襲三等阿達哈哈番。既至，整飭軍務，信賞必罰，愛惜賢才，所汲引者，多位至節鉞，軍民皆歡戴之。七年冬十一月，卒於任，年六十有六，賜帑治喪，贈太子少保，諡襄毅。孫元枚亦有名。

元枚，字簡侯，乾隆三十三年，以世職補廣東參將，尋擢副將。三十八年，遷臺灣鎮總兵，調金門鎮。四十九年，授江南提督。五十二年，臺灣林爽文起兵，南北遏絕，諸將無功。廷議以元枚熟悉情形，命馳驛泉州，署陸路提督。時水師提督黃仕簡、陸路提督任承恩擁兵不進，詔奪承恩職，以元枚代之。四月，參贊軍務。督福建兵二千，由蚶江渡鹿港，進規彰化。後至浙兵，亦歸節制。六月，會總兵普吉保攻柴坑，獲勝，下旨嘉獎，賞戴雙眼花翎。尋奏約會柴大紀夾攻斗六門，未平。八月，卒於軍，下旨憫悼，贈太子太保，發帑治喪，賜祭如禮，諡襄毅。易名之典，與乃祖同，亦佳話也。

林亮，字漢侯，福建漳浦人。生四歲喪母，伶丁孤苦，然性不羈，好結納當世賢豪。嘗曰：「男子桑弧四方，安能屈守鄉閭，長爲農夫沒世哉？」屬濱海多事，決意從戎。習騎射刺擊，留心海務。島澳險夷，舟航利鈍，營陣戰伐，靡不講求熟悉。識者覘其有將材矣。康熙四十五年，擢臺灣水師右營把總，累遷至澎湖右營守備。六十年夏，朱一貴起事，全臺俱陷，文武守臣，或死、或逃澎湖。澎、臺隔一水，居民洶洶。澎協將弁以孤島難守，僉議撤歸廈門，各出屬登舟。亮力排眾議，按劍厲聲曰：「朝廷封疆，尺寸不可棄。我等享昇平、食祿廩，捐軀報國，正在今日。焉有鋒刃未血，而相率委去耶？大丈夫死忠義耳，寧能駢首市曹，爲法吏所辱？請整兵配船，守禦要害，決一死戰。戰不捷而亮死，公等歸亦未遲。」皆曰：「諾，願死守。」亮馳出江干，申主將號令，驅官民家屬各登岸，敢言退廈者斬。眾心始固。又以臺米弗至，慮行間乏食，捐家財，買穀碾米給軍，製造攻戰器械及諸軍需，以俟進討。既而水師提督施世驃、南澳總兵藍廷珍統兵至澎，以亮與千總董方爲先鋒，領舟師五百七十人自澎進發。六月十六日黎明，至鹿耳門，奮勇爭先，以六艦冒死直進。遙望炮臺火藥堆積，命施巨炮攻之。火起，即奪炮臺。乘勢攻安平，又克之。鹿耳、安平皆天險，臺之要害；一日兩捷，清軍大振。十七、十九兩日，又戰於鯤身。亮駕舟夾擊，橫衝敵陣；朱軍又敗，退保府治。已而世驃命亮與董方、魏大猷、洪平率兵千二百人，由間道暗渡西港，以出府治之背；廷珍復統大軍繼之。二十二日黎明，大戰於蘇厝甲，連戰連捷，遂復府治，紀功第一。

總督滿保以軍前諸將，問誰可當大任。廷珍復曰：「水師提標營游擊林秀、南澳鎮左營守備呂瑞麟，皆剛愎傲上，有好大飛揚之氣，然膽略並優，勇敢出群，實國家之驍將也。秀矜誇，瑞麟沉鷙。秀不拘細謹，瑞麟凜於操持。弗擁節旄，二人俱弗肯已，但瑞麟似較遠大爾。閩安協左營游擊朱文，小心謹愼，雖剛毅不足，而可當一面藩籬之寄。汀州鎮左營游擊王紹緒，整飭營伍，有輕裘緩帶之風。福寧鎮右營游擊郭祺，老成練達。海壇鎮左營游擊謝希賢，簡易果敢，雖不無鹵莽之處，要自瑕不掩瑜。撫標左營游擊邊士偉，曉暢軍務。金門鎮右營游擊薄有成，質直嚴肅。陸路提標右營守備康陵，壯猷沉厚。漳浦營守備蘇明良，謙和謹飭。烽火營守備蔡勇，雄偉樸實。興化協左營守備劉永貴，剛勁端嚴。諸人氣度，似與偏裨稍別，皆太平之良帥也。澎湖協右營守備林亮，平臺首功，且有抗守澎湖之大節，人品將略，在軍前諸將以上，提鎮之任，靡所不宜。將軍標右營游擊魏天錫、海壇鎮右營守備魏大猷，係同胞兄弟，皆奇諳水性，能頂盔束甲游海面，又能赤身入海底，潛行一、二百里。如安平鎮至臺灣府水程五十里，大猷、天錫入海中潛行，頃刻即至。同安營守備葉應龍，銅筋鐵骨，刀棍不能傷，以石擊其頭，石反碎。三人皆奇傑卓犖，非尋常將弁可比，畀以封疆，誰曰過分？但魏天錫已病，恐不及待節鉞爾。千總董方、胡廣、王郡、林君卿，皆將帥才。董方好大矜功，恐未免爲人所嫉。胡廣勇銳英發，王郡厚重精明，殊不可量。林君卿果敢質實，罔憚勤勞。四人皆志切上進，不願以偏裨自擬。雖現居下弁，勃勃有封疆之氣，未可以名位微末少之。」滿保得書大喜，以白金四百兩勞亮，手書褒揚。嗣陞安平水師副將。而瑞麟等多官至提鎮，如廷珍言。

劉得紫，字樹公，直隸文安人，寄寓遼陽，遂家焉。父朝英，爲江夏知縣，卒於官。少孤苦，好讀書，尤工騎射。康熙四十七年，由步軍校累遷至侍衛。五十九年，調臺灣鎮中軍游擊。六十年夏四月，朱一貴起事，得紫請討。總兵歐陽凱不許。遣右軍游擊周應龍往，敗績。一貴進攻府治。凱率所部駐春牛埔，得紫從。五月朔日，大戰於中路口。鎮兵覆，還救不克，遂被禽，羈之學宮朱子祠，以禮待之，不得死。一貫聞其義，遣人進食，不食。數日，同難陳士珍貽紫陽綱目三卷，旦夕讀，幾忘饑渴。七日仍不死。把總張文學、贊禮生陳時遇知其意，親爲煮粥勸進。得紫流涕曰：「食祿不分憂，乘馬不濟難，縱彼憐我而生，吾何面目見東寧父老乎？」當是時，一貴與杜君英謀相併，不和，諸生林皋、劉化鯉言其事，始少食。眾餽金錢衣物相繼。有舊兵見其臥地，移一榻與之，泥水匠亦贈一氈，皆不識其名。六月十六日，官軍克鹿耳門，復安平鎮。得紫聞之大喜。越數日，一貴敗，守者盡去，乃得出。叩統帥麾下，請立功贖罪，募壯丁百五十人隨征北路，歷戰有功。閏月初七日，溝尾莊人以計禽一貴，得紫領兵應之。事平，臺人士以其守節白於總帥，請旌之。

楊、殷、阮、王列傳

楊文魁，字子偉，號逸齋，奉天人。康熙二十三年，以都督僉事任臺灣鎮總兵。時臺方歸清，疆域初定。文魁分布營汛，講求軍務。又立義塾，延內地名儒爲師，置學田，資膏火。以是來者愈眾。始，文魁爲大學士巴泰所舉。及藍理入覲，上問：「臺灣總兵若何？」對曰：「練兵馬，興學校，潔己奉公，兵民相安。每日唯食腐菜。」翌日，上謂巴泰曰：「楊文魁爲封疆大臣，唯食腐菜，可謂清矣。」時藍理奏言臺灣屯田，可省兵餉。欲於臺兵萬人之中，以四千發屯。事下督撫提鎮議奏。文魁疏言：「臺灣之田皆民業，奪爲兵田，已萬不可；況兵皆內地調徙，父母妻子，隔海相望，誰肯舉家渡海，以事屯田乎？」從之。兵民皆喜。及舉軍政，被劾者無怨言，而所拔將弁，多至鎮帥有聲。二十六年，陞本旗副都統。民兵念其德，繪像立祠。未至京，擢都統。

殷化行，字熙如，陝西咸寧人。年二十，中武科。康熙八年，成進士。二十六年，任臺灣鎮總兵。臺爲海外奧區，閩粵分處，民俗尚武，而生熟番又居其間，號爲難治。化行既至，宣布德教，軍民無猜。時方議築城，化行以地多浮沙，易震動，不可築。而孤懸海外，唯仗中國威靈，軍民一心，以屏藩之。議遂止。乃僅建鎮署木城，繕甲厲兵，時其訓練，以壯軍容。

初，鄭氏行永曆錢。及歸隸後，有司請更鑄。部頒臺字錢式，臺錢較小，不能行於各省。商旅得錢，必降價易銀歸。鑄日多而錢日賤，每銀一兩至易錢三、四千文。而給兵餉則銀七、錢三；以官値市物，民多閉匿弗與，幾激變。化行嚴防剴諭，屢請停鑄，督撫不聽。及調鎭襄陽，入覲，乃言其弊。上愕然曰：「此大有關係，若在任時，胡不言？」對曰：「武臣不敢與錢穀事。」命具疏，果格於通政司。再上，並以上旨白之，始得達。下戶部議，不行。又下福建督撫議，乃停鑄。兵民咸便。越數年，移鎭寧夏。後以從征尼魯特有功，事在清史。

阮蔡文，字子章，號鶴石，福建漳浦人。父賈江西，遂寄籍新喻。年十一，能屬文，而性剛猛，好弄刀槊，鄰兒畏之。十三補諸生，越十二年乃舉於鄉，數應春官不第。巡撫張伯行邀入鰲峰書院，以講洛閩之學，分纂先儒書。五載，乃歸葬母。康熙五十一年，以說海賊陳尙義投誠，召見便殿。上問曰：「書生此行良苦。頗驚怖否？」對曰：「臣仰仗威靈，頑梗革面。無所怖。」議功爲知府，授陸涼。未行，改授廈門水師中營參將。明年，調北路營。諸羅知縣周鍾瑄，循吏也，一見如舊。戢吏卒，撫番黎，飭部伍，躬歷沿海，增置營汛。北路地方千里，半線以上，民少番多。大肚、牛罵、吞霄、竹塹諸處，山川奧鬱，水土苦惡。南崁、淡水窮年陰霧，罕晴霽，硫磺所產，毒氣薰蒸，戍卒多病死，巡哨未至。文擬往視，左右諫止，不聽。自齎帳落，具餔糒，日或於馬上賦詩，夜燃燭紀所歷地里、山溪、風候、土俗。爲文祭戍亡將士，悽愴激烈，聞者感泣。山谷諸番具牛酒迎，一一拊循。召社學童番坐幕下，與之語，曰：「吾，汝師也，毋懼。」能背誦四子書者，旌以銀布。爲講孝弟、力田之道。諸番咸喜。竟中瘴病，遷福州城守營副將，赴京道劚，卒於宿遷，年五十。

王郡，字建侯，陝西乾州人。康熙六十年，以千總從軍，收復臺灣有功，後爲南路營參將。雍正六年，陞臺灣鎭總兵。七年，平鳳山山豬毛番之亂。九年，彰化大甲西番林武力反，北路騷動，而鳳山吳福生亦乘勢起事。總兵呂瑞麟方討番，府治空虛。時郡已授水師提督，聞報，急遣游擊李榮率兵往。已而諜告福生攻陴頭甚急，即自統兵夜發，與參將侯元動、守備張玉三路會攻。福生敗走，越日就擒，鳳山平。瑞麟無功，且被圍，徵兵府中。總督郝玉麟檄郡討番。郡至鹿港，遣參將李蔭樾、游擊黃貴等合兵攻阿東社，參將靳光瀚、游擊林黃彩等各扼隘口，遂渡大甲溪，直抵其地，屢有斬獲。林武力敗走南日山，地絕險，僅有樵徑。郡督師而上，躬冒矢石，開炮以攻，聲震山谷，進搗其巢穴，焚積聚，群番驚慴，各乞降，遂縛林武力以獻，斬之，北路平。乃就水師提督之任。

奎林，滿州人。乾隆五十八年，任臺灣鎮總兵。臺灣之兵皆調自福建，各分氣類，私立公廳，以爲聚議之所。提標之兵據寧南坊，同安之兵據東安坊，而漳鎮、詔安、雲霄則據鎮北坊，本地募兵亦據西定坊，各擁一隅，包娼聚賭，眾莫敢犯。小則虜人越貨，大則挾械以爭，有司畏葸莫敢治，將弁亦隱忍聽之，懼其變也。林至，聞其事，嚴治之。諸兵挾眾繳刀銃，林許之。示期，令五人爲一牌，以次入繳。林乃張軍幄，置令箭，傳五人入。久之不出。又傳五人，亦不出。如是者三。諸兵在外待。頃之，擲五頭出。眾驚走。其已入者叩頭求免，乃杖而革之，一軍肅然。

連橫曰：臺灣爲海疆重鎮。水陸之士，號稱萬人。而寄其權於總兵。給方印，建旗鼓，以節制民番。其任大矣。文魁清操，不奪民田；化行惠民，能言錢害；王郡嚴明，威加醜虜；奎林沈毅，法勒驕兵：是皆干城之選也。若文之循循儒雅，馬上賦詩，尤有投壺之概焉。

臺灣通史卷三十一　列傳三

王世傑列傳

新竹固土番之地，勢控北鄙，文物典章，燦然美備。跡其發揚，可以媲嘉義而抗彰化。然當二百數十年之前，猶是荒昧之域也；鹿豕所游，猿猴所宅。我先民入而啓之，剪除其荊棘，驅其猿猴鹿豕，以長育子姓，至於今是賴。初，永曆三十有六年春，北番亂，新港、竹塹等社應之。延平郡王克塽命左協理陳絳帥師討，諸番皆竄。時有王世傑者，運餉有功。師旋，許其開墾，而竹塹乃爲我族處矣。

世傑泉州同安人，來臺爲賈。既得墾田之令，集泉人百數十人至，斬茅爲屋，先墾竹塹社地，就番田而耕之，引水以漑，歲乃大稔。其地即今縣治之東門大街以至暗仔街也。已又墾西門大街至外棘腳，治田數百甲。來者日眾。縣治一帶，皆爲鋤耰所及矣。世傑以力田起家，又與番約互市，歲餽牛酒。竹番自創後，力微眾寡，不敢抗，而墾務乃日進。康熙五十餘年，始墾海濱之地：曰大小南勢，曰上下羊寮，曰虎仔山，曰油車港，曰南莊，凡二十有四社，爲田數千甲，歲入穀數萬石。既又墾迤南之地：曰樹林頭，曰後湖莊，曰八卦厝，曰南雅，曰金門厝，曰姜寮，曰北莊，凡十有三社。儼然一方之雄矣。

當是時，新竹尚未設治，諸羅政令僅及半線。大肚、呑霄諸處，山川奧鬱，水土苦惡。南嵌、淡水，窮年陰霧，罕晴霽。鄭氏以投罪人。康熙四十有九年，始設淡水防兵，及期生還，歲不能三之一，巡哨未有至者。而世傑獨苦心孤詣，蒙苫蓋，暴霜露，胼手胝足，與佃農共甘苦。故來者日眾，而富巨萬矣。族人王列自泉來，世傑命種苧而給其資，用以織褐，故新竹產苧特盛，即今之苧仔園也。世傑既死，其子不睦，拆產以居。乾隆初，又與鄭氏搆訟，案懸府署，累年不決，家乃中落。然世傑以一匹夫，憑其毅力，鼓其勇氣，以拓大國家版圖，功亦偉矣！世傑既沒，從其後者又若而人，雖微不足道，而亦有功於墾土者也。故附傳之。

徐立鵬，廣東陸豐人。雍正三年，開墾新莊仔之地。越二年，有徐裏壽、黃君泰，亦陸豐人，合墾員山頂、崁頭厝等莊。而同安人曾國詰與拓之。

郭青山，廣東海豐人。雍正八年，開墾員山仔之福興莊。而陸豐之黃海元、張阿春亦以其時合墾榛楖仔之福興莊及東勢之地。

李尚，福建同安人。以雍正六年，往墾後湖、田九厝、車路頭，至是告成。

郭奕榮，福建惠安人。雍正九年，往墾上山腳、下山腳、山邊等地。其縣人范善成亦墾成竹圍仔之田。

徐錦宗，亦陸豐人。以雍正十年，墾成茄苳坑之地。

歐天送，亦同安人。以雍正十年，與南安曾六偕拓大莊、崁頂厝之地。而惠安楊夢樵亦墾頂樹林。至是告成。

羅朝宗，亦陸豐人。來臺之後，聞竹塹地曠人稀，農功未啓，雍正十一年，偕其縣人黃魁興、官阿笑合墾十一股之福興莊及中崙、大竹圍、下崁頭厝等地。翌年告成。其時有鎭平巫阿政往墾青埔仔，同安許判生、溫明鼎合墾後面坡仔頭、下崁仔腳、拔仔窟，南安張春始亦墾大眉莊，各建村落，以棲佃農。而竹塹之墾務愈盛。

陳仁愿，福建晉江人。謀墾番地，與中港社番約，歲納其租。招集佃農，以拓香山之地。初，香山原在界外，給與屯番。番不知耕稼，仁愿乃墾成之。鹽水港亦中港社番之地，與香山對峙，爲泉人所拓，凡十數社。

周家，亦晉江人。乾隆二年，始來竹塹。往拓治東六張犁之地，則昔之霧崙毛毛也。

姜朝鳳，亦陸豐人。以乾隆二年，往墾紅毛港附近。港在治之西北，濱海。西班牙人據北時，曾艤舟於此，故名，其後爲竹邑互市之埠。

林耳須，泉人也。以乾隆四年，集閩、粵之人三十餘，與中港社番約，從事墾田。數年之間，遂建蟠桃、菁埔等十二社，多者百數十人，少亦二、三十人，各闢田廬，開溝洫，爲久住計。十六年，鎭平人林洪、吳永忠、溫殿玉、黃日新、羅德達等，共募流氓，以開上下田寮，而頭份一帶之地，皆爲漢人有矣。

許山河，福建漳浦人。乾隆三十餘年來臺，與社番約墾中港之地。而彰化張徽揚者，先拓其海口。

已而泉屬之人後先戾止，遂成一大聚落，以與泉州互市。為竹邑通海之埠。

連横曰：朱一貴之役，漳浦藍鼎元從軍來臺，著東征集。其論竹塹也，曰：「其地平坦，極膏腴，野水縱横，處處病涉，俗所謂九十九溪者，以為溝澮，闢田疇，可得良田數千頃，歲增民穀數十萬。臺北民生之大利，又無以加於此。然地廣無人，野番出沒，必棋置村落，設營汛，奠民居，而後及農畝。當事者往往難之，是以至今棄為民害。不知此地終不可棄。恢恢郡邑之規模，當半線、淡水之中間，又為往來孔道衝要。即使半線設縣，距竹塹尚二百四十里。不二十年，此處又將作縣。氣運將開，非人力所能遏抑。必當因其勢而利導之。以百里膏腴天地自然之樂利，而憚煩棄置，為百姓首額疾蹙之區，不知當事者於心安否也。有官吏，有兵防，則民就墾如歸市，立致萬家，不召自來，而番害亦不待驅而自息矣。」連横曰：善乎鼎元之言也。天下氣運所趨，每每自北而南；而臺灣則自南而北。鄭氏之時，僅有承天。濁水以北，羈縻而已。及朱一貴平後，半線作縣，而竹塹置淡水廳，戍兵保民，以啓北鄙，駸乎且日進矣。光緒元年，臺北建府，而新竹為縣；北鄙之富庶幾邁臺南。前之所謂番地者，無往而不為漢人拓矣。經營締造，以迄於今，是誰之力歟？語曰：「作始也簡，成功也巨。」嗚呼！可不念哉！

吳鳳列傳

士有殺身成仁，大則為一國，次為一鄉，又次則為友而死。若荊軻、聶政之徒，感恩知己，激憤舍生，亦足以振懦夫之氣，成俠客之名，歷百世而不泯也。嗚呼！如吳鳳者，則為漢族而死爾。迄今過阿里山者，莫不談之嘖嘖。然則如鳳者，漢族豈可少哉？頂禮而祝之，范金而祀之，而後可以報我先民之德也。

吳鳳，諸羅打貓東堡番仔潭莊人，今隸雲林，字元輝。少讀書，知大義，以任俠聞里中。康熙中，諸番內附，守土官募識番語者為通事。鳳素知番情，又勇敢，諸番畏之。五十一年，為阿里山通事。阿里山者，諸羅之大山也；大小四十八社，社各有酋，所部或數百人、數十人。性凶猛，射獵為生，嗜殺人，漢人無敢至者。前時通事與番約，歲以漢人男女二人與番，番秋收時殺以祭，謂之作饗，猶報賽也。屠牛宰羊，聚飲歡呼，以歌頌其祖若宗之雄武。然猶不守約束，時有殺人，而官軍未敢討。鳳至，聞其事，嘆曰：「彼番也，吾漢族也，吾必使彼不敢殺我人。」或曰：「有約在，彼不從奈何？且歲與二人，公固無害也。」鳳怒叱曰：「而何卑耶，夫無罪而殺人，不仁也。殺同胞以求利，不義也。彼欲殺我，而我則與之，不智也。且我輩皆漢族之健者，不能威而制之，已非男子；而又奴顏婢膝，以媚彼番人，不武也。有一於是，乃公不為也。」其年番至，請如約。鳳饗之，告曰：「今歲大熟，人難購。吾且與若牛，明年償之。」番諾而去。明年至，又紿之。如是五年。番知鳳之終紿己也，群聚謀曰：「今歲不與人，則殺鳳以祭。」聞者告鳳。鳳曰：「吾固不得去。且吾去，公等將奈何？彼番果敢殺我，吾死為厲鬼，必殲之無遺。」鳳居固近山，伐木抽籐之輩百數十人，皆矯健有力者，編為四隊，伏隘待。戒曰：「番逃時，則起擊。」又作紙人肖己狀，弩目散髮，提長刀，騎怒馬，面山立。約家人曰：「番至，吾必決鬥。若聞吾大呼，則亦呼。趣火相，放煤竹，以佐威。」越數日，番酋至，從數十人，奔鳳家。鳳危坐堂上，神氣飛越。酋告曰：「公許我以人，何背約？今不與，我等不歸矣。」鳳叱曰：「蠢奴，吾死亦不與若人。」番怒刃鳳，鳳亦格之，終被誅。大呼曰：「吳鳳殺番去矣！」聞者亦呼曰：「吳鳳殺番去矣！」鳴金伐鼓，聲震山谷。番驚竄。鳳所部起擊之，死傷略盡。一、二走入山者，又見鳳逐之，多悸死。婦女懼，匿室中，無所得食，亦槁餓死。已而疫作，四十八社番莫不見鳳之馳逐山中也。於是群聚語曰：「此必吾族殺鳳之罪。今當求鳳恕我！」各社舉一長老，匍匐至家，跪禱曰：「公靈在上，吾族從今不敢殺漢人。殺則滅！」埋石為誓。自是乃安。尊鳳為阿里山神，立祠禱祀。至今入山者皆無害。

連橫曰：鳳之死也，或言康熙五十七年，或言乾隆三十四年八月十日，相距竟五十二年。余以後說確也。朱一貴既平之後，阿里山番始內附，則鳳為通事，當在乾隆時也。鳳生於康熙三十八年正月十八日，歿時年七十有一，配陳氏，生二子，曰汀援，曰汀巽。光緒中，其後嗣請列祀典，嘉人士亦以為言，未成而遭割臺之役。然鳳之威稜，至今猶在阿里山也。君子疾歿世而名不稱，如鳳者豈有死哉？

施、楊、吳、張列傳

施世榜，字文標，初居鳳山。性嗜古，善楷書。康熙三十六年拔貢，選壽寧教諭，嗣遷兵馬司副指揮。好行善事，宗姻戚黨多周恤。後居郡中，建敬聖樓。又捐金二百，以修鳳邑學宮，置田千畝，為海東書院膏火，士多賴之。子五人，均以文顯。少子士膺亦拔貢，授古田教諭。嘗遵父命，捐社倉穀千石。臺灣縣志稱其義行。

初，半線初闢，平原萬頃，溪流分注，而農功未啓，荒穢於鹿豕之鄉。五十八年，世榜集流民，以開東螺之野，並引濁水歧流以溉。工竣，而流不通；世榜慮之，募有能通者予千金。一日，有林先生見，曰：「聞子欲興水利，而苦無策。吾為子成之。」問其名，不答。於是相度形勢，指示開鑿之法，曰：「某也邱高宜平之，某也坡低宜浮之，某也流急宜道之，某也溝狹宜疏之。」世榜從其言，流果通。眾以世榜力，名施厝圳，又曰八堡圳；以彰邑十三堡半之田，而此圳足灌八堡也。歲徵水租數萬石。施氏子孫累世富厚，食其澤。當圳之成也，世榜張盛宴，奉千金為壽。辭不受，亡何竟去，亦不知所終。佃農念林先生功德，祀為神，至今不替。

楊志申，字燕夫，臺邑人，居東安坊。少孤，事母孝。昆仲六人，志申其次也。善視諸弟，勗以立身齊家之本。康熙二十四年，知府蔣毓英將拓建學宮，志申父墓在焉，告之，請徙而獻其地。毓英嘉之，為擇穴於魁斗山麓，平坦如掌，大可二、三畝，臺人謂之金盤搖珠。既葬，復告之曰：「子素行孝義，子孫必有昌者。雖然，子當遠徙，十稔之後，可致巨富。」當是時，半線初啓，草萊未墾，志申遂適焉。居於柴坑仔莊，貸番田而耕之。督率諸弟，盡力農功。數年，家漸富，闢田亦愈廣，遂鑿二八圳，引貓羅之水以溉，潤田千數百甲，歲入穀萬石。已又鑿福馬，鑿深圳。線東、西兩堡之田，皆楊氏有也。又以其餘力，開墾淡水之佳臘埔、金包里，歲亦入穀數千石。家畜佃農數千人，鋤耰並進。半線景象，以是日興。雍正元年，遂建縣治，移居東門街。志申既富，好行其德。睦宗族，恤鄉里，賑貧乏，治橋梁，邑人莫不稱之。初，臺邑學租歲用不敷，首捐彰田以充，歲可入粟百六十有六石。又以文廟燈油諸費無出，言於臺學訓導，願續捐，未行而病且革。命其子割鳳邑之田百九十有六石，曰：「聊踐吾言，非爲子孫求福應。女曹但能讀書爲人，毋負吾志可矣。」卒，葬彰化。後循眾議，祀臺邑孝悌祠。以長子振文貴，追封中憲大夫。

振文，少讀書，識大體，入郡庠，納資爲知府銜。林爽文之役，陷彰治，殺守吏，進略南北，勢張甚。聞振文名，具幣聘。不從，遂遁入海。購以千金，不得。爽文怒，毀其父墳。振文入泉州。時大將軍福康安帥師平臺，駐廈門，募有能悉臺中情事者。有司以振文對。康安遣使招之。振文入謁，歷陳形勢。康安大喜，命先率一軍入臺，以中營把總二、外委六、戰兵二百供驅策。振文至泉州，自募勇三百，飛渡鹿港。檄令莊眾，備迎大軍。凡投誠者，給以盛世良民之旗，止勿殺。又募鄉導百人，分置各軍。以是城中虛實，山谷險夷，皆瞭如指掌。康安既復彰化，振文隨軍出征，備諮詢。事平，以振文原註知府，將奏請即用。辭以未諳吏治，乃賞戴花翎。子應選亦有名。

吳洛，字懷書，泉州晉江人。父家槐爲漳州鎮標千總。兄弟三人，伯仲無祿。洛性孝友，侍膝下，撫諸姪如己出。雍正十七年，以軍功咨部，加衛守府，召受札。以親老辭。設教於里，究心經世之事。乾隆十五年，舉明經。已而父終。服闋，游臺郡，入某公幕。

當是時，彰化初設，曠土荒蕪。沿山一帶，地尤肥沃，洛募佃以墾。築圳灌田，親董其役。先拓丁臺之野，次及阿罩霧、萬斗六，皆番地也。草萊既闢，至者日多。遠至南北投莊，暫成都聚。歲可入穀萬石，遂家於邑治。洛既富，建宗祠，刊家乘，置祭田，割租千五百石以與諸姪。追念故鄉，捐資以修泉郡學宮。又購良田爲清源書院之費。在臺亦分捐海東、白沙兩書院之租各數百石。凡有義舉，罔不贊襄。當道嘉之，累贈匾額：曰「儒林模楷」，曰「清時碩彥」。卒後，追封中憲大夫。有子十三人：曰南金，納資爲州同；曰南輝，乾隆十八年拔貢；曰道東，六十年歲貢；餘子亦多入庠，書香不替。

張振萬，彰化人，居貓霧捒之葫蘆墩。力田起家，擁資巨萬。附近之地皆番有，土厚泉甘，而不能耕。前時岸裏社番曾請墾，諸羅知縣周鍾瑄許之。顧其地絕廣，久置荒蕪。乾隆初，振萬乃邀藍、秦兩姓，募佃合墾。厥田上上，產稻豐，一歲兩熟。然苦旱。引大甲溪水，自罩蘭內山流出，鑿圳以通。遍溉岸裏、阿里史等社，凡千餘甲。歲入穀數萬石，家愈富。子孫猶食其利。至今葫蘆墩米尙冠全臺。

林詳，泉州人，居彰化之鹿港。聞內山土廣而肥，足以致富。遂鳩集資本、募佃農，以嘉慶十六年，至牛轀轆，開墾竹仔腳山之南麓。鑿渠導水，以溉其田，凡百數十甲，越數年，爲大水所沒，僅存二十餘甲。先是乾隆四十五年，有泉人楊東興者入墾集集，亦番地也。至者絕少。

連橫曰：墾土之功大矣！天下之富在農，而臺灣又農業之國也。世榜、志申皆以務農起家，爲邑望族，好行其德，固非斤斤於私蓄也。夫上富惜時，中富役智，下富任力；而今之鄙夫，乃忘遠大之謀，而爲徼倖之計，欲以追武陶猗，坐致萬金，抑亦愚矣。

林、胡、張、郭列傳

林成祖、福建漳浦人，世業農，慨然有遠大之志。當是時，淡水初啓，地利未興，欲謀墾田，苦無資。朋輩助之，得數百金。以雍正十二年來臺，居大甲，貸番田而耕之。厥土黑墳，一歲兩熟。成祖能耐勞，傭佃課耕，家乃日殖。於是鑿大甲圳，引水以溉，歲入穀萬石，拓地漸廣。乾隆十五年，復墾擺接、興直二堡，給與佃戶，每甲徵租八石。顧常苦旱，乃鑿大安圳，引內山之水以入。圳寬二丈四尺，長十餘里，過旱溪，埋土管於下，以相接續。而一遇洪水，輒壞。經營數年，糜財十餘萬，始成。灌田千餘甲，歲入穀萬餘石。既復鑿永豐圳，穿山導流，亦灌數百甲。當是時，南勢角、中坑一帶，野番出沒，諸佃患之。成祖稟准淡防廳，自備餉糈，設隘寮，東至秀朗溪，西至擺接溪，南達擺突突，北及武勝灣，早夜巡防，害稍戢。而成祖亦移深坵莊，爲今枋橋城外。所墾之田：曰新莊，曰新埔，曰後埔，曰枋寮，曰大佳臘，歲入穀十數萬石。

林爽文之役，彰、淡林姓多株連，成祖亦逮京訊問。次子海門素有才，攜巨金，入京謀救。漳浦蔡新爲太子太傅，方重用。海門以鄉人禮見。新嘉其孝，留之家，妻以女。成祖得免，還其產。途次海門溺水死。成祖既歸，年老，猶日課農事，與眾同甘苦，復墾里族之野。或勸其少息，曰：「我生長農家，義當食力，何可坐而燕安？況此爲國家之地，久置荒蕪，開之亦足生利。」故能以一人之力，擁田數千甲，一時稱巨富焉。卒年七十有二。長子海籌以大安圳崩，傾資修之，產稍折。三子海廟。海廟之子登選，亦開暗坑圳，能世其家。

胡焯猷，字攀林，永定人，以生員納捐例貢。乾隆初來臺，居於淡水之新莊山腳。時新莊方駐巡檢，而興直堡一帶多未闢。焯猷赴淡水廳請墾，出資募佃，建村落，築陂圳，盡力農功。不十數年，啓田數千甲，歲入租穀數萬石，翹然爲一方之豪矣。焯猷固讀書，念淡水文風未啓，鄉里子弟無可就傅，二十八年，自設義塾，名曰「明志」，捐置水田八十甲餘，以其所入供膏火，又延名師教之，肄業者常數十人。淡水同知胡邦翰聞其事，詳請改爲書院。總督楊廷璋嘉之，立碑以紀，則今之明志書院也。觀音山在八里坌堡內，東瞰平原，西臨大海，危峰古木，境絕幽邃。焯猷登其上，建佛寺，置香田，至今遂爲名刹。焯猷既富，遂居於此，而舊志不傳其人，故不詳。

張必榮，淡水海山堡人，力田致富。乾隆三十一年，與族人沛世合築永安圳，引擺接溪之水，造大陂以瀦之，度梘通流，長三十里。前時海山多旱田，及成，足資灌溉。而擺接堡之西盛、柏仔林、興直堡之新莊頭、二三重埔等，皆仰其水，凡六百餘甲，故又稱張厝圳。而必榮復與吳際盛合築福安陂，亦引擺接溪之水，以溉堡內之田三百餘甲。上自石頭溪，下至三角埔。後以大水沖壞，業戶林弼益乃集佃修之。先是有劉承纘者，亦海山堡人，以乾隆二十六年，築萬安陂，引擺接溪之水而入，至興直堡之新莊，以灌中港厝之田，亦數百甲。

郭元汾，字錫瑠，漳人也。乾隆間來臺，居淡水大佳臘堡。墾田樹穀，擁資厚。時拳山一帶多荒土，而水利未興。乃傭工鑿圳，引新店溪之水，自大坪林築陂蓄之，穿山度梘，至溪仔口，又引至挖仔內，過公館街，抵內埔，分爲三。溝澮縱橫，長數十里。臺北近附之田皆資灌溉，凡千數百甲。既成，名金合川圳，而佃人念其功，稱瑠公圳。

連橫曰：今之臺北，古之所謂荒土也，鄭氏以投罪人。康熙四十七年，泉人陳賴章始墾大佳臘之野，爲今府治近附，而舊志不載，故老又不能言，惜哉！成祖、焯猷皆以豪農而勤稼穡，鑿渠引水，利澤孔長，至今猶受其賜，是咸有功於墾土者也。夫以臺北今日之富庶，文物典章，燦然美備，苟非我先民之締造艱難，詎能一至於此？而居是邦者，乃忘華路藍縷之功，而爲奢華淫靡之行，何其昧耶？

臺東拓殖列傳

連橫曰：臺東，天府之國也。平原萬畝，可農可工，而森林之富，礦產之豐，久爲世人所稱道。顧開闢二百餘載，而少有經營之者。嘉慶元年，漳人吳沙募三籍之氓，入墾蛤仔難，闢地數百里，乃建噶瑪蘭廳，語在吳沙傳。自是臺東之北稍有至者。光緒元年，牡丹之役既平，欽差大臣沈葆楨奏設恆春縣，劃鳳山絕南以擴其地，而臺東之南亦有至者。當是時，開山撫番之議既行，以總兵吳光亮帥中軍，同知袁聞柝帥南軍，提督羅大春帥北軍，三道而入，募商工隨行，設招墾局，獎勵移民，建卑南廳以理之。於是至者日多，漸有闢田廬長子孫之計。十一年，建省，陞卑南廳爲臺東直隸州，而臺東之局勢一展。然當荒昧之時，天氣瘴毒，野獸猖獗，生番出沒。而我先民如陳文、賴科、吳全輩，入其地、闢其土、利用其物產，勇往不屈，險阻備嘗，用能以成今日之富庶。其功業豈可泯哉？今列其行事，舉其壯志，亦足以爲後生之策勵也。

陳文，彰化人，居淡水。年少豪俠，與友林侃合賈，往來沿海。康熙三十二年，遭風，舟至岐萊。其地爲生番所處，未嘗與漢人通。文至與互市。居經年，略通番語，始能悉其港道。漢人之至臺東者自文始。

賴科亦居淡水，爲雞籠番通事。素勇敢，每出入番社。聞後山有番，欲通之。康熙三十四年秋八月，率壯者七人，度高山，晝伏夜行，歷數十番社，達崇爻。番喜，導遊各社。禾黍芃芃，比戶殷富。若語科曰：「吾族聚居此地，已數百年；而野番時來掠劫，殺人爲害。欲約西番夾擊，間阻不得通。若歸，寄語長官，若能以兵相助，則山東萬人，亦將鑿山刊道，和睦往來，共爲天朝之民矣。」科既與番狎，撫之歸附，附阿里山番輸餉，凡九社：曰均榔，曰斗難，曰竹腳宣，曰薄薄，曰芝蘭武，曰機密，曰貓丹，曰丹朗，曰水輦，計有四百八十戶，男女可二千人。每歲贌社者以小舟載煙布、鹽糖、農具與易，歲一往返。同行潘冬，亦勇士也。

林漢生，淡水人。以乾隆三十三年，召眾入墾蛤仔難。地在臺之北東，三面負山，東臨海，土壤肥饒，而番性悍，輒出殺人。漢生竟被害，眾亦散去。其後吳沙乃繼成之。

吳全，亦淡水人，力田起家。聞臺東之富，與其友吳伯玉合謀開墾。道光八年，全募噶瑪蘭人二千八百餘，至其地，築土城以居。劃田畝，興水利，數年漸成。而瘴氣所侵，居者多病死，土番復時出沒。全百計防備，莫能濟，憂勞以死。伯玉亦率眾去。其地則今吳全城，爲臺東之一大市鎮。

黃阿鳳，亦淡水人。咸豐元年，集資數萬圓，募窮氓二千二百餘，往墾歧萊之野。其地距大南澳之南七十里，港口稍狹，內則可容巨船。水極陡，每年三、四月，漢人往與互市，番以繩牽舟進，各與鹽一、二合，歡躍而去。已而各挾鹿茸、獸皮來易物，不事金錢，無所用也。阿鳳既至，自爲總頭人，狀若官府。其餘數十人，各受約束，分地而治。然瘴氣尚盛，阿鳳以不服水土，數月病死。各頭人復不相能。越五年，資漸罄，又與番相仇殺，墾田遂廢，佃人咸去。餘亦移於璞石閣。在秀孤巒之麓，或作樸實閣，番語也。地平而腴，有水可漑。前時漢人已至其地，居者千家，遂成一大都聚。

鄭尚，鳳山水底寮人。咸豐五年，至卑南，與土番貿易，且授耕耘之法。番喜，以師事之。土地日闢，尚亦富，乃募佃入墾。卑南處臺東之右，山與鳳山接，陸路可通。康熙六十一年，朱一貴之變，餘黨王忠竄入卑南，有眾千人，聚處大湖，蓄髮持械，耕田自給。總兵藍廷珍慮其復亂，檄千總鄭維嵩往諭土目文結搜捕，凡漢人皆逐之。文結之祖亦漢人，避難，竄於卑南，踞地爲長，能以漢法變番俗。子孫濂祖訓，不殺人，不抗官。其後女土目寶珠，盛飾若中華貴婦，治家有法，或奉官長命，遵行唯謹，故漢人至者日多，而臺東愈闢矣。

連横曰：麥禮荷斯奇之事，舊志不載，而西史言之，危矣。當是時，西力東漸，已張其機。荷據爪哇，西營呂宋，而英略印度，其策果行，則臺東非我有矣。而臺之士夫乃瞠乎無聞，何其昧也！麥禮荷斯奇者，波蘭伯爵也。乾隆三十四年俄波之戰，被俘，竄於勘察加。三十六年，與其黨二十八人越獄逃，奪俄艦而乘之，出北太平洋，航日本海。八月二十有六日，至臺灣東岸，即今之秀孤巒溪口也。上岸探險，遭生番襲擊。走艦中，備戰鬥，漸征服之。而他番又乘虛而來，時掠器物，輒擊退之。解纜北行，黎明至東北海岸。二十有八日，上陸，漢人見之，愕眙相視，言語不通，未由問訊。薄暮，遇兩西班牙人，喜爲奇遇。西班牙人者，爲逃亡武弁，久寓是地，深得鄉人之心。家在西方附近，漢人之村落也。二十有九日，西班牙人導至其家，爲陳此地狀況。麥禮荷斯奇乃以己名名其港，考察地理，籌殖民。當是時，臺東雖隸中國版圖，而野番出沒，瘴氣披猖，政令不至，天然寶藏置之化外。麥禮荷斯奇既抱開拓之志，自以撫番爲要。其番之強者爲富亞波族，有眾二萬五千餘，固一方之雄也；然與他族爭地，每相鬥。麥禮荷斯奇欲用之以爲羽翼。乘舟至其社，與酋相見，說以同盟，即以所略之地爲用。酋許之。其明日，築室，移器，置炮四門，以漢人八名守之。是夜開宴，以西班牙人米優魯尼摩爲參軍。十一月朔，率富亞波族而進。山路崎嶇，炎熱如火，備嘗辛苦。初二日夜半，至一大谷，行三小時始出。尋至一湖，旁有小社，撫之。初三日，將至馬波奧時科族之地，部署戰略，命富亞波番先發。初五日黎明，兩軍相見，發炮擊，敵人大敗，逐北數里，遂據其地，俘男女二十有四人。酋請成，以富亞波族統之，立誓而還。酋獻黃金二十斤、銀八百斤，皆土產也。麥禮荷斯奇詳察一切，以爲他日拓殖之地。歸艦，草殖民之策十二條。略曰：「臺灣拓殖之策，以人民自任其事，而請本國保護，編爲屬地。先借國帑以振興之。派兵駐守，以衛人民。將來事業既成，勢力充裕，則可以握東洋互市之航權。若其所借國帑，應於三年之後，歸還母利。」又念將來拓殖，必熟番語，留一少年於此。十一日，歸歐洲，說法政府，不聽。又說墺皇，亦不聽。乃至倫敦，日鼓其說，欲以聳動英國之富人，或可得成其志，而終無應者。越數年，卒於法國，而歐人始有謀拓臺灣之議。

吳福生、黃教列傳

吳福生，鳳山人，往來南北。或曰，朱一貴之黨也。一貴敗後，福生謀復之。雍正九年冬，大甲西社番亂，總兵呂瑞麟率軍討，郡中空虛。越年春三月，福生以番亂未靖，圖起事，其友商大概等從之。且議曰：「今若潛集黨羽，乘不意，襲陴頭，則一鼓可得。」陴頭距鳳治十餘里，商賈輻輳，爲今縣城。二十八日，福生樹旗於家，至者百十數人，夜襲岡山汛，焚之。翌日，復焚舊社汛。鳳屬震動。虎頭山、赤山皆樹旗應。四月初三夜，福生率眾攻陴頭。守備張玉、把總黃陞拒守，不得入。別遣一軍燬萬丹巡檢署。巡檢秦輝適在郡，故不及難。時鎮標各軍多北征，郡中兵少。原任總兵王郡聞變，命中營游擊黃貴留守。初四日，率軍夜發。晨至陴頭，分兵進攻。以參將侯元勳、守備張玉、林如錦各帶兵行。福生亦併眾以待。官軍火炮齊發，殺傷甚夥。福生卻而復集。自晨戰至日中，狂呼震撼。守備張玉、外委徐學聖、千總鄭光宏皆死。已而官軍援至，郡亦嚴號令，各兵奮鬥。福生不敵，各散去，俘蕭田、蕭夷、蕭詔、李三、許舉、李成等。初六日歸郡，戮之。又數日，福生、大概等三十餘人悉被捕，解省訊，亦戮之。六月，番亂平。越三十九年而有黃教之變。

黃教臺邑人，居大穆降，距城東十數里。內倚層巒，萑苻魁桀之輩，出沒其間，而教爲首，亡命多歸之。見時以一牛爲贄，必擇肥而獻。既居門下，則衣食遊宴皆供之。不數年，客至愈多。族人黃弼與教枝梧，教客辱之。弼訴諸官。臺灣知縣飭差捕，差不敢往。詰之，曰：「教客多健者，偵及城市。今聞差往，則半途被殺矣。」知縣嗤其怯，別命兩差。行五、六里，遇一壯者自林樾出，問：「何之？」囁嚅不敢告。曰：「余固知女行也，而爲令所命，殺而無益；然女輩倚官勢，虐小民，罪當死。今先斷一指，歸報而令，頭顱須自重也！」知縣懼，不敢捕。弼控於總督，飭守吏嚴緝。而近村以盜牛告者月十數起。乾隆三十五年冬十月，教遂集徒起事，陳宗寶、鄭純等應之。夜襲岡山，殺汛兵，遂踞之。臺灣府知府鄒應元接報，會鎮兵合勦。攻圍數日，互殺傷。事聞，下旨嚴譴，限四月蕩平。於是教黨多逮，而教竟入山。巡道張珽被議奪職，繼之者又不能獲，佯以教死亂軍具報，事始息。

林爽文列傳

林爽文，漳之平和人。來臺，居彰化大里杙莊。墾田治產，家頗饒。莊距治二十餘里，逼近內山，溪流交錯，植竹爲藩。近鄉多巨族，時起械鬥，蔓延數十村落。爽文亦集眾自衛。乾隆四十八年，有嚴煙者自平和來，傳天地會，爽文客之。天地會者，相傳爲延平郡王所創，以光復明室者也。於是彰化之劉升、陳泮、王芬、諸羅之楊光勳、黃鍾、張烈、淡水之王作、林小文，遠至鳳山，多入會，立盟約，有事相救援。群不逞之徒，亦出入其間，眾至萬人。有司畏葸莫敢治。五十一年秋七月，臺灣道永福、知府孫景燧聞之，密飭所屬會營緝捕。石榴班汛把總陳和獲黃鍾，解諸羅。而楊光勳與其弟媽世不睦，媽世亦設雷光會，結黨以抗；父文麟不能止。攝縣事董啓埏逮文麟，索其子。陳和又獲張烈，夜宿斗六門，爲黨人所殺。總兵柴大紀接報，偕永福赴諸羅，縱兵捕數十人。欲小其事，改「天地會」爲「添弟會」，以光勳兄弟不睦，故爲此會以相勝，歸罪於文麟一家，擬置諸法，財產入官。按察使李永祺來臺勘審，亦以此入奏。獄定。黨人紛紛入大里杙，謀起事。莊人林石謂不可；爽文欲止，而勢莫可遏。十一月初旬，大紀北巡，至彰化。理番同知長庚請駐壓，不從，倉皇歸郡。遣游擊耿世文率兵三百，偕知府孫景燧赴彰化。而近山一帶已前後起矣。二十五日，知縣俞峻與北路營副將赫生額、游擊耿世文至大墩，嚴飭莊人禽捕，先焚數小村以怵之。大墩距大里杙僅七里，無辜婦孺，號泣於道。爽文因民之怨，二十七夜襲大墩。軍覆，文武俱沒。進攻彰化。城兵才八十，不足守。二十九日陷之，殺知府孫景燧、理番同知長庚、攝縣事劉亨基、都司王宗武、署典史馮啓宗。護淡水同知程峻偕守備董得魁巡防至中港，聞警，趨回竹塹。王作、李同等要之，峻自殺。十二月朔，陷廳治，殺竹塹巡檢張芝馨。眾擁爽文為盟主，遵故明，建元順天，駐彰化縣署。以劉懷清為知縣，劉士賢為北路海防同知，王作為征北大元帥，王芬為平海大將軍。爽文以玄緞為冠，盤兩金龍，結黃纓，自頂垂背，衣袞服，高坐堂上。眾呼萬歲。初六日，破諸羅，殺攝縣事董啓埏、原署縣事唐鎰、典史鍾燕超、左營游擊李中揚及臺灣道幕友沈謙、沈七等。諸羅為府治右臂，財賦之區也。諸羅破則府治垂危，故急籌防禦。而是時各處響應，斗六門、南投、貓霧捒俱破，殺縣丞周大綸、陳聖傳、巡檢渠永湜，郡中大震。未幾而鳳山莊大田起焉。

大田亦平和人，隨父渡臺，寄籍諸羅。父沒，遷鳳山竹仔港莊，盡力農功，擁資厚。鄉里有急，輒周恤之，以是義俠聞南路。既入天地會，與爽文通書訊，稱莫逆。及爽文起事，大田族弟大韮、大麥號召莊人，推大田為首，宰牛歃血，至者二十有餘人。莊錫舍、王阮郭、簡天德、許光來、李惠亦各以眾至。大田出資造軍器，樹大旗，自稱「南路輔國大元帥」，或曰「定南將軍」，或曰「開南將軍」。數日之間，眾至數千。十三日，攻縣治。南路營參將胡圖里以兵三百禦諸北門，未戰而逃，千總丁得秋、把總許得陞、外委唐宗保、王朝桂俱沒。遂入城，殺知縣湯大紳、典史史謙。教諭葉夢苓、訓導陳龍池走陴頭，集義民，謀規復。

爽文、大田合攻府治。海防同知楊廷理兼府事，募義勇，修城柵，日夜籌戰守，遣員渡海告急。總兵柴大紀拒戰於鹽埕橋，檄游擊蔡攀龍率澎湖兵七百，駐桶盤棧；而爽文之軍已據大穆降，距城二十里，循山行，可達南路。廷理偕守備王天植伐之。千總沈瑞先行，戰於大灣而沒。廷理、天植突圍出。爽文之軍逐之，遂圍府治。

福建總督常青聞變，急調水陸兵赴泉州，居中策應。五十二年春正月，水師提督黃仕簡率金門、銅山之兵二千入鹿耳門，陸路提督任承恩統提標長福、興化之兵二千至鹿港，海壇鎮總兵郝壯猷、副將徐鼎士各以兵至。仕簡檄大紀取諸羅。而壯猷南出二十里即阻止；頓兵五十日，始達鳳山。鳳山城已空。招民復業，黨人混入，吏不之覺。三月初十日，城復陷，福寧游擊延山、安平游擊鄭嵩、同知王雋均死，壯猷逃府治。承恩至鹿港，距大里杙不遠，亦不敢進。爽文之起也，適漳、泉人械鬥後，鹿港為泉人互市之埠，故不從。兩提督既至，爭效命；而不知驅策，逡巡觀望。詔以常青爲將軍往督師，李侍堯爲閩浙總督。調廣東兵四千、浙江兵三千、駐防滿兵千，以江南提督藍元枚赴軍，與福州將軍恆瑞均爲參贊。誅壯猷，逮承恩，以大紀代之。元枚至師，未久卒於鹿港。常青之至也，統兵萬人，勢頗振，及見事亟，固壘自完，請濟師。二十四日，大田復攻府治，官軍禦之，退駐中洲。翌日，陳靈光、謝檜掠東郊，逼草店尾；許尙、陳聘亦攻小北門，屯柴頭港：皆大田之黨也。爽文之弟永率所部千人至大穆降。大田約會師。二十七日，自擊桶盤棧，以莊錫舍攻小南，謝檜攻大東，林永攻大北，許尙攻小北，四路合圍，號稱十萬。常青亦分所部，以游擊邱維揚、守備黃象新守柴頭港，守備曾紹龍守草店尾，守備王天植守小東，都司羅光照守小南，參將宋鼎守大北，參將左淵守小北，檄蔡攀龍固守桶盤棧，而自佩弓矢至大東門督戰，義民數萬出城助。自黎明至於日中，戰愈烈。官軍槍炮併發，退而復進。蔡攀龍之拒桶盤棧也，大田引軍東，攀龍隨之，伏兵盡起，不能脫，乘馬被創，徒步更戰。常青在城上望之，令參將特克什布馳救。攀龍回擊，始出，把總余典、王澤高俱死，兵丁沒者百數十人。而謝檜等又迫小東門之下，縱火焚敵樓，王天植撲之。義民饑不得食，退入城。城人大譁，爭走海口，一時俶擾。乃無何而莊錫舍倒戈降，單騎入見。常青大喜，立與六品頂戴，賞帑二百兩，令出城助戰。大田聞之大駭，慮有變，急收軍回南潭；林永亦去。圍始解。

錫舍，泉之晉江人，居陴頭莊。大田之起也，糾漳人，而錫舍亦集泉人，勢相埒。眾推大田爲長，錫舍屈意下之。及再破鳳山，建功多，益自負。錫舍有親屬爲道署胥吏，時通尺素。大田疑之，使人諷錫舍，互易所部。錫舍愈恚。巡道永福知其意，令親屬以書招之。錫舍諾，至是果降。請赴竹滬募義民，以絕大田歸路。常青未許。知府楊廷理以爲無害，縱之去。途次爲大田所得，欲殺之。許光來諫曰：「錫舍之降，非屬本心。今既歸來，仍當重用，不宜自傷手足，以啓離叛。」光來亦泉人，故爲錫舍地。大田從之，置左右，出入必偕。及大田分兵攻諸羅，防範稍弛；使人潛載其孥入郡，約內應。五月十二日，常青將兵三千，自伐南潭。大田已去。錫舍執林紅、金娘以獻。金娘，下淡水番婦也，習符咒，能治病。大田信之，軍中咸呼「仙姑」，爽文亦封爲柱國夫人。林紅，其男妾也。皆戮於北京。

十三日，參贊恆瑞領侍衛八人、兵一千至府治，總兵梁朝桂、魏大斌亦率兵先後至。常青議出師，而爽文已久圍諸羅矣。

爽文之南下也，北莊粵監生李安善復彰化，獲楊振國、高文麟、陳高、楊軒，檻送福州。淡水同知幕友壽同春亦復竹塹，磔王作，斬鄭加，集義民一萬三千人以守。及柴大紀北上，鹿仔草武舉人陳宗器、雙溪口武舉人黃奠邦各率泉人從。正月二十三日復諸羅，殺侯元。爽文回軍破彰化，又圍諸羅。大紀竭力守，疊請援。五月十五日，常青令出師。以總兵梁朝桂、魏大斌爲前鋒，副將謝廷選、蔡攀龍爲左右翼，率各營將弁四百三十七員、滿漢兵五千五百人出大北門較場，祭纛啓行，以莊錫舍爲嚮導。聞大田又在南潭，遣梁朝桂伐之，不利。自駐關帝廟，軍中夜譁，達旦始息。翌日，諜報大田集諸部，據濠樹柵，爲久住計。常青悉師攻之，又不利，守備林士春、千總謝元、把總劉茂貴皆戰沒。飛章入告，再請師。下旨嚴責，且命舍南就北。六月二十四日，以魏大斌率兵千五百援諸羅，至鹿仔草而敗。又以參將特克什布、游擊藍玉田、副將蔡攀龍等三次往援，皆被截，損兵大半，僅得入城。詔以柴大紀爲參贊大臣，然諸羅被圍愈密，無可得食，掘樹根、煮豆粕以充饑；而守志益堅。八月，廣東副都督傅清額、江寧將軍永慶各以兵至。常青仍頓兵府城，恆瑞及總兵普吉保兩路援兵各五、六千，亦不敢進，反張皇事勢，請兵六萬。詔解常青、恆瑞之任，以協辦大學士陝甘總督福康安領侍衛內大臣參贊海蘭察代之。並飭大紀捍民出城，再圖進取。大紀不從。下旨嘉獎，改諸羅爲嘉義。

康安途次，亦奏請增兵而進；下旨嚴飭。十月二十九日，統侍衛巴圖魯一百二十餘員、滿漢兵九千至鹿港。爽文聞報，遣所部拒之。十一月初四日，戰於八卦山。索倫佐領阿木勒塔先登，爽文之軍敗走，彰化又復。康安南下，遇戰於崙仔頂。海蘭察率侍衛巴圖魯分兵爲五，以義民千餘爲左右翼；再戰於牛稠山；爽文復敗。初六日，入嘉義城。次日，康安至。初九日，爽文率眾數萬，再攻西北隅，海蘭察出戰，殺傷甚多。爽文退守斗六門。康安命海蘭察、普爾普、鄂輝等自十四甲而北，自與恆瑞策其後，大戰於興化店。護軍統領舒亮亦受策自鹿港而進，伐中寮，破大肚溪而南，以通海口之路。十八日，攻斗六門。爽文據壘守，決水以阻。別屯所部於大埔林及中林大埔尾，復東屯菴古坑以爲援。

康安分軍進。隘口悉布竹釘，不良於行，乃斬竹圍而入。爽文遁大里杙，築土城高壘，列巨炮，內設木柵兩層，沿溪置卡，以拒清軍。二十四日，康安至丁臺莊。爽文乘夜攻，列炬如白晝。清軍寂然，既迫而戰，矢炮齊發，互有死傷。翌日，康安分諸將，自西南、西北兩路進，併力搏戰。爽文不敵，挈孥走集集。清軍入莊，殺林素、林成、林快、江近、許三江、劉懷清二百餘人，獲大小炮百六十餘尊，器械糧食無算。遂燬之。十二月初五日，清軍至集集。爽文築壘溪磡，斷木塞道，列營山上。康安遣普爾普繞山行，海蘭察亦率侍衛涉溪進，四川練兵攀援而上。爽文走小半天，匿孥番社。社丁杜敷縛其父林勸、弟林壘、母曾氏、妻黃氏以獻。清軍復逐之，爽文竄埔裏社山中。康安分汎諸軍，檄歸化土番入山搜索。五十三年春正月初四日，爽文至老衢崎，自知無可免，投於所善高振家曰：「吾使若富貴。」振縛以獻，並其弟躍。康安統師而南，駐灣裏溪，肅清中路。二十四日克鳳山，大田走琅璚。地極險，乃駐軍柴城。二月初五日，康安以侍衛烏什哈達自海進，海蘭察、鄂輝自山行，而自統師至風港，越菁穿林，深入三十里。大田悉眾以拒。三軍會攻，自辰至午，死者二千餘人，遂被禽，及弟大韮、母黃氏等四十餘人。大田至郡，病亟，磔之。而爽文、嚴煙、劉升等皆檻致北京，餘斬於市。南北俱平。十七日，康安至郡，海蘭察、普爾普班師歸。常青、恆瑞入京。柴大紀以詒誤軍機處斬。黃仕簡、任承恩罪均，貸其一死。李永祺、永福亦被議。以蔡攀龍爲水師提督，梁朝桂爲陸路提督，普吉保爲臺灣鎮總兵，知府楊廷理署臺灣兵備道，徐夢麟署知府，餘各擢用。命福州將軍魁倫渡臺，協辦善後事宜。

連橫曰：林爽文之役，南北俱應，俶擾三年，至調四省之兵，乃克平之。較之一貴，爲尤烈矣。夫臺灣之變，非民自變也，蓋有激之而變也。一貴之起，始於王珍之淫刑，繼由周應龍之濫殺；從之者眾，而禍乃不可收拾。若夫爽文固一方之豪也，力田致富，結會自全。乃以莊民之怨，起而誅殘，渫血郊原，竄身荒谷，揣其心固有不忍人之心也。善乎鄭兼才之言曰：「林爽文之變，實激之使起。」則此後張丙之變、戴潮春之變，又孰非激之使起哉？而論者乃輒爲臺人好亂，何其傎也！

孫景燧列傳

孫景燧，浙江海鹽人，進士。乾隆四十九年春正月，任臺灣府知府。五十一年冬十一月，彰化天地會謀起事，兵備道永福命偕游擊耿世文領兵往辦。及林爽文攻縣城，城兵僅八十，不足守，即與都司王宗武、原任知縣張貞生、署典史馮啓宗等分門禦。城破被執，不屈死。

俞峻，浙江臨安人，舉人。乾隆五十一年冬十月，任彰化知縣。時天地會已謀起事，偕北路營副將赫生額率兵赴大墩勦辦。林爽文攻之，軍覆，被殺。

馮啓宗，浙江山陰人。乾隆五十一年，任鹿港巡檢，兼彰化典史。林爽文之役，城破，被殺。

周大綸，忘其籍。乾隆五十一年，任南投縣丞。及林爽文陷彰化，以南投無城可守，赴諸羅，與知縣董啓埏合籌備戰。城破，巷戰死。

渠永湜，忘其籍。前任斗六門巡檢，調署貓霧捒。林爽文之役，既破大墩，途經犁頭店，執之，不屈死。

陳聖傳，浙江山陰人。乾隆二十七年舉於鄉，爲鹽場大使，候補福建，兩充同考官，例轉知縣。以忤上官意，授羅漢門縣丞。乾隆五十一年，調守斗六門。斗六門爲諸、彰衝要，用兵必爭之地也。聖傳既至，急募鄉勇百餘人守衛；分兩隊，詰奸宄。五十二年正月二十一日，林爽文來攻，勢甚張。鄉勇多走，聖傳猶力戰。或勸其去，不聽，騎馬略陣，大呼曰：「吾斗六門縣丞也，來諭爾輩降。」遂被殺。從僕顧景亦死。

程峻，安徽六安州人。乾隆五十一年，護淡水同知。林爽文既起事，破彰化，將略淡水，其黨林小文謀應之。峻至中港防堵，被攻不敵，創重至柯仔坑而死。

張芝馨，直隸南皮人。乾隆五十一年，任竹塹巡檢。林小文以眾來攻，驟募義勇防禦。城破被獲，不屈死。

湯大紳，江蘇武進人，任鳳山知縣。林爽文之役，莊大田起兵應，破縣治，大紳被創。子荀業左右翼蔽，俱被殺。常州人以其父子忠孝，建祠祀。荀業著有竹居詩，僅存半卷。

王雋，浙江仁和人，舉人。前任北路理番同知，卸事晉省。適林爽文起事，巡撫徐嗣曾命赴臺，巡道永福檄運糧鳳山，以濟郝壯猷。及鳳山再破，被殺。

劉亨基，湖南湘潭人。乾隆四十九年，任北路理番同知。及林爽文起事，彰化知縣俞峻赴大墩勦辦，以亨基攝縣事。城破，遇害。女滿姑年十七，侍父在旁，懼被辱，挺身投池水，水淺不能沒，枕藉泥淖中。一家死者十二人。自景燧以下，皆予卹襲職，祀昭忠祠。而滿姑特旨優褒，賜祭葬，建坊原籍。

壽同春，浙江諸暨人。佐淡水同知程峻之幕，時年已七十有二，矍鑠能任事。乾隆五十一年冬，林爽文起事，破彰化，陷竹塹，峻死焉。同春亦被擄。王作聞其名，以禮相待，願受教。同春佯許之，而潛遣人揚言內地大兵已至，黨人聞之，頗張惶。遂約原任竹塹巡檢李生椿、明志書院掌教孫讓，糾合義民萬三千人，以十二月十三日並起，復竹塹，禽王作、許律、陳覺、鄭加等，斬之以狥。上書省吏，陳其事。先是巡撫徐嗣曾聞變，奏調閩安副將徐鼎士率兵援淡水，阻風月餘始至，駐軍艋舺。時閩粵各莊洶洶欲動，同春撫之始輯。而新任淡水同知徐夢麟亦至。大甲各莊毗鄰彰化，同春慮有變，親赴鹿港，謁提督任承恩，請合攻大里杙。不許。而白石湖、金包里等處閩粵又鬥，漳人半屯白石湖山上。夢麟撫之，歸者少。同春往陳利害，眾始從。翌年冬十月，率義民駐烏牛欄，至三十張犁莊遇戰，馬蹶被禽，不屈死。事聞，賜知府銜，予恤，蔭一子以知縣用，祀昭忠祠。

胡遠山，浙江某縣人。歲貢生，主彰化白沙書院講席。范琪耀，浙江會稽人，王某、俞某，亦浙江人，均為彰化知縣俞峻幕賓。城破，皆死。各附祀昭忠祠。

福康安列傳

福康安，字瑤林，號敬齋，姓富察氏，滿州鑲黃旗人，大學士一等忠勇公傅恆之第四子也。乾隆三十二年，授三等侍衛，洊擢至一等。金川之役，以功封三等嘉勇男，嗣晉侯爵，協辦大學士，總督陝甘兩省。五十一年冬，彰化林爽文起事，鳳山莊大田應之，南北俱擾。先後命福建總督常青、將軍恆瑞、陸路提督任承恩、水師提督黃仕簡率兵往，皆無功。詔書切責，仍觀望，疊請濟師。五十二年秋八月，詔以康安為大將軍，領侍衛內大臣超勇侯海蘭察為參贊，率領隊大臣普爾普、護軍統領舒亮、浙江提督許世亨、四川松潘鎮總兵穆克登阿、江南狼山鎮總兵袁國璜、四川副將張芝元、頭等侍衛穆塔爾及巴圖魯侍衛等一百二十餘員，調湖南兵二千、廣西兵三千、貴州兵二千、四川屯練兵二千往平之。康安入京，面授機宜。是時爽文已久圍諸羅，臺灣鎮總兵柴大紀與民堅守，效死勿去，城中無所得食。掘樹根、煮豆粕以啖。詔命諸將趣救，遲疑不前。又命大紀捍民出城，再圖進取。大紀奏言：「諸羅為府城北障，諸羅失，則府城亦危。且半載以來，深濠增壘，守禦甚固。一朝棄去，克復為難。唯有竭力固守，以待援師。」高宗覽奏墜淚，詔曰：「大紀當糧盡勢急之時，唯以國事民生為重。雖古名將，何以加茲？其封為義勇伯，世襲罔替。」令浙江巡撫以萬金賞其家。俟大兵克復，與福康安同來瞻覲。康安途中亦請增兵，下旨嚴飭。頒內庫大吉祥右旋螺，以利渡海。冬十月，至泉州，徵進士鄭光策、舉人曾大源入見，詢以臺灣亂故。光策對曰：「守土好侈，民生日削，為亂之階。夫臺灣固殷富之地，然官貪則民貧，民貧則亂作，固自然之勢也。」康安曰：「然。」即撤行轅供具，令所司辦事毋近侈華。有獻地圖言機事者，皆納之。十月二十一日，發大擔門，守風崇武。二十八日，諸軍畢集。遂進鹿港。遣舉人曾大源、監生陳文會、職員楊振文等登岸，招撫近莊，分發露布，脅從罔治，其來歸者給以盛世良民之旗，令樹鄉中，師至不討。以是頗多分散。

方是時，爽文久圍諸羅，而自駐營於牛稠山之上。十一月初四日，康安令海蘭察率巴圖魯攻八卦山，克之，遂復彰化。乘勢救諸羅。爽文拒戰於崙仔頂而敗，再戰於牛稠山復敗，遂解諸羅之圍；進破斗六門，燬大里杙。爽文走集集，逐之至小半天，竄老衢崎，遂縛之，檻送北京。捷聞，封一等嘉勇公。移師而南，戰於楠梓坑，復鳳山。莊大田竄瑯璚。水陸併進，禽之，磔於府治。餘黨悉平。其右旋螺命存福建藩庫，凡將軍、總督渡臺及冊封琉球，佩之行。

當諸羅解圍之時，柴大紀出迎。自以參贊伯爵，不執櫜鞬之儀。康安啣之。至是劾其前後奏報不實。詔以「大紀固守孤城，時逾半載，非得兵民死力，豈能不陷？若謂詭譎取巧，則當時何不遵旨出城？其言糧食垂盡，原所以速外援。若不危急其詞，豈不益緩救兵？大紀屢蒙褒獎，或稍涉自滿，於康安禮節不謹，致爲所憎，遂直揭其短，殊失大臣休容之度。又福康安抵諸羅後，凡有攻勦，皆不派大紀、蔡攀龍。而於擁兵不救之恆瑞，非唯不劾，且屢敘其戰功，曲爲庇護。恆瑞本應軍前正法，恐駭聽聞，其逮交刑部治罪。」尋遣戍伊犁。會侍郎德成自浙江歸，高宗以康安所劾大紀事詢之。德成奏言：「大紀在任貪黷，令兵私回內地貿易。及事起倉卒，不早撲滅，以致猖獗。」又逮問提督任承恩，供亦同。乃命康安與閩浙總督李侍堯查奏。五十三年春正月，詔曰：「柴大紀前此久困孤城，不肯退兵。奏至時，朕披閱墜淚。即在廷諸臣凡有人心者，無不嘆其義勇。用人者當錄其大功，而宥其小過，豈能據福康安虛詞一劾，遽治以無名之罪？前詢李侍堯之旨，至今尚未復奏，殆亦難於措詞乎？」尋李侍堯奏至，略如福康安指。福康安奏言：「大紀鹽埕橋之戰，尚能出力。守禦諸羅，亦有微勞。唯以專閫大員，既不能整飭於平日，又不能撲滅於臨時，皆紀律不明所致。請即解京正法。」七月，大紀逮至京，命軍機大臣會同大學士九卿覆訊。大紀再三稱冤。及廷訊，始引咎，仍微訴其枉。詔曰：「福康安等擬大紀斬決。朕念其守城微勞，原欲從寬未滅，改爲監候。乃展轉狡辯取死，豈可復從寬典？其即依所擬正法。」於是大紀處斬，時論冤之。

臺灣既平，康安上善後策十六事，其要在習戎備、除奸民、清吏治、速郵政。下旨允行。又以歸化番人效力軍前，請援四川屯練之制，設置屯丁；語在軍備志。八月，命於臺灣府城及嘉義縣各建生祠，御製詩文以紀其事，再圖形紫光閣。凱旋之時，適駕幸熱河，賜宴賦詩，並立碑熱河文廟告成，而繫以辭曰：「瀛壖外郡，閩嶠全區，厥名臺灣，古不入圖。神禹未略，章亥所無，本非扼要，棄之海隅。朱明之世，始聞中國。紅毛初據，鄭氏旋得。恃其險遠，難窮兵力。每爲閩患，訖無寧息。皇祖一怒，遂荒南東。郡之縣之，闢我提封。一年三熟，蔗藷收豐。漸興學校，頗進生童。始之畏途，今之樂土。大吏忽之，恣其貪取。既嬉其文，復恬其武。匪今伊昔，叛亂屢睹。向辛丑年，昨丙午歲，一貴爽文，其亂爲最。水陸提督，發兵於外，奈相觀望，賊益張大。天啓予衷，更遣重臣。百巴圖魯，勇皆絕倫。川湖黔粵，精兵萬人。水陸併進，至海之濱。至海之濱，崇武略駐。後兵到齊，恬波逕渡。一日千里，以遲爲速，百舟齊至，神佑之故。馳救諸羅，群賊蜂擁。列陣以待，不值賈勇。如虎搏兔，案角隴種。頃刻解圍，義民歡動。斗六之門，爲賊鎖鑰；大里之杙，更其巢落。長驅掃蕩，如風捲籜。夜擱眷屬，內山逃託。生番化外，然亦人類。怵之以威，賚之以惠。彼知畏懷，賊竄無地。遂以成禽，爽文首繫。狼狽爲奸，留一弗可。自北而南，如上臨下。海口遮羅，山塗關鎖。遂縛大田，略無遺者。二人同心，其利斷金。曰福康安，智超謀深；曰海蘭察，勇敢獨任。三月成功，勳揚古今。既靖妖孽，當安民庶。善後事宜，康安是付。定十六條，諸弊袪故。永奠海疆，光我王度。凡八武成，蒙佑自天。雖今耄耋，敢弛惕乾。如日七德，實無一焉。唯是敬勤，勵以永年。」是年冬，康安調閩浙總督，歷洊內外，後以功晉封貝子。嘉慶元年薨，晉封郡王，謚文襄，入祀賢良、昭忠兩祠，配饗太廟；事在清史。

海蘭察亦滿州人，勇敢善戰。康安每統師，輒爲參贊，所向克捷。臺灣之役，以功晉封超勇公，與舒亮、普爾普俱圖形紫光閣，御製平定臺灣二十功臣像贊。餘亦晉擢有差。

楊廷理列傳

楊廷理，字雙梧，廣西馬平人。以拔貢生初知侯官縣，歷陞至臺灣海防同知。乾隆五十一年冬十一月，彰化林爽文起事，知縣孫景燧遇害，全臺震動，乃攝府篆。是時，爽文已圍諸羅，鳳山莊大田亦起應，府治戒嚴。府治固無城，植竹爲藩，聯以木柵，年久多毀。廷理急集紳民，籌守備。各街置一柵，派人守之。甫就而諸羅陷。總兵柴大紀率師扼鹽埕，城中空虛。廷理手一旗，大書募義勇，馳呼於市曰：「好男兒，其從我。」聞者走集，不三日而得八千人。告以守城之義，皆曰「諾。」復募海口水手一千、調熟番一千，凡萬人；設寮帳，整炮械，具糧秣，數日而戰具備。乃以四千人守各隘，六千人屯城中。時各省援軍未至，府治當南北之衝，爽文、大田合兵攻。五十二年元旦，薄東門。廷理出小東門，左營游擊古淵出小南門，合擊之。二十四日，大田復攻，四路合圍，號稱十萬。廷理率眾禦。兩軍方戰，黨首莊錫舍忽倒戈降，廷理以書招之也。大田聞之氣沮，遂不敢復攻府治。十月，大將軍福康安至鹿港，克彰化，廷理率義勇從，三戰三捷，疏通中路。遂見康安於丁臺莊，康安勞之。爽文既擒，移師南下，進攻大田，獲之。臺灣平。五十三年春，署臺灣道，加按察使銜，經理善後，遂建府城。六十年。以在侯官任內虧欠庫款，謫戍伊犁。嘉慶八年赦還。十一年，捐復知府，分發福建。十二年，又任臺灣府。

當是時，蔡牽俶擾海上，疊犯臺灣。七月，南澳鎮總兵王得祿敗朱濆於雞籠港內，濆竄蘇澳。廷理率兵北上，至五圍，集耆老撫慰。又知熟番土目潘賢文陰與濆通，厚結之，眾皆鼓勵，願效命。遂與得祿會攻，濆大敗去。廷理巡視蛤仔難，謀開設，而大府以地在險遠，民番雜處，慮有變，不許。十五年四月，總督方維甸巡臺灣，次艋舺，蛤仔難民番皆請收入版圖。命廷理偕巡檢胡桂往勘之。廷理以臺有業戶，其弊頗多，力主裁除。業戶不從。勸諭再三，始各領丈。乃將籌辦情形，條陳大府。而司中以臺洋隔絕，事難懸擬，請交臺灣鎮道議復。十七年七月，始收其地，設噶瑪蘭廳，廷理任通判。十二月，調建寧知府。民思其政，爲位於文昌壇之右。

鄭其仁、李安善列傳

鄭其仁，字彭年，號靜齋，臺灣府治西定坊人。少有力，能舉巨石作掌上舞。年十八，入鳳山武庠。三赴鄉闈，不中。遂居鳳山薑園莊，力田治產。乾隆五十一年，林爽文陷彰化，莊大田起兵應，眾以其仁負重望，請出。不從，乘夜踰垣走。妻林氏慮被害，憂悸暴病。莊人載至烏樹林塭，未至而卒。其仁埋諸沙汕，遂覓船至府。署知府楊廷理命募義勇助戰守。已而大田攻府城，其仁中彈未愈，輒出戰。嗣隨副將丁朝雄由水道攻東港，克之，以功授守備。東港地近薑園，其仁素悉情形，乃集流亡，給口糧，收以爲用，勢益振，而東港恃以無恐。五十三年春，大將軍福康安平北路，率師而南。廷理帶兵協勦，其仁願爲前隊。戰於放縤莊，遇伏，力戰死，年三十有四。事聞，加都司銜，謚忠勇，賜祭，祀京師昭忠祠，世襲雲騎尉，葬於府治小北門之洲仔尾，林氏附焉。嘉慶十二年，邑人士請與薛邦揚、許鴻均祀忠義孝悌祠，詔可。

薛邦揚，字垂青，府治寧南坊人，爲臺邑廩生。乾隆五十一年，林爽文攻府治，邦揚募義勇助守，不給，則貨田宅以濟。又從游擊蔡攀龍駐桶盤棧，歷戰數次。五十二年五月初三日，莊大田合諸軍來攻，兵民併力禦。邦揚親自陷陣，中炮，墜馬死。妻兄某在旁，奪屍歸，年二十有八。妻陳氏，遺腹生一子。

許鴻，府治鎮北坊人，入武庠。林爽文之役，總兵柴大紀率兵禦於三崁店，鴻以義勇從。遇戰陷陣。知府楊廷理見其危，督眾救之，而鴻已沒，得其屍歸。年三十有四。

李安善，字喬基，廣東嘉應州人。祖某來臺，曾募鄉勇從征朱一貴，以功授職，因家彰化之北莊，墾田致富。安善少讀書，納粟入監。里黨有事，知無不爲，故眾倚爲重。乾隆五十一年冬，林爽文起事，陷彰化，攻諸羅，以楊振國、高文麟守城。粵莊因械鬥之怨，故不從。安善窺其虛，集子弟而告之曰：「城可取也。」粵人聞之，願效命。得數千人，分四隊，與前任知縣張貞生、把總陳邦光，以十二月十二日分攻縣治，克之，獲振國、文麟等，解省受戮。當是時，城人多去，而所部以搜捕爲名，焚莊掠物。安善不能制，撤歸北莊，城復失。北莊距大里杙不遠，爽文慮爲肘腋患，命眾攻之。安善竭力禦。求援各莊，無有應者。隻身走鹿港，請鉛藥，爲戰守之用。而爽文購之急。歸及牛罵頭，被獲，挾至大里杙，勸其降。不從，殺之。事聞，賜祭予恤，賞知縣銜，廕一子以知縣用，附祀忠烈祠。

陳周全、高夔列傳

陳周全，臺邑人，天地會之黨也。林爽文敗後，南北小康。守土官不以吏治爲意，孳孳爲利。乃與鳳山陳光愛謀，招人入會，從者數百，遂議起事。乾隆六十年春二月，光愛劫石井汛，未破，爲同知朱慧昌所禽，戮之。周全走彰化。彰固天地會部落，爽文之徒尚有存者。與黃朝、陳容集餘黨，而自爲會首。以洪棟爲軍師，禡旗糾旅，至者數千人。三月朔，襲鹿港，殺同知朱慧昌。鹿港營游擊曾紹龍、外委任向標均戰沒。署北路副將張無咎在彰聞變，令游擊陳大恩馳救。途次聞耗，還屯八卦山，無咎逃，署知縣朱瀾亦棄城走。明日，周全攻城，先擊八卦山。都司焦光宗赴援，未至而破。大恩自焚死，張、朱皆被戕。光宗自刃，未死遇救，匿武生林國泰家。典史費增運、千總吳見龍、郭雲秀皆巷戰死。周全既入城，據縣署，大張文告。而斗六人王快亦起事，破斗六營以應，迫嘉義。報至，巡道楊廷理登陴。總兵哈當阿、知府遇昌、游擊麥瑞合率水陸兵九百名往，至灣裏溪，阻水不得進。先是汀州府同知沈颺奉委至彰，遭變，伏民家，密與貢生吳升東、廩生楊應選等集鄉壯，以待官軍，大肚、鹿港各莊應之。周全知力薄，棄城去。國泰率義民數百至，以筍輿舁光宗入城。郡中聞報，以前嘉義知縣單瑞龍署縣事，沈颺署鹿港同知。周全南下，至埔心莊，爲莊人陳祈所執，解獻軍前。哈當阿夜渡虎尾溪，趣入城，令捕餘黨，黃朝、陳容、洪棟次第被禽，均戮於郡。

當周全之敗，鳳山人鄭賀偵郡中兵虛，謀夜襲。其友許強豫聞官令，與之周旋，醉而縛之，獻於道轅。未幾王快亦被戮。事聞，文武紳民各懲賞有差。越十有六年而有高夔之事。

高夔淡水人。時漳泉械鬥方息，無賴之徒又謀起釁，各莊騷動。夔糾集黨徒，得百數十人。嘉慶十六年夏六月初旬，偕族人姣赴柑園，謀起事。未集，新莊縣丞簡清瀚聞之，會艋舺都司莊秉元率兵捕。夔走入五指山，黨人俱散。越一月，知府汪楠、同知查廷華各率兵入山大索，被禽。姣亦就捕。諸人皆磔死。

臺灣通史卷三十二　列傳四

海寇列傳

臺灣固海上荒島；當明中葉，林道乾作亂閩海，都督俞大猷征之，遁入臺，嗣走大年；既而顏思齊、鄭芝龍輩亦出沒海上。及思齊死，芝龍降，海氛漸靜，而臺爲荷蘭所略矣。延平入處，傳祀三世，整軍養民，蔚爲上國。其後遂爲清人所取。臺人之謀光復者，時起兵戎，而海上固無事也。乾隆六十年，安南匪艇犯福建，掠邊民，海壇游擊李長庚敗之。匪艇既散，而蔡牽之亂作。

牽，福建同安人，素爲盜，犯法，亡入海，嘯聚黨徒，肆劫殺，遂併其眾；而陸上不逞又接濟之。北至山東，南迄兩粵，沿海商務大遭損折，臺灣尤甚。嘉慶八年夏六月，牽劫臺米數千石，分餉朱濆。濆，粵盜也，遂與合。八月，牽猝入閩，詔以長庚統閩浙水師平之。長庚亦同安人，牽懾其勇，每遇輒避。時牽方大敗，破船多，以濆不用命，怨之。濆怒自去，而牽勢稍衰。

九年夏四月望日，犯鹿港。未幾，進泊鹿耳門。郡城之要隘，素有水師駐防，久無設備，故賊船自若也。二十八日，乘雨攻北汕。官兵潰，炮不得發，游擊武克勤、守備王維光戰沒。遂燔木城，毀炮臺，奪鐵炮。官軍莫如何。薄暮，郡中驟聞北汕失，住民恐。總兵愛新泰移鎮安平，以安平爲郡咽喉；而大西門又爲通海要道，派兵駐守。臺灣縣學教諭鄭兼才、拔貢生林朝英、廩生徐朝選、生員張正位各助防，鄉勇亦往來不絕。然其時水師無戰艦，故不得出擊。三十夜，牽焚鹿耳門營署，火光達安平。五月初二日，又燒商船一艘。翌日，以十二人駕小艇入，焚哨船三，奪去二。營兵、義民滿布海岸，莫敢誰何。船戶知無所恃，各赴牽議價自贖。十三日，東南風發，乃擁重資悠悠而去。十二月初三日，長庚追至淡水，擊之，寇多溺斃。十年春二月，南竄。

四月，再至淡水，擁船數百，勢張甚。豫結山匪洪老四等爲援，招誘無賴，入黨者數千人。而船中被虜知書之徒，又以天時人事相附會。牽揚揚自得，以爲南面王可爲也；遂出文告，稱鎮海威武王，建元光明，祭天地。踞滬尾，焚艋舺。署都司陳廷梅與戰死，前淡水同知胡應魁亦傷，官軍皆望風而靡。十七日，郡中得報戒嚴。翌日，總兵愛新泰提兵援北，知府馬夔陞隨後行。牽自至尾滬，即遣其黨逕趨鳳山。鳳山賊吳淮泗起事應之。巡道慶保聞變，檄臺防同知錢霽以二十一日率把總曾瑞、王正華等，領鄉勇屯番往。二十四日，牽至鹿耳門。愛新泰歸保郡城，以夔陞守嘉義。而大小㯓榔、鹽水港、蕭壟、北埔諸莊山賊俱起，命千總陳安、陳登高等討之。十二月朔，遇賊木柵，與戰，義首陳鳳被殺；虜黃興入船，戮之；安亦傷逃。賊遂進踞洲仔尾，踞郡城才六里也。自是南北不通。臺灣縣知縣薛志亮見事急，念非紳商無可與圖存者，乃屏輿從，自海口入城，集紳董，申大義，勸守禦。貢生韓必昌、陳廷璧首率眾領義旗，未一日而得義首二百五十人、義民逾萬，咸自備軍糈，願殺賊。初，三郊商人擁資貿易，自遭海寇以來，商船多被掠；及聞牽至，各挺身募勇，供驅策，助餉數萬金。三郊者，南郊、北郊、糖郊也，聚處大西門外，當海口入城之衝，故自衛尤篤。三郊總義首布政司經歷銜陳啓良白巡道，請添建木城於海口。自小西越大西至小北，凡千二百丈，費銀六千有奇，以三日夜告成。慶保亦命貢生游化龍赴東路，協和閩粵各莊，防內變也。

初，鳳山亂作，慶保復命署守備陳名聲假游擊三品頂戴以行，未至，而鳳山失。霽與知縣吳兆麟遁入粵莊，名聲收兵回埤頭。十一月二十九日，粵莊子弟護送至下淡水溪南；方渡溪，前隊遇賊，而後隊火藥自發。眾亂，賊乘之，要殺兆麟於磚仔窰莊，霽亦鬚眉盡爇，僅以身免，偕名聲入處內埔。而賊黨陳棒、葉豹、黃灶、李璉、盧章平等遂率眾攻游擊吉凌阿於楠梓坑。時以援鳳駐此，所部僅三百人，而敵逾數千，力戰疊勝。糧久罄，乃以計拔營歸。比賊覺，已入城矣。

牽既南下，圖郡治，自距舟中，以觀山賊舉動。十二月初五日，始出攻安平；翌日，又撲郡城。擊退之。附郭居民多挈眷入，往來雜沓，商舖咸罷市。一日中數傳賊入城，守城官有易服私去者，苟非紳商協守，則城失矣。陳鴻禧者，鎮署稿房鴻猷弟也，派守西門木城。鴻猷有異志，欲召弟以亂軍心，時天黑，鴻禧與眾爭鬥，軍裝盡失。男婦後至者不得入，相擁哭，道上俶擾，喧傳賊迫城。陳啓良聞之，知木城如故，請於都司許律斌，得兵三十；又與義首郭拔萃、郭振春等分募義勇八十，協守之。夜以鴻猷狀白巡道。慶保急詣總兵，捕鴻猷，獲通賊白旗，戮之。內防益密。各門皆閉，唯開大西門以通郊民出入，列炬如晝，巡視不絕，民心稍定。然山賊每逢三、六、九日必攻城，俱以炮擊退之。二十四日，愛新泰出巡，遇賊敗績，千總薛元勳戰死，泰亦陷圍。吉凌阿趣至，始免。而閩浙水師提督李長庚已統舟師至矣。

十一年春正月初五日，長庚命金門鎮總兵許松年、澎湖水師副將王得祿入擊。牽慮官軍至，沉舟鹿耳門以阻。長庚知南北汕大港門可通小舟，扼之，別以兩將駕澎船入。風勢適利，放火焚之，燬賊船三十餘艘，捕虜數千。牽退保洲仔尾，官軍進泊內港，而山賊攻城愈迫，聞官軍至，欲分其勢，猛攻大南門。南壇僧澄潭密通賊，獲訊之，並悉有內應者，皆就戮。十六日黎明，賊又分隊至，義勇禦之。十八日夜半，將來攻，都司許律斌移駐木城。賊知有備，趨安平。巡軍見之，開炮擊；折而北，謀與牽合。二月初二日，慶保會伐林茶，三郊義首亦領眾出小北門。既而守備吉凌阿、都司許律斌、游擊官朝贊、知縣薛志亮皆至。郊眾請攻洲仔尾，且言可取狀，方討議而愛新泰至，下令出軍。郊眾奮勇行，既至，賊不設備，一鼓破之。內港水師助戰，長庚別遣將出南汕，自後焚其舟，牽大敗；賊首周添壽、陳番等各逃去。是日為社公辰，近村之賊多歸，故勢殺也。翌日，收桶盤棧莊。賊首陳棒聞敗，未戰而潰。牽知山賊不足為，謀遁去，而官軍困之。初六日，風潮驟漲，沈舟漂起，厚賂浙兵，黎明潛奪鹿耳門出。長庚追之，奪船十餘。卒以閩兵不助扼各港，竟脫去，蓬柁皆毀。至福寧，又得山賊接應，勢乃振。長庚列狀聞，詔褫總督玉德職，逮京治罪，以阿林保代之。玉德忌長庚功，主撫，故閩兵不願力戰也。

陳棒自桶盤棧潰後，十四日回埤頭，又敗，走桃仔園，入番界。吳淮泗亦自旗後遁賊船。未幾獲陳番及許和尚殺之，自是南路漸平。十二日，總兵愛新泰率安平副將張良樹、北路副將金殿安、參將英琳等南下，復鳳山城。粵莊聞至，送陳名聲、錢霽來會，分勦餘賊。每誣良民，或捕或竄，兵至苦之。閩、粵素不和，無事輒起械鬥。時粵莊以拒賊功，而助賊者閩人也，遂假其事以逞。官不之察。地方初平，而兩族又將啓釁。鄭兼才上書巡道，請止勦，脅從罔治，事乃息。

十六日，牽復至，泊鹿耳門。越二日，長庚亦至，牽移泊王爺港。既知不可距，遂北去，謀占噶瑪蘭。噶瑪蘭處臺灣北東，絕遼遠，時尚未入版圖。乾隆末，漳浦人吳沙始募流民入墾。嘉慶元年，築土圍於烏石港南。二年，沙死，侄化領其事，從者益眾。牽至，欲取其地，眾懼。化謀所以拒之，夜集鄉勇數百，扼要隘，又命諸番伏岸上。翌晨，賊入市貨物，擒之，得十三人，牽怒進攻。眾斷大木塞港道，船不得入，久之乃去。五月十七日，再踞鹿耳門，劫商船，海道不通。二十七日，福寧鎮總兵張見陞、澎湖水師副將王得祿合擊之，軍殊戰。牽麾船出，而鹿耳門道狹，沙汕左右立，每當夏秋間，風濤澎湃，牽船多衝破，狼狽走。自是不敢犯臺灣。未幾而有朱濆之亂。

初，濆與牽分，自領其眾，橫行海上。十二年秋七月，敗於廣東之大萊蕪外洋，為澄海副將孫全謀所追，走入鹿港，或至淡水，伺隙劫掠。時王得祿駐銅山，聞其犯臺，放舟索之；夜至雞籠，見濆船匿港內，突擊之。濆竄噶瑪蘭，大載農具入蘇澳，謀奪溪南地。蘇澳為臺東番界，距噶瑪蘭東南，官軍未至也。五圍頭人陳奠邦告急。知府楊廷理北上，與得祿合，會水陸軍勦之。岸裏社番土目潘賢文處羅東社，勢力振一方，濆思結之，而李祐陰通賊。廷理知其實，召賢文至，曉以大義，犒番嗶吱十疋、紅布五百疋、銀千圓，皆奮起，願效命；乃設木柵於海口，捕通賊者。祐懼，挈妻子逃賊舟。九月初九日，廷理自艋舺至五圍，集眾撫慰。義首林永福、翁清和願率勇效用，得祿舟師亦至蘇澳，濆以巨纜繫鐵鍪沉港口阻之。而廷理已命義首各領番人，隨山刊木，達蘇澳；賢文亦斷賊樵汲。二十日，兩軍夾攻，焚賊船三、巨舟一，濆大敗，率十六艘順流而東。嗣為許松年所滅。自是臺灣無海寇。事平，詔收噶瑪蘭，設官經理。是役曾命將軍賽沖阿視臺，戰守文武官紳各隨功入奏，賞給有差。

十二月二十五日，長庚追牽入黑水洋。牽勢蹙，將就擒，其奴開炮中長庚，遂死。事聞，下旨軫悼，封伯爵，謚忠烈，建專祠。以王得祿提督閩浙水師。得祿，臺之嘉義人，久隨長庚立戰功。十四年秋八月十七日，偕提督邱良功南下，追牽至魚山外洋，牽勢大蹙，集兩省兵船困之。十八日，至黑水洋，賊船盡沒。牽知不免，開炮裂舟，落水死，妻子黨徒皆沒。奏入，晉得祿子爵，餘亦嘉獎。自是海寇盡平。

王得祿列傳

王得祿，字百遒，號玉峰。先世居於江西南城；曾祖奇生以千總隨征朱一貴，陣歿鳳山，賜恩騎尉，遂遷諸羅溝尾莊。年十五入武庠。乾隆五十一年冬，林爽文起事，陷諸羅，得祿走府城乞師，遂募義勇五百以待。五十二年十一月，大將軍福康安復諸羅，從戰有功。隨攻大里杙，躍馬先渡；後軍繼之，遂破堅壘，爽文竄內山。康安率軍進，命隸汀州鎮總兵普克保麾下。及平，賞戴花翎，以千總實缺用。六十年，補督標右營。陳周全之變，隨閩浙總督伍拉納入臺，事畢而去。

當是時，閩粵海上多盜，而蔡牽、朱濆爲之魁，劫船越貨，商務阻遏。閩浙總督檄銅山營參將李長庚平之，得祿從，頗殺賊。嘉慶五年春三月，長庚爲福建水師提督，一意勦盜，而得祿與邱良功爲之輔。四月，護送封舟赴琉球。十一月，回省。旋率兵艦出洋，時有殺獲，以功晉級。九年十一月，護澎湖水師副將。時牽有窺臺之意，而澎湖爲臺之門戶，孤懸海上，乃籌守備、討軍實、築炮臺，以防侵擾。十年春正月，牽至，入虎井嶼。將登岸，得祿禦之。八月，署澎湖副將。十一月，牽入鹿耳門，勾結陸盜，攻圍府治。得祿隨長庚赴勦。牽沉舟以阻，而自屯岸上。得祿知大港可達安平，自駕小舟入，與鎭道會商勦圍之策。嗣與義首吳春貴、柯緯章、王得昌等率義民三百，十一年春正月初五日，嚴軍行。戒諸舟勿燃燈，既迫，始奮擊之。牽揚帆欲遁，得祿揮舟堵截，擲火罐、火箭以焚，烈焰漲舟，賊驚惶，多墜海死。燬船二十有二，獲其三，禽股首蔡正等百六十八人，斬首八，陣鹵器械無算。牽以是奪氣，然猶據險守。二月初二，舟次洲仔尾，睹岸上民兵參差，而東南氛其惡，訝曰：「不趣援，賊必伏戎於莽，兵勇將不支。」所領舟置劈山炮十二尊，揮眾上岸，舉炮擊。戒曰：「視吾旗進退。」時潮將落矣。每舟以善泅者六人扶之進，麾旗放炮。賊果伏莽中，不虞軍官之猝至也，爭走。而水陸阻隔，莫能援；城中義勇又數隊至，賊愈窘，縱火燬其營。牽大敗，謀遁走，港塞不得行。初六日，風潮驟漲，遂被逸。長庚及得祿追之，不及，奪船十餘，頗斬獲，詔革頂戴。三月，將軍賽沖阿渡臺，仍命勦堵。五月，牽復泊鹿耳門，賽沖阿令得祿率兵小船十二、艕船二十，出戰。與福寧鎭總兵張見陞內外合攻。

得祿憤前之被逸也，鼓勇而進，衝其中堅，獲船十，擊沉十一，禽股首林略、傅琛及徒二百數十人；牽敗去。詔加總兵銜。十二年春正月，會浙江提督李長庚勦牽於粵洋，頗斬獲；嗣調南澳鎮總兵。至銅山，聞朱濆竄鹿港，追之；七月，至雞籠。見濆舟潛匿港內，又諜知夜突，驟擊之，斃賊七百，獲船九，燬二，擊沉三，救回商船一。濆敗竄蘇澳，謀據地久居。復追之。見港狹，以小舟載火具入，伏巨艦於港口；縱火焚，濆舟爭出，開炮擊之，狼狽走。沈舟三，獲一，器械無算。濆乃東去，自是不敢犯臺灣。

十二月，長庚追牽於黑水外洋，中炮殞。十三年春正月，詔任浙江提督，總統閩浙兵船，爲長庚雪憤。五月受事，六月調福建水師提督。與總督阿林保奏言：「臺灣北路守兵單薄，請改興化協左營守備爲水師，移駐滬尾。以延平協左營守備移駐艋舺，管轄陸路。」從之。十四年八月，會浙江提督邱良功勦牽於定海之魚山。牽勢已蹙，追之不敢息。明日，仍據上風。傍午，逾黑水洋，見綠水，將遁走外洋。得祿恐其復逸，麾閩浙各船遏之。牽殊死戰，篷索相糾。賊以綻鉤浙舟，矛貫良功之腓。浙舟毀綻脫，而得祿之船復迫之。轉戰良久，濺血聲喧。牽彈盡，以番銀爲炮子。官軍亦以大炮轟擊，煙霧蔽海。得祿傷右額，猝倒再起，大呼殺賊。牽知不能免，自沉其舟，妻孥皆死。捷聞，詔封二等子爵，賞戴雙眼花翎。十五年四月，統師出洋，搜勦餘黨，多納降。海上稍靜。然猶有黃治聚眾海壇，劫截商旅，討之。自是每有斬獲，海寇漸平。

十六年九月，入覲。垂詢水師情形，溫旨褒嘉。歸福建。十八年二月，福建巡撫張師誠疏言：「臺灣之鹿耳門、鹿港兩處，港內悉係暗沙，須淺水船隻始能守禦。應造守港及八槳快船，分設防堵。王得祿素諳臺地情形，請令酌定船式。」得祿遂繪圖以進，奏請「造竣之後，分撥鹿耳門十六隻，鹿港、八里坌各八隻。」從之。又以廈門爲全閩要口，港汊紛歧，商旅往來，時虞伺劫，奏請「動撥房租，添造槳哨巡船，以利緝捕。」亦從之。旋赴臺灣閱兵，請假展墓。得祿少失恃，長嫂許氏育之，至是特請追封一品夫人，長兄追贈振威將軍，蓋異數也。七月回任，整剔營伍，多所更改。二十五年，復赴臺灣閱兵。道光元年春正月，調浙江提督。翌年六月，以病乞回籍。捐運津米，並倡修鳳山縣城，奉旨交部優敘。七年八月，入覲。旋閩後，寄家廈門。已而嘉義張丙起事，南北俱動，即募義勇五百，隨水師官兵至樸仔腳，助戰有功，詔加太子少保銜。得祿以嘉義城垣為張丙所蹂躪，倡議重修，並建義倉，儲穀二萬石，為兵荒之用。居鄉時，頗有義舉。二十一年英人之役，駐防澎湖。十二月，薨於防次，年七十有二，追贈伯爵，加太子太師銜，諡果毅，賜祭。有子十，長朝綱，任山東濟東道；次朝綸，候補員外郎。

謝、鄭列傳

謝金鑾，字退谷，福建侯官人。少孤貧，事母孝，好讀宋儒言行錄及五子近思錄。常曰：「士以忠孝好學為立志、倫常日用為力行。空言存誠、慎獨、主敬、存養，而不讀書有體，則失之偏。」乾隆五十三年舉於鄉。嘉慶六年，任邵武教諭，嗣調南靖、安溪。所至以興學為任，士論歸之。十年，任嘉義教諭。時蔡牽作亂，劫略海上，陷鳳山，南北戒嚴。嘉義知縣詢以籌防之策，金鑾對曰：「閭士民曾遭林爽文之亂，造柵鑿濠，治兵習炮，皆有成法。可召而謀之。」如其言，眾果集，偕視四門，指揮區畫，分地而守；夜漏三下，而部署定。已而總兵武隆阿帥師至，牽黨盡去。隆阿知其才，至學署，見壁間教士條約，嘆曰：「通儒也。」禮之。

初，牽謀踞蛤仔難為巢穴，而朱濆亦屢窺蘇澳。金鑾以蛤仔難居臺之北東，勢控全局，若為賊有，則禍害靡寧。遂考其圖經，徵其始末，著蛤仔難紀略六篇：首原由，次宣撫，次形勢，次道里，次圖說，而終之以論證；語在撫墾志。上之當道，請收入版圖。咸以險遠為難。乃郵示鄉人少詹事梁上國，據以上聞。詔命閩浙總督派員經理，設噶瑪蘭廳。臺灣知縣薛志亮聘修縣志，與府學教諭鄭兼才同事；兼才亦主開蛤仔難者。秩滿，調南平教諭，嗣移彰化，復調安溪。欲引退，諸生籲留。未幾，遘病歸里，卒年六十有四。著教諭語，風行海內。又有二勿齋文集。道光五年，祀鄉賢祠。

鄭兼才，字文化，福建德化人。乾隆五十四年，拔貢生，充正藍旗官學教習，嗣授閩清教諭。嘉慶三年，舉鄉試第一，改安溪，調臺灣。已而蔡牽犯府治，踞北汕，山賊亦竊發。城中議戰守。以兼才駐大南門，詰出入。晝夜巡防，不遑寢食。事平，以功授江西長寧知縣，辭，請改教諭會試，乃任建寧，復調臺灣。時議開蛤仔難，眾論未決。兼才以地處上游，漳泉雜處，其釁易啓，萬一有失，臺灣之患從是多矣，力主設官。後從其言。

初，鳳山亂後，閩粵莊民藉端搆陷；猾吏土豪又以捕賊爲名，貪緣市利。兼才聞之，言於巡道，其害始戢。府治昭忠祠祀陣亡官兵，頗有疏漏；亦旁求事例，補祀二千四百八十餘人。兼才雖爲學官，而吏治民生，靡不悉意講求。著六亭文集。

連橫曰：噶瑪蘭開設之議，前後繼起，而金鑾之論尤爲剴切，兼才之語亦有同心，是皆有用之文也。士君子讀書論世，操筆爲文，足垂不朽。而儇薄之徒但工藻繪，拘虛之子多屬空談，非所以爲經國之業也。夫不知而言，是不智也；知而不言，是不忠也。不智不忠，非人也。若乃二子以冷署閒曹之官，而爲拓土開疆之計，可謂能立其言者矣。

吳沙列傳

吳沙，漳浦人，少落拓。來臺，居北鄙之三貂嶺；任俠，通番市。番愛其信義，遠近歸之。民窮蹙來投者，則與米一斗、斧一柄，使入山伐木抽籐以自給。於是客至愈多。淡水廳慮其亂，遣諭羈縻之。林爽文之變，全臺震動；及平，黨徒多北走，遁入山。同知徐夢麟素知沙有爲，請大吏，檄沙堵守。沙既通番市，嘗深入蛤仔難，視其地平廣而腴，可墾田。蛤仔難者，番地也，三面負山，東臨海，平原萬頃，溪港分注，天然沃壤也。自三貂嶺越山行，一、二日可至，然漢人鮮入者。乾隆三十三年，林漢生始召眾入墾，爲番所殺。後或再往，皆無功。沙既議墾，謀於其友許天送、朱合、洪掌。之三人者，亦番割也。分募三籍流氓，率鄉勇二百餘人前進，佃農隨後。嘉慶元年秋九月十六日，至烏石港，築土堡以居，則今之頭圍也。闢地日廣，番始驚怖，傾其族以抗。而鄉勇力戰，沙弟立死焉。沙既遭番害，竭智併力，不稍屈。乃使告曰：「吾輩奉官命而來；以海寇將踞茲土，爲番人患，非有心貪而之土地也。且駐兵屯田，亦藉以保護而之性命爾。」番信之，鬥稍息。居無何，番患痘，枕藉死，闔社遷徙。沙以藥施之，不敢食；強而服之，病立瘥。凡所活百數十人。群番以爲神，納土謝。未一年得地數十里。

初，沙將入墾，苦無資；淡水柯有成、何績、趙隆盛聞其事，皆助之。沙所募多漳籍，約千人，泉人漸乃稍入，而粵人則爲鄉勇。已而漳人蕭竹來游，沙禮之，爲之畫策。二年，沙赴淡水廳給照。許之，與以吳春郁義首之戳。疏節闊目，一切聽從其便。沙乃召佃農，立鄉約，徵租穀，刊木築道。沿山各隘，分設隘寮十一所，曰民壯寮，募丁壯以守。每隘十餘人，或五、六十人，晝夜擊柝，行旅無害，故來者皆有鬪田廬、長子孫之志。而沙亦歲入愈豐，以其餘力拓地至二圍。

三年，沙死，子光裔無能，侄化代領其事。已而吳眷、劉胎、蔡添福來附，拓地至湯圍。番慮其逼，復時有戰鬥，互殺傷。化乃與番和，約不相侵擾。番喜。進至四圍，皆爲漳人踞。泉人初不及二萬，僅得二圍地，民工衣食皆仰於漳。粵人忿，且諗泉人弱，起而攻。泉人與鬥，輒敗，將棄地走，漳人留之，更與以柴圍之六十九結奇立丹之地。化及三人者咸戒其眾，毋更進，而三籍亦相安矣。七年，人至益眾。漳人吳表、楊牛、林循、簡東來、林瞻、陳一理、陳孟蘭，泉人劉鐘、粵人李先，共率眾一千八百十六人，進攻得五圍，謂之九旗首。九旗者，人各建一旗，立地上，以色爲界。於是漳得金包里、股員、山仔、大三鬮、深溝地，泉得四鬮一、四鬮二、四鬮三、渡船地，而粵亦得一結至九結地；然泉人別鬮溪洲一帶。三籍之氓雖各耕鑿防備，而皆奉化爲義首；化亦能御其眾，聽約束，不敢犯。

九年，彰化社番土目潘賢文犯罪懼捕，率岸裏、阿里史、阿東、東螺、北投、大甲、呑霄、馬賽諸社番千餘人，越內山，逃至五圍，欲爭地。而阿里史番強，挾火槍，漳人不敢鬥。謀散其眾，犒以粟，分置諸番而食之。阿里史番說，漸以火槍易衣食幾盡，漳人始侮之，而番不能鬥矣。十一年，淡水漳、泉械鬥，有泉人走入蛤仔難，其族納之。復與漳人鬥，粵及阿里史諸番皆附。然漳人地大族強，與戰輒勝，遂併泉人地。諸番無所棲息，移往羅東，奉潘賢文爲長，未幾又鬥。漳人林標、黃添、李觀各領丁壯百人，以吳全、李佑爲導，夜度叭哩沙，潛出羅東後突擊之。諸番驚潰。於是漳人復併有羅東。既而泉人請和，許之，乃自溪洲沿海闢地至大湖。粵人亦順伏焉。

先是海寇蔡牽之亂，侵犯沿海。十一年春二月十六日，泊鹿耳門，窺府治，爲福建水師提督李長庚所敗。遂北去，圖踞蛤仔難。眾懼，化謀拒之。夜集鄉勇數百，扼險要，又命諸番伏岸上。明日寇至，入市貨物，禽之，得十三人。牽怒進攻，眾斷大木塞海道，船不得入，久之乃去。十二年秋七月。牽黨朱濆犯雞籠，澎湖水師副將王得祿逐之，濆竄蛤仔難。大載農具，入泊蘇澳，將奪溪南地爲巢穴。蘇澳爲臺東番界，距蛤仔難東南，官軍固未至也。五圍頭人陳奠邦告急。知府楊廷理北上，與得祿合，會水軍勦之。濆苦無援，思結潘賢文爲內應，而李佑亦陰通賊。廷理知，召賢文諭以大義，犒其眾。番喜，願效力。乃設木柵於海口，捕通賊者，佑懼逃賊舟。九月初九日，廷理自艋舺至五圍，召義首林永福、翁清和撫慰之，各率丁壯防守。而得祿舟師亦至蘇澳，合攻濆，大敗之。自是海寇不敢復來。是役化功特著，所部尤用命。事平，請以土地入版圖。大吏慮其險遠難治，不納。十五年夏四月，總督方維甸上其事於朝。詔可，乃改稱噶瑪蘭。十七年秋八月，設廳，置民番通判，築城建署，經劃地界。三籍之氓復日至，多至數萬人。洎光緒元年，改爲宜蘭縣。

蕭竹，漳之龍溪人，頗能文，喜吟咏，精堪輿術。以臺爲海外奧區，必有奇山水足供游覽，遂從其友來，窮歷南北。至蛤仔難，時吳沙方闢斯土，客之。竹乃探形勢，標爲八景，且益爲十六景，悉賦詩，或記述其山川脈絡。當是時墾地未廣，平原萬頃，溪注分流。竹於圖中凡可以建城築堡者，皆遞指之。後如其言。沙既闢斯土，至者數千人，力田自給。顧自恥化外，百貨鮮通，竹又爲畫策，請入版圖。有司以土地遼遠，慮有變，不許。未幾竹卒，沙亦死，侄化領之，後從其議。

陳奠邦亦漳人。來臺，居淡水之金包里。豪俠自許，與柯有成、何繪善，每有義舉，慨然爲之。已而移居蛤仔難，與吳沙相結納。嘉慶十二年，海寇朱濆犯蘇澳，將踞爲巢穴。居人或通款；奠邦聞，獨遣人走府告急。至艋舺，得楊廷理會援之信，遂促有成諸人募鄉勇，而自偕泉籍義首導官軍，水陸夾攻。濆敗走。事聞，賜緞袍銀牌，以旌其功。

蘭治初建，奠邦爲街坊總理，努力任事。復率眾築城植竹，以底於成。道光四年，山匠林永春滋事，奠邦亦有功。事母孝，與士信，排人之難，濟人之急，有古烈士風。通判高大鏞旌其廬曰：「純孝性成。」里人曾疏其行於廳，未及核報，而奠邦死。家亦中落。

連橫曰：吾讀姚瑩、楊廷理所爲書，其言蛤仔難之事詳矣，而多吳沙開創之功。夫沙匹夫爾，奮其遠大之志，率其堅忍之氓，以深入狉榛荒穢之域，與天氣戰，與猛獸戰，與野蠻戰。勇往直進，不屈不撓，用能達其壯志，以張大國家之版圖；是豈非一殖民家也哉？吾又讀謝金鑾蛤仔難紀略，力陳廢棄之非，其言曰：「夫君子之居官，仁與智二者而已。智者慮事，不在一日而在百年；仁者之用心，不在一己之便安，而求益於民生國計。倘敬事以愛民，蛤仔難之民，則堯舜之民也，何禍端之有？」旨哉斯言，可以治當時之蛤仔難，且可以治臺灣矣。夫蛤仔難番地爾，勢控東北，負隅固險，得失之機，實係全局。使非沙有以啓之，則長爲豺狼之域矣。然則沙之功不更偉歟？

姜、周列傳

姜秀鑾，廣東人；周邦正，福建人。均居竹塹，爲一方之孟。當是時，竹塹開墾漸入番境，東南一帶，群山起伏，草莽林菁，雖設隘數處以防番害，而力寡難周，番每出而擾之。番之強者爲錢、朱、夏三族；錢居中興莊，朱居北埔，夏居社寮坑，大小三十餘社，有眾二百數十人，憑其險阻，以掠近郊。急則竄入山，官不能討。道光六年，始設石碎崙隘，頗足恃；然僅守一隅，墾戶猶未艾也。十四年冬，淡水同知李嗣業以南莊墾務既啓其端，而東南山地未拓，諭秀鑾、邦正爲之。遂集閩粵之人，各募資本一萬二千六百圓，治農畝。設隘寮，名曰金廣福。

初，圓山仔、金山面、大崎、雙坑、茄苳、湖南寮、鹽水港、石碎崙等各設隘，爲塹城之蔽。至是悉舉而委之。別給千金，以充開辦。而兩人遂糾其子弟，自樹圯林入北埔，相地勢，置隘四十，配丁二百，部署佃人，以墾北埔、南埔、番婆坑、四寮坪、陰影窩等，凡二十有五社。鋤耰併進，數年之間，啓田數千甲，時與番鬥。十七年冬十月，大撈社番集其類，大舉來襲，戰於麻布樹排。佃農不敵，殪者四十餘人。秀鑾在北埔聞警，率壯丁馳援，始擊退之。已又戰於番婆坑、中興莊等處，大小十數回。二人志不稍屈，日夜籌防，所部亦一心助戰。番不得逞。久之，淡水同知詳請鎭道題奏，頒給金廣福鐵印，與以開疆重大之權，歲加給費四百圓。統率隘勇數百，拓地撫番，權在守備以上。金廣福既任其事，益募股召佃，橫截內面，以墾月眉之野，以制大崎、水仙崙、雙坑、崎林、水尾溝一帶，腹背併進，而壓臨之。於是芎蕉諸番不敢抗，竄於遠山，保其殘喘。而草山、順興、南坑、火瀝、柑子崎、寶斗仁等地，皆爲金廣福有矣。田工既竣，且拓且耕，至者數千人，分建村落，歲入穀數萬石，以配股主。二人亦巨富。秀鑾遂居北埔，子孫蕃衍。唯邦正之後稍凌替爾。

連橫曰：新竹爲北臺沃壤，王世傑既墾之矣。而沿山一帶，草萊未啓，番害靡寧，地利之興，猶有待也。姜、周二子，協力一心，前茅後勁，以張大版圖，其功偉矣。顧吾聞之西人，每以拓殖公司併人土地，而濬其利。若英之經營印度，荷之侵略爪哇，則其策也。金廣福受開疆重大之權，以攘除蠻族，而肇造田功。比之西人，何可多讓？孰謂我臺人而無堅毅遠大之志也哉！

許尚、楊良斌列傳

鳳山處郡治之南，俗浮民驁，號稱難治。道光四年夏五月，打鼓山鳴，竹生華，七月逢閏，愚氓以爲亂兆，訛言四起；草澤不逞之徒，遂出劫掠。署鳳山知縣劉功傑銳意捕盜，盡置於法。群盜聚語，共推許尚爲首。尚廣安莊人，販檳榔。爲鄉保告發，懼捕走匿，而群盜適謀起事。十月朔，尚與所善楊良斌、蔡雙弼、張阿來、高烏紫、王曾等密議，期以十一日襲下淡水縣丞衙門，次攻鳳治；然苦無資，乃劫富戶。一時閭屬騷動。知府方傳穟聞盜，飭縣嚴捕。尚適在莊人劉黃中之家。黃中聞官令，勸勿出。功傑捕不得，焚其居。跡至黃中家，嚴刑以逞，遂以尚獻，械送於郡。傳穟親訊，得其狀，言於鎭道曰：「許尚雖禽，其黨尚在。今事破，必速亂；鳳治無城，不足守。而劉令新任，參將又懦，宜早增兵防堵。且臺每有變，南北互應；今須兩路並重，方爲萬全。」從之。密飭嘉、彰、淡各守吏戒嚴。未幾而楊良斌起矣。

良斌亦鳳邑人。以尚被獲，眾將散，告之曰：「今散則力弱，合則勢強。鳳治雖有兵，攻之易破。吾願爲先驅。」皆曰：「可。」乃入鳳梨山，造刀仗旗幟，使屯番潘老通向其舅潘巴能借炮，卜日誓眾，分爲二。良斌自爲元帥，以林溪爲軍師，王曾爲都督，領紅旗隊；李川、鄭榮春爲正、副先鋒，領烏旗隊。餘各爲股首，分募徒卒。約以二十四夜襲埤頭。埤頭，鳳山新治也，舊治在興隆里，林爽文之役被燬，乃移此。郡吏慮其易失，以同知杜紹祁、縣丞丁嘉植、都司翁朝龍率兵二百守之。良斌既約期舉兵，又遣徐紅柑自臺邑、沈古老自嘉義，各舉應。別命吳賜入郡，偵舉動。二十一日，林溪至埤頭，市五色綢製旗。溪故縣役，城吏所謀莫不知。歸家，使人肩綢入山，己將飯而後行。母詰之，具以告。母懼誅自首，遂獲溪下獄。良斌聞，不待眾集，二十二夜，率數百人，分西北兩路而往。途次，破苦楝門汛，殺汛兵，斬竹圍入。城中戒備。紹祁、功傑偕守縣署，朝龍、嘉植守義倉。良斌攻之，朝龍迎擊。而別隊已斬縣署木柵，爲鄉勇擊退。翌日，朝龍移守火藥局，文武隨至。住民恐，各走避。無賴從而掠奪，一城鼎沸。塘兵被殺，文報不通。二十三日夜半，郡中始聞警，文武會議。檄城守左營及安平水師駐守，署總兵趙裕福率中營游擊楊傑督師往，傳檖從，斬許尚而行。郡中亦訛言亂事，人心震駭。紳士韓高揚、黃化鯉入見傳檖，請方略。傳檖曰；「鳳治距郡城百里，朝發夕至。今賊氛惡，雖退必進。郡城爲全臺根本，君等其協力守之。」乃修築城垣，以兩日夜而竣。各街皆設柵自衛。別以精兵三百，環城巡視。又檄安平副將，以水師六百駐西城外之老古石街。或請嚴扃城門，傳檖不可，曰：「南路難民避亂至者，日數百人。若城門一閉，則北路以爲郡城被困，將乘勢而起。」二十四日，鎮兵南下，明日傳檖以兵勇四百繼之，次阿公店，爲鳳治通府要途，留所部二百駐防，使訓導謝代壎率之。二十六日，至埤頭。撤功傑，以紹祁任知縣。裕福亦以朝龍爲南路營參將。傳檖督民夫補竹圍、拓深溝，嚴守備；通飭各莊緝捕。而縣役多與事，紹祁悉赦之，故無患。

初，良斌退駐鳳梨山，樹旗糾眾，勢復振。裕福至鳳，以眾多地險，未敢遽伐。既而兵勇續至，各莊亦受約束；嘉義會黨越山南下，爲官軍所扼，不得至；吳賜至郡，被殺；新授臺灣鎮總兵蔡萬齡至，人心稍定。良斌知事敗，不可爲，遂散其黨，各歸去。官軍至，破之。王曾、李川、蔡雙弼等皆被捕，斬於軍前。良斌自駕小舟入海，至彰化，爲知縣李振青所獲，解郡戮之。南路平。奏入，下旨嘉賚，自鎮道以下皆從優議敘。明年，乃建鳳山縣城於舊治。

姚、徐列傳

姚瑩字石甫，安徽桐城人，世以文名；瑩亦好學，工文章。嘉慶十三年，登進士，出宰福建。嗣任臺灣縣。道光元年，署噶瑪蘭廳通判。蘭爲初闢之地，瑩多方規畫，興利除弊，民稱其善；已而丁艱，寓郡中，知府方傳穟延爲幕客。時議開埔裏社，瑩條陳八事。巡撫孫爾準見而難之，事遂寢。服闋，陞同知，擢臺灣兵備道。臺灣士習敦古，而文風未盛；瑩整剔海東書院規約，時與諸生相討論，考核名實，以是士氣丕振。十九年，英艦犯廣東、窺閩浙，臺亦戒嚴。瑩與總兵達洪阿籌戰守，士民亦悉心禦侮，先後獲英兵一百六十八名，英人遂不得逞。及江寧約成，英領事璞鼎查訐臺灣鎮道妄殺遭難兵民，而江蘇主款者及福建失守文武，忌臺灣功，互相構陷。欽差大臣耆英據以入告。將逮京訊問，兵民洶洶罷市，瑩與達洪阿殷勤慰諭，終褫職去。

初，瑩在臺灣，以班兵驕惰，當繩以法，著班兵議。而總督趙愼軫亦以臺營惡習，幾有魏博牙兵之勢，下詢其事。瑩復之曰：「自古治兵與治民異。蓋兵者凶器，其人大率粗魯橫暴。馭之之道，唯在簡嚴。簡者，不爲苛細，責大端而已。嚴者，非爲刻酷，信賞罰而已。夫虎豹犀象雖甚威猛，然而世有豢畜之者，馭得其道也；馬牛犬豕雖甚馴服，僕夫童子可操鞭箠而驅之，壯夫鹵莽，或受角蹄之傷且死者，馭之不得其道也。市井無賴，三五群毆，其勢洶洶，婦人孺子心膽欲碎，老儒學究向判曲直，反受詬誶而歸，搖手氣憤，痛罵其無良而已。道旁之人袖手竊議長短，紛紛未已，一武夫健卒奮怒叱之，二者閧然而散。臺營情勢亦若是而已矣。臺灣一鎮，水陸十三營，弁兵一萬四千有奇，天下重鎮也。兵皆調自內地督撫提鎮協水陸五十八營，漳泉兵數爲多。上游各營兵弱，向皆無事。興化一營稍黠，多不法。其最難治者，漳泉之兵也；人素勇健而俗好鬥，自爲百姓已然。水提金門兩標尤甚。昔人懼其桀驁，散處而犬牙之，立意深遠。然如械鬥、娼賭、私載禁物，皆所不免，甚而不受本管官鈐束，不聽地方官逮理。蓋康、雍之間尤甚。乾、嘉以後，屢經嚴治，乃稍戢。此兵刑二律所以臺地獨重也，豈唯今日哉？重法如迅雷霹靂，不可常施；常施則人側足不安。故曰一張一弛，文武之道。然小者可弛，而大者不可弛。小者狎妓、聚賭、私載禁物，欺虐平民之類是也。若械鬥傷人且死，且不受本管官鈐束，不服地方官逮理，則紀綱所繫，必不可宥。此輕重之別也。故治兵者不可不知簡嚴之道。不辨輕重者不可以簡，不簡者不可以嚴，不嚴者不可以用威。威不足則繼之以恩，恩不足則守之以信。自古名將之得士力者皆由此。今之用兵者，既不知簡，又不能嚴。有罪而不誅，則無威；將不習校，校不習兵，勞苦之不恤，而朘削之是求，則無恩；當罰者免，當賞者吝，則無信。此所以令之不從，而禁之不止也。夫兵之可慮而難治者，叛與變爾。魏博之牙兵皆魏博人也，故敢屢殺逐其大將而不受代。若臺兵則皆分檄自內地，建甯、延平諸郡與漳泉不相能也，興化與漳泉鄰郡亦不相能也，漳與泉復不相能也；是其在營常有彼此顧忌之心，必不敢與將爲難明矣。況其父母妻子皆在內地，行者有加餉，居者有眷米，朝廷豢養之恩甚至。設有變，父母妻子先爲戮矣。臺地大半漳泉，兵民素有相仇之勢，故百餘年來，有叛民而無叛兵。乃治兵者每畏之而不敢治，則將之懦也。且漳泉之人，其氣易動而不耐久。一夫倡而千百和，初不知何故；及稍知之，非有所大不願，則已懈。更作其氣勢以臨之，則鼠伏而兔脫矣。漳泉之兵既治，則他可高枕而臥矣。請以近事徵之：嘉慶二十四年七月，安平兵鬥，死者數人。將裨理論之，不止；情愬之，不息。鎭將怒，整隊將往誅之。眾兵聞聲而散，竟執數人，分別奏誅，無敢動者。二十五年正月，郡兵群博於市。瑩爲臺灣令，經過弗避，呵之皆走。一兵誣縣役掠錢相爭，瑩命之跪而鞫之。眾以爲將責此兵，一時群呼，持械而出者數十人，欲奪去。縣役將與鬥，瑩止之。下輿，手以鐵索縶此兵。

告曰：『汝敢拒捕皆死。』眾愕然，不敦犯。乃牽之至鎮署，眾大懼求免，不許。卒責黜十數人，而禁其博。自是所過，兵皆畏避。又是年九月，興化、雲霄二營兵鬥，將謀夜摧殺。諸將倉卒戒嚴。瑩亦夜出，周視各營。眾兵百十為群，見瑩過皆跪。諭之曰：『吾知鬥非汝意，特恐為人所劫，故自防爾。毋釋伏，毋妄出。出則曲在汝，彼乘虛入矣。』眾大喜曰：『縣主愛我。』至他營，亦如之。竟夜寂然，天明罷散。音鎮軍切責諸將，眾兵乃懼，皆叩頭流血。察最狡桀者每營數人，貫耳以徇，諸軍肅然。此三事其始洶洶幾不可測，卒皆畏服不敢動。可見臺灣之兵猶可為也。及再至臺，則紛紛以兵橫為言者，或慮有變。詰其事，大率如聚賭、違禁之類。將裨懦弱畏事，營縣又不和，是以議者紛紛張大其詞，而非事實。夫聚兵一萬四千餘人之眾，遠涉重洋風濤之險，又有三年更換之煩。舊者未去，新者又至。此其勢與長年本土者固殊，而營將能以恩、威、信待兵者百不得一。時方無事，終日嬉游，悍健之氣無所洩，欲其無囂叫紛爭，少違犯禁令之事，不可得也。而巽懦無識者，既不能治，徒相告以驚怪，是可喟矣。」居無何，署督劉鴻翔以臺人之籲，白其冤。旋起用，分發四川，調兩淮，整飭鹽務。咸豐元年，陞胡北鹽法道，嗣任廣西按察使，均有名。著石甫文集、東溟文集、東槎紀略，皆刊行。自瑩去後，越三年，而徐宗幹任臺灣道。

徐宗幹，字樹人，江蘇南通州人。以進士出宰曲阜，洊陞至汀漳龍道。道光二十七年，任臺灣道。時姚瑩方去，凡所規畫，多繼成之。宗幹為治，循名核實，而振興文教，尤汲汲以育才為務。臺灣遭英人窺擾之後，士民蓄憤，自立鄉約，禁不與貿易。宗幹亦著防夷之論。論曰：「夷狄之患，自古而然。議者以許和示弱，為非國計。要在令其畏我之威，喜我之賂。鴟鳴狼踞，不足喜怒。唯宏之以大度，制之以遠算，勝之以深權，此今日撫夷之大概也。然所慮者，喜我之賂，而不畏我之威，久則無賂可喜矣。此時情形，閩省與他省不同。閩省已准其設口通商，有撫法，無勦法，所謂懷之以德也。臺地本非原約，孤懸海外，無商可通。覦及煤炭，無微不入，且所欲亦不在此。名為改易口岸，實則聲東擊西，借此發難。昔年曾於此地大受創痛，難保其不懷叵測之心。現在防守要隘，以淡境雞籠洋一帶為先著。竊以為有堵法，無撫法。堵之以官兵，究爽前約，而開後釁；堵之以民，堵之以番，則無可藉口。所謂堵者，非必列兵布陣，但阻其不上岸而已。民番或無紀律，以官兵間之。兵亦可裝爲民，民亦可裝爲番，彼固無從辨別也。夫欲杜內奸，官之耳目不如民之耳目，官之號令，不如民之號令。蓋以民防民而內奸絕，內奸絕而外侮必不能入。此尤在地方守令平日之得民有素。然論吏治於今日，但不視如寇仇足矣，安望其能如子弟之衛父兄乎？計唯以重利動之。一須酌墊屯糧，以固屯番之守望。一須寬發軍餉，以期士卒之飽騰。一須收雇壯勇，以防內奸之勾結。無事之時，但以聯莊緝匪爲名，靜以俟之。」

當是時，綠營廢弛，班兵多宿民家，挾械以嬉。宗幹移鎮管束，改建營房處之。兵民始分。又議改澎湖募兵，變通船政，清理人犯，語多可行。水沙連六社番久請內附，而廷議以險遠爲難，照舊封禁。宗幹上書總督，請援乾隆五十三年之例，先設屯丁，以便管理。從之。其後遂設官焉。咸豐三年，鳳山林恭起事，陷縣治，攻府城。宗幹與紳民守禦，命知縣鄭元杰以兵平之。四年，陞福建按察使。其後襄辦皖豫軍務。同治元年夏四月，任福建巡撫。彰化戴潮春已起事，全臺俱擾；而福建上游，軍務復急。省議頗不以臺爲意，宗幹獨顧念焉。即檄前署臺灣鎮曾玉明渡臺，又奏簡丁曰健爲臺灣道，會辦軍務，次第蕩平。嗣請乞休，卒諡清惠。著有斯未信齋文集。宗幹曾輯治臺必告錄，以授曰健。曰健刊之。

連橫曰：臺灣沃野千里，民殷物盛。前時僅設一府四縣，而寄其權於巡道，以遙受督撫之節制。是巡道者，非僅有監司之責也，地方之治亂、國計之盈虛，民生之豐嗇、兵制之張弛、風化之純雜，均於是賴。康熙中，陳瑸任臺灣道，吏治爲海疆第一，其後寂寂無聞，迨道光間，內外多事，而姚瑩、徐宗幹後先而至，皆能整飭吏治，以立遠大之謀，至今人猶道之。故余多採其言，以入各志。

張丙列傳

張丙，嘉義人。其先自漳之南靖來臺，居店仔口莊，世業農。能以信義庇鄉鄰，眾倚重之。道光十二年夏大旱，粒米不藝，各莊皆禁糶。丙與莊人約，莫敢違。而陳壬癸潛購數百石，爲約故，不能出，賂生員吳贊護之。贊族吳房，逸盜也，與詹通劫諸途。店仔口之禁米，丙董其事。贊牒縣，謂丙通盜。嘉義知縣邵用之獲房，誅之，並捕丙。丙怨令不治米出境而反治禁者，要贊之妻孥於途，又為縣役護去，益恨之。

陳辦者，巨盜也，居北崙仔莊。其族為粵人張阿凜所辱。阿凜居雙溪口，粵莊之強者。閏九月初十日，焚辦室。辦邀丙與鬥，率眾三百人攻之，不勝。臺灣鎮總兵劉廷斌適北巡，丙聞而歸。辦遂掠粵莊。二十五日，劫大埔林汎兵軍器。廷斌追至東勢湖，戮二人。北路協副將葉長春與用之亦至，合擊辦於紅山仔。辦走攻莆姜崙莊。官兵至，斬其黨王興、王泉，辦竄白丙。丙觸前忿，謂官兵之專殺閩人也，與詹通謀起事。通父經知之，命長子日新往殺通，刃其額，不死。傍人殺日新。十月朔，攻佳里興巡檢署，殺教讀古嘉會及汎兵，掠下茄苳、北勢坡、八掌溪各汎。用之逐之，入店仔口；丙執而殺之，報宿怨也。初二日，臺灣知府呂志恆聞嘉令被圍，率鄉勇二百人往援，南投縣丞朱懋從之。丙禦之大排竹。署游擊周進龍卻，懋以言激之，乃前施炮。為丙眾所乘。義民許邦亮以其馬授志恆，徒步與戰俱陷。懋有循政聲，丙後悔之。進龍間道歸，是以免。

初，辦之約丙也，無戕官意。至是其妻自經死。丙乃約所交遊，稱開國大元帥，建號天運，張告示，禁淫掠，令民無恐。以詹通、黃番婆、陳連、陳辦、吳扁為元帥，劉仲、劉港、劉邦頂、王奉、陳委、洪番、吳貓、李武松、許六、孫惡為先鋒，柯亭為軍師。吳允不受封，自稱開國功臣，賴牛亦自稱元帥，各就所居，糾集黨羽，分大小四十六股。股首稱大哥，下為班首，所部曰旗腳。每股百餘人，或數百人。初三日，丙率眾攻嘉義，典史張繼昌集兵民，嬰城守。而股眾聚愈多，蔡恭、梁辦、莊文一、吳鰍、陳開陶、黃元德各率所部至，凡萬五、六千人。越日，丙分眾攻大武壠汎，傷巡檢秦師韓。又攻目加溜灣，把總朱國珍死焉。廷斌北巡在途，聞警，以兵二百往。丙分道要擊。官軍將敗，適王得蟠率義勇至，擁以入城。副將周承恩殿，不知也，反馬入陣，馬蹶被刃，猶殺數十人乃殪，將弁死者九人、兵百餘人，軍械盡失。廷斌既入城，以繼昌權縣事，修戰具，募義勇，為固守計。而莊民之起應者，忽分忽合。郡城戒嚴。

初七日，股首黃番婆攻鹽水港，破之，守備張榮力戰死，巡檢施模亦殊傷。鹽水港爲嘉義咽喉，郡北屏障也。既破，黨勢大振。初八日，丙解圍去，而迤南之黨漸迫郡城。郡中初不知守令之被戕也，有歸自大排竹者述其狀，兵備道平慶以同知王衍慶權府事，環城樹柵，備戰守；紳士亦助餉募勇。貢生陳以寬內渡告警。訛言日起，中營游擊武忠泰落井死，相率欲逃；衍慶令曰：「敢言走者斬！」獲偵探吳連戮之，眾稍定。十一日，丙略鹽水港；辦亦攻北港。縣丞文烜、千總蔡凌標合禦之。嘉義自解圍後，築土垣於城下，甫成而丙復來攻，凡三日，解圍去。鳳山縣人許成亦以月之十日豎旗觀音山，號天運，封歐先爲軍師、柯紳庇爲先鋒，以滅粵爲辭，遏運郡之米，爲丙援。十四日，攻阿公店，千總許日高擊退之。於是始不敢窺府城。然彰化人黃成受丙約，亦以十二日豎旗於林圯埔，稱興漢大元帥，用故明正朔，僭允報爲謀主。郡中聞嘉義被圍久，念諸將在外無援，以都司蔡長青率兵九百運械往。股首蔡恭要之曾文溪。長青背水爲營。十九日，恭擊之，大敗死焉，兵士亡者二百餘人，軍械盡棄。二十三日，丙焚嘉義北門。城兵出擊，互殺傷。三十日，又戰。股首陳太山、劉眉滾被禽，磔之。於時黨中互爲雄長，分踞各莊。丙亦舍城去。股庶之鄉慮其必敗，遂建義民旗鼓，輒禽股首殺焉。是日南路股眾圍鳳山，夜縱火逼縣署。署游擊翁朝龍退守火藥局，署知縣克通阿、千總岑廷高列炮於庭，擊退之。自是亦不敢窺鳳治。

閩中既接臺灣之報，陸路提督馬濟勝將兵二千馳援，以十一月朔抵鹿耳門，駐北門外較場。初五日，進兵西港仔，獲偵探，知黨狀。初七日，至茅港尾，遇股眾二千，敗之。濟勝曰：「此地可戰。」壘土爲營以待。翼日，股眾果以五、六千人來撲。濟勝戒勿動，俟其懈，開壁出擊，陣斬數百。十二日，進兵鐵線橋。二十二日，丙擁眾二萬，自搏戰，氣銳甚，呼聲震山谷。自辰至於日中，濟勝堅壁不動。薄暮始縱兵出，追逐數里，禽五十餘人，斬七、八百人，溺水死者相枕藉。丙亦能軍，收其眾踞橋北。翌日再戰，又敗，李武松、詹通被禽。丙走伏近山麻林中。而金門鎮總兵竇振彪以月之三日，至鹿港而南，會於鹽水港。濟勝令攻南黨，自帥所部入嘉義城，分兵搜勦斗六，嘉之北蔽也。黃城率眾來攻，破竹圍而入。千總張玉成、外委朱承恩、許國寶、林登超、蔡大貴皆巷戰死，縣丞方振聲、守備馬步衢放火自焚，不死，爲股衆所執。振聲妻張氏、玉成妻唐氏皆不屈死，弁兵沒者二百數十人。城以黃雖菜爲縣丞，守斗六。自率其衆助丙。丙自敗後勢蹙，各莊又多助官軍，皇皇無所之，十二月被執；黃城、陳辨、詹通、陳連、吳扁等亦先後被獲。以丙、通、辨、連爲禍首，解囚郡獄。梟李武松、吳扁等於嘉義各處，而剖黃城之心，以祭斗六諸人。株連而死者數百。北路平。初七日，濟勝率軍赴鳳山，股衆禦之三滴溝。初八日，獲許成、蔡臨，斬之。南路亦平。

十三年春正月，總督程思洛至自浙江，將軍瑚松額佩欽差大臣關防抵臺灣。當總兵劉廷斌之被困，兵備道平慶以亂狀入奏。命松額署福州將軍，哈朗阿爲參贊，領侍衛巴圖魯章京二十四員，又調西安馬兵三百、河南兵一千、貴州兵五百、四川兵千五百赴臺。巡撫魏元烺以十二月十一日接提督捷報，奏請止軍，故各省之兵皆未入閩境。而總督將軍先後渡臺也，窮治餘黨，按名悉獲，梟斬首三百餘人，遣戍者倍之。丙與通、辨、連俱械至京，磔之。詔祀方振聲、馬步衢、陳玉成於昭忠祠，餘亦賞罰有差。

方振聲列傳

方振聲，浙江山陰人，寄籍順天，遂家焉。供事武選司。出任福建閩安巡檢，歷陞至斗六縣丞。道光十二年秋九月，嘉義張丙起事，攻縣城。振聲聞警，即與署守備馬步衢、署千總陳玉成籌守禦，增壘浚濠。又以眷屬居營中，誓偕死。斗六爲嘉義北蔽，負山扼溪，地險絕。然兵力單薄，慮陷圍，乃檄嘉義都司許荊山軍其外，以爲犄角。玉成善火器，每發必中，相持久。丙轉戰嘉南。十一月初三日，股首黃城以衆來攻，荊山宵遁，城自外放火，破竹圍而入。玉成率所部巷戰死。振聲、步衢欲自焚，被執，不屈死。妻張氏、女某、玉成妻唐氏亦死。幕客沈志勇、沈聯輝、家丁江承惠等皆死。弁兵沒者二百數十人。步衢、玉成，臺灣人，家世莫詳。而同心協力，以守危疆，卒之勢蹙駢死，闔家俱亡，人以爲烈。事聞，下旨軫悼，賜祭。振聲追贈知府銜，謚義烈；步衢游擊銜，謚剛烈；玉成都司銜，謚勇烈。

各世襲騎都尉罔替，入祀京師昭忠祠。張氏贈淑人，唐氏恭人，均謚節烈，建坊旌表。予志勇六品頂戴，聯輝七品頂戴，均照銜議恤。命於斗六准建專祠，春秋致祭，以從難幕客、家丁、弁兵配。

李石、林恭列傳

道光之末，清政不飭。洪王起兵，奠都南京，建國太平，奄有諸夏之半。風潮震動，遠被臺灣。於是而有李石之變，於是而有林恭之變。

李石，臺邑人。時以小刀會踞廈門，而臺多漳泉人，謀起應。咸豐三年夏四月下旬，與楊文愛、林清十數人樹旗灣裏街，以興漢滅滿爲言，從者眾。知縣高鴻飛聞警，將往討，命廩生許廷道率練勇從。廷道以練勇未集，請暫待，不聽。移營借兵三千，多羸弱，器亦不備。二十八日出軍，翌日至鹿仔草，度林投巷。石設伏以俟，自後刺之，鴻飛墜，馘首去，餘兵皆走。郡中聞報戒嚴。總兵恆裕出駐北較場，而鳳山之變作矣。

林恭，鳳山人，充縣署壯勇，與無賴伍。知縣王廷幹汰之。及聞北路之變，與其黨張古、羅阿沙、賴棕集眾百數十人，攻踞番薯寮，搶掠至鳳治，各鄉騷動。廷幹召義首林萬掌入衛。萬掌，恭兄也，性奸猾；群不逞之徒，出入其家。二十八日，率眾入城。廷幹大喜，以所戴花翎加其首，曰闔城付汝，全家付汝；恭亦擁眾入城，邑人猶以爲義民也，直入縣署。廷幹方作書達郡吏，見之欲走。曾玉水揮刀以砍。幕友張竹泉趣救，亦被殺。典史張樹春聞堂上鬨聲，趨止亦死。廷幹長子鈞未冠，倉卒持槍刺恭，不中，力鬥死。次子湜裁九歲，遇救獲免。家人臧獲死者十九人。妻張氏初避民家，日夜哭，主人患之，給之出，卒以伶仃死。其妾匿火藥局以免。而樹春之家亦受害。廷幹，山東安邱人，以進士仕閩。英人之役，運餉來臺。初知嘉義縣，繼任鳳山。性貪墨，邑人怨之，故變時無肯救者。

恭既得鳳城，踞縣署，開倉庫，縱獄囚，自爲縣令，出示禁殺掠，以王光讚爲軍師。南路營參將曾元福適巡哨城外，急入援，無及，退守火藥局。恭攻之，不破。放火決水，又不破。元福每乘隙出哨，示無恐。而糧食日用之物僞奪於民者，而陰給其直，故不困。郡中聞變，兩令又前後被戕，巡道徐宗幹議自守。五月初二日，恭分眾攻郡。廷道謀內應，事洩喬死，城得不破。郡人擊退之。越數日，幕客唐壎語宗幹曰：「鳳邑之陷久矣，鳳民之望救亦亟矣。今曾參將獨守危局，而郡無援兵，他日大府詰問，將若何？且不戰亦不能守。」宗幹意始決，議出師，無敢往者。乃以鄭元杰署縣事赴援，元杰固辭。宗幹曰：「吾知汝才，且知汝父才。汝其往哉。」舉令箭授之，曰：「此朝廷所畀也，今轉以畀汝。汝其便宜行事。」元杰猶豫，而中營游擊夏汝賢請行，乃誓師，以二十八日南下，父應璠爲治糧，汝賢亦牽所部從。分三隊：以義首李澄清爲前軍鄉導，翁夢熊爲左隊，何璇璣爲右隊，西螺把總李朝祥率練勇八百來會。六月初二日，至二層行溪。元福之子登瀛自募勇三百，屯弁林鼎山以屯兵五百，先後至。翌日，戰於新園。凡三遇伏，遂入舊城。初七日，元福聞官軍至，欲自內出擊。登瀛急欲見父，先破圍入；元杰、汝賢繼之。恭踉蹌走，餘黨伏城隅以戰，卻之，陣斬方烏翠、梁蘆等七十餘人。東港距鳳治三十里，爲通海之市，民戶殷庶，恭敗後，將踞之，以收拾餘黨。元杰請郡吏會水師夾攻。二十九日，恭渡溪，走大莆林。官軍追之，竄水底寮。元杰久駐東港，餉絀，請於郡，不與，兵勇無所得食，大譁。令從變民戶罰鍰贖罪，苛求富室，縣役黃添又假威以逞，元杰且爲所愚，東港之人怨焉。初，萬掌道恭入城，退居水底寮。及敗，又庇之。應璠素識萬掌，遣人說以利害。七月二十七日，乃縛恭獻軍前。元杰解郡報功，戮之。已而總兵恆裕獲石等，皆斬之。事後以元杰知臺灣縣。其明年，樹春之子扶櫬，或言殺樹春者黃添也，元杰庇不與，樹春之子控於總督，召省察看。

鄭勒先列傳

鄭勒先，泉人也。咸豐初來臺，居彰化。彰屬有埔裏社，處萬山之中，土厚泉甘，袤延十數里。而番愚且惰，不知耕稼，漢人多往墾之；然時常仇殺。大府亦每議開設，未行。勒先既至，與互市；番款之，乃從番俗，改姓名，與和睦。番信之，每得物，輒就勒先求售。即以鹽布易之。獲利多，從者眾。勒先又與諸人約，毋侵奪，毋虞詐，毋強占土地。番愈信之。遂建市廛，定貿易，以棲來者，則今之大埔城也。洎光緒元年，乃設埔裏社廳。

連橫曰：余游埔裏社，觀其土腴。山迴水抱，氣象偉麗，頗欲置產於是，以事耕稼。而提筆遠游，荏苒未就。每一顧念，心爲憮然。夫埔裏社既爲我臺之沃壤，又經我族之經營，設官撫番，亦易事爾。而清廷臣工猶以甌脫視之，何其昧也？嗚乎！彼固以臺灣爲不足惜，何論乎此？然而時會所趨，莫可阻遏，前茅後勁，再接再厲，則此後之埔裏社，或爲東西連絡之紐，而成一大都會焉。始作也簡，成功也巨，沈文肅創建之勳，不更偉歟！

郭光侯、施九緞列傳

郭崇高字光侯，以字行，臺邑武生也。居保西里，以義聞里閈。臺灣賦稅固重，正供之外，有耗羨，有丁稅，有採買。凡納石者倍其半，折穀納銀又倍之。官吏之私飽，胥役之剝削，又兩倍之。每徵收時，官符一下，皀隸四出，捕業戶、逮農民，所至騷動。

道光二十四年春三月，臺灣縣開收下芒之租。知縣閻炘示納穀者折銀，縣民以非例不納。糧總李捷陞至期無可繳，請治逋者。炘檄典史率役，赴東門外迫促。每至索供帳，富家多走避，則拘貧民以刑，示儆也。保西里人葉周、劉取、余潮聚議曰：「官暴至此，民不堪命矣。」嗾壯士夜殺之。炘以亂事白道府，請會營勦辦。鄉人懼，洶洶欲變，猶未發也。

許東燦者，郡人也，名朝錦。納資捐同知，攬辦官租，日出入衙署，聲勢振一邑。時穀賤，亦命納戶繳銀，石徵二圓。不從，皆運穀至東門下，堆積如邱陵。東燦白縣，命弟東寮捕抗者。納戶困，群籲光侯。至是集耆老，謀入郡訴大吏。四月朔，至東郭外，鄉人不期而會者數百，皆呼冤，行且近。城兵疑民變，急閉門，趣報守備。文武皆至，詰以故；咸言納銀之苦。命且散，不從。自辰至於日中，聚愈多，眾且數千。郡中猝聞警，一時震動，守土官亦皇皇無策，乃介東燦解散，許以收回告示。而鄉民始紛紛去。

翌日，鎮道以民變白督撫，懸捕光侯，將以糾眾圍城之罪罪之。顧光侯所為出於公憤，若一旦受罪，身戮名穢，則地方事誰肯為耶？二、三魁桀之士，密晤光侯，請起兵以抗。不可，曰：「吾之出首者，冀幸官之一悟，民之一解也。今事勢未可知，若稍有舉動，則罪案成矣。」擬入訴鎮道。而偵騎四出，慮被害，乃為叩閽計。潛伏糖簍中，以牛車運至船，其友豫俟之。至天津入京，而朝廷已下諭拿辦矣。

當是時，晉江陳慶鏞為御史，直聲聞天下。光侯念非此莫可白者。八月二十有五日，至晉江會館，見慶鏞，哭陳始末。初，東燦曾以巨案逮京訊，慶鏞諗其惡；比聞此事，尤詆之。早日上其事。下諭解閣炘任，逮問。著總督劉韻珂飭屬捕東燦、東寮及黃應清、蔡堂、李捷陞等，皆朋比為奸者也。至日部訊，東燦桀驁，出言傷部吏。定讞誅之，餘亦治罪有差。而光侯以僨事之罪流口外。越四十二年而有施九緞之事。

施九緞，彰化人也。居於二林堡浸水莊。世業農，好預鄰里不平事。光緒十二年，巡撫劉銘傳奏請清丈。十三年，彰屬十三堡均舉辦。知縣蔡麟祥率巡檢黃文瀚、吳雲孫等，自橋仔頭起丈。每甲長約加一，隨丈隨算，錯則改之。民無怨言。已而麟祥調用，以李嘉棠知縣事。嘉棠固墨吏，狼貪民財，肆用奸猾。既接任，而撫署札催竣丈，乃悉變舊章，各堡派員，數月而畢。丈員多昧算田賦等則，不計肥瘠，任意填寫；下鄉之時，索民供帳，皆囊巨金而歸。彰之民庶早已不平矣。嘉棠示領丈單，每甲費二圓。彰賦三萬有奇，丈後倍增其數。各員在署分單，領者少。而是時嘉義亦以催領故，民戶騷動。管領武毅右營提督朱煥明素駐彰，銘傳檄往彈壓，以棟字營副帶林超拔代之。煥明至嘉，縱兵焚殺。莊豪李盤率黨入彰境，主湖仔內莊楊中成家，潛謀不軌。彰署又迫領丈單，皀隸四出。嘉棠欲邀功，令愈嚴。官暴民怨，而九緞之變作矣。

九緞年已六十餘，既遭委員魚肉，莊人又多往愬，大憤，欲走訴巡撫，請展期。其友曰：「巡撫端居衙署，委任縣令，左右之人誰肯爲我言哉？且而一往北，則縣令以爲抗己，而捕而家殺而身矣。」九緞曰：「然則奈何？」曰：「且待之。」二林爲濱海之區，或毗溪畔，土壤枯瘠，領者尤少。十四年八月，嘉棠又以刑威民，膊囚林武、林番薯於北斗，西螺，劉簡燦於鹿港。燦固土豪，雖犯法，未定讞。傳者以爲許貓振，貓振亦獄囚，弟得龍謀劫之。至是知其誤，然眾已嘯聚，遂入街，掠鹽館。蕃薯莊施慶從之，楊中成亦在行，無賴二百餘人，一鬨而散。嘉棠赴鹿港，得龍要諸途，從者二十餘人懼不敢前。請鹿紳解散，始得歸。鹿港爲施氏聚族之地，生員施家珍聞警，召鄉勇不及。嘉棠幾不免，遂啣之。

當是時，民戶洶洶，浸水莊人尤激。九月朔，環請九緞爲首，至者數百人。裂布爲旗，大書「官激民變」。九緞立神輿後，如報賽狀，楊中成、許得龍、施慶、李盤等從行，禁劫殺，沿途鄉民多持兵隨之。亭午至城下，駐南瑤宮，大呼索焚丈單。日晡不期而會者數千人。嘉棠閉城門，電撫署告變。未幾電線絕，都司葉永輝、洪盤安、棟字營副帶林超拔各登陴，丈員亦助守。檄召各堡紳董，每堡集丁壯二百，而誤書二人。堡董皆遲疑，無敢入援者。初二日，九緞率眾駐八卦山。山在城東隅，高數十丈，上有炮壘。眾請開炮擊縣署，不可，曰：「殃民之罪，祇在嘉棠。若炮擊之，則玉石俱焚，是以暴易暴矣。夫我輩之來，爲民請命。若得縣令一諾，收燬丈單，則相率歸鄉，可告罪於父老也。」眾聞之，皆以九緞爲仁，稱之曰「公道大王」。初三日，城圍益急，所檄兵又不至。嘉棠懼，欲自殺，左右止之。煥明在嘉，聞變馳救。至北斗，紳董以民亂途險，請止軍。不聽。及大埔心，爲無賴尾擊，所部死十餘人，彈藥又罄，煥明逃至竹巷尾。九緞偵其來，迎擊之，遂死。事聞，詔建專祠。城中聞煥明之耗，眾愈懼欲走。嘉棠介教諭周長庚、局紳吳景韓、總理蔣攀龍縋見九緞，勸其歸。九緞索焚丈單而後退。嘉棠不決，而圍愈迫。乃佯許之，以望援兵。然彰城如斗，攻之則破。環圍數日，米油告竭。紳士請發綏豐倉以振，集壯丁爲義勇，而援兵亦且至矣。

初，統領棟字營林朝棟駐臺北，聞警馳救。初六日，至田中央，調兵蓐食。自率土勇八百入市仔尾，以副將余保元、衛隊把總林青雲各帶所部，潛行突擊。林超拔亦自城上助戰。克八卦山。九緞退駐平和厝莊，圍始解。十一日，朝棟復出擊。環戰兩時，陣斬四十一，捕八人，皆戮之。官軍亦傷十七。九緞歸浸水莊。朝棟以亂平電撫署。

先是都司鄭有勤率隘勇二營援彰。初七日，至大甲；翌日，至牛罵頭。所部與莊人爭鬥，銃斃數人。莊民蔡訪鳴金聚眾，欲報怨。隘勇走。十三日，抵城。而駐防基隆總兵竇如田亦率銘字營三營至。十四日，嘉棠以各路兵至，倡攻二十四莊，夜令炊飯進軍。浙人淩雲在幕，知民冤，告於有勤曰：「朱提督之死，非二十四莊之罪也。自武西堡北上，已被沿途截殺，損失過半。抵竹巷尾始殉難，固非其界。若攻勦之，恐激變，則城安而復危。唯君圖之。」有勤遍告各統領，始止。教諭周長庚、中軍葉永輝札告二十四莊紳董，速入城領旗，否則聲討。然莊民未知城中虛實，且道梗，不至。嘉棠大怒，復令進攻。貢生吳德功聞其事，夜見周、葉曰：「二十四莊之不來，昧於事而非敢違縣札也。請遲一夜，德功當馳函泣告之。」是時各隘截斷，路布蒺藜，無敢往者。生員陳捷華、王贊成、白一聲、白玉音等皆願去，分持德功書，間道往。十五日，布政使沈應奎、臺東州知州吳本杰、澎湖鎮總兵吳宏洛統領銘、隘、昌各軍至，嘉棠又力主燬莊。皆觀望不來，唯線東西堡十莊、貓羅三十五莊、東西螺各堡已由德功函招領旗。應奎亦出示招安，人心始定。

當變之起也，嘉棠釀之。及應奎查問，反誣鹿港紳商助匪，復請討。不聽。召鹿紳蔡德芳、黃玉書詢之，語及嘉棠。於是嘉棠大恨鹿人矣。十六日，請攻鹿港。宏洛將發兵，鹿人惶恐徹夜。德功請止，不聽。請應奎止之，亦不聽。應奎知民冤，電稟銘傳，以鹿港一攻，則沿海皆將激變。銘傳乃令宏洛歸應奎節制。十七日，福寧鎮總兵曹克忠至自基隆，爲查變也。

當是時官軍疊至，九緞潛伏浸水莊。二十三日，宏洛攻之，走湖仔內莊。所至民爲供食。圍楊中成家，亦已走，不得一人。二十五日，各提兵歸。浸水莊總理王煥，年七十。當事之起，向鹿港徵餉，商人以官兵不足恃，慮被劫，潛助之，未半日而得五千金，分發民軍。然彰人之變，嘉棠之罪也。銘傳知其暴，二十九日，撤任，以朱公純代之。發示安民，脅從罔治。設保安局，以紳士蔡德芳、吳景韓、吳鴻賓、劉鳳翔、吳德功等理善後事。令捕施九緞、王煥、楊中成、李盤、施慶、許得龍等，餘皆赦之。

十一月初六日，銘傳上彰變始末，以嘉棠剛愎自肆，不洽輿情；又以丈賦不均，失民心，請撤銷清賦保案，並褫施家珍、施藻修衣頂，以其比匪也。臺灣兵備道唐景崧奉銘傳命赴彰會辦，途次二十四莊，莊民跪道呼冤。以棟字營駐兵其內，索取李摭等犯，雞犬不寧，景崧令撤營。至彰查核嘉棠罪狀，稟請奏參。新任布政使邵友濂亦以其殘酷，視民如寇仇，詳請革職，永不敘用。嘉棠懼，星夜赴撫署，哭求卸罪，且譖愬鹿港官紳比匪。一時蜚語沸騰，地方復動。二十二日，銘傳電拘教諭周長庚，提解游擊鄭榮、進士蔡德芳、生員施家珍、施藻修。吳景韓等，到轅集訊。以長庚止攻二十四莊，又招徠莊耆領旗，故嘉棠言其比匪。長庚亦訐之。銘傳札飭新任彰化知縣羅東之、臺灣知縣黃承乙會審，具供送轅。及嘉棠往北，言長庚罪，撫署中人又受賄，爲左右袒。長庚已請假會試，十九日，自塗葛堀乘舟內渡，追之不及。銘傳通電福州、上海等處捕之。十四年春二月，嘉義進士徐德欽獲王煥，解轅訊鞫，竟無比匪情形。復提鹿商帳冊，亦無援助軍火數目，乃釋鄭榮，令赴鹿港，罰捐軍糈三萬兩，案始結。十八年冬十二月，臺灣知府程起鶚舉前都司葉永輝行清莊法，遂獲李盤。既而許得龍、施慶、楊中成亦次第就捕，與王煥皆殺之。而九緞已於十六年病歿浸水莊中。或曰，潛走泉州也。

連橫曰：嗟乎！士大夫讀書論世，慨然以天下爲己任。而一逢其變，則縮項潛伏，身未行而氣先羸，或且枉己狥人，翻然而與之合，以行其不義者，何其卑耶！光侯、九緞皆鄉曲之細民，手無寸柄，而爲義所迫，不顧利害。此則士大夫之所不敢爲，而彼肯爲之。何其烈耶！其事同，其志同，故並傳之。

臺灣通史卷三十三　列傳五

戴潮春列傳

戴潮春，字萬生，彰化四張犁莊人。籍龍溪。祖神保樂善好義，有名鄉黨中。生四子，長松江；松江有子七人，潮春其季也。家素裕，世爲北路協署稿識。兄萬桂與阿罩霧人爭田，不勝，集殷戶爲八卦會，約有事相援；潮春未與也。咸豐十一年，知縣高廷鏡下鄉辦事，潮春執土棍以獻。北路協副將夏汝賢以其貳於己、索賄不從，革其籍。時萬桂已死，潮春家居，乃集舊黨，立八卦會，辦團練，自備鄉勇三百，隨官捕盜。廷鏡大喜，給戳重用。彰屬固不靖，殺人越貨，時見於塗。而潮春善約束，豪強斂手，行旅便安，至有捐巨款始得入會者，以是黨勢日盛。八卦會者，祀五祖，事在宗教志。不數月，多至數萬人。同治元年春，廷鏡免，以雷以鎮接之，仍用潮春。而會眾滋蔓，漸不能制。

三月初九日，臺灣兵備道孔昭慈至彰化，執總理洪某殺之，檄淡水同知秋曰覲辦會黨。曰覲前任彰化，以武健爲治，頗自任。金萬安總理林明謙薦林日成，募勇四百以從。日成，四塊厝莊人，性粗率，綽號「戇虎晟」，曾犯法，曰覲欲捕之未果也。又檄阿罩霧林奠國率練勇六百來會。十五日，曰覲偕北路協副將林得成、守備游紹芳率兵千餘至大墩，日成忽反戈相向。曰覲退入竹圍。攻之，勢危。十七日，破圍出，其奴貓阿鹿刺之，僕從顏大漢力戰死。幼奴小黃年十五，以身翼曰覲，大呼曰：「殺我。毋傷我主人！」亦受數刃死。守備郭得昇、把總郭秉衡皆從死。得成被執，囚於日成家。當曰覲之出兵也，潮春居鄉，而黨人已四起。是日，鄭玉麟、黃丕建、戴彩龍、葉虎鞭糾眾，攻彰化城。城兵少，昭慈命都司胡松齡、千總呂騰蛟禦之。會黨已踞八卦山，炮擊城中；而鹿港之召募未至。千總楊奪元請出戰，不聽；幕客汪寶箴請退守鹿港，亦不聽。城人王萬謀內應，事洩，爲官兵所執。明謙免之，命帶勇守城。既復命縋城議和，且按兵。明謙揚言已就撫，昭慈信之。文武皆相賀，守兵懈。十九日夜半，開城，黨人自東門入，大呼曰：「凡在約中，爇香爲識。」城人具香案迎之。守兵潰。陸路提兵李得志率十餘人巷戰，被執。問銀庫所在，得志佯引入署。至火藥局，奪火爇之，眾悉死。黨人既入城，鼓吹以迎潮春。潮春冠黃巾，穿黃馬褂，健卒數十人前後擁，騎馬入城，出示安民，令蓄髮遵明制，自稱大元帥。以戴彩龍爲二路副元帥，鄭玉麟爲大將軍，鄭豬母爲都督，盧裕爲飛虎將軍，鄭大柴爲保駕大將軍，以叔戴老見、侄戴如川、如璧及黃丕建、葉虎鞭、林大用、陳大戇爲將軍，陳有福爲殿前大國師，相士黃阿狗副之，外甥余紅鼻、烏鼻爲左右丞相，烏鼻兼刑部，其弟爲禮部尚書，黃秋桐爲戶部尚書。設應天局於白沙書院，以蔡茂朱爲備糧使，司理局務，魏得爲內閣中書。設賓賢館於城內，以禮待搢紳。餘各封拜有差。貓阿鹿以日覲之頭獻潮春。潮春嘆曰：「汝爲人奴而弒其主，是不忠也。不忠之人，誰能容之？」與以數金，叱之去，而葬其首。且曰：「我之起事，狥眾意也。秋公有知，其能鑒我！」當是時，文武俱羈金萬安總局。南投縣丞鈕成標嘗奉檄清莊，捕盜多，黨人恨之，執見鄭玉麟，不屈死。幕友姚茲、孔道隨員戴嚴亦死。前任知縣高廷鏡、同知馬慶釗見潮春，縱之鹿港。雷以鎮素持齋，逃入齋堂得免。初，潮春將起事，寡嫂羅氏泣諫，及入城，請毋戮百姓、毋入齋堂殺人，而後自縊。前任副將夏汝賢以貪酷，一家俱受辱死。昭慈被囚，猶問計於汪寶箴。寶箴復書曰：「朝聞道夕。」是夜即仰藥死。守備游紹芳、千總呂騰蛟皆走鹿港。四月，潮春命日成攻阿罩霧，報宿忿也。莊人林奠國率丁壯力守，子文鳳尤勇敢，陷圍三晝夜，會羅冠英援至，日成乃退。陳弄攻鹿港，紳士黃季忠糾泉人三十五莊以拒，故不破。

郡中驟聞彰化之報，文武議戰守。知府洪毓琛已陞漢黃德道，或勸之速行，不聽。遂攝道篆、修城垣、備器械、通驛站、設籌防局。總兵林向榮遣安平副將王國忠、游擊顏常春以兵戍嘉義。至柳仔林，爲黨人所擊，倉卒入城。而黃豬羔、黃萬基、羅昌已來攻矣；戴彩龍、陳弄、嚴辨亦至，已而復去。紳士王朝輔、陳熙年會城人至城隍廟，誓死守，富戶許安邦亦傾家助軍，故稍安。

初，日成起事，自以位在潮春下，與洪叢、何守謀殺之以贖，故猶羈林得成於家。及江有仁說之，且曰：「太平軍蹂躪半天下，清軍猶無力戡定。臺灣雖小，可自霸也。」從之。得成知不可復，遂自殺。日成入見潮春曰：「古之王者，以兵定國，南征北伐而後有功。今鹿港近在肘腋，攻之未下，而嘉義守禦日固；豈可坐鎮城中，以貽後悔？」潮春曰「然。」遂歸四張犁莊，而以彰化委之。日成自稱元帥，以林貓爲中軍，掌帥印，江有仁爲軍師，何守爲掃北將軍，王萬、何有章及弟林狗母爲將軍。於是陳鮄據茄投，陳九母據大肚，蔡通據牛罵頭，紀番朝據葫蘆墩，廖有譽據捒東，洪叢據北投，皆受約束，稱將軍。

大甲踞彰化之北，爲淡水往來孔道，扼溪築壘，駐守備，居民約五千。莊人王和尚知彰治已破，起兵應，猝入土城，守備、巡檢俱逃。潮春命馬泉往鎭之。泉倚和尚爲耳目，無設備。竹塹紳士林占梅遣勇首蔡宇擊走之。占梅爲淡水巨室，聞變，集紳士鄭如樑、翁林萃、鄭秉經、陳緝熙等籌防務，以候補通判張世英攝淡水廳篆，出資練鄉勇，設保安局於城中。馳稟巡撫徐宗幹，與以總辦臺北團練之權。至是復大甲。而和尚知鄉勇僅數百人，初六日又來攻，斷水道。會大雨，城人得食。十三日，張世英率兵來援，羅冠英亦以鄉勇至。冠英，東勢角粵人也，驍勇仗義，所部皆精銳。城人出戰，和尚敗走，馬泉逃彰化。潮春斬之，檄和尚再取。十一日，合何守、戴如川、陳鮄、劉安、陳在、陳梓生等凡二十七營，以楊大旗爲先鋒，復攻大甲，斷水道。天復大雨，張世英援桴登陴，羅冠英、蔡宇等各開門出，奮勇力戰。和尚復敗，大甲始無害。四月初七日，總兵林向榮率兵三千發府治。初九日，次枋埤，立五大營爲犄角。戴彩龍據南靖厝，以八掌溪爲界。時霖雨，溪流盡漲。官軍餉項俱屯鹽水港。二十八日，彩龍據白沙墩，斷糧道。翌日，官軍出擊，澎師大敗，守備蔡安邦、把總李連陞、外委周得榮皆落水死。五月，兵備道洪毓琛以千總龔朝俊獲屯番五百，從九品陸晉亦率兵二百，護餉行。初五日，至安溪寮，向朝江要之，晉爲其下所殺，餉悉被劫。初七日，彩龍乘勢攻大營，官軍復潰，澎湖副將陳國詮、游擊陳寶山、把總周應魁皆陣沒，向榮踉蹌走，遇朝俊，掖之行，至安溪寮。越二日，移駐鹽水港，收合餘軍。其弟林向日以新兵五百來援，勢稍振。柳仔林黃豬羔、店仔口吳志高俱請降。

當是時，嘉義久攻未下，潮春議往取；自稱東王，以莊天賜爲丞相，賴阿矮爲先鋒，率所部而南。至水沙連，令莊民治道。丞相先行，繡衣朱履，騎馬佩劍；潮春衣黃衣，冠黃冠，乘轎行，壯士數十人，戎裝執刃，列前後。擇吉登壇，祭告天地。嗣行藉田之禮，鼓吹喧天，遠近觀者數萬人。水沙連人劉參筋、五城人吳文鳳皆受封爲將軍；以許豐年爲總制。嘉屬各莊多樹紅旗以應，遂攻斗六門。都司湯得陞拒戰，千總蔡朝陽陣沒；適副將王國忠援至，乃退。於時嘉義被圍已三月，糧食漸罄。向榮選精銳八百，以王飛虎、林有才爲先鋒，遣龔朝俊、寧長泰率班兵屯番分道赴援。陳弄、嚴辨連戰數日，乘勝薄城下。紳士王朝輔、陳熙年亦率鄉勇開門出，圍始解。六月初八日，向榮入城。兵備道洪毓琛趣守斗六門，向榮不可。毓琛馳書激之，乃拔隊往。未幾，而嚴辨、陳弄合圍之矣。

初，潮春得彰城，以鹿港近在肘腋，爲海通孔道，命葉虎鞭攻之。虎鞭，泉人也，對曰：「鹿港爲泉人生聚之區，攻之是無泉人也。」潮春怒。虎鞭負氣出，退謂黃丕建曰：「以吾兩人當日之約，將聯和二屬，以成大事。今城中漳人任出入，而泉人移徙，輒遭劫。且約中禁濫殺。陸提之兵皆泉人，而無一免。吾恐他日兄弟之約不堅，復成分類械鬥之禍！」丕建以語潮春，令止殺，限三日中，許民自去。虎鞭率所部巡北門，以捍泉人之出。改命林大用爲鎮北大將軍，徇鹿港。大用亦泉人，鹿港之人鼓吹迎之，未久而去。黃季忠即籌守禦，陳弄攻之不下。五月，總兵曾玉明以兵六百至鹿港。玉明亦泉人，曾任北路營副將，與戴、林有舊，寓書招之，不從。及潮春南下，以二十四莊附官軍。命戴彩龍、鄭玉麟、李炎等攻之。至燕霧下堡大莊賴登雲之家索餉。茄苳腳莊拔貢陳捷魁密約莊人要之。六月十九日，二十四莊俱起，彩龍、李炎大敗，被禽，解至鹿港受戮。玉麟力戰死。於是漳、泉相睨，葉虎鞭降於軍官。

七月十九日，林日成以林大用、陳九母、趙憨率眾攻湳仔莊，破之，放火以燬。西至和美線，北及竹仔腳番社，迫加寮潭，莊人陳耀禦之，連戰三日，不支，獻馬請降。日成不肯。陳九母、趙憨皆其佃，爲求成，乃撤圍。耀即乞陳清泉率勇二百駐李厝莊，又求援於新港柯、姚二姓，眾至，遂舉白旗以拒，日成怒，命林大用攻之，不克。八月十五日，日成率諸將誓師於大聖王廟。翌日，進攻白沙坑。陳捷魁又率眾禦，鏖戰數日，互殺傷。日成登觀音之山以望，見其莊固不可拔，鳴金而退。復攻秀水，葉虎鞭中炮陷陣，黃丕建逸之。總兵曾玉明駐安東莊，固壘自完，故日成得無忌。閏月二十八日，爭葫蘆墩，與羅冠英大戰於圳寮，廖世元陣沒，張世英以其弟廖江峰領其眾。冠英退屯翁仔社。

林向榮之入斗六門也，地絕險，糧運不通。潮春長圍之，援絕；以龍眼核爲糧，殺馬食士。屯番不與，謀內應。九月十三日，放火焚街中，退入土城，士皆罷弊莫能興，向榮自殺。國忠率所部十八人突圍出，皆被禽，不屈死。管理糧臺同知甯長敬、鎮標游擊顏常春、署斗六都司劉國標、守備石必得及弁兵數百人皆死。俘王飛虎，莊天賜以爲壯士，免之。義首陳有才亦被執，潮春聞其勇，欲降之，不從亦死。於是議取嘉義，軍師劉阿屘曰：「斗六既破，鎮兵俱沒。若悉我精銳，鼓行而南，則郡城必望風瓦解。既得郡城，據中樞以號令全臺，則嘉義可不戰而得。今若以全力爭一小邑，勝負未可知；而嘉義城堅眾協，恐急切未易下也。」潮春不聽，令陳弄、嚴辦、呂梓、廖談、洪花等攻之。黃豬羔亦來歸，已而何守、陳鮘各以眾援，築長圍以困，數十步立一炮臺，與城樓等，以瞰虛實。自是無日不戰。辦妻侯氏、談妾蔡氏皆勇敢，每臨陣，騎馬督率。城中亦竭力守禦，故不破。陳弄、嚴辦遂攻塗庫，陳澄清拒之，不能克。十月，別攻鹽水港，亦不克。十一月初十日，林日成自攻大甲，十八莊起應，與官軍戰於大安莊。守備鄭榮大敗，進而圍之。十四日，羅冠英援至。十七日，林占梅亦遣千總曾捷步率兵至。翌日，戰於水堀頭。官軍先潰。冠英獨奮鬥，陷圍不得出；柯九興救之，乃免。日成環之，放火焚南門，城崩數丈，水道復絕，居民將渴死。何守爲書射入城中曰：「我攻其兵，不害其民。」約以明日出汲，遂撤西門之圍。然水輒罄，會大雨，日成乃去。二年春正月十八日，復圍之。候補同知王楨率義首林盛拒戰於磁窰莊。日成衣黃衣，張黃蓋，麾眾而至，官軍復敗。遂登鐵砧山，禱於延平郡王，不吉而還。二月初五日，羅冠英、廖廷鳳合攻新廣莊，克之；又克壩仔，迫四張犁。潮春久圍嘉義，以陳梓生守之，據壘力戰，各死傷，二十七日，莊破，林日成在四塊厝莊聞之，遂集死士以拒。

初，署水師提督吳鴻源兵至府治，議出師，進駐鹽水港，以降將吳志高爲鄉道。二月十二日，破馬稠後莊，斬首百餘級。次下茄苳，以吳邦基、洪金陞分駐白沙墩，多設疑兵；以楊興邦、張啓煊駐水窟頭，爲犄角。而自將游擊周逢時、守備蘇吉良赴嘉義。嘉義被圍已六月，城中無糧，搗龍眼核爲粉，熬而食之，紳民死守。至是守將湯得陞開門夾擊，陳弄、嚴辦皆敗去。鴻源命蘇吉良、徐榮生攻劉厝莊等，疏通道路，以規復彰化。四月，伐南靖厝。呂梓之妻與羅彭胡拒戰，竹圍堅密，不能拔。吉良力攻，彭胡被殺，梓妻亦中炮死。五月，攻嚴辦於新港，進圍大崙，呂梓降。六月十八日，義首陳捷三進駐沙仔崙，陳貞元助之；與楊目丁大戰於濁水溪，遂復南投。義首陳雲龍來援，進復集集。潮春檄所部復攻，義民力守。九月，陳大用以中寮降曾玉明。羅冠英、廖廷鳳亦破大墩，以通阿罩霧，參將林文明迎之。然官軍猶未敢進攻彰化，各地用兵，忽起忽仆。

詔以福建陸路提督林文察視師臺灣。文察，阿罩霧人也，以十月至麥寮，登岸，逕歸其家。巡撫徐宗幹亦奏簡兵備道丁曰建會辦軍務，以兵三千，自北而南，駐牛罵頭。十六日，林占梅率翁林萃、陳尚惠等，督勇首蔡宇以軍三千進紮山腳，三路併攻。何守乞降。趙憨、陳鮄猶據城。勇首林忠藝、林尚等奮勇而前，薄城下。十二月初三日，總兵曾玉明率林大用破北門而入，丁曰建、林占梅以次至。趙憨、陳鮄、陳在、盧江逃四塊厝莊，江有仁、鄭知母巷戰被禽，戮於較場；糧官蔡豬亦被磔。彰化既復，曰健檄諸將，會攻斗六門；鏖戰數日，未能下。會林文察至，登高而望曰：「如此險阻，接濟不斷，何以能破？不如先分其勢，而後取之。」於是以四品軍功洪廷貴赴嘉屬交界之處，招撫百餘莊；許豐年、黃豬羔皆降。以其弟林文明斷水沙連之道，長圍漸合。潮春見勢蹙，欲竄內山，至七十二莊張三顯之家，從者數十人。三顯說以歸罪，許保其孥；妻許氏懼誅，勸之。二十一日，乘轎至北斗。曰健訊以作亂之故。對曰：「此皆本藩之事。毋與百姓。」曰健怒，命陳捷元推出斬之，許氏自經。西螺廖談亦被殺。始談敗欲降，妻蔡邁娘止之曰：「勢敗而背人，非信也；既降而受制，非勇也。命爲丈夫，而卒非信勇，吾寧死於紅旗之下！」每戰，策馬當前，指揮左右，不避炮火。至是夫妻被禽，戮於北斗，蔡氏之目不瞑。或知其故，以紅旗覆之，乃瞑。

三年春正月，文察攻四塊厝莊，以王世清爲左翼，林文鳳爲右翼，自率精銳搗之。日成拒戰，以弟林狗母率陳鮄、劉安、陳梓生等守外寨，王萬、林貓皆等守內寨。連戰數日，狗母陣沒。眾每夜逃。日成疑梓生有異志，闢竇以通出入。梓生陰令人釘其大炮。日成知不免，出賄於庭，分左右。王萬以變入告。日成環火藥桶於門，而與妻、妾、王萬飲。妾蕭氏聞炮聲漸迫，遽起出，日成挽之，而妻已擲火藥桶中，萬俱死。日成及蕭氏飄至戶外，氣未絕，官軍戮之，函首以狥。三月攻小埔心莊，陳弄之家也。羅冠英率所部奮擊，官軍乘之。弄敗欲降，妻陳氏曰：「今日雖降，難免一死；與其俯首受戮，何如併力以拒。戰而勝，猶可後圖；況不至即死耶？」已而大炮轟擊，屋瓦俱碎。穴地爲窟。官軍以水灌之。

十九日，冠英率壯士力攻。陳氏接戰，以羸卒誘。冠英深入，伏炮盡發，與數十人皆死。文察命且止。而張三顯忽以眾圍彰化。

三顯之獻潮春也，自以功多賞薄，頗懷觖望。陳鰍、陳梓生聞之，說以起事；陳九母、趙憨、洪叢皆應之。二十七日，擁眾數千人，據八卦山及市仔尾，薄城。城兵少，知縣凌定國登陴，命吳登健縋城求援。越二日，文察以兵至，眾潰，三顯為族人所捕，日健斬之。復攻小埔心，冠英之弟羅坑尤血戰。莊破，陳氏自焚死，弄走新興莊。紳士陳元吉捕之，解至軍前受戮。十一月，日健率知縣王楨、游擊鄭榮及林文明之勇，攻洪叢於北勢湳莊。莊多立炮壘，力擊未下，淡水義首林春、李光輝皆陣沒。鄭榮以炮攻之，叢病死，埋於豕欄。王春傳執其弟洪番以獻，戮之。得叢屍，梟首示眾。

四年春三月，嚴辨復樹旗於二重溝，號召餘黨，呂梓附之。王新婦之母以其子為將軍，自刻一品夫人之章，每臨戰。洎新婦被殺，出資募死士，歸呂梓，旗書「為子報仇」。鄭大柴之妻謝氏，亦言為夫報仇，各起事。潮春之起也，嚴辨最悍，妻侯氏亦有力，疊攻嘉義。每出，辨親為牽馬，雄冠劍佩，威儀若丈夫。潮春所部十數萬，器械糧秣皆辨給之，故其權最大。四月，日健以知縣白鸞卿、參將徐榮生、都司葉保國分兵往伐。辨每假官軍旗幟，伏兵以擊，官軍輒敗。日健遣都司吳志高率鄉勇以濟，辨力戰死，侯氏被禽，磔於嘉義；新婦之母亦被殺，唯謝氏突圍去。兵勇死者數百人。梓逃布袋嘴，海賊蔡沙素與善，奪其孥而沉之海。自是餘黨漸平。

林文察列傳

林文察，字密卿，彰化阿罩霧莊人。世業農。父定邦為鄉甲首，負義俠，里黨倚為重。林和尚者，草湖莊人，為一方雄；群不逞之徒出入其門，椎人越貨，莫敢攖。曾虜林連招，索重金。連招為定邦族人，遣使請歸，不聽，且拘焉。定邦率季子文明往諭，遂忿爭。和尚召其徒，列械待。定邦突圍出，中彈，反身激鬥，被殺，文明亦殊傷。文察年十九，聞耗，大哭，欲赴難。既念弟尚被囚，慮有變，乃忍痛含冤，介父老請還，並歸父屍，訴於彰化知縣。知縣受賂不理。文察指天而誓曰：「不報仇，非人也！」旦暮跡和尚，猝擊之，力禽至父墳，剖心以祭。曰：「仇報矣，吾不可累家人。」赴縣自白。

咸豐四年夏五月，小刀會黨犯臺北，破雞籠城。北路協副將曾玉明以為勇士，出諸獄，命募鄉勇隨征。有功。尋捐銀助餉，以游擊分發福建補用。九年，閩浙總督王懿德檄帶臺勇會勦建陽。十年，平建寧、汀州之亂，皆有功，擢參將，換花翎。復助餉，加副將銜。文察所部臺勇，皆鄉里子弟，樸訥堅武，生死相處，故能以少擊眾，協力建功也。十一年春正月，奉檄援浙。太平軍已破江山，文察冒雨搏戰，乘勝攻城。既而援至，遂破之。以副將儘先補用，賞換烏訥思齊巴圖魯。四月，汀州、連城俱陷，奉調回閩。五月，克汀州，晉總兵。七月，平沙縣之亂。是時太平軍自皖南入浙，分陷金、衢、嚴各府縣，眾數十萬，勢張甚。將軍瑞昌疏調入援。而所部臺勇久戰傷亡，僅存五百餘人，未能速進。十二月，杭州破，詔馳援。同治元年春正月，慶瑞檄率所部自處州進。適衢州被圍，解之。已而太平軍窺福建西北，與弟參將文明合，遂進駐龍泉。以浙江按察使張銓慶為策應，先克遂昌，以杜入閩之路。七月，補四川建昌鎮總兵，未行，奉旨復處州。遂攻松陽，久而未下。所部臺勇遠道運糧，日不得飽，猶歷戰不餒，遂取之。五戰皆捷，直抵處州城下，與各軍合。臺勇併力奮擊，破門而入。詔加提督銜。十一月，移軍武義。尋調福寧鎮總兵。二年夏六月，署福建陸路提督。

當是時，戴潮春起兵大墩，破彰化、圍嘉義、窺淡水，南北震動。詔命渡臺。十月至嘉義，偕護理水師提督曾元福議進兵。率游擊白瑛等攻斗六，以分其勢；而告總兵曾玉明趣取彰化，克之。然斗六深溝固壘，未能下。乃佯言援彰，拔隊起。民軍開門擊，遇伏殲焉，遂拔之。潮春知勢蹙，欲竄內山，懼罪自投，兵備道丁曰健殺之，進圍林日成於四塊厝莊，死傷甚多，乃築炮臺以困，晝夜轟擊，遂陷之。日成被殺。四月，閩浙總督左宗棠以延平軍務危急，奏調內渡。然全臺尚未平，文察駐軍於家。曰健劾其縱兵騷擾，命宗棠勘之。十月，至福州。巡撫徐宗幹疏言：「文察赴調延緩，實以夏秋多颶，重洋難渡。請免議處。」文察內渡之際，僅率臺勇五百，不足戰，請宗幹濟師。已而漳州破，下游俶擾，檄統全軍，由同安規復。十一月，駐洋州，踞城三十里，分飭所部策應。十二月，移駐萬松關。太平軍進攻，先以羸卒誘，擊走之。已而圍合，文察督勇奮鬥，所部死傷略盡，援兵不至，遂陣沒。幕客謝穎蘇方食，聞報，投箸起，策馬略陣，亦沒。穎蘇，興化人，字琯樵，善畫蘭竹，書亦秀逸，久游臺灣，慷慨有烈士風；士論壯之。宗棠、宗幹先後疏言其事，尋賜祭葬，贈太子少保銜，予謚剛愍，准建專祠，賞騎都尉世職，兼一雲騎尉。襲次完時，以恩騎尉世襲罔替。弟文明隨軍，疊戰有功，至副將；子朝棟，亦有名。

丁曰健列傳

丁曰健，字述安，安徽懷寧人，寄籍順天。以舉人揀發福建。咸豐四年，任淡水同知。時閩粵械鬥後，地方凋蔽，曰健出而撫字，其奸猾者即以法繩之。既而小刀會黃位竄臺灣，陷雞籠。曰健集紳民，籌戰守。以彰化林文察率鄉勇二百攻之，位敗走。調署嘉義縣，加知府銜。嗣以軍功賞道銜，歷署福建糧道及布政使。

同治元年春，彰化戴潮春起事，全臺俱擾。二年秋，詔命福建陸路提督林文察視師臺灣，而巡撫徐宗幹亦奏簡曰健爲臺灣兵備道，加按察使銜，會辦軍務。九月，至艋舺，募舊部，謀規復。紳士林占梅豫練鄉勇二千名，保衛地方，及是隨行。進兵牛罵頭，數戰皆捷，遂克彰城。文察亦自麥寮登岸，定嘉義，復斗六，駐兵阿罩霧。

初，曰健以汀州軍務，與文察有悋。至是同平臺灣，文察所部就地籌餉，又以辦理清莊，地方復擾。曰健止之，不聽。及福建上游告急，詔命文察內渡。文察未行，曰健劾之。略謂：「內山揀東、貓霧等處，前經署陸提臣林文察入山搜捕。於正月破林巢後，安住家園五十餘日，頓兵不出，以致眾議沸騰，欲圖報復。餘匪藉此，復肆攻撲。非先事豫防，聯莊得力，竟有難解之憂。」詔命福建總督左宗棠查辦。曰健又致書宗棠，歷詆文察不法。已而文察赴閩，殉於漳州之役，弟文明以副將家居。越二年，賴、洪各姓訟其霸田。曰健委知縣凌定國至彰會審，即就大堂殺之。文察之母控之省，復籲之京。案懸不決。而曰健以病奏免。

林奠國列傳

林奠國，字景山，彰化阿罩霧莊人。阿罩霧固土番之地，負山環溪，鄰鄉多巨族，各擁一方，非番害則械鬥，故人多習技擊，而奠國能御之。同治元年春，邑人戴潮春謀起事，淡水同知秋曰覲至東大墩，欲治之。途次，聞其勢大，遣人邀奠國。挈鄉勇二百人往，至新莊仔莊，曰覲已被殺。四塊厝莊人林日成爲勇首，護曰覲行，及是而叛，見奠國至，攻之。奠國拒戰，退歸阿罩霧，鑿濠固壘，聚米鹽、討軍實，爲持久計。已而日成來攻，擁眾三萬餘，斷水道，環圍三匝。時莊中丁壯多從文察轉戰閩浙，僅遺七十有六人，願同生死。以長子文鳳率之，爲數隊，扼險要；而自拒於莊北。日成之至也，勢張甚；又以前後厝之怨，誓必滅之。嘗一日陷圍數次，莊幾破，開炮防禦。自日夕至於黎明，莫敢懈。而圍愈急。東勢角莊人羅冠英駐軍翁仔社，聞報；越二日，率二百人至，皆粵族。眾慮內變，文鳳曰：「彼來援，是愛我也。寧有是事？」椎牛饗之。出家資十數萬於庭，向眾而言曰：「諸公跋山谷，冒危險，以來護我莊。其濟，莊之福也；不濟，吾以死繼之。不腆之資，願供一醉，幸毋爲賊人有。」眾曰「諾。願殺賊。」乃耦其人而守之。又一日，林氏之族先後至，可四、五百人，士氣大振。開壁出，搏戰隴畝間，陣斬數百，俘數十。日成大敗，踉蹌走。自是不敢復攻阿罩霧。

當是時，彰化既破，南北俱震。潮春、日成之黨，多至十數萬人。而阿罩霧以一村落，介立紅旗之間，戰守經年；圳水又爲萬斗六莊洪氏所遏，良田盡暍，粒米不收。發倉以賑。聯絡沿山一帶，備器械，立約束，養精蓄銳，爲規復計。二年冬，文察以福建陸路提督平臺。奠國聞官軍至，率鄉勇數百助戰。潮春、日成次第就滅，遂與文察提師歸阿罩霧，招撫近山。其不從者，移兵討之。經理善後。事聞，以功授知府，賞戴花翎。

三年四月，閩浙總督左宗棠以延平軍務危急，奏調文察內渡，奠國從。至福州，而漳州陷，下游俶擾，檄由同安規復。十一月，駐洋州；十二月，移萬松關。兩軍相持；疊接戰，互有勝負。時大軍未集，所部臺勇僅五百人。一日，偕文察視壘，至瑞香亭，太平軍驟至，陷圍。文察竭力奮鬥，所部多死傷。顧奠國曰：「吾為國家大將，義當死。阿叔可破圍出，毋俱沒。」奠國不可。文察復迫曰：「勢急矣，趣去。吾不能歸也。」遂授命。於是奠國收餘軍以退；而臺勇乏餉，未能歸。至福州，見大府，請餉九千兩，為遣散費。總督慶瑞不許，命待命。已而索賄二萬金，文鳳請與之，不可。曰：「吾為國家效命，率子弟赴疆場，糜財固不足惜；而彼反以功為罪，此胡可者？自吾與鄉里五百人而西，今所部多沒，吾則獨歸，又何面目以見父老乎？」遂以家事委文鳳，命各恤其家，而自留省垣。越十七年卒，誥授朝議大夫，追贈奉政大夫。子三：長文鳳，次文典，次文欽。

文鳳字儀卿，號丹軒。少任俠，結交多奇士。戴潮春之役既平，地方罷弊，流亡滿道。文鳳拊循鄉里，集農人，治畎畝，構廬樹藝，眾始得息。除夕之夜，闔爐聚飲，文鳳忽流涕曰：「當吾莊被圍時，吾三夕不寐。仰視飛彈，如雨入室中。吾自分必死，邀天之福，仗祖宗之靈，幸得復睹太平。吾今思之，心猶悸也。」又曰：「莊人可愛，與我同患難，冒生死；吾不能一一存問，心良慊。」命家人往視，各贈百錢為壓歲，遂以為例。同治二年冬十二月，野番出草，乘夜襲阿罩霧。文鳳聞警，提銃出，趣召莊人，鳴金發炮，列炬如白晝。番驚竄，逐之。文明亦率一隊，遏其途。番不得歸，散走平疇間，殲其數十。自是不敢復犯阿罩霧。四年，文明被害彰化，報至，莊人大憤，不期而集者數千人，洶洶欲動。文鳳病在床，聞之驚起，止之曰：「彼設穽陷我。今若此，是自投其禍也。且黑白未可知，當稍待。」眾始散。

初，城吏以計殺文明，意林氏必擁眾至，即以圍城之罪辦之。及聞是言，愕眙而語曰：「林氏固大有人也。」兵備道夏獻綸以舊憾故，頗不懌。戴案被抄諸人，亦構辭以訴，凡十數起。光緒五年，獻綸卸任至省，謁大府請籍林氏之產。命會營往，獄將興矣。獻綸抵郡，未久逝。洎巡撫岑毓英來臺，召視案卷，訟始結。

文欽字允卿，號幼山。性溫和，善事父兄。林氏自遷阿罩霧以來，業農習武，而文欽獨好學，勉為世用。光緒十年入泮，兵備道劉璈見而奇之。時法人方犯臺灣，檄募義勇，衛桑梓；遂集佃兵五百，駐臺南，為南軍援。器械糧秣，悉取之家。已而調駐通霄，捐款助軍。事平，以資註銓郎中，分兵部。嗣請歸養。十四年，以清賦功，加道銜。十九年，舉於鄉。素慕萊子斑衣之志，築萊園於霧峰之麓，亭臺花木，境極幽邃。自畜伶人一部，春秋佳日，奉觴演劇，所以娛親者無弗致。顧尤好義舉，歲率用款數萬金。士之出入門下者，靡不禮焉。嘗道泉州，聞連鄉械鬥，數十年不戢，怨日深。遂集兩造，陳利害，糜數千金解之。十五年，河南薦饑，大府募賑，捐萬金以恤。事聞，賜「樂善好施」之額。彰化舊有育嬰堂，而款絀，不足濟眾；窮民生女，輒棄於塗。見而憫焉，割腴田，歲入穀三百石。福馬剌桐之橋久圮，行者病涉，命工造之。又創湖日、田中之渡。利人之事，知無不為；里黨之人無不惠焉。

初，臺灣巡撫劉銘傳經理番疆，而中路以腦業為大。乃偕從子朝棟合墾沿山之野，謂之林合，東入番界，西至舊墾之地，北沿大甲溪，南及集集大山，延袤數十里。於是張隘線，募佃人，啓田樹藝，番害稍戢，而產亦日進。二十一年，臺灣有事，大府命起兵，募鄉勇千名，自備餉糈，令族弟文榮統之，駐彰化。已而下詔割臺，文武多去，四郊俶擾，分邏各地，故無盜賊患。既見勢蹙，謀內渡，而母老不堪涉風濤，匿跡銷聲，居於幽翳。唯日侍慈幃，教子姪，極天倫之樂。故世稱貞子焉。

連橫曰：阿罩霧處彰化內山，地與番接，故人多尚武。而林氏能部勒之，戮力致果，功在旗常。是皆干城之選也。然數十年來，林之子孫說禮樂而敦詩書，濟濟蹌蹌，蜚聲藝苑，信乎江山之助也。閒靈之氣，緯武經文，顧陸之風，猶未沫焉。

林占梅列傳

林占梅，字雪村，號鶴山，淡水竹塹人。始祖三光以明季自同安來臺，居於今臺南府治樣子林，數遷至竹塹。祖紹賢，墾田習賈，復辦全臺鹽務，富冠一鄉。有子七，長祥瑞，生占梅，早卒；季父祥雲撫之。占梅少穎異，讀書知禮，無紈袴氣。進士黃驤雲奇之，妻以女。年十一，挈遊京師，出入縉紳門，學乃日殖。性豪邁，好交名下士，濟困扶危，糜萬金不少惜。道光二十五年，英人犯雞籠，沿海戒嚴，倡捐防費，得旨嘉獎，遂以貢生加道銜。二十三年，防堵八里坌口，又捐巨款。事竣，論功以知府即選。二十四年，嘉、彰各邑漳泉械鬥，募勇扼守大甲溪，絕其蔓延，詰奸宄，護閭閻，出資撫恤；賞戴花翎。咸豐三年，林恭之變，臺、鳳俱亂，北路震動。奉旨會同臺灣道辦理全臺團練。又以捐運津米，即捐三千石，奏准簡用浙江道。四年，艇匪黃位踞雞籠，以克復功，加鹽運使銜。同治元年春，彰化戴潮春起事，淡水同知秋曰覲被戕於東大墩，進略大甲，窺淡水。境內土匪亦竊發，民心惶惶，多走避。占梅獨籌維危局，故無害。

初，潮春設八卦會，勢日盛。占梅知其必發，集紳商，籌團練，爲豫防計。曰覲不之善也。及曰覲南下，占梅即出資，備器械，討軍實，修城濠，募勇士。以生員鄭秉經、貢生陳緝熙、職員翁林萃董其事，聯絡各莊。命勇首蔡宇率練勇守要害。部署甫定，而警報至。城中無主，咸議歛資通款以緩其來。或言棄城走。占梅獨排眾議，曰：「淡水爲財賦之區，彼必來爭。即令行賄，安能保其不至？既至而又何如？我能往，彼亦能往。走將安之耶？今與諸君約：不如以通款之資，爲戰守之費。其濟，諸君之功也；不濟，吾以死繼之。」眾曰：「諾。」占梅即以家資十數萬爲餉糈，城中紳商亦踴躍輸將。於是共擁候補通判張世英權廳篆，遣人造省，請大吏，示進止。率眾至城隍廟，刑牲設誓，願共存亡，民心始定。五月，以蔡宇率勇四百名，復大甲，陳緝熙偕行；請張世英駐軍翁仔社，遣人結束勢角羅冠英，以撫內山一帶；而自巡淡南，爲聲援。旋奉巡撫徐宗幹檄，准布政使頒總辦臺北軍務鈐記，通飭所屬。時北門外蘇、黃二姓械鬥，地方俶擾。占梅止之，禽其渠；其尤不逞者送官懲辦，鬥始息。然城中游民多，頗喜亂，飭各街造籍，嚴管束，日給口糧，所費不貲；而軍需又巨，稱貸以應。不足，割腴田充之，凡數十萬金，產幾破。二年春，勇首蔡宇克牛罵頭、梧棲等汛，占梅之策也。梧棲爲通海之埠，殷商聚集，占梅以爲進規彰化之道。潛結郊戶楊至器，二月，取之；乘勢至山腳莊。張世英亦自內山來，首尾相應。

當是時，官軍多駐城附近，相持久，各罷敝。占梅議進兵，爲忌者所阻。宗幹催之，上書陳其事，略曰：「賊本烏合之眾，死據孤城，其勢難久。我軍前後進勦，非不能戰；乃至今未克，誠以諸軍皆由鹿港而進，賊已備識虛實故也。若得省垣遣一大員，由淡水登岸，沿途招選兵勇，以壯聲勢；占梅當統練勇數千，同時南下，勦撫並行。彼將聞風膽落，不戰而平。兵有先聲而後實者此也。」宗幹韙之，遂以丁曰健爲臺澎兵備道。十月，至竹塹，與占梅議進兵。占梅自率精銳二千，扼山腳莊，拔茄投，攻大肚，進駐溪南，縱降將入城爲內應。潮春久處斗六門，城中議降，股首江有仁持不可。十一月初三日，占梅以前鋒林忠藝、林尚等攻南門，與官軍會破之，遂復彰化。曰健入城，旋往鹿港，以占梅所部駐城中。曰健之行軍也，脅從各莊多痛勦。占梅輒請宥，全活甚眾。十二月，振旅歸，潮春就滅。事聞，加布政使銜。

福建督撫以占梅急公好義，品學兼優，奏請簡用。得旨召見，病辭，遂不出。占梅工詩書，精音樂。軍興之時，文移批答多出其手；暇則彈琴歌詠，若無事然。築潛園於西門內，結構甚佳。士之出入竹塹者無不禮焉，文酒之盛冠北臺。著琴餘草八卷，未刊，宗幹序之；又有潛園唱和集。同治四年卒，年四十有九。弟汝梅字若村，少入泮。光緒六年，巡撫岑毓英創造大甲溪橋，贊襄最力。及建省後，督辦鐵路清賦，有名於時。

連橫曰：侯官楊浚新修淡水廳志，其文多謬，乃復挾其私心，以衡人物，亦何足以徵信哉？林占梅爲一時之傑，傾家紓難，保障北臺，忌者多方構陷，占梅竟以憤死。浚不於此時爲之表白，而列其人於志餘，謂頗有一髮千鈞之力。夫一髮千鈞，厥功多矣，列之志餘，不亦小哉？同安林豪曰：「占梅力排眾議，投袂而前。悉群虜於目中，運全局於掌上。屢收要隘，再復堅城。以視夫階下叩頭者，其人之賢不肖何如也。」連横曰：林豪之論，賢於楊浚。作史須有三長，而知人論世，尤貴史德，而後不致顚倒也。

羅、陳列傳

羅冠英，字福澤，廣東潮州人。祖某來臺，居彰化東勢角莊。莊據大甲溪左，群山環抱，中拓平原，居民多力穡尙武。而冠英精火器，百步外無虛發；善謀略，料事多奇中。內山有某甲者，頑嚚比黨，魚肉孱愚。冠英令健兒扼險待，進而攻之。賊敗走，擇其尤惡者格殺之。鄉人稱快。同治元年戴潮春之變，陷彰治，文武多被戕，進兵略大甲，聞冠英名，遣使邀之。不從。

當事之起也，冠英集鄉人，伸義約，有事相策應；眾有難色。冠英奮臂起，曉譬利害；眾諾。遂與總理劉衍梯、邑紳呂炳南等，募壯士數百，屯翁仔社，其友廖廷鳳從之，散家資爲餉。竹塹總辦團練林占梅遣人齎金帛結之，請由內山間攻四張犁莊，以搗潮春之家。而潮春已猛撲大甲，大甲人嬰城守。代理淡水同知張世英率軍至，冠英赴援，大小數戰，圍始解。閏八月，冠英攻寮腳莊，克之，遂復葫蘆墩汛；廖世元亦拔圓寶莊，據焉，進攻圳寮。林日成自彰化來爭，勢張甚。世元接戰，身被十數創，至翁仔社而卒。世英厚葬之，以兄廖江峰、弟廖樹代領其眾。十一月，日成復攻大甲，斷水道；冠英又救之。分軍爲二，邀戰於新厝仔，大呼陷陣，斬首二十餘級，遂與大安莊人合攻水汴頭。城中聞炮聲，分道接戰。廷鳳亦督屯番自後入，首尾夾擊。日成大潰，城圍復解。二年，世英遣冠英等攻馬公厝，拔之，略地至四張犁莊。當是時官軍大集，潮春親攻嘉義，以陳梓生守之。冠英乘勢突入，破其險阻，獲旗幟軍器甚多。潮春遂無所據。十二月，官軍復彰化，潮春被殺。三年夏四月，福建陸路提督林文察率軍攻小埔心，陳弄拒戰，相持數日。冠英突圍入，周視各壘，中炮亡。軍門震悼，遣員護喪歸。事平，上其功，下旨建坊，入祀昭忠祠，追贈忠信校尉。

陳澄清，小名晛，嘉義塗庫人。性明毅，遇事果斷。有友十餘人，皆勇敢負氣，緩急可恃，遇之如手足。塗庫距嘉邑西北，當孔道。當是時中原俶擾，淡、彰亦分類械鬥，有司畏葸，莫敢辦。澄清隱憂之，乃於所居竹圍外築垣鑿濠，建炮壘、佈竹釘、聚米鹽食物，爲三年蓄。左右田園悉種番薯栽山菁，以防不給。

已而戴潮春起事，陷彰化，殺文武，進攻嘉義，各莊多被略。澄清獨起兵拒。附近粵莊暨鹽水港，聯防固守，倚以爲重。同治元年秋七月，臺灣鎮林向榮駐軍斗六，檄澄清運糧。嘗一日七戰，三襲敵營。向榮嘉之，錫五品銜及名馬珍物。及斗六陷，攻塗庫。陳弄、嚴辨以眾踞街中，市肆皆罷。澄清設伏待，遣壯士蘇阿傳率十餘人，假旗號，徑至街中，呼曰：「我元帥諭爾等安堵，照常貿易，違者斬。」弄眾方駭顧，而阿傳遽大呼殺賊而出。弄率所部追之，伏兵盡起，扼險擊。阿傳奮勇鏖殺，殪數人。及歸，無一傷者。阿傳與吳嬰、陳瑞基、吳戇、王明俱善戰，衝鋒陷陣。弄等憚之，謂之「五虎」。

初，潮春以書招澄清，不從。及弄據塗庫，誓必滅之。兄必湖挺身謁弄，弄露刃以見，必湖笑曰：「始吾以大哥爲豪傑，傾心相向願效力；今乃知非欲成大事者。不然如愚兄弟亦足供指臂，而見拒如此？」弄曰：「女果從，吾豈相拒？但恐未必然爾。」必湖因說之曰：「我兄弟欲相從久矣，乘時建不世之業，此士之一時也。然不假重權，無以令眾。如肯畀一將軍，則明日當舉旗相應。」弄喜，延之坐，與談竟日，授以令。警備稍懈。必湖歸，即集義勇，約五鼓併力攻之。而是夜三更，澄清已遣人爇屋，阻歸路。弄見火起，知爲所給，踉蹌去。自是不敢復攻塗庫。

澄清之治軍也，禁賭，禁洋煙，禁奸盜，賞罰嚴明，多縱間諜，諗虛實。每出軍，不言所向，舉刃而前；既至，始下令突擊，故能以少勝眾。或問之。曰：「兵危事也，以奇用之；靜如處女，動如脫兔；臨機應變，而後有功。若大張聲勢，旗鼓喧闐，是使賊知，非所以制勝也。」又曰：「兵不在多，在勇敢；多則眾心不一，進退失據，雖有良將，無所用之。」故所用祇數十人，並養其家於竹圍內，與共甘苦。拒戰三年，毫無所損。姪適約居下莊，相去二里許，有眾三、四十人，亦能戰。鄰鄉丁壯聽命者又六、七百人，故能持久。潮春既平，澄清欲誅脅從，必湖止之。弟澄江攻元掌莊，中炮死，澄清力擊之，禽其渠十餘人，梟以祭墓，後任斗六門都司。

初澄清起兵，埔姜崙莊生員劉豐慶，粵籍也，聞其義，每助鉛藥，故無乏。後爲其叔阿霖所殺，澄清爲復仇。談者以爲有古烈士風。

連橫曰：嘉義之有塗庫，猶淡水之有翁仔社也。彈丸之地，雖不足以繫大局，而羅冠英駐翁仔社，林日成不能破大甲而略淡水；陳澄清守塗庫，陳弄不能掠鹽水港以迫嘉義。非地之足恃，而人之可用也。不然，以斗六門之險，負山扼溪，可以自固；而林向榮竟全師以沒。成敗之機，何其異耶？冠英縱橫轉戰，抱義以隕，人稱其勇。若澄清之從容佈置，運籌決策，尤有名將之風焉。

沈葆楨列傳

沈葆楨，字幼丹，福建侯官人。以翰林出任江西廣信府。太平之役，與妻林氏乞援守城，由是知名，歷陞至總理各國事務大臣，事在清史。

同治十一年，調福建船政大臣。十三年夏，日本以牡丹社番之殺其人也，以兵來伐，駐南鄙，沿海戒嚴。清廷以葆楨爲欽差大臣，督辦軍務；又命福建陸路提督唐定奎率命葆楨經理善後。葆楨以臺灣爲海上奧區、東南各省之藩衛也，地大物博，列國覬覦，自非悉心經畫，不足以資富庶。於是奏請移駐福建巡撫，以一事權；語在職官志。廷議從之。臺灣前時僅設一府四縣，而寄其權於巡道，地既遼遠，民又孳生，守土官但求無事，非敢稍議更張。葆楨以北鄙日闢，墾務日興，於是奏請添設臺北府、縣以資治理，略曰：「臺灣固海外荒島，康熙年間收入版圖，乃設府治，領臺灣、鳳山、諸羅三縣。諸羅即今之嘉義；而嘉義以北，尚未設官。郡之南北各一百餘里，控制綽乎有餘。厥後土地漸闢，雍正元年，乃設彰化一縣，並置淡水同知。九年，移治竹塹。起自大甲溪，至三貂嶺下之遠望坑而止，計地三百四十五里有奇。嘉慶十五年，復自遠望坑迤北，東至蘇澳，計地一百三十里，設噶瑪蘭通判以治之。則人事隨天時、地利之轉移，雖欲因陋就簡，固不可復得者也。然自噶瑪蘭抵郡，須十三日始達，政令皆統於臺灣府。淡水設廳之時，淡北三貂等處，榛莽四塞，即淡南各社，亦土曠人稀。今則村莊比連，荒埔日闢；舊志稱東西相距僅十有七里，今乃或五、六十里，或七、八十里。蘭廳建治以後，自三貂嶺繞至遠望坑，復增地數十里有奇。其土地之日闢，古今不同有如此者。臺北海岸，昔時僅有八里坌一口，往來之船，不過數隻，其餘叉港支河，僅堪捕魚。今則八里坌淤塞，而新添各港，曰大安口、曰後壠、曰香山、曰滬尾、曰雞籠。滬尾港門宏敞，舟楫尤多。年來夾板帆檣林立，洋樓客棧，闤闠喧囂。其口岸之歧出不同有如此者。前者師入臺供調遣。五月，葆楨至臺南，籌防備，討軍實，二國勢將用兵。已而和成，詔臺北幅員雖廣，而新墾之地，土著既少，流寓亦稀。百餘年來，休養生息，前年編查戶口，除噶瑪蘭外，已有四十二萬有奇。近頃各國通商，華洋雜處，睚眥之怨，即啓釁端；而八里坌一帶，從教漸多，防範稽查，尤非易事。其人民之不同有如此者。臺地土產，以藍、煤、茶、腦等爲大宗，皆出自淡北。比年荒山窮谷，栽種愈盛，開採愈多。洋船搬運，客民叢集，風氣浮動，嗜好各殊；且淡南大甲一帶，毗連彰化，習俗尤悍。如淡水同知，半年駐竹塹衙門，半年駐艋舺公所，相去百二十里，奔馳廢曠，勢所必然。況竹塹南至大甲溪尚百餘里，而艋舺北至滬尾、雞籠亦尚各數十里，命盜等案，層見迭出，往往方急北轅，旋憂南顧；分身無術，枝節橫生，公事積壓、巨案遷延，均所不免。督撫知其難任，必擇循吏能士，以膺是選。而到任之後，賢聲頓減，不副所望；是地勢之所使然。其駕馭之難周又有如此者。淡、蘭文風遜於全臺，歲科童試，應考四、五百人，而赴道考考則不及三分之一。路途險遠，寒士乏資，著鞭難至。又如詞訟，則四民皆受其害。刁健之徒，詞窮而遁，揑造府控。一奉提供，累月窮年；被誣之家，昭冤有期，家已爲破。欲矯其弊，因噎廢食，概免廳提；則廳案爲胥吏之所把持，遂失控訴之路，而械鬥之端，則萌於內。至徒流之刑以上，擬定罪名，復須提郡轉勘，需費繁多。歲月淹滯，賠累難償，故不得不隨之抹殺。官既苦之，民尤苦之。其政教之難齊又有如此者。故前者臺灣道夏獻綸請改淡水同知爲直隸州、噶瑪蘭爲知縣，添一縣於竹塹。臣鶴年、臣凱泰互相討議，臺事旋起，因此暫定。臺南騷動之時，即有潛窺臺北之憂。夏獻綸住在該地，能策機宜，狡謀乃息。然海防洋務，瞬息萬變，恐州牧不足以當之。況去年以來，自噶瑪蘭之蘇澳起，開山撫番，至新城二百里有奇，至秀姑巒又百里有奇；若山前布置尙未周詳，則山後之經營何從藉手？故就今日臺北之形勢而畫區爲三縣以分治之，則可以專其責成；設知府以統轄之，則可以繫其綱領。伏查艋舺當龜崙嶺兩大山之間，沃壤平原，兩溪環抱，村落衢市，蔚成大觀。西至海口三十里，直達八里坌、滬尾。觀音、大屯兩山，可爲屛障。且與省城五虎門相對。不特淡、蘭扼要之區，實爲全臺之管鑰。請於其地創建府治，名曰臺北府。彰化以北，直至後山，胥歸控制，仍隸臺灣兵備道。附郭一縣，南劃中壢以上，至頭重溪爲境，計五十里，東西相去五、六十里不等，方圍折算百有里餘，擬名之曰淡水縣。自頭重溪以南至彰化大甲溪爲止，南北相距百五十里。其間竹塹，即淡水廳之舊治，擬裁淡水同知，改設一縣，擬名之曰新竹縣。自遠望坑以北而東，以噶瑪蘭原轄之地，擬設一縣，名之曰宜蘭縣。雞籠一區，欲建縣治，則其地不足；而通商以後，竟成都會。且煤務方興，游民四集，海防已重，訟事尤繁。該處向未設官，亦非煤務微員所能鎭壓。若事事仰成艋舺，則官民共困。應請改噶瑪蘭通判爲臺北府分府通判，移駐雞籠以治之。是臣等當外防內治之策，出於因時制宜。是否有當，伏乞飭部議覆，以便遵循。至建設城署，清查田賦，以及雜佐營汛，可改可增，俟奉旨允准之後，再與臺灣道議詳核奏。」廷議亦從之，而臺北乃日趨富庶矣。八月，奏請開山撫番，蠲除前禁；語在撫墾志。於是以提督羅大春、總兵吳光亮、同知袁聞柝率兵三路而入，會於臺東之水尾，築壘駐兵，衛行旅，而東西之道通矣。臺灣綠營久已廢弛，葆楨奏改營制、築炮臺、架電報、振商務，凡諸要政，多有更置。光緒元年秋七月，奉旨入京，途視澎湖，調兩江總督。五年冬十一年，薨，諡文肅，入祀京師賢良祠。

連橫曰：臺灣歸清以來，閉關自守，與世不通。苟非牡丹之役，則我鄉父老猶是酣歌恆舞於婆娑之洋焉。天誘其衷，殷憂日至。析疆增吏，開山撫番，以立富強之基。沈葆楨締造之功，顧不偉歟！而惜乎吾鄉父老，猶以晏安爲事，不能與時並進也。

袁聞柝列傳

袁聞柝，字警齋，江西樂平人。咸豐間，以辦鄉團有名，嗣隨左宗棠平浙入閩，洊保知府。同治八年，捐同知。十年，派至臺灣。十三年牡丹之役，欽差大臣沈葆楨命赴後山，察形勢，遂至卑南，招撫呂家望等社，率番酋陳安生至郡，犒以鹽布。自是生番多服。八月，葆楨奏請開山，分軍三路，以提督羅大春率北軍，總兵吳光亮率中軍，而聞柝率南軍。即募綏靖軍五百及土工三百，由南進。方是時，後山雖隸版圖，而路尚未闢。道卑南者，多自打鼓乘船，至琅璚，轉而東行。其遵陸者，則山徑險阻，瘴毒盛，野番伏莽射，非遇害即中疾，行者絕少。

當軍發之時，葆楨命以文祭於臺南山神曰：「昊穹伊始，群萌荒屯。聖哲闡繹，奠區辟渾。章趾亥步，隔漠絕濛。山川之氣，闕久乃通。我朝御宇，率土臣服。赤崁一島，版章攸屬。百有餘年，薰陶染沐。陬澨偏隅，聲明文物。臺陽之背，傀儡之東，野番所處，密林深叢。禽伏獸匿，風教未通。並生並育，納之帡幪。土牛有禁，豐碑穹窿。勿侵勿軼，安彼顓蒙。流水出谷，古花猶紅。牛刀羽織，獵罝魚筒。涵奄蓄衍，蠢蠢蟲蟲。不識不知，順帝之衷。如何東人，海中之國，敢背盟言，肆其毒螫。稱戈修矛，潛圖邊域。既戕我番，罔有安集。自牡丹灣，鄰卑南覓，死者含冤，生者累息。疆吏入告，帝心用惘；乃命使臣，持節瀛東。拯之水火，護其蒿蓬。廷諭一下，喁喁向風。稽顙轅門，薙髮輸忠。籲請設吏，以發瞶矇。自下淡水，暨卑南社，群峰刺天，大樗滿野。麋鹿攸居，鳥鳶不下。百數十里，古無通者。維彼番黎，踴躍芟夷。爲我鄉道，千夫隨之。乃建一營，曰綏靖師；特命聞柝，率以東馳。左載鉏钁，右挾劍鈹。開辟險阻，削鏟厜㕒。五里一堠，十里一折。毋使魑魅，阻途遏岐。毋使叢薄，踞熊宅羆。向爲荒壤，崇朝九逵。俾我王化，靡遠或遺。敬維山神，公侯攸屬。柴燎之祭，群望咸集。幸相此舉，以成厥役。側聞疇昔，戮民干紀。私召詭徒，騰岩越鄙。顯違邦禁，隱匿奸宄。維神之怒，泄霧數里。噓噏瘴癘，踣崖顚趾。靈威昭融，遐邇仰止。今奉帝命，伐木刊山。上應氣運，下輯獠蠻。維神之聰，能燭厥端。蝥勿集蠱，谷勿藏獾。吹嵐轉飆，泉清水瀾。俾我軍士，征途孔安。維神之祐，亦民之歡。於戲噫嘻！秦通巴蜀，誑以金牛。漢通邛筰，蒟醬是求。窮邊黷武，以為神羞。維我國家，普遍懷柔。一夫不獲，若納之溝。躋於壽宇，廓此遠猷。彼秦與漢，胡能與儔？虔具祝版，告之山陬。神其鑒臨，與國咸休！」

遂自赤山入雙溪以至內埔。道遇祖望力番社，擊退之，斬其土目。九月，踰崑崙坳。十月，抵諸也葛，出矸仔崙，以達後山。十一月，駐卑南。途次染病重，回郡就醫。光緒元年春三月，復赴卑南，任南路撫民理番同知。卑南初建，制度未備，寄治於綏靖營內。乃次第招撫卑南以北之番，自平地暨高山，歸化日眾。徠民開墾，給牛種，以拓巴壟衛大陂之野，來者漸集。廣設學堂，教番黎。大府嘉之，晉知府。二年，卸綏靖軍，調中路。隨總兵吳光亮討阿棉納納社，平之，賞戴花翎。四年，復帶綏靖軍駐卑南。五年，阿馬薩社亂，討之。五月，建南路廳署，遂建昭忠祠，祀後山死事諸人。七年五月，陞臺灣府。九年，調福寧府。十年五月，卒於任，年六十有三。聞枒富膽略，勇於任事；而在後山最久，故能締造經營，以敷王化。當開山之時，提督羅大春、總兵吳光亮均有功。

連橫曰：開山之役，為臺大事。而能聿觀厥成者，則沈葆楨創建之功，而聞枒、大春、光亮疏附之力也。吾聞聞枒所建之昭忠祠，今已荒廢；死事諸人，亦將湮沒。故附之於後：候補通判辦理營務處湯承、南路撫民理番同知余修梅、南路撫民理番同知鄧原成、南路撫民理番同知歐陽駿、招撫委員陳昌言、幫帶海防屯兵參將李得勝、代理臺東直隸州知州高垚、幫統後軍張吉祥、武功將軍酆炳南、振威將軍劉得勝。

劉銘傳列傳

劉銘傳，字省三，安徽合肥人也。少任俠，洪軍之役，湘鄉曾國藩奉詔辦團練，銘傳從之，歷有戰功。同治元年，李鴻章募淮勇，聞其名，以為管帶。自領銘軍，所向克捷，以功封一等男；事在清史。

光緒十年越南之役，法軍犯臺灣，勢危迫。詔任督辦臺灣事務大臣，旋授福建巡撫，授太子少保，加兵部尚書銜。夏五月，至臺北，趣籌戰守。臺爲海中重地，安危繫東南，而軍政不整，餉械亦絀。未幾而法艦攻基隆，銘傳帥提督曹志忠、蘇得勝、章高元、鄧長安拒之。法軍大敗，陣斬中隊長三人，獲聯隊旗二。秋七月，法艦攻福州，入馬尾，燬船廠。防務大臣張佩綸不能戰，總督何璟亦驚走。詔大學士左宗棠治軍福建，銘傳乃得稍修軍備。兵備道劉璈駐臺南，亦能軍，故無兼顧患。然璈以加營務處，又恃才，頗不受節制。銘傳銜之。八月，法軍復攻基隆。銘傳督戰，炮彈萃至，殪數人，左右請退，曰：「人自尋彈，彈何能尋人？」眾聞之奮戰，士氣大振，法軍又敗去。已而諜報法艦別攻滬尾。滬尾爲臺北要害，距城三十里，銘傳慮有失，則臺北不守；命撤軍。各提督力諫，不聽。唯留統領林朝棟駐獅球嶺。或議之，曰：「是惡知吾之深意也。」其後法艦三攻滬尾，皆受創去。宗棠以基隆失守，劾之。銘傳具疏辯。法軍據基隆，謀南下，輒爲朝棟所扼。十一年春二月，別攻澎湖，據之。而是時清軍在越南疊勝，法人亦無久戰意，乃議和，撤兵去。

詔以銘傳駐臺灣籌辦善後。六月，奏曰：「竊法兵退讓澎湖，臣同前陝甘總督楊岳斌於本月十七日會奏在案。善後各事，急須次第舉辦，謹爲我皇太后、皇上陳之：一、臺澎以設防爲急務也。查全臺各海口，大甲以南至鳳山，沙線遼闊，兵船不能攏岸，遠隔四、五十里，近亦二、三十里，設防較易。而大甲以北，新竹一帶海口分歧，直至宜蘭，兵船可入，至遠不過三、五里。基隆、滬尾雖可停泊兵船，賴有山險，如有巨炮水雷，設防尚能爲力。唯新竹沿海平沙，後龍、中港皆可出入三號兵船，地勢平衍，全恃兵力，頗難著手。然猶較勝於澎湖。臣派提督吳宏洛至該處察看情形，據稱地無草木，一片沙石，無土可取，面面受敵，甚難爲力。唯港口以南，天然船隖，最宜停泊兵船。臣到臺一年，察看形勢，不獨爲全臺之門戶，亦爲南北洋之關鍵。欲守臺灣，必先守澎湖；欲保南北洋，亦必須保澎湖。如能澎、廈駐泊兵船，防務嚴密，敵船附近無可停泊，則不能飛越深入，不顧後路，此澎、廈辦防固爲全臺之急，且非僅臺灣之急也。試就澎湖而論，若欲辦防，則須不惜重費，認眞舉行。縱兵船一時難集，而陸兵不過三千，必須多購大炮，堅築炮臺，製辦水雷，屯積糧薪。計購炮築臺需費約在四、五十萬兩，須一、二年內方可告竣。若敷衍將就，不若不防。既節數營之餉，亦免臨事覆車之累。應請旨定奪。一、臺澎軍政急宜講求操練也。查臺灣軍務弛廢已久，湘淮各軍皆強弩之末，欲杜浮冒，挽回積習，非切實講求操練不可。近時各營多用後門槍炮，尤非勤習操練，不能施放。不識碼號，則不識遠近高低，槍出無準；是有利槍與無槍同。且不知折機磨擦，遇雨遇濕，上槍則損；重價購之，隨意棄之，尤爲可慨。是練兵非僅臺灣急務，亦各省之急務。唯臺灣煙瘴之地，兵丁半多煙病，將貪兵猾，寬則怠玩不振、積弊難除，嚴則紛紛告假，去而之他，一時頗難整頓。現同沈應奎、陳鳴志商酌裁留營數，除鎮標練兵不計外，共擬留三十五營；臺南合澎湖十五營，臺北合宜蘭十五營，中路嘉義、彰化、新竹一帶擬派五營。論形勢則臺北爲喫重，論地方則臺南爲遼長，則再無可減之兵矣。一、全臺賦稅急宜清查也。查臺灣田產之美甲於天下，一歲兩熟。而淡水一縣每年額徵錢糧耗羨銀七百八十餘兩，正供官穀九千餘石。宜蘭並無錢糧。其餘縣分賦稅亦輕。計全臺所入關稅、釐金並鹽務每年可得銀一百零數萬兩。將來整頓鹽務，剔除各項中飽之資，每年可得一百二十萬兩。以臺、澎三十五營，每年需餉一百二十餘萬兩，尚有輪船經費，一切雜款，並須添設製造局，每年需餉約在一百四、五十萬兩。若能將各縣賦稅清查無遺，以臺灣之入款，供臺灣之所用，自可有餘無絀。唯清賦一事，要在官紳得力。臣不諳吏治，昧於理財，商諸沈應奎，辦理之法，議必先行清查戶口，次第舉行。恐須一、二年內方收實效。一、全臺生番急宜招撫也。查臺灣生番從前多在外山，因遭閩粵客民愈來愈眾，日侵月削，遁入內山，種類繁多。近亦耕稼爲生，各有統屬，平居無事。而土匪、游勇每有百十成群，聚集於番民交界之處，搶劫居民，或侵占生番田廬，騙其財物。一有爭端，輒起械鬥。奸民被殺，則訴於官，派兵勦辦；而生番被殺，冤無可訴，集眾復仇。仇怨日深，兩不安靖。若不及早設法招撫，使之歸化，將來番地日蹙，結怨甚多，鬱久必變，恐成陝甘回匪之禍。即以防務而論，防海又須防番，勢難兼顧，治理爲難。若得生番全服，僅防外患，不憂內侮，既節防費，且可開山伐木，以裕餉源。夫設防、練兵、清賦三者，皆可及時舉辦，唯撫番不易，應俟三者辦成後，方能議行。其次如安設電報、修路造橋以通南北之氣，清理屯墾、開礦採木以興自然之利，亦爲要務。臣智識庸愚，難勝艱鉅。禦敵既無方略，辦事又乏才能。每念時局之艱難，不能圖報於萬一，徬徨中夜，深自仄心。唯有竭其愚忱，努力盡職，勿敢稽延，以開廢弛之漸。管見所及，恭摺敬陳。」

既又奏請專駐臺灣，略曰：「臺灣爲七省門戶，各國無不垂涎。每有釁端，咸思吞噬。前車可鑒，來軫方遒。所有設防、練兵、清賦、撫番數大端，均須次第整頓。臣曾平居私念，以臺地孤懸海外，土沃產饒，宜使臺地之財，足供臺地之用，而後可以處常，可以處變。此次蒞臺經年，訪求利弊，深見實有可爲，甚惜從前因循之誤。固知補救未晚，而時會迫切，勢不能不併日經營。況臣才質庸愚，恐難勝任。重以閩疆公事繁多，而又遠涉重洋，顧此失彼。與其貽誤於後，曷若陳情於前。再四思維，唯有乘此未接撫篆之時，准開福建巡撫本缺，俾得專辦臺灣事務，庶幾勉效寸長，或可無致隕越。」詔以楊昌濬兼署福建巡撫，而銘傳遂得專駐矣。

先是同治十三年，欽差大臣沈葆楨奏請臺灣建省，廷議不從。至是宗棠復言。九月，詔設臺灣省，以福建巡撫爲臺灣巡撫，兼理學政。廷議以臺灣新創，百事待舉，非有文武兼備之臣，不足以資治理。詔以銘傳爲巡撫。十二年夏四月就任。乃偕福建總督楊昌濬奏議改設行省事宜，當以理財爲要；語在度支志。前貴州布政使沈應奎以罪褫職，永不敘用，銘傳諗其才，奏請破格。不許。復力舉，乃以爲臺灣布政使。應奎工心計，樂輔助，臺灣財政因之日進。銘傳既奏陳四事，次第舉行。定建省會於東大墩；以府治初闢，諸未設備，乃暫駐臺北。臺灣前用班兵，皆調自福建，久而積弊。光緒元年，沈葆楨奏請裁撤，新募勇營。不從。唯鎮標僅置練勇。及法軍之役，銘傳自率淮軍十營來臺，頗奏膚功。至是用之，僅存三十五營，以當防備。設總營務處於臺北，隸巡撫，以候補道盧本揚任總辦；而臺灣軍政一新。然臺爲海中孤島，防務維艱，乃聘德人爲工師，建基隆、淡水、安平、打鼓各炮臺，或改修之。購置巨炮，計費六十四萬餘兩。又設軍械機器局於臺北，以記名提督劉朝幹爲總辦；並設火藥局、水雷局，以籌自製。蓋臺在海外，當恃航運，一有戰事，往來遏絕，非是不足以自給也。五月，奏請清賦。六月，設清賦局於南北兩府，以布政使轄之。縣置分局。而各廳員多以欲辦清賦，當先查戶，方足以清其本。通飭各屬，限兩月報竣。既成，據以清賦。計田以甲，從舊例也。每甲當十一畝；語在田賦志。

是時蜚語流布，劣紳土豪陰事阻橈，而彰化知縣李嘉棠貪墨，又奉行不謹，縣民施九緞糾眾以抗，各地亦蠢蠢欲動。銘傳檄棟軍統領林朝棟平之，而清賦亦以十四年告竣，驟增四十九萬餘兩。初，葆楨在臺，曾辦撫番開墾，至是乃擴大之，設撫墾局，奏簡在籍紳士林維源為總辦。設番學堂，布隘勇制，以勵番政。其不從者，移師討之。朝棟伐東勢角之番，屯兵罩蘭，以脅蘇魯、馬臘邦二社。不從。五月進攻，又不利。十二年秋七月，銘傳自往平之，餘番亦先後歸服。當其時百事俱舉，而南北遼遠，內外阻隔，乃籌行郵傳，增電線，築鐵路。又派革職道張鴻祿、候補知府李彤恩考察南洋商務，設招商局於新嘉坡。購駕時、斯美兩輪船，以航行香滬，遠至新嘉坡、西貢、呂宋等埠。臺灣貿易為之大進。十三年，兵備道陳鳴志、鎮海後軍副將張兆連稟請開山，從之。自彰化之集集以至水尾，新設臺東、埔裏社兩廳。置腦務、煤務兩局，由官辦之。興殖產，勸工商，鑄新幣，行保甲，以謀長治之策。創西學堂於臺北，以教俊士。銘傳既兼理學政，十五年蒞南歲試，或言其不文，及榜發，多一時之秀。是年檄棟軍築省城；基隆鐵路亦將達新竹，而政府頗多掣肘，士論又譏其過激。銘傳知不可為，十六年冬十月，奏請開缺，令布政使沈應奎護理。十七年春三月，以邵友濂為巡撫，而百事俱廢矣。銘傳既告病歸家，遂不出。甲午之役，清廷欲起為領兵大臣，辭。及聞割臺，李鴻章以書慰之。二十二年冬十一月二十七日，薨於里第，年五十有九。清廷軫悼。追贈太子太保，謚壯肅，准建專祠。

連橫曰：臺灣三百年間，吏才不少；而能立長治之策者，厥維兩人：曰陳參軍永華，曰劉巡撫銘傳，是皆有大勳勞於國家者也。永華以王佐之才，當艱危之局，其行事若諸葛武侯；而銘傳則管、商之流亞也。顧不獲成其志，中道以去，此則臺人之不幸。然溯其功業，足與臺灣不朽矣。

劉璈列傳

劉璈字蘭洲，湖南岳陽人，以附生從軍。大學士左宗棠治師西域，辟為記室，參贊戎機，指揮羽檄，意氣甚豪。及平，以功薦道員。光緒七年，分巡臺灣。時方議建省，歲以巡撫視臺。璈至，多所擘畫；以彰化居南北之中，議移兵備道於此，置同知，駐副將，改知縣於鹿港。大肚以北，大甲以南，周數百里，田疇寬敞，水環山抱，可作都會。建城築署之費，應由臺、鳳、嘉、彰合資襄助。而巡撫岑毓英亦擇地東大墩之麓，籌造省垣，尚未行也。璈勇於任事，不避艱鉅，整飭吏治，振作文風。又以臺南爲首善之區，街衢湫隘，疾疫叢生，欲闢大道、開運河，引水入城，以行舟楫。郡人不從，乃僅築溝渠，宣積穢；以鎮海營兵塡造安平之路。郡中大火，燬商廛數十，烈焰漲天，眾莫敢邇。璈聞警，短衣縛袴，躍登屋上，麾兵析屋，遏火路。郡人感之。法事起，毓英治軍廣西，璈上書，請助黑旗以撓法兵。且謂「今日之事，鮮不韙戰而諱和。抑知和戰皆係一理。事決於和，不能不先決於戰；蓋能戰而後能和。爲越南計，爲中國計，是在和緩而戰急。然必外主乎和之名，內助其戰之實。愼戰於始，庶能緩和於終。」毓英嘉之，其後遂撫劉永福而用之。

中法既戰，沿海戒嚴。璈駐臺南，協士民，籌戰守，辦團練，討軍費。而臺灣孤立海外，延袤千里，守兵僅有一萬六千五百名，不敷布置。璈分爲五路，自統一軍，有事相策應。稟請總督駐臺，居中調度；不從。又請奏簡知兵大員督辦，以一事權。於是命署福建陸路提督孫開華率所部駐臺北。十年春三月，法艦窺臺灣。四月，璈又上書督撫，略曰：「臺灣本有爲之地，爲之亦非無把握，端賴有治人、有治法、又有治權，則事可得爲，地方亦可制治。然其事之可爲而不得爲，有非鎭道所能爲者，沈文肅公已言之矣。臺灣防務不外山海，平時則山煩於海，有警則海重於山。然必先整山防，海防始有憑藉。否則內外交訌，防務更難措手。此山海所宜並籌也。議者以臺灣自辦開山撫番，十餘年來，傷人逾萬，糜餉數百萬，迄無成效，以致奏請停辦，意在節流。是不推究於辦理之非人，又非其法，而徒謂開撫之無益，是未知臺事之底細爾。夫事在人爲，爲果得人，不特山前已闢地方可期整頓，即山後、山中似闢非闢、未闢各區，墾務、礦務、材木、水利等項，皆利源所賴。若開辦得法，農、工、番、漁皆足寓兵，且足籌餉。餉藉兵力而源以開，兵藉操作而用愈活。始費雖鉅，不十年間，定可次第收回。十年以後之利，正自無窮。所謂始難而終易也。此則因利而利、以臺治臺之大略。然必豫籌於平日，乃能應用於臨時，固非欲速見小，所能爲功；尤非偏持遙制，所能濟事。如再故事奉行，回護前失，狃於近似，渾忘遠謀，勢必仍舊倉皇，兵餉兩蹙。萬一臺灣爲彼所襲，地大物溥，取多用宏，凡我所欲爲而不得者，彼皆爲所得爲，則南北洋務將無安枕之日，是誤臺即誤國矣，由辦之不早辦也。臺澎四面皆海，周圍三千餘里，無險可扼，隨處可登。備禦之法，較各邊省尤難。今籌防派分五路，因地制宜。如專歸道統最當衝要之南路，又楊署鎭在元所統中路，張副將兆連所統後路，新舊營勇，皆經職道挑選，訓練緊嚴；及另備活營，章提督高元所統淮軍，楊提督金龍所帶湘軍，皆屬器精兵銳，能戰能守。兼以水陸團練，認眞操演，虛實互用，三路陸防固己可恃。如能得前路、北路一律整齊，則不患臺防之不振，而患海面之不周。兵船既少，又乏水雷炮艦，以備抵禦。如臺南郡城偪近海隅，淺露平脆，不足當衝。而安平、旗後、基隆、滬尾各炮臺亦如之。倘敵人以堅艦聚泊港外，專以巨炮擊我城臺，一無抵制；是彼則不戰而勝，特逞所長；而我則戰守兩窮，莫掩所短。經歷陳請，亦鮮良方。故前詳不求角力於海中，祇求制勝於陸上，則以陸防之權固操自我也。夫權在我，則敵由我制。五路防軍雖分猶合，運用皆可自如。特恐我權不一，是我先爲我制，何能制敵？此又陸防之難者。蓋以遠隔重洋，事事扞格。職道鑒前慮後，曾以權緩急、決疑難、定刑賞三大端，斷非專閫節制不可，詳懇奏請簡派知兵大員渡臺督辦，實爲安危第一要著。而憲示以督辦非外省所得擅請，仍飭職道勉爲其難，敢不祇遵。然難果得爲，勉尙有濟；勉爲不得爲，亦終難。義在致身，他復何恤？唯有盡其心力所能至，以仰答君恩憲德於萬一爾。」

五月，防務大臣劉銘傳至，經理臺北，而以臺南委璈。當是時軍務倥傯，需餉孔亟，道府兩庫存銀百五十萬兩，銘傳命撥五十萬，不從。又以兵備道加營務處，例得上奏，頗不受節制。銘傳啣之。六月，法艦攻基隆敗，再攻復敗，士氣大振。銘傳忽撤兵失地，璈揭其短，且言李彤恩矇蔽之罪。宗棠據以入告，嚴旨譴責，褫彤恩職。銘傳愈恨之。九月十五日，法國水師提督孤拔下令封港，一時航運遏絕。璈以其違犯萬國公法，晤商各領事，請干涉。各領事以事關重大，須待國命。乃密上封章，懇沿海各省督撫代奏；語在外交志。基隆既失，澎湖亦陷，璈自劾。疊請南北洋派艦援臺，不至。十一年春二月，孤拔泊安平，介英領事請兵備道會見。璈欲往，左右諫曰：「法人狡，往將不利。」璈曰：「不往，謂我怯也。咄！乃公豈畏死哉！」至安平，戒炮臺守將曰：「有警，即開炮擊，勿以余在不中也。」

孤拔相見甚歡，置酒饗，語及軍事。璈曰：「今日之見，爲友誼也；請毋及其他。」孤拔曰：「以臺南城池之小，兵力之弱，將何以戰？」璈曰：「誠然。然城，土也；兵，紙也；而民心，鐵也。」孤拔默然。盡醉而歸。法艦亦去，而臺南得以無害。和議既成，詔以銘傳爲臺灣巡撫，經理善後。

四月，銘傳奏言：「包辦洋藥、釐金董事陳郁堂呑匿鹿港等口釐金四萬六千餘兩，疊經札提來轅訊究，竟敢抗延不到。臺灣道劉璈有督辦稅釐之責，當上年秋冬餉項支絀之時，應如何籌畫，以備接濟，顧持危局。事前既不查察，事後又不追還，顯係通同作弊。已由臣檄令撤任。」既又劾璈十八款，語多不實。奉旨革職，籍沒家產。命刑部尚書錫珍、江蘇巡撫衛榮光到臺查辦。六月，奏請擬斬監候，改流黑龍江。士論冤之。將軍穆圖善聞其才，延爲幕客。居數年，將爲請還，而璈竟病死。當璈宦臺時，著巡臺退思錄三卷，銘傳奏毀其版。後余乃得之，獲誦所言。

初，璈議移巡道於彰化，而臺北知府林達泉謂當移臺北，著全臺形勢論一篇。論曰：「全臺形勢，翼蔽東南，幅員綿邈。以目前而論，臺灣爲府治所在，鎭道建節，實爲扼要之區。然統全局而籌之，臺灣地處下游，如人居於矮屋之中，不能昂頭四顧，是未若臺北之地據上游，控制全局，犄角福建，尤有振衣千仞、濯足萬里之概也。夫省郡輻輳之區，必據山水交會之勝。臺灣逼近海濱，地勢卑薄，北有蔦松溪，南有二層行溪，源短流弱，驟盈驟涸。而臺北則平原沃壤，周迴數百里，實爲天府之域。其山則有三貂嶺、大坪林，開列如障，迤邐而來；又有觀音、大屯二山，雄峙水口，以爲拱護。其水則有二甲九、三角湧、水返腳三溪，源遠流長，百有餘里，均匯於艋舺，乃由關渡出滬尾以入於海。全臺之水皆不匯，而三溪獨匯。全臺之溪皆不通舟楫，而三溪獨通。此山水之勝一也。昔晉人謀去故絳，韓獻子以郇瑕氏土薄水淺，其惡易覯，民有沈溺重腿之疾，不如新田，土厚水深，有汾澮以流其惡。晉侯從之。今臺灣府治地既斥鹵，泉尤不潔。而臺北則有三溪洪流，蕩滌污垢，且泉脈甘美，飲之舒泰。此水泉之勝二也。臺南所產，以糖爲巨；而臺北則菁華所萃，米、茶、油、煤、硫磺、樟腦、靛青、木料等產，每年二、三百萬金，故富庶甲於全臺。此物產之勝三也。全臺通商口岸，南有安平、旗後；而安平自夏徂秋，風起水湧。從前安瀾、大雅兩輪船，皆以是而擱淺毀壞；旗後則內港漸淤，近議用機開挖，聞亦未易疏通。是臺南兩口一險一淤，通商實無大益；若臺北則基隆潮漲潮退，均可碇泊；滬尾潮漲之時，巨舟可入。故全臺通商在臺北者恆十之七、八，而在臺南者祇二、三。此口岸之勝四也。且基隆、滬尾皆與福州對渡，水程不過六更，朝發夕至，又無橫洋之險。若福州至安平，必歷黑水溝，過澎湖。不唯遠倍臺北，險亦倍之。此又遠近安危之迥異，其勝五也。夫臺北與福州地勢既近，呼應極靈。督撫在省調度，左提右挈，萬一臺疆有事，內地師船可以逕渡。即內地有事，臺北亦可策應。此又兩地相為表裏，其勝六也。夫就臺論臺，臺北之勝於臺南者四；就閩論臺，臺北之勝於臺南者亦二。竊意臺北經營措置，少則五年，多則十載。臺灣巡道當移駐臺北；不唯風氣日闢，勢不能遏，抑亦形勢扼要，理有固然也。」達泉，廣東大埔人，字海岩，前任淡水同知。光緒五年陞臺北府，有循政。又著治臺三策，語多不載。

連橫曰：法人之役，劉銘傳治軍臺北，而劉璈駐南，皆有經國之才。使璈不以罪去，輔佐巡撫，以經理臺疆，南北俱舉，必有可觀。而銘傳竟不能容之。非才之難，而所以用之者實難，有以哉！

林平侯列傳

林平侯，名安邦，號石潭，以字行。籍龍溪。父應寅來臺，居淡水之新莊，設帳授徒。平侯年十六，省父，傭於米商鄭谷家。性純謹習勞，谷信之，數年積資數百；谷復。假以千金，命自經紀。平侯善書算，操其奇贏，獲利厚。谷年老將歸，平侯奉母利以還不受，為置產芎蕉腳莊，歲收租息以餽之。已而與竹塹林紹賢合辦全臺鹽務，復置帆船，運貨物，往販南北洋，擁資數十萬。年四十，納粟為同知，分發廣西，署潯州通判，攝來賓縣。嗣調桂林同知，署柳州府。有幹才，大府重之。嘉慶十九年，大學士蔣攸銛督兩粵，有短平侯者，密揭其私。比謁，指陳政事，悉中肯綮，攸銛嘉之。尋引疾歸。

當是時，淡水閩、粵械鬥，漳、泉又鬥，蔓延數百村落。平侯出而解之。而新莊地當衝要，每為兩族所爭，乃遷大嵙崁，建廈屋，築崇墉，盡力農功，啓田鑿圳，歲入穀數萬石。已復開拓淡水之野，遠及噶瑪蘭，所入益多。遂闢三貂嶺，以通淡、蘭孔道。平侯既富，念故鄉族人貧苦，倣范仲淹義莊之法，置良田數百甲，爲教養費。復捐學租，倡修淡水文廟及東海書院。道光十二年，嘉義張丙起事，官軍伐之；平侯助餉二萬兩，加道銜。子五人：長國棟早世，次國仁、國華、國英、國芳。仁、英皆收養，而華、芳有名。

國華，字樞北，英偉有父風；平侯既老，以家事委之。性孝友，旦夕侍左右，飲食起居，躬任其役。每被譴，跪而受命。國芳字小潭，平侯愛之。少好技擊，及長，折節讀書。聞廈門呂世宜之名，具禮聘，以師事之。平侯卒後，國華仍居大嵙崁，而地近內山，土番盱睢，裸體出入。咸豐三年，卜居枋橋，起邸宅，園林之盛冠北臺，遇名士悉羅致之。兄弟友愛，共產同居，號曰本源。當是時淡水之地尚多未闢，番界尤腴，國華募佃墾之，引水溉。歲入十數萬石。七年，國華卒。越二年，漳泉復鬥，禍尤烈。國芳首辦鄉團，築城樓，募勇士數百人，備攻守。每戰，親自登陴，援桴策勵，賞有功而恤死者，故人爭效命。越十年和，建迪毅堂於枋橋，祀陣沒，至今猶存。國華有子三：維讓、維源、維德。而國芳無子，以維源嗣之。

維讓，字巽甫，咸豐九年，欽賜舉人。與維源俱學於廈門陳南金。及國芳卒，歸臺，共理家政。同治元年，彰化戴潮春起事，新莊楊貢、桃園楊德源等謀應之。德源固桃澗堡總理，以事被革。會盟結黨，劫富戶。維讓兄弟患之，謀於葉春。春字靜甫，江西人，宦游臺灣，國芳客之。乃授計於桃園紳者，許以復充總理，即請新莊縣丞先給木戳。德源大喜，置酒宴客。春命壯士夜殺之，懸首枋橋西門。其黨聞之皆散，貢亦被誅，地方以安。已而兵備道丁曰健自省渡臺，至艋舺，規彰化，維讓助餉二萬兩。事平，以功授三品銜。

初，漳泉械鬥，歷年不息。及成，猶不通慶弔。維讓憂之，以其妹妻晉江舉人莊正。正字養齋，名下士也。至是來臺，與維讓兄弟合設大觀社，集兩族之士而會之，月課詩文，給膏火。自是往來無猜。維讓性倜儻，好士，租穀出入，悉任管事。而維源儉樸，巨細必經，唯結交官府。光緒二年，巡撫丁日昌視臺，邀維讓至郡。維讓病，不能行，維源往焉。日昌語之曰：「方今海防重大，財政支絀，子爲臺灣富戶，亦當稍報國家。」維源乃捐銀五十萬兩。其母鍾氏以晉、豫之災，捐賑二萬兩。奉旨嘉獎，追贈三代一品，賜「尚義可風」之匾。已而維讓生母鄭氏亦以山西之賑，自捐二十萬兩，賜「積善餘慶」之匾。維讓兩子：長爾昌，字介眉；次爾康，字鏡颿。爾康生三子：長熊徵、次熊祥、熊光。

維源，字時甫，納資為內閣中書。光緒五年，臺北建城，督辦城工。事竣，授四品卿銜。法人之役，兵備道劉璈駐南治軍，而餉絀，議借百萬兩，不許。璈多方勸譬，乃借二十萬，去之廈門。越年和成，巡撫劉銘傳邀其歸，禮之，遂捐五十萬，以為善後經費。授內閣侍讀，遷太常寺少卿。十二年四月，銘傳奏辦撫墾，以維源為幫辦。當是時銘傳方勵行番政，大拓地利；而維源亦墾田愈廣，歲收租穀二十餘萬石。十七年，以清賦功，晉太僕寺正卿。二十一年五月，臺人自立民主國，設議院，舉為議長。不就，遂居廈門。維源有五子：次爾嘉，字叔臧；次祖壽、柏壽、松壽。

連橫曰：枋橋林氏，為臺巨富。而維源又善守之，故能席豐履厚，以至於今。抑吾聞之故老，林氏世有賢婦。國華之妻既以捐資助賑，受錫九重；而爾康之陳婦氏，侯官人，內閣學士寶琛之妹也。明詩習禮，守節撫孤。前年福建籌辦師範學堂，費無所出，陳氏捐款二十萬。而廈門女子師範學堂亦請為之長。則其造士育才，有功庠序，尤足多焉。昔巴寡婦清以財助國，為世所欽，始皇築臺禮之。若陳氏之處世慈祥，齊家穆棣，誠可追蹤前美，而彤管揚芳也矣。

臺灣通史卷三十四　列傳六

循吏列傳

陳璸

陳璸，字文煥，號眉川，廣東海康人也。康熙三十三年進士，授古田知縣。四十一年調臺灣。清操刻苦，慈惠愛民。公務之暇，時引諸生考課，與談立品敦行。夜自巡行，詢父老疾苦。聞織讀聲，則叩門入見，重予獎賞；或有讙飲高歌者，必嚴戒之。歲祲，發倉以賑，窮黎感其德。明年，調刑部主事，遷郎中。四十九年，由四川提督學政任臺廈道，士民聞其再至，爭趨海澨迓之。至則以興化易俗為務，作育人材，文風丕振。始建萬壽宮，並修文廟、明倫堂、朱子祠，設十六齋以教諸生，置學田為膏火。凡所創建，親董其事，終日不倦。官莊歲入三萬兩，悉以歸公，秋毫不染；其廉介如此。五十三年擢湖南巡撫，單騎赴任。一切文移，盡出己手。翌年入覲，上目之曰：「此苦行老僧也。」十二月，調福建巡撫，溫旨嘉賚。陛辭，問「福建有加耗否？」答曰：「臺灣三縣無之。」上曰：「從前各州縣有留存銀兩，公費尚有所出。後議盡歸戶部，州縣無以辦公。若將火耗分毫盡禁，恐不能行；別生弊端，反為民厲。故為吏須清，然當清而不刻，方能官民相安。」五十五年七月，奏言「防海之法與防山異，山賊之嘯聚有所，而海寇之出沒靡常；而臺灣、金、廈之海防，又與沿海不同。何也？沿海之患，在於突犯內地；而臺、廈之患，在於剽掠洋中。欲防臺、廈，必定會哨之期、申護送之令、取連環之保。今提標水師五營、澎湖水師二營、臺協水師三營，各有哨船。宜大書某營字樣於旗幟，每月會哨一次。彼此交旗為驗，呈送提督查核；若無交旗，即察取其營官職名；若有失事，即察取巡哨官職名；則會哨之法行矣。商船不宜零星放行，無論廈去臺來，須候風信，齊放二、三十艘出港，臺廈兩汛各撥哨船三、四號，護送至澎交代。各取無事之結，月送督撫查核。如無印結，即以官船職名申報，則護送之法行矣。商船二、三十艘同時出港，官為點明，各取連環保結，遇賊相救；否以通賊論，則連環保之法行矣。」疏下部議，以煩瑣難行。上特韙之，著如所言。五十七年十年，卒於官，下旨軫悼，追贈禮部尚書，賜祭葬，謚清端。雍正八年，詔祀賢良祠。璸治臺有惠政，臺人思之，塑像於文昌閣，誕日張燈鼓樂以祝。及卒，哭之。入祀名宦祠。

季麒光

季麒光，江蘇無錫人，康熙十五年進士。二十三年，知諸羅縣事。臺灣初建，制度未備，大府每有諮詢，麒光輒陳其利害，語多採納。既又言曰：「臺灣有三大患，而海洋孤處、民雜番頑，不與焉。一曰賦稅之重大也。臺灣田園分上、中、下三則，酌議勻徵矣。然海外之田與內地不同；內地之田多係腴壤，爲民間世守之業；臺灣水田少，而旱田多砂鹵之地，其力淺薄，小民所種，或二年、或三年，收穫一輕，即移耕別地。否則委而棄之，故民無常產；多寡廣狹亦無一定之數。況田租之最重者莫如蘇松等府，每畝輸納一斗五、六升至二斗，止矣。今田園一甲計十畝，徵粟七石、八石，折米而計之，每畝至四斗、三斗五、六升矣。民力幾何，堪此重徵乎？況官佃之田園盡屬水田，每歲可收粟五十餘石。鄭氏徵至十八石、十六石，又使之辦糖麻荳草油竹之供。文武官田園皆陸地荒埔，有雨則收，無雨則歉；所招佃丁，去留無定。故當日歲徵粟十二萬有奇。官佃田園九千七百八十二甲，徵至八萬餘石。文武田園二萬二百七十一甲，僅徵四萬石，亦因地以定額也。人丁之稅，莫重於山之東西、河之南北，謂其地曠土疏，故取足於丁也。然稻麥黍稷生之，梨棗柿栗生之，棉麻荳竹生之。一頃百畝止納銀三、四兩，輕於彼而重於此，猶可言也；大江左右，田稅既重，丁稅不過一錢，且或一家數口而報一丁，或按田二、三十畝而起一丁，未有計口而盡稅之如臺灣者，未有每丁重至四錢八分如臺灣者也。今既多其粟額，而又重其徵銀，較之鄭氏則已減，較之內地則實難。所幸雨暘時若，民力可支；倘卒遇凶荒，莫可補救。所謂不患於瓦解，而患於土崩者，正今日之情形也。一曰民兵之難辦也。臺灣之兵多係漳、泉之人，漳、泉之人多係投誠之兵，親戚故舊尙在臺灣，故往來絡繹，鹿耳門之報冊可查也。但此輩之來，既無田產，復無生計，不託身於營盤，而潛蹤於草地；似民非民，似兵非兵。里保無從問，坊甲無從查。聚飲聚賭，穿壁踰墻，無賴子弟，倚藉引援，稱哥呼弟。不入戶，不歸農，招朋引類，保無奸慝從中煽惑、始而爲賊、繼而爲盜、卒乃啓爭長禍如胡國材、何紀等者乎？然其所以難於稽察者，荒村僻野，炊煙星散，或一、兩家四、五家，皆倚深篁叢竹而居，非如內地比廬接舍，互相糾結。查此則徙彼，查彼則避此。保甲之法，可行於街市，而不可行於村落者，一也。一兵之家，或二或三，名曰火兵，出入鄉市，罔知顧忌。無事則假兵之名，有事則非兵之實。姓氏互異，不辨眞僞，二也。況臺灣之兵，皆抽調之實額。如有死亡，即行報補。今竟將佃民收充入伍，是營內多一兵，即里內少一丁矣。丁既爲兵，則稅不輸、役不任矣。奸民輾轉依附，爭相效尤。若不思患豫防，亟加整飭，所謂不在顓臾，而在蕭牆之內者，即此是也。一曰蔭占之未清也。賦從田起，役從丁辦，此從來不易之定法也。臺灣自鄭氏僭竊以來，取於田者十之六、七，又從而重歛其丁。二十餘年，民不堪命。既入版圖，酌議賦額，以各項田園歸之於民，照則勻徵，則尺地皆王土，一民皆王人。正供之外，無復有分外之徵矣。乃將軍以下復取鄭氏文武遺業，或託招佃之名，或借墾荒之號，另設管事，照舊收租。在朝廷既宏一視之仁，而佃民獨受偏苦之累，哀冤呼怨，縣官再四申請，終不能補救。且田爲有主之田，丁即爲有主之丁，不具結，不受比，不辦公務，名曰蔭田；使貧苦無主之丁，獨供差遣。夫蔭丁有形之患也；蓋免一丁，而以一丁供兩丁之役，弱爲強肉，則去留有生死之心。勉從而不懷仁，力應而不心服。怨不在大，可畏唯人，固宜深慎。占田無形之患也；小民終歲勤劬，輸將恐後，以其所餘，爲衣食吉凶之用。今既竭力於公私，家無餘積，田主非其世業，豐則取之，凶則棄之。萬一煢煢佃丁，無所抵償，重洋孤島，何以爲恃？此蔭占之弊，初若無甚輕重，而關於國計民生爲甚大，則籌之不可不早。昔賈誼洛陽少年，當漢文治安之日，猶稽古按今，爲流涕太息之陳；況海疆初闢，瘡痍湯火之餘，憂前慮後，正在此時。卑縣一介書生，遠遜古人，而身任地方，少知治禮。故干犯忌諱，以竭愚衷，唯憲臺留意焉。」麒光以諸羅偏僻，民番雜處，首興教育。又以文獻未修，久而荒落，乃撰府志。總其山川、風物、戶口、土田，未畢，翌年以憂去，巡道高拱乾乃因其稿纂成之。

蔣毓英

蔣毓英，字集公，奉天錦州人，以蔭生知泉州府。康熙二十二年，清人得臺灣，督撫會疏交薦，遂調臺灣知府。既至，經理三縣疆域，集流亡，勤撫字，相土定賦，以興稼穡。臺灣固有學宮，制度未宏，二十四年與巡道周昌拓而大之。又設義學，教子弟，勗以孝悌力田之道，一時稱良吏焉。二十八年，陞湖南鹽驛道，士民告留，不得，建祠以祀。

張玶

張玶，山西崞縣人，歲貢生。以康熙二十九年，任諸羅知縣。邑土廣漠，多未開墾，招徠流氓拓田，黽勉撫綏，至者如歸市。不數載，農事大興，民亦殷庶。三十一年，蝗，玶日巡阡陌，憂形於色。竭誠祭禳，雖災不害。性恬淡，寡言笑，蒞職四年，未嘗輕笞一人、嫚一士。二十九年，陞河南彰德府同知。邑人念其惠，塑像於府治竹溪寺。

靳治揚

靳治揚，滿州鑲黃旗人，以筆帖式歷漳州知府。康熙三十四年，調臺灣府。蕩滌草竊，招撫土番，捐資以修文廟；尤雅意作人。番童有未知禮義者，立社學，延師教之，民稱其德。四十一年，陞廣東高雷廉道，請祀名宦祠。

李中素

李中素，字鵲山，湖北西陵人。始任湘鄉教諭，以卓異擢閩縣。康熙三十四年，調臺灣。善聽訟，遇有冤獄，必竭力申救，而頑梗者則繩之。嘗攝府學篆，教諸生以孝弟，次及文藝。

衛臺揆

衛臺揆，字南村，山西曲沃人，以蔭生知漳州府。康熙四十年，調任臺灣，以廉能稱。始建崇文書院，時延諸生，分席講藝，親定甲乙；文學以興。四十四年，歲饑，請蠲本年租賦。在任之中，民安衽席。秩滿，陞廣東鹽法道，臺人建祠祀之。

孫元衡

孫元衡，字湘南，江南桐城人，以貢生知四川漢州同知。康熙四十二年，遷臺灣府同知。性溫厚，於物無忤，而秉志剛正，不屈權勢，凡不便民者悉除之。

宋永清

宋永清，山東萊陽人，以漢軍監生，康熙四十三年知鳳山縣事。爲政清肅，新學宮，建衙署，創義塾，百廢俱舉。邑治東門外有良田數百甲，歲苦旱，永清發倉穀千石貸民，築陂於蓮花潭，長千三百有餘丈，以資灌溉。歲乃豐。郡南有法華寺，爲夢蝶園故址。四十七年，永清新建前殿，祀祝融；別闢曠地，蒔花果。築茅亭於鼓樓之畔，顏曰「息機」。公餘之暇，時憩於此。素工詩，好吟咏。每與邑人士講學，文教以興。著溪翁詩草。五十一年，秩滿，陞延慶知府。

周鍾瑄

周鍾瑄，字宣子，貴州貴筑人。康熙三十五年，舉於鄉。五十三年，知諸羅縣事。性慈惠，爲治識大體。時縣治新闢，土曠人稀，遺利尚巨。乃留心咨訪，勸民鑿圳；捐俸助之。凡數百里溝洫，皆其所經畫；農功以興。又雅意文教，延漳浦陳夢林纂修邑志。當是時諸羅以北，遠至雞籠，土地荒穢，規制未備。鍾瑄於其間，凡可以墾田建邑、駐兵設險者，皆論其利害。稿成未刊，尋擢去，後多從其言。邑人念之，肖像於龍湖巖以祀。

黃叔璥

黃叔璥，字玉圃，順天大興人。康熙四十八年進士，歷任京秩。六十一年，始設巡視臺灣御史滿漢各一員，廷議以叔璥廉明，與吳達禮同膺是命。達禮，正紅旗人也。既至，安集流亡，博采輿論，多所建設。著赤崁筆談、番俗六考，志臺灣者取資焉。越十九年，有張湄者，亦巡臺御史，愛民造士。湄字鷺洲，浙江錢唐人，雍正十一年進士。以翰林轉御史。著珊枝集、瀛壖百詠。

秦士望

秦士望，江蘇宿州人，以拔貢生出仕。雍正十二年，調彰化知縣。邑治初建，制度未詳，即以興學致治爲心，凡有利民，罔不爲之。翌年，倣諸羅之法，環植刺竹爲城，建四門，鑿濠其外。又造西門外大橋，通來往。前時臺灣瘴癘盛、水土惡，鄉僻之人每患癩疾，無藥可治，父母棄之，里黨絕之，流離道路，號爲天刑。士望見而憫之，慮其感染，建養濟院於八卦山麓以居之，旁及廢疾之人，養之醫之，民稱善政。

陸　鵬

陸鵬，字西溟，浙江海鹽人。康熙五十六年舉人。初授奉化教諭，以卓異薦陞連江知縣，調諸羅。安輯庶民，撫柔番社，治稱最。後丁母憂，嗣任泉州糧捕通判。乾隆八年，調澎湖。治事之暇，則以興學爲務；每逢朔日，集諸生於媽宮公所，課以文藝，而尤敦品行，澎之士風爲之一振。越年十一月，卒於官。

曾日瑛

曾日瑛，江西南昌人。乾隆十一年，任淡水同知，兼攝彰化縣事。時同知駐縣治，日瑛以彰化建設二十餘年，尙無書院，慮不足以育人才，乃捐俸倡建白沙書院於文廟之西。既竣，手訂規條，撥田爲費，復延名師以教。落成之日。賦詩以示諸生，遠近傳誦，尋陞臺灣知府，有政聲。彰化文教之興，日瑛啓之也。

朱　山

朱山，浙江歸安人。乾隆十六年進士。二十年，知彰化縣。下車謁廟畢，視獄，問獄吏曰：「彼繫囚者得毋巨盜乎？」對曰：「小竊爾。」曰：「小竊何足繫？」悉召於庭而縱之，各予十金，使治生。曰：「吾與汝約，再犯無赦。」亡何獲一賊，訊之，則前所縱也。山語役曰：「初法必行，當杖斃之。」亡何，復斃一賊，邑人驚駭。相戒曰：「是眞健吏。毋犯法！」亡何，又獲賊，方喝杖，見其面有淚痕。山曰：「犯法者死，何哭爲？」對曰：「小人自知必死。適與母訣，故悲爾。」偵之，果一媪抱席哭，將裹屍去。山曰：「渠有孝心，尚可改。」再予十金，且嚴飭曰：「汝持販他方求衣食，毋居此，爲老捕捉也。」其人叩頭去。山爲政謹愼，聽訟時，但集兩造於庭而判之，案無積牘。彰署固有私款，歲入數千金，山不受。言曰：「正供而外，則屬橫征，爲民牧者豈可使民貧困乎？」巡道德文視彰，故事供帳甚奢。山不可，但饋米十石、羊四羫。文銜之，俄而檄下，命冊丈田。山力爭曰：「彰地初闢，半斥鹵，與他邑異。前時清丈，曾留餘地，以舒貧苦。今若再丈，將大病民，山不忍爲也。」而文催愈急。邑人士謀賂萬金以免，山不可，曰：「吾在此，斷不使諸公賄上游也。」遽令奪鏹橐歸。文聞之，大怒，劾山私收採買。報罷，山被逮。邑人數萬爭揭竿逐委員，勢洶洶。山揮手止，語且泣曰：「諸百姓苟以我故而抗王章，是殺我，非愛我也。」百姓曰：「若然，則我等護公往鞫。有不測，願同死。」甫登舟，而擔饋糗糧者，投艙幾滿。一男子持百金獻。問之，對曰：「公再縱之賊也。」曰：「何爲？」曰：「受金後，改行販魚，已成家矣。今聞公遠行，母命來報恩。」山曰：「我實未知汝手中金，安知非盜而遺我耶？」曰：「公不受，是猶以賊視我也。歸何以見母，不如死！」躍入海。舟子急救，山乃受之。繫省月餘，福建將軍諗其冤，請赦。召見，復原官，再遷灤州知州。將之任，途赴里門，見非故廬，不敢入。已而妻子出迎，曰：「嘻！此君前年罷官時，彰化士民送我家居此者也。」出券視之，購價萬金。

胡邦翰

胡邦翰，浙江餘姚人。乾隆十七年進士。二十七年，調彰化知縣，整剔利弊，頗多建設。先是水沙連荒埔，開墾成田，已報科矣；疊遭水災，多崩壞，歲又不稔，賦課未除，追逋日至。邦翰聞之，爲陳大府，述苦狀。已而總督巡臺，復請之，導往詣勘。總督憫其誠，奏請豁免荒田數千甲、供課數萬石，並請減則。詔至，業農大喜。爲位於水沙連天后宮中，每逢誕辰，備禮以祝。其後有胡應魁者，亦良吏也。

應魁，字鶴清，江蘇曲阿人。以會魁爲廬州教授。嘉慶元年，調彰化知縣。時陳周全亂後，餘黨未平，應魁盡力搜捕，安輯流民。慨然以振興文教爲任，月試書院，親爲評點。初，城中乏泉，汲者須赴東郊紅毛井，路遠弗便。而東門外李氏園，忽得泉甚甘，眾爭汲，禁之不聽，訟於官。應魁捐俸買之，號古月井。嗣建太極亭於署後，以收八卦山峰之秀。任滿，陞淡水同知。蔡牽之亂，防堵有功。卒於官。

胡建偉

胡建偉，字勉亭，廣東三水人。乾隆十年成進士。十四年，授直隸無極縣，洊陞同知。三十一年，任澎湖通判。澎爲海中群島，地瘠民貧。建偉盡心教養。先是澎士獨學無師，爲建文石書院，親校文藝，手訂學約十條，以爲程式。又勸各社多設義塾，助其經費，時往視之。然澎士赴試臺郡，淹留數月，或以無資，中途而反；乃請大府，照南澳之例，由澎扃試，送院考取。復於郡中創澎士試寓，眾感其便。每値農時，輒行郊野，詢問疾苦，有弊則除。協標戍兵，驕悍成習，欺擾鄉人，每裁以法。其怙惡者，則請主將革之。建偉以澎湖開闢已久，而文獻無徵，前任通判周于仁僅成志略一卷，版又失傳，乃輯澎湖紀略十二卷刊之。三十八年，陞北路理番同知。澎人士感其德政，爲位書院，至今談者稱爲治澎第一。

于仁，字純哉，四川安岳人。康熙四十七年舉人。雍正十一年任通判。遇事果斷，不畏強禦。十三年，奉檄清丈，勸民墾荒，闢地一百四十餘畝，資給牛種耕具。吏無侵漁，民沾實惠。俸滿回籍，澎人建祠祀之。

薛志亮

薛志亮，字耘廬，江蘇江陰人。乾隆五十八年進士。嘉慶十一年知臺灣縣。蔡牽之亂，募勇守城，與民同疾苦；而游擊吉凌阿號能兵，民間爲之謠曰：「文中有一薛，武中有一吉，任是蔡牽來，土城變成鐵。」及平，延教諭鄭兼才、謝金鑾合修縣志，旋擢北路理番同知，兼海防。倡建鹿港文祠、武廟，踰年成，而志亮已調任淡水同知。嗣卒於官。其後與袁秉義、李慎彝、婁雲、曹謹，俱祀淡水德政祠。

秉義，字介夫，直隸宣化人。乾隆三十一年進士。五十三年任淡水同知。時淡水方遭林爽文之變，地方未謐，秉義既至，摘奸除暴，禁賭尤嚴。五十六年再任，人畏其明。

慎彝，字信齋，四川威遠人。嘉慶十三年進士。曾任臺灣縣。道光六年署淡水同知。始建廳城，與紳士鄭用錫、林國華同董其役。越三年，陞任噶瑪蘭通判。

婁雲，字秋槎，浙江山陰人。以監生納捐知縣，奉檄來臺。道光十六年，任淡水同知。淡爲山海奧區，閩粵分處，據地爭雄，每有睚眥，輒起械鬥。雲乃集耆老，陳利害，立莊規四條、禁約八條，俾之遵守。又勸各莊設社倉，續修明志書院，以教以養。大甲溪爲淡、彰交界，奔流而西，以入於海，夏秋盛漲，一望無涯，而駕舟者多土豪，藉端勒索。少不如願，即肆剝掠，行旅苦之。雲籌設義渡，捐廉以倡，復向紳富勸輸，得款八千九百餘圓，置田息，充經費，凡設六渡。而塹南之白沙墩、塹北之金門厝，每至季秋，各架浮梁，以利往來，人稱善政。

謹別有傳。

吳性誠

吳性誠，字樸庵，湖北黃安人。以廩生捐納縣丞，來閩候委。嘉慶二十年，任下淡水縣丞，倡建書院。二十一年春，署彰化知縣。適穀貴，盜賊竊發，性誠急勸業戶平糶，發穀熬粥，以食貧民，故饑而無害。平居課士，多得眞才。建忠烈祠於西門內，以祀林、陳、蔡三役死事諸人。後以卓異，擢淡水同知。未幾，以病告歸。

蔣鏞

蔣鏞，字懌弇，湖北黃梅人。嘉慶七年進士，補連江縣令。道光元年，任澎湖通判。慈惠愛民，文武相濟。文石書院建後，歷年久圮，鏞自為山長，以束修充修費，評校文藝，如師弟然。九年六月，卸事。十一年春，復至。會鹹雨，翌年大饑，稟請發帑賑恤。先捐義倉錢三千五百餘緡，以貸貧民，借碾兵穀數百石平糶，存活頗眾。前後治澎十餘年，多所興置。又輯澎湖續編一書，以補胡氏所未備。十六年九月，去任，澎人念之，與韓蜚聲俱祀書院。

蜚聲字鶚湖，江西鉛山人，以監生出仕。嘉慶二年，任通判。恤民重士。曾修文石書院。卒於官。

周凱

周凱，字仲禮，浙江富陽人。嘉慶十六年，成進士。道光二年，授湖北襄陽知府。六年，遷江西督糧道。十三年，以興泉永道署臺灣兵備道。時張丙亂後，民心未定，凱至，督搜餘黨，凡被脅者宥之。而叛卒中有謀起事者，獲其諜林振，乘夜大索。及明，會營禽之，悉置諸法。十六年九月，再至臺灣。十月，嘉義沈知等聚眾謀亂，掠下茄苳糧館，殺汛弁兵丁，即與總兵達洪阿平之。而大莆林之陳燕、岡山之吳幅已謀起應，亦勦之。前後搜捕二百八十餘人，皆分別處死。地方以寧。十七年卒，年五十有九。凱工書畫，素愛才，及門多英俊。著內自訟齋集、廈門金門兩志。

曹謹

曹謹，字懷樸，初名瑾，河南河內人。嘉慶十二年，舉於鄉，以大挑知縣，籤分直隸，歷署平山、曲陽等縣。道光十四年，揀發福建。十六年，署閩縣，兼署福州府海防同知。十七年春正月，知鳳山縣事。時臺灣班兵廢弛，總兵達洪阿頗有意整剔，選六百人，練爲精兵，歲犒錢二萬五千餘緡。巡道周凱贊之，飭府廳縣捐助其半。及姚瑩任巡道，以練兵事，下各屬酌議。謹力陳不可，語在軍備志。謹既抵任，親視隴畝，至下淡水溪畔，慨然嘆曰：「是造物者之所置，而以待人經營者。」當是時，鳳山平疇萬頃，水利未興，一遭旱乾，粒米不藝。謹乃集紳耆、召巧匠，開九曲塘，築隄設閘，引下淡水溪之水以資灌溉；爲五門，備蓄洩。公餘之暇，徒步往觀，雜以笑言，故工皆不怠。凡二年成。圳長四萬三百六十丈有奇，潤田三千一百五十甲。其水自小竹里而觀音，而鳳山，又由鳳山下里而旁溢於赤山里。收穀倍舊，民樂厥業，家多蓋藏，盜賊不生。十八年，巡道姚瑩命知府熊一本勘之，旌其功，名曹公圳，爲碑記之。已而大旱，溉水不足。復命貢生鄭蘭生、附生鄭宜治曉諭業戶，捐資增鑿，別成一圳，名新圳，而以前爲舊圳，潤田尤多。二十年，陞淡水同知，士民攀轅涕泣，祖餞者數千人。既履任，慈祥惠民，興利除弊。二十一年，英人犯福建，輒窺伺雞籠，鎮道併力籌防。謹以淡水沿海，沙汕延長，自雞籠以至大安，凡可以泊舟者，皆囊沙爲堵，練鄉勇守之。又以廳治薄弱，別築土城爲藩，植竹鑿濠爲犄角。二十二年，英艦入大安，謹督兵勇禦之。編漁舟，禁接濟，設哨船，邏海上。先後獲海寇三起，解郡正法。鎮道嘉之。當軍興之際，謹以班兵無用，請停防洋經費，專練鄉勇。姚瑩不許。然瑩亦知班兵之罷弱，非整飭不可，自選精銳六百人，厚給餉糈而教訓之，欲以漸及各營。其後遂裁兵募勇。二十四年，漳泉籍民械鬥，四邑騷動。謹聞報，趣赴彰、淡之交止之。駐大甲兩月餘，集耆老，陳利害，鬥稍息。治民以寬，而非法必罰，猾胥土豪皆屏息莫敢犯。蒞治五年，日以興文教、崇實學，爲淡人士倡。朔望必詣明倫堂，宣講聖諭。刊孝經小學，付蒙塾習誦。公餘之暇，每引諸生課試，分獎花紅。淡水固有學海書院，工未竣，捐俸成之。增設鄉塾。淡之文風自是盛。二十五年，以病去，淡人念其遺愛，祀德政祠。而鳳人亦建祠於鳳儀書院內，春秋俎豆，至今不替。光緒二年，福建巡撫丁日昌奏祀名宦祠，詔可。

曹士桂

曹士桂，字馥堂，雲南文山人。道光二年，舉於鄉。嗣以大挑知縣，籤分江西，歷署興安、龍南等縣。二十四年，以捐辦米石，咨部議敘。二十五年十月，陞鹿港同知；越二年正月，始蒞任。旋署淡水廳事。甫三日而大甲有漳泉之鬥。冒雨往，曉諭莊民，事始息。善聽訟，有獄則斷，案無積牘，顧未嘗妄刑一人。性恬淡，無仕宦習，蔬糲自甘。淡廳固有陋規，屏不取。受事九月，以積勞病，猶力疾視事，遂卒於任。淡人士念其惠，祀德政祠。同治六年，廳紳陳維英等請與曹謹並祀名宦祠，未准。

嚴金清

嚴金清，字紫卿，江蘇金匱人。以監生捐納知縣。同治五年，署淡水同知。時政務廢弛，多事姑息。金清竭力整剔，遇事敢爲。淡自設學以來，禮樂尚缺，籌款購置，祀事孔明。復捐千金，爲紳富倡，則於竹塹、艋舺各設明善堂爲義倉，附以義塾，以爲教養之資。先是廳轄有義塚一區，久爲勢豪所占。金清聞之往勘，復其址，並禁騷擾。民有訟者，立判曲直，案無積牘。眾感其便。

陳星聚

陳星聚，字耀堂，河南臨穎人。道光二十九年，舉於鄉。捻黨之亂，督率鄉團，以功授知縣。同治十年，陞任淡水同知。淡水地廣，延袤數百里，而同鑼灣、三角湧、大嵙崁等，皆僻處內山，爲盜賊藪，劫殺頻仍。前任同知以是被劾。星聚懸賞緝捕，親赴南鄉，遂獲匪首吳阿來誅之。次第肅清。在任五年，頗多善政。光緒四年，臺北建府，裁同知，調任中路。越數月即授臺北知府。諸皆草創，躬任其難，而城工尤巨。方竣而遭法人之役，集紳民，籌守禦，眾亦踴躍效命。及和議後，以勞卒於官。

連橫曰：吾生以來，所聞治臺循吏，若夏獻綸、程起鶚，皆嘖嘖在人口中。而余年尚少，不能詳其事，又不能得其行狀而爲之傳，惜哉！獻綸，新建人，受知於大學士左宗棠。同治十二年，任臺灣道，整齊吏治，揣抑豪家。牡丹之役，參贊尤多。起鶚，山陰人，歷任臺灣、臺南兩府，署兵備道。潔己愛民，獄多平反。而皆卒於臺灣。余之所聞僅此。然臺自設官後，二百數十年矣。而舊志所傳循吏，不過十數人。貪鄙之倫，踵相按也。嗚呼！非治之難，而所以治者實難。古之與今，猶一貉也！

流寓列傳

郁永河

郁永河，字滄浪，浙江仁和諸生也。性好游，遍歷閩中山水。康熙三十五年冬，省中火藥局災，毀藥五十餘萬斤，典守負償。聞淡水有磺可煮藥，欲派吏往。而地尚未闢，險阻多，水土惡，鄭氏以流罪人，無敢至者。永和慨然請行。三十六年春正月啓程，至廈門乘舟，二月抵郡。四月初七日北上，途經各番社。自斗六門以上皆荒蕪，森林蔽天，麋鹿成群。番亦馴良，不殺人。所至供糗糧，負矢前驅，爲左右衛。蓋其時漢人鮮至，未肆侵略，番得無事，故無敵愾之心也。既至淡水，命通事張大先赴北投築屋。五月初二日，率僕役乘舟而入。兩山夾峙，中闢一河，爲甘荅門，則關渡也。水道甚隘，入門忽廣，如大湖，渺無涯涘。行十里許始至。而工夫、糧糈、鼎鑊自海道者亦來。張大集番酋飲，告以採磺事，與約一筐易布七尺。番喜，各運磺至，命工煮之。產磺之處為內北社，永和往探。入深林中，忽有大溪，水若沸，石作藍靛色，熱氣薰蒸，白煙縷縷，上升山麓，是為磺穴，觸之或倒。已而工人多病痢，廚者亦病，至無人執爨，呻吟斗室。永和氣不餒，以船送歸。顧毒蛇惡蚊，出沒戶牖，爭噬人，且苦熱，新至者亦前後病。居無何，風雨驟至，屋毀；永和自持斧伐木以支。而山水暴發，不可居。急呼蟒甲，涉水行三、四里，至巖下番人家。日暮，無所得食。乃脫衣與番易雞，煮而啖之。水退，再集工人，築屋煮磺。遂竟其事。十月初七日，乃歸，至省復命。永和居臺半載，著稗海紀游、番境補遺、海上紀略，志臺灣者足取資焉。

藍鼎元

藍鼎元，字玉霖，別號鹿洲，福建漳浦人。少孤家貧，刻意讀書。年十七，觀海廈門，泛舟歷全閩島嶼，並至浙粵，以為此行所得甚多。既入邑庠，讀書鰲峰書院。嗣歸里。康熙六十年朱一貴之役，族兄廷珍為南澳鎮總兵，奉命出師，會水師提督施世驃伐臺。鼎元遂參戎幕，多所籌畫，文移書札皆出其手。著東征集三卷。其討論機宜，經理善後，尤中肯要。事平歸，撰平臺紀略，而論之曰：「臺灣海外天險，較內地更不可緩；而此日之臺灣，較十年、二十年以前，又更不可緩。前此臺灣祇府治百餘里，鳳山、諸羅皆毒惡瘴地，令其邑者尚不敢至。今則南盡郎嶠，北窮淡水、雞籠以上千五百里，人民趨若鶩矣。前此大山之麓，人莫敢近，以為野番嗜殺；今則群入深山，雜耕番地，雖殺不畏。甚至傀儡內地、蛤仔難、崇爻、卑南覓等社，亦有漢人敢至其地，與之貿易。生聚日眾，漸開漸遠，雖屢禁不能使止也。地大民多，則綢繆不可不密。今郡治有水陸兵五千餘人足供調遣；鳳山南路一營，以四、五百里山海奧區、民番錯雜之所，下淡水、郎嶠盜賊出沒之地，而委之一營八百九十名之兵，固已難矣。諸羅地方千餘里，淡水營守備僻處天末，自八里坌以下尚八、九百里，下茄荖、笨港、斗六門、半線皆奸宄縱橫之區，沿海口岸皆當防汛戍守，近山一帶又有野番出沒，以八、九百里險阻叢雜之邊地，而委之北路一營八百九十名之兵，聚不足以及遠，散不足以樹威；此杞人所終夜憂思而不能寐者也。以愚管見，劃諸羅縣地而兩之，於半線以上另設一縣，管六百里；雖錢糧無多，而臺之番餉歲徵銀八、九千兩，草萊一闢，貢賦日增，數年間巍然大邑也。半線縣治設守備一營兵五百，淡水八里坌設巡檢一員，佐縣令之所不及。羅漢門素爲賊藪，於內門設千總一員、兵三百，下淡水新園設守備一、營兵五百，郎嶠極南僻遠，亦設千總一員、兵三百，使千餘里幅員，聲息相通。又擇實心任事之員，爲臺民培元氣，但勿加以刻剝，二、三年可復其故。均賦役、平訟獄、設義學、興教化，獎孝弟力田之彥，行保甲民兵之法，聽開墾以盡地力，建城池以資守禦，此亦尋常設施爾。而以實心行實政，自覺月異而歲不同。一年而民氣可靜，二年而疆圉可固，三年而禮讓可興。而全臺不久安長治，吾不信也。臺灣山高土肥，最利墾闢。利之所在，人所必趨；不歸之民，則歸之番、歸之賊。即使內賊不生，野番不出，又恐禍自外來，將有日本、荷蘭之患，不可不早爲綢繆者也。平居無事，燕雀處堂；一旦事來，噬臍何及？前轍未遠，可不爲之寒心也哉。」其後增設彰化縣及淡防廳，陞澎湖通判爲海防同知，添兵分戍，皆如其言。雍正元年，貢成均。三年，分修大清一統志。六年，授廣東普甯知縣，有惠政，因忤上吏褫職。閩督鄂爾準諗其才，延入幕府。時臺番作亂，陳治臺十年。十年冬，爾準爲申被誣始末。召見，命署廣州知府。未幾卒，年五十有四。鼎元著書多關臺事，其後宦臺者多取資焉。

陳夢林

陳夢林，字少林，亦漳浦諸生。多從名士大夫游，馳驅楚越滇黔間，戎馬江湖，俯視一世。康熙五十年，諸羅知縣周鍾瑄初修邑志，聘任筆政。志成，稱善本焉。當是時清人初得臺灣，不事經理，文恬武嬉，偷安旦夕。夢林憂之，乃著論曰：「天下有宏遠深切之謀，流俗或以爲難而不肯爲，或以爲迂而不必爲。其始爲之甚易而不爲，其後乃以爲不可不爲而爲之，勞費已什百千萬矣。明初，漳潮間有南澳，泉屬有澎湖，爾時皆遷其民而墟之，且塞南澳之口，使舟不得入，慮島嶼險遠，勞師而匱餉也。及嘉靖間倭人入澳，澳人復通巨寇，吳光、許朝光、曾一本先後踞之，兩省疲敝，乃設副總兵以守之，至今巍然一巨鎮矣。澎湖亦爲林道乾、曾一本、林鳳之巢穴，萬曆二十年，倭有侵雞籠、淡水之耗，當事以澎湖密邇，不宜坐失，乃設游擊以戍之，至今巍然重鎮矣。向使設險拒守，則南澳不儘閩粵之師，澎湖不爲蛇豕之窟，倭不得深入，寇不得竊踞，漳泉諸郡未必罹禍之酷如往昔所云也。今半線至淡水，水泉沃衍，諸港四達，猶玉之在璞也；流移開墾，舟楫往來，亦既知其爲玉也已；而雞籠爲全臺北門之鎖鑰，淡水爲雞籠以南之咽喉，大甲、後壠、竹塹皆有險可據。乃狃於目前之便安，不規久遠之計，爲之增置縣邑防守，使山海之險，弛而無備，將必俟亡羊而始補牢乎？則南澳、澎湖之往事可睹矣。」閩浙總督覺滿羅保聞其才，延入幕府。及朱一貴之役，南澳鎮總兵藍廷珍奉命出師，滿保命參戎幄，與鼎元日夜籌畫，不辭勞瘁。中宵聞警，擁盾作書，頃刻千言。其所襄助不亞鼎元。事平歸里。雍正元年，復游臺灣，數月乃去。著臺灣後游草，鼎元敘之。後卒於家。

洪壽春

洪壽春，字士暉，同安人。來臺，居彰化二林堡，爲糊紙匠以自給。得錢輒購書，旦夕諷誦。饔飧屢空，晏如也。有集古串律詩四卷，知縣楊桂森見之，賦詩贈，並爲製序。又有所作若干卷，稿失不傳。

蔡推慶

蔡推慶，晉江人，或曰某總戎之第六子也。來臺，居彰化縣治，灑洛不羈。嘗學畫，不得其趣，刻意覃思。一日風雨大作，隻身走山崖間，會意煙景，逼肖入神。有大憲募致千金，一語不合，拂袖竟去。居恆獨處斗室，詠歌自樂。寒暑唯著一袍。沒後，邑人葬之八卦山上，題曰「處士蔡推慶之墓」。

查元鼎

查元鼎，字小白，浙江海甯州人。少好學，文名藉甚。以歲貢生屢試秋闈不售。道光間，游幕臺灣，當軸爭延致之。性耿介，嬾於徵逐；稍拂意，輒去不可留。同治元年，彰化戴潮春起事，淡水同知鄭元杰禮聘之。道出後壟，被擄，幾罹於死，平生著作盡沒。元杰與廳紳林占梅、鄭如梁遣人分道求之，卒免於難。繪竿笠跨犢圖，徵詩紀事。晚年僑寓竹塹，境益窮，守益堅，日與占梅輩以詩酒爲樂。著有草草草堂吟草四卷，今存三卷，未刊。卒年八十有三。子仁壽字靜軒，能詩，工篆刻，亦卒於竹塹。著靜軒詩稿二卷，今亡。聞有百壽章，爲竹人士所得。

呂世宜

呂世宜，字西村，泉之廈門人。博學多聞。富陽周凱任興泉永道，見而奇之，居於玉屏書院，與莊中正、林焜熿等有名庠序間。嗣舉鄉薦。性愛金石，工考證，精書法，篆隸尤佳。家藏碑版甚富，見有眞蹟，輒傾資求之。當是時，淡水林氏以豪富聞里閈，而國華與弟國芳皆壯年，銳意文事。見世宜書慕之，具幣聘，且告之曰：「先生之志誠可嘉，先生之能亦不可及。今吾家幸頗足，如欲求古之金石，敢不唯命是從。」世宜遂主林氏，日益搜拾三代鼎彝、漢唐碑刻，手摹神會，悠然不倦。林氏建枋橋亭園，楹聯楣額，多其書也。又求善工刻所臨篆隸，未竣而卒，歸葬於里。是時詔安謝穎蘇亦主林氏，以書畫名。

林豪

林豪，字卓人，泉之廈門人。博覽史籍，能文章。咸豐某年領鄉薦。同治元年秋，至臺灣，居艋舺。時彰化戴潮春起事，林占梅奉檄辦團練，見而禮之，延主潛園，相與討論文史。及平，豪游府治，因就見聞所及，撰東瀛紀事二卷，以志此役始末。六年，淡水同知嚴金清聘修廳志。淡自開設以來，尚無志。前時鄭用錫曾輯志稿二卷，多疏略。豪乃與占梅商訂體例，開局採訪。凡九月，成書十五卷，未刊；而陳培桂任同知，別延侯官楊浚修之。浚，文士也，無史識，多方改竄。豪大憤，撰淡水廳志訂謬以彈之。嗣就澎人士之聘，主講文石書院，又輯澎湖廳志，稿存臺南。光緒十八年，臺灣議修通志，各廳縣皆有採訪；而澎自法役之後，建設尤多，通判潘文鳳乃再聘豪成之，凡十四卷，上之大府。豪以廈門人久游臺灣，凡夫國計盈虛，民生利弊，皆有所論。而於澎事尤關切。豪之論曰：「閩海四島，金門、廈門、海壇、澎湖，舊有富貴貧賤之分。則以廈富、金貴，而澎湖獨以貧稱也。澎湖磽瘠無水，所種者地瓜、花生而已。中稔之年，不免拮据。若鹹雨一下，則顆粒無存。至海濱漁利，亦必風平浪靜，始能下網。而澎之狂風，往往兼旬不息。則所謂以海為田者，亦強為之辭，非真如耕者之按候可穫也。夫澎湖斥鹵，處處可以晒鹽，而民間皆食官鹽，每斤十數文，或七、八十斤為百斤。所獲之魚每不足抵鹽價。此外別無利可取，民安往而不貧乎？若能聽民晒鹽自食，徵其正課釐金，既可裕國，而民間又日日獲利。每歲驟增數萬金之益，乃抽其餘利，以為書院諸生膏火，則人競於學，而科第可興矣。若能戍兵撥回，而由澎人招募，則每歲驟增餉米數萬金，互相挹注；其材武者有進身之階，而武途可興矣。是一轉移之間，民風丕變；即未能方駕內部，而已頓改舊觀矣。胡文忠公有言：「以官養民，不如使民自養。」是故就地招募，以官養之也。聽民晒鹽，則使民自養也。是皆萬世之利。不然，民自有可富可貴之資，而不爲經理，地瓜花生僅足餬口，並無富強之業，年復一年，則亦終跼蹐於貧苦而已。」豪歸後，居於金門，著書以老。

梁成枬

梁成枬，字子嘉，廣東南海人。少負氣，嘗以事忤文宗；將繩以法，遂出走，歷游吳楚戎幕，落落無所合。憤而渡臺，爲棟軍掌書記。當是時，巡撫劉銘傳方倚棟軍以治番，私牘公務日或數至，主文者每辭不達意，至是壁壘一新。銘傳奇之，詢主將以文出誰手。告之，且薦其才。光緒十二年，東勢角置撫墾分局，檄主之。先是漢番隔絕，番怒則殺人，窮則來媾；既媾而又殺人，則諉過他族。當事者時不能懲辦，終亦無如何也。諸番僻處深山，不相往來，恆合數社用一通事。出好興戎，胥賴其口。而通事每挾番自重，爲之耳目。故牛酒之費無窮，而騷擾益甚。成枬乃建利誘勢禁之議，嚴乘障之防，定互市之法。諸番非媾，則尺縷溢鹽無所從得。乃稍稍就撫。既又躬歷諸部，拊循其疾苦，納番女爲妾，習其語言。諸番皆暱愛，呼爲阿公。十三年，萬社番丁殺人，居民多避亂。銘傳檄與屯戍共擒之。萬社爲番中之雄，族大地險，各部均受指揮。眾議難之，成枬奮然獨往。至則召其大酋，責之曰：「吾向與若約，毋殺人；歲給牛酒鹽布，爲若溫飽。殺人則抵罪。今而負約，吾亦失信於大府，行且投劾去。後至者必盡絕互市，亦見女曹饑凍枕藉死爾。」聲色俱厲。大酋懼求救。曰：「女能以殺人者畀我，則免戾。否則兵且至。夫除一暴而安眾良，計無逾於此者。」大酋奉命，縶之出。遂斬以徇。諸番聞之皆震伏。成枬既與諸番習，頗欲置產於此，遂闢罩蘭之野，墾草樹藝，役諸番如家人，歲入可千金，而中央番族亦稍馴矣。割臺之役，攜其番妾蒼黃內渡，盡喪其貲，詩文亦散落。嗣客死香港。越數年，其門人林資修爲述其事如此，並繫以論。論曰：「臺灣土番古稱難治。往時大府亦嘗用兵，至則散匿深菁，毫無蹤跡。乃轉緣岸附木，狙擊芻糧。及其惰歸，每中厥伏。再舉失利，亦稍厭矣。夫以彼族之野，手無寸鐵，家少餘儲，非有假寇兵而齎盜糧者，彼何敢逞？而番輒夜郎自大，謂漢與我等爾。使譯者能開陳利害，亦當少警頑迷。而乃張彼虛聲，墜我士氣，斯亦木腐蟲生之驗也。故番非難治也，未得其方爾。不揣其本而齊其末，方寸之木可使高於岑樓；惜乎梁先生之未竟其用也！」

連橫曰：古之所謂士者，爲國而已，爲民而已，爲自信其道而已。是故或言而用焉，或言之而不用焉，或始不能用而後乃用焉。究之皆有益於邦家也。臺灣爲新啓之土，利盡東南。士大夫之來游者，莫不視爲金穴，飽攫而去，未能建一功、畫一策也。夫規近者不足以經遠，泥古者不足以制今，藍、陳諸子苦心孤詣，獨論長治之計，可謂賢矣。若夫成枘之治番，尤佼佼也。

鄉賢列傳

連橫曰：士爲四民之首。讀書稽古，不能治國平天下，亦當鄉里稱善人。若其枉道曲文，頑嚚比周，則名教之賊也。臺灣開闢以後，風淳俗美，士之出入庠序者，多硜硜自守。而祀於鄉賢祠者五人，是則古之君子沒而祭於社也。詩曰：「有覺德行，四國順之」；有以哉！

王鳳來

王鳳來，臺邑寧南坊人，字瑞周，號竹山。乾隆二十七年，以歲貢補漳平縣學訓導。既至，整飭規條，日示諸生以敦倫樹品之道，士樂就之。秩滿入京。歸，會臺變，上書制府，陳征討策。事平，復北上，奉旨揀發雲南，尋丁父艱。服闋，遵例補蘇州督糧水利同知。漕運固多陋規，積弊既久，任事者多罔庇分肥。鳳來悉革除之。復督採捍海塘石，檄勘太倉州水災，再監漕務，署總捕篆，雖位卑官小，而以利國便民爲心。一時稱善吏焉。嗣陞刑部安徽司員外郎，改河南懷慶府知府，有政聲。召見，下旨褒嘉。尋遷兵部武選司員外郎。歷官三十餘載，年六十有五卒。嘉慶十一年，臺灣縣學教諭鄭兼才上書，請祀鄉賢祠。閩浙總督據以入告，詔可。

陳震曜

陳震曜，字煥東，號星舟，嘉義人，後居郡治。少聰敏，博通經傳。嘉慶十五年，以優行貢太學，召試。二十年回省，歷署建安、閩清、平和等教諭。道光五年，調省；監理鰲峰書院，助修通志，訪刻先儒遺書。士論歸之。省垣貢院素湫隘，潦濕薰蒸，就試者每中病。震曜請於鄉人士，募資拓建，增號舍千餘；並董工役，將一載而成。六年，任同安訓導，又倡修邑志。嘗曰：「安上治民，有司之職也；造士徵文，教官之責也。余位雖卑，亦一邑之木鐸，豈堪見誚於儒宗哉？」十二年，張丙亂，隨軍渡臺，辦理團練撫恤諸務。奉旨以州同用。亂平，數上書制府，陳利弊。臺灣戍守素用班兵，調自福建各標，地方民情既多扞格，而結黨滋事，有司終莫如何，有警復不足備戰守。震曜議減戍兵添募鄉勇，書曰：「各省兵丁俱屬土著之人，唯臺灣開闢之初，戶口僅數十萬，沃野千里，民願爲農，彼時招募土著之兵，亦無有應之者，加以鄭氏甫平，續有小醜，恐土著在伍，或有通匪之虞。此當時調遣內地班兵戍臺之深意也。今臺屬四縣、三廳，約計三百餘萬人。土地不加，丁口日繁，其無田可耕乏經紀者亦多。若招募充伍，臨以號令之嚴，化其桀驁之氣，平時資以緝捕，有事用以守禦，人地熟悉，未嘗不收臂指之效。查內地班兵調臺，唯漳泉語言相似，餘則鄉談各殊；路途東西，又全不辨。既難緝盜於平時，自難勦匪於有事。核其所能，則充武署雜差，或排列汛塘，備數而已。倉猝號召，僅執器械、守城陴，未聞其能義勇，獨自出郊戰勝也。有養兵之名，而無養兵之實；經百數十年，奉行調遣，習焉不察。夫養兵既少實效，則匪類易滋事，地方易蔓延。偶聞警報，茫然不知。今日小汛歸大汛，明日大汛歸城郭，唯有緊閉城門以待賊至。置鄉民於度外，聽匪類之脅從。科派富民，曠日持久；烏合嘯聚，小醜成魁。非疾呼紳衿、自備資斧、招募義勇、飛稟大軍救援，而亂未能平也。先後情形，同出一轍，可勝痛哉！查臺水陸之兵不下二萬餘名，年需軍餉二十餘萬，養兵不為不厚，而束手無策若此。溯自康熙年間至今，亂十數次，未有不賴土著義勇而能報捷者。即近四十年，而考之，乾隆五十一年林爽文一案，臺民為義勇者，南北不下數十萬人。議敘賞給之義民首，亦千數百員。乾隆六十年陳周全一案、嘉慶十一年蔡牽一案，議敘官職之義民首，俱不下數十員。可見臺民能為義勇以從軍，未嘗不可充兵而敵愾也。是故欲求長治久安之策，遇有班兵出缺，准就土著挑補。每營數百之兵，但得鄉壯數十名，用以勦捕，資以禦侮，則海疆軍制，日有起色，不似從前之僅能守城守汛已也。」

又議添募屯兵書曰：「臺灣僻處海隅，戍臺悉用內地之兵，語言不通，道路不熟，水土不服，險要不知。每逢勦捕之時，必藉鄉勇屯番為前導。查乾隆五十二年，生番拒逆，熟番助捕。五十三年，福中堂入告，以沿山未墾之地，准其耕為屯田，平時錄為屯丁，有警調為屯兵，拔其頭目，獎為屯弁。自設立四十餘年，番人恭順，聽地方官調遣戰守，奮勇可嘉。但屯地多荒，屯餉不裕，屯兵亦不能多募。竊思全臺陸路戍兵，共有九千七百九十七名，似可酌減一千數百名，留其糧餉及撫恤眷口之款，可添募屯兵一千數百名，分配臺灣道府、四廳、四縣十衙門，按月點驗一次，給以糧犒。秋令每月操練一次，冬令每月操練二次。軍裝器械鉛藥，官為購備。與操練犒賞，勦捕飯食，即於徵收臺地屯租款下動支。操演之後，軍器存貯道府廳縣之庫。每季巡查地方之時，各衙門酌定數班，輪值調遣。若有勦捕之時，則全隊統帶，可資捍禦。戰勝之實效，較之戍兵尤為得力也。」書上，總督韙之。又議郡治拓建外城，添造炮臺，亦採其策。

先是震曜在鄉，鳳山知縣重其人，聘主鳳儀書院。鳳邑僻處南隅，文風不振。既至，日集諸士講經，間為詩文。自是鳳人始勵學。既奉巡撫命，委同鳳、嘉兩知縣督辦採訪冊，送省補修通志。震曜以臺灣府縣各志地圖，舊多疏謬，山川莊社誤置尤多，建議先繪里堡分圖，次繪廳縣分圖，然後統繪全圖。並倣國史館一統圖之法，布畫格線，橫直各三十。其後新圖，遂稱善焉。事竣，彰化知縣楊桂森聘修邑志。時鹿港施、黃、許三姓，族大丁多，負隅罔法，動則列械以鬥，久為閭閻之害。震曜上書，請嚴辦。以鹿港為全臺濱海適中之地，戶可萬竈，為彰邑一大市鎮，而至今猶無城池，何以保人民？何以固險要？上書請建一城，築一寨。又以鳳山轄地遼闊，行政未周，議劃下淡水南岸至瑯璚一帶，新建一邑。其後沈葆楨巡臺，則採其議而設恆春縣。故其所著書，皆足資臺事，非泛泛也。

十五年，選授陝西甯羌州州同。十七年九月抵任。甯羌固夷地，民間素鮮讀書。既至，月集紳耆訓勵，告之以彝倫，課之以文學。數月之後，風俗丕變。州境當南北棧之交，為秦隴入蜀孔道，久廢不治，行旅苦之；乃親自勘工，勸民助修。在任十數年，廉潔慈惠，州民愛如父母。二十四年七月，代理城固縣令。三十年，因病歸家，宦囊蕭瑟，唯攜書籍古帖十數笥，多為漢唐石刻。震曜精經術，好宋儒學，治家嚴，一遵古訓。習醫，晚益覃深，採輯古今名方及論醫之法若干卷。少與邑士張青峰、陳廷瑜十數人，在寧南坊呂祖廟建引心文社，一時文風大振，後改為書院。咸豐二年，卒於家，年七十有四。著小滄桑外史四卷、風鶴餘錄二卷、海內義門集八卷、歸田問俗記四卷、東海壺杓集四卷，皆未刻。同治十三年，欽差大臣沈葆楨訪求遺文，別錄副本攜去。光緒八年，臺人士請祀鄉賢祠，詔可。

鄭崇和

鄭崇和，字其德，號怡庵，金門人。年十九來臺，課讀於淡水廳竹塹，遂家焉。淡為新闢之地，民少讀書，崇和勸勵之，富家子弟多就學，奉師厚，故修脯亦豐。嘉慶十年，蔡牽犯淡水，土匪竊發，崇和適在後壠，奉檄募鄉勇防守。事平，當道嘉之。淡屬閩粵雜處，分類械鬥，歷年不息。崇和又奉檄彈壓，召兩造父老，力陳利害，仇始解。竹塹多山野，土番輒出殺人，歲且數十。崇和乃集壯丁，據形勢，鳩資設隘，以保衛行人，樵蘇便之。二十年，歲饑，發粟平糶，而家亦富矣。當是時竹人士議建文廟，崇和慨然出巨款，命次子用錫董工。廟成，行釋菜禮。竹塹文風之盛始於此。崇和好宋儒書，尤守紫陽家訓，及門之士多達材。道光七年卒，年七十有二。九年，邑人請祀鄉賢祠，十二年詔可。次子用錫，亦有名。

鄭用錫

用錫，字在中，號祉亭。少遵父訓，以力行爲本。道光三年，舉進士，家居讀書爲樂。淡自開闢以來，尚無志乘，乃集弟友纂稿，藏爲後法，文獻以存。六年，孫爾準巡臺，至竹塹，用錫請建廳城，並董工役。既竣，敘同知銜，嗣改京秩。十四年，入都供職，簽分兵部武選司。翌年，授禮部鑄印局員外郎兼儀制司。每逢祭時，恪恭從事。十七年春，歸里。里黨有舉，輒致其財力，故人稱善士焉。禁煙之役，英艦窺大安港，用錫自募勇捍衛，捕虜數人。事聞，賞戴花翎。又獲烏草洋匪，大吏嘉之。咸豐三年，林恭、吳磋以次起事，而漳泉又分類械鬥，全臺俶擾。奉旨偕進士施瓊芳等辦團練勸捐，兼以倡運津米，給二品封典。當是時械鬥愈烈，延蔓百數十里，殺人越貨，道路不通。用錫親赴各莊，力爲排解，著勸和論以曉之，曰：「分類之害，甚於臺灣，尤甚於淡之新艋。臺爲五方雜處，自林爽文之後，有分爲閩粵焉，有分爲漳泉焉。閩粵以其異省也，漳泉以其異府也。然同自內地播遷而來，則同爲臺人而已。今以異省、異府各分畛域，法所必誅。矧更同爲一府，而亦有秦越之異。是變本加厲，非奇而又奇者哉？夫人未有不親其所親，而能親其所疏。同居一府，猶同室兄弟之至親也，乃以同室而操戈，更安能由親及疏，而親隔府之漳人，親隔省之粵人乎？淡屬素敦古，新艋尤爲菁華所聚之區，游斯土者嘖嘖稱羨。自分類而元氣剝削殆盡，未有如去年之甚也。干戈之禍愈烈，村市半成邱墟。問爲漳泉而至此乎，無有也。問爲閩粵而至此乎，無有也。蓋孽由自作，釁起鬩墻，大抵在非漳泉、非閩粵間爾。自來物窮必變，慘極知悔。天地有好生之德，人心無不轉之時。余生長是邦，自念士爲四民之首，不能與在事諸公竭誠化導，力挽而更張之，滋愧實甚。願今以後，父誡其子，兄告其弟，各革面，各洗心，勿懷夙忿，勿蹈前愆，既親其所親，亦親其所疏，一體同仁，斯內患不生，外禍不至。漳泉閩粵之氣習，默消於無形。譬如人身血脈，節節相通，自無他病。數年以後，仍成樂土，豈不休哉？」衆得書感動，鬥爲之息。乃刻石於後壟，以示後者。用錫既爲一方之望，尤盡力農畝，家日殖，歲入穀萬石。晚年築北郭園自娛，頗有山水之樂。好吟咏，士大夫之過竹塹者，傾尊酬唱，風靡一時，至今文學猶爲北地之冠。八年，卒於家，年七十有一。著北郭園集，多制藝，詩亦平淡。又有周易折中衍義一書，未刻；或言其師所著，而用錫輯之也。同治十一年，詔祀鄉賢祠，至今子孫猶守其業。

鄭用鑒

用鑒，字明卿，號藻亭，用錫從弟也。道光五年，貢成均。性眞摯，重然諾。設塾課徒，以德行爲先，文藝爲次。及門陳維英輩皆傑出。主明志書院講席垂三十年，誨人諄諄，至老不倦。素樂善，捐修淡水學宮，佐用錫纂志稿。咸豐三年，以籌運津米，加內閣中書銜。同治元年，舉孝廉方正。著易經圖解易讀三卷及詩文，未刊。六年卒，年七十有九。光緒二年，福建巡撫丁日昌奏祀鄉賢祠，詔可。子八人。次子如城，旌表孝友。

文苑列傳

連橫曰：美哉臺灣，我宗啓之，我族居之。發皇光大，氣象萬千，固天然之文界也。遙望群山，蜿蜒數百里，危峰絕巘，峻極於天，高至海拔一萬三千餘尺，視泰岱若兒孫。而東控大洋，西臨巨澥，風濤噴薄，蛟嘯龍鳴，珍禽怪獸之翔游，奇花異木之蔚茂，璀璨陸離，不可方狀。天之蒼蒼，其正色耶。三光在上，照見興亡，使生長是邦者，能舉當前之變化而蘊蓄之，發之胸中，驅之腕底，以自成其文，豈不偉歟？而二百數十年來，莘莘學子，競爲制藝，以趣科名。遂使天然之文，委之而莫能收拾。豈天之特降其奇，將有所待耶？抑以曠古未開之秘，而俟後人之穿鑿歟？橫不敏，弱冠以來，勉學爲文，而望道未見，不能有所成就。拳拳之心，固未息也。子桓有言：「文章經國之大業，不朽之盛事。」以彼其人，尚有此志，況橫之丁此時會哉者？洪鍾毀棄，釜瓦雷鳴，道術將爲天下裂。苟不出而葆之，唯見淪胥以亡爾。嗚乎！文運之衰，至茲極矣！倉頡之字，孔子之書，人且唾棄，吾又何暇治文哉？夫見異思遷者，佞士之巧也；居今懷古者，篤學之勤也。詩曰：「風雨如晦，雞鳴不已。」當此文運絕續之時，一髮千鈞，爲任甚重。臺灣文士其有起而肩之乎？此橫之所大望也。夫以臺灣之文，含英蓄華，鬱久必發，固不虞其滅也。然無以開之，則莫之能繼。譬如大甲之水，奔流停滯，越山絕澗，趣平原，呑巨岸，沛然而放之海。又如玉山之雲，起於膚寸，蓬蓬勃勃，上騰天衢，不崇朝而雨潤南北。故曰：「積之久者必力宏，取之厚者物必大。」此吾以知將來之文也。是諸子者亦爲文苑之秀，故次於傳，而吾尤望於後起之俊也。

王璋

王璋，字昂伯，臺灣縣人。善文。康熙三十二年，舉於鄉，爲邑士登賢書之始。臺灣初啓，府志未修，璋豫求文獻藏諸家。三十四年，巡道高拱乾議修志，聘任分修。璋與邑貢生王弼、生員張銓等十四人，入局任事。志成，拱乾大喜。臺灣文獻之存，璋有功焉。嗣出任雲南宜良縣，潔己愛民。丁母艱將歸，百姓籲留巡撫。璋素服從間道旋。服闋，任湖廣房縣，尋陞主事，遷監察御史，以骾直聞。後卒於官。

王　喜

王喜，亦縣人，佚其字。康熙二十七年鄉貢。手輯臺灣志稿，搜羅頗富。及拱乾創修府志，多採其語。

王之敬

王之敬，字篤夫，一字蓮峰，自號竹冠道人。居臺灣縣治，為太學生。工詩文，兼擅書畫。每下筆悉入妙品，當道器之。

許　遠

許遠，字程意，孫朱疐，字非叔，均邑庠生。徐元，字凱生，盧周臣，忘其字，皆縣治人。各精書畫。

張　鈺

張鈺，字質堅，號彬園，臺灣縣治人。幼攻舉子業，屢試不售，遂棄而習武，中雍正十三年武闈。然其為人，光明磊落，毫無齷齪態。通六藝，善草書，工畫，尤精繪龍虎。大幅巨幀，蓬勃有生氣。懸之壁間，風雲坌湧，人多寶之。

陳必琛

陳必琛，字景千，自號一崖道人。居臺灣縣治，爲邑武生。工八分書，山水人物亦臻其妙，而丹青尤佳。宦臺者多求其輿地風俗圖，以資考察。雅好彝器，凡古昔金石篆刻，靡不鑒別無訛。手製琴箏簫管，各中音律。當道重之。卒年七十有二。

王克捷

王克捷，字必昌，諸羅人。乾隆十八年舉於鄉，二十二年成進士，爲臺人士登禮闈之始。好詞翰，通群籍，著臺灣賦一篇。其辭曰：「緬瀛海於鴻濛，環九州而莫窮。覽形勝於臺郡，乃屹立乎海中。叢岡鎖翠，巨浸浮空。南抵馬磯，北發雞籠。綿亘二千餘里，誠泱泱兮大風。爾其蒞東寧，扼安平，鯤身蟬聯而左抱，鹿耳蟠轉以右迎。沙線沈礁，迴紫瀾於曲港；雷硠擺浪，撼赤崁之孤城。則瞿塘之峽不足擬，又何論乎蜀道與太行？若夫市肆塡咽，阡陌縱橫。泉、漳數郡，資粟粒之運濟；錦、蓋諸州，分蔗漿之餘贏。蜃蛤魚鹽，在在殷裕；瓜茄薑芥，種種早生。實海邦之膏壤，宜財賦之豐盈。溯夫天造草昧，遐裔荒墟，南北土酋，穴處巢居。迨有明之宣德，遣中官以乘桴，遭風偶泊，始識其途。嗣是以後，狡焉思啓，實繁有徒。曾一本竊據於澎島，林道乾遁跡於草湖。繼以思齊之嘯聚，荷蘭之詭圖。洎乎鄭氏，乃凌險而負嵎。建官署，開方鎭，以比擬於扶餘。因利來便，順風長驅。陷七郡，破潮粵，略溫臺，狥東吳。旌旗所指，霧合雲舖。熊蹲四世，虎視方隅。維我仁廟，皇靈震疊，命將專征，克塽讋慴。遂按圖而設版，復定賦而計甲。闢四千載之方輿，安億萬姓於畚鍤。慶文教之誕敷，群入學而鼓篋。或挽車而騎牛，或操舟而理楫。重洋開渡，舸艦帆聯。樂土興歌，人民踵接。蓋茲邦之廣衍，兼四省而延袤；作南服之藩籬，挺一方之奇秀。其山則祖龍省會，五虎門東，沿江入海，徑渡關潼，突起雞嶼，峻嶒巃嵸；過南崁，矗龜崙，煙霏霧結，繡錯雲屯；大武雙高而作鎭，木崗特立而稱尊。更有巍峨瑩澈，如冰如雪，是名玉山，奇幻特絕；隨霽色而偶呈，忽雲封以變滅。若其磅礴蜿蜒，駢維連蜷，或如龜龍浮游於海上，或如鸞鳳軒翥於天邊，數六六之群島，盼九九之危巔，非人跡所能遍，亦圖經所未鐫。其水則源泉百派，自東徂西，九十九道之溜，二十八重之溪，極瀠迴以紆折，迨放海而皆齊；沘沘湲湲，瀦澤渟淵，汩汩涓涓，疏畎距川。大甲、大安、大肚之深廣，蚊港、笨港、東港之洄漩。海翁窟風高浪湧，虎尾溪水湍沙濺。況黑港與白洋，更譎怪之萬千。他如蛤仔難之產金，寒潭難入；毛少翁之出磺，沸土重煎。赤山著木而煙起，火山徹夜而光燃。大岡絕巘，綴纍纍之牡蠣；外海異香，浮梟梟之龍涎。山朝支麓，溫泉沸鑊，水沙連嶼，藉草浮田。茄荖網石湖穿海，八里坌月窟湧泉。又若鐵樹插於樹間，十圍連抱；藤橋懸於木杪，一線遙牽。是又載籍之所未編者也。乃林有鸛而無鶴，山有豹而無虎。走獸飛禽，蕃育茲土。畫眉鴝鵒，以白見珍；彩囊翟雉，其文足取。鳩候氣而鳴六，雞應時而稱五。倒掛夜棲，翻飛雷舞。獐麂祁祁，麋鹿麌麌。暨山馬與野牛，各成群而相伍。若夫蠕喙之屬，固難備舉。風氣之殊，亦可附著。蟬未夏而先鳴，燕經秋而不去。訝蜥蜴之有聲，悵鸚哥之不語。蛩唧唧以夜吟，竟四時之無序。感物類而躊躇，忽愴懷於羈旅。乃其海物維錯，尤爲充斥。難悉厥名，獨辨其色。則有鯔烏鯉紅，鱒紫鰮白，赤海金精，烏頰黃翼，青鱔投火，黑鯛噴墨，錦魴花鈴，金梭如織。又有香螺花蛤，魚蟹虎鯊，白蟶塗魠，麻虱龍蝦。臺澎所產，厥味多佳。既漁於水，亦樵於山。楠筍始生而合抱，蕭朗高大而螺團。屬野番所盤踞，惜運致之維艱。至若山荔埔柿，土杉水松，亦鱗黃目，交標九芎。番樹白樹之植，悉雜出於山中。猴栗象齒，屋材最美。林茶婆羅，名狀俱詭。見鐵樹之開花，愛仙芝之有子。烏栽頻取以薪蒸，綠玉遍插於庭圯。竹凡數種，刺竹密比。石竹長枝，箭竹如矢。麻竹柔脆，琴竹文理。卉木之花，色色鬥姸。荷開獻歲，菊吐迎年。桐繞春城而布錦，梅放午天而擲錢。繡球攢簇，素馨蔓延。貝葉之稱疑假，曇花之種早傳。番茉莉移來異域，七里香辟除瘴煙。扶桑本出於東海，水仙名託於臺員。厥草維夭，半是藥苗。先春而發，凌冬不凋。唯內地之所少，爰遍訪夫蒭蕘。水藤代韋而堅韌，通草作花而妖嬌。葉張七紘，聊充耳目之玩；蘆開一捻，可卜颱颶之飄。更有蕃茶作飲，白麴爲醪。齒草洗齒，茜草染毛；羞草含羞，荖草老饕。若其刈莞蒲以織席，編絲茅而索綯，群居萃處，曾無慮夫風雨之飄搖。果蓏之實，別種非一。番檨熟於盛夏，西瓜獻於元日。牙蕉子結數層，鳳梨香聞滿室。又如菩提果、波羅蜜、釋迦果、金鈴橘，尤中土所罕見而莫悉。厥有檳榔，生此遐方，雜椰子而間栽，夾扶留以代糧。饑餐飽嚼，分咀共嘗。婚姻飾之以成禮，詬誶得之而怨忘。爲領略其滋味，殆恍惚夫醉鄉。爰稽習尚，競事侈靡。土沃民逸，大抵如是。逐末既多，務本漸弛。工針繡而棄枲菅，輕菽粟而豔羅綺。群尚巫而好鬼，每徵歌而角技。思易俗而移風，賴當途之經理。蔣集公績懋撫綏，陳清端澤流遐邇。茹冰檗以率屬，則林荔山之操履。持玉尺以衡才，則夏筠莊之造士。又或留心風物，雅意典章。孫司馬揮毫珠玉，袁司訓積書宮墻。皆有造於斯土，稱盛世之循良。若乃僧衣作賦，沈文開萍蹤坎坷；蝶夢名園，李正青塵緣參破。景寓公之清標，足廉頑而立懦。況寧靖之闔室偕殉，陳丑之傷親自沈。永華之女懸帛柩側，續順之配受帶堂陰。當王化之將曁，忠孝節義已大著乎人心。故前者有謝燦之妻，矢死從一；繼有方龔之婦，受迫不淫。自是以來，志載如林。寧止五妃之墓宜表，五忠之祠足欽也哉？載考番俗，約略可紀。罔識歲時，弗知甲子。以蟾圓爲一月，以稻稔爲一祀。僅有生名，從無姓氏。贅婿爲嗣，隨婦行止。凡樵汲與耕穫，屬女流之所理。乃其少長相隨，則側立以俟。老病無依，則相率同視。比屋親睦，或庶幾乎仁里。而其編藤束腰，展足鬥捷，貫耳刺唇，文身爲俠。聽鳥音而卜出，佩大匏以利涉。偶細故之睚眥，驚野性之不帖。乘醉抽刀，斷脰穿脇。復有傀儡生番，食鮮茹血，蒙頭露目，手持寸鐵，伏林莽以伺人，賽髑髏而稱傑。且聞遠社番婦，能作咒詛，犯之則死，解之則蘇。喝石能走，試林立枯。傳疑之語，豈其然乎？近郭熟番，漸知禮制。童子入學，亦解文藝。壯者服役，奔走更替。類混沌之未鑿，尚率眞而無僞。伊昔吳越，當周之時，猶稱南夷，即在吾閩，値漢之世，亦屬荒裔。既歸版圖，遂號名都。矧臺灣之疆域，擅九土之奧區。高原下隰，畇畇膴膴。飲食往來，衎衎于于。合閩南與粵北，冒厲禁以爭趨。保聚教誨，亟藉良謨。昌黎守潮，子厚守柳，風行草偃，何需遲久。如彼瓊州，亦在島上，文莊忠介，後先相望。苟氣習之不拘，豈人地之可量？顧其地時震而海常吼，論者僉曰驚濤之溢湧，幾視斯土若等於浮漚。不知地廣而厚，海深而幽，其震其吼，蓋陽氣不舒、陰氣有餘之所由。唯開闢之未幾，故節宣之未周。方今風會宏敞，聖治廣被，久道化成，百物咸遂，海不揚波，地奠其位，馬圖器車，物華呈瑞，人傑應運而齊出矣。謹就見聞，按圖記，輯俚詞，資多識。愧研鍊之無才，兼採摭之未備。聊敷陳夫土風，用附登於邑志。

先是有陳輝者，亦撰臺灣賦一篇，而詩尤工；舊志載之。輝，府治人，乾隆三年舉於鄉。

馬琬

馬琬，字琰伯，號梅村，臺灣縣人。祖廷對歲貢生，父中萊拔貢生，皆寓籍諸羅。琬亦歲貢。性恬淡，喜飲酒，樂書史，翛然自得。而敦品勉學，鄉人重之。乾隆三十二年，澎湖通判胡建偉始創文石書院，延主講席。居澎八載，多士獲益。善事母，母年且百歲，猶能繪水墨蘆雁，琬亦習焉。屢薦鄉闈不售。晚年益肆情詩酒，間作水墨畫，自題以見志。

莊敬夫

莊敬夫，號桂園，臺灣縣治西定坊人，以水墨繪事著名。凡山水、人物、花鳥，意到筆隨，各臻其妙。每有作，得者輒秘爲家珍，以是人爭倣之，然無有及其工者。嘉慶初年卒。

徐恢纘

徐恢纘，字遜齋，亦西定坊人，邑增廣生。工山水、花鳥、人物。性剛介，不屑逢迎。素精醫術，濟人多，里黨稱之。

林覺

林覺，字鈴子，亦縣治人。曾作壁畫，見者稱許，遂刻意研求。善繪花鳥，而人物尤精。嘉慶間，薄游竹塹，竹人士爭求其畫，今猶保之。

陳思敬

陳思敬，字泰初。父鵬南，爲臺邑歲貢生，出就連江訓導。思敬家居鎮北坊，及長歸祖籍，補同安庠生。乾隆十八年副榜。素承父志，樂善好施，事繼母孝。頻往來臺灣。一日赴鳳山，聞莊舍有讀書聲，詰之，粵人也，歲以油米助之。思敬固知醫，自設藥肆，以療貧氓，一鄉稱善士焉。著有鶴山遺稿。

林朝英

林朝英，字伯彥，臺邑人。乾隆五十四年，貢成均。以資授中書銜，樂襄地方義舉。嘉慶初，倡修縣學文廟，並董工役，自費萬金。廟成，有司奏聞，下旨嘉獎，建坊，賜「重道崇文」之匾。坊在龍王廟前。林清之變，其黨有與相善者，書函往來，潛示不軌。朝英非之，報書諫止，痛陳利害。事敗，索黨人。發朝英書，嘉之。召入見，以病固辭，朝英工墨畫，瀟洒出塵，書亦奇秀，多作竹葉形。善彫刻，竹頭木瘿，一經其手，靡不成器。家建小亭，顏曰「一峰」。亭額三字大徑尺，筆力勁秀，悉爲朽木所成。光緒十二年某夜被盜，聞爲淮軍所竊，邑人士至今猶惜之。

王士俊

王士俊，字熙軒，淡水竹塹樹林頭莊人。始祖世傑以開墾致富，至是中落。士俊勤苦讀書，嘉慶間入泮。設塾於家，鄭用錫輩皆出其門。著易解若干卷，今亡；或云其友竊之。

郭菁英

郭菁英，字顯相，亦竹塹人，廩膳生也。與弟成金俱有名。成金字貢南，嘉慶二十四年舉於鄉。家富，藏書多，主講明志書院，以振興文教為念。後授連江教諭，未任而卒。

黃驤雲

黃驤雲，字雨生，淡水頭份莊人。父清泰字淡川，原居鳳山。性孝友，少習舉業，有文譽。林爽文之役，募勇守城；以平琅璚功，補福州城守營把總。嘉慶十一年，任竹塹守備，署艋舺都司。總兵武隆阿重之，擢鎭標中營游擊，改參將；遂居淡水。清泰以書生習武，望子能文。驤雲少時，即肄業於福州鰲峰書院，不十年而文益邃。二十九年舉於鄉，道光九年成進士，籤分工部。十七年分校京闈，取士多得人。張丙之亂，適歸省，巡道平慶令作書勸諭閩粵莊民。及平，補都水司主事，洊升營繕司員外郎。子五人。長延祐，舉人；次延祺，少慧，工書，嘗雙鉤大麻姑壇記入石，編修何紹基見而推許。卒年二十餘。

陳改淑

陳改淑，字以文，澎湖通梁社人。性和粹，口必擇言。而落拓名場，訓蒙自給。晚年，尤喜種菊，工琵琶。時就花間彈之，音調清越。嘗游江南，遍歷名勝。以善奕著名。著有槎客紀游、詩集，稿佚不存。

呂成家

呂成家，字建侯，澎湖東衛社人。少聰慧，善琴箏，屢試不售，遂絕意功名。置一齋，嘯臥其中。圖書花鳥，呼酒談棋，翛然自適。晚年尤耽吟咏，通判吳性誠時與倡和。別後猶寄詩問訊，積成卷帙。素敦內行。兄弟數人，白首相處，怡怡如也。子姪皆業儒。卒年七十有一。

蔡廷蘭

蔡廷蘭，字香祖，號秋園。澎湖雙頭鄉人。父培華字明新，以篤學設教里中，里人稱之。廷蘭少慧好學，年十三入泮，餼食餼。道光十一年，風災，粒米不藝。汀漳龍道周凱自廈來賑，廷蘭作急賑歌上之，一見傾心。既而督學臺澎，遂膺首選，充十七年拔貢。二十四年成進士，出為郟江知縣。澎之科第自茲始。後為江西知府，有政聲，卒於任。初，廷蘭秋試，遭風至越南，越人禮之，送歸。著越南紀程、炎荒紀略二書。後余乃得其詩集，長短凡百十有五篇。

魏宏

魏宏，臺灣府治西定坊人。學問淹博，文才甚捷，而遠於事情，世以書癡目之。故其爲文輒自圈點，應試亦然，恆被黜。道光二十七年，南通徐宗幹任臺灣道，兼提督學政，獎掖文學，遇才士尤禮待。月試海東書院，宏屢冠其曹。值夏熱，伏案讀書，每苦其辮，即斷之。已而院試，家人慮被斥，以假辮縫帽裏，令帶之。宏入場危坐，及試題下，振筆直書。時五月盛暑，汗涔涔滴衣上，即棄其帽。諸生見而大譁。宗幹適出視，至宏前，取文觀之。宏曰：「我文甚佳，公識之否？」宗幹點首。又指其鬚而詰之曰：「吾以髮爲累，已薙去。公留此不更苦耶？」宗幹默然。而諸生環笑不止，邀之入內。文成，宗幹大喜，置第一。翌年科試，復第一，補廩膳生。當是時海道艱危，臺人士之應鄉闈者，須於小暑前內渡，過此恆遭不測。往來既艱，費又重，以故老師宿儒多不赴。省中人輕之，至加侮蔑，謂諸生爲「臺灣蟳」，以其無黃也。宏聞之大憤，詣學院，請與省中人角優劣。許之。即赴鳳池書院月課。學使觀其文，推爲壓卷，然慮損省中士面目，抑爲第二，獎之甚厚。省中士無不駭異，遂不復敢輕臺人。以是文名大噪。或謂宏曰：「吾子此舉，厭倒多士，固榮於領鄉薦者。」宏欣然應曰：「吾非好與省中士爭勝負，亦聊以洩臺人之憤爾。今幸不恥辱，則領鄉薦復何用？」遂買舟歸，以歲貢終。

是時有方春錦，亦府治人，與宏齊名。

彭培桂

彭培桂，字遜蘭，泉之同安人。少隨父來臺，居於淡水㯗榔莊。咸豐六年，以覃恩貢成均。設教於鄉，及門多俊士，竹塹巨室爭聘之。著竹裏館詩文集。子廷選亦能文，道光二十九年拔貢，朝考一等。請降教諭。巡道徐宗幹賞之，曾選其文刊於瀛洲校士錄。著傍榕小築詩文稿，未刊，今皆散失。

陳維英

陳維英，字迂谷，淡水大隆同莊人。少入泮，博覽群書，與伯兄維藻有名庠序間。性友愛，敦內行。咸豐初年，舉孝廉方正。九年，復舉於鄉。嗣任閩縣教諭，多所振剔。閩縣有節孝祠，久圮，捐俸重建。已而工部尚書廖鴻荃告歸，聞之造謁，維英辭。鴻荃請入見，長揖欲跪。維英愕眙不知所措。鴻荃曰：「公新節孝祠，惠及閭里，吾當爲親謝。」蓋其母亦祀祠中也。秩滿，捐內閣中書，分部學習。歸籍後，掌教仰山、學海兩書院。同治元年，戴潮春之役，淡北震動。與紳士合辦團練，以功賞戴花翎。晚年築室於劍潭之畔，曰「太古巢」。著鄉黨質疑、偷閒集，未刊。

時府治有黃本淵，亦以是年舉孝廉方正，以善書聞。余曾求其事跡，而不可得。

吳子光

吳子光，字芸閣，廣東嘉應人。年十二，畢大小經，始學科舉文。數試不售，乃渡臺，寄籍淡水。兵備道徐宗幹見其文，頗相期許。同治四年，舉於鄉，遂遊搢紳間。同知陳培桂議修廳志，聘任筆述。嗣館三角仔莊呂氏家。呂氏爲彰化望族，家富好客，藏書多。子光雅愛古人，又嗜阿芙蓉，擁書讀，自以爲樂。顧爲人憤懣，胸中磊塊，時流露筆墨間。其文曰一肚皮集，謂採朝雲戲東坡之語。呂氏爲刊行，附小草拾遺一卷。又著三長贅筆、經餘雜錄，稿存呂氏。然其文駁雜，反不若考據之佳。光緒初年卒，呂氏以師禮葬之。

陳肇興

陳肇興，字伯康，彰化人。少入邑庠，涉獵文史。彰邑初建，詩學未興，士之出庠序者，多習制藝，博科名。道光季年，高鴻飛以翰林知縣事，聘廖春波主講白沙書院，始以詩古文辭課士。鴻飛亦時蒞講席，爲言四始六義之教，間及唐、宋、明、清詩體。一時風氣所靡，彰人士競爲吟咏。而肇興與曾唯精、蔡德芳、陳捷魁、廖景瀛等尤傑出。咸豐八年，舉於鄉。所居曰古香樓，讀書詠歌以爲樂。戴潮春之變，城陷，肇興走武西堡牛牯嶺，謀糾義旅，援官軍，幾頻於險。集集爲內山要隘，民番雜處，俗強悍，不讀書。肇興竄身其間，激以義，聞者感動。夜則秉燭賦詩，追悼陣沒，語多悽愴，題曰「咄咄吟」。事平，歸家，設教於里，及門之士多成材。著陶村詩稿六卷、咄咄吟二卷，合刻於世。

黃　敬

黃敬，字景寅，淡水干豆莊人。干豆或作關渡，故學者稱關渡先生。少孤，母潘氏守節。性純孝，勤苦讀書。安溪舉人盧春選來北設教，敬事之，授周易。咸豐四年歲貢生，嗣授福清縣學教諭，以母老辭。假莊中天后宮爲社塾，先後肄業者數百人。當是時，港仔墘曹敬亦聚徒講學，皆以敦行爲本，游其門者多達材。人稱爲二敬。北臺文學因之日興。敬爲人謹飭，一言一動，載之日記，至老不倦。束修所入，悉以購書，或勸其置田，曰：「吾以此遺子孫，勝於良疇十甲也。」著易經義類存編二卷、易義總論、古今占法各一卷、觀潮齋詩一卷，未刊。其序易曰：「吾因卜筮而設。聖人欲人於事，審可否，定從違，察吉凶，以謹趨避，特爲假借之辭，聊示會通之意。故體則兼該靡盡，用則泛應不窮。無論人爲何人，尊卑貴賤皆可就此以占；事爲何事，大小輕重皆可依此以斷。豈一、二義類所得泥而拘乎？唯其爲書廣大精微，擴而充之，義多浩渺，研而究之，義又奧幽。前聖之言，非必故爲詭祕，以待後人深求。易本懸空著象，懸象著占，道皆虛而莫據，辭易混而難明。欲爲初學者講，不就其義以整其類，則說愈繁而旨益晦。譬如登山，仰止徒嘆其高，莫得尋其徑路。譬如入海，望洋徒驚其闊，莫得覓其津涯。執經習焉不察，開卷茫乎若迷。將易所以教人卜筮，欲啓之以明，反貽之以昧，欲命之以決，反滋之以疑，日言易而易不可言矣。夫易之數本於天也。天非以人爲驗，無以知天。易之辭憑乎理也。理非以事爲徵，無以見理。茲編之所解者，悉遵本義，主乎象占，以卜筮還之。而於各卦之義，各爻之義，復采古來人事相類者與爲證明。或係前人，或由己見，皆敬小窗閒坐所讀，苦無端倪，欲以課虛責實，庶幾得所持守，誌而不忘耳。卷帙既成，不忍恝然廢棄，爰顏之曰義類存編，以示子弟侄輩。俾之便習此經，因以兼通諸史，不無稍有裨益。雖所引著，其事未必與其義適符，而望影藉響，以爲比類參觀，亦足知類通達。況由是觸類以引而伸，充類以至於盡，推類以概其餘。覺義雖舉一、二人之類，可作千萬人想。義雖舉一、二事之類，可作千萬事觀。化而裁之，推而行之，神而明之，何致拘泥鮮通，不能兼該泛應，有負於易爲卜筮之書也哉！」

吳鴻業

吳鴻業，字希周，淡水艋舺人。博覽群書，工琴，精秦漢篆刻。顏其居曰「拜石山房」。敦行寡言，言皆雅趣。顧善畫，嘗繪百蝶圖，設色傳神，栩栩欲活。一時名士如臺灣黃本淵、淡水鄭用錫、陳維英輩，皆爲題詠，凡二十餘人。淡水同知雲南李嗣業爲之弁首。而鴻業亦自序曰：「少讀唐人詩，至王右丞宮詞，初不解滕王蛺蝶圖，如何搨得。一日，春花爛發，隱几沈吟。瞥見隔籬敲拍，栩栩然來。促筆起而摹之，鬚眉間隱然欲動。一聲呼絕，爲蒙師驚斥，頗敗興，不果成。迨成童後，尤有嗜畫之癖。凡山水、人物、花卉、禽蟲，見一名筆，必購致之而後快。地之遠近，價之廉昂，弗恤也。然徒爲好事者借作粉本，於余結習所喜，終未得其一班。今春與黃友閱芥子園所詳蝶訣，亦自信前輩之不余欺。獨怪天地間，一種活色生香，自然意趣，如待按圖而索，爲足以畫其形神，窮其變幻，則使滕王搨本至此猶存，吾不知畫有今古，將蝶亦有今古乎？而後悔向之鰓鰓然必求搨本者，癡耶？夢耶？醉耶？迷耶？夫搨滕王固日在吾目中矣。吾乃傍蜂衙以相約，牽蛛網以爲招，散鋪花具，虛貯冰壺，至則滿抱入懷，如百摺仙裙，在水晶屏裏，臨風綽約，搖曳多姿。不數日，則狎如海鷗，依如籠鳥，適爾疏放，招之即來，身輕能作掌上舞，令人想趙飛燕入昭陽時。余於此領略，漸已見慣渾閒，一旦脫然散之，則陣陣交飛，橫若雁字，徐徐緩度，妥若鶯梢，有尋花問柳之致，在咫尺千里之間。余不覺狂呼大叫曰：「滕王告我矣，滕王授我矣！」無如索畫蝶者，戶屨日多。甫脫稿，輒攫去，不更存以自鏡。亦烏知其合格否也？乃於歌吟篆刻之暇，都爲一冊，作百蝶圖。自春三旬有一日，至夏季二十五日，百七十四日，得玉腰奴約略百十數計。其中襯以花草，澤以丹青，一一皆倣前人筆法。此雖小技乎，亦足以醫疏懶之一端矣。獨是王摩詰畫以詩傳，米元章畫以書重，至欲合詩、畫而稱三絕，則鄭博士尤擅名家。余不敏，覓韻抽毫，彌滋愧歉。幸賴當代鉅公，不以塗鴉見擯，留題斐几，弁簡生光。加一、二知友，嗜痂同癖，延譽墨莊，兼收眾體，俾得藉親一字之師，並搨雙鉤之帖。則拋磚引玉，不可謂非余之厚幸也。不然者，渲染烘托，一畫工能之矣。我自村裏來，特有大法眼在。」鴻業畫蝶，傳之門人，皆無其精。而百蝶圖藏之家，後流落，爲里人洪雍平所得。

王獻琛

王獻琛，字世希，號寶堂，臺南府治人。讀書赴試，久不得售，乃爲鎮署稿識。性廉隅，能作水墨畫，而畫蟹尤得其神，饒有江湖之興。書亦疏放。光緒十五年卒，年六十。

楊克彰

楊克彰，字信夫，淡水佳臘莊人。讀書精大義。從貢生黃敬學，受周易，覃思鉤玄，得其微蘊。顧尤工制藝，掃盡陳言。每一篇出，同輩傳誦。光緒十三年，以覃恩貢成均。數赴鄉闈，不售。侯官楊浚見其文，嘆曰：「子文如太羹玄酒，味極醰醇，其不足以薦群祀也宜哉。故終不遇。」設教於鄉，及門數十人，四方師事者亦數十人。每社課，執筆修削，日數十篇，無倦容。艋舺黃化來具禮致千金，請設函丈於燕山宗祠。不赴。或問之，曰：「吾上有老母，足以承歡。下有妻子，足以言笑。讀書課徒，足以爲樂。使吾昧千金，而遠庭闈，吾不爲也。」而化來請之益堅，歲晉聘書。克彰觀其誠，乃許之。宗祠距家六、七里，每夕必歸，進甘旨，視母已寢始行。風雨無間。途中背誦所讀書，手一燈，踽踽行。里人見之，知楊先生歸也。克彰設教三十年，及門多達才；而江呈輝、黃希堯、謝維岳、楊銘鼎尤著。嗣爲學海、登瀛兩書院監督。知府陳星聚聞其文行，欲舉爲孝廉方正，辭。十六年，大府議修臺灣通志，飭各縣開局採訪，與舉人余亦皋纂淡水縣志。嗣任臺南府學訓導。翌年，陞苗栗縣學教諭。苗栗初建，士學未興，竭力獎之。越數年，調臺灣縣學教諭。乙未之役，避亂梧棲，倉皇內渡。而老母在家，每東向而望。軍事稍敉，趣歸故土，奉以行。母年已八十，居同安，未幾卒。克彰哭之慟。越數月亦卒，年六十有一。著周易管窺八卷，未刊。子五人。次仲佐、維垣、潤波均讀書，能世其業。

臺灣通史卷三十五　列傳七

孝義列傳

夫人肖天地之貌，懷五常之性，聰明精粹，有生之最靈也。然而人之所以為人者，以其有德慧術智，尤貴其有仁心；仁者何？愛也。能愛其親者謂之孝，能愛其群者謂之義。孝義之行，天下之大本也；是故朝廷旌之，里黨式之，亦欲以為人範而已。連橫曰：痛哉！吾少孤，又逢喪亂，煢煢在抱，不能讚述先德，心良愧。始吾曾祖父以商富，嗣為匪人所構，家中落。先大父清貧自守，家有果園，歲入錢數十千。又一井，泉甘，汲者投一錢，日亦得數十文。衣食賴之。先君少純孝，承嚴志，不慕榮華。及長經商，守以信，勤苦刻勵，不十數年，家乃日殖。先大父耄耋，美鬚眉，體健容睟，冬不衣裘，夏不衣葛，雞鳴而起，誦古文辭數篇，琅琅若金石。優游卒歲，無所苦。先君善色養，侍奉慇懃，故先大父年八十有三，無病而終。初，先伯父沒，遺孤僅數歲，撫之成人，為授室。而諸姑之寡者，贍其家，視甥如子，衣之食之。戚黨之貧乏者，靡不周之。顧自奉甚薄，而扶危濟困，殫巨金不稍惜。粵人凌定邦為城守營，卸事後死，有巨款未能償。先君素與善，念其孥，慨然出二千金與之，喪始得歸。同治六年，大歉，穀價踴貴，先君採洋米千石平糶，窮者日以兩升恤之，耗財數千金。越年凶，又如之。城東舊社陂，溉田多，奸人王國香謀據其利，諸佃譟而逐之。國香方交通官場，訟之縣，逮諸佃下獄。諸佃恐。先君聞其事，糜千金為營救，訟始息。芊仔埔為濱海之區，地瘠民窮，婦孺輩相率赴東門外拾遺穗，必過吾舖門。往反二、三十里，所得僅藷碎菜甲，聊以果腹。先君見而嘆曰：「是無告之人也！」日以千錢頒之。受者或疑，曰：「持此以買粽可飽。」莫不歡呼而去。其任恤類如此。先君治家肅，持己恭，待人誠，處事謹。平居燕處，未嘗有疾言厲色，內外之人無不敬焉。光緒十九年，全臺採訪孝友，鄉人士列狀以聞。巡撫邵友濂題請旌表，奉旨建坊，入祀孝悌祠。二十年六月二十有四日卒，壽六十有二。痛哉！橫年十三時，就傅讀書，先君以兩金購臺灣府誌授橫曰：「女為臺灣人，不可不知臺灣事。」橫受而誦之，頗病其疏。故自玄黃以來，發誓述作，冀補舊志之缺。今吾書將成，先君音容如在其上，乃以學殖淺陋，不能追識十一，以告我後人，是橫之罪也夫！是篇所載，皆屬孝義之士，徽音芳躅，沒世不亡。而人之所以翹然於萬物之上者，胥是道也。

蕭明燦

蕭明燦，泉州安海人。生踰歲而孤。永曆九年，鄭師伐泉州，墜安平鎮；安平即安海也。明燦方五歲，與母相失，號泣於塗。叔祖某攜之來臺，居赤崁城。稍長，始知失母之故，行求漳泉各屬，不能得。乃與家人訣別，曰：「此行不見母，不復還也。」渡海而往，遍歷閩南。嗣遇延平族人，諗其母依倚以居。大喜，趣迎歸，備極孝養。里黨稱之，比之朱壽昌云。

侯瑞珍

侯瑞珍，臺灣府治寧南坊人。性淳厚，少孤，事母孝。邑人稱之，舉為鄉飲賓，母沒時，瑞珍年六十矣，廬墓終喪。壽七十有四卒。乾隆十四年，奉旨旌表，建坊於上橫街。

陳仕俊

陳仕俊，字子慶，臺灣府治東安坊人。素好善。康熙五十七年，大旱，米價騰貴，窮民無所得食，即出穀二千五百石，分四坊以賑，存活甚眾。又嘗建橋施棺。五十九年，捐置園地為義塚。子應魁邑貢生，捐金四百，請修本縣學宮。人以為能繼善行。

劉日純

劉日純，字子安，嘉義查畝營莊人。籍平和。始祖茂燕爲延平郡王部將，從伐南京，陣沒。王念其功，命其子求誠入臺，贍以田宅。及長，墾地於查畝營莊，數年，闢田數百甲，遂家焉。日純其四世孫也。性謹嚴，嗜學攻書。嘗作書自箴，其言曰：「士生世間，不可自慢。其處己也，當師孔子忠信篤敬之言；其處物也，當存曾子臨深履薄之懼。其接人也，當學莊子呼馬呼牛之意。與人無忤，克己自持，庶乎可以無過。」日純既席先人遺業，又善貨殖。創白糖廍於溫厝廍莊，販運南北洋，獲利豐，擁資百數十萬。顧性好施舍，濟人之急。里黨有事，必出而解之。嘉慶十四年，漳、泉械鬥，蔓延數十莊，殺人越貨，文武官且袖手，或以爲利。日純憫之，與店仔口莊總理吳六秀、番社莊總理林光義、吉貝要莊屯弁段鐸約，躬赴鐵線橋各堡，集耆老，曉譬大義；眾從之。乃出其資，葬死殤，醫創病，存鰥寡；鬥始息。二十一年，大饑，米貴至千錢。日純發廩以濟。道光初，京津凶，餓莩載道。日純以白米千石往賑。直督奏聞，奉旨賜「惠及津門」之匾。日純好文學，重士，設家塾，聘名儒，以教子弟。並集英俊肄業，供膏伙。有子六人，皆有聲庠序。次子思勳尤有名。

劉思勳

思勳，字景梅，少好學。以歲貢生授福建將樂縣訓導，廉潔自持。時學官多貪貨，墜師道，思勳矯之。遇歲試時，謝其結禮；寒畯之子，獎以花紅。以是士林推重。歸里後，以身作則，事兄敬，字弟慈，躬行儉樸。士之出入其鄉者，無不禮而送之。里黨之人，無不惠焉。道光十二年張丙之變，嘉義各莊所在騷動，而鐵線橋堡當赴郡之衝，股首張古擁眾數千謀北上，至莊外十里，不敢入。遣旗首以刀爲贄，曰：「古將有事於嘉義，願假道，恐公有以督過之，謹待於境上，唯公命之。」思勳曰「可。我堡之一草一木，如有疏虞，不女貸也。」飭左右與百金。其人唯唯，古歛眾行。張丙之役，鐵線橋堡無敢擾者。二十四年，漳泉復鬥，鹽水港爲泉人互市之所，而大竹園莊亦族大丁多，數年不息。思勳集兩造解之，出數千金，爲築鹽水港新街之橋以示睦。思勳既家居，勸農造士，鄉人有爭畔者，齊趨門下，求斷曲直。一時無訟。咸豐九年卒，弔者數百人。葬之日，遠近至者數千。長子達元以誅嚴辦功，賞戴花翎。

丁克家

丁克家，福建晉江丹棣鄉人。年十三，來臺省父。父賈於鹿港，久違膝下，見之甚喜，遂居焉。已而父老，病偏枯，臥床不起，精神亦紊亂，飲食便溺需人護持，嘗穢染枕席。克家日夕侍左右，夜寐於旁，聞聲即起，莫敢懈。如是十數年。所居曰菜園，鄰人失火，左右皆燬。克家大驚，負父出，而火已阻門，不敢越，止於庭中。未幾火熄，所居獨存。人以爲孝行之報。又數年，父卒，哀戚逾常。克家既授室生子，經營舊業，每以不得多讀書爲憾。延師課授，禮之有加。六子壽泉以光緒十年登進士，餘子亦多入庠。年六十餘卒。有子七人，孫二十有一人。明詩習禮，至今不替。初，光緒六年，彰人士以克家純孝，稟請有司旌表，奉旨建坊，入祀孝悌祠。

鄭用鈺

鄭用鈺，字棨亭，淡水之水田人，用錫從弟也。生數月，母卒，長嫂乳之。數歲知其事，每念母，輒流涕。故事父極孝，常依膝下。稍長，家漸裕，兄弟同財，侍長嫂如母，別置田宅爲養贍。嘉慶二十年，里中歲歉，發穀平糶。二十三年，淡廳初設學校，倡建學宮，捐巨款。道光六年，築城，課督尤力。每有義舉，輒樂襄。咸豐三年卒，年六十。光緒十四年，全臺採訪總局彙報孝友。十五年，巡撫劉銘傳題請旌表，詔祀孝悌祠。

是時，新竹受表者三十人：曰鄭如恭，字堯羹，用鈺之長子也；曰鄭廷珪，字君達，北門街人，增生；曰鄭用謨，字訓廷，水田人；曰陳大器，字子圭，泉之惠安人，寄籍邑治；曰鄭如松，字友生，號蔭波，用錫之長子也，道光十七年優貢生，二十六年舉於鄉；曰鄭如城，用鑒之次子也，以監生捐同知銜；曰鄭秉經，字貞甫，水田人，附貢生，戴潮春之役，以功奏保候選教諭；曰楊忠良，字森諒；曰陳紫垣，例貢生；曰陳廷榮，字石泉；曰吳士敬，字以讓，同治九年舉人；曰林文瀾，字澄波；曰陳清淮，字汝泗，同知銜；曰陳清光，字汝煌，清淮之弟也；曰高滄浪，字澄雅，曰陳敬義，均北門街人；曰高廷琛，字英甫，城內穀倉口街人；曰曾呈澤，樹林頭莊人；曰潘榮光，新埔街人，及子清漢；曰李聯超，錫金之子也；曰張首芳及子耀輝；曰陳緝熙，曰翁林萃及弟英，曰黃朝品，曰鄭如蘭，別有傳。

李錫金

李錫金，字謙光，泉之晉江人。年十四，來臺，居淡水之竹塹，傭於某商家。顧念父母俱沒，歲時乏祀，每風雨，泣告主人，請豫給五年辛金，爲親修墳。主人嘉其孝，許之。洎長，與昆弟營生，家漸裕。又以伯兄早死，撫姪如子，延師課讀，多成材。咸豐中，艋舺分類械鬥，蔓延將及竹塹，與鄭用錫赴各莊，竭誠勸導，患乃息。已而歲歉，辦平糶。素好任恤，里黨稱之。同治四年卒。光緒六年，福建巡撫勒方錡題請旌表，入祀孝悌祠。八年，建坊於新竹北門外之湳仔莊。有子十人。

長聯超，字汝前，號華谷，少習禮儀，事親孝。母陳氏遘病，聯超適在外，心怦怦動。驟歸，家人訝之。侍湯藥，莫敢稍違。及沒，喪祭盡禮；尤善事老父。有弟九人，偶有不合，曲意求全。父在時，曾給家產，悉以沃疇讓諸弟，而自奉甚薄。課讀二十餘年，及門多成名。光緒二年卒。十七年，奉旨旌表。

子祖琛，字蔭亭，設教於鄉，以尊德性、勵風俗為本。故其治家肅，持身恭，男女皆知禮節。邑有義舉，輒任其事。乙未之役，避兵內渡。越數年沒於故里。子七人。希曾歲貢生，師曾舉人，餘皆讀書，為世用。

祖訓，字恢業，號警樵，聯超之從子也。少失恃怙，能自立。與鄉人士合設竹梅吟社，以事吟咏。光緒二十年，以歲貢生任臺灣府學訓導。子良臣。弟祖澤，字樹業，號鐵樵，素敦內行，博學能文，以優行貢成均，未幾卒。子濟臣、少福。

李氏自錫金以來，孝友傳家，子孫蕃衍，至今猶為望族。

張首芳

張首芳字瑞山，泉之同安人，為廈門巨商司記室。事親孝，凡可以說親者，無不先意承志。兄及兩弟皆賈大洋洲，久不歸；唯異母弟百川在家，遇之無稍別；故能成其業。父沒後，來臺，居艋舺，嗣移舊港，以商起家。子二人。長耀輝居里，年十四，欲東渡省父，謂弟安邦曰：「女在廈奉母，吾赴臺事父，各勤其職，毋稍懈。」遂侍父習經紀，力任艱鉅，貿易日進。素好善，樂施舍。安邦自廈來，招與同居。及死無後，以四子鴻聲承之。舅氏陳文欽老而無子，迎養於家，又為立嗣，奉禋祀。人稱其德。光緒十五年，首芳與子耀輝俱旌孝友，而繼室陳氏亦旌孝婦，里黨欽之。孫金聲，字迪吉，附生，曾掌明志書院，以文名。

陳緝熙

陳緝熙，字維禎，號沙莊，泉之惠安人，移居淡水中港街，後遷廳治。讀書明義理，靡有干謁。道光二十五年恩貢。父錫疇，附生，旌表孝友。沒時，母林氏哭之慟，遂致失明。絹熙善事親，跬步不離，時述故事，以承色笑。兩兄俱弱而病，後亦雙瞽。弟少不更事，絹熙以一人扶持其間。治家有法，課督子姪，勉以孝弟，鄉里稱之。先是道光二十四年，漳泉械鬥，居民紛紛謀避地。絹熙趣邀諸紳，出勸止，故無害。咸豐元年，艇匪犯竹塹，偕官紳設法防禦，地方以安。三年，漳泉又鬥，與鄭用錫設局安撫。四年，閩粵亦鬥，蔓延愈烈，請於淡水同知朱材哲，出爲諭解。同治元年戴潮春之役，與林占梅合籌防堵。已而大甲被圍，即率鄉勇往救。隨克彰化，以功奏獎五品藍翎候選教諭。九年卒，年六十有四。光緒十五年，旌表孝友。

翁林萃

翁林萃，字雲史，淡水北門街人。父福幼育於林，故複姓，淡水廳志稱其孝。萃少失怙，善事母。長兄早世無出，事嫂盡禮，又以長子嗣之。性渾厚，好施與。每有義舉，輒有力焉。戴潮春之役，以功賞藍翎候選同知，卒年五十有五。弟英字史貞，亦孝友。以辦理腦務，家日殖。卒年四十有九。均蒙旌表。

黃朝品

黃朝品，字鏡堂，泉之晉江人。同治十三年，爲臺灣城守營把總，嗣調竹塹，遂家焉。少失怙恃，事庶母維謹。伯兄主持家政，欺其少，輒促分家。力諫不可，僅得薄田數畝，良疇美屋，兄悉有焉。朝品遂入行伍，自食其力，勤苦刻勵，家漸裕。已而兄產蕩盡，父子相繼沒，寡嫂無依，迎歸奉養，以次子爲嗣，仲嫂守節撫孤，子壯而殞，遺兩孫俱稚，亦育之成人，養生送死無憾，邑人稱之。初，竹塹陸恩官莊，委辦者每多索佃人自私。朝品獨照例徵收，無所擾。貧乏不能納者，且爲墊完，故佃人德之。光緒十六年旌表，十八年卒，年六十有三。

鄭如蘭

鄭如蘭，字香谷，新竹水田莊人。父用錦，附生，早卒，母張氏育之。如蘭讀書知大義，事親孝。張氏有疾，延醫診視，方藥必證以醫書，嘗而後進。沒時喪葬盡禮。同治五年，奉旨旌表節孝，如蘭建坊以志。如蘭家固裕，又儉樸；然遇地方義舉，則出而義辦。家畜童婢，遇及笄者必遣嫁之，故人多其德。光緒十五年，以辦團練功，由增生授候選主事，賞戴花翎，後加道銜，旌表孝友。子神寶亦有名。

洪騰雲

洪騰雲，字合樂，亦晉江人。道光四年，隨父渡臺，居淡水之艋舺，年十三。及長習賈，爲米郊。淡爲產米之地，艋舺適扼其口，帆船貿易，以此出入。而騰雲工籌算，與泉廈互市，數年之間，產乃日殖。顧樂襄義舉，光緒七年，巡撫岑毓英議建大甲橋，命各屬紳商輸助，騰雲捐工七十名。橋成，大府嘉之。已而捐建艋舺義倉，置義塚。遇有災害，則出以賑。臺北初建，新築考棚，騰雲獻地；並捐經費。十三年春，巡撫劉銘傳奏請嘉獎，賜「急公好義」之匾，建坊北門。子五人，長輝東，納資爲候選同知。輝東之子文光，廩膳生。又次以南，附生。

薛應瑞

薛應瑞，澎湖內垵社人。素好善，嘗築東衛、西嶼兩義塚；又以北山至中墩，中墩至潭邊，海港阻隔，涉厲維艱，自造兩石堤，費資數百兩，俗名蟳廣汐，語其形也，至今遂爲通津。通判王𤅸、副將葉相德各錫匾。

辛齊光

辛齊光，字愧賢，亦澎湖人，居湖西社，嘉慶六年歲貢生，十八年欽賜舉人。家富好善，事母孝，倡修文石書院及郡城試寓。又造湖東西溪兩石橋、港底尾書院崎兩石路，行人善之。先是應瑞所造蟳廣汐石隄，至是多損，齊光修之；建福德祠於旁，以爲行旅止息。遇貧困者周之，貸而不能償者免之。以此義聲聞里中。嘗主講文石書院，訓諸生實踐，終日不倦。卒年七十有六。

方景雲

方景雲，字振青，號省齋，澎湖瓦硐港人，少補弟子員。家貧，性耿介；與人交，必盡誠，眾咸推之。遇不平事，得一言立解。故終其身，北山十四鄉無訟。素以維持風化爲任，里有陋俗，必力革之。嘗集父老，禁淫戲、禁賭、禁盜、禁贅營兵、禁澳甲濫受投詞，禁婦女入廟焚香。至今猶遵其約。女適同社儒家子呂某，少而寡，媒來議醮。景雲正色曰：「豈有爲景雲女，而改事二姓者哉！」招女歸，令守節。其持正多類此。景雲既留心風教，又負膽力。同治初，有奸民夤緣武弁，踞節孝祠，將設局捐派，眾莫敢抗。景雲入陳有司，請撤回。奸民懼，啗以重利。叱之去，竟罰其款三百緡，充祠費。眾呼快。而奸民以計不得行，甚恨。未幾景雲至郡，武弁覯之，佯爲恭敬，飲以酒，歸而暴卒。景雲不事生產，喜涉獵說部，得錢輒購書，頗有任俠之風。卒年四十有九。

張仲山

張仲山，字次岳，籍晉江。少隨父來臺，居彰化。戴潮春之役，與眾守城，及平以功賞藍翎，任戴案抄封委員。兵燹之後，繼以大疫，仲山捐款周恤，購藥以濟，人感其惠。顧為善益力，歲製棉襖百襲，以給貧民。彰化縣署自遭兵後，久廢弗治，暫假白沙書院辦事，官民不便。及同治十二年，知縣孫繼祖議築，而款絀；仲山出勸輸，並董工役，八月而成。清時監獄不潔，入者半病死，亦新建之，通水於井，以供盥沐；囚人喜之。光緒五年，山西凶，大府募賑，仲山輸米二百五十石，復集戚黨計得二千石。總督卞寶第手書「樂善好施」之額以贈。越二年卒。子晏臣、舜臣。

林全籌

林全籌，字備五，彰化林圯埔人。父新景業農，與陳集賢有怨。是時，林圯埔以林、陳為大族，各負勢力，不相下。既又爭贌抄封田，新景為佃首，集賢不敢褫，潛告於官：以新景抗納官租，謀不軌；集賢族人希亮為保安局總理，亦稟新景不法。彰化知縣欲捕辦，命役，不敢往，乃命集賢圖之。集賢佯言曰：「文武官期以明日會林圯埔。」新景懼，夜逸，將入山；集賢預伏以待，開槍擊之，斬其首。大呼曰：「吾奉官命，誅此賊，無與眾事。」翌日，以首解縣。林氏聞有官命，不敢出。時全籌年二十有一，訓蒙在家。弟碧瓜、次盧、次春生；春生方十有二歲。全籌既痛父死非命，指天誓曰，謀復仇。而集賢自殺新景後，勢愈熾；弟若侄又以搢紳交官府，豪右一方。全籌隱忍蓄志，日夜伺隙，不得逞。乃乞援於南北投之族，得二百餘人，期以元旦入林圯埔，襲集賢而屠之。除夕，碧瓜飲酒醉，語洩，集賢戒嚴。族人至，聞有備，不敢發。全籌大恨，指弟而哭曰：「仇不得報矣。」如是十年。里有老婦林氏者，嫁陳姓，性和睦，兩家子弟皆親之。咸豐四年八月朔，集賢過其家，婦留飲，談瑣事，命從者歸。兩家相距百餘武。春生年已二十有三，頗有力。見集賢與婦語，而旁若無人者，大喜，走告母曰：「報仇之日至矣。」母驚詰，具以告；持一小刀出。母曰：「汝年少又弱，非敵也；不濟，汝必死。且俟汝兄歸。」不從。途遇全籌，曰：「報仇之日至矣」；復走。母追至，曰：「汝弟非老奴敵，將奈何？」全籌且驚且恨，曰：「事已至此，兒請往。其濟，父之靈也；不濟，即以死繼之。」行及義倉前，而春生已刺集賢倒地矣。

先是，春生値集賢將歸，伏路隅。集賢素負力，持一竹煙筒，揚揚而行。春生自後刺之。集賢反掖於地，春生堅抱之。保長陳文彩，集賢族人也，聞鬥聲出視，舉杖將擊春生；而全籌至。再以刀刺集賢，刃入於地。兄弟大喜，歸告父靈，乃各竄。全籌匿阿罩霧莊，爲族人訓蒙。集賢死，其子籲於官。是時鹿港林某爲林圯埔抄封委員，深感全籌之孝，爲請於官。以集賢素狡猾，且受戴潮春之命，盜賣倉穀，養奸徒，其罪不容於死。官納之，事始寢。

連橫曰：吾居臺中，聞林剛愍公復仇事，神爲之王。既又聞林全籌者，手刃奸人，以報父怨，未嘗不爲之起舞。夫復仇大事也，孝子仁人始能爲之，而懦夫多以忍死，亦天下之無勇者。禮君父之仇，不共戴天，是不顧與同履此土也。若乃反顏事敵，以獵富貴，而猥曰智伯以國士待我，噫！是誠犬豕之不如矣！

勇士列傳

連橫曰：縱橫之世，士趣公仇，恥私鬥，故人多尚武，以捍衛國家；及漢猶承其烈。然而霸者忌之，法家禁之，芟夷蘊滅，俾無遺種。所以供禽獵者，一姓之鷹犬爾。若其眷懷私利，懸賞殺人，則正義之賊也，君子誅之。臺灣爲海上荒島，我先民之來相宅者，皆抱堅毅之氣，懷必死之心，故能闢地千里，以長育子姓。而我延平郡王又策勵之，遺風鼓盪，至今未泯。以吾所聞黃蘗寺僧之事，尤其著者。而事多隱滅，莫獲示後，則舊史之罪也。今舉其知者，著於篇。

曾切

曾切，綠林之豪也，出沒淡水間，或云彰化人。少失怙，事母孝，故尤敬節婦。聞有饑寒者，即分金與之。切爲盜，每使人知；先以粉畫壁上爲圈，夜即至。雖伏人防之，莫能免。然其所盜者，多土豪墨吏；而濟困扶危，人多德之。里有少婦，夫死家貧，鄰人愛其色，議以五百金納爲妾，婦不從，每夜哭。切聞之，嘆曰：「是當全之。顧安所得金？」當是時，大隆同陳遜言攬辦料館致富，切登其屋，抉兩瓦，縋而下。天寒夜黑，遜言方臥榻弄煙，一燈瑩然。見切至，延之坐。切亦就榻弄煙。遜言微問曰：「子此來，有何需？」曰：「然。」出鑰與之。切啓匱，出千金，復臥而弄煙。遜言曰：「夜深矣。我命人將往何如？」曰「無須。」即出口號，有一人自屋下，裹金去。切亦猱之上。旦日至婦家，告其姑曰：「汝婦賢，胡可賣？然汝爲貧計，不得不如此。今吾以五百金贖汝婦，又以五百爲衣食費。汝其善視之。」婦聞言，欲出謝。切不顧而去。越數夕，遜言獨坐，有物墜庭中，聲甚厲，急呼家人爇炬視之。見一布囊，上繫小箋曰：「前蒙厚惠，得了一事。今獲此物，敬以相酬。伏維笑納。」啓之，則煙土二十也，價可數百金。

切身頎而長，貌溫雅，目光炯炯，左手爪長寸餘。每爲盜，以湯柔之，束以皮。嘗一日爲官所捕，切跪地上，但搖左手曰：「小人文弱，何敢爲盜？」官笑釋之。或告之曰：「以子之材，何不入行伍，取功名，而自屈若是？」切慨然嘆曰：「今之擁節鉞者多昏瞶，誰復能於風塵中識壯士哉？」自是忽不見。或曰，切葬母後，去之閩中。

莊豫

莊豫，嘉義人，疏財仗義，爲綠林豪。顧犯法，懸捕急，人多匿之。遂潛居梅仔坑山中。

里有紀彪者，子七人，均精拳術，每魚肉鄉閭，無敢語，語則被辱；雖訟亦不得直。彪之四子曰傻，見近村郭琬女美，欲妾之，命媒往。琬曰：「吾女欲嫁士流，且不爲人妾。幸謝公子。」傻怒曰：「士流寧直一錢？且嫁吾，足以光門楣。今乃拒我，吾必得之。」集佃十數人，揚械至琬家，強奪之。琬倉猝不知所爲，隨之哭，路人皆憤，顧無如何也。歸途遇一人，曰：「胡不愬諸官？」琬曰：「官多昏聵，寧管人閒事？苟愬，亦無如彪何也。」曰：「然則愬之莊豫爾。」琬曰：「豫何人？豈今之有大勢力者乎？」曰：「非也。豫俠士，能平不平。往必獲濟。」遂從之。入山可十數里，曰：「至矣。」時天已昏黑，茅屋中微露燈光，四圍多古木，境甚幽寂。其人先扣門，內應曰：「來者非阿摩乎？」曰：「然。」琬見一少年瘦峭，目光炯炯，而氣概凜然；即伏地泣訴。豫怒曰：「是奴欲落吾手，吾赦之數矣。今若此，翁稍坐，吾取汝女歸。」即起入。是夜傻得女，欲犯之，女大哭，傻怒鞭之。忽聞屋上有人語曰：「傻今夕花燭，何不請而翁飲？吾來索喜酒也。」傻叱曰：「汝何人？賊乎？」彪聞驚曰：「豫也！」止家人勿聲。而豫已下立簷前。彪曰：「豚兒今夕納妾，妾遽別其家，作嬌啼爾；乃驚及足下。」曰：「恐非嬌啼，殆求免死爾。」彪變色曰：「即死何干汝事？汝豈爲郭來耶？」曰：「然。」彪曰：「我家非屈於人者。汝既來，能決一勝負乎？」豫笑曰：「可。」彪持刀擊之，七子並進。而豫已躍立案上，探丸中二紀，傷目立仆。復呼曰：「新郎胡不進？」傻揚刃而躍。又探一丸中其陰，亦仆，餘莫敢進。豫乃語彪曰：「今日若出吾鏢，則汝家無噍類矣！今告汝，速以女歸！」彪知不敵，從之。豫負女於背，約以布，一躍而逝。夜半抵家，琬得女大喜，拜謝去。傻自負傷後，遂不能人，而彪亦不敢再暴於鄉里。

嘉義知縣某，素貪墨，罷官。歸裝數十具，中有小篋，以三人列械行。豫諗爲珍寶，直前推三人，皆跌數十步外，奪篋行。護勇追之，莫能及。豫既得巨金，散窮民，惠者眾。

光緒八年春正月，巡道劉璈移鎮，派兵數營，分防鹿麻產、斗六門、半天寮、埔尾等處，四路併進。又飭知府袁聞柝會師梅仔坑，蓋豫已集眾將舉事矣。官軍一至，豫早遁，而搜捕甚急。每至一地，不敢留。朝止而夜行，如是數月。一日，至所狎妓許，妓飲之，醉就枕。偵者已入。豫欲起，酒毒不能興，探丸亦不得，蓋妓早受官賂也。至署自承，遂被戮。臨刑語人曰：「吾素未讀書，不知吾之所為，視古人何若也。」

詹阿祝

詹阿祝，粵族也，家住苗栗罩蘭莊。地近山，時與番鬥，故其人多勇。阿祝為木工，每單身入深林中，歷十數番社，番不敢害。既為馬臘邦社通事。數年，逋番鏹頗多，番索之。阿祝憤，謀所以併其地。游說鄉里丁壯，得四百人，約共生死；皆曰「諾。」當是時，馬臘邦族大勢強，為一方雄，而地又險隘，乃議潛襲之。擇勇者十數人，藏短刀，佯為伐木者。阿祝固與番狎，既至，番款之。出牛酒以犒，番歡飲大醉，席地臥；阿祝與十數人者亦雜處其間。夜半突起，持一木杵，自擊殺番，斃七、八人；眾亦出刃。番驚寤，欲格鬥，而天昏月黑，多被殊，流血濺地上。計所殲番六十餘人，餘悉驚竄；阿祝遂併其地，召子弟開墾。馬臘邦社既破，乞援於白毛、阿冷、大小南勢諸社，眾可千人，謀恢復。阿祝陷圍數日，食漸盡，力又不敵，乃率眾出。番要之，互鬥，各死傷十數人。事聞，北路撫民理番同知以阿祝貪占番地，移彰化縣捕辦，下獄。其眾謀救之，賂知縣以免。當是時巡撫劉銘傳方行撫番之策，以棟軍統領林朝棟為中路營務處。光緒十一年，阿祝面求朝棟討番，而莊人之遭害者亦日來告訴；許之。四月，朝棟率棟軍千人至罩蘭，以鄭以金為副，統領柳泰和別率千人為後援。阿祝任偵探，出入番社，窺敵情。時群番合，勢頗振；朝棟諭降，不從。五月，分兵三道而入。八月初七日至馬臘邦，十二日進擊。番力抗，棟軍不利，且陷圍，得援始免。十二年，銘傳自率親軍一百、練勇三千、屯兵三千進討，九月破之，乃張隘路，以屯兵三百五十人扼守。自是番不敢出。是役也，阿祝尤勇敢，殺番特甚。軍中皆呼曰壯士。

阿蚌

阿蚌亦粵族，忘其姓，家住彰化龍眼林，地與番界。兄弟五人燒炭爲生。一日，阿蚌病痢，輒如廁。既歸，弟四人均爲番所殺，馘首去。阿蚌撫屍大慟，哭欲死。顧念不報仇，非男子。攜短刀，尋血跡而行。數里，見前面有番十數人，行歌互答，甚自得也。乃走間道，越其前。已而日暮，番就谷底宿，各枕石臥，以布覆首，鼾聲大作。阿蚌從山瞰之，乃取一堅木，潛行至其間，力擊之。凡十二人，皆腦破，無一抵抗者。阿蚌亦馘其首及弟首以歸。會莊人來援，驚喜備至。阿蚌曰：「吾今雖殺番，得報弟仇，死無憾。吾且再入社，殲其族，以絕後患。公等其助我否？」眾曰：「可。」分爲二隊，各佩刀持槍，裹數日糧。至則屠之，阿蚌所殺尤多。番聞其名皆震伏。後卒於家。

貨殖列傳

連橫曰：臺灣爲農業之國，我先民之來者，莫不盡力畎畝，以長育子孫，至今猶食其澤。而經營商務，以操奇贏之利者，頗乏其人。以吾思之，非無貨殖之材也，政令之所囿、官司之所禁，雖有雄飛之志，亦不得不雌伏國中，以懋遷有無而已。吾聞鄭氏之時，販洋之利，歲入巨萬。而茫茫南土，孰非漳泉人之所闢者？堅苦逴厲，積日纍年，故能握彼商權，以張勢力。然自鄭氏亡後，漳泉人之出洋者，清廷且視之如寇，歸者有罪。海天萬里，北望咨嗟，是無異自戕其手足，而欲與人決鬥也！夫國雖以農爲本，而無商以通之，則男有餘粟，女有餘布，利不足以及遠，物不足以相供，而貨殖之途塞矣。抑吾聞之，乾、嘉之際，郡中商務特盛。貿易之船，充積港內，北至津沽，南達嶺嶠，挹彼注茲，以增富裕，一時號稱百萬者十數人，而三郊爲之紐。三郊之中，而李勝興、蘇萬利、金永順又爲之領袖。多財善賈，雄視市廛。凡地方有大繇役，莫不出而輸助，可謂能知公義者矣。海通以來，外商日至，而臺人與之貿易。以吾所聞，非無二、三傑出之才，足與抗衡。而斗筲之子，數典忘祖，遂不能悉舉其人而傳之。惜哉！

陳福謙

陳福謙，少名滿，鳳山苓雅寮莊人。莊瀕海，與旗後望；耕漁並耦，僅一寒村。福謙家貧，習刺舟，勤苦耐勞。數年，積資數十金，乃販米，往來各村中，早作夜息。又數年，得數百金，兼販糖。糴賤糶貴，善相機宜；與人交，持以信，以是生意日大。設順和行於旗後，以經營之。鳳山產糖多，配至香港、上海，轉販東西洋。其利每爲外人所握，而運費亦繁。福謙以日本消糖巨，派人查之，知有利。同治九年，自配至橫濱，與日商貿易。十三年，設棧於此，以張販路。其糖分消東京等處，歲約五萬擔。臺糖之直配日本自福謙始。已又分棧於長崎、神戶。郡治及東港、鹽水港亦各有其業，兼販布疋、五穀、阿片。當是時，通商口岸，輪船尚少，乃自賸夾板以行，不爲外商所牽制。嗣以白糖三萬擔販英京。臺糖之直配西洋亦自福謙始。福謙既富，擁資百數十萬。凡中國新設公司，皆認巨股，故其產日殖。然雅善用人，各棧當事，畀以大權，計其盈餘，賞賚極厚；而英偉之才足以任事者，則不次擢之，故人爭效命；苓雅寮人尤受其惠，比戶殷庶。福謙好善，多義舉。行旅之道其鄉者，解衣推食，濟其窮乏。故終歲無盜賊之警，亦無爭鬥之患，遠近感其德。卒年四十有九。

李春生

李春生，福建廈門人。少入鄉塾，家貧不能卒業，改習經紀。年十五，隨父入耶蘇教，信道甚篤。遂學英語，爲英人役。間讀報紙，因得以知外國大勢。同治四年來臺，爲淡水寶順洋行買辦。淡水爲臺北互市之埠，出口之貨以煤、腦、米、茶爲大宗，而入口則煤油、布疋。春生懋遷其間，商務日進。先是英人德克以淡水之地宜茶，勸農栽植，教以焙製之法。以是臺北之茶聞內外，春生實輔佐之。既而自營其業，販運南洋、美國，歲率數萬擔，獲利多。光緒十三年，臺灣建省，巡撫劉銘傳暫駐臺北。乃於城外大稻埕，新闢市廛，而規模未備。春生與富紳林維源合築千秋、建昌二街，略仿西式，爲民倡，洋商多僦此以居。十六年，設蠶桑局，以維源爲總辦，春生副之，種桑於觀音山麓。未成而銘傳去，其事遂止。十七年，臺北鐵路成，以功授同知，賞戴花翎。春生雖居闤闠，而盱衡時局，每以變法自強之說寄刊各報，至今猶矍鑠也。

黃南球

黃南球，字蘊軒，淡水南莊人，今隸苗栗。苗栗近內山，群番伏處，殺人爲雄。南球集鄉里子弟數十人討之，番害稍戢。會巡撫岑毓英視臺，聞其事，召見，委以撫番。及劉銘傳至，尤亟亟於番政，檄募鄉勇二百，從征大嵙崁。嘗一夜連破十八處，威震番界，以功賞戴藍翎，授五品銜。南球既出入番地，知其土腴，請墾南坪、大湖、獅潭等處，縱橫數十里，啓田樹藝，至者千家。已復伐木熬腦，售之海外，產乃日殖。而番地亦日闢矣。

連横曰：外舅沈德墨先生爲臺灣商界巨子，慘澹經營，以興腦業，其勞多矣。先生名鴻傑，泉之安溪人。年十三，隨父赴廈門學賈。稍長，習航海，貿易東南洋，至則習其語。凡日本、越南、暹羅、爪哇、呂宋、新嘉坡，遠至海參崴，靡不游焉。漳泉人多習水、狎波濤、冒瘴癘，以拓殖南嶠，故輒瀕危險，而志不少挫。數來臺灣，販運糖、茶，賈於天津、上海，而獲其利。同治五年，寄籍郡城，遂家焉。素諳英語，與英人合資建商行。既又與德人經營，採辦洋貨，分售南北，而以臺貨赴西洋。嗣爲紐西蘭海上保險代理店，臺南之有保險自此始。初，臺灣產糖多，製法未善，乃自德國購機器，擇地新營莊而試辦焉。集集爲彰化內山，自匪亂後，腦業久廢。先生知其可爲，入山相度，建寮募工，教以熬腦。既成，配歐洲，歲出數萬擔，大啓其利。至者愈多，而集集遂成市鎮。當是時，歐洲銷腦巨，市價日昂，臺邑林朝棟，方以撫番握兵權，亦起腦業，謀合辦，不成，遂壅遏之。然各國以腦歸官辦，有阻通商，群向總署詰責。奉旨改制，許民經營，而先生遂以腦業起家。暮年稍替。

列女列傳

列女之名，始於劉向。蔚宗後書，乃入正史。其所記載，非盡貞節，而劉知幾刺之，誤矣。夫蔡琰之才，猶是文苑之選。若班昭之學、少君之賢、曹娥之孝、龐娥之勇，揚徽閨閫，足爲女師，固非僅以貞節著也。臺灣爲新闢之土，間靈之氣，雖不盡鍾婦人，而掞藻揚芳，衡金式玉，豈無二、三秀出之媛，足以蜚聲彤管？惜乎史多闕文，而懿德遂不傳爾。

延平郡王爲臺烈祖，夫人董氏勤儉恭謹，日率姬妾婢婦紡績，並製甲冑諸物，以佐軍用。王之治戎，有功必賞，萬金不吝。而家中婦女不令少怠，故長幼皆敬命。永曆八年，王赴廣南，次平海衛。清軍猝入廈門，鄭芝莞無設備，師驚而潰，董夫人獨懷神主以奔，珠玉寶貨悉棄不顧，王以此賢之。每與軍事，多所匡輔。王薨之後，時誡子孫，撫恤民庶，厚養將士，毋墜先業。故臺人咸受其惠。嗚乎！豈非所謂女宗者歟？

陳參軍夫人洪氏，小字端舍，亦同安人，賦質幽閒，有齊眉舉案之風；尤長詞翰。參軍治國，日不暇給，文移批答多出其手，頃刻而就，措語用筆，與參軍同，受者至不能別。季女某幼秉母教，習文史，年十八為監國世子克臧夫人。克臧治國，明毅果斷，有乃祖風，親貴皆憚。及遇害，夫人欲殉，董夫人勸之，不從。兄夢緯亦勸曰：「女娠未震，盍存孤以延夫祀，不猶愈於死乎？」夫人對曰：「他人處常，可毋死；妹所處者變也，縱生孤，孰能容之？」遂縊於柩側，與監國合葬洲仔尾。臺人哀之。是又從容就義，百折不移，可以貫金石而泣鬼神者矣！

明亡之際，諸鄭議降。寧靖王以身殉國，五妃偕死，合葬於承天郊外桂子山，至今猶傳其烈。嗚乎！東都撮土爾，而賢婦、才媛、烈女、義妃，一時併萃。謂非間靈之氣，多鍾於婦人歟？

夫夫婦之道，人之大倫。男子治外，女子治內，古有明訓。臺灣三百年來，旌表婦節，多至千數百人，雖屬庸德之行，而茹苦含辛，任重致遠，固大有足取焉者。夫人至不幸而寡，家貧子幼，何以為生？而乃躬事縫紉，心凜冰霜，日居月諸，照臨下土。卒之老者有依，少者有養，以長以教，門祚復興。其功豈不偉歟？又或變起倉卒，不事二夫，慷慨相從，甘心一殉，貞烈之氣，足勵綱常，斯又求仁得仁者矣。昔子輿氏謂可以託六尺之孤，可以寄百里之命，臨大節而不可奪者，是為君子。余觀節婦所為，其操持豈有異是？惜乎其不為男子，而男子之無恥者且愧死矣。是傳所載，多取舊志，及其所知；其不詳者則闕訪焉。

魯王公主

明魯王女朱氏，聰慧知書，工刺繡，適南安儒士鄭哲飛，生一男三女。哲飛沒，姑挈子東入臺灣，依寧靖王以居。及清軍克澎湖，寧靖王將死，朱氏欲自裁。王曰：「姑存子幼，胡可死？興滅繼絕，事固有重於死者矣。」朱氏涕泣從命，奉姑別居。衣食不贍，勤操女紅，深夜始息。含辛茹苦，垂十餘年。女嫁姑亡，子且繼沒，遂持齋獨處，節操尤堅。卒年八十餘。邑人欽之，以為女師。

懷安侯夫人

懷安侯沈瑞之妻鄭氏，禮官斌女也。三藩之役，延平郡王經伐潮州，瑞降，疏封懷安侯，移之東寧，居永康里，以斌女妻之。經薨，克塽幼，行人傅為霖謀叛。侍衛馮錫範睨瑞富，謂與謀，欲籍其家，逮瑞及弟珽於理。瑞曰：「馮虛之言，何可為獄？唯瑞生死出自藩恩，夫何言？」而錫範必欲殺之。斌請赦其女，逆於家，告以故。女曰：「父母愛兒，深恩罔極。然兒已為沈氏婦，非父母所得而專愛也。況當此存亡之際，夫叔被罪，姑妯在堂，豈可安居外家，為人所笑乎？」為霖既磔，瑞亦將死；以一巾繫荷包，飭人持歸，曰：「此物為夫人所繡，歸以為念。生死異路，永將此辭！」遂與珽投環死。鄭氏既歸，見祖姑金氏、姑滿氏皆經於堂，瑞之妹及妾于氏、崔氏亦已死，跪哭曰：「老夫人與夫人先行，媳婦請相從也。」遂請斌乞收屍，克塽許之。鄭氏引禮治喪，停柩於堂。別市一棺。父母咸勸之。對曰：「無亂人意。兒已許之矣，豈可負於地下？」遂絕粒。布奠三日，謝別眷屬，從容自縊。臺人聞之，莫不感嘆。閩浙總督姚啓聖上其事，誥封一品夫人，歸諸柩於北京，以禮葬之。

傅璇妻

黃氏棄娘，天興州人，堂壯之女。年十九，適傅璇。璇父為霖為行人，以叛被逮，父子俱受極刑，家屬發配。棄娘兄銓為之營救，獲免。當璇繫獄時，棄娘猶望其生。及正刑，決意以殉。銓多方慰之，泣對曰：「今日之事，子為父死，妻為夫亡，不再計矣！」遂自縊。

謝燦妻

鄭氏宜娘，天興州人。年十八，適謝燦。燦遠賈三載始歸，尋病卒。宜娘旦夕哭，將以身殉。鄰嫗慰之曰：「姑老家貧，且無兄弟。何可死？不如自計。」宜娘曰：「未亡人唯知從一而已。」遂投環死。天興知州嘉其節，建坊於禾寮港街。

王曾儒妻

鄭月娘，泉之南安人。年十九，適萬年縣儒士王曾儒，逾年而曾儒卒。翁以貧，欲速葬。月娘請稍緩。越數日，告其翁，請附葬。翁勸止之。對曰：「吾夫病劇時，吾既以死許之，義不可易。」遂自經。翁從其言。

同縣王尋妻阮氏名蔭娘，籍漳州，年十六來歸。尋隸行伍，常在外，未幾病沒。仲兄至，蔭娘請以姪爲嗣。仲微知其意，防之甚密。越數日，從容自縊。時永曆三十七年也。歸清之後，有司上其事，奉旨旌表。均祀節孝祠。

辜湯純妻

林氏，逸其名，臺灣縣治人，年二十適辜湯純，居東安坊。結褵未久，而湯純卒，無出，撫其妾兩子爲己子，以至成人。事姑孝，宗黨稱之。沒後，有司疏請旌表。雍正五年，入祀節孝祠。里人念其德，建廟於所居附近，曰辜孝婦廟。其後以黃寶姑祔。

寶姑亦東安坊人，字邑人某，未嫁。某賈於嘉義，戴潮春之役，不得歸，遂客死。訃至，家人祕勿知。寶姑微聞之，起居如常。越數日凌晨，易衣出，至法華寺，稽首佛前，默祝親壽，乃自投於寺外半月池，屍浮水上，顏色如生。城中官紳多往弔，以旌其烈。

楊茂仁妻

余氏，臺灣縣治人，嫁楊茂仁，生三子，夫卒，年二十有二。痛絕復甦。環顧三子在側，呱呱泣，長者甫離襁褓，幼未滿二旬。乃撫屍而哭曰：「與其舍生以殉死，毋寧撫孤以存祀。」然家甚貧，衣食不給，織紉爲活，茹苦自甘。越二十餘年，諸子俱長授室，有孫五人，皆入泮。卒年六十有三。雍正五年，與林氏俱受旌表。是時入祀節孝祠者八人。曰張氏，洪之廷之妻；曰陳氏，鄭斌昇之妻；均縣治人，守節撫孤。曰袁氏順娘，魯定甫妻，年十六；曰郭氏益娘，曾國妻，年十八；曰趙氏，李宋妻，年二十二；皆夫死身殉。曰紀氏險娘，惠之女，許字吳使，未嫁夫死，自縊以殉，年十八。

陳守娘

陳守娘，臺灣府治經廳口人也，嫁張氏。夫死守節。而夫妹少艾，作倚門粧，縣署某客時至其家，見守娘而艷之，囑通款曲。姑利客多金，誘之不從，脅之亦不從。百端凌辱，任其凍餒。而守娘矢志靡他，操持益堅。一夕，母女共縛守娘於凳，以錐刺其陰，大號而斃。守娘之弟來臨，見而異之，里人亦嘖嘖不平，遂鳴之官。知縣王廷幹以客故，欲寢其事。見者大譁，噪而起，礫石以投。廷幹踉蹌走，乃上其案於府道，母、女論罪死。初，守娘槀葬於昭忠祠後，眾欽其節，多往祭，屢著靈異。官以其惑民，爲改葬之。

李時燦妻

王賈娘，鳳山人，嫁李時燦，五載而寡。時燦無昆弟，而姑已老，煢煢無依。賈娘勤操女工，克盡其孝，守節五十餘年，邑人稱之。乾隆間旌表。

又有李鳳妻董氏、黃忠妻成氏、黃奬妻李氏、盧從妻曾氏、張元魁妻黃氏，均縣人，守節奉姑，照烈旌表。

金仁妻

黃明娘，鳳山人，年十七適金仁。越三年，仁卒，無子，夫弟尚幼，而翁姑老。忍死以養。七載姑亡，而翁又病，明娘奉事備至，久而不懈。及翁沒，夫弟稍長，喪葬既畢，病且篤。母家欲延醫，不從，曰：「吾忍死十餘年，爲翁姑爾。今大事已畢，吾可無憾。」遂不藥而卒。

同縣黃研妻王氏，夫亡無子，持喪至大祥，自縊以殉，年方十六。黃尙妻吳氏，年十八，夫沒無出，殯殮方畢，赴水而死。陳某妻顏氏，爲強暴所逼，不從而死，人以爲烈。其後均蒙旌表。

大南蠻

大南蠻，諸羅目加溜灣社番大治之妻也。嫁後，治家勤儉，事姑相夫，克盡厥職。年二十，夫死。社番聞其美，爭議婚。大南蠻欲變番俗，誓不再適，引刀而語曰：「婦髮可剃，婦臂可斷，婦節不可移也！」躬耕食貧，以養其子，守節三十七年。有司上其事，奉旨旌表。

連橫曰：嗟乎！大南蠻一番婦爾，而守節不嫁，以全其身，謂非空谷之幽蘭也歟？其志潔，其行芳，嚼然而不可浼。夷也而進於道矣！

陳清水妻

李氏，嘉義元長莊人。年十八，適陳清水，生三子。越三載而清水沒，守節撫孤。長子紹華入庠，猶勉以砥行立名，人稱其德。卒年五十有四。

同縣王氏，下洋厝莊人。年十八，適陳必快，數歲而寡。撫育遺孤，翁姑賢之，委以家政。王氏善處理，內外整然。卒年七十有五。

又有吳慶榮妻高氏、劉源由妻江氏、蕭世華妻李氏、蔡天照妻吳氏、陳仲卿妾王氏，均以守節撫孤，奉旨旌表。

汪劉氏

劉氏，彰化汪某之妻也。雍正九年，大甲西番亂，焚殺居民，眾多走避。事急，告其婦余氏曰：「義不可辱，各自為計。」遂自刎。余氏方抱屍哭，番猝至，亦觸垣死。乾隆三年，奉旨旌表，樹碑東門，題曰「汪門雙節」。

傅　氏

傅氏，彰化水沙連堡車輒寮莊人。年二十六失偶，子泉基方五歲，悉心撫育，眾欽其節。莊近林圯埔，俗強悍，睚眥必報。而傅氏以德感人，鄉里有事，輒聽曲直，幾無訟，盜賊未有入其莊者。同治四年九月三日卒，年五十有七。眾念其德，立碑紀事。舉人林鳳屯題曰：「賢德可嘉」。

楊邦重妻

李氏，彰化人。年二十，適楊邦重。越四載夫沒，矢志守節。家貧子幼，勤操女紅，以爲衣食。含辛茹苦，四十餘年，始終不渝。鄰里稱之。同治元年卒，年六十有九。十二年，紳士蔡德芳稟請旌表。有司據以入告，詔可。是年，彰化請旌節婦凡百二十人，皆祀節孝祠。

陳玉花妻

鄭氏，彰化人，崇本之女也，適陳玉花。賦性柔婉，伉儷甚篤。玉花入邑庠，未久病沒。鄭氏大慟，遂以身殉。邑人士咸欽其烈，出殯之日，衣冠而送者百數十人。同治十二年，與鹿港施林氏、犁頭店莊徐九宣妻林氏、布嶼堡張廷煥妻沈氏、林圯埔街李捷三妻張氏、布嶼堡張源忠妾黃氏，均題准旌表。皆烈婦也。又有貞婦黃氏、鹿港施衍忠妻，呂氏、縣治李嫣基妻，方氏、下坂莊楊舒益妻，亦蒙旌表。

楊舒祖妻

洪氏，彰化縣治人。八歲，爲楊舒祖養媳，及笄合巹，克諧克順。已而夫沒，翁姑亦逝，撫育幼子，備嘗困苦。幸有妯娌相依，得藉女紅以活。及子長授室，家亦稍康，人以爲苦節之報。光緒十二年，邑人訪採其行事，與王陳氏等百五十有九人，均題請旌表。

吳茂水妻

石錦娘，彰化沙連堡林圯埔街人。年十四，爲里人吳茂水養媳。性和順，克孝翁姑；翁姑愛之。俟其及笄，將卜吉成婚，而茂水忽病沒，錦娘年方十六也。慟不欲生。翁姑勸之，乃勉強治喪，旦夕哭，聞者墜淚。一日歸寧，母念其少，欲嫁之。錦娘慨然對曰：「生爲吳氏之人，死爲吳氏之鬼。何嫁爲？」不辭而返。同治元年戴潮春之役，各地俶擾。有賊入其家，見錦娘美，欲犯之。同行叱之曰：「是貞婦也。胡可侮？」賊乃掠其物而去。未幾交綏，即中彈斃，人以爲報。群賊相戒不敢再入其門，一家無害。光緒十二年，鄉紳陳上治等上其事，奉旨旌表，久祀節孝祠。其後雲林知縣謝壽泉亦表其閭。是年，列婦陳氏並蒙旌表。

陳氏，大肚西堡人。年十七，許字牛罵頭莊蔡懷選，未聘而沒。訃至，家人秘莫知。陳氏微聞之，一慟而絕。家人救之，誓不欲生。入夜，即仰藥死。

郭榮水妻

洪阿嬌，彰化縣治人，許字郭榮水，未聘而沒。阿嬌聞訃哭，絕粒三日，遂以身殉。彰人士嘉其貞烈，爲作詩歌，以示於世。光緒十五年，題請旌表，入祀節孝祠。

縣人施氏，生員林錦裳之妻也。夫死之後，亦以身殉。十六年，題請旌表。

吳氏女

吳氏女，彰化人，爲韓媼嗣子康論養媳。媼故娼家，得女美，將居爲奇貨。女不從，輒箠之。歸家泣告。母劉氏亦再醮婦，遂以迫媳作娼訟於官，而媼亦以嫌貧奪婚訴之。官集兩造，仍以女屬媼，媼益無忌憚。有差夥吳水者與媪通，時宿其家。見女少艾，屢挑之。不從。一夕闖入女室，女號救，眾至始得脫。水自是恨女，與媪謀所以虐之之法。夜持刑具來，媪以鐵梏女手，褫其衣褲，繫髮於椿，各持棍擊。女抵死不從。水怒，以棍椓入陰中，又以刃剸其腹，女遂死。時道光七年春正月二十有一日亥刻也。是夜劉氏夢女被髮流血來告，覺而異之。昧爽奔視，果見屍，請官詣驗。拔其椓，噴血數尺，見者慘目。事聞，知府鄧傳安為白其冤，並請旌。而水棄市，媪論絞。聞者稱快。

何子靜妻

林氏，福建侯官人，性端莊，姿容妙曼。年二十，適何子靜。子靜來臺，為棟軍前營司會計，遂居彰化。年少好色，出入勾闌中。林氏婉諫，不聽。已而果病，侍奉湯藥，不稍懈。子靜遂死。撫屍大慟，即飲阿芙蓉膏以殉，年二十有四。時光緒十五年八月某日也。棟軍統領林朝棟上其事於巡撫，題請旌表。十九年，奉旨入祀節孝祠。

林楊氏

楊氏，彰化縣治人，歲貢生春華之女也。性端莊，讀書習禮。年十六，許字臺邑阿罩霧莊林資鍠，棟軍統領朝棟之長子也。未聘而卒。楊氏聞訃，大慟。春華率以奔喪，遂不歸。翁姑憫之，為擇靜室以居。問省之外，未嘗一出閫門。裙布荊釵，不施膏澤，澹如也。乙未之役，朝棟謀內渡，楊氏拜辭曰：「未亡人不即從夫於地下者，以繼嗣未立爾。今猝遭變故，蒙犯霜露，何可以弱少為堂上憂？」是夜自經於床。僕婦林氏、頂橋仔頭莊人，嫠也，亦從死。里黨聞之，咸為嗟嘆。朝棟乃以三子資鏗之子正熊嗣之。

余林氏

林春娘，淡水大甲中莊人。父光輝業農，爲余榮長養媳。榮長年十七，赴鹿港經商，溺死。時舅沒姑在，無他子，哭之慟。春娘年十二，未成婚，願終身奉事，不他適；姑痛稍殺，進飲食。佐理中饋，早作夜息，奉命維謹。已而姑目疾，翳不能視。春娘以舌䑛之，焚香虔禱，未半載而愈。顧復患拘攣，侍床蓐，躬洗濯，或徹夜不寐。姑勸之息，春娘從之，猶時起省視。姑顧而嘆曰：「得婦如此，老身不憂無子也。」及卒，哀毀逾常。家貧，日事紡織，撫族子爲嗣；旋沒，再立之。娶婦復沒，乃偕育幼孫，平居燕處，未嘗有疾言厲色，里黨之人靡不敬之。道光十三年，奉旨旌表。及戴潮春之役，同治元年夏五月初六日，王和尚糾眾攻大甲，斷水道，城人無所汲食，洶洶欲走。乃請春娘禱雨，雨隨降。眾大喜，嬰城固守。二十一日，和尚又合何守、戴如川、江有仁等來攻，眾可萬人，環圍數匝，水道復斷，城中絕汲數日。春娘復出禱雨。時和尚壓城而軍，居上風，轟擊幾不支。忽大雨反風，濠邊茅舍發火，眾驚潰。義勇開門出擊，破之，圍始解。當是時，兩軍相爭，以大甲爲扼要之地。淡北安危，繫於此城，故輒遭圍困，而守禦益堅。十一月，林日成以眾來攻，勢張甚，連戰旬日，水道屢斷。二十六日，春娘三出禱雨，雨降，士氣倍奮，圍復解。事平，城人禮之如神。三年卒，年八十有六。婦巫氏亦以節稱。

連横曰：吾讀東瀛紀事，載大甲林氏禱雨之事，甚奇。吾以爲藉作士氣爾。繼而思之，至誠之道，可以格天。桑林之禱，豈虛語哉？是故愚者可以生其智，弱者可以振其勇，訥者可以伸其辯，昧者可以張其明。補天浴日之勳，固人所能爲也；然非林氏之貞孝，則不可以對鬼神，況可邀倖萬一哉？

李聯城妻

曾氏，淡水竹塹人，適李聯城，年二十有五而寡。李氏爲竹塹望族，子弟多習禮；卒年八十有五。

聯城之弟聯春，娶邱氏，總兵鎮功之女也，亦寡；卒年六十有四。聯青妻何氏，年二十有二寡；卒年三十有一。祖仁妻王氏，年二十有八寡；卒年三十有八。祖澤妻鄭氏，年二十有四寡；卒年三十有三。開廷妻蘇氏，年十八來歸，而開廷多病，越二年沒；蘇氏矢志殉之。光緒十六年十二月，均蒙旌表。里人以為李門六節。

王家霖妻

黃氏，淡水人，嫁艋舺士人王家霖。夫死守節，卒年七十有四，奉旨旌表。光緒八年冬十月，建坊於城內東門街。而王大權妻謝氏，大隆同街人，亦守節旌表。

陳周氏

周氏，淡水人，嫁芝蘭二堡北投頂莊陳某。夫死奉姑，撫育幼子，克勤克儉，里黨稱之。道光三十年旌表。咸豐十一年，其孫文華建坊莊內。

鄭、徐二氏

鄭氏，淡水人，大佳臘堡大隆同街陳某之繼室也。夫死自經。其姊徐氏亦殉夫。光緒十六年，均奉旨旌表，建坊街隅。里人稱為陳門雙烈。

徐、陳氏

陳氏，淡水大稻埕人，適徐某。某業儒，家貧，數年病卒。陳氏拮据以葬。既畢，更衣，仰藥殉。知縣葉意深聞之，赴奠於家，邀其族人，爲之立後；殯之日，邑人士執紼者數十人。意深之言曰：「婦女守節，國有旌典；況此爲烈婦，尤可以勵薄俗。」爲上其事。

呂阿棗

阿棗姓呂氏，新竹北門街人。父障生三女，皆美，而阿棗尤麗；性貞潔，不苟言笑。母劉氏，倡也，家雖中貲，猶以二女爲錢樹；富人大賈，出入其門，酣飲恆歌，自暮達旦。阿棗心弗善也，獨處一室。邑有魏某見而說之，以巨金賂劉，欲爲梳櫳。阿棗泣諫曰：「女子雖愚，孰無廉恥？其忍爲此態者，爲衣食爾。今吾家幸得稍溫飽，奈何猶爲此事，以貽鄰里羞？必欲兒效兩姊，雖死不從。」劉怒鞭之；又陰與魏謀，欲強之。阿棗微知其計，防之甚密；然猶恐被辱，剪髮毀容，茹齋奉佛，屏不見人。一日，有尼自遠方來，狀貌魁偉，使人謂阿棗曰：「聞汝有志修行，而苦無師。倘能從吾游，密授秘法，則成佛不難也。」阿棗正色曰：「吾守吾身爾，何行之修？又何法之授？寄語野尼，無許吾也。」其人慚而去。劉見其志堅，務必挫之；誘之以利，臨之以威，終不動。阿棗慮難免，遂以光緒十九年二月二十有六日，沐浴更衣，焚香禮佛，夜深自縊，年二十有三。葬之日，鄰翁李祖琛，世家也，令子弟具瓣香送之，且揚言曰：「女子守貞，國有旌典。而今出自倡門，尤足以爲坊表。所謂出淤泥而不染者也。」眾聞之，執紼者數百人，墓在治東蜂窠山。

許裕妻

林氏，澎湖人，許裕之妻也，年二十而寡，遺孤翰沖、翰賓。食貧撫育，備嘗辛苦。翰沖及長從戎，以平朱一貴功，加都司。翰賓亦克自成立。鄉里以為母教。雍正十三年覃恩，貤封恭人，卒年九十有四，祀節孝祠。

蔡欽妻

謝氏，澎湖奎壁澳人，適蔡欽，年十八寡，遺腹生一子又殤，家貧屢空。里婦以其少，多勸之醮。謝氏不從，指天而誓曰：「婦人不幸夫亡，命也；有子守之，無子死之，亦命也。吾處今日，有死而已。」里婦知不可奪，始止。後立一子，以存夫祀。人欽其節。

郭克誠妻

林氏，澎湖東西澳人，年十九適郭克誠，姑李氏性嚴厲，子婦四人，唯林氏得其歡心。克誠兄弟析居後，姑以林氏孝順，仍就養。克誠亦仰體母意，澳中咸以孝稱，內外無間。及克誠死，林氏年方三十，遺孤僅十齡。勤操女紅，以供衣食。姑年老，多病善怒，諸婦少有近者，林氏奉事益謹。疾革，執其手曰：「爾事我如此，可謂孝矣。我無以報汝，唯願爾婦事爾亦如此，我心始慰。」林氏能以婦職而兼子職，以母道而兼父道，可謂賢矣。

吳循娘

吳循娘，澎湖港尾鄉人。少為蕭春色養媳，已而春色病沒。翁姑以家貧，欲配少子。循娘正色曰：「媳婦平日與小郎以嫂叔相呼，名分已定。今若此，是亂倫也，寧死不從。」而翁姑持之堅，至加箠楚。卜日備物，將強合之。循娘見事急，中夜仰藥而死，年二十。時光緒十二年某月日也。

劉正娘

劉正娘，澎湖水按澳人。幼字許天俊，及長喪明。天俊守約，介媒議婚禮。正娘不可，依母以居。徹其環珥，守貞至老。卒年七十有六。人稱孝女。

高悉娘

高悉娘，澎湖東衛社人。少為呂旺養媳，未婚而旺死。喪葬既畢，翁姑憐其稚，欲嫁之。悉娘惻然對曰：「吾為呂氏婦，不為呂氏女。儻不見諒，當從亡夫於地下。」家人悲其志，許為立嗣。辛勤執婦道，鄰里稱孝。卒年五十有七。

黃廣生妻

林氏，澎湖赤崁澳人，字黃廣生。未聘而廣生死。遂告父母，至其家，躬視含殮，孝事翁姑。三年之喪既畢，自縊以殉。

劉氏女

劉氏，臺灣鎮總兵廷斌之女也，隨任臺陽。父沒，眷屬十七人，以道光八年春，買舟內渡。至海遇盜，盡殺之；女以麗免。一客附舟哀求，盜擠於岸。虜女及橐，至安海，買巨宅居之；凡十餘年，生四子，無有知者；盜亦不疑。一日，女赴觀音寺禮佛，儀從煊赫，僧以富家婦也，躬自獻茶。女顧之，輒瞬眙。及歸，省遇害事，知為附舟客。越日復往，命僧導觀寺內，屏人與語；即授一牒，戒毋洩。僧夜走數十里，入泉州，投牒知縣，且告群盜聚飲期。遣役捕之，盡得。一鞫而服，悉誅之，並縶四子。問何以處之。女曰：「吾忍辱十數年，為仇未報爾。若豈子哉？」遂手刃之，而後自經。有司以聞，奉旨旌表。

連橫曰：吾讀史，每至復仇之事，未嘗不慷慨起舞。豫讓之義，聶政之武，人多稱之。而求之巾幗，則龐娥以後數人而已。嗚呼！若劉女者，可謂能智、能勇者矣。身陷盜穴，從容不驚，卒能親報大讎，而刃其孽。何其烈耶！世之懦夫，可以立矣。

臺灣通史卷三十六　列傳八

丘逢甲列傳

丘逢甲，字仙根，又字仲閼，彰化翁仔社人，後隸臺灣。社處大甲溪之旁，土番部落也，粵籍居之，故其俗尚武負氣；而逢甲獨勤苦讀書，年十三入泮。時吳子光設教呂氏之筱雲山莊，藏書富。逢甲負笈從，博覽群籍，遂以詩文鳴里中。灌陽唐景崧以翰林分巡臺灣道，方獎掖風雅，歲試文生，拔其尤者讀書海東書院，厚給膏火，延進士施士浩主講。於是逢甲與新竹鄭鵬雲、安平汪春源、葉鄭蘭肄業其中。未幾，聯捷成進士，授兵部主事，爲崇文書院山長。及景崧陞布政使，邀其至，時以文酒相酬酢。臺灣詩學爲之一興。

光緒二十年，朝鮮事起，沿海籌防，景崧署巡撫。二十一年春三月，日軍破澎湖，北洋亦師熸艦降，議割臺灣以和。時臺灣舉人會試在北京，上書都察院，請止。不聽。紳士亦群謀挽救，逢甲爲首，函電力爭，皆不報。四月，和議成，各官多奉旨內渡。而景崧尚留，誓與臺灣共存亡。逢甲乃議自主之策，眾和之。五月朔，改臺灣爲民主國，建元永清，旗用藍地黃虎，奉景崧爲大總統，分電清廷及沿海各省，檄告中外，語甚哀痛。當是時義軍特起，所部或數百人、數千人，各建旗鼓，拮抗一方。而逢甲任團練使，總其事，率所部駐臺北，號稱二萬，月給餉糈十萬兩。十三日，日軍迫獅球嶺，景崧未戰而走，文武多逃。逢甲亦挾款以去，或言近十萬云。

連橫曰；逢甲既去，居於嘉應，自號倉海君，慨然有報秦之志。觀其爲詩，辭多激越，似不忍以書生老也。成敗論人，吾所不喜，獨惜其爲吳湯興、徐驤所笑爾。

吳、徐、姜、林列傳

吳湯興，粵族也，家於苗栗，爲諸生。粵人之居臺者，多讀書力田，負堅毅之氣，冒危難，不稍顧。而湯興亦習武，以義俠聞里中。

乙未之役，臺灣自主，各鄉皆起兵自衛。湯興集健兒，籌守禦。及聞臺北破，官軍潰，禡旗糾旅，望北而誓曰：「是吾等效命之秋也！眾皆起。」遂與生員邱國霖、吳鎮洸等，募勇數營，就地取糧。富家多助餉，架一櫓，置大鼓其上，有事擊之以聞，立法嚴明。當是時，徐驤起於苗栗，姜紹祖起於北埔，簡精華起於雲林，所部或數百人，數千人，湯興皆馳書合之。

徐驤者，苗栗諸生也。紹祖世居北埔，家巨富，為一方豪，年方二十，散家財募軍，得健兒五百，率以赴戰。夏五月二十日，日軍略新竹；至大嵙崁，莊民伏險擊，退據娘仔坑。棟軍統領林朝棟援臺北，次新竹，知縣王國瑞請以前隊衛城，而湯興亦集提督首茂林、總兵吳光亮、棟軍傅德陞、謝天德所部，各調五百，與紹祖北進。二十有三日，次楊梅壢，途遇日軍。併力攻之，日軍稍卻。二十有五日，邱國霖以七百人戰於大湖口，無援而歸。日軍追之，迫新竹。王國瑞逃，紹祖力戰不屈，所部多死傷，被俘。日軍囚諸庭，問：「誰姜紹祖？」其家人猝應曰：「余。」推出斬之，故紹祖得生。騶歸北埔，再集佃兵，又赴戰。遂死。日軍既得新竹，將南下，苗栗知縣李烇與湯興謀戰事，遣徐炳文赴臺中告急。而徐驤力守頭份，故日軍不能進。

閏五月初五日，日軍分三路而下：一由新竹大道，一出安平鎮，一援三角湧。新埔人邱嘉猷扼守竹圍，迴環重疊，炮不能擊，死傷百數十人。其援三角湧者，又為黃曉潭、蘇力、蔡國樑、黃國添、張龍安等沿途伏擊，掘地窟以陷馬足。日軍苦戰，又沒百數十人，得援始免。降將余清勝道由小路以攻，拒戰數日，而三角湧始破。日軍至老嵙崎，徐驤之兵又伏擊之，追至新竹城外數里而回。

當時是，蒼頭特起，士氣頗盛。臺灣府知府黎景嵩遂欲進規新竹，以副將楊紫雲率新楚軍二營、傅德陞一營、鄭以金一營，會師往戰。而葫蘆墩人陳瑞昌亦募勇五百，願為前鋒。富家助以餉械，踴躍而進，分攻新竹。環其三門，炮及城中。徐驤所部尤奮勇。日軍力守，故不陷。

初，湯興以餉事與李烇齟齬，且互詰。幫辦軍務劉永福命苗紳解之，不從。前敵又告急，永福不能往，命幕僚吳彭年率黑旗兵七百名，副將李維義佐之，至彰化。景嵩請以維義援頭份，而彭年亦趣赴苗栗。六月十八日，日軍大隊至新竹，合攻筆尖山。二十日，又由香山、頭份之後夾擊。徐驤力戰，紫雲陣沒，維義敗回。日軍乘勢攻苗栗。苗栗無城，不足守。黑旗管帶袁錦清、幫帶林鴻貴皆戰沒。彭年收餘兵，退大甲。湯興、徐驤俱入彰化。

七月初五日，日軍涉大甲溪，破葫蘆墩，略臺中。捒東堡莊豪林大春、賴寬豫設國姓會，集子弟千人，拒戰於頭家厝莊。莊人林傳年少，精火器，潛伏樹上，應彈而踣者二十餘人；終被殺，放火焚莊。彭年檄彰化知縣羅樹勳赴援。相持一日夜，日軍復至，臺中遂破。初七日，彭年誓師，分署各隊，以湯興、徐驤合守八卦山。越二日黎明，日軍攻山，別以一隊撲黑旗營。湯興拒戰，徐驤亦奮鬥，而炮火甚烈，不能支。湯興陣沒；其妻聞報，亦投水死。徐驤奔臺南；彭年戰死山麓，黑旗將士多殲焉。

先是雲林知縣羅汝澤募簡精華、黃榮邦、林義成援彰化。方至而城破，遂歸故里。初十日，日軍陷雲林，進據大莆林，鋒銳甚。永福檄副將楊泗洪往取，清華、義成各率所部助。日軍卻，泗洪追之，中炮死，管帶朱乃昌奪屍歸。酣戰至夜，榮邦、義成伏蔗林中以擊，遂奪大莆林，殺傷過當。乃昌亦血戰死，永福以都司蕭三發代領其眾。又檄簡成功統義軍。成功，精華之父也，驍勇能戰，遂合官軍克雲林。日軍入山，遇覆殲焉；其由大道者退據北斗。十六日，三發趣諸軍取彰化，阻於日炮。分駐樹仔腳，連戰俱捷。而餉絀。請濟，永福無策，僅括千五百兩以與之。附近莊民多蒸飯供軍，故不餒。

方彰化之陷，徐驤走臺南。永福慰之，命入卑南募兵，得七百人，皆矯健有力者。趣赴前敵，駐斗六溪底。十五日，日軍大隊猛攻樹仔腳，諸軍開壁出，互殺傷。徐驤復從間道夾擊，乃退據北斗。以是不能越溪而南。方是時風雨暴作，山水汎濫，黑旗諸軍輒乘夜奇襲。海豐崙人陳戇番謀內應，以防備嚴，未敢動。彰化諸軍攻圍久，彈藥將罄。八月初六日，榮邦誓師決戰，中彈死。義成再進，亦殊傷。十三日，日軍大舉，以擊三發之營。徐驤、精華援之，相戰數日，彈丸盡，退於他里霧。日軍復迫之。徐驤方食，趣諸軍出，回顧曰：「今得彈丸千，猶足以持一日夜。顧安所得者？」奮刃而前。左右數十人從之，欲伏險以擊。中彈踣，躍起而呼曰：「丈夫為國死，可無憾！」諸皆受傷莫能興，雲林復陷，嘉義亦破；而林崑岡起焉。

林崑岡列傳

崑岡字碧玉，漚洪莊人，嘉邑諸生也。設教鄉中，素好義，能爲人排解。至是聞前敵疊敗，集曾文溪以北莊人而告之曰：「臺灣亡矣！若等將何往？吾欲率子弟衛桑梓，若等能從吾乎？」應者百數十人。推新營莊生員沈芳徽統之，而己爲佐。遣人赴臺南，請軍器，僅得舊銃數十桿。邀戰於鐵線橋。崑岡持棉牌，握利刃，勇士數人從之，踴躍而進。日軍稍卻。復戰於溝仔頭，殺一中尉。沿途莊民亦持械拒戰，忽合忽逝。二十有三日，日軍大進。崑岡指天而誓曰：「天苟不欲相余，今日一戰，當先中彈而死。」眾皆感泣。鳴鼓出，彈貫其胸，握刃坐。長子亦戰死。越五日，莊人乃收其屍，倔強如生，年四十有五。

連横曰：乙未之役，蒼頭特起，執戈制梃、受命疆場，不知其幾何人。而姓氏無聞，談者傷之。昔武王克殷，殷人思舊，以三監叛，周公討之。讀史者以爲周之頑民，即殷之義士，固不以此而泯其節。晉文定王，王賜陽樊，陽人不服，晉師圍之。倉葛大呼曰：「德以柔中國，刑以威四夷，宜吾之不服也。」晉師乃去。讀史者以爲倉葛之知義，而晉文之秉禮，復不以此而諱其言。夫史者，天下之公器，筆削之權，雖操自我，而褒貶之旨，必本於公。是篇所載，特存其事；死者有知，亦可無憾。後之君子，可以觀焉。

吳彭年列傳

連横曰：乙未之役，臺人建國，奉巡撫唐景崧爲大總統，布告內外，一時豪傑並起，枕戈執殳，慨然有衛桑梓之志。洎景崧逃，臺北破，南中又奉劉永福爲主。永福固驍將，越南之役，以戰功著；至臺以後，碌碌未有奇能。唯其幕僚吳彭年，以一書生提數百之旅，出援臺中，鏖戰數陣，竟以身殉，爲足烈爾。

彭年，字季籛，浙江餘姚人。年十八，爲諸生，工詩文，賦氣豪邁；欲追傅介子、班定遠之志。流寓廣州，遂家焉。乙未春，以縣丞需次臺北。劉永福聞其才，延爲幕客。當是時，軍書旁午，彭年任記室，批答文移，多出其手，暇又爲詩歌，與士大夫唱和，多慷慨悲壯之語。及臺北破，永福持殘局，所部曰黑旗，以善戰聞。夏五月，臺灣府知府黎景嵩集北歸散勇，編爲新楚軍，與苗栗義民吳湯興、徐驤力戰圖恢復，而餉絀，電請永福接濟。永福困無以應。既而湯興以爭餉事，與苗栗知縣李烇齟齬，兵愈敗，且互詰。永福慮臺中有失，議提兵往，彭年慨然請行，率七星旗兵七百，副將李維義佐之。閏五月二十九日，至彰化。景嵩以維義統新楚軍，分舊部之半，赴苗栗。六月十五日，彭年亦從苗栗人之請，率屯兵營管帶徐學仁、黑旗兵管帶袁錦清、幫帶林鴻貴提兵往。翌日，駐大甲。十八日，新楚軍前統領楊紫雲在頭份莊戰死，維義敗回。時部下兵薄，方召募未成。日軍猝至，不能戰，又不得不戰。彭年騎馬略陣，馬悲鳴不行。易馬再出，躬自陷陣，吳湯興、徐驤助之，奮呼力戰，彈如雨下。袁錦清、林鴻貴皆戰死。彭年收兵，歸大甲。二十三夜，苗栗破，吳、徐率勇入臺中。彭年回彰化，電臺南告急。永福檄堅守，援且至。

初，鹿港紳商議籌餉助軍。及聞苗栗破、臺中危，恐彰化難守，遂多走避。亡何，敗兵索餉，環府門而譁。景嵩不能解，請彭年兼統之。彭年張軍幄，朝將校，曉譬大義，軍心稍定。再電臺南，不應。復哀之，復曰：「氣盛即勝。」八月初，日軍已渡大甲溪。募勇亦多至，然悉無餉械，不能戰。城僚議棄城走，彭年力止之，曰：「公等固無恙，其如土地何！且吾又何面目以見臺人乎？」遂誓死。疊電告。永福疑懼，復曰：「兵來禦之，死守無恐。」彭年嘆曰：「吾與臺事毫無責守，區區寸心，實不忍以海疆重地，拱手讓人。今劉帥諭我死守，誠知我也。」是日移營，負險面溪。附近莊民日蒸飯供軍。次日，放兵巡哨，遇日軍結筏渡，卻之。而臺南援兵踵至，氣稍振。已而諜報葫蘆墩危。初五日，日軍繞溪而至。揀東堡莊豪林大春、賴寮豫設國姓會，集子弟千人，拒戰於頭家厝莊，互殺傷。彭年聞警，調彰化知縣羅樹勳趨救，相持一日夜。日軍復至，樹勳退走，臺中遂破。初六日，駐牛罵頭。越日，以兩隊攻彰化。彰城小如斗，八卦山當其東，俯瞰城中，山破則城亦破，故守禦多重此山。晚，旱雷兵二百自南至，欲布雷於大肚溪畔。而旱雷由海運鹿港，越兩日始至，而城已失矣。初七日，彭年誓軍，以王得標率七星旗兵三百守中寮，劉得勝率先鋒營守中莊，孔憲盈守茄苳腳，李士炳、沈福山各率所部守八卦山。初九日黎明，日軍以一中隊涉溪攻黑旗營，又以一中隊擊其背。彭年出禦。而大隊已從間道直搗八卦山矣。吳湯興、徐驤扼守，開炮擊，多不中。日軍冒險登山。吳、徐不能支，遂敗走。當是時彭年大戰於大肚溪，遙望八卦山已樹日旗，急率全軍回救。至南壇巷，手刃逃卒二人。眾奮勇奪山，至麓，中彈墜。親兵四人翼之，亦死。李士炳、沈福山俱歿於東門外，死者幾五百人。日軍入城。景嵩、樹勳各微服逃。

初，彭年將赴彰化，介其宗人吳敦迎為理軍糈。及城破，敦迎出，途遇彭年屍，命其傭阿來瘞之，密識其穴。安邑庠生陳鳳昌，義士也，聞彭年戰死，甚壯之，灑酒為文以祭。越數年，為之負骨歸鄉。發穴時，衣帶猶存，血痕尚斑斑也。至粵，其家居順德，唯一老母，髮已白。妻前逝，遺二孤，俱幼。家無餘資，但依親友以存。吁！又可哀也！

連橫曰：如彭年者，豈非所謂義士也哉？見危授命，誓死不移，其志固可以薄雲漢而光日月。夫彭年一書生耳，唐、劉之輩苟能如其所為，則彭年死可無憾。而彭年乃獨死也！吾望八卦山上，猶見短衣匹馬之少年，提刀向天而笑也。嗚乎壯矣！

唐、劉列傳

唐景崧，字維卿，廣西灌陽人，以編修轉部。性豪爽，飲酒賦詩，遨游公卿間。光緒九年，法蘭西謀併越南，中朝出師救之。而黑旗兵捍禦尤武。黑旗者，欽州劉永福也，少為太平軍部曲。敗後，逃黔桂間，糾集黨徒，闖入越南，官不能制。當是時，法人在越，狼瞻虎噬，侮慢子女。越南君臣拱手唯命，日恐社稷之不血食。永福憤之，起兵與戰，大勝於紙橋，禽其渠帥；又勝於諒山，越王大喜，封義良男，授三宣提督，威名大震。清廷以兵部尚書彭玉麟督師兩廣，提督王德標、馮子材出關援之。景嵩以永福義士，上書政府，請說之效命。既往，造軍門，握手道平生。曰：「淵亭勞苦。公如肯歸國，當以專閫相待。朝廷望公切也。」永福亦念宗邦，深欲建功自贖，許之。十一年，和成，入京，溫旨嘉慰，授南澳鎮總兵，記名提督。景崧亦以功任臺灣兵備道。

臺爲海中奧區，人材蔚起。景嵩雅好文學，聘進士施士浩主講海東書院。庠序之士，禮之甚優。道署舊有斐亭，葺而新之，暇輒邀僚屬爲文酒之會。又建萬卷堂，藏書富。太夫人能詩，每一題成，主評甲乙。一時臺人士競爲詩學。十七年，陞布政使，駐臺北。臺北新建省會，游宦寓公，簪纓畢至。景崧又以時最之，建牡丹詩社，飭纂通志，自爲監督，未成而遭割臺之役。

二十年春，日本以朝鮮之故，進兵漢城，布告開戰。清廷以臺灣爲東南重鎮，命永福率師防守，幫辦軍務。六月，至臺南，巡視沿海，駐旗後。八月，上省，與景崧議戎機。清廷以奉省各軍疊敗，召之北上。永福以所部力弱，不足赴戰，上書總理衙門，略曰：「福越南勁旅，實有數萬。入關之初，祇准帶來千一百人，此皆揀選於平時者也。到粵以來，頻遭裁撤，今僅存三百人。奉旨渡臺，始募潮勇數千名，分爲二營。烏合之眾，倉卒成軍，以之言戰，何能禦侮？法人之役，實爲前車。到臺以後，極力籌商；而臺灣孤懸海外，口岸紛多，防不勝防。必須南北聯爲一氣，始可言守。福有舊部三千，皆經歷戰之士；又有裨將數人，足寄心膂。意欲招之至臺，扼守南隅，兼爲北援。前曾咨商閩粵督憲，懇切哀求，繼復商之臺撫，均不允准。當此之時，既無糈餉，何能募軍？興言及此，不禁痛哭。今兩奉特旨，命福北上，非敢遲延赴敵，實因所部無人；自請罷斥，又近規避，非夙志也。福一介武夫，荷蒙優渥，位至方面。誓命報國，萬死不辭。爲今之計，請回粵中，招集舊部，然後北行。並以福交與北洋大臣節制，一切軍情，不至阻隔。」詔以永福仍駐臺灣。

九月，邵友濂奏請辭職，以景崧署巡撫。既受事，整剔軍政；以永福守臺南，棟軍統領林朝棟守臺中，而福建水師提督楊岐珍亦率軍駐北。土客新舊凡三百數十營，每營三百六十人，需餉孔巨，奏請協濟。旋奏部撥五十萬兩，南洋大臣張之洞許助一百萬兩，以次劃匯，而戰守急矣。二十一年春二月，日軍破澎湖，守將周振邦逃。奉省亦軍敗艦降。詔以北洋大臣李鴻章爲全權議和。日廷索割臺灣。臺人聞之，奔走相告，哀籲請止。三月二十有二日，景崧電奏曰：「三次電奉，一次電詢，總署和議情形，均未奉復詳行。紛傳割遼、臺並派某爵率兵船即日來臺簽押；李鴻章希圖了事，斷不可行。必不得已，查外國近年聯二、三國爲同盟密約，我可急挽英、俄或請外國，從公剖斷。不可專從李鴻章辦法。割臺，臣不敢奉詔。且王靈已去，萬民駭憤已極，勢不可遏。朝廷已棄之地，無可撫慰，無可約束。日人到臺，臺民抗戰，臣不能止。臣忝權臺撫，臺已屬日，即交繳辦法仍用臺撫之銜，不特爲臺民笑，更爲日人笑也。如必割臺，唯有乞請迅簡大員來臺辦理。此外尚有一線可冀挽回，伏乞聖照熟思。揆今時勢，全局猶盛，尚屬可爲，何至悉爲所索？列聖在天之靈，今日何以克安？臣不勝痛哭待命之至。」不報。臺人遂議自主。各官多送眷回，行李塞途。無賴見之，以爲盜餉，遏而奪之。中軍參將方元良聞報，馳往彈壓，睹敗箱，又以爲餉被劫也，亟鳴槍，應彈而踣者十數人。眾大譁，持械鬥，元良被殺，蜂擁至撫署。署兵開槍，踣者又十數人。景崧聞變出止。撫標管帶李文魁自外入，握刀進，歷階而上。景崧驚喝曰：「胡爲者？」刀未離鞘旋納入。對曰：「來護大帥。」應聲間已迫近身側。景崧以令授之曰：「速召六營來。」文魁持命出，大呼曰：「大帥令我兼統六營矣。」躍馬去。提督楊岐珍率兵至，眾始散。四月，煙臺換約，詔飭守土官撤回。岐珍率所部歸廈門。景崧電詢永福去就，復曰：「與臺存亡。」而自主之議成。

五月初二日，紳士丘逢甲率人民等公上大總統之章，受之，建元永清，檄告中外。景崧亦分電各省大吏曰：「日本索割臺灣，臺民不服。屢經電奏，不允割讓，未能挽回。臺民忠義，誓不服從。崧奉旨內渡，甫在摒擋之際，忽於光緒二十一年五月初二日，將印旗送至撫署，文曰『臺灣民主國總統之印』，旗用藍地黃虎。不得已允暫主總統，由民公舉，仍奉正朔，遙作屏藩，商結外援，以圖善後。事起倉猝，迫不自由。已電奏，並布告各國。能否持久，尚難預料。唯望憫而助之。」翌日，又以大總統之銜告示臺民曰：「日本欺凌中國，大肆要求。此次馬關議款，賠償兵費，復索臺灣。臺民忠義，誓不服從，屢次電奏免割，本總統亦多次力爭，而中國欲昭大信，未允改約。全臺士民不勝悲憤。當此無天可籲，無主可依，臺民公議自主，爲民主之國。以爲事關軍國，必須有人主持，乃於四月二十二日，公集本衙門遞呈，請余暫統政事。再三推讓。復於四月二十七日，相率環籲。五月初二日，公上印信，文曰『臺灣民主國總統之印』，換用國旗藍地黃虎。竊見眾志已堅，群情難拂，故爲保民之計，俯如所請，允暫視事。即日議定改臺灣爲民主之國。國中一切新政，應即先立議院，公舉議員，詳定律例章程，務歸簡易。唯臺灣疆土，荷大清經營締造二百餘年，今雖自立爲國，感念舊恩，仍奉正朔，遙作屏藩，氣脈相通，無異中土，照常嚴備，不可疏虞。民間如有假立名號、聚眾滋事、藉端仇殺者，照匪類治罪。從此清內政、結外援、廣利源、除陋習。鐵路兵船，次第籌辦，富強可致，雄峙東南，未嘗非臺民之幸也。」

初六日，日軍登鼎底澳，越三貂嶺。景崧檄諸軍援戰不利，基隆遂失，迫獅球嶺。臺人請駐八堵，爲死守計，不從。李文魁馳入撫署請見，大呼曰：「獅球嶺亡在旦夕，非大帥督戰，諸將不用命。」景崧見其來，悚然立；而文魁已至屏前。即舉案上令架擲地曰：「軍令俱在，好自爲之。」文魁側其首以拾，則景崧已不見矣。景崧既入內，攜巡撫印，奔滬尾，乘德商輪船逃。炮臺擊之，不中。文魁亦躡景崧後至廈門，謀刺之。事洩，爲清吏所捕，戮於市。

臺南聞景崧逃，臺北破，議奉永福爲大總統，不從；強之，始移駐臺南。設議院，籌軍費，行郵遞，發鈔票，分汛水陸，訓勵團練。各地魁桀收而用之，以援助前敵。於是告示於民曰：「日本要盟，全臺竟割；此誠亙古未有之奇變。臺灣之人髮指眥裂，誓共存亡，而爲自主之國。本幫辦則以越南爲鑒，迄今思之，追悔無窮。頃順輿情，移駐南郡。本幫辦亦猶人也，無尺寸長，有忠義氣，任勞任怨，無詐無虞。如何戰事，一擔肩膺；凡有軍需，紳民力任。誓師慨慷，定能上感天神；慘澹經營，何難徐銷敵焰。」六月，日本臺灣總督樺山資紀寓書永福，勸解兵；復書不從。於是日軍破新竹，取宜蘭，進迫苗栗，又輒以戰艦窺臺南。命幕僚吳彭年率七星旗兵趣援；方至而苗栗陷，大戰於彰化，彭年陣沒，將弁多死。臺南餉械已絀，再命幕僚羅綺章渡廈門，陳援各省，辭甚哀痛。七月，日軍破雲林，別以一軍略埔裏社，鋒銳甚。沿途民軍據守力戰，相持三十餘日，殺傷略當，嘉義始陷。永福深自悲痛。八月二十有三日，日軍登枋寮，入恆春，取鳳山。南北俱逼，所距不過百里，而接濟久絕。永福知事不可爲，介英領事歐思納致書樺山資紀求成。是時日艦大集於澎湖。歐思納往見副總督高島鞆之助，不許。約永福至艦議款，否則開戰。終不往。而日軍又破旗後矣。九月初二日，黑旗兵在白沙墩獲英人間諜二，解至署，永福邀入內，商出亡；其人則爹利士船主柁師也。入夜，永福視安平炮臺，乘之以去。日艦八重山追之，至廈門，搜其船，不得。初四日，日軍入城。

景崧既歸，遂居桂林；而永福嗣爲碣石鎮總兵。

連橫曰：世言隋陸無武，絳灌無文，信乎兼才之難也。夫以景崧之文、永福之武，並肩而立，若萃一身，乃不能協守臺灣，人多訾之。顧此不足爲二人咎也。夫事必先推其始因，而後可驗其終果。臺灣海中孤島，憑恃天險；一旦援絕，坐困愁城，非有海軍之力，不足以言圖存也。且臺自友濂受事後，節省經費，諸多廢弛；一旦事亟，設備爲難。雖以孫吳之治兵，尚不能守，況於戰乎？是故蒼葛雖呼，魯陽莫返，空拳隻手，義憤填膺，終亦無可如何而已。詩曰：「迨天之未陰雨，徹彼桑土，綢繆牖戶。」爲此詩者，其知道乎！

臺灣通史卷三十七　附錄

後序

雅堂夫子既作臺灣通史，將付剞劂；瑴讀而喜之。已而嘆曰：「嗟乎！夫子之心苦矣！夫子之志亦大矣！」始瑴來歸之時，夫子方弱冠，閉戶讀書，不與外事。既而出任報務，伸紙吮毫，縱橫議論。又以其餘力網羅舊籍，旁證新書，欲撰臺灣通史，以詔之世；顧時猶未遑也。越數年，去之廈門，游南嶠，鼓吹擯滿，瀕於危者數矣。事挫而歸。歸而再任報務，復欲以其餘力撰通史。每有所得，輒投之篋；而時又未遑也。中華民國既建之年，夫子矍然起，慨然行，以家事相屬，長揖而去，遂歷禹域，入燕京，出萬里長城，徘徊塞上，倦游而歸。歸而復任報務。茶餘飯後，每顧而語曰：「吾平生有兩大事，其一已成，而通史未就；吾其何以對我臺灣？」於是發篋出書，積稿盈尺，遂整齊之，每至夜闌始息。如是三年而書成，又二年而後付梓。嗟乎！夫子之心苦矣！夫子之志亦大矣！臺自開闢以來，三百餘載，無人能爲此書；而今日三百餘萬人，又無人肯爲此書。而夫子乃毅然爲之。抱其艱貞，不辭勞瘁，一若冥冥在上有神鑒臨之者。而今亦可以自慰矣。然而夫子之念未已也，經綸道術，煥發文章，瑴當日侍其旁，以讀他時之新著。

民國九年（庚申）元夜，歸連門沈瑴少雲氏敘於稻江之棠雲閣。

連雅堂先生家傳

我始祖興位公，生於永曆三十有五年，越二載而明朔亡。少遭憫凶，長懷隱遯。遂去龍溪，遠移鯤海，處於鄭氏故壘之臺南，迨先生已七世矣。守璞抱貞，代有潛德，稽古讀書，不應科試，蓋猶有左衽之痛也。故自興位公以至先祖父，皆遺命以明服殮。故國之思，悠然遠矣！

先生諱横，字武公，號雅堂，又號劍花。生於光緒四年正月十六日亥時，先祖父永昌公季子也。少受庭訓，長而好學；秉性聰穎，過眼成誦。先祖父痛愛之。嘗購臺灣府誌一部授之曰：「汝爲臺灣人，不可不知臺灣歷史。」後日先生以著臺灣通史引爲己任者，實源於此。

甲午中日戰役，清師敗績，訂馬關條約，割臺灣以和。臺人不服清廷之命，遂於光緒二十一年五月朔，獨立爲臺灣民主國。是年六月，先祖父去世，先生時年十八。奉諱家居，手寫少陵全集，始學詩以述家國淒涼之感。當是時，戎馬倥傯，四郊多警，縉紳避地，巷無居人，而先生即以時蒐集臺灣民主國文告，後竟成臺灣通史中珍貴史料。越二年，先母沈太夫人來歸。

沈太夫人，外祖父德墨公長女也，明詩習禮，恭淑愛人。上奉姑嫜，旁協妯娌，一家稱賢。於先生之著作，尤多贊助。是年先生主臺南新報漢文部，寫作之餘，學日文焉。

馬兵營在臺南寧南坊，爲鄭氏駐兵故地，古木鬱蒼，境絕清閟。自興位公來臺，即卜居於此。割臺前七年，先祖父擴而新之。割臺後，日人在此新築法院，全莊被遷，吾家亦遭毀。危牆畫棟，夷爲平地。從此兄弟叔姪，遂散處四方，故先生有過故居詩云：

「海上燕雲涕淚多，劫灰零亂感如何！馬兵營外蕭蕭柳，夢雨斜陽不忍過！」

日俄戰後，先生憤清政之不修，攜眷返國，在廈門創福建日日新報，鼓吹排滿。時同盟會同志在南洋者，閱報大喜，派閩人林竹癡先生來廈，商改組爲同盟會機關報。嗣以清廷忌先生之言論，飭吏向駐廈日本領事館抗議，遂遭封閉。先生不得已又攜眷歸臺，復主臺南新報漢文部。越三年，移居臺中，入臺灣新聞漢文部，因與林癡仙、賴悔之、林幼春諸先生創櫟社，以道德文章相切劘。臺灣通史亦經始於此時。

先生久居東海，鬱鬱不樂。辛亥秋，病且殆。癒後，思欲遠遊大陸，以舒其抑塞憤懣之氣。時中華民國初建，悲歌慷慨之士，雲合霧起。先生亦由東瀛蒞止滬濱，與當世豪傑名士相晉接，抵掌譚天下事。縱筆爲文，論當時得失，意氣軒昂，健康恢復矣。於是西溯長江，至於漢皐；北渡黃河，而入燕京。時趙次珊先生長清史館，延先生入館共事，因得盡閱館中所藏有關臺灣建省檔案，而經其收入臺灣通史。未幾，去館遨遊。出大境門，西至陰山之麓，載南而東，渡黃海，歷遼瀋，觀覺羅氏之故墟，弔日俄之戰跡。甲寅冬，倦遊而歸，仍居故里。翌年，先祖母逝世。

家居時，先生將其征途逆旅所作之詩，編爲一卷，名曰大陸詩草。集中有至南京之翌日登雨花臺弔太平天王詩曰：

「龍虎相持地，風雲變態中。江山歸故主，冠劍會群雄。
民族精神在，興王事業空。荒臺今立馬，來拜大王風。
漢祖原英武，項王豈懦仁？顧天方授楚，大義未誅秦。
王氣驕朱鳥，陰風慘白燐。蕭蕭石城下，重見國旗新。
早用東平策，終成北伐勳。畫河師不進，去浙敗頻聞。
同室戈相鬩，中原劍失群。他年修國史，遺恨在湘軍。
玉壘雲難蔽，金陵氣未消。江聲宣北固，山影繪南朝。
弔古沙沈戟，狂歌夜按簫。神靈終不閟，化作往來潮。」

又有柴市謁文信國公詩曰：

「一代豪華客，千秋正氣歌。艱難扶社稷，破碎痛山河。
世亂人思治，時乖將不和。秋風柴市上，下馬淚滂沱。
宏範甘亡宋，思翁不帝胡。忠奸爭一瞬，義節屬吾徒。
嶺表驅殘卒，崖門哭藐孤。西臺晞髮客，同抱此心朱。
忠孝參天地，文章自古今。紫雲留故硯，夜雨寄孤琴。
景炎中興絕，臨安半壁沈。巍巍瞻廟宇，松柏鬱森森。
我亦遘陽九，伶仃在海濱。中原雖克復，故國尚沈淪。
自古誰無死，寧知命不辰。淒涼衣帶語，取義復成仁。」

章太炎先生讀之，漢曰：「此英雄有懷抱之士也。」

先生歸臺後，即孜孜矻矻，潛心述作。旋移居臺北，越五年而臺灣通史成。刊行時，日本朝野頗爲重視。祖國人士則因隔閡，反有漠然之感。唯章太炎先生以爲民族精神之所附，謂爲必傳之作，先生亦頗以此自許。通史既刊，復集古今作家之詩，刺其有關臺灣歷史山川者，編而次之，名曰臺灣詩乘，凡六卷。是書之成，沈太夫人與有力焉。陳蕺士先生近讀其稿，爲題四詩，其一曰：

「難得知書有細君，十年相伴助文情。從來修史無茲福，半臂虛誇宋子京。」

先生作史時，蒐集先民有關臺灣著作甚豐。其中三十餘種，均係海內外孤本，極足珍貴，乃編爲雅堂叢刊。筆墨餘閒，頗事吟咏，因集大陸詩草以後之作，都爲一卷，名曰寧南詩草，誌故土也。其登赤崁城曰：

「七鯤山色鬱蒼蒼，倚劍來尋舊戰場。地剪牛皮成絕險，潮迴鹿耳阻重洋。張堅尚有中原志，王粲寧無故國傷？葉日荒濤望天末，騎鯨何處弔興亡！」

民國十二年春，先生以通史已刊，詩乘亦纂成，思欲暫息其著作生活，因偕沈太夫人東遊，以詩自寫其心境曰：

「五嶽歸來已七秋，又攜仙眷上蓬洲。此行爲愛櫻花好，料理詩篇紀俊遊。」

時震東適留學東京，隨侍先生及沈太夫人漫遊於鎌倉、箱根間，天倫之樂，莫過於是。回憶海濱白沙，湖上青松，猶歷歷在眼前也。

先生嘗曰：「余嘗見古今詩人，大都侘傺無聊，淒涼身世。一不得志，則悲憤塡膺，窮愁抑鬱，自戕其身，至於短折，余甚哀之。顧余則不然。禍患之來，靜以鎮之；橫逆之施，柔以報之。而眷懷家國，憑弔河山，雖多迴腸盪氣之辭，絕無道困言貧之語。故十年中未嘗有憂，未嘗有病。豈天之獨厚於余，蓋余之能全於天也。」其善養生也如此。故體雖清瘦，而絕少疾病。先生與沈太夫人感情極篤，對震東姊弟尤爲慈祥。御下寬，待人恕，數十年未嘗見其稍有慍色。性嗜茶而遠酒，以茶可養神，酒能亂性也。親朋至，必親汲泉瀹茗，暢談古今，而議論新穎，以是人咸親之。

民國十五年春，攜眷游杭州，住西湖。蓋欲了其「他日移家湖上住，青山青史各千年」（大陸詩草）之宿願也。是年暑假，震東由日來杭省親，朝夕侍先生，優遊於六橋、三竺間。每至一處，先生必爲震東說明其歷史。未幾，北伐軍興，江南擾動，因又返臺。是時，日人在臺已厲禁國文，且不許學生使用臺語矣。先生爲保存臺語計，復賈其餘勇，作有系統之分析。舉凡臺灣方言，無不博引旁證，窮其來源，遂成臺灣語典四卷。嘗謂：「臺灣文字傳自中國，而語言則多沿漳泉。顧其中既多古義，又有古音，有正音，有變音，有轉音。昧者不察，以爲臺灣語有音無字，此則淺薄之見耳。夫所謂有音無字者，或爲轉接語，或爲外來語，不過百分之一、二耳。以百分之一、二，而謂臺灣語有音無字，何其愼耶？」

先生性喜遊，所至輒有吟咏，尤多弔古傷時之作。晚年好學佛，其遊臺北觀音山詩，讀者謂其深得佛家之妙諦。詩曰：

「我家在城陰，觀音日對門。我來此山中，觀音寂無言。
色相雖可參，妙法不得聞。譬如掬水月，水去月無痕。
又如觸花氣，花謝氣何存？我身非我有，萬物同其源。
萬物非我有，天地分其根。天地非我有，大造闡其元。
大造非我有，佛法轉其輪。上窮億萬劫，下至億萬孫。
唯佛心無畏，唯佛道獨尊。湛然觀自在，一洗眾生喧。」

民國十八年，震東畢業東京慶應大學經濟學部，歸佐家務。趨庭之際，並爲講授國文焉。越二載，先生諭震東曰：「欲求臺灣之解放，須先建業祖國。余爲保存臺灣文獻，故不得不忍居此地。汝今已畢業，且諳國文，應回祖國效命。余與汝母將繼汝而往。」震東奉命，攜先生函回國，進謁張溥泉先生於南京。溥泉先生見函，深爲感動，因命留國內工作。

二十二年，先生以震東已在國內服務，家姊亦在滬上，舍妹又已畢業高等女學校，因決意攜眷返國，居滬上，蓋欲遂其終老祖國之志也。時震東居西安，聞訊來滬省親。多年違侍，一旦相聚，骨肉之情，倍覺深切。因將回國後，至京、赴平、入陝之經過，詳爲稟聞。先生與沈太夫人均極喜慰，並諭震東曰：「余自臺灣淪陷，吾家被毀，三十餘年靡有定處。而對於汝姊弟之教育，尤煞費苦心。今余之著作已次第告成，而汝輩亦皆有所造就；且一家均居國內，余心稍慰矣。余雖年事漸高，而精神尚健；此後當繼續著作，以貢獻於國家也。」

二十四年春，先生偕沈太夫人來遊關中，終南、渭水，足跡幾遍。是年夏返滬。

二十五年孟春，先生在滬患肝臟病，經中西名醫診治，而藥石罔效，遂於六月二十八日上午八時逝世，享壽五十有九。彌留之際，諭震東曰：「今寇燄迫人，中日終必一戰。光復臺灣即其時也，汝其勉之！」震東俯首涕零而對曰：「敢不遵命！」翌日，依佛教式典，將遺體謹付荼毗，從遺命也。二十八年三月一日，沈太夫人棄養於西安，享壽六十有六。

先生有子一，即震東也，娶瀋陽趙氏。孫一，名戰。女三：長夏甸，畢業臺北靜修高等女學校，適林；次春臺，早殤；三秋漢，畢業淡水高等女學校，適黃。

先生畢生盡瘁於保存臺灣文獻，冀維民族精神於不墮，其精神思想流露於著作間，讀者無不嘆爲三百年來海上之傑作也。

今春震東在重慶中央訓練團受訓，適徐旭生先生自昆明來團講學，告震東曰：「臺灣收復在即，國人多欲明臺灣歷史。先德遺著，急須在國內重版。頃已商之於商務印書館王雲五先生，君其速攜書往訪。」震東遵囑修謁雲五先生。嗣得來書謂：「臺灣爲我國最早淪陷區，而臺灣通史一書，油然故國之思，豈僅結構之佳已哉？敝館亟欲將其重版，藉廣流傳，以彰先德。」讀之心喜。顧震東自奉命回國，於今十五年矣，雖兢兢業業，未敢自廢，而對祖國、對臺灣，殊少貢獻，愧無以仰承先志。今經旭生先生之介紹，蒙雲五先生之雅意，於吾父逝世十年後，得在國內將其遺著重印，震東雖不肖，庶幾稍慰吾父在天之靈乎？中華民國三十四年六月四日，震東謹述於重慶李子壩。

連雅堂先生年表

光緒四年（一八七八年）	正月十六日下午十時生於臺南府馬兵營。
光緒二十年（一八九四年）	中日開戰。
光緒二十一年（一八九五年）	三月二十三日中日簽和約，五月一日臺灣獨立爲民主國。先祖父永昌公逝世。手抄杜詩，始學吟咏。
光緒二十三年（一八九七年）	赴上海，南京，擬入某學堂；旋奉先祖母命回臺，與沈太夫人結婚。與陳瘦雲、李少青等十人結浪吟詩社。
光緒二十四年（一八九八年）	入臺澎日報社（後改爲臺南新報）。生長女夏甸。
光緒二十七年（一九〇一年）	生次女春臺。
光緒二十八年（一九〇二年）	赴福州、廈門。
光緒三十年（一九〇四年）	日俄開戰。生震東。
光緒三十一年（一九〇五年）	赴廈門，創辦福建日日新報；不久該報被封，回臺，又入臺南新報。
光緒三十二年（一九〇六年）	與趙雲石、謝籟軒等十餘人創南社。
光緒三十四年（一九〇八年）	移居臺中，入臺灣新聞社漢文部，開始撰寫「臺灣通史」。秋，赴日本。
宣統元年（一九〇九年）	入櫟社。
宣統三年（一九一一年）	武昌起義。生三女秋漢。秋大病，冬癒。
民國元年（一九一二年）	三月赴日本，轉上海，遊南京、杭州等地。主編華僑聯合會發行之華僑雜誌。

民國二年（一九一三年）	春，赴北京參加華僑選舉國會議員。遊張家口及平漢鐵路沿線，暨漢口、九江、蕪湖、安慶等地。秋，赴牛莊，轉奉天、吉林，入新吉林報社。次女春臺殤。
民國三年（一九一四年）	春，回北京，入清史館。冬回臺南，再入臺南新報社，發表「大陸遊記」。
民國四年（一九一五年）	編完「大陸詩草」。
民國五年（一九一六年）	「臺灣贅談」完成。
民國七年（一九一八年）	「臺灣通史」告成。
民國八年（一九一九年）	移居臺北。
民國九年（一九二〇年）	十一月，「臺灣通史」上冊出版。十二月中冊出版。
民國十年（一九二一年）	四月「臺灣通史」下冊出版。六月「大陸詩草」出版。「臺灣詩乘」告成。長女夏甸結婚。
民國十二年（一九二三年）	與沈太夫人同遊日本。
民國十三年（一九二四年）	二月，發刊雜誌「臺灣詩薈」；發表「臺灣漫錄」「臺南古蹟誌」；校訂泉南夏琳著「閩海紀要」。
民國十四年（一九二五年）	六月，「閩海紀要」出版。十月「臺灣詩薈」停刊，凡出二十二號。編完臺灣叢刊三十八種。
民國十五年（一九二六年）	夏，移居杭州西湖。編完「寧南詩草」。
民國十六年（一九二七年）	春，回臺北。
民國十七年（一九二八年）	開辦雅堂書局。
民國十八年（一九二九年）	停辦雅堂書局。開始寫作「臺灣語典」。

民國二十年（一九三一年）　回臺南。「劍花室文集」完成。在三六九文藝小報發表「雅言」。九一八事變發生。

民國二十二年（一九三三年）　「臺灣語典」編至第四卷。春，移居上海。

民國二十三年（一九三四年）　震東結婚。

民國二十四年（一九三五年）　三女秋漢結婚。與沈太夫人遊關中。

民國二十五年（一九三六年）　六月二十八日上午八時在上海逝世。

經典名著文庫 159

臺灣通史

作　　者 —— 連　橫
發 行 人 —— 楊榮川
總 經 理 —— 楊士清
總 編 輯 —— 楊秀麗
文庫策劃 —— 楊榮川
主　　編 —— 蘇美嬌
實習編輯 —— 康婉鈴
封面設計 —— 姚孝慈
著者繪像 —— 莊河源
出 版 者 —— 五南圖書出版股份有限公司
地　　址 —— 台北市大安區 106 和平東路二段 339 號 4 樓
電　　話 —— 02-27055066（代表號）
傳　　眞 —— 02-27066100
劃撥帳號 —— 01068953
戶　　名 —— 五南圖書出版股份有限公司
網　　址 —— https://www.wunan.com.tw
電子郵件 —— wunan@wunan.com.tw
法律顧問 —— 林勝安律師
出版日期 —— 2017 年 6 月初版一刷
2022 年 2 月二版一刷
2024 年 3 月三版一刷
定　　價 —— 680 元

國家圖書館出版品預行編目資料

臺灣通史 / 連橫著 . -- 三版 -- 臺北市：五南圖書出版股份有限公司，2024.03
面；公分
ISBN 978-626-366-438-8(平裝)

1.CST: 臺灣史

733.21　　112012789